전략적 인적자원관리를 위한

사회감사론

사회감사론

Social Audit for Strategic Human Resource Management

박기찬 지음

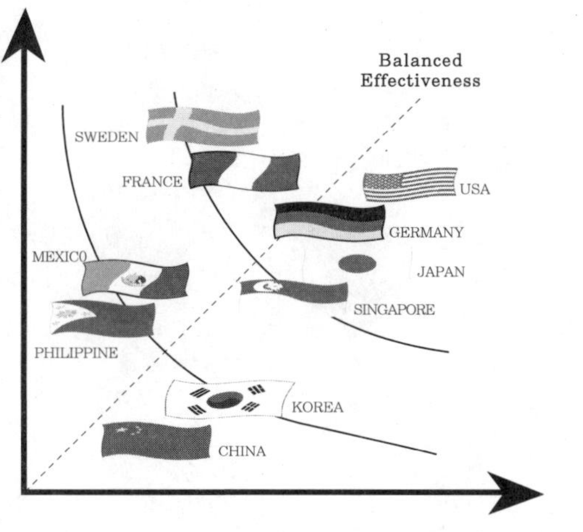

한국능률협회

프롤로그

사회감사(social audit)란 개념은 아직 우리에게 생소할 뿐만 아니라 '돈벌이'에 얽매인 기업활동과는 동떨어진 사회문제를 다루는 것으로 해석될 수도 있다. 그러나 "조직은 인간형성체이며, 사회 또한 인간형성체의 집합으로 구성된다"는 크로지에(M. Crozier) 교수의 말을 인용한다면 사회감사란 조직에서 활동하고 있는 모든 구성원들의 집단문제를 파악하고 측정하고 평가함으로써 궁극적으로는 인간집단의 새로운 발전을 위한 대안을 제시하는 데 그 목적을 둔 것으로 해석할 수 있다.

이와 같은 관점에서 본서는 기업의 경영성과 중에서도 갈수록 그 중요성이 강조되고 있는 사회적 성과(social performance)에 대한 감사, 즉 사회감사에 대한 내용과 분석방법론을 통하여 새로운 인사정책으로서 인적자원의 전략적 활용방안을 다루고 있다.

경제적 성과(economic performance) 위주로 기업의 경영전략과 감사 및 평가가 일반화되어 있는 현실을 감안한다면 본서의 필요성과 가치가 시기상조인지 아닌지는 독자들 스스로 판단해야 할 것이다. 본서에서 사회감사의 영역은 단순히 노동조합과의 집단적인 관계에만 한정된 제한적인 의미로 취급된 것이 아니라, 기업 내 인적자원관리 활동에서 발생되는 다양한 상황들의 총체인 인사기능상의 모든 활동을 포함하도록 하였다.

인사기능은 현시점에서 그 기능에 내재되어 있는 현재와 미래의 이익뿐만 아니라, 인사관리자들이 감수해야 하는 위험과 비용문제까지 다루도록 요구된다. 그만큼 갈수록 인적자원관리 활동이 기업경영 활동의 가장 중요한 전략적 분야로 강조되고 있는 것이다. 이처럼 인사기능은 기업의 발전이나 생존문제와 마찬가지로 기업의 효과성과 수익성에 직결되어 있는 활동이라 할 수 있다. 미국을 중심으로 하여 나타난 개념인 인적자원관리의 효과성 문제를 경영평가 활동에 적용시키고자 하는 관점은 본질적으로 기업의 모든 활동이 평가의 대상으로 될 수 있다는 사고에서 출발한 것이다. 이후 점차적으로 기업경영의 기타 세부기능 영역에서도 동일한 방법으로 그 기능별 효과성을 평가할 수 있다는 사례들이 확산되고 있다.

한편 인사감사의 이론과 방법론 및 사용되고 있는 다양한 분석기법에 힘입어, 사회감사활동에서는 기업의 주요 강점과 문제점들을 분명히 제시하는 한편, 약점은 받아들일 만한 수준의 비용으로 제거하고, 또한 기업역량을 강화하기 위한 해결책을 제시해주는 강력하고도 효과적인 평가수단으로 자리잡게 되었다. 특히 인사기능의 성격상 특수한 분석도구와 적합한 평가방법에 중점을 둔 사회감사 활동을 적극 요구하고 있다.

사회감사 활동이 효과적인 인적자원관리를 위한 특유의 분석기법과 연구방법으로 정립될 수 있었던 것은 프랑스의 FACI(Institut Français des Auditeurs et Controleurs Internes)를 중심으로 수많은 연구결과물 및 이들간의 상호교류가 있었기 때문이다. 특히 IIAS(Institut International d' Audit Social)의 제1차 국제회의 때부터 작성된 모든 검토결과 및 제안사항, 그리고 사회감사에 대한 저서와 논문들이 본서의 근간을 이루고 있다.

이들 저서와 논문들을 정리하여 원래의 내용을 그대로 옮기는 것도 좋은 방법이 되겠지만, 아직 우리에게 생소한 분야인 사회감사의 영역을 외국의 실태 그대로 제시하는 것 자체가 사회감사에 대한 이해와 도입에 오류를 일으킬 가능성이 많은 만큼, 한국이라는 조직사회의 특성을 고려하여 새롭게 종합하여 소개하는 작업에 임하도록 하였다.

사실 재무적·경제적 성과 이외에 사회적 성과를 평가하고 또한 인적자원관리의 효과성 증대를 위한 사회감사의 정착은 우리 나라뿐만 아니라 미국과 같은 선진국에서도 새롭게 정착되어야 할 가장 인간중심적인 이슈라 할 수 있다.

한마디로 경영학뿐만 아니라 모든 학문적 활동이 그 어느 나라보다 미국의 조류에 이끌려온 한국의 근대 학문사를 비평과 보완의 관점에서 바라보면서, 유럽식『사회감사 방법에 의한 전략적 인적자원관리』방안을 소개하고자 하는 바이다. 즉 21세기 한국의 인적자원관리 역시 인간적(사람의 가치를 가장 중시), 균형적(경제적 성과와 사회적 성과의 조화), 그리고 전략적(환경변화에 적합한 인사정책)으로 이루어짐으로써, 국제사회에서 통용되는 인적자원관리 방식으로 거듭 태어나야 한다는 것이다.

3년 이상 본서의 원고 재정리와 도표 작성에 노력해준 최정철 박사, 강성모 박사, 그리고 인하대학교 박사과정의 김진회, 최진환, 김성중 군들에게 고마움의 뜻을 전하며, 본서를 통하여 우리나라 기업의 사회감사 활동과 사회적 성과 평가에 대한 독자들의 관심이 새롭게 고조되기를 바란다.

1999년 8월 15일

龍峴洞 연구실에서

政秀 識

차 례

제11장 효과성과 사회감사

제12장 패러다임 혁신과 주체집단의 역할 재정립

부록

머리말

감사(audit)라는 용어는 일반적으로 **회계감사**와 동일한 개념으로 사용되고 있으며, 때로는 경영성과에 대한 통제활동 정도로 이해되고 있다. 즉 사회감사 역시 실무 전문가들조차 오로지 숫자로 표시되는 정보의 신뢰성 및 정확성 검증과 관련된 다양한 재무 · 회계감사로 인식해왔다는 것이다.

이 때문에 **"과연 사회감사를 통하여 복잡다단한 인사기능의 실천적인 측면을 측정하고 평가할 수 있을 것인가?"** 하는 데 있어서는 아직도 상당한 의혹을 불러일으키고 있으며, 때로는 사회감사 활동이 너무나 계량적인 방법에만 의존함으로써, **인사관리기능 자체의 인간성 상실**이라는 문제까지 유발시키고 있다. 이와 같은 현상은 비록 사회감사 활동이 이루어지고 있다 하더라도 학문적으로나 실무적으로 통제활동과 감사활동에 대한 관점이 극히 제한적으로 해석되었기 때문에 나타난 결과이기도 하다.

1. 사회감사의 관심영역

실제로 감사활동은 관리의 모든 영역으로 그 활동범위를 넓혀가면서 기업 내 하나의 독자적인 영역을 확보하고 있다. 그러므로 **감사활동**은 외부의 검증을 위한 재무제표 작성 활동과는 완전히 구분되어야 한다.

감사활동의 목적은 특히 질적인 측면에서 기업경영의 세부활동, 즉 생산관리, 정보관리, 연구개발관리, 마케팅관리, 구매관리, 인적자원관리 등 제반 기능을 마무리하기 위한 다양한 분석활동을 수행하는 데 있다.

한편, 감사활동은 감사인들이 사용하고 있는 정교한 분석방법과 끊임없는 기법의 개발을 통해서만 가능한 것이다. 초기단계의 감사활동이 숫자에 대한 확인 및 검증과 현재 시행되고 있는 법과 규정, 그리고 본질적으로 재무적 성과에 부합되는가 하는 데 대한 검증을 목적으로 한다면, 다음 단계의 감사는 우선 초기단계의 검증이 제대로 적용되었는지를 살펴보고, 다양한 정책별 검증결과간에 긴밀한 상호연관성이 있는지를 살펴본 이후, 이들 검증방식 및 결과가 후속목표에도 지속적으로 적용 가능한 것인지를 검증하는 절차에 관심을 두고 있다. 이와 같은 일련의 **감사방법**에서는 **위험변수를 고려하면서 현재뿐만 아니라 미래의 효과성 개념으로 경영성과를 평가**하게 된다.

　감사활동은 장점이자 통제활동의 부족에서 야기될 수 있는 위험과 문제점, 즉 약점이기도 한 감사의 특수성을 분명히 드러내주는 특정상황을 확실히 증명하는 데 그 목적이 있다. 그러므로 **감사활동**을 한마디로 표현한다면 "모든 관리영역에 대한 **내부통제**를 조절하는 활동이다"라고 정의할 수 있다. 그러나 감사인의 활동은 여기에 한정되지 않는다. 즉 감사인의 활동은 명백하게 표출되고 있는 문제점들의 원인을 진단하고, 감사의 영역이나 직무별 책임자들이 사용하여야 **할 실천활동에 대한 권고안**을 제시하는 것까지 포함하고 있다.

　그러나 비록 **인사기능**의 독특한 성격이 부각된다 하더라도 다른 세부 관리기능들과 마찬가지로 기업의 목표달성에 대한 기여도와 효과성에 대한 평가결과를 변경시킬 수는 없다. 하지만 관리자들은 인사기능을 이미 기업에서 통합적으로 추진할 수 있는 목적달성 및 심사숙고한 결과 도출되는 **의사결정 활동을 효과적으로 조절하는 데 활용**하고 있으며, 인사기능이 감사인의 감사방법 및 분석기법, 그리고 감사의 결과 등에 힘입어 기업에서 통제 가능한 특수한 위험, **즉 조직의 상태와 특성을 보여주는 역할**을 한다는 점은 분명하다 할 것이다.

　그러므로 감사활동을 더 이상 순수 검증활동으로 보아서는 안 되며, 보다 효과적인 방법으로 '기업을 경영할 수 있도록 도와주는 중요한 조언자'로 볼 것이 요구된다. 즉 **감사활동은 첫째**, 특수한 분석기법과 지표를 사용하여 기업경영의 현상을 규명하고, **둘째**, 후속목표와의 관계에서 나타나는 차이를 확인해주며, **셋째**, 정해진 절차, 법규, 조약, 및 협약사항 때문에 실제 발생할 수 있는 경영상의 문제점을 밝혀내고, **넷째**, 그 문제점들을 수준에 따라 계층화하고 또한 위험수준을 평가함으로써, **다섯째**, 궁극적으로는 효과적인 경영활동에 요구되는 권고안을 제시해주는 **실질적이고도 객관적인 활동**이 되어야 한다는 것이다.

　그러므로 **사회감사**는 인적자원관리자와 기업경영자가 보다 효과적으로 인적자원을 관리하도록 하는 데 반드시 필요한 조언자의 모습으로 나타나게 되며, 바로 이러한 점이 기업경영에 있어서 관심이 증대되고 있는 **감사의 역할과 감사의 기능**에 대한 새로운 개념이 되는 것이다.

2. 사회감사에 대한 관심

사회감사에 대한 관심이 고조되고 있는 이유는 특히 **인적자원관리의 효과성에 대한 적절한(균형적 또는 통합적) 평가와 효과적인 내부통제활동 및 경영의사결정**을 위하여 사회감사의 특수한 분석기법과 방법이 다양하게 요구되기 때문이다.

사회감사에 대한 이러한 관심은 기업에서뿐만 아니라 전문경영인협회나 대학의 연구활동 등을 통해서도 동시에 확인될 수 있다. 갈수록 기업의 내부감사 활동은 기업 내와 지사에서 또는 기업의 합병시에도 대부분 인사기능과 직접 관련된 사회감사 활동에 집중되고 있으며, 감사활동의 특수화된 한 분야로서 사회감사를 실시하는 기업도 나타나고 있다.

여기에서 **사회감사의 역할**은 업무수행과정에 대한 정확한 조사활동, 특수화된 문서(예 : 대차대조표)와 특수기능에 대한 감사(예 : 임금, 수당, 모집, 개발, 승진, 노사관계 등), 합법성 여부를 판별하기 위한 감사(법적 · 관습적인 요구에 맞게 결과가 일치되었음을 확인하는 검증) 등을 통하여 인사기능 전반적인 이슈와 관련된 진단을 하는 것이다.

사회감사를 실시하는 데 필요한 인적자원이 결여된 기업의 경우에는 감사분야의 전문가로서 오래 전부터 감사에 대한 경험을 갖고 있거나, 회사에서 고문 역할을 할 수 있는 또는 감사활동 분야의 전문가로서 감사팀원이 될 수 있는 **외부 감사인**의 도움을 받도록 해야 한다. 감사인과 관련해서는 1976년 「사회감사전문가협회」를 창설한 바띠에(R. Vatier)의 선구적인 연구에서 많은 것을 보여주고 있다.

바띠에는 「국제사회감사연구소」설립에도 일익을 담당하였으며, 본 연구소의 설립목적은 탁월한 능력을 지닌 사회감사인들을 재결속하고 기업 내의 수많은 감사실태에 대한 대학 및 실무 연구자들의 고찰과 정교한 방법의 개발을 통하여 **사회감사의 개념**을 이론적, 그리고 실천적으로 증진시키는 데 두었다. 최근에는 IFACI에서도 사회감사에서 활용되는 방법을 연구하는 그룹을 창설하여 기업의 사회감사에 관한 보고서를 발행하고 있다.

같은 시기에 프랑스 인사관리자협회(ANDCP : l' Association Nationale des Directeurs et Cadres de Personnel)는 국제사회감사연구소(IIAS : l' Institut International d' Audit Social) 창설에 협력하여 사회감사에 관한 수많은 논문을 실으면서 지역별로 감사협의회를 결성하기도 하였다. 마침내 1983년에 코펜하겐에서 개최된 **유럽 인사관리자국제회의**에서 본 주제를 다루면서 사회감사에 대한 관심이 크게 고조되었으며, 대학에서도 특수화된 기술과 방법을 더 정확하게 개발시킴으로써 사회감사의 개념이 보다 명확하게 정립되는 계기가 되었다.

한편 프랑스 남부 액 상 프로방스(Aix-en-Provence)의 IAE 경영대학원에서는 관리자 및 인사 책임자를 대상으로 **'외부감사 및 인적자원관리'** 라는 학위과정을 설치하여 사회감사 교육을 실시하고 있다. 1984년에는 **'법적 및 사회적 감사**(Audit Juridique et Social)' 라는 전공이 DESS(전문박사 기초과정) 프로그램으로 뚤루즈(Toulouse)대학에 개설되었으며, 1985년 프랑스의 기업법 개정에서는 기업마다 감사방법에 의거하여 사회·경제적 차원의 대차대조표를 작성하도록 **법적으로 의무화**하였다.

그러므로 사회감사는 우리 나라뿐만 아니라 선진국, 특히 유럽에서도 아직까지 상대적으로 새롭게 부각되고 있는 분야이자, 보다 깊이 이를 연구하고 실용적 영역을 넓혀 나아가야 할 분야로서, 자연스럽게 대학에서나 전문가들의 주요 관심사로 대두되고 있다.

본서는 사회감사에 대한 방법과 이론에 대한 고찰의 결과이자 다양한 기업에서 나타나고 있는 사회감사의 형태를 실제로 체계화시킨 결과물이다. 그러므로 본서는 대학 및 기업의 실무전문가들에 의한 종합적인 연구성과이자 동시에 바로 그들을 위한 기초 입문서라 할 수 있을 것이다.

3. 본서의 목적 및 체계

본서는 독자들, 특히 현장에서 잘 알고 있는 다양한 기법들을 직접 기업에 적용해보면서 **사회감사의 효과**에 대해 충분히 이해할 수 있도록 사회감사의 범주에 속하는 제반 분석기법, 평가지표 및 사례들을 다루고 있다. 또한 이해를 돕기 위해 방법론과 이론에 대한 재해석을 덧붙여 두었다. **이론과 실제**간의 대립 또는 차이는 현실적으로 다람쥐 쳇바퀴돌 듯 계속 나타나는 현상이다. 그럼에도 불구하고 이론적인 연구가 필요한 이유는 이론이 바로 추상적인 개념과 활동적인 현실 사이에서 필요한 교각 역할을 해주기 때문이다.

일반적으로 **이론**이란 실제로 나타나는 현상 또는 사건들을 그럴듯하게 표현한 것에 지나지 않으며, 과학적인 이론 역시 현실적으로 검증될 수 있는 모델의 일부분에 지나지 않는 것이다. 물론 어떤 모델에 있어서는 이러한 과학적 이론조차 미비하고, 추구하는 목표에 대한 이론마저 결여되어 있는 경우도 있다. 즉 과학적 이론이 뒷받침되지 않는 모델은 그 **연구의 타당성**을 잃게 되며 이로 인해 목표를 달성하지 못하게 된다.

예를 들면, 결근에 대한 연구를 할 경우, 결근의 원인을 명백히 규명하기 위한 충분한 **예비진단**이 이루어지지 않았다든지, 또는 결근의 현상을 설명해주는 **연구모델에 대한 인식**이 부족할 경우에는 연구대상 집단에 아무런 이익도 없이 비용만 축내면서 현실 문제와는 실로 맞지 않는 권고안을 제시하게 된다. 특히 기업활동의 특수한 기능에 대한 감사를 실시할 경우에는 우선 **분석지표**를 추출하고, **진단활동**(diagnosis)의 결과, 기업이 필요로 하는 권고안(recommandations)을 가능하도록 해주는 이론적 기본원리의 활용이 절대적으로 요구된다.

본서는 단순히 효과적인 인적자원관리 활동을 위한 수단이 아니라 인적자원관리 활동의 보완을 위한 **실천적인 지침서**이다. 즉 **본서의 목적**은 기업활동의 각 기능에 대한 특수한 기술을 제시해주는 것이 아니라 실제로 우리가 부딪히고 있는 문제에 대한 해결방안을 마련하기 위한 분석방법을 제시하면서, 상황별 진단 및 감사를 받은 기업의 **조직효과성을 제고**시키고 또한 이를 검증하는 데 두고 있다.

또한 본서의 내용은 인사권이나 노동권에 대한 내용을 담은 것이 아니라 **실제로 관찰된 사회감사의 영역**에 대하여 표준과 규범을 구성하는 법, 집단의 관습 및 협약에 일치된 기업활동이 이루어지고 있는지를 검증하기 위한 **준거사항**(reference)들을 다루고 있다. 그러므로 본서는 인적자원관리를 담당하고 있는 전문가 및 기업 간부들을 위한 것이자 기업 내 감사 및 외부 감사인, 그리고 기업의 경영자들을 위한 전문서라 할 수 있다.

물론 인적자원관리나 감사관리를 전공하는 학생들에게는 기업의 인적자원관리 활동으로부터 야기되는 복잡한 상황을 보다 잘 이해하고 평가하도록 해주는 지침서가 되기를 바라는 바이다.

본서의 주요 내용은 일반적으로 감사인들이 주어진 상황 하에서 주요 요인을 평가할 때 사용하는 객관적, 그리고 귀납적인 다양한 단계를 염두에 두고 정리되었다. 즉 본서의 기본체계는 감사인들이 사용하는 지표에 대하여 보다 구체적으로 접근함으로써, 인적자원관리 활동상의 주요 문제에 대하여 **예비조사**와 **예비진단**에서부터 감사의 일반적인 단계를 하나씩 살펴보도록 구성하였다. 또한 인적자원관리 활동의 특수성과 독창성을 고려하여, 사회감사의 영역분류 및 효과성과 인적자원관리와의 연계성에 대한 연구부터 제시하였다. 본서는 총 12장으로 구성되어 있다.

제1장은 인사기능의 특수성에 대한 연구로서, "왜 인적자원관리가 중요시되고 있는지, 인

적자원관리의 효과성을 측정하기 위하여 과연 어떤 문제들이 제기되고 있는지, 그리고 이들 문제간에는 어떤 관계가 정립될 수 있는지"를 검증해보고자 하였다.

제2장은 사회감사의 범위에 대하여 고찰한 것으로, 관리와 통제, 조직의 발전, 조사활동 등과 같은 경영활동의 영역별 특수성에 대하여 살펴보았다. 물론 다양한 영역을 다루다 보면 사회감사(audit social)와 조직분위기분석표(tableau de bord : 사회적 계기판) 또는 기업의 사회적 대차대조표(bilan social)와 같은 분석기법들이 상호 혼동되는 경우도 발생할 수 있다.

제3장은 사회감사의 일반적인 방법론으로서, 평가 및 측정의 기본원리에 대하여 고찰하였다. 평가와 측정의 기본원리는 한마디로 감사인들로 하여금 인적자원관리 활동상의 문제와 이에 따른 위험요소에 대한 분석과 함께 인적자원관리 활동상의 장점들을 평가하고, 또한 관찰된 상황에 대한 원인을 진단하는 데 있다.

제4장은 사회감사활동을 통하여 표출된 성과를 제시하였다. 또한 사회적 성과를 세부적으로 분석하고, 관련정보를 수집하기 위해서 현재 감사인들이 사용하고 있는 다양한 분석기법에 대하여 살펴보았다. 제5장 이후에서는 기업에 실제로 적용하면서 표출되는 문제점에 대하여 살펴보았다.

제5장은 기업에 대한 예비진단의 방법에 대하여 연구한 것이다. 즉, 기업별 인적자원관리 활동의 장점에 대한 확인, 중요한 문제 및 기업이 직면하고 있는 위험, 그리고 이와 같은 위험이 발생하는 영역 등에 대하여 살펴봄으로써 예비진단을 통하여 감사인들의 활동이 보다 구체적으로 이루어질 수 있도록 하였다. 예를 들어, **'표출된 문제로 가장 중요한 것이 결근율로 부각되었다면 결근감사가 무엇보다 중요하다'** 는 것이다. 그러므로 예비진단을 통하여 결근관리의 중요성이 부각되었다면 이에 대한 권고안의 기초역할을 할 수 있는 정확한 측정 및 특히 반복되는 결근상황을 제시해주는 원인을 확인하고, 결근에 따른 제반 비용을 평가하는 지표와 개선방법을 제시하였다.

사회감사 활동은 또한 세부 인사기능과 직접적으로 관련되어 있다. 그러므로 기업 내에서

유발되기 쉬운 위험요인이나 사회감사에서 전형적으로 다루어야 하는 사항들은 사례로 다루어 두었다. 본장에서 사용하고 있는 분석기법에서 구체적으로 다루지 못한 세부사항에 대해서는 **고용관리**(7장), **급여관리**(8장), **보상관리**(9장), 그리고 **교육훈련관리**(10장) 감사기능으로 구분하여 다루었다.

　제11장은 기업의 사회감사에 대한 현행실태 및 미래상에 대하여 논하였다. 아울러 사회감 사인의 바람직한 모습과 감사임무에 요구되는 윤리적인 문제 및 인적자원관리에 있어서 사회감 사의 역할이 어떻게 증대될 것인가에 관하여 다루었다.

　제12장은 새로운 감사 패러다임의 변화에 부응하는 감사인의 역할 재정립 방안 및 사회 감사 방법론에 입각한 분석 이슈(사회적 이슈)를 도출하기 위한 실증연구사례를 정리함으 로써, 우리 나라 기업에 사회감사 기법을 적용하기 위한 주체집단(경영자, 노동조합, 전문 컨설 턴트, 인사책임자 등)의 역할 재정립 및 조화로운 경영풍토의 조성방안에 대한 연구과제를 제시 하였다.

　실제로 사회감사 기법의 적용을 용이하게 하고 제시된 방법과 기술에 대한 이해를 돕기 위해 서 **질문사항들을 각 장의 마지막 부분에 정리**해두었다. 보다 구체적인 이론적 배경에 대하여 살펴보려는 독자들은 끝 부분에 정리해둔 참고문헌을 참조하기 바란다. 한마디로 아직은 낯설 고 설익은 작품이지만 사회적 성과를 중심으로 보다 인간중심적인 인적자원관리를 새롭게 구축 하기 위한 의도에서 사회감사 방법론을 소개하는 바이다.

핵심개념

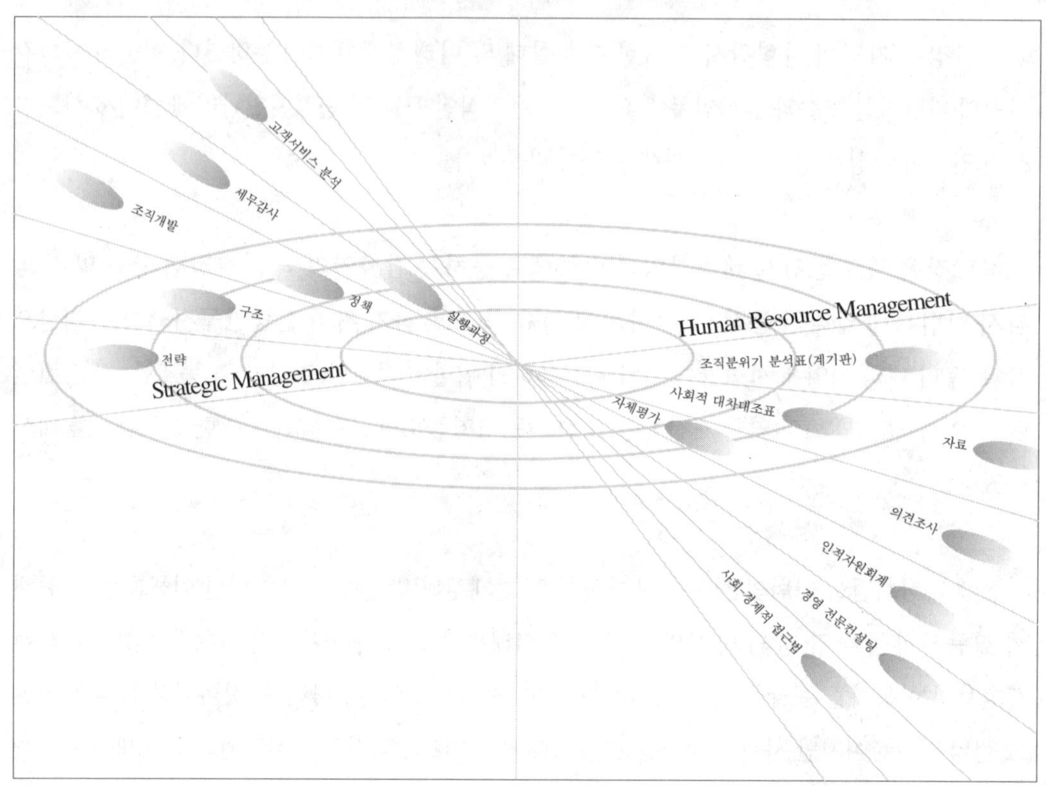

1. 사회감사(Social Audit)

흔히 인사감사로 통용되어온 **'사회감사'** 는 외부지표의 가치와 인사기능상의 고유 영역에서
도출된 규범이나 표준의 가치간에 나타나는 **차이**(gap)를 측정하는 활동을 의미한다. 그러므로
사회감사 활동은 과거의 편협한 인사감사 영역을 넘어 감사대상 기업이나 사업장의 인적자원관
리 특성과 법적 · 제도적 · 협약적 제약조건에 대한 면밀한 분석을 요하는 작업이라 할 수 있다.

사회감사는 '**통제방식에 대한 통제활동**'으로 단순한 의견조사와는 달리 다양한 사회과학적 분석기법을 사용하는 경영분석기법으로 정립되고 있으며, 재무·회계·전산 감사와 함께 기업경영에 필수적인 수단으로 갈수록 역할이 강조되고 있다.

사회감사의 궁극적인 목적은 인적자원관리(인사기능)를 통한 기업의 경영성과를 균형적 또는 통합적으로 향상시키는 데 있다. 그러므로 사회감사는 경영자나 인사책임자에 대한 통제활동에 초점을 둔 것이 아니라, 효과적인 기업경영과 인사활동을 위한 수단이라 할 수 있다. 이와 같은 사회감사의 목표는 다음과 같이 열거될 수 있다.

① 인사활동 관련 적정자료의 수집을 통한 확인활동

② 계량화 작업에 의한 보다 엄격한 경영관리 활동

③ 인사상 발생되는 문제의 원인과 결과에 대한 진단 및 최적의 통제(자율통제)

④ 의사결정 활동을 위한 최적의 준비작업

⑤ 미래의 위험도, 기업의 사회적 성과 평가, 경영효과성에 대한 인사기능의 공헌도 분석 등을 통한 상황악화의 방지 및 사전준비 활동

⑥ 노사협상 등 사회적 관계집단과의 효과적 협상활동을 위한 수단정비 등

이에 따른 사회감사의 사명은 다음과 같이 요약될 수 있다.

① **일치성 감사** : 일치성 감사는 정보의 질(기밀 및 보안)을 보장하고, 법적·제도적·협약적 사항 및 경영방침을 준수하는지 통제하는 사회감사의 사명을 말한다.

② **효과성 감사** : 효과성 감사는 절차의 일관성·실행의 일관성·절차의 적합성·절차의 효과성 등 4대 사항에 대한 평가를 통한 사회감사의 사명을 말한다.

③ **전략적 감사** : 전략적 감사란 인적자원관리 정책이 기업의 경영목표에 부합하고 있는지, 그리고 기업의 사회정책이 실현되고 있는지를 살펴보는 사회감사의 사명을 말한다.

사회감사의 방법론은 사회관찰의 방법론을 원용한 것이다. 그렇지만 사회관찰은 기본적으로 비규범적인 현상분석에 입각하고 있는 데 비하여, 사회감사는 관찰자료와 법적·정책적·작업기준 및 표준 등으로 제시되는 일정 준거틀을 비교하는 방법을 사용하는 것이 차이점이라 할 수 있다.

2. 인적자원관리 (Human Resource Management)

사람은 모든 조직, 특히 기업조직에 있어서 가장 중요한 자원이다. 이와 같은 인적자원은 다른 자원요소에 비하여 다음과 같은 특성을 갖고 있다.

① **인적자원의 다양성** : 사람의 개성과 기대하는 바가 다르고, 또한 기업의 욕구도 상이하게 나타나는 특성이 있다.

② **인적자원의 내구성** : 종업원들의 평균 근속기간은 나라마다 다르고 유동성이 갈수록 증대되고는 있지만 보통 12년 정도로 길게 나타나는 특성이 있다.

③ **인적자원의 적응성** : 조직 구성원은 조직의 내·외부 환경변화를 기대하거나 변화에 동참하는 특성을 갖고 있다.

④ **인적자원의 사회성** : 조직 구성원 개개인의 효과성은 상호관계의 응집력과 성격에 의해 결정되는 특성을 갖고 있다.

그러므로 인적자원관리는 첫째, 개별수준에서 개인에 대한 관심, 열정에 대한 관심, 그리고 개인의 잠재력 개발에 대한 관심을 갖도록 하는 것이며, 둘째, 집단수준에 있어서 각 개인행위의 결합이 바람직한 시너지 효과로 나타나도록 전략적 차원에서 이루어지도록 해야 한다.

3. 사회전략 (Social Strategy)

기업의 사회전략은 종업원들의 욕구에 가장 효과적으로 대처하기 위한 방안을 수립하는 활동이다. 사회전략은 다음과 같은 원칙에 의거하여 수립·실천되어야 한다.

① 경제적 성과와 사회적 성과는 반목적인 관계가 아니라 상호 보완적인 관계이다.

② 기업조직과 종업원은 장기적 관점에서 통합된 방식으로 다루어야 할 대상이다.

③ 종업원의 성과는 근본적으로 그들의 지적능력을 활용하여 나타나므로, 종업원들의 의견을 청하고 받아들이도록 해야 한다.

④ 기업의 사회전략은 기업과 개인간의 [공헌-보상] 관계로 정립되어야 한다

⑤ 모든 유기체와 마찬가지로 사회적 집단으로서의 기업조직 역시 조화로운 방식으로 **구성원들의 역량을 발휘**하도록 조직관리가 이루어져야 한다.

그러므로 기업의 사회전략은 주어진 기능에 대한 명확한 정의, 경영자의 역할, 자유로운 의사소통, 시너지 효과를 위한 개별 또는 집단이해관계의 조정 등과 같은 다양한 조직관리 방식을 도입하도록 요구한다.

4. 사회적 분위기 (Social Climate)

조직의 사회적 분위기란 구성원들의 일상적인 조직생활 모습 상황을 종합적으로 분석하는 것이다. 여기에서는 종업원들의 사기나 근로생활의 질에 대한 내용이 핵심적으로 다루어진다. 즉 기상변화, 구름, 무더위, 강우량 등과 같은 자연의 기후(natural climate)에 따라 바다의 항해사들이 배를 인도해가듯이, 정서변화, 갈등, 스트레스, 작업조건 및 작업량 등과 같은 **조직의 기후**(social climate)에 따라 구성원들을 적절하게 이끌어가야 한다는 점을 강조하고 있다.

분위기란 연구대상이 되는 조직의 종합적 인상으로 표현되므로, "분위기가 너무 경직화되어 있다", "분위기가 너무 침체되어 있다" 는 식으로 평가된다. 일부 학자는 기업문화와의 차이를 "기업문화는 구성원들의 행동방식과 관련된 것이며, 조직의 사회적 분위기는 구성원들의 사고방식과 관련된 것이다" 는 의미로 구분하기도 한다.

5. 사회적 규제 (Social Regulation)

기업 내 사회적 규제활동은 경영진과 종업원간에 수평적으로 이루어지는 것을 전제로 한다. 사회적 규제가 이루어지는 통로는 다음과 같은 **4대 주체세력권**으로 형성된다.

① **대표자 세력권(노동조합 및 종업원 대표기구)** : 이들 세력권을 통해서는 사실 상향적 의사소통이나 대응활동이 순조롭게 이루어지기가 어려우며, 조직내부의 분위기나 상황 변화에 따라 급격히 달라지는 불안정한 모습을 갖고 있다.

② **관리자 세력권(부서장급 이상의 각 관리자집단)** : 관리자 계층 역시 전달되는 정보가 누락·변형·조작 등의 형태로 지리멸렬한 모습을 보일 수 있다.

③ **참여적 세력권(현장의 소집단 조장 및 팀장 집단)** : 현장 종업원 및 조장들의 상향적 의

견제시는 상대적으로 확고하게 전달될 수 있으며, 현장의 운영상 문제점과 구조적인 문제점을 명확히 알 수 있도록 해주는 원천이 된다.

④ **중재자 세력권(컨설턴트, 경영학자 및 사회학자, 감사인 등)** : 전문가들로 구성된 집단의 의견이 상향적 또는 하향적으로 이루어지는 통로로서, 전문가들의 분석능력, 종합능력 및 동기유발능력에 의해 효과성이 부각된다.

이처럼 기업 내 사회적 규제활동은 주체(집단) 간의 **상호 견제와 균형의 원칙**에 입각하여 자신들의 권익을 대변하는 데에서 출발하는 것이다.

6. 사회적 갈등 (Social Conflict)

갈등이란 일정시점에 있어서 상호 화합되지 않은 집단간에 반목적인 이해관계가 나타나는 것을 말한다. 기업의 사회적 갈등은 사회적 동반자로서 노조나 사용자측이 상대방의 저항에도 불구하고 자신들의 주장을 관철하려 할 때 발생하는 것이다.

기능론자(functionalist)들은 사회적 갈등을 "조직을 조화롭게 이끌어가기 위한 수단으로 정립해둔 제반 규제시스템의 **역기능적 현상**(dysfunctional phenomenon)"으로 설명하고 있다.

7. 기업문화 (Corporate Culture)

기업은 단순한 생산자 또는 부의 분배자 역할을 하기보다는 사회적 삶을 영위하는 하나의 실체로서 그 특성이 중시되고 있다. 때문에 기업문화란 "기업의 경영정책, 행동규범, 대내·외 고객관계의 정립 등에 기반이 되는 본연적 원칙 및 윤리적 기준의 총합이다"라고 설명되기도 한다. 일반적으로 기업문화는 다음과 같은 다양한 측면에서 고찰된다.

① **기업과 환경과의 관계** : 환경의 지배력, 변화에의 적응력, 전문화 수준 등

② **가치관** : 행동규범, 관행 및 관례 등

③ **구성원의 비전** : 인재양성, 남녀평등, 직무배치 등

④ **실천안의 비전** : 경영혁신전략, 경력개발전략 등

⑤ **사회적인 비전** : 조직 내 사회적분위기(경쟁적, 협력적, 개인주의적 등),

권력의 기반(학력중시, 카리스마, 신뢰성 등)

기업문화를 공식화하는 작업은 기업홍보물, 신입사원 채용공고, 사규집, 신규사업계획 등 다양한 방법을 통하여 이루어지며, 이는 종업원들이 기업의 중장기 목표에 동참하고 이를 이해하도록 하는 데 직접적인 영향을 주게 된다.

8. 사회진단 (Social Diagnosis)

사회진단은 기업조직의 영향변수(구조, 기술, 집단 등), 현 상황에 대한 정확한 정보, 향후 변화방향에 대한 예측 등에 대한 연구를 통하여 새로운 개선방안을 제시하는 데 초점을 둔 **'현상론적'** 진단활동으로서 다음과 같은 단계로 진행된다.

① **제1단계(관찰)** : 현상에 대한 사실적 관찰

② **제2단계(진단)** : '무엇이 일어났는지'에 대한 설명 및 확정

③ **제3단계(예측)** : 예측 및 대비

사회진단 활동은 있는 그대로의 현상을 진단하는 데 초점을 두고 있으므로 규범론적인 사회감사의 기준이나 전략적 목표수립방법과는 기본관점이 완전히 다르다.

9. 사회적 지표 (Social Index)

사회적 지표는 동질적인 구성원으로 형성된 집단에 대한 객관적 정보를 총체적으로 표현한 것이다. 사회적 지표를 통해서는 기존에 확인된 타 집단(**상황지표**)과 비교하거나, 자기 집단(**개선지표**)의 과거 실태와의 비교를 통하여 집단행동의 변화를 유도한다. 사회적 지표는 일반적으로 다음과 같은 3가지 유형으로 구분된다.

① **계량지표** : 계량지표는 가치(value)를 수치로 표현할 수 있는 지표로서, 금전적으로 표시할 수 있는 지표(임금수준 등)와 비금전적인 지표(연령 등)로 나뉘어진다.

② **질적 지표** : 계량화가 어려운 사항(협약파기, 불만표출 등)은 질적 지표에 의해 설명되도

록 해야 하며, 질적 지표 역시 가능하면 계량적 수준평가가 이루어질 수 있도록 노력해야 한다.

③ **경보지표** : 비정상적인 상황의 발생(안전사고 등)이나 역기능적인 현상(외세를 등에 업은 노조대표의 선출 등)에 대한 것은 경보지표로 구분해서 파악하도록 해야 한다.

10. 사회정책 (Social Politics)

기업의 사회정책은 우선 종업원 개개인의 관심사항을 주요 공통사항별로 고려하고, 또한 노사관계 등 **집단차원의 양호한 관계유지**를 위한 제반 활동을 다루는 것이다.

개별 관심사항을 파악하기 위해서는 개인의 경력사항 · 잠재력 · 교육수준 · 임금수준 · 작업조건 · 승진사항 등을 파악하고, 이를 종합하여 정책적 우선순위를 정해야 한다. 집단간의 관계유지를 위해서는 특히 노사관계에 초점을 맞춘 사회정책을 펼쳐야 한다.

그러므로 기업의 사회정책을 광의로 해석할 경우에는 모든 인적자원관리 활동이 포함될 수 있다. 그러나 일반적으로 사회정책은 다음과 같은 2가지 측면에 한정하여 다루고 있다.

① **기업내부관계의 강화정책** : 정보시스템의 적정성, 커뮤니케이션 활동의 자유성, 고충처리능력, 개인의 적성과 역량에 대한 정확한 평가활동, 노조의 협상참가도 등을 제고시키기 위한 방안이 핵심적인 사회정책에 속하는 것들이다.

② **기업의 경제적 성과와 사회적 지원의 조화정책** : 기업의 경제적 성과 및 유보이익의 수준에 비추어 지나친 사회적 지원 또는 열악한 복리후생정책 등이 나타나지 않도록 사회정책은 균형적 관점을 유지해야 한다.

11. 사회적 책임 (Social Responsibility)

기업의 사회적 책임은 기업의 의사결정에 대한 도덕적 의무를 의미한다. 그러므로 내부고객으로서 **종업원에 대한 사회적 책임**(고용, 자격, 근로조건 등)과 외부고객으로서 **사회에 대한**

사회적 책임(납세, 환경보존, 주주 등)이 모두 포함된다.

물론 기업의 사회적 책임에 대한 문제는 책임의 대상 이상으로 책임의 수준이 더욱 중시된다. 예를 들면, "과연 고용에 대한 책임은 어느 정도까지 질 것인가", "교육훈련은 어느 정도까지 시켜주어야 하는가", "사회보장비는 어느 정도 지출해야 하는가", 특히 "경제적 성과에 비하여 어느 정도의 사회보장비를 지출하도록 할 것인가" 하는 문제는 항상 핵심적인 과제가 되는 이슈들이라 할 것이다.

12. 사회적 계기판 (Tableau de Bord Social)

사회적 계기판을 통해서는 설정된 목표에 비해 집단행동의 수준이 어느 정도 개선 또는 달성되었는가를 정기적으로 살펴볼 수 있다. 즉 사회적 계기판은 기업의 사회적 관리활동의 수단으로서, 장 · 단기 사회적 문제에 대한 의사결정의 효과성을 평가하고, 기간별 목표수준에 비하여 어느 정도 성과달성을 했는가를 알려준다는 것이다. 그 결과 목표수준과 실제성과간의 차이가 확인되면 이를 시정하기 위한 작업에 들어가도록 한다. 그러므로 사회적 계기판은 「**통제활동과 수정활동**」이라는 양면적 특성을 가지며, 기간별 사회적 성과를 파악하고 부족한 부분에 대해서는 개선방안을 제시하는 방법이라 할 수 있다.

13. 사회적 성과 대차대조표 (Bilan Social)

Bilan Social은 특히 프랑스에서 발전된 기법으로서, 1977년 7월 12일에 제정된 법에 의해 1977년 12월 18일자로 세칙이 확정되었다. 본 제도의 기본목표는 구성원들간의 ① **정보공유** ② **노사화합** ③ **계획수립** 등에 두고 있으며, 이를 실현하기 위하여 다음과 같은 7대 분야에 34개 항목(134개의 지표)을 제시하고 있다.

고용관리	임금관리	안전위생	근로조건	교육훈련	노사관계	기타조건
11.인원	21.임금총액	31.안전사고	41.작업시간 및 조정	51.직업교육	61.사원대표, 노조대표	71.사회사업
12.외부인력	22.임금계층	32.사고분류	42.작업시간 조정조직	52.교육휴가	62.정보관리 의사소통	72.기타 사회적 부조
13.고용	23.산정방식	33.직업병	43.물리적 근로조건	53.현장실습	63.노동법규 공정적용	
14.이직	24.부가급부	34.안전위생 위원회	44.작업조직 재설계			
15.승진	25.수당총액	35.안전관리 비용지출	45.근로조건 개선비용			
16.실업	26.납입분담		46.현장의 의료기관			
17.소수집단			47.부적응 종업원			
18.결근						

　사회감사에 요구되는 핵심적인 정보가 바로 사회적 성과 대차대조표(Bilan Social)를 통해 나오며, 종업원 300인 이상의 대기업에 있어서는 의무적으로 매3년 동안의 분석결과를 근로감독관에게 보고하도록 의무화하고 있으므로 Blan Social을 통하여 사회감사, 인적자원관리 및 인사정책의 기본방향과 개선방안을 제시할 수 있다.

제1장

인적자원관리와 효과성

제1장 인적자원관리와 효과성

인사관리(Personnel)의 역할과 기능에 대한 이해는 '사람(人)'과 '일(事)'을 적재적소에 결합하는 작업, 즉 「right person to the right job」에서 출발해야 한다. 그러나 사람의 가치를 평가하는 관점이 다르고, 직무(일)의 가치 역시 제대로 정립되지 않은 상태에서 정책적으로 아무리 새로운 인사기법과 신인사제도를 도입한다 하더라도 효과를 기대할 수는 없다.

또한 일정시점에 가장 적합한 자를 선별하여 해당 직무에 배치시켰다 하더라도, 이미 그 시점부터 그 사람이 그 자리에 더 이상 적합한 자가 아닐 수도 있다. 자신의 상사를 비판하면서 "내가 저 자리에 올라간다면 나는 결코 저 사람처럼 되지는 않을 것이다"라고 떠벌리던 자가 막상 그 자리에 승진되고 나면 오히려 전임자보다 더 심각한 문제를 유발시키는 모습도 주변에서 쉽게 볼 수 있다.

이처럼 복잡다단한 욕구와 특성을 지닌 조직구성원들에 의해 표출되는 행동을 인사관리의 제반 제도만으로 관리하려는 것 자체가 무모한 '오만의 결과'라 할 수 있을 것이다.

제1절 인적자원관리의 중요성

기업의 경영활동상 유발되는 제반 문제를 다룰 때처럼, 인적자원관리와 관련된 문제를 다루는 데 있어서도 우선 제기되는 문제의 본질에 대한 명확한 파악과 정의를 내릴 수 있어야 한다. 왜냐하면 흔히 문제의 진상에 대한 정확한 이해 없이 해결책을 강구하려는 행동이 쉽게 나타나고 있기 때문이다.

그렇다면 "기업조직 내 인적자원관리(HRM: human resource management)의 문제점은 어떤 형태로 나타나고 있는가 ?" 하는 의문과 함께, 본장에서는 인적자원관리에 대한 정의와 문제의 제기를 다음과 같은 전략적 관점에서 살펴보도록 하였다.[1]

첫째, HRM은 조직의 전략적 의사결정활동에 대한 분석과 관찰을 하는 학문이다.

둘째, HRM은 조직환경에 존재하는 정보와 지식에 대한 분석과 관찰을 하는 학문이다.

세째, HRM은 상기 두 가지 활동을 실천해야 할 주체인 종업원들에 대한 분석과 관찰을 하는
       학문이다.

그러나 실제로 인간의 의사결정 활동과 조직 내 정보와 지식의 흐름은 상호 구분되어 나타나는 것이 아니라 상호 결합적으로 표출된다. 이처럼 인적자원관리 활동에서는 살아있는 조직, 성장하는 동태적 조직을 만들어 주는 의사결정과 정보 및 지식전파의 주체인 인간에 대한 문제를 다루게 된다.

그러므로 인적자원관리에서는 지금까지 조직 내 구성원을 효과적으로 다루기 위한 인사제도의 개선과 개혁에 초점을 두어왔던 인사관리(personnel management)의 관점과는 근본적으로 다른 접근방법을 취하고 있다. 이는 한마디로 과거의 **'제도중심적 접근방법'**이 아닌 **'인간중심적 접근방법'**으로 인적자원관리가 이루어져야 한다는 것이며, 무엇보다도 의사결정활동 및 정보와 지식의 전수와 확산에 초점을 맞춰야 한다는 것이다.

1. 인적자원관리의 발전과정

기계론적 기업관을 내세웠던 테일러(F. W. Taylor), 베버(M. Weber) , 페이욜(H. Fayol) 등 전통적 경영론자들의 논지를 요약하면 다음과 같은 몇 가지 사항으로 정리된다.

첫째, 기업조직의 자원을 효율적으로 관리하도록 해주는 최적의 방안은 항상 있게 마련이다.

둘째, 종업원은 특화된 전문능력별로 선발·육성되어야 하며, 해당 업무에 정확하고 적합하
       게 배치 및 전환되도록 해야 한다.

---

[1] 본 내용에 대해서는 「전략적 인적자원관리 및 인사제도 혁신」, 박기찬, KEMBA, IPS, 1996, pp. 1-29 참조.

세째, 조직 내 유일한 권력의 유형(unique type of power)은 체계적으로 정비된 계층제 하의
　　　공식적 권한(formal authority)으로서 공식적 권한만이 합법적인 권력이다.
네째, 종업원들의 동기를 유발시키기 위한 유일한 수단은 금전적 보상에 의한 것이다.
그러므로 가장 높은 업무성과를 산출한 자에게 가장 많은 보상이 주어지도록 해야 한다는 것
이다.
만일 인간의 속성을 무시한 채, 합리적인 잣대로만 이들 논지를 대할 경우에는 모두 맞는 표현
이라 할 수 있다. 과학적 관리론을 펼쳤던 테일러의 경우에는 조직관리의 원칙을 더욱 극명하게
제시한 바 있다.
첫째, 과업의 수행은 엄밀하고 정확한 '과학적' 방법에 의거하여야 한다.
둘째, 하급자들은 업무수행에 대한 책임만 지고 의사결정에 대한 책임은 업무계획 및 개념화
　　　작업에 대한 책임으로 관리자들에게만 주어져야 한다.
세째, 종업원의 선발은 가장 우수한 자질을 갖춘 자로 해야 한다.
네째, 능률증대를 위하여 종업원을 교육시켜야 한다.
다섯째, 개인이나 집단의 업적을 향상시키기 위하여 철저한 감독활동이 요구된다.
관리원칙(조직활동, 조정활동, 통제활동, 명령활동, 예측 및 계획활동 등)을 제시한 페이욜은
기업조직의 활동을 다음과 같은 6가지 관리활동으로 분류하였다.
　①기술관리　②영업관리　③재무관리　④회계관리
　⑤안전관리　⑥사무관리(사무장은 회사의 재산권 관리 및 인사관리를 담당)
물론 페이욜의 분류는 각 관리영역별 수준과 내용에 있어서는 엄청난 변화가 있었으나 오늘
날까지도 유용한 기준으로 적용되고 있다. 반면에 페이욜 시대에는 당시의 조직사회적 특성과
수작업 중심의 경직된 관료체제 하에서 거의 적용이 되지 못한 분류법이었다. 한마디로 당시 유
럽 각국의 정부관료나 관리자들도 이를 너무나 현학적인 방법으로 간주하여, 전혀 그들의 이해
와 동의가 이루어지지 못했었다.
한편 베버는 당시의 시대적 특성을 질타하면서 권력의 조직적 원천에 관한 다음과 같은 세 가
지 형태를 제시하였다.
　①전통적 권력 (양도권, 상속권, 재산권 등)
　②카리스마적 권력 (추종자들의 권력원천이 완전히 1인에게 양도되어 형성된 권력)
　③관료적 권력 (신중하고 합리적으로 형성된 이상적 조직으로부터 나오는 권력)

　물론 베버는 합법적 권력으로서 계층제 조직 하의 관료적 권력을 주장하였으며, 이는 공식적 권한(formal authority)의 형태로 표출된다고 하였다.

　포드(H. Ford)는 이들 조직관리 원칙을 다소 변형시킨 '전문화의 원칙'을 주장하면서 조직 내 연결망과 일선감독자의 역할을 중시하였다. 포드가 강조한 조직의 원칙은 다음과 같다.

　　① 과업은 기계적으로 분화되어야 한다

　　② 생산활동은 단일 라인에서 이루어지도록 해야 한다

　　③ 각 분야별 기능은 독립적으로 상호존중되어야 한다

　　④ 임금이 인상될수록 가계의 지출활동이 통제되도록 해야 한다.

　이와 같은 포드의 조직관리 원칙은 사람과 작업방식에 대한 철저한 전문화를 통하여 능률을 향상시켜야 한다는 것이었다.

　메이요(E. Mayo)의 호오돈(Hawthorne) 공장 실험에서 시작된 인간관계학파의 제반 이론과 매슬로우(A. H. Maslow), 허츠버그(F. Herzberg), 아지리스(C. Argyris), 맥그리거(D. McGregor) 등의 학자들도 조직자원의 효율적인 운영을 위한 최선의 방안은 항상 존재한다고 피력하였다. 그러나 이들 인간관계론자와 행동과학자들은 다음과 같은 사항을 추가적으로 강조하였다.

　첫째, 갈등은 조직의 암적인 존재이므로 반드시 치유(해소)되어야 한다.

　둘째, 종업원들은 금전적 요인 뿐만 아니라 애정적 요인에 의해서도 동기유발된다.

　세째, 관리자들에 대한 교육은 과업에 대한 연구 및 직무수행자격을 기준으로 하여 이루어져야 한다.

　네째, 반면에 상기의 사항은 상대적으로 제한된 상황 하에서 이루어지는 특성을 갖고 있다(K. Lewin).

　이러한 메이요의 주장을 요약하면,

　　① 자신의 직무에 대한 자유(자율성의 보장)

　　② 기업이 추구하는 목표에 대한 정보의 제공

　　③ 비공식 집단을 조직의 공식적 작업구조 안으로 수용

　　④ 단순하고 일상적인 업무에 대한 자율적인 통제활동보장 등으로 제시될 수 있다.

　맥그리거는 메이요식의 인간관계론 모델을 비판하면서, "인간관계론의 배경에는 종업원들을 착취하고 조종하려는 의도를 감추고 있다"는 노골적인 비판을 하였다. 대신 맥그리거는 직무관계상의 상반된 양대 방법을 주장하였다. 즉 'X이론'이란 테일러, 페이욜, 메이요 등이 주장한 모델을 극단적으로 추구하는 방식으로서, 맥그리거는 X이론의 특성을 다음과 같이 정의하였다.

① 인간은 본성적으로 일하기를 싫어한다.

② 일이란 필요에 의해서 이루어진다.

③ 종업원들은 가능하면 일하기를 회피하며, 일을 맡지 않을 궁리를 한다.

④ 종업원들은 명령을 따르고 지시 받기를 좋아한다.

⑤ 일이란 실제 부차적으로 중요한 것이며, 너무 일에 몰입할 필요는 없다.

한편 이와 반대되는 'Y이론'의 입장은 다음과 같다.

① 인간은 놀거나 휴식을 취하기를 바라듯이 일하기를 좋아한다(일이란 인간의 본능적 활동이다).

② 다른 활동과 마찬가지로 인간은 일을 통해 생산과 관련된 문제를 해결하려 한다(인간은 본성으로 주도적인 측면을 갖고 있다).

③ 인간은 자신의 행위에 대한 책임을 지려는 속성을 갖고 있다.

④ 인간은 스스로 개인간의 능력차가 있음을 잘 알고 있으며, 상호협력은 필수적이라는 점도 알고 있다. 직무에 대한 연대의식 역시 본성적으로 갖고 있다.

맥그리거의 논지에서도 이미 이상적인 조직관리 모델이 '참여적 모델(participatory model)'이란 점이 강조되었으나, 참여적 모델의 중요성에 대해서는 기타 수많은 학자들이 강조한 바 있다.

한편 리커트(R. Likert)는 조직구조를 다음과 같은 4가지 유형으로 구분하여 설명하였다.

① **권위적** 구조는 상사의 지시방식에 의해 형성된 형태로서, 과학적 관리의 방식이 이에 해당한다. 권위적 구조 하의 종업원들은 오로지 상사의 지시에 따라 자신의 적성과 능력을 발휘하게 될 뿐이다.

② **가부장적** 구조는 조직의 규정에 의거한 지시방식이 적용되는 형태로서 개개인은 조직의 지시에 통합되도록 노력해야 한다. 한마디로 조직 시스템에 적응하도록 강요되는 조직구조 형태이다.

③ **조언적** 구조는 조직이 달성해야 할 목표에 의거한 형태로서, 이들 목표는 실질적 권력위양에 의하여 제시되고 또한 실천되는 방식을 갖는다.

④ **참여적** 구조는 구성원들이 동일한 지분을 갖고 조직에 동참하는 형태이다. 여기에서는 집단 내 협력적인 참여와 협상활동이 활성화될 수 있다.

명령이나 지시의 방식은 다음과 같은 세 가지 변수집단으로 분류될 수 있다.

①**원인변수** 집단은 구성원들에게 요구되는 인사관리의 목표와 구성원들의 욕구 및 모티베이션 변수들로 구성된다.

②**매개변수** 집단은 교육과 경험 및 내 · 외부 조직환경의 조합으로 나타나는 개인의 실제 행위와 태도변수들로 구성된다.

③**결과변수** 집단은 구성원 개개인의 생산성 또는 업적 등의 변수들로 구성된다.

결론적으로 조직구조의 형태가 상이하면 지시 및 행위변수의 유형도 달라진다. 예를 들면, 권위적 구조 하에서는 주로 원인변수에 초점을 둔 지시활동이 이루어지며, 가부장적 구조 및 조언적 구조 하에서는 매개변수를 중심으로 한 지시활동, 그리고 참여적 구조 하에서는 조직과 구성원 모두에게 요구되는 결과변수를 주로 사용하는 지시활동이 이루어진다는 것이다.

매슬로우(A. H. Maslow)는 **개인의 욕구**에 대한 심층적 분석을 통하여 다음과 같은 개인 욕구의 5가지 단계구분을 하였다. 바로 그 유명한 생리적 욕구, 안전에의 욕구, 사회적 욕구, 명예에의 욕구 및 자아실현의 욕구 등 5가지 단계별 욕구이다. 욕구단계란 하위의 욕구가 만족되지 않을 경우에는 차상위의 욕구가 표출되지 않는다는 사실을 전제로 한 것이다. 그러므로 매슬로우에 의하면 종업원 개개인들이 현재 가지고 있는 욕구를 직접적으로 만족시켜주는 것이 아니면 동기유발의 효과는 아예 기대할 수 없다.

이후 허츠버그(F. Herzberg)는 매슬로우의 5단계 욕구 중에서 3단계까지의 욕구를 한 집단으로 묶어서 위생요인(hygiene factors)이라고 하였다. 이들 욕구들은 만족시켜주어야 할 대상이되, 비록 만족된다 하더라도 종업원의 동기유발과 직결되지는 않는다고 하였다. 반면에 이들 욕구가 만족되지 않을 경우에는 종업원의 사기저하와 함께 조직기능상 중대한 부작용이 발생한다는 것이다. 허츠버그는 위생요인과 관련된 욕구의 내용을 다음과 같이 밝히고 있다.

①양호한 작업관계　　②상급자들에 의해 조성되는 양호한 작업풍토

③양호한 작업조건　　④공정하고 만족스러운 수준의 보수 등

한편 동기요인(motivators)으로 구분한 욕구집단은 매슬로우가 제시한 욕구단계의 상위 두 가지 욕구단계(명예 및 자아실현)로서 이들 욕구들이 바로 적극적으로 동기유발의 원인변수가 된다고 하였다. 허츠버그가 제시한 동기요인은 다음과 같다.

①재미있고 흥미로운 업무

②도전할 만하고 기대할 만한 업무

③ 성취감 및 자아실현이 가능한 업무

④ 공식적 또는 비공식적인 인정감

⑤ 신뢰에 기반을 둔 책임수준의 지속적인 증대 등

이러한 허츠버그의 이론은 2요인 이론(two factors theory)으로 불리며, 단순화시켜 해석한다면, 작업의 분위기를 조성시켜주는 요인은 위생요인으로서 이는 종업원의 불만족 치유를 위한 주요 요인이 되며, 작업의 질적인 가치를 증대시켜주는 요인이 바로 동기유발요인이 된다는 것이다.

일터에서 나타나는 인간의 모티베이션과 관련된 모든 이론들은 긍정적인 측면이든 부정적인 측면이든 간에 동기유발의 **내용이론**과 동기유발의 과정이론으로 재분류되어야 된다. 동기유발의 내용이론은 모테베이션의 내용을 설명하려는 데 초점을 둔 이론이며, **과정이론**은 모티베이션을 유발시키는 결정변수(연쇄적 인과관계 변수)를 찾아보려는 데 초점을 둔 이론들이다.

인간관계론자들의 주된 관심사는 「**자극 → 반응**」형태와 같은 원인변수를 밝혀보려는 데 있었으며, 이들의 공헌은 매우 실천적인 연구결과를 보여주는 것으로 나타났었다. 반면에 인간관계론자들의 연구는 개인 및 집단간의 긴장이나 갈등관계를 다루는 정도를 벗어나지 못하였다.

즉 인사관리적 접근방법이나 사회학적 또는 심리학적인 접근방법을 활용하여 인간에 대한 종합적인 연구도 시도되었고, 작업환경에 대한 객관적인 특성을 밝혀보려는 연구도 많이 있었으나, 결국은 종합적인 해결책을 제시하지 못했다는 것이다. 이처럼 인간관계론자들은 제각기 자신들의 주장이 우수하다고 내세웠으나 결국은 개인간 또는 집단간의 갈등이나 불화를 해결해 보려는 전통적인 접근방법밖에 되지 못했던 것이다.

후기 인간관계론자들은 작업자체의 특성에 관심을 갖고 과학적 관리론자들이 연구한 결과를 바탕으로 작업단위의 개인화 및 세분화에 대한 연구결과를 제시하였다. 이처럼 동기유발 및 만족유발의 요인을 분류하는 작업은 자연적으로 개별 종업원의 직무충실화(job enrichment) 문제로 귀결된다. 이들은 또한 종업원들이 자신의 전문직업 활동을 통한 만족, 즉 직무만족과 일을 통한 동기유발 현상에 대해 특별한 관심을 가졌다.

초기의 인간관계론자들이 작업환경이나 기자재의 충족과 같은 기업조직의 풍토에 대한 연구에 관심을 가진 데 비하여, 후기 인간관계학파들은 직무가 가지고 있는 본성에 대한 연구를 통하여 직무충실화 방안에 대해 제안을 하였다. 직무충실화란 개인이 수행하고 있는 과업을 질적(자율성에 바탕을 둔 방식)으로 변화시켜줌으로써 개별 종업원의 만족을 증대시켜주는 것을 말한다.

허츠버그의 연구결과에서는 테일러가 제시한 **'임금의 만족효과'**와는 완전히 다른 관점을 보여주었다. 즉 테일러는 금전적 요인을 진정한, 그리고 가장 중요한 개인의 동기유발 변수로 다루었으나, 허츠버그가 강조한 **'직무충실화 방안'**은 일 자체에 동기유발과 종업원의 만족을 증대시킬 수 있는 특성이 내재하고 있다는 것이다.

그러므로 허츠버그는 임금이 동기유발의 주요 요인이 될 수 없으며, 단지 부수적으로 작용한다는 점을 들어 테일러의 관점을 비판한 것이다. 허츠버그는 종업원들이 흥미있어 하는 업무를 부여해줄 수 있다면 임금인상을 억제하면서도 종업원들의 동기는 임금인상에 의한 방법보다 훨씬 높게 유도할 수 있다는 점을 강조한 것이다.

한편 업무의 속성을 중시하는 관점에 있어서는 직무충실화와 같으나, 업무의 질적 자율성 강화보다는 업무의 양적 증대를 통한 직무확대(job enlargement) 방안도 제시되었다. 직무확대는 기본적으로 종업원의 만족증대를 위한 것은 아니다. 직무확대에서 문제가 되는 것은 직무의 내용, 즉 과업집단의 양적 변화 및 업무내용의 변화를 통하여 생산성향상이나 새로운 기술도입시에 조직적 재적응을 원활하게 하려는 데 초점을 두고 있다.

초기의 인간관계론자들이나 후기의 인간관계론자들에 있어서 공통적으로 강조되었던 사항은 역시 작업의 표준화에 반대되는 작업의 개별화, 그리고 작업조직의 재설계를 위한 전문가의 역할이 강조되었다는 점이다. 이들 인간관계학파들에 있어서 또 하나의 공통점은 자신들의 연구결과를 일반화된 모델, 특히 개별 종업원의 욕구를 만족시켜주기 위한 모델로 제시하였다는 점이다.

경영학 전반적으로도 집단활동에 대한 연구가 발전되면서 과거 이론위주의 **'참여적 모델'**이 쇠퇴하고 새로운 **'방법론적 모델'**이 확산되었다. 즉 인간의 행동결과는 비록 확실한 상태로 나타나기를 바라지만 실제로는 확정적 또는 단언적으로 사전에 알 수 없다는 점을 인식하게 되었다는 것이다. 이는 "물건의 가격을 올리면 고객들의 구매량은 줄어들 것이다", "누구나 남한테서 욕을 듣게 되면 반드시 그 사람에게 반발하게 될 것이다"라는 식으로 인간의 행동을 사전예측하여 단언하는 것은 옳지 않다는 것이다.

때문에 방법론적 모델에 있어서는 기대하는 목표에 비하여 다른 결과가 나타나는 문제점을 당연히 인정하면서 결과보다는 행동 표출과정에 대한 연구 및 바람직한 행동 표출방식을 제시하려는 입장을 취하였다.

이와 같은 테일러 이후 인적자원관리에 영향을 준 조직이론(방법론적 모델)을 역사적으로 간단히 요약하면 다음과 같이 정리될 수 있다.

① 기법(technique) 변수 중심의 접근법

▶ 테일러식 과학적 관리론

▶ 작업의 분화 및 전문화이론

② 구조(structure) 변수 중심의 접근법

▶ 페이욜, 베버식의 관리원칙 및 관료제이론

▶ 분업화, 조정화 및 안정화를 위한 행정관리 활동

③ 인간(human) 변수 중심의 접근법

▶ 메이요 이후의 인간관계학파

▶ 모티베이션, 태도 및 교육 등에 대한 사회심리학

④ 문화(culture) 변수 중심의 접근법

▶ 샤인(E. Shein), 상솔리외(R. Sainsaulieu), 홉스테드(G. Hofstede) 등 문화특성론자

▶ 이념, 기술, 행위, 감정 등에 관한 가치시스템 모델 및 문화인류학

⑤ 경영(management) 변수 중심의 접근법

▶ 민츠버그(H. Mintzberg) 및 영국의 타비스톡(Tavistock) 학파

▶ 직무설계, 반자율집단 등을 연구하는 사회-기술론자

▶ 우드워드(J. Woodward) 등의 기술결정론자(기술상황론자)

: 단위생산식 수공업-대량 산업생산-프로세스 산업생산

▶ 에머리 & 트리스트(F. Emery & Trist) 등의 환경결정론자

: 안정된 환경 하의 전문화,복잡한 환경 하의 분권화

⑥ 은유(metaphor) 변수 중심의 접근법

▶ 모건(G. Morgan) 등의 기업조직 이미지 분석학파

▶ 기업조직의 이미지 또는 은유적 구분에 의한 분석

: 실질적 조직(real organization) = 기업조직 실체론(ontology)

: 진실적 조직(true organization) = 기업조직 인식론(epistemology)

: 자발적 조직(voluntary organization) = 기업조직 실존론(existentialism)

: 객관적 조직(objective organization) = 기업조직 방법론(methodology)

특히 모건 교수의 논지는 경영현상을 사고와 분석, 그리고 실천행위라는 일련의 과정으로 파

악하고 있다. 즉 경영이란 은유와 비교 방법으로 기업조직의 실체를 이미지 분석 및 유추에 의한 분석에 의하여 파악해야 한다는 것이다.

조직의 실체를 신속하고 손쉽게 파악하기 위해서는 **'은유적인 분석방법'**이 요구되며, 또한 **기업실체의 이미지**를 은유적으로 파악하기 위해서는 조직의 실체를 대변해주는 요인들에 대한 구체적인 이해와 정확한 해석이 요구된다. 바로 이를 위하여 기업경영에 대한 각종의 이론을 숙지해야 하며, 이론적 무장을 해야만 경영현상에 대한 은유적 분석도 가능하다는 것이다. 기업경영 뿐만 아니라 인적자원관리 역시 실천적인 이론으로 구성될 수 있으며, 은유적으로 이를 구분하면 다음과 같은 8가지 주요 유형이 도출된다.

	자 율 적	규 제 적
객관적	II. 조직의 기능성에 대한 정형적 은유법 ③ 기업조직을 문화적 실체로 보는 방법 ④ 기업조직을 정치적 실체로 보는 방법	I. 조직의 객관적 개념에 대한 은유법 ① 기업조직을 단순 기계집단으로 보는 방법 ② 기업조직을 자생하는 변환체로 보는 방법
주관적	III. 조직의 주관적 개념에 대한 은유법 ⑤ 기업조직을 살아있는 유기체로 보는 방법 ⑥ 기업조직을 특수 지능집단으로 보는 방법	IV. 조직의 규범성에 대한 비정형적 은유법 ⑦ 기업조직을 심리적 폐쇄체로 보는 방법 ⑧ 기업조직을 지배의 수단으로 보는 방법

모건 교수의 조직에 대한 이들 8가지 은유적 개념(실제로는 관점을 달리하는 학파에 해당함)을 이해하기 위해서는 구분의 기준이 되는 양대 축을 살펴보아야 한다. 첫 번째 X축은 [무질서와 규제완화] 대 [질서와 규제]를 구분하는 기준이며, 두 번째 Y축은 [주관성] 대 [객관성]을 구분하는 기준이다.

조직의 객관적 개념에 대한 은유법은 기업조직에 대한 연구실험의 결과 중에서 객관화가 가능한 **직관**(intuitions)을 종합해서 표현하는 방법이다.

① **기계론적 조직관**은 조직의 활동, 사고, 명령 등이 현실론적, 기계론적으로 이루어진다고 보는 관점이다.

② **자생론적 조직관**은 조직활동을 자생적으로 변환을 추구하는 일련의 시스템으로 보는 관점이다. 여기에서 내부적 변환활동(transformation activities)은 보통 블랙박스로 다루어진다. 이들 두 가지 유형에서는 조직활동을 기계적, 현실적 그리고 시스템적으로 표현하고 있다.

조직의 기능성에 대한 은유법은 조직의 문화적 또는 정치적 성격에 대한 개념화 및 사고활동을 다루는 방법이다.

③ **문화론적 조직관**은 조직의 기능을 도덕적 · 윤리적 차원으로 해석하는 관점이다.

④ **정치론적 조직관**은 조직의 기능이 구성원(행위주체)들간의 이해관계가 얼키고 설키면서 표출된다고 보는 관점이다. 구성원들간의 정치적 권력관계(political power relations)가 형성되는 것이 바로 조직의 실체라고 보는 이들 관점은 조직의 갈등적 그리고 복합적인 성격을 강조하고 있다.

조직의 주관적 개념에 대한 은유법은 조직의 생동적인 모습을 해석하는 관찰자의 관점에 따라 달리 표현되는 내용을 비교분석하는 방법이다.

⑤ **유기론적 조직관**은 조직을 마치 하나의 생명체로 보고 탄생과 성장, 그리고 소멸이라는 과정을 거친다고 보는 관점이다. 유기론자들은 조직체의 성장과정이 때로는 경이로울 정도로 멋지게 나타난다는 점을 강조하고 있다.

⑥ **지능론적 조직관**은 조직을 뇌세포 신경의 연결 활동처럼 부분적 활동의 한정된 효과가 아닌 총체적 · 종합적 효과를 내는 실체로 보는 관점이다. 즉 부분적 활동의 효과를 합한다고 하더라도 결코 전체적 효과는 낼 수 없다는 점을 강조하고 있다. 지능론적 조직관에서는 조직적 활동의 결과가 기대 이상으로 엄청나게 클 수 있다고 보는 것이다.

조직의 규범성에 대한 비정형적 은유법은 규제완화에 의한 자율성의 확보 및 구성원들의 열정적 활동에 의한 대대적 조직변혁이 가능하다고 보는 관점이다. 기존의 상태는 항상 새로운 변혁을 맞게 된다고 보는 비정형적 연구방법은 기업조직의 변화를 추구하고 통제하며, 때로는 조직변화를 즐기거나 제약도 하는 것이 바로 조직적 현상의 실태라고 보는 것이다.

⑦ **폐쇄론적 조직관**은 조직을 외부의 과격한 영향권으로부터 분리시키기 위하여 노력하는 관점이다. 즉 조직의 유효성 증대를 저해시키는 요인으로부터 조직을 온전하게 보호하기 위하여, 필요하다면 부정적인 개인관계나 집단관계를 분리 또는 소멸시키기 위한 노력을 하는 학파이다. 당연히 조직에 부정적인 영향을 미치는 개인이나 집단은 조직의 발전을 위하여 희생과 고통을 받아야 한다는 점을 강조하고 있다.

⑧ **지배론적 조직관**은 '조직이란 조직의 구성원과 조직의 구조 및 운영방식을 지배하기 위하여 형성된 실체'로 보는 관점이다. 조직을 지배하는 집단은 피지배집단의 욕구만족을 위한다는 명목 하에 지배활동을 합리화하게 되며, 피지배집단은 그와 반대로 조직활동을 통하여 거부감과 반발심리가 누적될 수밖에 없다는 점을 강조하고 있다.

인적자원관리 활동이 지향하는 비전과 개념이 어떻게 표출되었든지 기업조직에 대한 최근의 이론들에서는 인적자원관리를 통하여 기업의 가장 중요한 전략적 선택(strategic choice) 문제를 다루는 것이 요청된다. 이와 같은 시대적 요청이 강조되는 이유는 인적자원의 전략적 활용 문제가 그 동안 조직관련 이론들에서 취약하게 다루어졌기 때문이다.

결국 조직을 유기체 또는 '인간형성체'로 보아야 한다고 부르짖었던 수많은 조직론자들이 조직구성원이라는 인적자원을 단순히 조직을 구성하는 하나의 요소 또는 구성대상으로 바라본 것이 바로 인적자원의 전략적 활용을 가로막은 근본원인이라 할 수 있을 것이다.

2. 인적자원관리와 전략경영(Strategic Management)

인간행위의 **제한된 합리성**(bounded rationality)에 초점을 둔 사이몬(H. Simon), 마아치(J. March), 크로지에 등은 조직관리에 있어서도 다음과 같은 명제를 제시하고 있다.

① 의사결정을 내리는 상황 하에서는 합리적이었던 인간의 행동이 다양한 조직의 구조적 요인에 의해 얼마든지 변화될 수 있다.

② 갈등은 언제 어디서나 발생될 수 있으며, 인적상황 역시 상호교환적으로 형성되는 것이다.

③ 상급자든 하급자든 간에 공식적으로 명시된 목표뿐만 아니라 개인적으로 명시적 또는 묵시적인 목표를 갖고 있다.

④ 조직학습활동은 필수적인 것이기는 하나 간혹 이들 조직학습활동은 받아들이기 어려운 상황을 유발시키며, 결국 구성원들로부터 거부되는 경우가 발생하기도 한다.

이러한 상황론적 모델에 영향을 받아 인사관리의 영역과 인적자원관리활동 및 경영정책으로서 인사기능의 역할이 크게 변화되기 시작하였다. 즉 과거의 재무적 성과향상에 초점을 둔 경영전략에 의거한 인사관리 활동의 한계가 부각되기 시작했던 것이다.

전통적 인사관리 모델에서의 인적자원관리 활동은 조직적 의사결정의 문제로만 다루어졌을 뿐, 전략적 의사결정을 위한 원인 또는 결정변수로 다루어지지는 않았었다. 또한 조직에 대한 전략적 분석에서도 재무적 성과에 초점을 둔 기업실체이론(firm theory) 및 관리이론에만 국한된 모습을 보였었다.

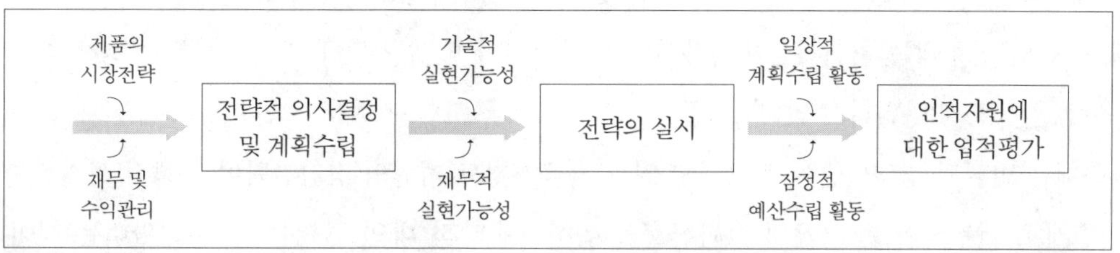

또한 다차원적으로 조직을 분석해야 한다는 조직관리 모델에 있어서도 다양한 관리활동간의 조정기능을 통한 운영경비의 절감, 즉 경제적 측면의 효과성 증대만 강조하였다. 즉 우리가 알고 있는, 그리고 우리가 배우고 있는 기업의 경영전략이란 외부상황 변화에 기업이 민감하게 대응해야 한다는 기업조직의 외부상황적 유연성 위주로 강조하고 있다는 사실이다.

예를 들어, 만일 사회적 실업문제가 발생하였을 경우, 기업조직에서는 이를 해결하기 위하여 "사회보장제도상 실업수당을 어떻게 지급할 것이며, 실업자 구제대책은 어떻게 강구할 것인가, 그리고 이들이 향후에 집단적으로 복직을 요구할 경우에는 어떻게 대응할 것인가" 등에 대한 대안 마련에 급급하게 될 것이다.

즉 실업문제가 진행되는 중에도 기업의 경영전략은 "어떻게 하면 정상적인 이익을 낼 수 있을 것인가" 하는 경제적 성과를 위한 시나리오 작성에 초점이 맞추어져 왔다는 것이다. 상대적으로 해고와 실직이 자유롭게 이루어지고 있는 미국의 경우에는 최저임금의 보장 이외에는 실업에 대한 사회보장제도가 발달되어 있지 않은 편이다. 그러나 프랑스 등 유럽의 경우에는 정부산하의 공영기관으로서 최저임금보장을 위한 **사회적 부조기관**(aide sociale)과 실업 및 사회보장을 담당하는 **사회적 보험기관**(assurance sociale)이 상호 독립적으로 운영됨으로써 보다 완벽한 그러나 복잡한 사회보장제도를 갖추고 있다.

이에 비하면 우리 나라 기업조직의 경우에는 사회적 이슈도 경제적 성과와 직결하여 해결하려는 사용자집단의 경영전략이 강하게 적용되고 있으며, 또한 IMF 이전까지만 하여도 실업이나 해고가 쉽게 이루어지지는 않았으나 대량실업이 난무하고 있는 지금에 와서도 사회보장제도는 극히 취약한 모습을 보이고 있다.

한국의 경우, 실업의 우선 대상자로서 저소득자, 단순근로직의 저학력자 및 여성근로자 등이 대부분을 이루었다. 그러나 외국의 경우에는 인종차별에 의한 또는 외국인 근로자들이 실업이나 해고의 주대상이 되어왔으며, 이들의 경우에는 **실업문제**와 최저임금의 문제가 동시에 나타난다는 특성을 보이고 있다. 단지 미국의 경우에는 최저임금보장제도로 단일화되어 있는 반면에, 유럽의 경우에는 최저임금대책과 고용보장대책이 별개 기관에서 강력하게 운영되고 있는 차이점은 강하게 나타나고 있다.

문제는 발달된 경영이론이 적용되고 있는 지금까지도 기업의 경영전략이 사회적 성과산출과는 별개로 재무적 또는 경제적 성과산출을 위한 **'합리적 대안'** 마련에 치중해왔다는 것이다. 바로 여기에 인적자원관리의 부분적 활용, 즉 인적자원 역시 기업조직의 경제적 성과산출만을 위한 하나의 수단에 불과했다는 비판이 주어지게 된 것이다.

기본적으로 기업의 외부환경은 급변하는 데 비하여, 기업의 내부환경은 이에 적응하기 어려운 조직적 특성 및 타성을 지니고 있으며, 그 원인의 핵심을 이루는 요소가 바로 인적자원의 역량과 능력발휘가 단기간에 급변하기 어렵다는 데 있다. 엊그제까지 타자기를 사용하다가 MS Window 98이 들어 있는 개인용 컴퓨터로 교체될 경우, 이를 바로 활용하기는커녕 타자기만 없어지는 애로를 겪을 수 있는 것이 바로 인적자원개발의 시간적 제약 문제인 것이다.

그러므로 "[외부환경 변화속도>내부환경 변화속도>인적자원 변화속도]의 부등호를 어떻게 [외부환경 변화속도=내부환경 변화속도=인적자원 변화속도], 또는 [외부환경 변화속도<내부환경 변화속도<인적자원 변화속도]로 혁신시킬 것인가" 하는 것이 경영전략과 전략적 인적자원관리의 공통과제라 할 수 있다.

독일의 직업훈련교육이 사회보장제도를 보완해주면서 동시에 종업원들의 전문기술력을 향상시켜줌으로써 환경변화에 따른 인적자원의 장기적 개발 및 가치향상의 원동력이 되고 있다는 사실은 우리에게도 필요한 벤치마킹이 될 것이다.

이처럼 인적자원관리 활동에서 야기될 수 있는 문제는 시간과 공간, 그리고 규모의 대소에 관계 없이 어떤 조직에서나 제기되고 있다. 그러므로 아마도 다음에 제시된 질문들을 한번도 직면한 적이 없고 현재와 미래에도 그럴 가능성이 없다고 답하는 관리자는 존재하지 않을 것이다.

▶ 인적자원관리 활동의 **결과**는 어떻게 나타나고 있는가 ?

▶ 인적자원관리 활동의 **목적**은 원래대로 이루어졌는가 ?

▶ 목적달성은 예상했던 **수준** 및 방식대로 수행되었는가 ?

▶ 인적자원관리 관련 **비용절감**은 어느 정도 실현되었는가 ?

▶ 현재의 인적자원관리 **방식**보다 나은 방법은 없었는가 ?

▶ 보다 좋은 **방법**이 있다면 도대체 어떤 것들인가 ?

▶ 결국 어떤 **평가지표**로 효과성을 평가할 수 있는가 ?

이와 같은 내용의 질문은 얼마든지 제시될 수 있다. 보다 심각한 사항은 **인적자원관리의 문제점**들이 갈수록 구속적이고 유동적이며, 복잡한 그리고 상반적인 성향을 띠고 있는 환경변화에 의해 때로는 큰 위험을 몰고오기도 한다는 데 있다.

그 결과 **기업의 순기능적인 활동**은 저해되고, 나아가서는 사람이라는 인적자원이 기업의 생존마저 위태롭게 하는 결정적 위험요인이 되기도 하는 것이다. 바로 이 때문에 인사관리 책임자들은 통제와 예측에 방해가 되는 수많은 혼동과 애매함으로 뒤섞인 현실적 문제점들을 치유하는 데 엄청난 시간을 투자하고 있는 것이다.

인적자원관리 활동의 다양한 상황은 인사기능의 변화와 그 기능상의 특성에 의해 설명될 수 있으며, **인사기능**의 특수한 성격은 기업경영상의 다른 기능과 분명히 구별되어 나타나고 있다. 그러므로 비록 인사기능을 다른 경영활동(생산기능, 재무기능, 판매기능 등)과 비교해보았자 별로 가치가 없다고 간주되더라도 인적자원관리 활동의 성과를 평가하는 작업은 매우 중요한 의미를 갖고 있는 것이다.

이를 위해서는 우선 **환경통제**에 대한 고찰부터 할 것이 요구된다. 인사기능의 환경변화를 인식하고 이를 통제하는 작업은 인사기능의 실제 성격과 발전상에 대한 검증 및 평가조건의 확립이나 기업조직의 효과성에 대한 인사기능의 기여도를 밝히기 위해서도 필요한 것이다.

제2절 인사환경의 변화와 통제

인적자원관리 활동을 둘러싸고 있는 환경은 그것이 개별환경이든 조직환경이든 간에 동일한 환경변화라 하더라도 실제 미치는 영향에 있어서는 완전히 달리 나타나게 마련이다. 한마디로 연봉제라는 새로운 보상방식이 사회문화적으로 확산되어 갈 경우, 이를 받아들이는 개인이나 기업조직의 반응은 얼마든지 달리 표출될 수 있다는 것이다.

적어도 인사기능의 환경은 조직이나 기업에서 인적자원관리에 대한 위험수준과 특수한 성격을 나타내는 다양한 요소로 분리되어 다루어져야 한다. 본서에서는 경제적 환경, 기술적 환경,

사회문화적 환경, 법적 환경 및 노사관계(노동조합) 환경 등과 같은 인사기능에 가장 큰 영향을 미치고 있는 주요 세부환경의 변화실태에 대해서만 중점적으로 다루었다.

1. 경제적 변화

대부분의 나라들은 제2차 세계대전 이후에 나타난 생산이윤의 증대와 재건에의 노력 결과 급속한 경제성장의 시기에 최고 유리한 성장조건을 실현할 수 있었다(저렴한 자원비용, 용이한 원자재 구입, 지리적 인구이동의 가속화 등). 즉 기업의 성과는 내부생산성의 양적증대와 함께 외부적 상황의 호조, 특히 생산하는 만큼 보장되는 시장의 확보 및 이윤추구 활동에 의해 증진될 수 있었다.

이 기간 동안 기업 경영자들의 걱정은 **내부경제**의 효율성 증대보다는 **외부경제**의 호조성이 유지되는 데 있었으므로, 정보시스템 역시 주로 투자산출액 및 시장성 등에 대한 자사의 성과와 경쟁사의 성과를 비교하기 위해 발전되었으며 그만큼 기업의 내부성과 문제는 상대적으로 무시되었다.

그러나 1970년대 2차에 걸친 국제적 석유파동 이후 이러한 고도성장 시기가 지나가면서 기업환경이 안정화되고, 생산이윤의 하락이 수반되는 쇠퇴기가 도래하면서 과거와는 완전히 다른 새로운 생존경쟁의 시기가 도래하기 시작하였다. 즉 투자위축에 따른 종업원들의 불만, 자본비용의 상대적 증가 및 이에 따른 구매력의 감소 등 여러가지 원인에 의해 저성장시대가 도래되었다는 것이다.

상솔리외[2]교수는 이 기간을 **'경제발전 신화의 종말'** 이라는 표현을 하고 있다. 즉 승진에의 기회가 급격히 줄어들고, 새로운 경제조건으로서 비용산출을 통한 내부경제의 효과성에 대한 연구의 필요성이 증대되면서 개인의 소비지출에 압박을 주기 시작했다는 것이다.

이와 같은 현상은 1990년대 이후 우리 나라에서도 여실히 드러나고 있으며, 최근에는 고도 성장기의 산업성장 메카니즘이 구조적으로 혁신되어야 한다는 소리도 드높게 나타나고 있다. 문제는 고성장 메카니즘으로 저성장기를 헤쳐나갈 수는 없으며, 경제적 메카니즘에는 사회적 메카니즘이 혼합되어 있음에도 불구하고 아직도 **사회적 이슈**를 등한시한 경제정책이 계속되고 있다는 것이다.

같은 맥락에서, 세계화되어 가는 현실 하에서 선후진국에 관계없이 이제는 비용을 효과적으로 관리하지 못하면 반드시 기업은 쇠퇴할 수밖에 없다는 점을 분명히 제시할 수 있다. 한 예로서, **인건비/부가가치**(Personnel Cost/Added Value)의 비율만 관리하여도 중소기업의 파산 가능성을 다양한 재무비율로 예견할 수 있다는 것이다.[3]

2. 기술적 변화

기술혁신이 작업방식과 고용관계에 미치는 영향에 대해서는 이미 오래 전부터 많은 연구들이 있어 왔다. 즉 생산활동 및 '제품의 라이프 사이클' 속에서 특히 정보기술(information technology)과 자동화로 인한 기술발전의 가속화는 직업과 고용관계의 변화를 유도해왔으며, 때로는 이러한 직업 및 고용 자체를 소멸시키거나 새로운 역할과 자격을 부여해주기도 한다는 것이다. 그러므로 "이제는 향후 5년 앞을 내다보는 데 있어서도 고용의 30% 정도는 도대체 어떤 산업에 어떤 직무로 충당될 것인지를 알 수 없게 되고 있다"는 연구결과도 나타나고 있다.

결국 이와 같은 기술의 급격한 변화는 한꺼번에 대대적인 인원의 격감이나 일부 전문직 종사자들에 대한 새로운 자격의 부여, 그리고 반복적인 업무에 종사하는 단순 근로자들의 전문성 결여에 직접적인 영향을 미치게 된다. 노동조합과 결탁을 하든지 아니면 나름대로의 이유를 갖고서 하급직 종업원들일수록 기술혁신에 대하여 강한 저항을 보이게 되는 것도 기술변화가 사회문화적인 변화까지 초래하기 때문에 나타나는 현상이라 할 것이다.

3. 사회문화적 변화

급속한 기술경제환경의 변화와 함께 인구구성비는 갈수록 노화되는 현상을 보이고 있으며, 새로운 욕구의 출현, 교육수준의 변화 및 가치관이 다양한 신세대의 출현 등이 대두되고 있다. 그 결과 직무상 지위에 따른 복잡한 관계 중 일부는 과거대로 인정되는 것이 있는가 하면 일부는 새로운 다양한 욕구를 수반하는 세분화 · 전문화된 업무를 주장하면서 과거방식을 거부하는 형태도 나타나고 있다.

즉 주어진 권리와 의무사항에 대하여 한 개인으로서의 인정 및 업무에 대한 자유로운 의사표현뿐만 아니라 담당업무에 대한 명확한 정의를 해달라는 주장들이 강하게 표출되고 있다는 것이다. 특히 수평적인 이동이나 타 지역에로의 전보발령을 거부하는 특정집단(예 : 여성, 노년층 및 소수집단 등)도 쉽게 볼 수 있다. 그러므로 기업차원에서 보면 사회문화적인 **욕구의 변화**를 고려하여 **기업의 성과**를 평가해야 할 것이며, 또한 개인의 기대를 인정해주는 작업단위를 계속 늘려가도록 노력해야 하는 것이다.

4. 법제도와 협상방식의 변화

사회적 입법활동의 발전은 게임에 개입하려는 주체집단의 확산 및 관계의 복잡성 증대, 그리고 비용측면에 대한 관심이 고조되고 있는 점을 통해서도 확인될 수 있다. 뻬르넹(D. Pernin)[4]의 연구결과, "입법부는 고용 · 해고 · 위생 · 안전 · 작업시간 · 교육훈련 · 불법노동 및 인사부서의 영향력 증대 등과 같은 문제에 대응하여 기업가 또는 경영자의 자유를 제한하고, 필요시에는 형법제도를 활용하여 비용의 지출수준 및 지출방식에 대한 견제를 하고 있다"는 점을 밝히고 있다.

또한 뻬르넹은 "인적자원관리의 기본체제를 협상하는 규정은 정세가 나쁜 경우에는 고용보장의 양상을 띠며, 정세가 호전될 경우에는 구매력 향상(임금인상) 및 경력개발에 초점을 맞추는 양상을 띤다"는 점을 강조하고 있다. 그러나 이와 같은 합의형태는 불행하게도 기업의 사회적 · 경제적인 조건 속에서 급격히 발전하고 있는 정보시스템과는 상반되는 모습을 보이고 있다.

즉 이제는 노동조합 역시 **정보**(기업의 관리회계정보와 대차대조표, 손익계산서, 자금운용표, 사회적 대차대조표, 전문가의 진단보고서 등)에 대한 관심이 고조되고, 전문적인 분석을 통하여 그들의 주장에 적합한 법적수단까지 활용할 수 있게 되었다는 것이다. 그 결과 사용자측에서는 협상의 장에서 과거보다 점점 더 까다로운 문제를 다루어야 하고, 한편으로는 경제분야뿐 아니라 사회분야에 대해서도 믿을 수 있고 적절한 정보를 투명하게 제시해야 할 의무까지 부담하게 되었다.

한편 **제약조건**들에 대한 통제활동 및 예측활동의 수단은 외부위험과 내부문제의 분석(SWOT 분석, 내 · 외부 감사 등)에 기반을 두고 있다. 우선 내부 종업원들의 문제점을 명확히 인식하는 작업은 인적자원관리상의 이슈를 예측하기 위해 필수적인 활동이다. 여기에서 인적자원관리 담당자는 외부의 압력을 적절히 활용하면서 마치 유도선수처럼 전략적인 행동(상대방의 움직임을 역이용하는 전술)을 보여줄 수 있어야 한다.

또한 인적자원관리 담당자는 기업의 효율성과 순기능적인 활동을 증진시키기 위하여 보다 진보된 해결책을 명백히 제시할 수 있어야 한다. 인적자원관리 담당자들의 이와 같은 노력이 있을 경우(진단과 예측을 위한 분석기법이 적용될 경우)에는 주어진 위험이 오히려 새로운 기회로 변화될 수도 있다. 인적자원관리의 효과성에 대한 부분적 결과를 도출하는 **재무기능**에 있어서도 의사결정을 위한 준비작업으로서 적절한 정보, 즉 백분율로 제시되는 재무비율이 통합적으로 제시되고, 재무성과의 증대 및 전반적인 계획활동이 강화될수록 수익성이 증대되는 상호 밀접한 관계를 보여주고 있다.[5]

인적자원관리의 효과성을 평가하기 위해서는 적절한 평가지표의 도출 및 분석기법이 마련되어 있어야 한다. 물론 이러한 분석기법은 인적자원관리 활동의 임무수행에 적용될 수 있도록 인사기능의 특성과 인사기능의 변화가 존재하는 기업의 특수성을 충분히 고려하여 적용되어야 할 것이다.

제3절 인사기능의 변화와 특성

인사관리 활동(인사기능)이란 물질적 · 재정적인 지원활동과는 대조적으로, 인적자원 자체 또는 인적자원관리 활동과 관련된 것이다. 보다 정확히 표현하자면 "인사기능은 기업 내 개별 종업원과 관련된 프로그램과 방법 · 절차 및 정책을 평가 · 적용하고, 또한 이를 발전시키기 위한 일련의 과정이다"라고 정의할 수 있다.[6]

따라서 인사기능은 기업 경영활동의 일부분이자 종업원을 고용하는 주체인 기업조직의 목적을 달성하기 위해 조직구성원들을 통합시켜주기 위한 수단이라 할 수 있다.

그러나 인사기능에 대한 이와 같은 정의는 항상 그대로 받아들여지는 것도 아니며, 또한 기업에서 실제 그대로 적용되는 것도 아니다. 즉 **인사기능**이란 결국 기업조직에 부여된 수많은 임무사항들을 단지 부분적으로만 예측하도록 해주는 활동이라는 것이다. 일반적으로 우리가 인식하고 있는 인사기능에는 다양한 혼동과 모호함이 내재되어 있다. 인사기능에 대한 연구와 적용에 있어서는 무엇보다도 이와 같은 혼동과 모호함이 문제의 근원이 된다.

우선 인사기능에 있어서 인적자원관리 활동과 인사부서 및 인사관리자(인사책임자, 인사담당자 등)를 구별하는 것과 마찬가지로 인사부서와 인사책임자도 명확히 구별할 수 있어야 한다.

'경영효과성과 인사기능과의 관계' 는 아직도 많은 경영자들의 생각처럼 과연 상호간에 강한 연계가 있는지 여부는 계속 검증되어야 할 것이다. 그러므로 경영효과성과의 관계 및 인사기능의 임무를 명확하게 구분하기 위해서는 인사기능에 내재되어 있는 특성부터 밝혀내는 작업이 요구된다.

1. 인사기능의 임무 변화

토마슨(G. Thomason) [7]의 분류에 따르면 다음과 같은 인사기능의 세 가지 임무(사명)가 상호 연계적, 상호 혼합적으로 공존하고 있지만 시대적으로 인사기능의 핵심임무는 명백히 구분되어 나타나고 있다.

1) **인사기능의 첫 번째 임무**는 기업의 생산활동에 유용한 수단, 즉 **인적자원의 획득**을 목표로 한다. 여기에서 특히 강조되어야 할 사항은 **효율성과 생산성**이다. 대단위의 산업발전과 대도시 인구집중 현상은 분업과 생산활동의 합리화에 발맞추어 인적자원관리 활동을 하나의 시대적인 연구로서 '종업원의 선발 및 교육활동' 으로 정의하고 있다. 그러나 이는 종업원을 단지 임금을 지급함으로써 생산을 극대화시킬 수 있다는 생산자의 역할만 강조한 관점이며, 업무(일)에 대한 인간(종업원)의 문제만 다룬 테일러식(차별성과급에 의한 과학적 관리) 개념에 해당하는 것이다.

2) **인사기능의 두 번째 임무**는 **지원활동**에 두고 있다. 생산단위별 인원증가 현상은 현장 기능공의 증가와 결부되면서 사용자와 하급종업원들간의 개별적인 접촉을 오히려 경감시키는 결과를 낳았다. 이와 동시에 임금이나 수당만으로 종업원들의 욕구를 만족시키지 못하는 사업장에서는 다양한 방식으로 종업원들의 신분적 지위를 개선하는 데 심혈을 기울이기도 했다.

즉 '가부장주의에 입각한 근로조건의 개선' 이라는 배려 역시 지원의 개념으로 해석되었다는 것이다. 종업원들에게 자비를 베풀어준다는 개념과 동일시되는 이들 인사기능의 임무는 사상적 인본주의 또는 종교적인 가르침 속에서 그 기본원리를 찾을 수 있다. 초기의 관리지원 활동과 관련된 임무는 주로 여성들에게 맡겨져 다소 가볍게 다루어졌으나, 점차 기업의 전반적인 조직분위기를 개선하는 데 가장 우선되어야 할 **사회적 지원**의 역할로 확산되었다.

20세기 초에 시작된 **인사기능의 지원적 역할**과 관련하여 영국의 한 기업에서 매일 아침 공장에 꽃을 놓아두도록 한 예가 있다. 이는 종업원들의 개별 근로조건을 개선하려는 배려가 간접적인 방식으로 이루어진 것으로, 인사기능의 크고 작은 대종업원 지원역할을 통하여 기업경영의 효과성을 증대시키려고 노력한 예라 할 수 있다.

한편 일에 대한 관점이 전환된 계기는 특히 1930년대 말에 행해진 연구결과들 덕분이라 할 수 있다. 이들 연구에서는 하나같이 테일러식 학설을 지지하는 사람들이 권하는 것처럼 임금이 유일한 자극제가 아니라는 사실을 보여주면서, 개인적인 요인 및 조화로운 작업팀의 형성이 작업능률 향상에 중대한 영향을 미칠 수 있다는 점을 강조하였다.

즉 인본주의적으로 기업의 인적자원관리 활동을 이끌어가는 것이 보다 바람직하고 실천적이라는 '종업원관리를 위한 이론적 기본원리' 를 제공해주었다는 것이다. 여기에서 개인은 작업팀이나 공동체의 한 구성원으로 다루어졌으며, 개인의 발전이 기업에 의해 거부된다면, 업무의 효율성은 그만큼 감소하게 된다는 점을 강조하였다. 그 결과 인사기능에 대한 새로운 임무로 강조된 **지원활동의 역할**이 바로 조직사회를 지켜주는 것으로 인식되었으며, 인사기능 내에 조직변화의 주체 및 사회변화의 촉매로서 중개인과 같은 **관리자의 역할**이 정립되면서 인적자원관리 활동에 큰 발전이 있었던 것이다.

당시 지원활동에 초점을 둔 인사기능의 역할이 강조된 것은 테일러 이후 생산성 향상에만 치우친 문제점과 지나치게 관료적으로 흘러간 인사기능을 새롭게 구축하자는 취지에서 발단된 것이다. 이처럼 인간관계를 중시하고, 그 연장선 위에서 조직의 발전을 도모하자는 것은 기업 관리자들의 입장에서 본다면 명분을 지키기 위해 목숨을 아끼지 않았던 한국의 선비, 일본의 사무라이, 또는 유럽의 십자군들이 해낸 임무와 유사한 역할을 담당하자는 것이었다. 그러나 결국 관리자들은 인간관계의 개선이 효율성의 증대, 이익 및 만족도의 제고 또는 노사분규의 감소나 생산성 향상에 실질적으로 공헌한다는 사실을 명확히 보여주지는 못하였다.

3) **인사기능에 부여된 세 번째 임무는 노동조합과의 동반자 관계를 정립**하는 것이다. 노사관계의 정립이라는 임무는 노사분규에 대비하거나 이를 해결하기 위해 노력해야 한다는 것으로 기업 경영활동상 사용자의 특권(경영권)을 보호하기 위한 협상절차 및 협약체결과 관련된 활동규칙을 정의하기 위해서 제시된 것이다. 노사관계관리라는 인사기능의 세 번째 임무에 대한 설명은 페이욜에 의해서 처음으로 제시되었다.

페이욜[8]은 1916년에 이미 인사기능 내에 "종업원을 보호하고, 사회질서의 장애요인과 동맹파업 등의 제거를 목적으로 하는 안전관리기능과 모집활동, 조직화 활동, 직업훈련, 인력 및 기계의 운영에 대한 실천 프로그램의 마련을 목적으로 하는 행정관리기능을 구별해야 한다"는 점을 강조하였다. 그 동안 인사기능의 노사관계에 대한 임무는 주로 대기업에 있어서 법제도상의 압력과 사회적 동반자로서 노동조합과의 **협상활동** 속에서 상호간 체제에 대한 인정을 통하여 변화되었다.

한편 노사간의 협상활동은 주로 작업관리 및 임금관리에 대한 규정문제를 다루었으나, 점차적으로 협상 이슈가 확대되어 작업시간의 단축이나 변형근로시간제, 정리해고제, 종업원의 자유로운 의사표현 보장제도 및 다양한 경영참여제도 등에 대한 사항들까지 다루게 되었다.

이처럼 초기의 노사관계관리 활동은 사용자측의 이익을 보호하기 위한 방향으로 전개되었으나, 차츰 조직 내 사회적 동반자(social partner)로서 노동조합의 역할을 인정함과 동시에 이들의 주장을 검토하고 받아들임으로써, 노사 양측에게 이익을 주는 Win-Win(相生) 조직시스템을 구축할 수 있다는 의식이 강조되고 있다.

인사기능에 부여된 다양한 임무들은 당연히 **효과성과 형평성**을 추구한다는 공통된 성격을 지니고 있지만, 반면에 이들 임무간에는 상호 갈등적 또는 모호한 부분도 표출되고 있다. 즉 개인의 발전과 기대를 실현하는 것에 주안점을 둘 경우에는 자칫 기업조직 전체의 효과성과 대립되는 결과가 나타날 수도 있다는 것이다. 비록 이론적으로는 인사기능의 세부 임무들을 구별하는 것이 가능할지 모르지만, 이들 임무들은 당연히 실제 현상과 결부되어 있으므로 **계획화 및 통제화** 활동이 매우 취약하게 나타날 수 있다.

그러므로 사회적 관계(social relations)의 개념 정립이 어렵듯이, 인사기능의 순수한 논리적 개념만으로 조직의 효과성(organizational effectiveness)을 체계적으로 제고시키고 예측하기란 진정 어렵다 할 것이다.

2. 인사기능의 혼잡성과 모호성

일부 대기업의 경우를 제외하고 흔히 인적자원관리 활동의 사명(임무)이 불명확하게 나타나는 이유는 인적자원관리에 대한 정확하고 명백한 목표의 부재 및 목표의 실현을 가능하게 해주는 통제수단의 부재, 그리고 인사기능의 경영효과성에 대한 공헌도가 무엇인지를 분명히 알고 있지 못하다는 데 있다.

뿐만 아니라 인사부서의 역할영역 및 직급간의 역할영역이 명확하게 제시되지 않음으로써 부서간의 갈등이나 계층간의 갈등이 유발되고 있으며, 때로는 목표정립의 필요성과 통제수단의 필요성을 느끼지 못하고 있는 관리자들에 의해 인사기능 자체가 무시되는 현상이 나타나기도 한다.

1) 인사목표의 부재

1978년 영국에서 행해진 한 연구조사[9] 결과에 의하면, **기업의 사회적 성과**에 대한 예측활동은 아직도 많은 나라에서 걸음마 상태에 머물러 있음을 보여주고 있다. 우선 사회적 성과(social performance)에 대한 예측활동을 하고 있는 기업이 별로 알려져 있지 않으며 또한 사회적 성과 창출을 위한 계획을 수립하고 있는 기업에 있어서도 이것이 기업의 종합적인 경영전략과 통합되어 있지 않다는 것이다. 한마디로 아직은 사회적 성과를 통제하고 예측하게 해주는 정보시스템 역시 정비되지 않은 상태로서, 체계적인 개념도 없이 정교한 분석기법 및 방법론이 결여된 채 도입됨으로써 결국은 기업의 욕구에 부응하지 못하는 결과를 보이고 있다는 것이다.

인사기능상 사회적 성과와 관련된 계획활동, 통제활동 및 진단방법 등의 부재현상은 인사계획 입안자들의 잘못된 태도에서 기인된 것도 있지만, 상급관리자나 인사담당자들의 잘못된 관행 때문에 나타나기도 한다. 원래 기업의 계획담당자들은 예산 및 투자와 관련된 기술적 · 재무적 분야에 특히 많은 관심을 갖고 있기 때문에 인적자원관리나 노사관계관리처럼 유연하고 소프트한 영역은 별로 다루지 않으면서 오로지 **계량화**가 가능한 사항만 강조해온 것이다. 바로 이 때문에 수립된 경영전략의 허점, 즉 허구성과 미비성 및 성과평가에 대한 불공정성이 그 속에 이미 내재되어 있는 것이다.

그러므로 경영전략의 수립이나 사업투자계획이 심지어는 요구되는 인적자원에 대한 사전계획이나 인적자원의 사회적 성과에 대한 평가활동조차 없이 나름대로는 합리적이고, 계량적이며, 과학적인 분석이라는 미명 하에 자의적으로 이루어질 수 있었던 것이다. 물론 대기업에서조차 경영전략이 자금계획이라는 예산수립활동 위주로 이루어지고 있으며, 또한 현지국의 언어를 구사할 수 있는 직원이 한 사람도 없으면서 해외에 지사나 공장건설계획을 추진하는 무모한 사업확충 활동 등이 이 같은 실태를 여실히 보여주는 사례라 할 것이다.

보다 심각한 문제는 아직도 공식적 목표(문서화된 목표)로서 명확하고 정확하게 목표와 전략이 수립되어 있는 기업일수록 경영성과가 항상 높게 나타날 것으로 인식하고 있다는 데 있다.[10]

2) 인사통제의 부재

경영활동상 '예기치 못한' 사건의 발생은 기업의 통제력과 진단력 수준에 반비례하여 발생한다. 인사기능의 통제활동에 대한 개념이 새로운 내용은 아니라 할지라도, 많은 기업에 있어서 아직까지도 추상적이거나 일반적인 평가방식 또는 구체적이고 종합적인 개념이 배제된 평가활동을 하고 있다. 그 결과 명문화된 기준도 없고 자격조건(qualification) 및 직무명세(specification)에 대한 사전조사도 없이 사원모집을 실시하고 있는 것이다.

또한 신입사원의 자격요건 및 담당직무에 대한 설명이 부족한 상태에서 인력을 채용함으로써 모집주체인 기업이 신입사원들의 미래상, 즉 입사 후의 신분향상을 구실로 실제 맡게 될 업무에 비해 매우 높은 수준의 자격과 능력을 요구하고 있다.

만일 입사 후 신분상의 지위향상이 너무 빠르게 나타난다면, 채용시의 자격기준은 근거가 모호한 것이 될 것이며, 만일 채용기준이 신분향상에도 불구하고 지속적으로 적용되는 수단으로 유지된다면 사원들은 결국 회사를 떠나게 될 것이다. 그럼에도 불구하고 많은 기업들이 단기적인 욕구를 충족시키기 위해서 해당 업무가 요구하는 자격요건과는 무관하게 새로운 인력을 채용하고 있다.

이러한 기업의 태도를 **'소방수식 인적자원관리'** 방식이라 하며, 인사관리자의 역할은 고작 신고된 화재를 진압하는 소방수의 수동적인 역할에 한정될 수밖에 없다. 즉 자신의 업무에 파묻혀서 문제해결을 위해 골몰하거나, 문제를 예견 또는 문제가 발생되지 않도록 하는 예방수단을 강구하기보다는 눈앞의 문제만 땜질하려는 근시안적인 태도로 일관하게 된다는 것이다. 특히 비용절감이 강조될 경우에는 인재육성에 투입되는 비용조차 분석해보지 않고 냉엄할 정도로 종업원을 해고시켜버리는 모습도 나타난다. 이런 방법들은 결국 장기적인 결과를 고려하지 않고 실시되는 전형적인 소방수식 인적자원관리 활동이라 할 수 있다.

물론 사전에 미리 분석해야 할 문제들에 대한 연구가 전혀 이루어지지 않는다고 할 수는 없다. 결근율 분석, 배치전환 계획, 인재육성 방안 등에 대한 활동은 대부분의 기업에서 수행되고 있다. 문제는 과연 이들 분석활동이 정확한 기법을 사용하고 있는지, 그리고 분석의 결과물들을 어떻게 적용할 것인지에 대한 인식이 부족한 상태에서 이루어진다는 데 있다.

예를 들면, 리커트식 5점 척도 방법으로 종업원들의 직무만족도에 대한 통계분석 결과 3.5라는 평균값을 구했을 경우, 실제로는 아무도 3.5의 만족도에 체크한 사람은 없지만 우리는 대부분의 종업원들이 다소 직무에 만족하고 있다는 결론을 내리게 된다. 마찬가지로 적합한 분석기법이 사용되지 않았다거나, 분석결과를 어떻게 활용할 것인지에 대한 명확한 전략적 인식 없이 오로지 분석만 해둘 경우에는 오히려 문제의 해결보다는 모든 종업원에 대한 불만만 고조시키는 인적자원관리 활동이 나타날 수도 있다는 점에 유의해야 한다.

특히 분석의 범위가 잘못되거나 적절한 분석방법이 적용되지 않았을 경우에는 문제의 핵심에 대한 대안 제시보다는 편협한 이슈에 대한 편견적인 대안이 잘못 제시될 수 있다. 또한 평균 결근율에 대한 연구는 단지 현상에 대한 부분적인 관점만을 제시해주는 것으로서, 사실 이보다는 결근자 중에서도 책임감이 투철한 사원은 없는지, 그리고 결근의 원인이 어디에 있는지를 파악하는 것이 평균 결근율을 파악하는 것보다 훨씬 더 중요하다는 점을 들 수 있다.

흔히 인사담당자들은 **인력진단** 및 인력 예측방법에 대하여 강한 거부반응을 보인다. 물론 이러한 태도는 스스로 평가 받기가 두렵기 때문에 표출되기도 하지만 그밖에 또 다른 이유가 있다. 즉 제도적으로는 정교하고 체계적인 듯 하지만 어디까지나 단기적 관점에서 인적자원관리의 문제를 해결해보려는 기업들이 대부분이기 때문에 전략적 분석활동이 거의 나타나지 않는다.

그러나 인사담당들이 분석적 활동을 기피할수록 경영층에서는 인사기능에 대한 불신을 갖게 되며, 새로운 문제점이나 제약사항의 증가, 그리고 이익보다는 비용만 증가하게 된다. 또한 문제에 앞장서기보다는 뒷전에 서려는 경우가 많으며, 변화하는 조직문제를 직시하는 대신 고정된 틀 속에서 대안을 제시하려는 양태도 속출하게 된다. 그 결과 **"인사관리 활동이 없더라도 기업은 돌아갈 수 있다"** 는 풍자적인 표현까지 나오게 되는 것이다.

3) 인사역할의 혼동

인적자원관리의 사명이 불명확하다는 것은 실제로 인사기능과 직접적인 관계가 없는 다양한 활동들과 연계하여 인적자원관리 활동이 이루어지고 있기 때문이다. 즉 인사부서의 본연적인 활동이라 할 수 있는 사원모집 · 교육훈련 · 임금관리 · 문서관리 등과 같은 기능 이외에 기업 내 휴게실 관리 · 구내식당 관리 · 경비용역 관리 · 출퇴근 차량 관리 등과 같은 총무활동도 인사기능으로 다루어지기 때문에 성격이나 사명이 매우 모호하다는 것이다. 이 때문에 간혹 인사부서를 총무팀 또는 무엇이든지 해내야 하는 부서로 인식하는 경우가 많으며, 마치 무엇이든지 갖다 놓을 수 있는(어떤 일이든지 던져줄 수 있는) 부서로서 인적자원관리 기능이 불명확하게 이해되어 온 것이다.

인사부서에 부여된 명칭을 통해서도 인적자원관리의 사명이나 일반적인 성격이 정의되기도 한다. 흔히 「Personnel, Social Relations, Human Relations, Personnel Administration, Industrial Relations, Labor Relations」등의 이름으로 호칭되는 인사부서의 역할은 명칭에 따라 업무내용의 초점이 달리 표출되기도 한다. 이처럼 실제로 확인되고 있는 인사기능의 다양한 명칭은 아직도 인적자원관리 활동의 성격이 명확하게 정립되어 있지 않다는 사실을 보여주는 것이다. 즉 기업에 따라서는 인사부서를 최고경영자 직속으로 두는 경우도 있으며, 임금관리는 경리팀에서 하고, 교육훈련은 인사팀과는 독립된 부서에서 맡도록 하는 경우도 흔히 나타나고 있는 것이다.

인사기능에 대한 혼동은 주어진 인사업무와 설치된 인사부서간에서도 자주 나타나며, 여기에는 인사업무와 인사담당자간의 **역할혼동** 현상도 포함된다. 인사기능은 특정한 인사부나 인사팀이 없는 기업에서도 인사채용 활동과 같이 항상 기업조직 내에 실제로 존재하고 있다. 그러므로 인사팀이란 단지 기업의 필요에 의해서 기능이 분담되고, 수준에 따라서 상하급 담당자가 배치된 특수한 형태의 부서로 이해하는 것이 오히려 정확한 표현이 될 것이다.

인사업무와 인사부서가 완전히 혼동되어 있는 기업에 있어서는 인사업무를 통해 실현해야 할 인적자원관리 활동을 잊어버린 채 부서 내 상하급자들 모두 의욕을 상실하는 현상도 나타나고 있다. 지나치게 형식화되고 중앙집권적으로 인적자원관리 활동이 이루어질 경우에는 제각기 다른 특성과 역량을 갖고 있는 종업원 개개인에 대한 배려보다 정형화 및 표준화되어 있는 자리, 즉 직무에 보다 많은 관심을 갖게 된다. 기업조직에서 흔히 표출되는 「**인간의 비개성화**」현상은 결국 종업원들의 동기유발 부족, 기업에 대한 애사심의 결핍 등과 같은 부정적인 결과를 낳게 되며, 그 결과 생산성의 저하, 이직률 및 결근율의 증가, 산업재해 및 갈등만 고조되는 부작용이 발생하게 된다.

대기업의 경우에는 인적자원관리 활동이 지나치게 집단적으로 이루어짐에 따라 개인에 대한 배려가 충분치 못한 문제가 발생하며, 중소기업에 있어서는 반대로 너무 개별화된 인사관리 활동 때문에 제도적으로 **공식화**되지 못하는 문제가 발생하기도 한다. 물론 공식화 활동이 지나칠 경우에는 문제가 되겠지만, 효과적인 통제활동과 기업의 목적을 확실하게 달성하기 위해서는

어느 정도의 공식화는 반드시 요구된다 할 것이다.[11]

간혹 인적자원관리 담당자와 경영자간에 공통적으로 이해해야 할 부문에 대하여 의사소통이 제대로 이루어지지 않는 경우도 있다. 즉 경영자들의 관심은 본질적으로 수익성과 효율성의 증대에 있는 데 비하여 과연 인적자원관리 담당자들이 이러한 수익성 및 효율성의 증대를 위하여 무엇을 하고 있는지, 그리고 인적자원관리 활동이 수익성 증대와 어떤 관계를 갖고 있는지 전혀 모르는 경우가 있다. 실무전문가들의 저서에서도 인사관리에 대한 보편적인 요구사항은 기술하고 있지만, 그와 같은 설명의 효과성이나 인사관리의 효과성을 달성하기 위한 적용기준을 제시하지는 못하고 있다. 단지 개인적인 경험을 대부분 '자화자찬' 식으로 표현하면서 오로지 규범적인 관점에서 인사관리상의 문제를 다루고 있다.

최근에 와서야 인적자원관리의 기능을 규명해 보려는 노력이 인적자원관리와 경영효과성의 관계를 제시하기 위해 다각적으로 시도되고 있다. 즉 해당 기업별로 해결되어야 할 문제를 현실적으로 적용시킨 단순하면서도 효과적인, 그리고 신뢰할 수 있는 분석방법론에 대한 보다 심도 있는 연구가 추진되고 있다는 것이다.

3. 인사기능의 특성

인사기능, 즉 인적자원관리 활동은 그 나름의 특수한 성격을 갖고 있지만 그렇다고 해서 인적자원관리 활동이 단순히 관리활동의 한 요소처럼 다루어져서는 안된다. AMA(American Management Association)에서도 **"경영활동은 바로 인적자원관리 활동이다"**[12]라는 표현을 하고 있듯이 인사기능의 역할과 범위는 매우 폭넓다 할 것이다.

경영학에서 다루고 있는 **기능**(function)이라는 개념은 활동별 전문영역, 또는 기업에 공헌하는 특정분야로 정의될 수 있다. 이에 대하여 우드워드(J. Woodward)는 기능을 「기능-과업」(function-tasks) 과정과 「기능-요소」(functions-elements) 내용의 두 가지 범주로 구분하고 있다.[13]

1) 첫 번째, **「기능-과업」**이란 기술개발 및 생산활동, 생산활동을 순조롭게 하기 위한 재무관리 활동, 마케팅 활동, 연구개발 활동 및 다양한 세부기능(마케팅 활동의 경우, 광고 · 유통 · 판매 · 시장조사 · 가격정책 등)의 프로세스에 초점을 둔 기능을 말하는 것이다.

2) 두 번째, 「기능-요소」란 일반적으로 전문가 집단과 '기능-과업' 을 관장하고 있는 관리자 집단에 분담되어 있는 관리활동의 내용에 초점을 둔 기능을 말한다. 인사기능은 부서원들을 다루는 부서장의 활동과 부서장의 인적자원관리 활동을 지원하도록 전문화된 부서로서 인사전담 부서의 활동으로 양분된다. 그러므로 관리활동이 있는 곳에는 어디에나 '기능-요소' 활동이 표출된다. 그러므로 "종업원들을 통하여 성과를 창출하려는 경영활동 자체가 바로 인적자원관리 활동이다" 라는 정의도 가능한 것이다.

'인사기능의 특수성' 은 고귀한 생명체인 인간에 초점을 두고 있다는 점에 있다. 또한 인사기능이 다른 기능영역보다 다루기 어려운 이유도 바로 인간과 관련된 복잡성이 존재하기 때문이다. 그러므로 인사기능에 대한 정확한 분석을 위해서는 이에 적합한 분석기법과 연구방법론이 필수적으로 요구되는 것이다.

인사기능이 복잡할 수밖에 없는 이유는 결과를 통해서만 파악될 수 있는 인간의 행동에 관한 연구에 초점을 맞추고 있기 때문이다. **인간행동의 복잡성**은 결과는 동일하더라도 원인은 엄청나게 다양하고 복잡하게 얽혀 있다는 점을 통해서도 알 수 있다. 그러므로 정확한 진단과 분석이 결여된 채 성급한 해석을 내려서는 안 되는 것이 바로 인적자원관리 활동이다.

예를 들면, 결근의 원인이 동기상실에 기인할 수 있으며, 동기상실의 원인은 열악한 작업환경, 낮은 임금수준, 승진 가능성의 부재, 부적절한 상사의 지시 등 수많은 요인에 기인할 수 있고, 또한 교통수단의 불편함이나 자녀의 병간호 때문일 수도 있다. 마찬가지로 동일한 의사결정에 의해서도, 나타나는 결과는 완전히 다른 경우가 발생할 수 있다.

그러므로 인사관련 **의사결정 활동**에는 항상 일정 형태의 위험이 내재될 수밖에 없다. 이처럼 명백하게 동일한 욕구를 가졌다고 확인된 특정 집단에게 주어진 혜택(개발수당, 전산수당, 자격급 등)에 대해서조차 다른 욕구를 가진 집단에서 이를 주장하는 현상이 인적자원관리 활동에서는 얼마든지 나타나고 있는 것이다.

'인사기능의 복잡성' 은 또한 각종 결과들간의 복합적인 인과관계를 통해서 더욱 강하게 표출되기도 한다. 한꺼번에 많은 사원을 채용할 경우, 적합한 채용절차를 통하여 주어진 직무에 적합한 사람을 최소의 비용으로 선발할 수 있다. 그러나 이 경우에도 만일 동일한 연령층을 대상으로 해서만 이루어졌다면 나중에 가서 부정적인 결과를 가져올 수 있다. 즉 승진기회의 부족에 의한 불만족의 증대, 분규의 발생, 그리고 경우에 따라서는 이직까지 나타날 수 있다.

일시적 · 단기적으로 효과적인 인적자원관리 활동이더라도 장기적으로는 잠재된 손실과 오류 등과 같은 위험이 내포될 수 있다. 따라서 모든 인사상의 의사결정은 현재 부딪히고 있는 문제와 기업이 직면하게 될 미래의 문제에 대한 정확한 진단을 통해서 이루어져야 한다.

이와 같은 인사기능의 복잡성에는 인사의 다양한 세부기능간 상호의존성에 의해 유발되는 복잡성이 또다시 추가된다. 그리고 하나의 세부기능에서 표출되는 모든 활동은 또다시 세부기능에 영향을 미치게 된다. 따라서 인력확보를 위하여 시장수준에 맞게 신입사원의 임금을 인상시킬 경우, 그보다 낮은 임금을 받고 입사한 기존사원들의 임금인상정책에 직접적인 영향을 미치게 되며, 그 결과 신입사원 및 기존사원들의 의욕이 상대적으로 저하될 수 있다.

이처럼 기업의 **인사기능**은 본질적으로 상황의존적 특성을 띠고 있으며 인사기능에 영향을 미치는 많은 요인 중에서도 특히 '사원들의 특성'(모티베이션 · 욕구 · 문화 · 자격 · 연령 · 성별 · 직무기초교육 · 기대 등)과 환경요인으로서 '기업조직의 특성'(규모 · 사업분야 · 위치 · 도입기술 · 제품형태 · 기업문화 · 기업역사 및 연륜 등)에 크게 의존하고 있는 것이다.

한편 인사기능의 복잡성은 추구하는 목적은 다르면서 기업이나 조직의 인적자원관리 활동에 영향을 미칠 수 있는 다양한 이해관계집단(노동조합, 지역단체, 정당, 고용 및 노동위원회, 은행, 협력업체, 소비자 단체, 환경보호 단체 및 다양한 대표자 모임단체, 정부기관 및 관변단체, 매스컴, 주주, 소매상인, 실업자 등)의 존재에 의해서도 증대되고 있다.

즉 이해관계 집단의 행동에 따라 현행 인적자원관리의 흐름이 얼마든지 바뀔 수 있으며, 이들 기관의 목적과 취지에 내재되어 있는 영향력 때문에 여러가지 인사상 난제와 미결과제들이 오히려 가중되는 것이다. 또한 인사기능의 복잡성으로 인한 어려움은 정확하고 신뢰할 만한, 그리고 검증된 측정기법의 부재 때문에 더욱 어려워지는 문제도 안고 있다.

이런 의미에서 프랑스식 **사회적 대차대조표**(bilan social) 역시 측정기법의 어려움을 극복하기 위한 첫발을 내디딘 것에 지나지 않으며, 또한 현재로서는 뻬레띠(J. M. Peretti)[14] 교수의 표현처럼, "사회적 대차대조표는 아직도 신뢰성과 해석상의 문제를 갖고 있는 미완성된 자료와 정보를 수집한 것에 불과할 뿐이다" 할 것이다.

그러므로 질적인 성격을 강하게 지니고 있는 인사기능을 계량화하고, 평가 및 예측이 가능하도록 하기란 다른 어느 분야보다 어려운 것이다. 반면에 인사기능이 종합적으로 계량적 분석이 이루어지기는 어려우나, 인사기능에 포함되는 다양한 활동 및 세부기능별로 구분하여 분석하고 평가함으로써 얼마든지 계량화 및 이해도를 증진시킬 수 있다는 점도 강조되어야 한다.

4. 인사기능의 체계

인적자원관리의 세부기능은 시대 변화에 따라 다음과 같이 상대적으로 명확하게 구분되는 활동들로 구성되어 있다.

1) **전통적 기능**: 직무분석, 모집 및 채용, 인력계획, 임금관리, 작업시간관리, 복리후생, 교육훈련, 평가관리, 경력개발, 안전관리, 노조관리 등

2) **현대적 기능**: 커뮤니케이션 활동, 감사 및 통제활동, 구조조정 활동 등

물론 이와 같은 분류방식 이외에 사내고객 집단별(관리직, 사무직, 현장직, 신입층, 여직원층, 외국인 근로자 등의 소수집단 등) 또는 기업이 추구하는 목적별로 다양한 기준이 적용될 수 있다.

한편 담당기능별로 인사기능을 구분하는 경우도 있다. 즉 하급종업원 집단에게는 직접 서류나 물품을 전달하는 기능과 안전관리, 인사행정 등과 같은 업무적 기능을 분담하고, 중간관리층에게는 제반 관리적 기능, 그리고 상급관리직에게는 전략적 기능을 분담시키는 방식이다. 이에 따라 뻬레띠[15]는 담당기능별 인사기능 중 하급종업원의 활동을 다음과 같이 열거하고 있다.

▶ 문서기록 관리, 인사관련 개별적 · 집단적 자료관리 및 보완

▶ 법적 관련서류 및 장부정리 활동

▶ 법과 규정에 의거한 조항의 적용

▶ 타 지원활동과의 연계 및 연락

▶ 임금 및 수당지급 관리 등

제반 관리활동을 담당하고 있는 두 번째 단계에서는 인적자원관리 활동의 세부기능별로 담당업무영역에 대한 계획, 프로그램 및 절차의 결정 등을 맡게 된다. 예를 들면, 사원 모집방법의 결정, 경력개발 및 임금정책과 교육훈련에 대한 계획을 수립하는 활동 등이 이에 해당한다.

마지막 전략활동의 단계는 경영전략과 종업원들의 욕구에 부응하는 인적자원의 활용방안을 정립하는 것이다. 경영전략과 인적자원, 그리고 종업원의 욕구와 인적자원관리 방식간의 합일성은 다양한 기업환경 형태를 예측할 수 있을 때 가능한 것이다.

또한 각 세부기능별로 목표를 수립할 경우에는 이들 세부목표간의 **보완성**과 또한 세부목표와 전체 목표와의 **일치성**이 이루어지는 **시너지 효과**를 추구해야 한다. 인적자원관리 활동의 세부기능에 대한 단계별(전략적 · 관리적 · 업무적) 활동내용은 [표 1-1]에서와 같이 구분되나 실제로는 인적자원관리의 단계별로 차이가 분명하지 않을 수도 있다. 왜냐하면 부차적인 관리적

의사결정에서 이미 전략적인 활동에 대한 암시가 내재되기도 하기 때문이다.

〔표 1-1〕 인적자원관리의 세부기능별 · 단계별 활동내용 (예)

단계＼기능	모집	평가	보상	교육
전략적	장기적 관점에서 관리자의 특성 명시	장기적 관점에서 주요 사항 정리	장기적 관점에서 보상방법 확인	관리자 양성을 위한 경력개발계획 수립
	미래에 적합한 내 · 외부적 체계 수립	미래의 조직구조를 평가하기 위한 방법구축	전체 경영전략과의 관계 평가	환경변화에 대응하는 장기적 경력개발
		인적자원관리의 잠재력 분석		
관리적	선발기준의 타당성 검증	현재의 능력 및 미래의 잠재력과 연관된 평가체계의 강조	5개년 임금 계획	간부층 양성을 위한 종합 프로그램
	사원모집을 위한 마케팅 활동의 전개	평가중심의 관리	다양한 선발방식에 따른 보상계획의 차별화 강조	조직개발방안
	새로운 고용시장에 대한 분석			자기계발 활동에 대한 강조
업무적	애사심 고취 계획	연간 평가 시스템	임금관리 관련업무	업무능력 배양
	모집 계획	평가제도 관리	복리후생 관련업무	현장 OJT강화
	모집제도 상시관리			

자료원 : N.M. Tichy, C.J.Fombrun, M.A.Devanna : "Strategic Human Resources Management", Sloan Management Review, 23(2), Winter, 1982, p. 52.

반면에 많은 의사결정들이 문서화되지 않고 정책적으로 이루어지기도 한다. 이처럼 인사기능은 타 기능에 비하여 형식을 탈피하는 것이 보다 중시되므로, 끊임없이 새롭게 표출되는 사회적 전략사항들을 반영하는 개방적 성격을 갖도록 해야 한다.

결국 누구나 믿고 따를 수 있는 모델이 정립되기 어려운 분야가 바로 인사기능이라 할 수 있으며, 반면에 어느 정도 **분석체계**가 명확히 정립되어 있는지 여부가 바로 인사기능의 통제 및 예측 활동의 질적 수준을 결정한다. 실제로 인사기능에 대한 평가는 다양한 인적자원관리 활동의 세부기능 및 각 단계별로 구분되어 이루어지고 있다. 또한 인사기능에 대한 평가를 효과적으로 수행하고, 사회적 성과를 명확하게 구분하여 보여주기 위해서는 측정될 수 있는 다양한 요소들을 구별해주는 분석모델을 참고할 것이 요구된다.

제4절 인적자원관리와 효과성 분석

1. 인사기능 분석모델

기업의 모든 기능과 마찬가지로 인사기능 역시 다음과 같이 체계적인 모델을 통하여 분석될 수 있는 제반 활동과정, 즉 업무의 흐름으로 표현될 수 있다.

[그림 1-2] 인사기능의 분석모델[16]

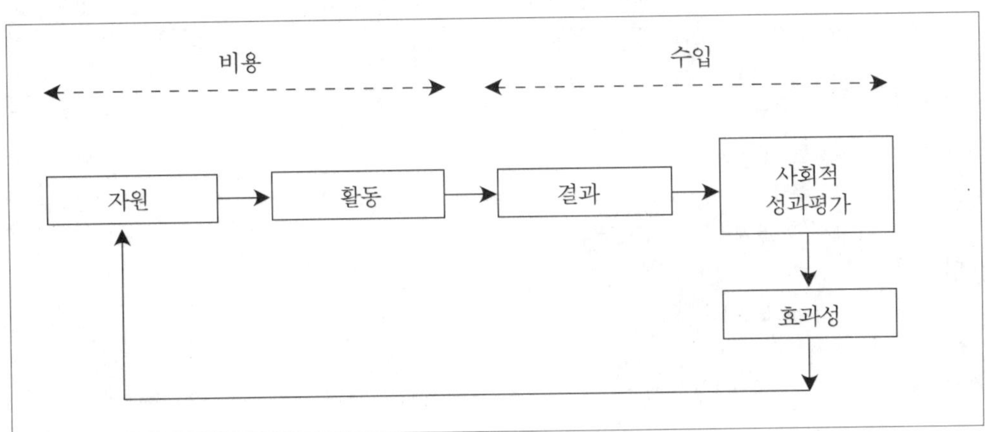

인사기능의 분석모델은 세 가지 요소로 구성된다. 처음 두 가지 요소(자원과 활동)는 반드시 비용지출을 요구하지만 동시에 수익창출의 원천이 되며, 또한 평가대상이 되는 세번째 요소인 성과를 관리하는 활동이 된다.

여기에서 유의할 사항은 비용지출의 수준에는 제약이 따르게 되지만, 수익 실현의 수준에는 제한이 없다는 점이다. 바로 이 때문에 인사기능 역시 적은 비용으로 높은 수익(저비용·고수익)을 실현하자는 효과성 증대를 강조하게 되는 것이다.

첫 번째 요소는 부서별로 배정되는 장소, 시설, 예산 등 고용된 사원(자격부여 및 동기부여)을 대상으로 주어지는 자원과 관련된 것이다. 자원의 내용에는 인사관리 활동자체에 소요되는 시간도 포함되어야 한다.

두 번째 요소는 모집활동, 임금관리, 교육훈련 등과 같은 인사의 모든 세부기능을 포함하는 것으로서, 각 세부기능별로 다시 자원, 활동 및 성과라는 세 가지 요소가 구분될 수 있다.

  분석모델의 처음 두 가지 요소(자원, 활동)만을 고려한다면, 인사기능에서는 마치 비용만 중시하는 것처럼 보인다. 그러나 세 번째 요소인 성과를 고려할 경우, 인사기능 역시 수익관리 및 기업의 경영효과성에 직접적인 공헌을 하고 있다는 점을 알 수 있다.

  한편 성과는 각각의 기능별로 실현된 생산성을 측정할 수 있는 **계량적 지표**와 산식의 도움을 받아 평가된다. 예를 들면 사원모집에 있어서는 모집자의 수, 교육훈련에 있어서는 처리해야 할 서류의 수 및 수강생의 수, 교육기간 등과 같이 양적인 생산성만을 평가하며, 해당부서의 성과에 대한 질적인 평가는 하지 못한다. 즉 채용인원이나 입사지원자의 수 등을 통하여 모집현황은 알 수 있지만, 과연 모집활동이 효과적으로 합당하게 이루어지고 있는지에 대해서는 알 수 없다는 것이다.

  인사기능의 성과 또는 공헌도는 계량적 생산성 측면에서만 볼 것이 아니라, 당연히 효율성과 효과성의 개념을 고려하여 종합적으로 평가하도록 해야 한다. 인사기능의 성과는 경제적 효율성, 기술적 효율성 및 사회적 효율성[17] 등 세 가지 유형으로 구분될 수 있다.

  ① 경제적 효율성은 성과대비 비용지출을 비교하는 것으로 정의된다. 이는 가장 많이 사용되는 평가방식으로서, 창출된 (총)성과를 소요된 (총)비용과 비교함으로써 알 수 있다. 교육훈련의 경제적 효율성은 수강인원 대비 교육에 투입된 교육기간, 강사의 수 및 교육시간 등에 소요된 비용을 통해 산출된다.

  ② 기술적 효율성은 일정기간 동안 수행한 업무수행력에 의해 측정된다. 이는 업무수행을 위해 사용된 절차의 적정성 여부에 따라 업무수행의 질과 양이 좌우된다는 점을 강조하는 것이다.
  예를 들면, 모집시 직종별로 상이한 기준에 의거하여 선발 및 배치를 할 경우, 소요되는 비용, 교육훈련 시간, 불량품의 비율, 실습 전후에 나타나는 실수건수 또는 실수비율 등을 측정함으로써 모집활동 관련 기술적 성과를 살펴볼 수 있다. 그러나 해당부서별로 부서장이 결정하는 질적 평가기준에 따라 성과수준 자체가 달라질 수도 있다.
  인사정보시스템은 정보의 수집과 개발, 또는 평가보고서의 증가나 정보간의 중첩 및 반복되는 활동으로 인하여 경제적으로는 비효과적이지만, 정확한 보고내용을 산출하기 위해서는 오히려 효과적일 수 있다. 물론 인사정보시스템이 사용자의 실제 요구에 부응하지 못할 경우에는 당연히 비효과적으로 된다(예를 들면, 사내 인트라넷을 통한 통계자료나 비율분석이 너무 많을 경우에는 오히려 시간만 낭비하게 된다는 것이다).

③ **사회적 효율성**은 종업원들이 노력한 결과에 수반되는 만족도처럼 회사와 직무에 대한 종업원들의 태도를 측정한 것이다. 사회적 효율성은 결근율, 이직률 등과 같은 정량적으로 측정될 수 있는 것과 태도조사 등 설문조사에 의해 확인될 수 있는 정성적인 지표에 의한 측정 모두를 포함하고 있다.

세 가지 효율성의 형태를 측정하기 위한 기준의 예는 특히 비용개념에서 쉽게 찾아 볼 수 있다. 일반적으로 인사기능의 공헌도는 일부 마찰은 발생하지만 인원감축(성력화) 등을 통한 비용(인건비)의 절감수준으로 측정할 수 있다는 점에 대해서는 이미 알고 있다. 마찬가지로 자격조건을 갖추고 있다는 전제 하에 승진이 빠른 사람일수록 기업의 생산성 향상에 더 큰 공헌을 하는 것으로 해석할 수도 있다.

이들 '**효율성**(efficiency)**의 세 가지 유형**'은 효과성(effectiveness)을 구성하는 요소로서, 각 요소들간에 마찰을 일으킬 수도 있다. 즉 기술적 효율성의 강화가 경제적 효율성의 증대와는 무관하거나, 해당부서 업무의 질적향상을 위해서는 정원 이상의 인력(slack manpower)이 요구될 수도 있다.

한편 효과성은 경영목표의 달성, 효율적인 내부문제 관리, 기회의 활용 및 수익성의 향상 등을 위하여 외부문제에 대처하는 기업의 능력에 따라 달리 결정된다.

마지막으로 사회적 성과평가 활동에 의해서 인사기능이 효과성 증대에 기여하는 측면을 살펴볼 수 있다. 그러나 아직까지도 사회적 성과에 대한 해석이 다양하므로 이에 대한 개념을 명확히 하는 작업이 무엇보다 중요하다 할 것이다.

2. 사회적 성과의 개념

사회적 성과(social performance)에서는 임금관리, 종업원 만족, 인력개발 및 작업조건 등과 같은 인사활동과 관련된 조직환경에 대한 제반 사항과 기업 또는 조직의 사회적 책임 문제까지를 다루고 있다.[18]

　　사회적 책임은 일반적으로 회사의 주주를 제외한 외부조직이나 사회집단에 대한 기업 또는 조직의 의무사항을 말한다. 나아가서 사회적 책임은 법적인 또는 관습적인 규정 및 윤리적인 문제와도 연계되어 있다. 환경오염 방지와 같은 활동이나 소수집단의 고용, 제품의 품질 및 안전도 개선, 자선기관 또는 협회에 대한 봉사활동 등이 이에 해당되며, 정치적으로 비민주적인 나라에서 사업을 하기 위해 지사를 설립하는 행위에 대한 규제도 사회적 책임성 문제를 보여주는 실례가 된다.[19]

　　기업의 사회적 책임에 대한 개념은 미국 등 앵글로 색슨계의 국가에서 보다 중시되고 있다. 프랑스의 경우, 기업의 책임성에 대한 범위는 특히 종업원에 대한 **'내부사회적**(social) **책임'**으로 정의되며, 기업환경에 대한 **'외부사회적**(societal) **책임'**은 배제되고 있다. 반면에 미국에서는 외부의 사회단체에 대한 책임으로 분류된 항목이 프랑스에서는 종업원을 위한 의무사항으로서 사회적 책임항목으로 분류되기도 한다. 즉 프랑스에서는 주택보조금, 외부 교육훈련비, 사회사업비 및 사내교육비 등이 사내 임금총액의 일정비율을 차지하도록 법적으로 규정하고 있는 차이점이 있다.

　　그러나 기업 또는 조직의 규모가 커질 경우 종업원에 대한 사회적 책임 이상으로 사회에 대한, 의미 그대로의 사회적 책임을 지도록 하는 것이 갈수록 중시되고 있다. 바로 이 때문에 프랑스식 사회적 책임은 외부환경에 대해서는 다소 소홀하다는 비판이 주어질 수 있다.

　　한편 '외부 사회적 성과(PS : performance sociétale)'가 일반적으로 일정 한계 내에서는 '경제적 성과(PE : performance economique)'와 동시에 표출된다는 연구결과도 있다.[20] 즉 외부 사회적 성과가 매우 높거나 매우 낮을 때에는 경제적 성과가 낮게 나타나며, 외부 사회적 성과가 적정 수준에 있을 때 경제적 성과가 가장 높게 나타난다는 것이다.

[그림 1-3] 경제적 성과와 외부 사회적 성과

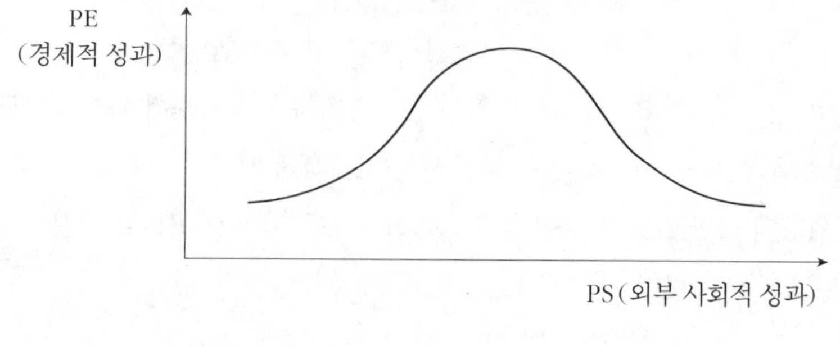

시장조건에 의존되어 있는 내부 사회적 성과와 경제적 성과간에도 마찬가지 유형의 관계가 존재한다.

데루(J. P. Déroo)[21]의 연구에서는 기업의 **가치체계**(인적자원의 가치향상 및 이에 대응되는 기술적 능력)와 **경영방식**(독재적 또는 참여적)에 따라 기업의 수익성이 달라진다는 점을 보여주고 있다. 즉 가장 높은 성과(자체 자금조달력, 세후 수익총액 등)를 얻는 기업은 '**인적자원을 중시하는 가치체계**'와 '**합의적 경영방식**'을 채택하고 있는 기업들이라는 것이다. 사회적 성과의 부족 또는 초과현상과 같은 부정적인 효과가 나타나는 이유는 소비자, 납세자, 하도급자, 소매상인 또는 이들 모두에 대한 기업의 재정적 부담이라는 제약이 따르기 때문이다.

기업에 대한 사회적 비용의 절감은 정부보조금이나 세제혜택의 형태로 나타날 수 있다. 이는 기업 또는 조직에 주어지는 사회적 수혜로서, 이를 통하여 기업은 경제적 수익성을 유지하면서 사회적 성과를 계속 증대시킬 수 있는 기반을 갖추게 된다.

한편 하도급자들은 기업의 상근인력 수준을 유지시켜주는 완충장치 역할을 할 수 있다. 하지만 하도급자들에게는 최소한의 사회적 비용만 주어지면서 이에 만족하도록 하는 강요가 따르게 된다. 그 결과 하청기업의 근로조건 및 임금수준은 보다 열등한 상태로 될 수밖에 없는 것이다. 이처럼 다소 극단적인 측면에서 볼 경우, 내부 사회적 성과(social performance)와 외부 사회적 성과(societal performance)간에는 상호 상반되는 대립관계가 있음을 확인할 수 있다.

「**외부 사회적 성과**」를 평가하는 데에는 많은 어려움이 따른다. 사실 다양한 수혜자들의 관점으로부터 표출되는 효과성의 기준간에는 분쟁이 있을 수밖에 없으며, 유일한 기준으로 외부 사회적 성과에 대한 정의를 도출하는 것은 불가능하다. 같은 방법으로 '사회적 성과'를 소비자, 행정부, 고객, 소매상인, 하청업자, 은행원, 주주 및 조합원들에게도 적용하고 측정할 수 있을 것인지에 관해서도 명확하게 답변하기가 어렵다.

결론적으로 사회적 성과는 기업이나 조직의 내부문제로 다루어져야 하며, 단지 내부문제의 해결을 위해서는 외부상황의 기회와 위협요인부터 철저히 고려해야 한다는 것이다. 그러므로 사회적 성과에 대한 평가는 엄격하고 신뢰할 수 있는 분석방법과 분석기준에 의거하도록 해야 한다. 결국 이들 사항을 모두 다루어야 하는 **사회감사**는 정확하게 사실을 확인하고, 예상되는 문제의 탐지, 문제의 원인에 대한 진단 및 중요성을 평가함으로써, 가능한 최적의 실천방안을 권고하기 위한 수단이 되도록 해야 한다.

그럼에도 사회감사의 개념은 흔히 감사활동이라는 용어가 갖고 있는 제한적 의미 때문에 통제활동에 치우친다는 부정적인 의미로 인식되고 있는 실정이다. 그러므로 사회감사의 유용성을 이해시키기 위해서는 일반적인 감사활동의 목표와 영역 및 사회감사의 목표와 영역에 대하여 정확하게 규명하는 작업이 요구된다.

제1장 질문사항

1. HRM에 영향을 미치는 전략적 의사결정의 예로는 어떤 것들이 있는가?

2. HRM이 기업목표실현을 위한 하나의 수단에 지나지 않는다고 생각하는가?

3. 경영활동의 특별영역으로서 인사기능은 어떻게 구성되어 있는가?

4. 미래에 대한 특정 추세가 향후 2-3년간의 HRM 활동에 영향을 줄 것으로 보는가?

5. 사장이나 인사팀장은 기업의 목표를 달성하는 데 어떤 방향을 제시할 수 있는가?

6. 법규제와 규정의 증대가 환경변화에 대응하지 못하게 하는 원흉이라고 생각하는가?

7. 기업의 성장 및 발전에 따라 매년도 인사기능이 어떻게 재구성되어야 하는가?

8. 기업의 HRM 활동이 집권적이고 개별화되지 않았다는 사실을 증명할 수 있는가?

9. 기업의 인사기능에는 어떤 중요한 목표들이 부여되어 있는가?

10. 인사관리자가 통제활동에 할애하는 시간은 약 몇 퍼센트 정도 되어야 하는가?

제1장 참고자료

1. 박기찬, 전략적 인적자원관리 및 인사제도 혁신, *KEMBA, IPS, 1996, pp 1-29.*

2. *R.Sainsaulieu R., "De Nouvelles Pratiques pour la Gestion du Personnel", CERGY : CRESSEC., 1983.*

3. *Collongule Y., "Ratio Financiers et Prévision des Faillités des Petites et des Moyennes entreprises", Banque, no 365, Sep. 1977, pp. 963-970.*

4. *Pernin D., "L' Evolution de la Législation Social depuis 1968 et sa Signification pour l' Entreprise", Homme et Techniques, no. 374, Dec. 1975, pp. 730-735.*

5. *Grinyer & Norburn, "Planning for existing Markets : Perception of executives and financial Performance", Journal of Royal Statistical Society. Vol. 138, Part I, 1975.*

6. *Miner & Miner., Personnel and Industrial Relations-The managerial approach, 3rd ed. N.Y., Mac Millan, 1977, p. 4.*

7. *G.Thomason G., "Text Book of Personnel Management", 3rd ed., London, Institute of Personnel Management, 1978, p.16.*

8. *Fayol H., "Administration Industrielle et Générale", Bulletin de la Sociétéde l' Industrie minérale, 1916, Paris, Dunod, 1970, pp. 3, 102.*

9. *Twiss. B., "The concepts and techniques of social forecasting" in Social forecasting for company planning, London, Mc Millan, 1982, pp. 3-24*

10. *Hofer & Schendel, Strategy Formulation : Analytical Concepts, Saint-Paul, Minn., West Publishing Co., 1978.*

11. *Bosquet R., "Quels facteurs clés d' évolution des politiques de personnel?" in De Nouvelles Politiques pour la Gestion du Personnel, CERGY, CRESSEC 1983.*

12. *Appley L.A., Management is personnel administration, Personnel, Vol.46 N.2, March-April 1969, pp. 8-15.*

13. *Woodward J., Industrial Organization : Theory and Practice, Oxford Univ. Press, 1965.*

14. *Peritti J.M., Une Démarche de lecture et d' analyse du Bilan Social in "Le Bilan Social", Liaisons Sociales, no 839, Dec. 1981, p. 60.*

15. *Peretti J.M., Personnel, Paris : Vuibert 1981, pp. 25-29.*

16. *Fitz-Enz J., "Measuring human resources effectiveness", Personnel Administrator, Vol.25, no. 7, July 1980. pp. 33-36.*

17. *Candau P., "L' Evaluation de l' Efficacité Organisationnelle", Revue Française de l' Audit Interne, no 69, Mars-Avril 1984, pp. 415.*

18. *Preston, Rey & Dierkes, "Comparing Social Performance Germany, France, Canada and the U.S.", California Management Review, Vol. 20, no. 4, Summer 1978, pp. 40-49.*

19. *Jones T.M., "Corporate Social Responsibility Revisited, Redefined", California Management Review, Vol. 22, no. 3, Spring 1980, pp. 59-67.*

20. *Bowman & Haire, "A Strategic Posture towards Corporate Social Responsibility", California Management Review, Vol. 8, no. 2, Winter 1975, pp. 52.*

21. *Déroo J.P, Rentabilité et culture d'entreprise, Cahier de recherche.*

22. *Candau P., "Gestion des Ressources humaines et compétitivité", Revue Française de Gestion, no. 39, jan.-fév. 1983, pp. 43-51.*

제2장

사회감사의 기초

제2장 사회감사의 기초

사회감사는 단순히 통계치의 확인과 법규정 준수 및 일치성을 검증하는 활동에 한정되지는 않는다. 오히려 사회감사는 "문제점과 위험을 야기시킬 수 있는, 그리고 기존에 사용중인 여러 가지 통제방법에 대한 적합성을 검증하면서 동시에 인사관리기능의 효과성을 확인 및 평가하는 활동이다"라고 할 수 있다.

그러나 **사회감사**는 인사기능의 특성과 사회감사가 유발시킬 수 있는 부작용 및 기대되는 문제점 때문에 나름대로의 특수성을 갖게 된다. 예를 들면 사회감사는 기업의 사회적 대차대조표, 조직분위기 분석표와 같은 정보분석기법과 혼동되지 않을 뿐더러, 상호보완적이거나, 완전히 다른 영역을 갖고 있는 기타의 분석기법들과 명확히 구분되는 것도 사회감사의 목적과 고유성이 강하게 부각될 수 있기 때문이다. 본장에서는 일반 감사의 변천상과 기반 및 사회감사의 특수성, 그리고 사회감사와 자주 혼동을 일으키는 주변 영역들에 관하여 차례대로 살펴보도록 한다.

제1절 감사의 목적과 기본 원리

1. 감사의 변천상과 목적

'**사회감사의 개념**'을 완전히 새로운 것으로 보는 관점도 있으나, 사실 사회감사의 개념은 이미 오래 전부터 존재하고 있었다. 필리오스(V. P. Filios)[1]는 「감사의 역사」라는 연구에서 감사인의 출현을 고대 이집트 시대에서 찾고 있다. 당시 감사인의 역할은 밀의 수입과 수출량, 밀의 수확량과 조세총액을 정확히 검증하는 것이었다. 기원전 300년경 아테네에서도 전문 경리인이 국가재정이나 국가자산에 대한 회계와 재무를 맡아 공공자산을 관리하도록 한 기록이 있다.

특히 '**감사**'라는 용어는 증인들의 증언을 검증하고, 법정에서 호소되는 내용의 진실여부를 판단하는 로마의 관습에서 기인한 것이다. 이후 점차적으로 증인이 데려오는 신원 보증인과 증빙서류에 기초를 둔 검증활동 및 수반되는 계정에 대한 공식적인 검사활동으로 변천되어 왔다. 그리고 구두증언보다 서류에 의한 증거제출이 중시됨에 따라 감찰관들은 행운세를 내야 할 불로소득의 획득, 횡령이나 사기활동 등을 밝혀내기 위하여 심지어는 총독의 소득계정까지 조사하는 역할을 맡았다.

한편 '**감사인**'이라는 용어는 13세기 말 영국에서 사용되기 시작하였으며, 14세기 초 런던에서는 감사원이 구성되어 처음으로 여섯 명의 감사관이 선출되었다. 하지만 영국의 경우, 산업혁명이 시작되면서 진정한 감사활동의 탄생이 이루어졌다고 볼 수 있다. 즉 이때부터 기업인들은 회계장부에 기록된 정보의 논리적 일관성과 정확성을 검증하기 위하여 회계전문가를 고용하였던 것이다.

'**감사활동**'이 실제로 확산된 것은 19세기 내내 영국의 투자가 이루어졌던 미국에서였다. 영국의 투자자들은 독립적인 공증인들의 중개로 그들의 투자에 대한 이익이 적절히 조절되기를 원했다. 한편 영국의 감사인들은 미국에 영국식 감사방법과 절차를 도입시켰으며, 미국인들은 그들의 본래의 욕구에 맞게 이들 방식을 활용하여 재빨리 감사활동을 정착시켜 나갔다.

제1차 세계대전 이후 미국 경제가 급성장하면서 은행 신용대출을 위한 기업의 자본 및 자산에 대한 보증도 강화되었다. 특히 기업에서 제시하는 회계내용들이 너무 지나치게 낙관적으로만 표명되었으므로 이와 같은 일부 허구적인 회계서류를 믿지 못하는 투자자들이 **외부의 독립적**

인 **회계감사** 활동을 요구하기 시작한 것이다.

동시에 철도산업과 같은 공공분야에서도 **내부감사**를 실시하기 시작하였다. 즉 상급부서에서는 전국에 걸쳐 있는 역마다 책임자인 역장들이 적절한 방법으로 사용자본 내력을 부기에 기장하도록 요구하였던 것이다. 1930년대 미국에서는 회계사들의 활동에 대한 법이 통과되면서 감사업무가 크게 발전하였다. 회계법에서는 자본시장, 즉 증권시장에 상정되는 기업의 재무제표 내용은 반드시 **외부 감사인**에 의해 검증되고 인증되어야 한다는 점을 명시하고 있었다.

그러나 기업 입장에서 보면 모든 회계업무를 전적으로 외부 감사인에게 의존할 수 없음에도 불구하고, 공증인들은 항상 기업에서 제공하기 어려운 자료까지도 철저한 분석을 요구했기 때문에 기업마다 손익계정을 확인하고, 그 계정이 합법적인지를 알아보기 위해서 내부 감사인을 채용하였다. 그러나 내부 감사인은 외부 감사인들에게 종속되어 있었기 때문에 기업 내에서 그들의 위세를 펼치지는 못했다.

한편 시간이 흐를수록 내부 감사인과 외부 감사인의 **역할**이 구분되기 시작하였다. 독립적 · 개별적으로 회계법인에 소속된 외부 회계사들의 역할은 회계장부에 기업의 연간 재무성과나 재무상태를 적정하게 표기하고 있는지, 그리고 회계장부가 일반적인 규칙, 법, 관습에 맞게 작성되었는지, 또는 전년도 성과와 비교하여 제대로 작성되었는지를 확인하기 위하여 공식적인 회계장부를 조사하는 데 주력하였다.

이후 내부 감사인은 점차적으로 그들의 활동영역을 넓혀나갔으며, 특히 1941년 「내부감사인협회」[2]의 설립과 함께 정관을 개정하여 자신들의 역할영역을 새롭게 확정하였다. 미국에서 발전된 내부감사인협회는 많은 나라에서 감사규정의 제정 및 감사인을 재통합하는 데 기여하였으며, 감사활동에 대한 인식을 널리 확산시키고 감사윤리규정을 제정하는 촉진제 역할을 하였다.

한편 감사인의 역할에 대한 관심이 증대되고, 감사활동의 영역이 넓어짐에 따라 감사활동이 「회계 · 공증」 활동과 분리되는 결과를 초래하였다. 이러한 경향은 미국에도 영향을 미쳐 1971년 회계장부에만 얽매인 과거방식에서 탈피하여, **감사활동에 대한 정의**를 다음과 같이 내렸다.

"감사활동은 정책과 과정이 제대로 이루어지는지, 기준이 제대로 적용되었는지, 자원이 효과적이고 경제적인 방법으로 사용되었는지, 그리고 조직의 목표가 달성되었는지 등을 판단하기 위하여 이루어지는, 한 기업체의 다양한 기능에 대한 독립적인 평가활동이다".[3]

이러한 변천에도 불구하고 감사인과 외부 감사인 또는 회계 공증인의 역할에 대한 혼동은 아직도 빈번하게 나타나고 있다. 감사인과 외부 감사인의 역할 차이는 극단적으로 활동영역 · 규정·활동유형·추구하는 목표 및 정관의 내용에 따라 달리 나타난다.

프랑스의 경우, **외부 감사인**이 기업의 재정 및 회계활동에 관여할 때, 감사인은 비용에 대한 검증을 포함하여 모든 관리영역에 접근할 수 있도록 보장하고 있다. 우선적으로 회계검증에 착수하여 경영성과 및 대차대조표의 체계성 및 진실성에 대한 구체적인 의견을 제시하도록 한 것이다. 즉 주식회사의 감사는 재고조사표, 경영성과보고서 및 대차대조표를 검증하고, 매 건 회계서류를 확인 및 통제하는 역할을 맡도록 한 것이다. 또한 외부 감사인은 법률적으로 이사회 및 정부에서 확증된 불확실성과 불규칙성에 대한 감사인의 결론을 통지해주는 책임도 갖도록 하였다. 당시 감사관(외부 감사인) 활동의 중요한 목표는 재무제표의 신용도를 평가하는 데 있었다.

한편 **내부감사**는 단순히 재무적인 문제 이외에 기업의 모든 실행활동과 관련된 문제를 다루는 분야이다. 그러므로 내부감사는 실행활동과 내부통제에 대한 검증을 통하여 업무활동의 개선, 수립된 정책과 절차의 적용 등을 통하여 경영효과성을 증진시키는 데 목표를 두고 있다. 내부감사의 특성은 직무유기나 사기행위를 다루는 방법에서도 나타난다. 즉 외부 감사인은 재무상태에 심각한 영향을 미치지 않는 사소한 낭비나 탈세문제는 다루지 않는 데 비하여, 내부 감사인은 실사와 예측활동을 통하여 직접 이 문제를 다루도록 한 것이다.

소이어(L. D. Sawyer)[4]가 강조한 것처럼 기업이 일으키는 과오나 자금횡령, 즉 잘못된 관리활동은 기업을 파산시킬 수도 있다. 그러므로 내부 감사인은 관리의 모든 활동에 관심을 두고 탈세와 과오의 발견뿐만 아니라 절차의 적용방식, 정보의 신뢰성 및 규칙의 유효성에 대한 검증, 그리고 감사 받은 활동의 효율성과 효과성까지도 살펴보아야 한다.

마지막으로 **'내부 감사인과 외부 감사인의 역할 차이'**는 기업의 정관에서도 나타난다. 외부 감사인은 법적 규정에 따르게 되므로 특정기업에 소속되지 않는 데 비하여, 내부 감사인은 연도별 감사결과의 제출뿐만 아니라, 불규칙적으로 발생하는 다양한 관리활동에 근거한 활동 프로그램까지 작성하도록 되어 있다. 그러므로 최고경영자 직속으로 되어 있는 내부 감사인의 활동은 최고경영자의 경영방침에 따라 좌우될 수밖에 없다.

반면에 외부 감사인은 독립적 지위를 갖고 감사활동에 임하는 전문 직업인이라 할 수 있다. 그러나 외부 사회감사인의 출현으로 인하여 그 동안 뚜렷이 나타났던 내부 감사인과 외부 감사인의 차이점이 약해지고 있다는 점에도 주목해야 한다.

또한 관리의 모든 영역으로 감사활동을 넓혀가기 위하여 감사가 통제활동 중심으로 이루어지고 있다. 즉 **'감사활동'**은 전반적인 통제 및 감독활동과 관련된 것으로 정의 내릴 수 있으며, 기업 내 모든 관리 및 통제활동에 대한 효과성을 측정하고 평가하는 활동이라 할수 있다는 것이다.

이처럼 통제활동에 대한 정의와 범위설정 및 적용이 **'경영자의 특권'**이라면, 통제활동의 효과성과 합치성에 대한 평가는 '감사인의 특권'이라 할 수 있다.

감사의 목적은 기업의 내부통제체제와 획득된 성과의 질에 대한 검증과 평가를 하는 데 있으며, 감사활동은 통제활동과 관련된 「**활동감사**」와 정책 및 구조와 관련된 「**경영감사**」로 구분된다.

르나(C. Renard)[5]는 "감사란 기업 내부통제체제에 대한 신뢰성을 보증하는 활동이다"라는 점을 강조하고 있다. 즉 '감사인의 역할'은 평가활동에 대한 검증을 통하여, 관리활동의 적합성에 대한 설명과 함께 올바른 분석·평가 및 권고안을 제공함으로써 기업 경영자들이 효과적으로 경영할 수 있도록 보좌하는 데 있다.

그러므로 감사인은 경영정책·계획 및 절차수립, 그리고 기업 내에서 사용되고 있는 통제활동에 대한 신뢰성과 일치성을 확인하도록 해야 한다. 또한 감사인은 인적자원관리 활동의 질(quality)을 평가하고 효과적인 개선방안을 제시해야 하는 책임도 갖고 있다.

일반적으로 감사활동은 '귀납적인 방법'으로 검증하는 활동이지만, 감사활동을 통하여 새로운 경영활동의 초기단계, 즉 계획수립 단계에서 시행절차의 결정에 관여하거나 예비연구를 통하여 예측하는 역할을 수행하기도 한다. 이 때문에 통제 및 감독활동과 동일시되고 있는 감사활동에 대한 정의가 보다 명확히 정립될 것이 요구되는 것이다.

2. 통제 : 감사의 기본 원리

감사의 모든 방법론은 경영활동과 직결된 통제의 개념에 근간을 두고 있다. 감사인의 활동은 다음에 제시된 두 가지 본질적인 질문에 의해 결정될 수 있다.

▶ 계획실행 및 업무활동이 충분히 통제되고 있는가?

▶ 관리자들의 통제수단은 효과적이고 합당한 것인가?

감사인은 이들 질문에 대한 정확한 답을 얻은 후, 관리활동의 개선을 위하여 과연 어떤 통제기법과 절차가 필요한지를 결정해야 한다. 통제에 대한 개념은 아직도 애매모호하므로 통제활동에서 채택하고 있는 형식 및 반복되는 관리순환과정 등을 검증하여 정확하게 규명하는 것이 중요하다.

1) 통제의 개념과 형식

통제(control)라는 용어는 고대 불어의 contrerôle(against role)에서 유래되었다는 점을 상기할 수 있다. 또한 contrerôle 이란 개념 자체는 라틴어의 contrarotulus(contra: contre, rotula: rôle=document: 문서)에서 그 기원을 찾아볼 수 있다. 사실 실행이 올바로 되었는지, 목표달성은 이루어졌는지를 살펴보는 활동인 control과, 통제활동을 지원하기 위해 사용된 수단을 의미하는 명사인 control 사이에 의미상의 혼동이 빈번하게 야기되기도 하였다.

이처럼, '통제' 란 기업에서 실현하고 있는 다양한 활동의 증진과 관리 및 활동의 결과를 확인하기 위해 요구되는 다양한 수단(조직도 · 경영정책 · 업무절차 · 업무지시 · 회의활동 · 경리 · 예측 · 계획 · 보고서 · 분류색인표 · 재고조사표 및 감사활동)의 사용을 의미하고 있다. 이와 같은 통제의 개념은 지금까지도 끊임없이 변화되고 있다.

「**고전경영학파**」에서는 통제를 '치료 및 구속하는 활동' 으로 받아들였다. 예를 들면 페이욜 (H. Fayol)[6]은 "통제란 채택된 프로그램, 그리고 주어진 명령과 수용된 규칙에 따라 모든 활동이 제대로 이루어졌는지를 확인하는 것이다"라고 정의하였다. 이와 같은 통제의 개념은 물적자원보다는 인적자원이나 업무활동의 통제에 초점을 맞춘 것으로서, 그 결과 오늘날까지도 통제에 대한 개념이 '인가 및 승인 활동' 과 유사한 의미로 남게 된 것이다.

이에 비하여 최근에 와서는, 통제란 '개인의 목표와 기업의 목표를 통합하고, 통합된 목표를 달성하도록 하는 지원활동' 으로 해석되고 있다. 특히 통제는 업무활동의 성과를 측정함으로써 각 활동별로 발전가능성을 제시해주는 **'자율통제 방식'** 으로 전개되어야 한다는 점이 강조되고 있다. 이와 같은 통제의 다양한 유형은 통제의 적용기간, 원천 및 목적에 따라 달리 구분될 수 있다.

기간별로는 미래의 성과를 예측하기 위한 '사전통제' 와 과거의 성과를 분석하기 위한 '사후통제' 로 구분될 수 있다.

사전통제는 발생가능한 과오를 예측하여 수정할 때 소요될 기회비용을 피할 수 있기 때문에 결과적으로는 보다 경제적인 방식이 된다. 사전통제에는 사기행각을 예방하기 위한 책임분배, 예산총액에 의거한 지출허가, 활동기록을 명시하기 위한 정확한 분류색인표의 정리, 체계적인 서류의 보존 및 안전관리를 위한 예방 프로그램 등이 포함된다.

반면에 통제의 본질적인 속성을 지니고 있는 **사후통제**는 사전통제 방식보다 비용이 더 들게 된다. 또한 사후통제는 사전통제의 효과성을 측정하는 방식이기도 하다. 왜냐하면, 과오나 결점은 사전에 통제될 수 없으며 사후적으로만 탐지될 수 있기 때문이다.

그러므로 일반적으로 '통제(control)'는 귀납적인 방법, 즉 사후통제 방식을 채택하고 있으며, 실현된 성과에 대한 통제활동 위주로 이루어진다. 재고조사표, 감사보고서 및 감사가 바로 이에 해당된다.

한편 사후통제 방식도 야기될 위험을 탐지하기 위하여, 또는 의사결정 전에 문제점 및 문제의 원인을 밝혀내기 위한 목적으로 통제활동이 이루어 질 경우에는 예측의 성격, 즉 사전통제의 성격을 띠게 된다. 실행 중인 활동에 대한 통제의 예는 교육기간 동안 표출되는 수강생들의 반응을 즉각적으로 통제하면서 교육훈련 프로그램을 조정하는 활동을 통하여 살펴볼 수 있다(제10장 참고).

칼슨(H. C. Carlson)[7]은 인사기능에서 채택하고 있는 다양한 **통제방법**을 다음과 같이 여섯 가지 범주로 정리하고 있다.

첫 번째 범주는 활동을 정확히 파악하도록 하고, 조직과 조직구성원들을 위한 행동규범을 창출하도록 해주는 모든 전략 · 목표 · 정책 · 계획 · 프로그램 · 절차 · 실천 · 방법 · 부서구분 · 규칙 · 윤리기준 및 협상체결 사항 등으로 구성된다.

두 번째 범주는 사원 개개인의 인식 뿐 아니라 생산, 품질 및 인사관련 분배가능한 정보 등에 의해서 나타난다.

세 번째 통제유형은 예측된 활동이 지배적이라는 점을 확실하게 보여주는 상위계층에 의한 의사결정 및 감독활동에서 발생한다.

네 번째 통제유형은 종업원 T/O, 확정된 예산, 부서별 컴퓨터 가용시간 등과 같은 자원에 대한 통제활동 등이 포함된다.

한편, 사회적 영향력 역시 통제의 또 다른 형태로서 결코 간과되어서는 안 된다. 즉 집단적 관습이나 규범 등은 무형적인 것이지만 개인의 행동에 영향을 주는 효과적인 통제체제라는 것이다. 또한 조직구성원들은 강요적인 규범보다는 성과향상에 일조하고 있는 규범에 보다 순응적이라는 결론을 내리고 있다.

결국 자율적인 통제방식을 적용할 경우, 모든 기능의 긍정적인 측면이 부각될 수 있으며, 의사결정 역시 바람직하게 이루어질 수 있다는 것이다. 즉 **참여적 자율경영**을 강조하고 있는 「**목표에 의한 관리**」(MBO: Management By Objectives)와 같은 프로그램이 적절히 사용될 경우, 자율통제 방식이 보다 효과적이라는 점을 알 수 있게 된다.

한편 과도한 통제활동은 통제의 부족만큼이나 큰 손해를 입힐 수도 있다.

예를 들면 비용지출 자료로 매주 20~30쪽에 달하는 컴퓨터 자료목록을 발송해 줄 경우에는 목록을 받은 관리자가 이를 모두 살펴보지 못하거나 또는 전체상황 속에서 비용지출을 고려하지 못하는 상황이 발생하게 된다는 것이다.

이처럼 과도한 통제는 관리자를 돕기보다는 오히려 어렵게 만드는 문제만 야기시킬 수 있다. 흔히 **'과잉통제'**에 대한 비판은 다음과 같이 다양하게 나타난다.

▶ 분석량의 과잉 : 필수적으로 10개 이상의 평가지표를 선택하므로 발생

▶ 복잡성의 과잉 : 기대 및 의욕상실을 유발시킬 수 있는 지나친 복잡성

▶ 불명확한 성격 : 결론이 문서에 나타나지 않는 경우의 발생 등

▶ 일반화의 과잉 : 결론을 정확한 의미로 이끌어내지 못할 경우

▶ 엄격성의 과잉 : 통제문서가 규범만 준수하고 핵심문제를 고려하지 않을 경우 등

이처럼 통제활동이 미흡한 경우와 마찬가지로 통제활동의 과잉 역시 통제시스템을 비용만 소모시키는 무용지물로 만들어버린다. 그러므로 감사인은 통제순환과정의 단계별로 지표의 도움을 받아 통제시스템의 효율성과 효과성을 평가하도록 해야 한다. 그러나 감사의 독립적·불연속적 특성 때문에 마치 사회감사인이 '자율통제'는 받아들이되, **'자율감사'**는 거부하는 것처럼 자율적 통제활동과 감사활동이 혼동될 수도 있다.

2) 통제의 순환과정

통제활동은 일련의 단계를 포함하는 순환과정으로 이루어진다. 즉 목표에 대한 정의, 평가기준의 설정, 규범의 준수성 검토, 정보가 유입되는 경로설정, 평가 및 책임자의 임명, 그리고 성과나 목표와의 비교를 통한 수정활동 등이 통제활동의 순환과정에 포함된다([표 2-1] 참조).

① 통제활동은 항상 '목표에 대한 정의'를 내리는 작업에서 시작되며, 측정가능한 방법으로 기대한 성과를 규명하는 작업이다. 예를 들면, '좋은 사회적 분위기를 형성해보자'는 것은 너무 추상적이고 불명확한 표현이므로, 사회적 분위기라는 성과를 평가할 수 있도록 해주는 지표를 명확하게 제시해야 한다. 즉 사회적 분위기 측정을 위해서는 노사분쟁의 발생건수, 종업원 집단별 고충건의 건수, 결근율 또는 이직률 등과 같은 지표가 활용될 수 있다. 그러므로 일차적 목표가 너무 일반적으로 제시될 경우에는 몇 개의 세부목표 및 세부지표로 나누어 제시하는 것이 바

람직하다.

〔표 2-1〕 통제활동의 순환과정

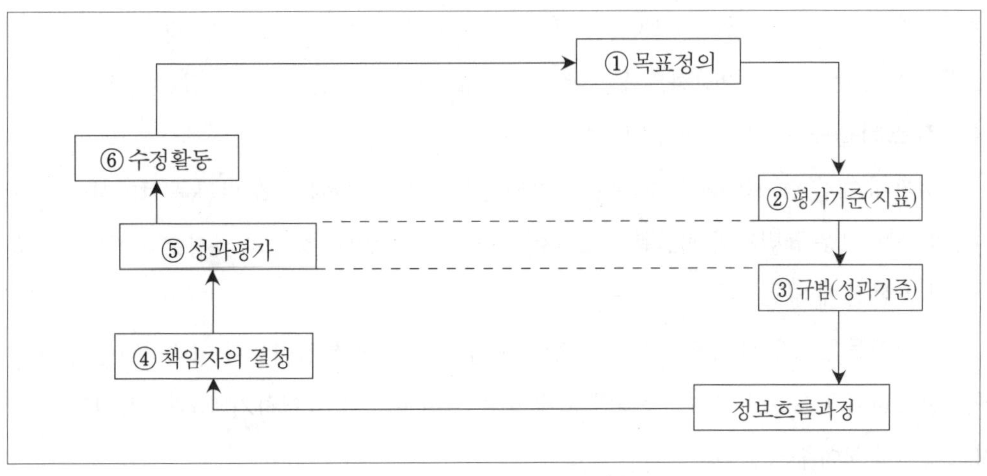

② 뉴만(W. H. Newman)[8]은 "통제를 단지 사후적 획득성과와 사전적 기대성과를 비교하는 것으로 보는 것은 잘못된 생각이며, 또한 매우 위험스러운 발상이다"라는 비판을 하고 있다. 사실 성과평가 활동은 차기의 성과수준을 수정하기 위한 활동이라 할 수 있다.

성과가 표출되기 이전에 이미 실제로 이루어지는 활동별 성과에 대한 예측을 하게 되고, 업무를 추진하면서 새롭게 업무의 내용이나 수준을 수정하는 활동은 바로 이와 같은 예측에 의거하여 이루어진다.

그러므로 **효과적인 통제**를 위해서는 특히 성과예측에 초점을 둘 것이 요구되며, 결과로 나타나는 성과 그 자체를 중시해서는 안 된다. 예를 들면, 사후적으로 일단 발생된 예산초과 문제를 원래대로 되돌릴 수는 없다. 왜냐하면 과거로 되돌아가는 것 자체가 불가능하기 때문이다. 이처럼 통제는 미래 지향적이며, 진행 중인 활동성과를 예측토록 해주는 위험경보(early warning) 기능을 수행하는 지표라 할 수 있다. 결근율의 경우, 종업원의 만족도나 사회적 분위기 또는 작업조건에 대한 하나의 통제지표가 될 수 있으며, 또한 미래의 효율성을 판단해주는 지표도 될 수 있다는 것이다.

③ 성과와 관련된 지표만으로 통제시스템을 확립할 수는 없다. 즉 **성과의 내용** 이외에 **성과의 수준**에 대한 기준을 설정하는 작업이 있어야 한다. 성과수준이란 보편적으로 설정될 수 없으

며 기업의 상황에 따라 달라진다. 예를 들면, 결근율 8%의 수준은, 이미 6% 수준의 결근율을 보이고 있는 기업에 있어서 성과수준의 기준(목표)으로 채택하는 것이 무의미하다는 것이다.

④ 통제활동에 대한 정보는 통제 책임자에게 전달되고, 이를 통하여 책임자는 "무엇을 전달해야 하는가, 누구에게 전달해야 하는가, 언제 전달해야 하는가, 그리고 어떤 형태로 전달해야 하는가" 하는 점을 명확히 결정하도록 해야 한다. 이를 위해서는 정보가 유통될 수 있는 **정보네트워크시스템**을 구축하는 것이 요구된다.

⑤ 성과에 대한 평가는 실제로 나타날 수 있는 「**차이(gap)**」에 대한 원인을 설명하면서, 기존의 규범과 새로운 규범간의 비교분석 활동에 초점을 두고 있다. 통제의 과정은 평가와 수정하는 활동이 실현될 때 완료된다.

⑥ 수정활동은 다양한 개선안을 상호 비교분석하고, 또한 투입비용과 기대성과를 평가한 이후에 실시된다. [표 2-2]에서는 통제의 부재 또는 결여 현상을 규명하기 위해 사용되는 몇 가지 지표의 예를 보여주고 있다.

〔표 2-2〕 통제의 부재 및 결여 (예)

문제의 유형	확인된 사건	
통제의 부재 또는 결여	-공식화된 목표의 부재	-목표의 재평가 불가능
	-목표의 전달 불가능	-공식적 규범의 부재
	-평가과정의 부재	-공식적 보고의 부재
	-보고내용의 확산 불가능	-확인이 어려운 보고사항
	-책임성에 대한 명확한 정의의 부재	-부서별 예산의 부재
	-향후 과제에 대한 우선권의 미결정	-사전 허가절차의 부재
	-목표에 대한 결과 비교의 부재	-차이의 원인에 대한 조사 부재
	-책임자에게 전달 불가능한 차이(gap) 내용	-업무 인수인계의 부재
	-불완전하고 믿을 수 없는 분류색인표	-업무실천사항에 대한 보고활동의 부재
	-자율평가체제의 부재	-부서별 사원의 욕구실태(양, 질, 수준 등) 분석의 부재
	-기록되지 않은 지각	-결재되지 않은 비용
	-이중고용의 발생	-업무상 권한위임의 부재
	-명확하지 않은 지시	-초과근무시간에 대한 통제 · 허가의 부재 등

경영활동으로서 통제의 순환과정은 사회감사의 기초가 되는 개념이 통제의 순환과정은 그 나름대로 독특한 성격을 가지고 있다.

제2절 사회감사의 변천 및 특성

사회감사 역시 통제활동에 근간을 두고 있지만 연구의 영역과 효과성에 있어서 일반적 재무감사와는 명확히 구별된다.

1. 사회감사에 대한 정의의 변화

사회감사가 비록 새로운 개념은 아니라 하더라도 **감사에 대한 정의**는 감사 받을 영역과 채택된 방법에 따라 계속 변천되어 왔다. 사회감사의 영역에 대한 공식적 평가는 1940년 미국에서 처음으로 시도되었다.

당시의 사회감사는 '**인사관리 활동에 대한 경제적 성과를 측정**' 하는 데 초점을 둔 것으로, 정부나 민간업체[9]에 소속되어 있는 외부 대리인들에 의해 실행되었다. 1950년 말 비로소 대기업에서 사회감사에 대한 다양한 단계와 방법으로 기업 내 인사활동에 대한 체계적인 평가가 이루어지기 시작하였다.

이러한 발전과 함께, 1962년 토렌스(W. D. Torrence)[10]는 사회감사를 "정책의 효과성과 적합성을 검증하기 위하여 기업 또는 조직의 인사기능에 적용시키는 정책 및 실태에 대한 분석"으로 정의할 것을 제안했다.

토렌스가 실시한 앙케이트에 대한 인사책임자들의 대답은 "감사란 외부 전문가나 대학교수들의 자문활동으로는 통제하기 어려운 사내의 복잡한 기능을 통제할 수 있도록 해주는 것으로서, 자체적으로 **자율통제**되는 것이어야 한다"는 것이었다. 또한 "그 동안 통제가능한 정보가 제공되는 내용으로 인사기능이 평가되지 않았으며, 특히 비용에 근거한 분석방법은 극히 드물게 사용되어 왔다는 점도 유의해야 한다"고 하였다. 이것은 바로 인사기능이 기업의 수익성과 효과성에 공헌한 이유를 설명하지 못하는 원인이 되는 표현이기도 하다.

대기업일수록 비용과 가장 밀접한 관계를 가진 세부기능(임금, 단체교섭, 부서별 집단분석과 비목구분 등) 위주로 체계적인 감사를 실시하고 있지만 인사기능과 관련된 기능은 필요하면 모두 감사의 대상이 될 수 있다고 보아야 할 것이다.[11]

한편 '**인사에 대한 감사**'는 대부분 인사부서 내에서 실시되어 왔기 때문에,[12] 인사기능과 인사기능을 담당하는 특정부서로서의 인사팀간에 혼동을 초래하기도 한다. 이런 형태의 내부감사에서는 정원의 초과 또는 미달 상황에 대하여 평가하고, 기준년도와 비교하여 회사의 활동수준을 평가하는 비율분석이 주를 이루게 된다.[13]

한편 미국의 한 시티뱅크(City Bank)에서 감사는 다음과 같은 두 가지 부분으로 구성된다는 논지를 제시하였다. 즉 첫째는 명시된 방법과 직위별로 인사정책 및 시행절차의 수준에 대한 검증활동, 그리고 둘째는 종업원에 대한 태도조사에 근거를 둔다는 것이다. 특히 직위별 또는 계층별 앙케이트는 인사부서 직원들에 의해 실시되도록 해야 한다는 것이다.[14]

감사에 대한 이와 같은 개념은 사실 감사활동의 전형적 의미인 '통제를 통하여 표출되는 결점을 치유' 하기 위하여 직위 또는 계층별로 실행하도록 한 것이었다. 그러나 계층별 감사활동이 도태된 이유는 우선 인사정책의 적용이 그 자체로서는 기업의 효율성을 보장해주지 못하며, 나아가서는 종합적인 분석틀 안에서 감사활동이 이루어져야 한다는 관점이 지배적으로 강조되었기 때문이다.

사회감사에 대한 개념이 이처럼 다양하게 존재한다는 것은 아직도 '사회감사' 라는 용어가 표준화되지 않았다는 사실을 보여주는 것으로서, 즉 사회감사, 인사감사, 노무감사, 사회관계 또는 산업관계감사, 인사평가감사, 인사기능 통제에 대한 감사 등 다양한 용어들 역시 여전히 병존하고 있다.[15]

이러한 용어의 다양성은 마찬가지로 '감사방법상의 다양성' 을 동반하고 있다. 어떤 방법에 있어서는 감사가 문제분석 및 평가활동과 관련되며, 또 다른 방법에 있어서는 감사의 시행절차상 효과성 분석뿐만 아니라 진단된 문제를 제거하기 위한 권고안 또는 실행안의 수립활동까지 포함해야 한다는 점도 강조되고 있다.

한편 **인사감사**에 대한 종합적인 정의는 스테판(L. G. Stephen)[16]에 의해서 이루어졌다. 스테판은 "인사감사란 정책분석, 조직의 프로그램 및 실태분석, 그리고 조직의 효율성과 효과성을 평가하는 것이다"라고 규명하였다. 그러나 그의 정의에서도 감사인들이 궁극적으로 연구해야 할 사항인 사용방법과 다양한 단계에 대해서는 충분한 규명을 해주지 못하고 있다.

한편 바띠에(R. Vatier)가 제시한 정의에서는 사회감사의 방법론에 보다 초점을 두고 있다. 즉 "사회감사는 재무 및 회계감사와 마찬가지로 고유영역을 갖고 있으며, 인적 · 사회적 문제를 해결하는 기업 또는 조직의 능력을 평가하고, 기업활동에 필요한 인력고용에 의해 발생되는 문제를 관리하기 위한 관리의 도구이자 관찰방법이다"[17]는 것이다.

본서에서는 **사회감사**를 "분석방법론에 기초를 두고 세부 준거사항별로 인사상의 장점 및 문제점, 비용 및 위험의 형태로 나타나는 제반 제약조건을 확인하기 위하여 사용되는 관찰·분석·평가, 그리고 객관적·독립적·귀납적인 권고안을 제시하는 방법"으로 정의하고자 한다. 즉 **사회감사의 방법**은 "표출된 문제의 원인을 진단하고, 그 중요성을 평가함으로써 궁극적으로는 감사인이 지금까지 사용한 적이 없는 권고안 및 실천방안에 대한 공식적 대안을 제시해주는 것이다"라고 정의 내리고자 한다.

보다 실천적인 표현을 한다면, **사회감사인**은 "지표의 힘을 빌어 인사상의 장점과 현재 및 미래의 문제점(위험)을 검증하고, 문제의 원인을 진단함으로써 감사 받은 분야에서 사용하게 될 권고안을 제시하는 활동, 즉 공식화된 준거사항으로부터 도출된 규범과 비교하여 차이를 밝혀 냄으로써 성과에 대한 검증부터 해야 한다"는 것이다.

이처럼 사회감사에서 사용되는 여러가지 정의들이 일반 다른 감사활동과 비교하여 특수성을 갖고 있는 것은 아니라 할 것이다. 하지만 진단의 과정에 있어서 사회감사는 다른 감사활동과 다른 본질적인 차이와 수준상의 차이를 살펴볼 수 있다.

2. 사회감사의 특수성

사회감사의 특수성은 본질적으로 감사를 받게 되는 **영역의 차이**에 따라 달리 형성된다. 즉 사회감사의 특수성은 감사 받는 영역에 따라 적합한 감사방법과 사용되는 기법의 형태가 달라지게 된다는 것이다. 그러므로 감사의 방법과 기술에 대한 검증을 하기 이전에 우선 사회감사의 궁극적인 목적 및 목표가 무엇인지에 관하여 살펴보도록 한다.

1) 사회감사의 목표

일반감사와 마찬가지로 사회감사는 '인사관리의 효과성 제고를 통한 기업의 효과성을 최대한 증진' 시키는 데 그 목적이 있다. 그러므로 사회감사는 기업이나 인사관리자에게 불리한 구속을 주는 것이 아니라 도움을 주기 위한 활동이라 할 수 있다. 또한 감사는 정확한 진단을 하도록 해주는 적절한 분석방법 및 분석도구의 활용에 힘입어 문제의 인식과 그 중요성을 증진시켜주는 사회적 치료방법으로 해석되기도 한다.

이처럼 **사회감사**는 기업이 감수해야 하는 위험을 고려하고 변화를 예측함으로써, 그 결과 문제의 원인에 대한 규명 및 해결방안을 제시하고, 또한 기업의 의사결정이나 기업의 효과성 증대에 인사기능이 기여할 수 있는 공헌도를 보여주는 조언자적인 역할을 수행하는 것이다.

또한 사회감사는 일반적인 관리활동과 함께 인사활동에 요구되는 여러가지 공식적 목표를 갖고 있다. 즉 인사활동 관련 주요 자료분석, 특히 계량적으로 측정가능한 관리활동의 엄격성 유지, 보다 효과적인 통제기법 및 자율통제 방식의 적용, 인사기능에서 발생되어 현장부서에 심각한 문제를 유발시키는 원인분석 및 개선안 등을 제시해야 한다는 것이다.

그러므로 사회감사는 **'예상되는 미래의 위험을 사전에 방지하고, 기업의 사회적 성과와 효과성에 기여하는 인사기능을 평가하기 위한 예측적 분석도구'** 라 할 수 있다.

한편 사회감사는 사회적 동반자로서 노사간의 단체교섭을 충실히 준비하고, 기업의 인수·합병시에 대상기업의 경제적 상태뿐만 아니라 사회적 상태에 대한 수준을 평가하기 위해서도 활용된다(예를 들면, 합병시에 회사 간부들의 실직위험, 파업이 발생될 위험, 사회적 불경기 또는 상호 다른 정관으로부터 유발될 수 있는 위험 등).

마지막으로 사회감사는 때때로 새로 부임해 온 인사관리자의 요구에 의해 실시되기도 한다. 즉 새로 부임한 인사팀장은 감사결과를 참조하여 부서를 관리하고, 장래의 인사활동에 대한 목표의 우선권을 결정할 수 있다는 것이다. 이처럼 사회감사는 기업의 목표와 성과간의 차이나 정책의 적용정도 및 기업에서 결정된 시행절차간의 차이를 분명히 보여주는 문제점들을 확인해줄 뿐 아니라, 어떤 의사결정이 기업에 미칠 수 있는 결과를 예측해 보여줌으로써 경영자들의 의사결정에 있어 조언자 역할을 수행한다. [18]

이와 같은 활동을 통하여 사회감사는 감사의 큰 부류에 합류하면서 자연스럽게 재무감사의 보완자적 역할을 수행하게 된다. 요약하면 사회감사는 감사의 영역과 사용된 방법의 특수성으로 인하여 다른 감사와 구분된다는 것이다.

2) 영역과 결부된 특수성

사회감사의 특수성은 우선 감사의 영역에서 나타난다. 인사기능과 인사기능을 구성하고 있는 다양한 세부기능들은 감사의 방법과 결과에 영향을 미치는 질적인(qualitative) 성격을 갖고 있다. 사회적 현상의 질적인 특성을 계량화시키려는 감사활동은 때때로 개선 권고안이 공식화되기 이

전인 행동의 변화 단계에서 결론을 이끌어내기도 한다. 예를 들면, 결근에 대한 감사가 끝나지 않더라도 감사가 진행되면서 결근율이 현저하게 감소되는 결과를 볼 수도 있다는 것이다.

마찬가지로 감사는 '교육적 방법론'이라는 특수성을 갖고 있다. 사실 사회적 현상에 대한 정보를 받은 관리자가 그들이 기대했던 정보와는 다른 객관적이고 또한 새로운 정보라고 생각할 때 사회적 상태의 변화를 위한 노력을 하게 된다.[19] 특히 정보분석 활동에 피감사인들도 참여한다면 인식된 문제를 해결하기 위해 피감사인들 스스로 변화를 더 잘 수용할 수도 있게 된다.

참여(participation)**의 중요성**은 다른 감사방식에 비해 사회감사에 있어서 보다 뚜렷이 나타난다. 사회감사의 특수성은 이처럼 '참여적 방식'이라는 데서도 찾아볼 수 있으며, 피감사인들은 이를 통해 해결안을 도출할 수 있도록 기대하는 것이다.

인사기능의 질적인 특수성으로 인해 발생하는 복잡한 성격(조직화, 체계화된 정보의 상대적 부족현상 등) 때문에 감사인은 정보의 수집과 분석에 필요한 기법의 도움을 받아야 한다. 그러나 이는 특수한 방법이라기보다는 **방법론적인 특수성에 관련된 문제**라 할 수 있다.

3) 사회감사의 방법론적 특수성

목표와 성과간의 차이에 대한 측정은 객관적 **'지표'** 뿐만 아니라, 감사대상 기업의 법적·규범적·관습적 특성에 기인하는 제약조건, 즉 개별기업의 인사기능상 특수한 준거사항으로부터 나오는 **'규범'** 들에 의해서도 가능하다.

모든 감사인들은 '감사의 방법' 뿐만 아니라 '감사의 성과'에 대해서도 책임을 져야 한다. 그러나 사전에 사회감사의 결과가 어떠하리라고 확정하는 것은 불가능하다. 그러므로 감사인은 대상기업이 최대한의 목표를 보장해주는 방법과 기술을 사용하여 제시된 성과를 나타냈다는 사실을 검증함으로써 이를 정당화해야 하는 책임을 갖고 있다.

객관적인 사실과 진단에 이르기 위하여, 그리고 계량화된 정보의 부족을 보충하기 위하여 감사인은 사회과학 분야에서 발달되어온 다양한 방법 및 기술을 활용하게 된다. 바로 이런 의미에서 사회감사는 다른 감사, 특히 재무·회계감사와는 확연히 구별된다. 그러므로 사회감사에서는 대내외 구성원들의 의견수집과 분석 및 이들의 인지상태에 대한 분석이 가장 기본적이고도 중요한 정보가 되므로 인터뷰내용, 의견이나 태도조사와 같은 전형적인 조사방법의 도움을 받도록 해야 한다.

한편 질적인 측면뿐만 아니라 양적인 측면의 정보를 분석하기 위해 감사인은 기업에서 관찰된 각종 지표의 평균수준, 기업의 정책 및 절차에 대한 분석은 물론, 법제도, 규범 및 관습에서 도출되는 다양한 준거사항들에 대한 지표도 마련하도록 해야 한다. 여기에서 객관적으로 제시된 '지표의 수준(가치)'과 개별기업의 준거사항으로부터 도출된 '규범의 수준(가치)'간 **차이**(gap)는 해당기업에게 위험요인, 즉 내재된 문제점을 밝혀주는 가장 중요한 분석내용이 된다.

물론 감사인에게는 객관적 지표의 가치가 당연히 중시되는 것이 당연하지만, 목표수립과 정책의 실현을 통하여 기업의 발전을 도모하려는 개별기업, 즉 피감사자에게는 기업 내 형성되어 있는 다양한 준거사항들 역시 중요하다.

3. 사회감사의 영역과 단계

사회감사는 인사기능과 관련된 업무뿐만 아니라 인사기능의 세부기능(사원모집, 임금관리, 교육훈련 등), 프로그램, 시행절차 및 개인적인 문제(결근, 이직 등) 모두에 적용될 수 있으며, 또한 활동영역(제조산업, 상업, 서비스 분야)이나 활동장소(기업, 공장, 부, 과, 팀, 지점 등)에 관계없이 적용될 수 있다.

그러므로 기업의 인사기능과 관련된 모든 업무는 기업의 인수 · 합병시에도 상대 회사의 특성, 종업원의 기대치, 그리고 합병에 따라 야기되는 문제와 위험을 평가하기 위해서 감사의 대상이 될 수 있다. 특히 기업을 인도하거나 합병하는 회사에서 사회감사를 실시하지 않을 경우, 종업원들의 업무에 대한 욕구와 동기를 정확히 파악하지 못함으로써 합병 후 영업사원의 집단 사직과 같은 뜻밖의 사태를 맞게 될 수 있다.

사회감사는 본사에서 결정된 인사정책에 대한 논리적 일관성이 제대로 유지되고 있는지를 확인하기 위하여 지사 또는 공장 단위에서도 실시될 수 있다. 또한 사회감사는 인사의 세부기능뿐만 아니라, 특별 기능(남녀 고용평등, 시행과정, 정보의 전달 등)에도 관여할 수 있다. 예를 들면, 특별 범주로 구분되는 집단(여성인력, 외국인 근로자, 기능공, 간부 집단 등)에 대한 처우문제 등과 같은 프로그램에도 적용된다.

특별 프로그램에 대해서는 인사기능상 발생될 수 있는 모든 문제를 검증하는 작업이 요구된다. 나아가서 사회감사는 인사기능이 존재하는 조직전체 또는 본사조직과의 일치성 및 인사팀에서 관리할 수 있는 인적자원의 구성과 정원관리에도 영향을 미칠 수 있다.

이처럼 다양하게 적용될 수 있는 감사활동은 [표 2-3]에서처럼 3단계(업무 · 관리 · 전략)로 구분된다. 3단계 중 일부 단계에만 치중된 감사가 이루어질 경우, 그 자체 이미 위험에 노출되고 있다는 점에 유의해야 한다. 왜냐하면 감사는 원래 인사업무, 관리활동, 정책수립 등과 같은 다양한 단계로부터 나타나는 **역기능**(dysfunction) **현상**을 초래하는 문제 및 위험의 원인을 파악하는 데 초점을 맞추고 있기 때문이다.

〔표 2-3〕 단계별 감사의 유형

경영활동의 단계	감사활동의 단계
업무적 (operational)	숫자 및 통계에 대한 확인 법제도와의 일치성 검증
관리적 (managerial)	설정된 시행과정의 적용 합일성 시행절차 간의 상호 연관성 시행절차의 적합성
전략적 (strategic)	목표의 존재여부 및 효과성 목표의 내부적 상호 연관성 인사기능의 조직화 수준 및 구성방법
경영전략에 인사정책 및 인사목표의 포함여부 인사정책의 환경 적용성 여부	

성 과 (performance)
비 용 (cost)
위 험 (risk)
효 과 성 (effectiveness)

1) **감사의 첫 번째 단계**에서는 정보의 신뢰성과 유효성, 그리고 실현된 성과에 대한 법적 일치성 여부에 초점을 맞추고 있다. 숫자 및 통계에 대한 검증활동은 회계상의 의미로서 외부 검증활동과 가장 유사한 활동이다.

감사인은 제공된 정보가 가장 타당한 것인지(정보가 측정 가능하다고 생각되는 것을 잘 나타내고 있는지), 그리고 현실에 부합되는 신뢰할 만한 것인지를 확인해야 한다. 이를 위하여 감사인은 지표에 대한 정의, 지표의 예측 · 조회 및 결정방법, 정보를 수집하고 보존하는 방법(수작업 또는 정보화된 분류 색인표의 작성), 그리고 지표의 종합화 방법(예 :다른 부서나 공장에서 제공된 자료를 기준으로 작성한 기업의 사회적 대차대조표) 등을 확정하도록 해야 한다.

또한 감사인은 정보의 신뢰성을 제한하는 조건을 검토하고 이들 제약조건들을 다른 방법에 의해 수집된 정보나 숫자와 비교검토(경리, 예산, 관리 및 통제, 회사 주주 및 임원 또는 경영위원회 등에 전달되는 문서 등)해보아야 한다.[20]

사회적 성과를 측정하기 위한 각종 지표들의 종합보고서라 할 수 있는 프랑스식 「**사회적 대차대조표**」에서는 제반 수당의 총액, 최고수준의 임금총액, 비용총액, 총인건비, 이윤배분 참여수준, 교육훈련비 및 사회사업 출연금 등에 대하여 매 3년치의 실태를 보여주고 있다.

그러나 사회적 대차대조표의 내용에 대해서는 외부 감사관인 근로감독관이 이를 검증하는 부분적인 사회적 성과평가 활동만 이루어진다는 점에 주의해야 한다. 왜냐하면, 프랑스에서도 근로감독관들은 사회적 대차대조표의 각 요소에 대한 정보의 진위여부를 밝히는 작업은 하지 않기 때문이다.

이에 비하여 **감사활동**에서는 인사관리의 각 단계마다 인사책임자의 지시나 지침이 되는 의사결정들이 법적으로 하자가 없는지에 대한 평가(법적 · 관습적 규범의 준수여부 검토 등) 문제까지 다루게 된다. 또한 감사인은 내규에 대한 검증 및 성과창출 활동의 준법성 여부를 관찰하여 장부에 기록된 사항에 대한 검증활동도 수행해야 한다.

2) 바띠에가 「시행절차」라고 명명한 **감사의 두 번째 단계**에는 시행절차의 적용 및 달성하고자 하는 목표와의 합일성, 그리고 적용의 수준 및 기대되는 성과를 유발하는 능력수준에 대한 검증 등이 포함된다. 여기에서 감사인은 현재 시행되고 있는 절차들이 제대로 적용되고 있는지에 대한 검증을 실시하게 된다. "고과자와 피고과자가 연 1회 정기적으로 실시하는 고과자 인터뷰(annual interview)는 실시되었는가, 그리고 어떤 방식으로 이루어졌는가, 인터뷰는 상하간에 진솔한 의사소통 및 건설적인 방식으로 이루어졌는가, 아니면 단지 부하직원을 통제하기 위한 상사의 일방적인 독백형태로 실시되었는가, 인터뷰에 사용된 기법들은 준비된 방법대로 적용되었는가, 기대성과에 비하여 너무 무겁고 가식적인 인터뷰는 아니었는가" 등과 같은 항목에 대한 검토를 통해 감사목록이 보다 분명하게 완성될 수 있다.

감사가 실시될 경우, 아예 **고과자 인터뷰**가 없었다든지, 제도는 존재하되 실시가 안 되고 있다든지, 아니면 실시는 되었지만 솔직한 인터뷰가 되지 못했다든지 하는 평가결과가 나오게 된다. 한편 시행과정에 있어서 정보가 정확하게 주어졌는가 하는 점도 매우 중요한 감사대상이 된다. 예를 들면, 개인별로 과거에 이수한 교육훈련 사항에 대한 정보가 없다면 승진과 교육훈련 관리와 관련된 인사정책 자체가 문제될 수밖에 없으므로 종업원들은 이러한 정책을 수용하지 않게 된다는 것이다.

3) **감사의 세 번째 단계**는 「전략적 의사결정」과 관련된 활동으로 구성된다. 즉 "인사정책은 기업의 목표에 부합하는가, 공식적인 목표가 존재하는가, 기업의 경영전략에 인력계획이 포함되어 있는가, 인사정책은 기업의 환경변화에 적합한가, 인사부서의 구성방법(인사팀 명칭, 직책수, 계층수, 총인원 등)은 추구하는 목표에 적합한가, 정보의 집중화가 너무 심화 또는 부족하지는 않는가" 등에 관한 검증활동을 하게 된다는 것이다.

이처럼 감사를 3단계로 구분하는 방법은 실천적인 측면보다는 교육적, 그리고 이론적인 측면에서 나온 것이다. 실제로 감사인의 감사활동은 실현된 성과수준에 입각하여 불량상태를 탐지하기 위해 자율적으로 감사의 단계를 택하게 된다. 하지만 감사인은 감사의 3단계를 중요성의 정도에 따라 계층화할 수 있을 때에만 전체적 또는 세부기능에 대하여 집중적으로 살펴볼 수 있다.

여기에서 최종적인 성과, 즉 **효과성**(effectiveness)**에 대한 평가**가 항상 최우선적으로 고려되어야 하며, 다음으로 정보의 진위성 판별단계, 법적인 일치성 검증단계 및 시행절차의 적용과 절차 상호간 연관성 검토단계 등을 거치면서, 제시된 성과가 기업의 불량상태를 유발시킬 수 있는 원인이 되는지에 대한 최종평가가 이루어지도록 해야 한다.

제3절 사회감사의 외부영역

감사의 기본원리와 사회감사의 목표 및 영역을 명확히 기술함으로써 사회감사와 기타의 감사(사회단체에 대한 감사 : 단체별 성과에 대한 감사 및 조직감사), 기능(관리 및 통제), 개선활동(권고) 또는 접근방법(조직개발기법, 사회-경제적 연구방법, 사회-기술적 접근방법), 그리고 기타의 평가기법 및 평가수단(사회적 대차대조표, 성과에 대한 평가) 등과의 관계에서 발생하는 개념적 혼란을 제거할 수 있다.

1. 사회감사 이외의 감사

사회감사와 회계감사의 차이가 감사의 영역과 사용된 기법에 의해 결정된다면, 사회감사와 다른 유형의 감사를 비교할 경우에도 감사의 영역을 비교함으로써 유사성이나 차이점을 살펴볼 수 있다.

임벌(J. Humble)[21]의 표현에 따르면 "사회단체에 대한 감사 또는 기업의 사회적 책임에 대한 감사는 외부환경(공해방지 등, 단 사회단체 · 소비자 · 소매상인 · 주주 등과의 관계는 제외) 및 내부환경(근무시간을 포함한 근로조건, 승진, 소수 그룹, 조직의 구조, 의사소통, 노사관계 및 교육훈련 등)에 대한 진단을 포함하고 있다" 는 것이다.

사회단체에 대한 외부 사회감사에서는 기업의 사회적 책임에 영향을 미치는 경영정책과 실제분석을 통한 위험과 기회, 그리고 강점과 약점에 대한 조직 내 · 외부 환경에 대한 진단(SWOT Analysis), 계획화와 통제화 활동에 통합될 수 있는 기업의 경영정책(기업의 경제적 목표와 양립될 수 있는 사회적 목표의 통합) 등을 이끌어내도록 요구하고 있다. 이와 관련하여 바뗄(Battelle) 재단은 기업이 어떻게 내부 종업원, 외부 소비자, 대내외 환경 등에 대하여 **'사회적 책임'**을 수행하고 있는지를 평가할 수 있도록 해주는 계량화된 연도별 대차대조표를 완성시켰다.

사회감사는 단순히 확인된 사실을 계량적으로 분석하고, 대차대조표를 작성하는 것뿐만 아니라 확인된 사실에 대한 위험도를 평가하고, 나아가서는 원인에 대한 진단을 통하여 확인된 사실을 완성하는 데 목표를 두고 있다.

그러므로 사회단체에 대한 외부 사회감사, 즉 **사회적 책임에 대한 감사**를 사회감사와 동일한 것으로 볼 수는 없다. 사실 사회적 책임에 대한 감사는 성과를 평가하는 데 있어 기업마다 채택하고 있는 기준이 다르므로 기업별로 내부기준을 따를 수밖에 없다. 그러나 이와 같은 내부기준이 사회적 책임수행에 대응하는 기업의 능력에 따라 제멋대로 달라지는 것은 아니다. 왜냐하면 기업 내부기준 역시 법적인 일치성, 윤리적 및 경제적 효율성에 대한 역사적 발전상에 기초하고 있기 때문이다. 또한 사회감사에서는 다음 장에서 살펴보듯이 보다 엄격한 방법론이 적용된다는 차이점도 있다.

한편 **사회감사**는 정태적 상태(조직도 등)와 동태적 상태(의사결정, 의사소통, 통제활동 등)의 성격을 동시에 갖고 있으므로 일부 기업구조상의 문제만을 해결하려는 조직감사와는 당연히 구분된다. 즉 사회감사에서 분석내용으로서 의사소통 또는 역할분배와 같은 조직관리상의 제반요소들이 포함되지만 조직관리상의 모든 문제를 다루는 것은 아니라는 것이다.

그러므로 사회감사는 조직구조 분석과 기업 경영전략을 반드시 다루어야 하는 경영감사와는 구분된다. 일반적으로 **경영감사**는 흔히 경쟁기업을 흡수합병할 때 해당 기업의 가치를 평가하기 위해 실시된다.

2. 기업의 기타 기능

사회감사는 특히 관리 및 통제활동, 업무수행의 방법, 또는 인사업무 등과 혼동되어서는 안 된다. 관리 및 통제활동은 제르베(M. Gervais)[22]가 강조한 것처럼 주로 '기술-경제적인 합리성'을 강화하기 위하여 발전된 것으로, 공장 내 생산성 향상과 고부가가치 제품의 산출에 기업활동을 집중시킴으로써 보다 나은 기업성과(제품생산비용의 절감, 공장내 작업의 합리화, 효과적 재고관리 등)를 얻으려는 데 그 목적이 있다.

근본적으로 인적자원관리 활동은 이론적 추론에 의한 내용이 주를 이루지만 통제를 위한 방식으로 취급되어서는 안 된다. 인적자원관리를 대상으로 하는 사회감사 활동에서 구체적 회계자료를 중시할수록 오히려 전통적인 관리 및 통제활동과 구별되는 특성이 표출된다. 즉 감사는 일시적으로 실시되며, 기간별 경영의 효과성 및 경제적 효율성과 결부되어 있는 반면에, 전통적인 관리와 통제활동은 연속적인 활동으로 이루어진다는 데 차이점이 있다는 것이다.

그러나 실제로 **'감사'**와 **'관리'**라는 두 가지 기능은 상호 보완적이며, 또한 상호 통제활동을 주고받으면서 실행된다. 예를 들면, 내부 감사활동에 대한 예산은 기업의 다른 업무에 대한 예산처럼 관리 및 통제활동에 의해 검증되며, 반대로 감사인은 관리 및 통제활동에서 제공된 정보의 정확성과 현실성 검증을 통하여 관리활동의 효율성을 평가하게 된다.

결국 「관리 및 통제활동」은 일반적으로 예측되고 비교되는 제한된 활동영역을 가진 반면에 「내부감사」는 모든 측면의 문제를 고찰할 수 있다는 데 차이점이 있다 할 것이다.

비도(F. Vidaux)[23]는 이러한 차이점을 "관리에 대한 통제활동이 강물을 가로막는 그물이라면, 그물코의 크기는 사람들이 잡으려 하는 물고기의 종류와 크기에 따라 선택된다. 이에 비하여 감사는 상류든 하류든 간에 물고기가 많다고 평가되는 구역에 던져진 투망질과 같다."는 비유를 통하여 설명하고 있다.

감사활동은 또한 방법론적 활동이나 조직의 서비스 활동으로 여겨져서도 안 된다. 즉 감사인의 활동영역은 실험과 연구에 대부분의 시간을 보내는 기법 고안활동보다 훨씬 그 영역이 넓다는 것이다.

그러나 **조직진단**의 기법은 유일하게 감사활동과 유사하다고 볼 수 있다. 왜냐하면, 감사활동을 통하여 조직문제를 예측할 수 있고, 또한 문제해결을 위해 제안된 개선방안을 적용함으로써 해당 부서의 효과성을 평가할 수 있기 때문이다.

인사팀과의 관계에 있어서도 감사기능은 구분되어야 한다. 즉 문제와 문제의 원인에 대한 진단 및 해결책에 대한 권고안을 제시하는 **감사인의 역할**은 결코 인사팀의 역할과 대체되어서는 안 된다는 것이다. 비록 인사관리자가 감사의 방법과 기술에 힘입어 자율적인 통제활동을 수행하더라도 인사팀의 자율적인 통제활동이 감사활동으로 받아들여질 수는 없다.

감사의 사명을 다하기 위해서는 절대적으로 상당한 시간이 요구되므로 인사관리자가 본연의 업무를 수행하면서 감사업무를 수행하는 자체가 시간적으로 불가능하다. 그러므로 감사를 받아야 하는 인사관리기능 및 인사부서에 대해서는 외부 인물을 투입하여 **'인사감사'**를 별도로 실시해야 한다. 또한 감사가 관리와 같은 개념으로 동일시될 수 없는 이유 역시 감사는 특히 감사대상에 대하여 **'통제활동의 효과성'**을 평가하는 데 목적을 두고 있기 때문이다.

3. 기타의 활동, 영역 및 접근방법

1) 감사는 사용하는 방법론, 특히 위험을 계량화하는 기법 및 문제해결에 대한 권고안을 직접 감사인이 실행할 수 없다는 특성을 갖고 있다. 그러므로 감사는 체계적인 방법으로 분석 및 진단을 사용하지 않고, 흔히 **결정론적**(deterministic)으로 바람직하다고 보는 방법을 해결책(개선방안)으로 제시하는 외부 컨설턴트의 활동과도 분명히 차별화된다.

물론 이와 같은 차이점이 희석되는 경우도 있다. 즉 외부 감사인이 제시한 권고안에 대하여 바로 그 감사인이 직접 컨설팅 활동을 하도록 요구하는 경우도 발생하기 때문이다. 기타 감사활동과 유사한 활동영역은 추구하는 목표의 내용에 따라 구분된다.

2) 미시건 대학의 사회연구소 팀의 역작이라 할 수 있는 **조직개발**(organizational development) 이론은 조직의 문제점을 진단하기 위한 정보수집의 원천으로서 무엇보다 개인에 대한 설문지 방법을 사용하도록 권장한다.

조직개발에 대한 기본이론을 주창한 리커트는 참여활동에 기반을 둔 경영방식(system IV)과 변화의 주역(change agent)이 맡아야 하는 역할의 중요성을 피력했다. 그러나 조직개발의 핵심 내용으로서 「참여경영」과 「변화의 주역」에 대한 문제는 구분지어 살펴볼 수 있다.

첫째, **참여경영**에서는 정보의 원천으로서 인간의 행동방식을 대상으로 하며, 특히 구성원 상호간의 행동과정을 중시한다. 이런 의미에서 조직개발은 관리활동에 대한 분석기법이라기보다는 실험실 기법에 더욱 가깝다고 할 수 있다.

둘째, **변화의 주역**이 맡아야 하는 역할은 문제점을 파악하고, 조직 구성원들의 참여에 입각한 해결책을 이끌어내기 위한 구성원의 역할, 조직의 구조 및 구성원들의 행동 등에 초점을 맞추고 있다.

여기에서 변화의 주역은 진단과 치료법(therapeutic)[24]을 구축하도록 도와주는 과학적 지식(scientific knowledge) 및 실용적 지식(practical knowledge)을 기업에 적용시키기 위한 매개자 역할을 수행해야 한다.

특히 다음 장에서 살펴보게 될 감사의 다양한 단계에서 나타나는 진단 방법론이 조직개발에서 사용되는 방법론과 유사한 측면이 있기도 하지만, **사회감사 방법론**은 분석영역(인사기능 중심), 사용되는 방법론(비용 및 위험분석 중심), 정보수집을 위해서 사용되는 기술(설문지에서 구성원 상호간의 문제는 거의 다루지 않음), 그리고 감사인의 목적이 조직개발에서처럼 변화의 주역이 되지 않는다는 점에 있어서 조직개발의 방법론과 확연하게 구별된다.

3) '**인적자원의 가치에 대한 평가**'는 리커트의 연구로부터 발전된 「인적자원회계(human resource accounting)」에서 본격적으로 시도되었으며, "일정 시점에 있어서 총괄적이고, 합산적인 방법으로 인적자본의 가치를 평가해야 한다"는 원칙을 강조하고 있다. 즉 교육훈련비처럼 인적자본의 가치증대를 위해 사용되는 연간 비용이나 지출활동은 투자활동으로 분류되며, 당연히 인적자본의 감가상각분도 고려해야 한다는 것이다.

그러나 인적자원회계를 통해서는 문제의 치유나, 가중치의 배분 및 원인에 대한 진단이 이루어질 수 없으므로, 결국 경영활동에 도움을 주는 조언자 역할을 수행하지 못하였다. 반면에 사회감사는 인적자원회계에서 해결하지 못한 바로 이러한 문제점들을 명확하게 다루고 있다.

또한 인적자원회계에서는 종업원에 대한 투자를 활동자본, 즉 수익창출요소로 정의하는 분석모델에 기초를 두고, 축적된 자원의 개념으로 종업원의 가치를 평가하는 데 비하여 사회감사는 비용의 형태를 분석하는 관점에서 종업원들의 장단기적인 행동결과를 측정하는 방식을 취하고 있다.

4) **인적자원회계상의 가치분석**은 보다 실무적(operational : 기업경영에서 문제해결을 수학적으로 추구하는 방법) 형태인 '원가회계상의 분석방법' 으로 인사관리 비용을 평가하는 것이다. 그러므로 인적자원회계상의 가치분석은 문제의 중요성을 검증하고 위험을 평가하기 위한 '과거 비용을 산출' 하는 것으로서 사회감사에 대한 보완적인 역할을 수행할 수는 있다. 그러나 인적자원회계상의 가치분석은 과거의 역사적 지출분만 고려하므로 종업원들의 '실제비용 총액' 을 보여주지는 못한다.

한 예로, 금융기관의 신용조사원(credit man)들을 보면 **기업의 신용도**를 다음의 세 가지 측면에서 평가하고 있다.

첫 번째 경제적 요인은 주로 '계열사들의 장래성' 에 관한 것으로서 최종평가에서 20%의 비중을 차지하며, 나머지 40%씩은 '기업의 재무상태와 관련된 요인' 및 '인사관련 요인' 들이 차지하고 있다.

여기에서 세 번째 사항인 인사관련 요인은 관리자의 능력과 종업원들의 능력으로 평가되는 사항이다.[25] 물론 이것은 재무비율을 통하여 은행가들이 보는 관점에 지나지 않으므로 회사에 장애가 되는 요소의 원천을 밝혀주지는 못한다. 반면에 사회감사에서는 표출된 문제에 대한 결과뿐만 아니라 그 원인에 대해서도 명확히 밝혀준다.

따라서 사회감사는 이들 방법보다는 우선적으로 평가요소를 제공해주는 상위의 방법이라 할 수 있으며, 기업의 가치를 평가하는 방법에 당연히 포함될 수 있는 방법으로서, 실무적인 가치를 평가하는 인적자원에 대한 평가에도 마찬가지로 적용될 수 있다.

베르모 고드(C. Vermot Gaud)[26]는 사회감사를 "기업을 매각할 경우, 활동자본의 가치 이외에 기업매도가를 결정하는 긍정적인 영업권(goodwill)의 가치나 부정적인 영업권(badwill)의 가치가 존재한다" 라는 개념에 입각한 것으로 보고 있다. 긍정적 영업권에는 판매망, 상표나 기술의 이미지 등이 포함되며, 이는 주로 인적자산에 의해 가치수준이 달리 형성되는 것들이다. 한편 미국 법원의 판례에서는 "기업의 가치를 평가할 때, 회사의 수익력은 본질적으로 소유주인 매도인의 활동과 능력에 따라 좌우될 수밖에 없으므로 영업권은 고려하지 않는다"는 점을 밝히고 있다.

5) 마찬가지로 사회감사는 **사회-경제적 접근방법**과도 일부 유사한 면이 있지만 역시 확연히 구별된다. 사회-경제적 접근방법이 나타난 초창기에는 작업조건의 개선, 반 자율집단(semi-autonomous group) 시스템의 구축 및 다양한 작업불량 상태로 인한 비용들을 산출하는 데 주력하였다.

'사회-경제적 접근방법'에서도 결근율 · 이직률 · 산업재해율 및 생산력 증감률 등 몇가지의 불량상태를 명확히 구분해주는 지표의 사용을 권장하고 있다. 이에 비하여 사회감사에서는 보다 광범위하게 지표를 제시하고 있으며, 법적 적합성, 특히 사전적으로 경영활동의 효과성을 평가하기 위하여 기회와 위험도 측정까지 포함하고 있다.

기타 사회-경제적 접근방법에서는 역기능적 현상에 따른 비용을 산출하는 데 상당한 시간이 요구되지만, 사회감사를 통해서는 즉각적으로 파악된다는 장점이 있다. 반면에 사회-경제적 접근방법 역시 다양한 진단활동의 결과를 통하여 개선을 위한 권고안을 마련하려는 점에 있어서는 사회감사와 공통된 특성을 갖고 있다.

4. 사회감사의 기법 및 분석수단

한마디로 사회감사는 현재 사용되고 있는, 그리고 개선방안을 제시하는 데 도움이 되는 어떤 종류의 분석기법이나 기술과도 혼동되어서는 안 된다.

사회적(성과) 대차대조표 역시 감사활동을 위한 기초정보로서는 요긴하지만, 관리상의 문제점이나 차이점을 파악하는 데 있어 충분한 정보를 제공해주지는 못하고 있다. 즉 사회적 대차대조표는 감사활동에 요구되는 자료의 신뢰성 및 법적 적합성을 평가해보는 데에 효과적으로 사용될 수 있는 부분적인 정보만 제공해준다.

마찬가지로 **개별성과평가**(individual performance appraisal) 활동도 감사인이 어떤 문제점을 밝혀내거나 시행절차가 제대로 이행되었는지에 대한 확인 및 추구하는 목표를 달성하였는지 등에 대한 검증을 위하여 고려되어야 할 하나의 요소가 된다.

　　사회적 계기판으로 불리는 조직분위기 분석표 역시 인사기능에 대한 통제와 예측능력을 판
단하기 위한 정보의 원천이 되며, 또한 심각한 위험이 따르게 될 문제점 및 개선방안을 제시해
주므로 사회감사 활동을 구성하는 한 요소가 된다. 그러므로 사회감사는 적용대상 및 영역, 사용
되는 방법론, 추구하는 목표, 감사활동 내용, 접근방법 및 기법 등에 있어서 다른 어떤 분석과도
다르다고 할 수 있다.

제2장 질문사항

1. 관리부서에서 "우리는 매일 감사를 실시하고 있다"라고 주장한다면, 그들에게 어떤 답변을 해
   줄 수 있는가?

2. 실제로 "사회적 대차대조표(bilan social)도 감사의 한 형태일 뿐이다"라는 표현이 옳다고 생
   각하는가?

3. 외부 컨설턴트가 사회감사를 실행할 경우, 그의 활동과 외부 감사인의 활동과는 어떻게 구분될
   수 있는가?

4. 공개된 정보의 위험에 대한 감사를 통해서도 사회감사를 할 수 있다고 생각하는가?

5. 인사관리자들에게 사회감사의 유용성을 확인시키기 위해서 어떤 논지들을 제시할 수 있는가?

6. 사회감사는 감사의 특정한 하나의 분야인가, 아니면 고유한 방법론을 가진 독립된 영역을 구성
   하고 있는가?

7. 통제활동이 감사의 기초가 되는 이유는 무엇인가?

8. 통제의 어떤 유형들이 인사기능에 적용되고 있는가?

9. 산업재해방지 프로그램의 효과성 평가를 위해서는 어떤 통제방법이 사용될 수 있는가?

10. 사회감사를 실시하는 주요 목표는 무엇인가?

제2장 참고자료

1. Filios V.P., "A concise history of auditing(B.C.3000-A.D.1700)", The Internal Auditor, July 1984, pp. 48-49

2. Sawyer L.D., "The practice of modern internal auditing", Altamonte Springs, Florida, The Institute of Internal Auditors, 1981, pp. 4-6

3. Sawyer L.D., op. cit., p. 7

4. Ibid. p. 20

5. Renard C. "L'audit interne, fonction de direction générale", Management France, Oct.-Nov. 1976.

6. Fayol H., "Administration industrielle et générale", Bulletin de la Société Minérale, 1916, Paris, Dunod, 1970.

7. Carlson H.C., "Personnel control system", Aspa Handbook of Personnel and Industrial Relations, Vol. 4., Planning and auditing Pair, D. Yoder et H.G. Heneman. Jr.(Eds), Washington D.C., The Bureau of National Affairs, 1976, Chap. 2-2.

8. Newman W.H., "Constructive Control, Design and Use of Control Systems", Englewood Cliffs, N.J., Prentice Hall, 1975, p. 15.

9. Sonnenfeld J., "Measuring Corporate Social Performance", Academy of Management Proceedings, 1982, p. 371

10. Torrence W.D., "Some Personnel Auditing Practices in an Industry", Personnel Journal, Vol. 41, 1962, pp. 391-394

11. Wortman Jr. M.S., "Evaluation of the personnel function through the audit", Personnel Journal, Vol. 47, Feb. 1968, pp. 115-118

12. Gray R.D., "Evaluating the personnel department personnel, Personnel, Vol. 42, no. 2, March-April 1965.

13. Jackson W.C., "The personnel activity index : A new budgeting tool", Personnel, Vol. 38, no .1, Jan.-Feb., 1961, pp. 47-52

14. Sheibar P., "Personnel practices review : a personnel audit activity", Personnel Journal, Vol. 53, no.3, March 1974, pp. 211-217.

15. 프랑스에서는 사회감사라는 용어에 대한 여러가지 사용방법에 대하여 명확하게 언급하지 않고 사용되고 있으므로 실제로 결혼상담자도 사회감사인으로 불려질 수 있다.

16. Stephens L.G., "Personnel Audit Recommended", The Personnel Administrator, Vol. 15, no. 6, Nov.-Dec. 1970, pp. 9-14.

17. Vatier R., "L'Audit Social, un instrument utile au pilotage des entreprises et des organisations",

Enseignement et Gestion, no. 16, Hiver 1980, p. 25.

18. 이처럼 기업 내에서 연대협약을 체결하기 이전에 조직도상의 주요 보직의 변화 및 그에 따른 문제점 발생에 대한 진단을 하기 위하여 체계적인 방법으로 사회감사를 실시하고 있다. *Vatier & Meignant, "Un aspect de l' audit de formation : La cohérence entre la formation et la gestion du personnel", Personnel, no. 249, Mars-Avril 1983, p. 10.*

19. *Mahler W.R., "Auditing pair" in "Aspa Handbook of Personnel and Industrial Relations", Vol. 4, Planning and Auditing pair(Yoder & Heneman Jr. Eds), Washington D.C., 1976, chap. 2-4. p. 2-93.*

20. *Vatier R., "L' Audit Social, un instrument utile au pilotage des entreprises et des organisations", Enseignement et Gestion, no. 16, Hiver 1980, p. 26.*

21. *Humble J., L' Audit Social au service d' un management de survie, Paris, Dalloz, 1975.*

22. *Gervais M., De l' utilité du contrôle de gestion : une relecture du problé me au travers du concept d' identité de l' entreprise, Communication aux sixièmes journées nationales des Instituts d' Administration des Entreprises, Lyon, Nov. 1982.*

23. *Vidaux F., Insertion de l' audit interne dans l' entreprise, Document interne, IFACI, 1980.*

24. *Bower & Franklin, Survey guided Development, Tome I, "Data based organizational change", California, University Associates, 1977.*

25. *Mader F., "Les ratios et l' analyse du risque", Analyse financière, 2/4 trimestre 1975.*

26. *Vermot Gaud C., "Un audit de la fonction du personnel et sociale", Analyse financière, 4/4 trimestre 1980, pp. 42-44.*

제3장

사회감사의 방법론

제3장 사회감사의 방법론

제1절 감사의 시행과정

감사활동은 효과적 그리고 신속한 방법으로 실시되어야 하며, 특히 사후적으로 이의가 제기되지 않도록 유의해야 한다. 그러므로 현재의 사회적 상태를 보여주는 객관적·종합적인 분석표를 재구성하기 위하여 감사인은 마치 수많은 조각으로 이루어진 퍼즐을 짜맞추듯 각종 사실과 의견을 정리해야 한다. 비록 사회감사의 특수성으로 인하여 기업마다 다른 형태로 표출될 수도 있겠지만 기본적으로 감사인들이 사용하는 감사방법은 어디에서나 동일하다.

감사는 본질적으로 **'귀납적인 방법'**으로 이루어지므로 감사인은 확실한 사실이라고 판단되는 것부터 분석하고 해석하면 된다. 또한 이를 통하여 밝혀진 문제점을 제거하고, 반면에 강점은 강화하기 위한 권고안을 제시해야 한다. 이처럼 감사활동은 원인과 결과를 구분하고, 주요 이슈와 부수적 이슈를 명확히 구분해주는 기준과 규범을 정립하는 작업에서 출발해야 한다.

사회감사의 방법론에서는 감사인이 사회감사든 다른 영역의 감사든 간에 이미 유효성이 입증된 분석수단을 사용하고 있으며, 감사활동을 통하여 확인될 수 있는 문제의 원인에 대한 가정을 정립할 수 있도록 요구하고 있다. 결국 사회감사의 방법론을 통하여 권고안이나 실천방안의 현실성과 효과성을 살펴보게 하는 논리와 절차를 정립하도록 해야 한다는 것이다.

여기에서 **'감사의 절차'**는 우선 필요한 정보를 수집·분석하고, 사실과 의견에 대한 검증,

그리고 상황에 대한 평가를 통하여 해결책과 권고안[1]을 제시하는 것으로 요약된다([그림 3-1] 참조).

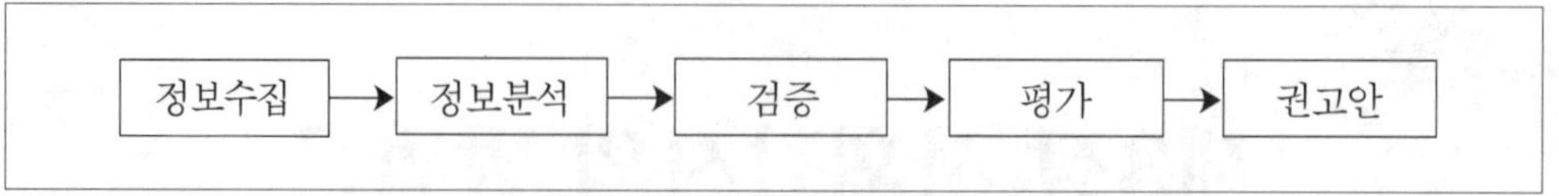

[그림 3-1] 감사의 제반 활동과정

1. 정보의 수집

정보수집은 우연히 되는 대로 이루어져서는 안 된다. 경험이 풍부한 감사인일수록 시간을 절약하고 피감사자들이 잘못 인식하고 있는 요구사항이나 정보를 다시 신청하는 일이 없도록 하기 위하여 우선 어떤 서류를 참고하여야 하는지, 그리고 해당서류를 파악하기 위해서는 어떤 분석수단을 사용하고 어떤 정보를 요구해야 하는지 잘 파악하고 있다. 정보수집은 특히 현장감사에 초점을 둔 **공식적 내부감사**를 실시하면서 이루어진다.

감사인은 문서나 책자 등을 통하여 실제로 확인된 사실과, 설문을 통하여 수집된 응답자의 의견을 명확히 구분해두어야 한다. 모든 감사는 자료에 대한 검토를 통하여 우선 문제점들에 대한 목록을 작성하고, 이들 문제점들의 원인을 명백하게 밝히기 위하여 관련 서류에 대한 재검증을 실시해야 한다. 마찬가지로 감사활동에 있어서는 자료나 정보의 **보안등급**부터 확인하도록 해야 한다.

감사활동을 위해서는 기업 내 인사관련 자료들조차 마치 휴게실 자판기 내에 들어있는 음료수처럼 얼마든지 인출이 가능해야 하며, 자물쇠 없는 가구 안에 보관해둔 옷가지처럼 언제든지 볼 수 있어야 한다. 또한 감사인은 무엇보다 먼저 감사 받은 활동이 통제활동의 부재나 결여로 인하여 위험이 야기되지는 않았는지를 밝혀야 한다.

2. 정보의 분석

수집된 정보에 대한 분석활동은 감사과정의 두 번째 단계에 해당한다. 이러한 분석은 나중에서술하게 될 분석수단의 도움을 받아 이루어지는 세부검증으로서, 상황에 대한 체계적이고 의미 있는 도표를 이끌어내며, 관찰된 현상들 간의 관계를 명백하게 보여준다. 분석활동은 주요 문제점들을 규명하고, 문제의 강도에 대한 평가 및 지표의 도움을 받아 문제의 원인을 진단하는 작업으로서, 주어진 규범과 표출된 가치간에 의미 있는 **차이**를 살펴보는 활동이다.

정보분석은 우선 모든 복잡한 상황을 우선 단순화된 요소로 분류하고, 이들 요소들을 다시 체계적으로 종합화하는 절차를 밟도록 해야 한다. 이와 같은 비교분석 활동을 통하여 감사인은 **'추세와 상호작용의 실태'**를 파악하고, 데이터의 유효성에 대한 검증 및 성과에 대한 평가를 실시한다. 한마디로 분석활동은 현상을 분리하여 세부적 · 단계별로 확인하고, 규범에 맞추어 계량화하는 작업이라 할 수 있다. 즉 감사활동은 정보분석을 통하여 객관적인 검사작업으로 완성될 수 있다.

3. 검증 활동

감사활동의 가치는 수집된 **'정보의 질적수준'**에 의해 결정된다. 정보의 질적수준을 제고시키기 위하여 감사인은 통계자료에 나타나 있는 숫자와 수집된 의견들에 대한 유효성 및 정확성을 밝히기 위한 검증활동을 해야 한다.

검증활동은 소이어(L. D. Sawyer)[2]가 강조한 바에 따르면 감사인들이 실제로 나타난 사실과 서류검증 때 나타난 사실이 상호 일치하는지를 확인하기 위해 사용되는 가장 오래된 방법이다.

한편 검증활동에는 관련업무의 담당자들로부터 나오는 의견이나 다양한 부서에서 수집된 서류를 상호비교하는 것도 포함되어 있다. 건설회사의 경우, 현장마다 사용하는 인부의 수가 다를 수도 있으므로, 사업장별로 일일 사용인력수를 출근장부상의 숫자와 비교하고 있다. 이후 기록된 사원의 수와 원가회계 자료에 기재된 작업장에서의 총노동시간을 상호비교함으로써 차이 여부를 확인하고 있다.

마찬가지로 출처가 다른 각종 정보에 대한 '사실 검증'은 채권자 · 은행인 · 납품업자 등과 같은 제3자, 또는 외부로부터 제공되는 통계자료를 통하여 시행할 수 있다. 또한 검증활동은 일정시점의 출근자수와 관련서류에 나타난 결근자의 수를 비교해보는 것처럼 가시적인 방법으로도 가능하다.

4. 평가 활동

감사과정의 마지막 단계는 관찰된 현상에 대한 판단을 내리고, 필요할 경우 추가적인 연구를 하도록 **평가**하는 것이다.

감사인이 다음과 같은 상황에 직면할 때는 이미 평가활동이 이루어지고 있다는 것을 의미한다. 즉, 세부적 분석이 필요하지 않고 일반적인 방법으로 단순히 살펴보기만 해도 충분하다고 여겨질 때, 일부 관리책임자들과의 인터뷰만으로 한정시키려 할 때, 그리고 규범에서 요구하는 유의도 수준 및 표본의 신뢰도 수준을 결정할 때에는 이미 평가활동이 시작되었다고 볼 수 있다.

결과에 대한 평가는 **오차의 수준**을 밝혀내는 작업을 말한다. 즉 오차의 유의도 검증, 가중치 결정, 해결방안을 제시하기 위한 문제의 원인 등에 관하여 비용과 기대효과간의 차이 및 실행 속도의 **차이**(gap)를 분석하는 것이다.

감사인들 중에는 상황분석을 항상 부정적인 눈으로 바라보면서 문제점만 들추어내려는 사람들도 있다. 특히 이들은 경영자들이 의사결정을 하지 않으려 한다든지, 아니면 행동으로 옮기기를 싫어하는 내용에 대해서는 아예 감사에서 피해가려는 성향이 있다는 점을 비판하면서, 마치 감사의 초점이 비리 폭로에 있는 것처럼 행동한다는 것이다.

반면에 상황의 긍정적인 측면을 강조하는 감사인들의 활동은 우선 감사를 받는 사람들을 안심시킬 수 있다는 장점이 있으며, 당연히 감사의 가혹성과 부정적 성격을 완화시켜준다.

그러므로 감사의 단계별로 다양한 원천으로부터 나오는 정보의 수집, 수집된 정보의 타당성 및 신뢰성 평가, 문제점을 규명하기 위한 정보분석 활동, 중요성과 가중치에 따른 정보의 우선순위 결정 및 원인을 진단하고, 권고안을 제시하기 위한 객관적 분석활동이 뒷받침되어야 한다.

5. 권고안

감사의 최종단계는 개선을 위한 권고안을 제시하는 것이다. 권고안에서는 불량상태라고 판단되는 기업의 경영상황을 개선하고, 비능률적인 부분에 대한 통제를 강화하기 위한 실천사항을 다룬다.

모든 권고사항은 긍정적인 내용으로서 정확하게 제시되어야 한다. 그러나 **'권고'**라는 용어를 잘못 해석하는 오류를 범해서는 안 된다. 왜냐하면 감사인은 자신이 제안한 사항을 결코 시행하는 사람이 아니며, 권고내용을 실천하는 것은 전적으로 경영권에 속하기 때문이다. 소이어[3]는 "불만족스러운 상태를 파악하는 것은 **감사인의 책임**이며 그 상태를 개선하는 것은 **경영진의 책임이다**"라는 표현으로 감사인의 역할을 분명히 하고 있다.

이 점에 있어서도 감사와 자문이 구별되지만, 권고안은 실천하도록 권유하는 것이 아니라 반드시 시행되어야 한다. 그러므로 법적 구속력을 갖고서 즉각적인 시정을 요청하는 감사인의 **권고안**은 컨설턴트들이 제시하는 **개선방안** 또는 실천방안들과는 근본적으로 차이가 있다.

감사과정은 감사활동 자체의 유효성을 측정하는 작업으로 완결된다. 종합적으로 감사활동의 **효과성**을 논할 경우, 감사에 소요되는 비용과 그로부터 얻게 되는 효용간의 비율은 1 대 3 정도로 나타난다. 물론 이와 같은 단정적인 표현은 감사활동의 임무에 부여된 목표가 다양하게 열거되기 때문에 획일적으로 인정될 수는 없다. 실제로 감사보고서의 내용상 특정 상황 하에서 통제시스템이 잘 작동되고 있으며, 아무런 문제점도 표출되지 않는다는 사실을 증명해 보이는 경우도 있다.

물론 감사활동을 통하여 얻게 되는 효용이 전혀 없다는 의견도 제시될 수 있으나, 비록 명백한 이득이 발생되지 않는다 하더라도 문제점이 없다고 확인된 사실 그 자체가 선험적으로는 결코 알 수 없는 중요한 가치를 갖고 있다고 보아야 한다. 반면에 감사보고서를 통하여 오류 · 허위 및 역기능 등을 명확히 밝혀줄 경우에는 반드시 보다 높은 가치, 즉 효익을 가져다준다.

그러므로 감사의 결과는 문제점이 많이 표출되든, 아니면 문제가 없다고 판명되든 간에 효과성은 높게 나타난다. 감사활동의 중요성과 효과성에 대해서는 본서의 제11장에서 구체적으로 다루었다.

표출된 문제를 중요성의 원칙에 따라 계층화하는 작업과 마찬가지로 문제의 확인과 원인에 대한 진단 및 주요 원인들을 파악하고, 「비용-효익 분석」을 통하여 권고안을 마련하는 작업에는 측정을 위한 엄청난 노력이 요구된다. 이처럼 측정 활동은 감사에 있어서 가장 근본이 되는 것이기는 하지만 아직도 검증되어야 할 수많은 문제를 안고 있다.

제2절 측정의 기초

전통적으로 **측정**(measurement)은 "일정한 규칙에 따라 대상이나 사건(결과 또는 성과)에 대해 숫자를 부여하는 것"으로 정의되고 있다.[4] 결과를 측정하기 위해서는 우선 지표의 사용이 전제되어야 한다.

감사인의 **귀납적** 감사방법, 즉 감사활동의 진행과정을 살펴보면 감사활동은 결과로 표출되는 현상을 관찰한다는 사실을 알 수 있다([그림 3-2]). 예를 들면, 종업원들의 불만족은 우선 관찰할 수 있는 명백한 행동의 표명(결근, 이직, 사건, 분쟁 등)에 의해서 확실히 나타난다. 그러므로 원인을 규명할 수 있을 때에만 이론 및 개념에 의거한 다른 지표를 도출할 수 있다. 그런 의미에서 측정이란 "경험적으로 추출된 추상적 개념과 결부된 폭넓은 활동으로서, 가설에 기반을 둔 개념과 관련된 정보를 수집 및 분류하고 이를 계량지표화하는 계획활동"이라 할 수 있다.[5]

[그림 3-2] 감사활동의 실시과정

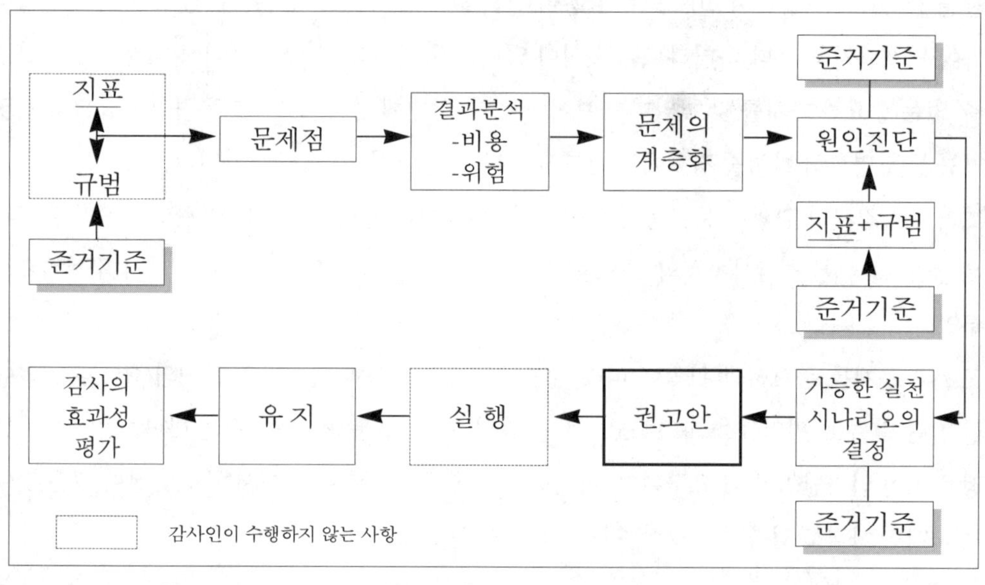

따라서 **지표**는 임의적으로 선택된 것이 아니라(무게를 측정할 때 미터를 사용하지 않는 것과 마찬가지임), 적합한 방식으로 현상을 평가하기 위한 확실한 개념에 근거를 두고 선택된 것이다. 결근일수나 작업시간을 나타내는 지표는 현상에 대한 결과의 수준이나 강도를 평가하는 데 사

용될 수는 있지만 현상의 원인을 밝혀주지는 못한다.

그러므로 원인을 진단하기 위해서는, 두 번째 단계로서, 설명할 수 있는 요인추출에 필요한 **이론적 모델**을 참고할 필요가 있다.

예를 들면, 업무에 부적격한 신체적 조건, 결근에 대한 기업문화 또는 부서문화의 형태, 작업조건 등이 바로 2차적 원인에 해당하는 지표가 된다는 것이다. 마찬가지로 채택된 지표와 측정하려는 현상간에 존재하는 관계를 파악하기 위해서는 반드시 기존에 형성되어 있는 이론의 도움을 받도록 한다.

"측정을 위해서는 기본적으로 지표의 사용이 필요하다. 그러나 지표 그 자체로서는 아무런 의미가 없다".

지표의 가치는 규범이나 표준에 비하여 현상 또는 결과의 차이를 확인하고, 또한 그 차이로부터 의미 있는 특성을 평가함으로써 문제점에 대한 결론을 도출하는 데 있다. 여기에서 문제의 중요성 수준은 결과적으로 나타나게 될 비용을 확률적으로 표시하는, 즉 비용과 위험을 동시에 고려하여 산출된다.

측정의 요소, 즉 사건 · 성과 · 기준 · 규범 · 준거사항 · 차이 · 비용과 위험 등은 감사의 논리성과 확실성을 보장하기 위하여 상호 엄격하게 구분되어야 한다.

이직과 같은 사건은 다음에서 보듯이 상이한 지표에 의해 논리적으로 확실하게 측정될 수 있다.

$$\frac{(\text{유입자수} + \text{유출자수}) / 2}{\text{평균인원}}$$

또는

$$\frac{\text{이직자수}}{\text{평균인원}}$$

보다 정확한 비율산정을 위해서는 새로 고용된 인력까지 고려해야 한다. 여기에서 **이직률**은 퇴직자의 수를 일정기간 동안에 모집된 사원의 수로 나눈 비율로 계산된다.

'산출된 이직률'은 '기준 이직률' 수준과 비교하여 현재의 문제점 및 차이를 분석하는 데 유용하게 사용된다.

기준 **이직률**은 기업 자체 내에서든지, 지역적 또는 전국가적인 차원의 산업별 평균 이직수준을 고려하여 산정한다. 이직 문제에 대한 확인작업에서는 문제의 결과에 대한 사항은 다루지 않도록 해야 한다. 이직에는 흔히 손실이 따르게 되며, 손실에 드는 비용은 금전적으로 평가될 수 있는 것(인원 보충에 소요되는 비용, 시장의 상실 등)도 있지만 평가될 수 없는 경우(불만족, 의욕감소 등)도 있다.

결과(성과)의 원인을 밝혀내기 위해서는 세분화된 지표의 도출이 필요하다. 즉 노동시장의 인력수급률 및 내부 근로조건에 적합하지 않는 인력채용이나 차별화된 임금수준에 적합하지 않는 사원모집이 이루어질 경우에는 종업원들의 불만이 야기되며, 그러한 유입자들은 결국 근로조건이 더 좋은 기업으로 떠나게 된다. 그러므로 각 측정요소는 관련 문제점을 명확히 파악한 후 도출해야 한다.

1. 주요 이슈 및 최종 성과

한편 주요 이슈별로 기업의 인사기능상 야기되는 문제점을 밝히고 그 결과를 해석하는 작업도 매우 중요하다. 즉 관찰가능한 결과에 대한 해석을 통하여 사회감사의 과정을 단축시키고, 또한 이를 상황판단의 기준으로 활용하자는 것이다.

이슈별 분류는 사건의 발생장소(회사 내부 또는 외부)와 사건의 성질에 따라 이루어질 수 있다([표 3-3]). 기업 내부에서 일어나는 사건은 다시 신체적 · 물질적 · 행위적 위험도 및 고용구조별로 재구분된다.

'신체적 위험'은 산업재해, 직업병, 사망 등과 같은 돌발사건과 관련된 것으로 종업원들의 신체적, 정신적인 모든 문제에 영향을 미친다

'물질적 위험'은 횡령, 낭비, 태업, 제동장치 등에 관한 것으로, 이는 생산 또는 시설작업에 영향을 미칠 뿐만 아니라 정보활동에 관련된 것도 포함된다. 예를 들면, 자의적이든 무의식적이든 태업 하의 정보활동 및 정보의 소멸 또는 정보의 제3자 누출 등이 인사행정 분야에서 쉽게 발생될 수 있다.

품질과 수량 측면에서 생산목표를 달성하지 못했을 때의 위험은 고객과의 관계악화, 제동장치의 표출, 작업속도의 감소 및 인건비 증대 등과 함께 전반적으로 목표를 달성하지 못하는 것을 의미한다.

퇴직과 같은 **'행위적 위험'**은 가장 많이 알려져 있는 것으로, 행위적 위험에는 결근, 잠재적 산업재해 및 이직 등이 포함된다. 한편 행위적 위험은 종업원 개개인의 불만족과 관련된 자발적

이고 계획적인 작업중단과 같은 집단적 의사 표명으로 나타날 수도 있다. 노동조합 가입률의 증가와 함께 파업의 확산 등이 그 예가 된다. 여기에서 노조에의 가입은 계속적인 행위표현이며 파업은 일시적 행위표현으로 구분된다.[6]

'**구조적 위험**'은 관리과정상 나타나는 모든 불량상태를 의미한다. 즉 의사결정력의 취약, 부서간의 갈등, 커뮤니케이션의 단절, 조정활동의 부재 등이 이에 해당되며, 불량상태의 원인은 부하직원에 대한 상급관리자들의 신뢰부족, 통제활동의 부재, 사소한 사고발생, 지각, 업무착오, 정보의 왜곡 등에 기인한다. 이들 사건들은 기업에서 통제할 수 있는 위험에 해당된다. 기타 기업환경의 변화로 갑자기 일어나는 사건들은 기업으로서는 적응할 수밖에 없는 외부적 제약요인에 해당된다.

한편 기업 내부에서 일어난 사건(기업 이미지의 실추, 제3자 개입 등)의 결과 기업 외부적인 결과를 초래하는 경우도 발생한다. 기업 외부적 이미지 실추는 행정기관, 노동시장, 주주집단, 매스콤, 지역사회 등으로부터 확인될 수 있다.

법이나 규칙에 대한 불이행 사건은 행정부서에서 부과하는 벌칙금이나 관리자에게 과해지는 징역형을 구형하는 소송을 통해서 알 수 있다. 마찬가지로 법규를 위반하여 노사분쟁 조정위원회에 소환되거나 소송패소를 통한 기업 이미지 실추현상도 나타난다.

또한 **기업 이미지**의 실추는 노동시장에서 기업지원활동을 하는 잠재적 지원자들의 선호도 수준에 의해서도 살펴볼 수 있으며, 마찬가지로 일반인 사이에서 기업 생산품에 대한 불매운동이나 소송에 의해서도 구체적으로 살펴볼 수 있다. 또한 여론조성으로 사회적 이미지가 악화된 기업에 대해 보다 부정적인 태도를 갖도록 할 수도 있다. 한편 반복된 분쟁에 따라 불리한 이미지가 형성되면 주가의 하락에 따른 주주들의 배당에 대한 불만이 고조되고 나아가서는 경쟁사에 흡수되는 결과까지 초래될 수 있다.

다음 [표 3-3]에서 언급된 사건은 역사적인 방법(과거 성과에 대한 확인)이든, 미래에 잠재되어 있는 위험을 구성하는 위험의 형태든 간에 적절한 지표에 의해 규명되고 측정되도록 해야 한다.

2. 지표

지표의 선택은 전적으로 사회감사인에게 달려 있다. 하지만 정확한 해석을 위해서는 '지표의 성질'과 '지표의 적용조건'에 대한 명확한 이해가 요구된다.

1) 지표의 정의와 유형

지표란 직접적으로 이해하기 어려운 현상을 특징적으로 그 크기를 측정할 수 있도록 해주는 도구이다. 지표는 주로 수량·비용·행동·태도 및 의견의 형태로 평가결과를 해석해주며, 인원·사고건수·교육훈련비 등과 같이 통계수치나 금액으로 표시되거나 보다 일반적으로는 비율 및 척도구간으로 표시된다.

한편 현상이 복잡할수록 동일한 현상을 측정하는 데 각기 다른 의미를 지니고 있는 여러가지 지표가 사용된다. 즉 불만족이라는 현상은 결근·지각·이직·태업·실수·게으름 등을 유발시킬 수 있다. 그러므로 일정시점에 있어서 기업의 사회적 상태를 특징 짓는 유일한 지표란 존재하지 않는다. 이와는 정반대로 상이한 문제를 살펴보기 위하여 여러가지 지표들을 결합시켜 사용하는 경우도 발생한다.

사회적 활동을 계량화하려는 시도는 1962년 우주선 개발프로그램의 사회-문화적 결과를 평가하기 위하여 미국의 NASA에서 처음으로 이루어졌다. 이후 보다 객관적인 지표의 도움으로 **사회적 프로그램 평가**에 입각한 '행복의 개념'을 측정해보려는 일련의 연구들이 있었다.

같은 방법으로 OECD에서는 「사회적 지표」에 대한 종합 프로그램을 세상에 내놓았다. 즉 향후 10년내 사회-경제적 계획화 과정에서 주요한 과제가 될 수 있는 사회적 문제의 원천인 사회적 욕구를 규명하고, 본 과제와 관련된 변화율과 중요성을 측정하며, 또한 정부의 공공 의사결정을 분명히 하기 위한 **사회적 평가지표**를 제시한 것이다.

OECD에서 선정한 지표는 회원국들의 '사회적 과제'[7]로 도출된 개인의 행복에 대한 조건을 분명히 특징 짓기 위하여 **행복의 수준 및 변화추세**를 측정하도록 한 것이다.

「**OECD의 사회적 지표**」는 일정시점에 있어서 특정국가의 사회적 조건을 명확히 보여주기 위하여 다음과 같은 지표들을 포함하고 있다. 즉 평균수명, 일시적 또는 지속적 재정자립도, 학력수준, 실업률, 비자발적 파트타임 종사자, 평균 근로시간, 평균 근속기간, 치명적 사고율, 작업장 소음도 등의 공해, 이익분배, 상속, 주택보급률 등 총 33개의 지표가 선택되었다. 이들 지표에는 주택보급률과 같은 객관적 지표와 함께 개인의 기대에 부응하는 거주만족도 등과 같은 질적(주관적) 지표도 포함되어 있다.

경제적 개념으로 사회적 지표를 통합하려는 시도는 각종 활동 및 사용 가능한 비용 등의 복잡성, 그리고 특히 실제로 기업에 적용 가능한 것인가에 대한 관리자들의 불신 때문에 소기의 성과를 달성하지 못했다.

사회적 활동을 계량화하기 위한 또 다른 방법으로는 일정시점의 사회적 대차대조표 작성, 즉 **기업의 사회적 생활실태**를 반영하는 지표를 한데 모으는 방법이 있다. 그러나 사회적 대차대조표에서 기업의 이해관계자들이 수용할 수 있는 모든 지표를 종합하려는 시도는 이미 언급된 바와 같이 다양한 이해관계자 집단간의 이해충돌이라는 문제에 부딪힌다.

사회적 대차대조표에는 고용창출 및 임금 · 정보 · 교육훈련 등에 관한 개념, 종업원들의 건강유지(위생 및 안전관리) 개념 등이 다양하게 포함되어 있다.

하지만 사회적 대차대조표상의 지표들은 실제로 결론에 대한 신뢰성 확보방안이 정립되지 않은 기초자료에 해당하는 것으로 볼 수 있다. 또한 기업의 사회적 생활실태를 정확하게 반영하기 위해서는 사회적 대차대조표상의 지표들간이든 사회적 대차대조표상에 나타나지 않는 다른 지표들간이든 어떤 식으로든지 **지표간 상호결합을 통한 분석활동**이 요구된다.

이와 같은 의미에서 감사인들에게는 이들 사회적 대차대조표상의 지표 및 자료가 단순한 정보의 원천에 해당하는 것으로 여겨지며, 정보의 유효성과 신뢰성은 아직도 확인이 필요한 것으로 보는 것이다.

사회적 대차대조표에 나타난 지표의 분류는 단찌제르(R. Danziger)[8]가 제안한 것으로, 단찌재르의 분류방식에서는 주어진 일정시점의 상태(12월 31일자의 종업원수 등), 연중 변화율의 평균치를 제시하는 지표(퇴직자의 수, 교육자의 수 등) 및 목표달성을 위한 노력도 등 정태적 성격의 구조나 결과를 보여주는 방식과는 완전히 반대되는 방식을 취하고 있다.

「단찌제르의 분류」는 대차대조표와 손익계산서를 분명히 구분해준다. 하지만 "동일한 지표가 때로는 한 범주 안에서, 때로는 다른 범주로 정리될 수 있다"는 그의 표현대로 실무적 차원에서는 모호함이 내재된 분류법이라 하겠다.

감사인은 '**지표**'와 '**규범**'을 상호비교함으로써 그 차이를 통하여 실제로 나타날 수 있는 문제점들을 도출한다. 모든 지표는 기본적으로 성과를 측정하는 것이지만, 이들 중 어떤 지표는 최종 결과를 보여주는 것이며, 또 다른 지표들은 중간 상태(매개 또는 조절)를 보여주는 설명변수로 구분된다.

〔표 3-3〕 사회적 이슈에 대한 분석지표 (예)

범주	사건의 유형	지표의 예
1. 내부이슈		
신체적	사고 : 부상 사망 직업병	발생건수(변화율) 빈도율 강도율
물질적	횡령 낭비 태업 제동장치 품질감소	발생건수 및 중요도(변화율) 미확인건수 폐품의 증가 - 물질적 사고 고장횟수 : 배상청구와 반송 횟수
개인적	지각 제동장치 개선가능한 결근 고객과의 관계 이직	빈도(변화율) 작업속도의 감소 기간과 빈도 배상청구, 불평 소속부서의 퇴직자의 수 및 변화율(%) 신입사원의 퇴직수 및 증감율
집단적	제동장치 태업 파업 : 기업에 특수한 이슈 대응	 파업의 성향 - 결손일수 / 노동일수 - 조업중단 일수 - 파업참여율 - 평균 파업기간
구 조	신뢰의 부족 통제의 결여 부서간 갈등 개인적 갈등 다양한 사고 지각 실수 왜곡된 정보	 환경과의 단절 발생수와 변화 발생수와 변화 빈도
인사세부기능 : (모집, 교육, 임금 등)	법의 불이행(벌금) 실수 성과감소 자격미달/자격초과 초과인원 초과비용 낙후성, 무능력 수준	차이 초과지출(예 : 교육환급분 지출) 목표에 대한 차이 자격부여 평균수준의 하락 차이 차이 신기술 습득수준 부적합한 기술의 적용
2. 외부이슈		
다양한 이해관계자 집단에 의한 기업이미지 하락	패소, 벌금, 소송제기 보이코트 신뢰상실	건수 및 총액 시장 점유율의 감소 언론 캠페인 활동 여론조사
제3자 개입	기업에 대한 통제활동	O.P.A.

자료원 : P. CANDAU, "Gestion des Resources Humaines et Compétitivit"," Revue Française de Gestion, No 39, Jan.-Feb, 1983, p.45.

예를 들면, 이직률은 승진자수, 임금수준, 임금구조, 교육시간수 등과 같은 또 다른 지표들에 의해서 다듬어지고 보완적으로 설명될 수 있다. 일반적으로 지표의 분류는 인과관계(causality)에 따라 작성될 수 있다.

감사인이 우선적으로 선택하는 지표는 주로 결과(성과)와 관련된 것으로써 결과에 대한 평가는 '비용을 중심으로 하여 분석' 된다. 결과를 비용으로 분석할 경우, 다른 여러가지 지표들이 「**비용지표**」라는 공통적인 측정수단으로 통합될 수 있다.

그러나 모든 지표들이 비용으로 측정될 수는 없다. 즉 '만족이나 불만족' 을 측정하는 지표는 직접적인 비용으로 산출될 수 없으며 간접적으로만 이해될 수 있다. 이와 같은 사실은 원인분석에 초점을 둔 보다 세부적인 지표를 사용하는 것이 필요하다는 점을 지적하는 것이다.

[표 3-4]에서는 감사인들이 초기단계에서 실시하는 일반적인 지표들을 보여주고 있다. 감사인들은 일반적인 지표를 분석한 이후 세부기능별(모집, 교육, 임금 등)로 다양한 특정지표를 분석한다. 본서에서는 결과위주의 일반적 지표분석만 다룬 것이 아니라 보다 구체적인 문제분석을 위하여 세부기능별 특정지표에 대한 연구를 몇 개의 장에 걸쳐 설명하였다.

지표를 분류하기 위한 또 다른 기준으로서, 수집된 **정보의 성질**에 의한 구분방법이 있다. 여기에는 사실을 측정하는 지표(hardware : **사실지표**)와 의견을 반영하는 지표(software : **의견지표**)처럼 상호 상반되는 지표가 포함된다. 사실을 측정하는 지표는 관찰되는 현상을 측정하는 것이며(결근, 이직, 사건, 지각, 종업원수 등), 의견을 반영하는 지표는 성과를 계량화하기 위하여 척도구간을 설정하여 측정하는 것이다.

의견지표에서는 "귀사의 승진절차는 종업원의 기대에 어느 정도 부응하는 것으로 보십니까?"라는 식의 질문에 대하여 '매우 그렇다', '그렇다', '보통이다', '그렇지 않다', '전혀 그렇지 않다' 등과 같은 리커트의 5단계 척도에 의거한 답을 구하는 방법을 사용하게 된다. 심리분석과 관련된 일련의 테스트 방법들은 바로 이들 구간척도의 유효성 확보를 위하여 개발된 것들이다.[9] 한편 지표의 효과적 활용을 위해서는 적용조건, 이해성 및 소요비용과 관련된 다양한 제약조건들을 고려해야 한다.

〔표 3-4〕 일반적 이슈에 대한 분석지표 (예)

문제영역	사건(주요 이슈)	지표(3년 동안의 변화상태)	위험의 유형
일반적	불량품의 비율	재료의 %	손실
		생산의 %	
	폐기되거나 팔리지 않는 제품	생산의 %	비용, 시장 점유율
	생산중단(사고)	빈도	비용
	납품지연	빈도	
	상·벌	빈도와 유형	분위기 저하
	인건비/부가가치	인건비/부가가치	손실
	= 노동분배율	인건비/매출액	
	근로시간	근로시간/유급시간	비용
	결근	빈도/강도	
	노조투쟁	빈도/동기	분위기
	파업	빈도/강도	
	지각	빈도/강도	비용
	소송제기	빈도/동기	벌칙
	패소	빈도/동기	이미지 하락
	기술적 실업	실업한 시간의 수	
	기업 이미지 실추	보이코트	
		노조의 집단행동	이미지 하락
		기업 외부적 갈등	이미지 하락
		자격증 소지자의 수	
		지원자의 숫자 및 경쟁률	
	이직	퇴직자 수/종업원수	비용
	신입사원의 이직률	퇴직자 수/채용자 수	
		이론적 종업원수	
		등록된 종업원수	
	초과인원	생산량/종업원수	비용
		부서별 휴가 기간	수익성
	부족인원	종업원수/생산량	
	사고	빈도/강도/사고유형	사기저하
	경사건	사건빈도	
	환급(교육)	교육비(총인건비 대비 %)	불필요성
	목표미달	차이	손실
	- 종합적 미달	차이	
	- 부서별 미달	차이	
	공식적 목표의 부재		
	간부직의 감원	사건빈도	사기저하
	종업원의 고령화	연령별 구조	혁신부족
	사원 정기모집	연령별 범주별 인원 및 구조	승진적체
	중대한 사건	종업원의 지각 반응(인지도)	사회적 분위기 하락
	집단해고	해고자 수/종업원수	
	간부해고	해고자 수/해고동기	노우하우 상실
	해직	해직자 수/범주구분	
	정기승진	정기 승진	비용증대
	자격초과	종업원 지각반응(인지도)	인건비 상승
		직책의 수/유자격자 수	
		과오 및 실수	
		자격 부여의 구조	
	자격미달	자격미달	과오 및 실수
			생산성 하락

2) 지표의 활용 조건

① 신뢰성

신뢰성은 "상대적인 오류의 발생 없이 현상을 측정하는 지표의 능력, 즉 동일한 지표가 동일한 조건 하에서 다시 적용되더라도 동일한 결과를 얻을 수 있는 능력"으로 정의 내릴 수 있다. 측정에는 항상 일정한 불확실성이 포함되므로 어느 정도의 신뢰성 부족 문제가 따르게 된다. 실제로 동일한 현상에 대한 반복된 측정은 절대로 정확하게 동일한 결과를 가져오지는 못한다. 그러나 측정 결과가 완전히 동일하지는 않지만 측정기법을 다른 쪽에 적용했을 때에도 일관성 있게 나타나는 정도를 신뢰성 수준으로 볼 수 있다.

그러므로 **신뢰성**이란 동일한 측정기법으로 다른 대상의 사람들에게 또는 동일한 사람을 대상으로 하되, 다른 시점에서 반복적으로 적용할 때 결과가 동일하게 나올 확률을 의미하는 것이다. 신뢰성(reliability)이란 개념에는 안정성(stability), 정확성(precision) 또는 민감성(sensibility), 일관성(consistency), 객관성(objectivity), 충실성(fidelity) 등과 같은 개념이 함께 내포되어 있다.

안정성이란 현상을 시점을 달리하여 관찰하더라도 동일한 결과를 나타내는 수준을 말한다. **정확성**이나 **민감성**은 연구대상이 되는 현상의 변화치를 엄밀하게 측정하는 수준을 말한다. **객관성**은 다른 두 관찰자가 같은 지표를 사용하여 관찰하더라도 동일한 결과를 획득하는 수준을 말한다.

한편 어떤 지표가 다른 지표에 비하여 더 높은 신뢰성을 가질 수 있다는 연구들이 있다. 이것이 바로 일관성과 관련된 것으로, **일관성**이란 동일한 대상을 다른 지표로 측정하더라도 동일한 결과를 얻는 수준을 의미한다. 끝으로 **충실성**은 연구된 현상을 적극적으로 복원하는 지표의 능력을 의미하는 것이다.

신뢰성의 부족은 대부분 연구의 주제, 관찰자 자신, 상황, 실행하는 도구 및 방법 등에 의해서 발생될 수 있다. 예를 들면 인터뷰시에 피감사인은 감사인을 감동시키기 위해, 기밀유지 또는 그들의 상황이나 안전에 위협을 줄 것으로 판단되는 정보를 감추기 위해 신중한 자세로 감사인의 질문에 부응되지 않는 답을 하는 게임도 벌인다.

지표의 사용자인 감사인 자신이 만일 선입관이나, 너무 개괄적인 관점을 갖고 감사에 임할 경우에는 분석상의 편견이 나타날 수 있다. 마찬가지로 위기상황 하에서 수집된 측정치는 일반적으로 연구된 현상의 실제 상태를 반영하지 못하는 경우도 있다.

분석지표가 동일한 현상에 대하여 상이한 결과를 보여주는 경우에는 측정활동에 변화가 발생되었다는 점을 의미한다. 그렇다고 해서 그 분석지표가 신뢰성이 없다고 할 수는 없다. 측정결과가 비일관적으로 나타나는 이유는 수많은 요인들이 개입되는 경우가 많기 때문이다. 그러므로 측정시에는 원하는 또는 기대하는 정확성의 정도와 수용할 수 있는 변량의 범위를 결정해야 한다. 상이한 조건 하에서는 당연히 상이한 결과치가 나올 수 있다. 그러나 변량을 논리적, 그리고 타당성 있는 방법으로 설명할 수 없다면 그 지표는 신뢰성이 없다고 판단할 수 있다.

한편 질문에 사용되는 단어가 여러가지 의미를 내포하고 있을 경우에도 터무니없는 답변을 이끌어낼 위험이 있으며, 다양한 방법으로 정보를 수집할 경우에도 일반적으로 상이한 결과를 이끌어낸다. 또한 표본의 대표성이 부족할 경우에도 연구된 현상을 정확히 알 수 없게 된다.

한 현상이 다른 현상에 의해서 오염되는 의미를 가진 **현혹효과**(halo effect)처럼, 판단을 하는 데 있어서 지나치게 엄격하거나 지나치게 느슨한 경우에도 측정의 오류가 발생한다. 이와 같이 신뢰성 부족의 원인이 되는 오류는 '비체계적' 으로 우연히 나타날 수도 있으며 '체계적' 으로 나타날 수도 있다.

첫 번째 **비체계적 오류**에는 인터뷰시에 강한 어조를 사용하거나, 모호한 지시 및 면접관이 피곤하여 건성으로 인터뷰하거나, 인터뷰 내용에 대한 분석이 잘못되어 발생하는 해석상의 오류 등이 포함된다.

'카민스(E. G. Carmines)와 젤러(R. A. Zeller)[10]는 이를 비유하여, 잘 장전된 총에서 발사된 총알들이 과녁의 중심에서 너무 많이 벗어났을 때 총에 대한 신뢰성은 떨어진다고 평가될 수 있으며, 반대로 총알이 중심부에 몰려서 위치한다면 그 총은 신뢰성이 있다고 하였다. 그러므로 신뢰성 있는 지표는 반복적으로 측정하더라도 동일한 결과를 이끌어내며, 우연히 발생한 오류의 영향을 받지 않는다고 본다.

두 번째 유형, 즉 **체계적 오류**는 경험적으로 체계적인 특성이 부각된 오류를 의미한다. 위에 제시된 예에 근거해서 살펴보면, 총알이 과녁의 중심을 향해 발사되어 중심은 아니더라도 거의 근접하게 몰려서 명중했다면 그때 나타나는 체계적인 오류의 형식은 목표에 영향을 주게 된다.

체계적 오류는 **타당성**(validity)과 관련된 것이다. 타당성의 부족문제는 체계적인 오류가 발생했을 때 나타나게 되는데, 이 경우에는 사용된 지표가 측정하려는 바를 정확히 측정했다고 볼 수 없다.

② 타당성

타당성은 '측정하고자 하는 것을 측정하는 지표의 능력'을 나타낸다. 그러므로 신뢰성은 타당성 확보를 위한 하나의 필수조건이 된다. 다양한 시점에 적용된 다양한 방법으로 동일한 결과를 얻지 못하는 지표(오류의 발생)는 측정도구로 사용될 수 없으며, 어떤 타당성도 갖지 못한다. 신뢰성 있는 측정도구는 비록 좋은 기준을 사용하지 않더라도 타당성을 가질 수 있다. 사원모집에 소요된 시간의 양으로 사원모집 활동의 질을 측정하려고 하는 것은 타당성 없는 지표를 사용한 것으로 볼 수 있다. 예를 들면, 직무 만족도를 조사하는 설문지에 대하여 응답의 수준이 응답자의 꺼리는 정도에 따라 달라진다면 설문지의 타당성은 그만큼 감소된다.

그러므로 타당성은 기준(criteria)을 선택하기 위한 **목표**(objective)를 전제로 한 개념이라 할 수 있다. 측정은 한 목표에 대해서는 유효할 수 있으나, 다른 목표에 대해서는 전혀 유효하지 않을 수도 있다. 따라서 지표를 선정할 경우에는 추구하는 목표에 대한 평가부터 해야 한다. 타당성은 주로 예측 타당성, 내부 타당성 및 외부 타당성의 세 가지 유형으로 구분된다.

기준과 결부된 타당성이라고도 일컬어지는 **예측 타당성**은 지표(indicator)와 사용되는 기준(criteria) 사이의 연관성과 관련되는 것이다. 그러므로 예측력은 일반적으로 이들간의 상관관계로 나타나는 힘에 의해서 평가된다. 즉 상관관계가 높을수록 지표는 특정 기준에 대해서 타당성이 높다. 여러 기간 동안에 같은 사람으로부터 나타나는 반복적인 결근현상은 상관관계가 매우 높다 할 수 있으며, 미래에도 그러한 결근현상이 나타날 것이라는 예측력을 강하게 보여주는 것이라 하겠다.

한편 **예측력**의 측정에는 많은 문제점들이 내포되어 있다. 한 예로 기업들이 "교육 프로그램의 실시 결과 어느 정도의 성과가 나타날 것인가"를 예측하는 데 상당한 노력을 기울이고 있지만, 실제로 정확한 분석을 하기란 매우 어렵다는 것이다. 이처럼 성과를 측정하기란 사실 쉬운 일이 아니다. 왜냐하면 성과는 계량적인 성과 이외에 사람들의 인지활동으로 나타나는 질적수준에 대한 평가가 개입되는 경우가 대부분이기 때문이다.

내부 타당성은 분석지표와 연구영역 간의 일치성과 관련된 타당성이다. 그러므로 내부 타당성은 지표 사용자가 구축된 연구방법상의 내용 및 가정을 잘 이해하고 있어야만 확보될 수 있다. 그럼에도 불구하고, '사회적 분석지표'에 대해서는 그 지표의 타당성에 대한 검증을 거친 것이 거의 없다는 문제점이 남아 있다. 이 때문에 사회적 지표를 사용할 경우에는 반드시 타당성을 검증하는 작업을 거쳐야 한다. 하지만 많은 연구자들이 과연 사용하는 지표들이 내부 타당성을 충분히 확보하고 있는지 여부를 검증하는 방법부터 모르고 있다는 데 근본적인 문제가 있다.

외부 타당성은 연구영역을 측정하는 데 있어서 특정지표가 다른 지표들과 연결되어 있는 수준을 의미한다. 외부 타당성은 이론과 그로부터 도출되는 가정에 대하여 연구자가 얼마나 잘 인식하고 있는가를 암시하고 있다. 한편 외부 타당성은 어떤 사람의 실제 연령과 호적등본상에 나타나는 생일을 비교하는 것처럼 측정과 외부기준을 단순비교하는 형태로 사용될 수 있다.

외부 타당성을 검증하는 논리는 여러가지 지표들간의 관계를 보는 데 있으며, 검증을 위하여 사용되는 변수(variable)로서는 방향(direction), 힘(force) 및 일관성(consistency)[11] 등과 같은 용어가 있다.

만일 결근율과 이직률을 통하여 불만족 수준을 측정할 수 있다고 하면, 결근율과 이직률이 불만족에 대한 상관관계는 동일한 힘과 동일한 부호를 갖는 것이어야 한다. 반대로 이들 두 가지 지표가 다른 방식으로 불만족 변수에 상관되어 있다면, 이는 두 지표가 같은 현상을 보여주는 것이 아니라는 점을 의미한다. 그러므로 외부 타당성은 상이한 변수(variable)를 측정할 때 다양한 지표(indicator)들을 사용하게 되면 쉽게 확보될 수 있다.

한편 **분석지표**는 신뢰성과 타당성의 확보 이외에 **경제성 · 실천성 · 수용성**이라는 조건도 충족시켜야 한다.

하나의 지표는 목적이 아닌 하나의 수단으로 다루어져야 하므로 지표설정에 소요되는 **비용**(cost)은 결코 지표분석을 통하여 얻게 되는 **효용**(benefit)의 크기보다 커서는 안 된다. 즉 때로는 소수점 두 자리까지 정확히 분석하는 것보다 타당성과 신뢰성이 확보되는 범위 내에서 근사치를 구하는 것이 훨씬 바람직하다는 것이다.

마찬가지로 지표는 읽기 쉽고, 이해하기 쉬우며, 유익한 것으로 받아들여지고, 확실한 연속성을 보여주는 믿을만한 것이어야 한다. 또한 지표를 신속하게 획득할 수 있는가 하는 점도 비용과 실천성 측면에서 매우 중요한 요소이며, 분석지표를 최근의 것으로 대체해주는 것도 신뢰성 확보만큼이나 중요하다. 그러므로 월간 분석지표라고 할 경우에는 해당 월이 지난 후 1주일 이내에 만들어진 자료로 받아들이게 되는 것이다.[12]

3. 규범 · 준거사항 및 차이분석

타당성과 신뢰성이 확보된 지표는 규범과 비교하여 그 차이를 통한 현실적 주요 문제점들을 밝혀주도록 활용되어야 한다. **감사활동의 핵심**은 바로 이와 같은 **차이분석**(gap analysis)에 있다. 기업에서 사용한 모든 종류의 자원은 최대의 효율성이나 효과성을 달성하도록 해야 한다. 그러므로 성과의 기준을 규명하는 것이 요구되는 것이다. 성과기준의 설정을 위해서는 성과달성이 어느 정도 실현되었는가를 측정하는 잣대로서 규범이나 표준을 참고하는 것이 바람직하다.[13]

규범은 법 · 단체협약 · 기업이나 조직의 규정 · 감사에서 인정된 실태 · 여러 기업에서 사용되고 있는 기술 및 절차 · 인사기능과 기타의 기능과 관련된 이론 및 모델 · 기업의 목표 등과 같은 다양한 준거집단으로부터 나온다.

감사인들은 이들 준거사항을 명확히 인식하여야만 문제의 확인, 기술적 가능성 및 경제적 실현가능성 분석, 도출된 문제의 원인 제거, 사용하게 될 해결책의 규명, 검증해야 할 서류와 제기할 문제점 및 정보의 해석, 사용하게 될 모델의 선택 및 방향을 제시할 수 있다. 그러므로 외부든 내부든 간에 관계없이 규범을 설정하기 위해서는 다양한 접근방법이 사용된다.

[외부적 접근법]

▶ 동종집단과 유사한 기술 및 규모를 가진 조직에서 관찰되고 연구된 지표의 실제가치

▶ 피감사기업과 동일한 성격을 지닌 기업의 지표가치

▶ 시장별 분야별 지표의 평균가치

▶ 상위 그룹에 속한 기업에서 관찰된 지표의 가치 등

외부 조직이나 타 기업에서 나타나는 지표의 가치처럼 외부적 규범에 대한 준거사항들은 산출근거가 동일하고, 상호비교할 만한 기업간의 비교일 경우에만 의미 있는 것이다. 이처럼 타기업과 결근율에 대한 비교를 할 경우, 결근율의 산출단위가 동일(하루의 작업시간이 동일하게 산정)하고, 동일한 분석절차를 밟아야 하며, 인력구조(연령별, 성별, 자격별 등)와 기술수준 등이 비교할 만한 것일 때에만 실제적인 의미를 갖는다.

[내부적 접근법]

▶ 감사 받은 기업이나 조직의 과거 지표가치

  (이 경우 우발적 현상은 고려하지 않는다. 즉 노사분규가 거세게 일었던 기간 동안의 파
  업일수와 최근 관찰된 파업일수를 비교하는 것은 의미가 없다)

▶ 감사인은 중요한 추세(증가 또는 감소)의 파악과 감사 대상기간 동안의 지표가치(예 : 정
  상)를 분석하는 데에만 몰두해야 한다.

▶ 수년간 간격을 두고 실시된 의견조사의 결과 및 차이분석

▶ 분석에 근거한 미래의 행동예측

  (예측수준은 다음 해의 규범이나 목표수준이 될 수 있으며, 이는 다음 해의 달성수준과
  비교하여 차이분석을 하는 기준이 된다)

▶ 초기 실험기간의 성과

  (초기 실험기간의 성과와 학습주기에 대한 관찰을 통하여 교육 프로그램의 효과성 수준
  을 평가할 수 있다)

▶ 공식적으로 명확히 구축되어 있는 절차

▶ 시뮬레이션 모델을 활용하여 이를 실제 성과와 비교

  (시뮬레이션으로 살펴본 종업원수와 실제로 퇴직이나 이직 등이 이루어진 상태에서 나
  타나는 실제 종업원수를 비교하는 것 등)

▶ 통계적 유의도의 설정

  (규범이나 목표수준은 오류의 유형에 근거하여 설정된다. 결근율이 정상적으로 감사평
  가를 받았다면 여기에는 이미 유의도 수준이 고려되어 판단된 것으로 볼 수 있다)

▶ 가장 의미 있는 규범 중 하나는 실제로 설정되어 있는 기업의 목표이다.

　규범을 활용할 경우에는 반드시 여러가지 조건을 고려하도록 해야 한다. **보편적**인 규범만
추구하는 기업은 마치 실패를 향하여 달리는 모습을 띄게 된다. 즉 급변하는 상황 하에서 결정된
규범만을 적용하려고 하는 것 자체가 헛된 수고가 된다.

　한 예로 "내부 감사업무를 담당하는 종업원의 수는 전체 종업원수의 1%가 되어야 한다"는 식
의 표현은 항상 고정된 것이 아니라, 감사 받는 기업의 규모와 특성에 따라 얼마든지 변화될 수
있다는 점을 인식해야 한다.

또한 **선험적**으로 사전에 설정된 규범은 흔히 문화적 편견을 유발시키는 원흉이 되기도 한다. 즉 미국에서 나온 엄청난 통계 데이터를 검증조차 거치지 않고 그냥 우리의 상황에 적용할 경우에는 전혀 실정에 맞지 않는 표준을 선택하는 오류를 유발시키게 된다. 따라서 규범은 대상기업의 특정상황 및 제품의 라이프 사이클에 따라 다르게 형성되어야 한다. 그러므로 성과를 판단하기 위해 선택된 기준은 제품별, 라이프 사이클별, 그리고 규모별로 얼마든지 달라질 수 있는 것이다.

수명주기상의 초기, 즉 성장기 이전의 단계에서는 인적자원의 확보에 중점을 두면서도 이직관리가 중요한 자극제로 될 수 있다. 한편 성숙단계에서는 안정성이 부각되는 반면에 쇠퇴기나 위기단계에서는 다양한 측정기법을 사용하여 퇴직자의 숫자를 결정(성력화)하는 데 초점이 모아진다.

마찬가지로 기업의 **다각화 정책**에 의해서도 다양한 기준이 설정될 수 있다. 즉 "다각화가 활성화된 기업일수록 생산성, 수익성, 생산량 등과 같은 객관적 측정기법에 초점을 두며, 통합된 기업일수록 계획활동·통제활동·리더십 등과 같은 주관적 평가 및 매개변수에 대한 측정을 통하여 기업의 성과를 평가하는 경향이 높다"는 것이다.

경영철학 또한 효과성을 측정하는 기준이 된다. 한 예로 어떤 기업에서는 이직률이 높은 것을 바람직하다고 생각하지만 또 다른 기업에서는 고용의 안정성을 무엇보다 중요한 목표로 삼기도 한다.

이상의 이유와 함께 말러(W. R. Mahler)[14] 등은 보편적이거나 이상적인 조건을 나타내는 규범을 사용하지 않도록 권유하고 있다. 즉 '보편적 규범'이란 존재하지 않으며, 규범적일 필요도 전혀 없다는 것이다.

그러나 사용된 **규범의 타당성**을 평가하는 작업은 매우 중요하다. 감사 받은 기업에서 관찰된 결근율과, 조사일자 하루 동안에 나타난 전국의 결근에 대한 조사결과와 전체 평균 결근율을 비교해 보는 것은 사실 무의미한 것이다.[15] 왜냐하면 본 조사가 조사자에 의해서는 의미 있게 평가되었지만, 이는 단지 하루의 결근에 관한 것인 반면에 평균 결근율은 연차적인 방법으로 계산되기 때문이다.

이처럼 「**규범(norm)에 대한 정의**」와 「**차이(gap)에 대한 해석**」은 항상 경영층과 종업원 집단에 따라 상호 상충적으로 해석되는 판단의 문제라 할 수 있다.

규범과 실제치간의 차이는 감사인에 의해 제시되며, 감사인은 과연 그 차이가 유의한 것인지를 판정하고, 또한 경영진들도 동일하게 인식하고 있는지를 확인해야 한다. 일정기간 동안의 규범(표준 또는 목표) 대비 지표의 가치를 비교하는 작업은 주요 문제점을 파악하기 위한 가장 근본적인 해결방안이 된다. 왜냐하면 차이분석은 가장 간단하면서도 경제적이며, 외생변수나 우발적 요인을 전제조건으로 하면 효과성도 쉽게 측정할 수 있기 때문이다.

4. 비용 및 위험분석

감사인이 차이의 수준에 대한 결정을 하는 것은 바로 기업의 문제점을 규명하는 작업이기도 하다. 여기에서 감사인은 비용, 화폐적 또는 비화폐적, 그리고 과거와 미래 등의 개념을 통하여 문제점을 평가한다.

문제점으로부터 도출되는 결과들은 동일한 가치를 갖고 있는 것이 아니며, 또한 동일한 원인으로부터 발생되는 것도 아니다. 예를 들면 월급 명세서상의 오류는 일반적으로 별다른 비용을 들이지 않고서도 수정할 수 있다. 반면에 교육훈련에 소요되는 비용항목 및 정보가 잘못 정리될 경우에는 효과 없는 초과비용을 유발시킬 수 있다.

또한 종업원수를 예측할 수 있는 관리활동의 부재와 무분별한 사원모집으로 야기된 초과인원은 실제로 능력 있는 사원의 퇴직을 유발시킬 수 있으며, 종업원들의 불만족과 막대한 초과비용까지 부담하게 될 수 있다.

그러므로 우선 기업의 경영활동 및 수익성에 미치는 영향에 따라 문제의 심각성에 대한 **우선순위**(priority)를 설정하는 작업이 요구되며, 다음으로 위험수준에 따른 발생 **확률**(probability)을 평가해야 한다.[16]

1) 비용분석

문제의 결과에 대한 중요성 평가는 직·간접적으로 초래된 손실을 고려하면서 화폐단위로 나타낼 수 있는 경우와 없는 경우를 구분하여 실시한다.

예를 들면, 영업팀장 홍길동이라는 관리자가 이직했을 경우에 소요되는 비용은 다음과 같이 산정된다. 우선 홍팀장이 그 동안 실현한 총매출액에서 차지하는 매출비중 및 홍팀장이 단골고객과 맺어온 유대관계 등과 같은 회복할 수 없는 직접적인 손실이 있게 된다. 다음으로 홍팀장

대신 영업팀장을 채용하기 위해 소요되는 비용 및 **스카우트시에** 예상되는 홍팀장 이상의 급여산정, 교육훈련비 및 적응비용 등과 같은 간접적인 손실이 따른다.

　그러나 발생되는 모든 비용을 즉각 화폐금액으로 표시할 수는 없다. 즉 종업원의 불만족 상태를 화폐단위로 표시할 수는 없다. 그 대신 화폐로 표시될 수 없는 비용은 오히려 사건의 형태로 신속하게 표시할 수는 있다. 물론 사건의 결과에 대한 평가는 그 동안의 경험을 통한 과거의 기록에 의거한 비용산출 방법이나 또는 향후의 발생가능한 확률, 즉 위험분석을 통하여 간접적인 수준평가가 가능하게 된다.

2) 위험분석

　위험수준을 차별화하기 위한 분석기법 및 위험의 분류방식은 다양하게 제시된다.

　첫 번째 분류는 절대가치로 표시되든 총매출액대비 백분율로 표시되든 또는 경리과의 자료상으로 표시되든 간에 나타나게 될 **손실의 크기**에 따르는 방법이다.

　카터(R. L. Carter)와 도허티(N. A. Doherty)[17]에 따르면, **무시할 만한 위험**은 연 총매출액의 0.1% 미만, 약한 위험은 0.1% 이상에서 1% 미만, **적당한 위험**은 1% 이상에서 5% 미만, **중간정도의 위험**은 5% 이상에서 20% 미만, 높은 위험은 20% 이상에서 50% 미만, 그리고 최악의 위험은 50% 이상으로 구분한다.

　두 번째 분류방식으로, 제록스사에서는 위험을 비용수준에 따라 구분하고 있다. 즉 **낮은 위험**이 100만 달러 미만의 비용에 해당된다면, **높은 위험**은 100만 달러 이상의 경비를 지출하는 것으로 한다.[18]

　세 번째 분류방식은 위험의 강도와 기업에 영향을 미치는 속도를 동시에 고려하는 방식이다. 즉 현장의 하급직 결원인력을 즉각적으로 보충시키는 방법은 외국에 핵심부품을 공급할 공장을 맡고 있는 주요 엔지니어의 사표를 수리하고 즉각 다른 엔지니어로 대체하는 것과 강도에 있어서 동일할 수는 없다.

　위험에 대한 또 다른 분류는 **결과의 성격**이나 평가방법에 의거하는 방식이다. 여기에서는 위험을 순수한 위험, 투기적 위험, 객관적 위험 및 주관적 위험으로 구분한다.

　순수한 위험은 결과적으로 사건이나 자연재해(홍수, 화재, 폭풍우 등)처럼 항상 관찰될 수 있는 물리적 사건으로 나타나며 직·간접적인 손실을 유발시킨다.

　관리적 위험이라고도 불리는 **투기적 위험**은 기업경영상의 다양한 기능에 영향을 긍정적(이익) 또는 부정적(손실)으로 미치는 위험으로서 순수한 위험과는 반대되는 개념이다.

객관적 위험은 자동차 사고 및 화재 등과 같은 사건의 중요성 수준, 즉 대수의 법칙에 따라 평가된다. 객관적 위험은 실제 일어난 돌발 사건과 잠재된 사건 사이에서 확인된 변화의 정도에 따라 결정된다.

주관적 위험은 객관적인 판단이 불가능한 경우나 사건의 한정된 일부분만을 추론할 수 있을 때 평가된다. 주관적 위험은 한 사람에 의해서 인지된 우연한 사건의 불확실성 수준을 의미하는 것이다.

그러나 위험의 강도를 평가하려는 이들 방법들이 충분한 것이라고 하기는 어렵다. 그렇다면 "위험의 강도를 최악의 상태 하에서 나타나는 최대의 손실을 고려하여 평가할 것인가, 아니면 연평균 손실에 근거하여 평가할 것인가?" 즉, 최악의 경우를 상정하는 경우에는 그보다 더 나쁜 사건이 발생할 확률은 제로라고 할 수 있다. 그러므로 실제로 위험의 강도를 측정하기 위해서는 확률적으로 이를 평가하는 방법이 요구된다.

연구결과, 기업활동이나 사건의 기대성과에 대한 변화수준으로 정의되는 위험은 기대성과의 분산이 크면 클수록 사건의 위험도가 높으며, 반대로 기대성과의 분산이 한정적인 것으로 평가된다면 위험도는 낮다는 사실이 입증되고 있다.

그러므로 가장 정확하게 가능한 예측을 얻기 위해서는 일어날 수 있는 손실의 분산 및 변화도를 측정하는 활동이 요구된다. 기대성과와 비슷한 값을 구하기 위해서는 일반적으로 확률분석을 한다. 하지만 **'확률분석'** 역시 연구대상의 복잡성과 관찰하는 기본방법에 따라 객관성이 달리 나타난다는 점에 유의해야 한다.

위험과 확률은 분명히 구분될 필요가 있다. 즉 위험(risk)은 내재적 확률보다는 **변이성**(variability)과 관련된 개념인데 비하여, 확률(probability)은 수단적 개념으로서 사건의 **불확실성**(uncertainty) 수준을 반영한 의미로 해석된다.

예를 들면, 동전 한 개를 공중에 던져 앞면이 나올 수 있는 확률은 50%이다. 그러나 실제 결과(사건)는 얼마든지 다를 수 있다. 그러므로 위험은 결과를 둘러싸고 있는 불확실성과 결부된 것으로, 변동률에 따라 통계학적으로 측정될 수 있다.

반복적으로 일어나는 사건의 경우에는 발생분포상의 상대적 빈도를 계산하여 일어날 가능성을 평가할 수 있다. **반복적 사건**에 대한 분석과정은 안정적이며, '대수의 법칙'이 적용된다는 점을 전제로 한다.

그러므로 역사적 데이터를 분석함으로써 미래의 사건발생을 예측할 수 있게 된다. 즉 임의표본과 지난 해의 사건을 관찰함으로써 통계적으로 산업재해 발생의 위험을 추측하는 것이 가능하다는 것이다. 그러나 이와 같은 예측은 충분한 관찰의 수, 편견의 배제, 표본의 임의적 추출, 사건의 상호독립성 등과 같은 여러가지 조건이 갖추어졌을 때만 가능하다.

손실의 확률(probability)과 변이성(variability)을 측정할 수 있는 객관적 데이터가 부족할 경우에는 경험 많은 **전문가의 의견**에 의거하여 '주관적 확률'로 평가하는 방법이 사용된다. 주관적 확률평가는 사건과 사건의 원인간 관계분석에서는 물론 인과관계가 정립되지 않을 경우에도 나타난 사건 자체에 대해서도 얼마든지 적용될 수 있다. 어느 경우에서나 사건이 일어날 가능성과 가능한 결과의 분산을 평가하는 것은 바람직하다 할 것이다. 한 단계 더 나아가서 확률산정의 결과를 사건의 예상빈도 및 비용개념으로 평가하는 것도 바람직하다.

한 회사에서 12명의 종업원으로 구성된 집단의 이직률에 대한 위험을 계산하기 위하여 경우에 따라 구성원을 관찰한 결과, 10명은 0.8의 가능성으로, 나머지 2명은 0.2의 가능성으로 회사를 떠날 수 있다는 결론을 얻었다고 하자.

'자발적 퇴직'에 드는 평균비용이 17,500,000원 [직접비 7,500,000원 (구인 광고비, 소개비, 출장비, 면접에 소요된 시간, 관리비 등), 간접비 10,000,000원(첫 6개월 동안에 나타난 50%의 생산성 저하, 우발적인 실수에 의한 비용 등)] 이라고 하면, 가능한 전체 손실액은 다음과 같이 산출된다.

$$[17,500,000원 \times 10명 \times 0.8 + 17,500,000원 \times 2명 \times 0.2 = 140,000,000원]$$

이처럼 위험에 대한 개념은 일어날 수 있는 결과에 대한 불확실성을 의미하지만, 일반적으로 한 가지나 여러가지 원인[20]으로 야기된 사건이나 기업의 불량상태로 인한 손실과 같은 부정적인 의미를 갖기도 한다. 그 동안 위험이라는 용어는 보증된 사람이나 대상, 손실을 일으키는 사건(예 : 화재), 가능한 보상금, 사건의 확률, 또는 사건의 가능한 원인(예 : 절차부재에 따른 위험) 등을 지칭하는 것으로 다양하게 사용되었다.

각 문제에 대한 **위험의 가치**를 비교함으로써 문제의 중요도 순서를 정할 수 있으며, 위험의 영역 및 위험의 원인규명, 그리고 문제 위험의 수준과 신속성 정도에 따라 위험의 결과도 분류될 수 있다.

그러므로 기업에서는 기업 내부의 특징으로부터 나오는 위험 및 외부환경으로부터 발생된 위험과, 인사관리상의 다양한 세부기능으로부터 도출되는 위험들이 안고 있는 위험수준을 순서대로 차별화하여 이에 대응하는 전략수립도 가능하다.

제3장 질문사항

1. 한 회사에서 금년에 입사한 사원을 전년도의 결근율을 산정하는 데 포함시키지 않고 결근자로 처리한 규칙에 따라 계산했다면, 이와 같은 지표의 타당성과 신뢰성은 어떻게 평가될 수 있는가?

2. 변형근로제의 도입으로 9시-18시의 작업시간대를 7시-16시로 전환하는 제도가 종업원들의 요구에 의해 을지회사에 도입되었다. 여섯 달 후에 이들 중 85%가 새로운 제도에 대해 만족하고 있다는 조사결과가 나왔다. 당시 생산력은 3% 증가했고, 지각은 15% 감소했다고 평가되었다. 이러한 결과는 당초 부여된 목표를 초과한 것이었다. 이 결과를 기술적 · 경제적 · 사회적 효율성 및 효과성 측면에서 평가하시오.

3. 부가가치 대비 인건비의 비율이 증가된 경우 이를 어떻게 해석할 수 있는가?

4. 초과인원을 결정할 때 어떤 방법과 지표를 사용할 수 있는가?

5. 기업에서 여성이 남성보다 직무교육의 혜택을 받지 못한다는 사실에 대한 타당성을 부여하기 위해서는 어떤 지표들을 사용할 수 있는가?
   - 교육 받은 여자 종업원수 / 전체 종업원수
   - 교육 받은 여자 종업원수 / 교육 받은 남자 종업원수
   - 교육 받은 여자 종업원수 / 전체 여자 종업원수
   - 교육 받은 남자 종업원수 / 전체 남자 종업원수

6. 문제를 파악하기 위해서는 예측력을 가진 지표만을 사용해야 하는가?

7. 연평균 결근율을 계산하고자 할 때 12월 31일자 출근부에 기재된 종업원수를 사용한다면 어떤 단점이 발생하게 되는가?

8. 한해 동안 특정 집단에서 발생한 산업재해의 빈도율이 지난 해보다 60% 높다면 그로부터 어떤 결론을 이끌어낼 수 있는가?

9. 규범에 따르는 방법이 위험하거나 나아가서는 유해하다는 점을 강조하는 연구자들도 있다. 이에 대한 의견을 제시해보시오.

10. 원인, 결과, 위험을 다음의 예를 통하여 구별해보시오.
    :최근 채용된 50명의 사원 중에서 5명이 평균 9개월 후인 금년에 회사를 이직했다. 사원모집에 소요된 전체 평균비용은 인당 2개월 분의 월급에 해당되는 것이었다. 이직에 대한 면담결과, 임금수준에 대한 불만 및 사원수습과정의 부재에 대한 불만이 가장 큰 것으로 나타났다.

제3장 참고자료

1. Sawyer L.D., "The practice of modern internal auditing", Alta monte Springs, Florida, The Institute of Internal Auditors, 1981, pp. 176-181.

2. Sawyer L.D., op.cit., p. 180.

3. Ibid., p. 223.

4. Stevens S.S., Handbook of Experimental Psychology, N.Y., John Wiley, 1951, p. 22.

5. Carmines & Zeller, "Reliability and Validity Assessment", Beverly Hills, California, 1979, "Quantitative Applications in the Social Sciences", no. 17, p. 10.

6. Bernard J.P., "Croissance des Entreprises et Conflits Sociaux Internes", 경영학 박사학위논문, Universit Paris IX-Dauphine, 1979, p. 247.

7. OECD., Social Indicators, Paris, OECD., 1982.

8. Danziger R., Le Bilan Social outil d' information et de gestion, Paris, Dunod, 1983, pp 49-79.

9. Smith P.C., Behaviors, Results and Organizational Effectiveness : The Problem of Criteria in "Handbook of Industrial and Organizational Psychology", M.D. Dunnette Ed., Chicago, Rand Mc Nally, 1976, pp. 758.

10. Carmines & Zeller, op. cit., p. 13

11. Ibid., p. 26

12. Gautier & Lupe, op. cit., p.120

13. Dictionnaire des Sciences de Gestion, Paris, Mane, 1972, p. 218.

14. Mahler W.R., "Auditing pair" in ASPA "Handbook of personnel and industrial relations", Planning and Auditing Pair, Washington D.C. : The bureau of National Affairs, Inc. 1976, p. 2-93.

15. Les Résultats de l' enquête sur l' absentèisme de la main d' œuvre en avril 1979, Minist re du Travail Information, Sep. 1981, R.F. 15.

16. Candau P. "Analyse et Evaluation des Risque Sociaux", Revue Française de l' Audit Interne, no 62, Nov.-D c. 1982.

17. Carter R.L. & Doherty N.A. (Eds), Handboook of Risk Management, London, Kluwer-Harrap, 1981, pp. 5-20.

18. Cheek M., "Cost Effectiveness comes to Personnel Function", Harvard Business Review, Vol. 51, no 3, May-June 1973, pp. 96-105.

19. Carter & Doherty, op. cit., pp. 1-9.

20. Greene & Serbein, Risk Management : Text and cases, Reston, Virginia, Reston Publishing Co., 1978. p. 28.

제4장
사회감사의 분석수단 및 기법

제4장 사회감사의 분석수단 및 기법

　객관적 결론에 도달하기 위해 사회감사인은 분석수단 및 기법을 활용한 엄밀한 방법론을 적용해야 한다. 여기에서 방법론이란 정보를 수집하고 오류의 위험성을 최소화하면서 정보를 분석하고 효과적인 방법으로 정보를 소개하는 것으로 요약할 수 있다.

　본장에서는 단지 사회감사에서 사용되는 여러가지 기술들에 대해 간결한 소개형식으로 설명하였다. 사회감사의 **분석활동**은 정보의 수집, 수집된 정보의 분석, 그리고 결과의 제시 활동으로 구분된다.

제1절　정보수집의 수단 및 방법

1. 정보의 수집

　정보의 수집은 흔히 수치로 표시되는 통계학적 방법이나 면담, 설문지, 의견조사 등을 통한 사회심리학적 방법으로 수행되고 있다. 소이어[1]가 강조한 것처럼 표본선정 작업부터 하나의 기술이라 할 수 있다. 언뜻 보기에도 **기술**이란 용어에는 고등 수학과 복잡한 통계기법을 사용한다는 의미가 내포되어 있으므로 일반적으로 감사인들이 쉽게 이해하기에는 다소 어려움이 따른다. 사실상 **표본선정** 작업은 한 부분을 고찰함으로써 사원전체의 특성을 파악하는 것이다. 하지만 그 한 부분이란 하나의 방법으로 간주될 뿐 사전에 구상된 궁극적인 결과로서 평가될 수는 없다.

표본선정에 대한 몇 가지 기술을 활용하는 활동은 **'경제성 원칙'**의 중요성과도 일치한다. 즉 전체보다는 단지 표본이라는 한 부분만을 고찰함으로써 보다 신속하게 사회감사 현상 전반에 대한 의견을 얻을 수 있다. 한편 기업에 따라서는 이러한 기술들이 쉽게 적용될 수 없는 경우도 있다. 즉 기업규모는 크지만 사원에 대한 전반적인 목록이 없다든지, 또는 높은 이직의 발생이나 빠르게 변화하는 상황 하에서는 감사인들이 전체사원에 대한 정확한 의견을 수립하는 데 실질적인 애로를 겪게 된다. 이와 같은 문제가 발생할 경우에는 전체를 대상으로 **전수조사**를 하는 것이 바람직하다.[2]

표본선정 작업은 일반적으로 두 가지 활동으로 구성된다. 하나는 표본을 선택하는 활동이며, 또 하나는 표본의 크기를 결정하는 활동이다.

1) 표본의 선택

종업원 전체를 대표하는 표본을 얻기 위해서는 우선 종업원들이 조사의 대상이 된다는 점을 명확히 해야 한다. 또한 종업원 각층이 표본의 대상이 될 수 있도록 동등한 기회가 주어져야 한다.

작업 중에 발생하는 안전사고에 대해 연구할 경우에는 종업원 전체가 하나의 동일한 총체로 파악되어서는 안된다. 왜냐하면 모든 종업원들이 안전사고의 위험성을 동일한 수준으로 갖고 있지는 않기 때문이다. 이 때문에 종업원 집단 전체를 하나로 간주할 수 있는 표본 선정기법이 요구되며, 이미 이를 위한 무작위 표본선정 방법이 다양하게 개발되어 있다. 여기에서는 통계학 개론에 해당하는 몇 가지 방법에 관하여 간단하게 살펴보겠다.

2) 표본크기의 측정

표본의 크기는 우선 원하는 신뢰도와 정확도를 명확히 하지 않고는 정의될 수 없다.

신뢰도란 표본을 통해서 확인된 전체 종업원들의 표현이 정확한지 아닌지를 판단하기 위한 기준으로서 일반적으로 백분율로 표시된다.

예를 들어 5%의 신뢰도는 표본으로부터 나온 결과가 전체 국민의 특징과 별 차이가 없는 확률인 100분의 95라는 것을 의미하며, 이는 어느 정도 표본이 정확한가 하는 확률상의 문제로 귀결된다. 확률범주를 벗어날 경우에는 결과를 의미 없는 것으로 받아들이게 된다.

정확도는 조사대상 집단의 특징에 대한 평가상의 내부적 한계를 판단해주는 기준으로서 정확도 역시 일반적으로 백분율로 표시된다. 표본의 크기를 측정하기 위한 세 번째 요건은 표본수의 가변성과 연관된다.

소이어[3]가 강조한 것처럼 오랫동안 표본의 크기는 조사대상 집단의 크기와 직접적인 관계가 있다고 믿어 왔다. 따라서 10%라는 숫자는 모집단의 크기에 대한 표본의 크기를 측정하기 위한 백분율로 다루어지고 있다. 즉 100이라는 모집단이 10이라는 표본을 요구한다면, 100만이라는 모집단에서는 10만이라는 표본을 요구하게 된다는 것이다. 하지만 실제로 첫 번째의 경우에는 표본이 너무 적으며, 두 번째의 경우에는 표본이 너무 많이 선정된 상태이다.

[표 4-1]은 표본의 크기를 신속하게 결정할 수 있도록 해주는 표이다. 대부분의 통계학 관련 서적에서는 표본의 크기를 측정하기 위해 요구되는 신뢰도와 정확도, 그리고 혹시라도 발생할지 모르는 착오율 등을 고려한 몇 가지 표를 부록에 덧붙이고 있다.

〔표 4-1〕 표본크기의 결정

N	S	N	S	N	S	N	S	N	S
10	10	120	92	300	169	900	269	3500	346
15	14	130	97	320	175	950	274	4000	351
20	19	140	103	340	181	1000	278	4500	354
25	24	150	108	360	186	1100	285	5000	357
30	28	160	113	380	191	1200	291	6000	361
35	32	170	118	400	196	1300	297	7000	364
40	36	180	123	420	201	1400	302	8000	367
45	40	190	127	440	205	1500	306	9000	368
50	48	200	132	460	210	1600	310	10000	370
55	52	210	136	480	214	1700	313	15000	375
60	56	220	140	500	217	1800	317	20000	377
70	59	230	144	550	226	1900	320	30000	379
75	63	240	148	600	234	2000	322	40000	380
80	66	250	152	650	242	2200	327	50000	381
85	70	260	155	700	248	2400	331	75000	382
90	73	270	159	750	254	2600	335	1000000	384
100	76	280	162	800	260	2800	338		
110	80	290	165	850	265	3000	341		

Note : N은 모집단의 크기, S는 표본의 크기임.

자료원 : R. V. KREJCIE & D. W. MORGAN : Determing sample size for research activities, Educational and Psychological Measurement, Vol. 30, 1970, p.608.

2. 의견의 수집

의견은 인터뷰 또는 설문지를 통해 파악할 수 있다. 사실상 **'감사'** 는 구두 형식으로 의견을 수집하는 활동이지만 때로는 서면형식을 취하기도 한다.

인터뷰(직접적 · 반직접적 · 간접적)시에 적용되는 방식이 어떠하든 감사인은 상황을 사실적으로 표현하는 의견을 얻기 위하여 적당한 조건과 최적의 분위기를 조성해야 한다. 또한 인터뷰 중에 중요한 사항들이 누락되지 않도록 하기 위하여 일반적으로 미리 설정된, 또는 상황에 따라 보충될 수 있는 추가 설문지를 준비하는 것이 필요하다.

무엇보다도 인터뷰에 있어서는 경직된 절차를 사용하지 않도록 유의해야 하며, 사회감사인은 계층별 · 분야별 사원들의 직책에 적합한 설문지를 준비해야 한다. 다음 장에서는 이에 대한 실례를 실었으며, 특히 사회적 **예비진단**에 대하여 중점적으로 살펴보았다.

의견을 수집하는 또 하나의 방법은 다양한 조사기법을 복합적으로 활용하는 것이다. 태도조사 또는 의견조사가 바로 그것으로서, 던햄(R. D. Dunham)과 스미스(F. J. Smith)[4]는 다음과 같이 태도와 의견조사를 감사활동과 비교하여 설명하고 있다.

즉 감사는 회사문서에 관한 체계적인 조사를 하는 활동이고, **의견조사**는 단체의 상태와 관련되는 사원들의 인식에 관한 체계적인 평가를 하는 활동이다. 물론 이와 같은 감사에 대한 정의는 매우 제한적인 표현이라 할 수 있다. 한편 의견조사는 감사에 대한 모든 고정관념을 떠나서 단지 정보를 수집하는 하나의 방법 또는 감사인을 위한 하나의 도구처럼 취급되어야 한다는 것이다. 일부 기업에서는 자체적으로 이러한 조사방법을 체계적으로 활용하기도 하지만, 대부분의 기업에서는 전문 조사기관에 일임하여 의견조사를 실시하고 있다.

모든 경우에 있어서 조사활동은 구성원들의 인식과 태도에 대한 상세한 조사가 요구되며, 그 목적은 구성원들의 불만과 욕구에 대해 충분한 이해를 하려는 데 있다. 이를 위해 주로 작성된 인터뷰 또는 설문지가 사용되며, 조사절차에는 경영자와 구성원들에게 분석결과를 통보하는 피드백 활동도 포함된다.

피드백 활동에서 밝혀주는 결과는 그 값이 동일한 범주 내에 있다는 점을 의미하는 것이지, 응답자들이 모두 동일하게 답변했다는 것을 의미하지는 않는다. 그러므로 대부분 평균값으로 제시되는 의견의 수준 및 내용은 5점 척도상 2.3, 3.6 등과 같이 아무도 표시하지 않은 값으로 범주화되어 나타난다.

한편 조사대상이 되는 구성원들의 **태도**(attitude)는 인지적 요소(cognitive component), 감정적 요소(affective component) 및 행동적 요소(behavioral intention component)라는 서로 연관된 3가지 요소들로 구성되어 있다는 점이 밝혀지고 있다.

태도의 **'인지적 요소'**는 조사하는 대상에 관해 응답자가 지닌 종합적 신념의 상태를 지각·신념·사고 등으로 재분할한 것이다. 이러한 인지적 요소는 물론 응답자의 인식수준에 의해 크게 영향을 받으며, 일부사항(승진가능성 유무, 월급수준 등)에 대한 응답자의 답변을 통해서만 관찰될 수 있다. 즉 인지적 요소는 특정 상황을 유도했던 이유에 관한 의견을 관찰한 것으로서, 이러한 의견은 사람들이 사실이라고 말하는 것에 근거를 둔 결과이지 현실을 정확한 방법으로 제시한 것으로 볼 수는 없다.

태도의 **'감정적(정의적) 요소'**는 상황에 대한 응답자의 감정(好·惡)을 의미한다. 또한 감정적 요소는 사람들이 알고 있거나 또는 안다고 믿고 있는 어떠한 일에 반응하는 방법상의 지표라는 의미에서 인지적 요소와 매우 밀접한 관계가 있다. 즉 월급수준(인지적 요소)이 특정 개인에게는 매우 불리한 방식(감정적 요소)으로 판단될 수도 있다는 것이다.

태도의 **'행동적 요소'**, 즉 조사대상에 대하여 개인이 보여주는 행동(행위의도)은 인지적 요소와 감정적 요소에 의해 결정된다. 하지만 두 사람이 비슷한 인지적 요소와 감정적 요소를 갖고 있다 하더라도 나타내는 반응은 완전히 달리 표출될 수 있다. 예를 들어 어떤 사람은 퇴직이라는 부정적 행동(turn-over, 결근 등)을 나타내는가 하면 다른 한 사람은 만족과 승진이라는 긍정적인 행동을 보이기도 한다.

만족(satisfaction)이라는 개념으로 직무와 직무환경 및 상호 인간관계에 대한 직원들의 태도를 관찰하기 위해 실시하는 조사가 바로 이 세 가지 요소에 관하여 살펴보는 것이다. 일(직무)에 대한 만족은 일반적으로 별개의 요소로 구분될 수 있는 모든 감정적 반응, 즉 임금, 지위, 근로조건 및 고용안정 등에 대한 만족을 의미한다. 또한 이들 요소들은 또 다른 요소들에 의해 조절될 수 있다는 점도 이미 밝혀진 사실로서, 만족에 대한 연구는 다음과 관련하여 대부분의 구성원들에게 있어서 매우 중요하게 다루어지고 있다.

▶ 인사정책과 경영정책	▶ 임금수준 및 임금체계
▶ 팀워크 및 동료관계	▶ 근로조건
▶ 승진에의 기회	▶ 리더십 및 상하관계
▶ 업무의 양과 질 및 직무특성	▶ 솔선력과 책임력 등

사실 만족도를 직접적인 방법으로 측정하기란 불가능하므로, "단지 사람들은 만족의 정도에 따라서 표현하거나 행동한다"는 가정 하에 결론을 도출할 뿐이다.

우선 **태도조사**를 위해서는 기업의 경영목표, 조직구조 및 경영자의 철학에 대한 분석부터 실시해야 한다. 왜냐하면 업무태도 및 조직의 능률을 결정하는 원인변수로서 리더십 스타일, 조직의 계층화 수준, 금전적 및 비금전적인 보상방식, 작업의 흐름, 인간관계 및 접촉빈도, 물질적 작업환경, 의사소통의 장벽 등이 기업마다 다르게 형성되어 있기 때문이다.

다음으로는 조사의 목표대상이 되는 집단을 명확하게 밝혀야 한다. 즉 '전체 종업원 중에서 어떤 집단을 대상으로 조사할 것인가' 하는 문제로서, "전체 종업원을 모두 포함시킬 것인가, 파트타임 사원들에게도 질문을 할 것인가, 아니면 풀타임 사원들만 조사할 것인가" 하는 것을 결정해야 한다.

적용할 설문지를 선택하는 것도 매우 중요하다. 일반적으로는 이미 제작되어 사용된 설문지에 의뢰하는 방법이 가장 경제적인 해결책이다. 그러나 특정 상황에 관한 연구를 위해서는 설문지를 완전히 새로 작성해야 하며, 이러한 경우에는 설문내용에 대한 타당성 및 신뢰성 검증이 필요하다.

시장조사를 위해 이미 성공적으로 사용된 설문지는 쉽게 접할 수 있다. 시장조사 설문지는 고객의 태도조사에 초점을 맞춘 것이므로 이를 기반으로 하여 감사관리대상인 기업의 종업원 특성을 고려하여 특별사항에 관한 질문을 보완하여 활용하도록 해야 한다.

일반적으로 **설문지**는 응답자의 만족도를 측정하기 위하여 다양한 항목들로 구성된다. 예를 들면, 인사정책 및 고용, 임금체계와 임금수준, 동료직원들과의 관계, 창의력 보장, 지휘감독 및 기술수준, 인간관계 및 리더십, 작업조건 등에 대한 만족수준을 파악하기 위한 요인들로 구성된다.

따라서 설문을 통해서는 특정집단을 유사한 또다른 집단과 비교하여 만족도의 수준차이 또는 유·불리함을 살펴볼 수 있으므로 응답된 모든 항목은 다른 집단에서 나온 응답결과와 비교하여 해석된다. 한 회사에서 처음으로 설문조사를 실시할 경우 그 유일한 비교기준은 상황이 비슷한 다른 회사의 설문지 및 그 결과를 상호비교하는 것이 될 것이다.[5]

제2절 분석의 수단 및 기법

수집된 정보를 분석하기 위해서는 다양한 수단과 기법이 사용되지만, 여기에서는 몇 가지 예시, 즉 결과를 분석하고 원인을 진단 및 규명한 이후 권고안을 작성하는 방법에 관하여 살펴보도록 한다.

1. 조직도

조직도 역시 하나의 문서라 할 수 있다. 조직도를 통하여 간부사원의 비율과 업무의 흐름, 부서의 분화와 통합 실태 등에 대한 분석을 할 수 있다.

예를 들어, 부장이상 임원(전무이사까지 포함)의 비율을 전체 종업원 숫자와 대비함으로써 표준비율과 비교될 수 있는 간부비율을 측정할 수 있다. 마찬가지로 기업에서 사용하고 있는 기술의 유형이나 수준에 따른 작업의 흐름방식 분석, 부서별 기능분담의 세분화로 인한 부적절성이나 그에 따른 이중고용 및 조정활동의 부족현상 등을 관찰할 수 있다.

지속적으로 조직도를 분석해보면 기업의 경영철학이 어떻게 변천되어 왔는지도 살펴볼 수 있다. 즉 "어떤 팀 또는 부서가 보다 발전된 모습을 보이고 있는가(부서장의 직급승진 수준을 통하여 간단히 파악할 수 있음), 그리고 어떤 부서들이 사라졌는가, 누가 누구에게 자리를 계승했는가" 하는 내용 등을 파악할 수 있다. 또한 부서장 및 구성원들의 이동률(수직적 승진율 및 수평적 배치전환 비율)을 파악할 수 있으며, 이는 특히 고용감사의 주요 지표로 활용된다.

2. 연령 피라미드

연령(인력) 피라미드는 연령층에 따른 사원들의 분포를 도표로 나타낸 것으로서 근속년수를 기준으로 한 분석표에 의해 보완적으로 작성될 수도 있다.

연령 피라미드는 등록된 종업원들의 연령층에 의거하여 연도별로 작성되며,[6] 경우에 따라서는 해마다 종업원들을 재분류하는 작업이 요구되기도 한다. 예를 들어 55세에서 65세 사이의 사원들은 퇴직자층 또는 조기 퇴직자층으로 분류될 수 있다. 한편 전체 종업원에 대한 연령 피라미드뿐만 아니라, 전문적 범주 · 성별 · 학력 및 국적별 피라미드도 작성한다.

이러한 인력 피라미드는 기업체 내에서 부서별 비교를 가능케 하며, 경우에 따라서는 부서별로 연령 피라미드를 작성하는 작업도 요구된다.

인력 피라미드의 형태는 발생 가능한 조직의 불균형 실태를 이해하는 데 큰 도움이 된다. 특정 연령층에 속한 사원들이 대량으로 이직함으로써 발생되는 다량의 공석은 적절한 채용활동이 전략적으로 이루어지지 않을 경우에 심각한 문제를 야기시킬 수도 있기 때문이다.

한편 인력 피라미드의 밑부분 또는 윗부분이 팽창되어 있는 것은 최근(하급직) 또는 과거(상급직)에 대규모 모집이 있었음을 보여주는 것이다. 또한 피라미드 밑부분의 팽창은 승진적체 현상을 보여주며, 윗부분의 팽창은 장기근속자들의 문제점을 보여준다.

연령 피라미드는 또한 비슷한 연령층으로 구성된 종업원들의 계층별 승진적체에 따른 사기 저하의 위험성을 간파하는 데에도 도움이 된다. 밑부분이 특히 팽팽한 원기둥 모양의 피라미드는 같은 연령층에서 대량의 모집이 이루어졌음을 의미한다. 특히 승진적체는 종업원들의 사기 저하, 결근율의 증대, 퇴직, 해고 및 스트레스나 알콜 중독현상까지도 유발시키는 원인이 된다.

연령 피라미드는 성별을 구분하여 분석하기도 한다. 이러한 성별 피라미드는 직업별 범주에 따른 여직원들의 분포도를 파악하는 데 유용하게 사용된다. 예를 들어 몇몇 연구에서 결근율이 높게 나타나는 원인이 전체 여직원과 간부사원들의 비율을 비교해본 결과 여성간부의 비율이 낮은 데에 있다는 점을 보여주고 있다. 이는 여성들에 대한 승진관리 정책이 미비하다는 점을 보여주는 것으로서, 그 결과 특정 연령층에 속한 하급 여직원들의 사기가 저하되는 현상이 나타나는 것이다.

3. 책임성 진단

책임성 진단은 또 다른 분석수단으로서, 감사인은 인사기능의 다양한 영역에서 활동하고 있는 구성원(집단)들의 역할을 규명하기 위해 책임성 진단이라는 분석도구를 사용한다.

여기에서는 의사결정의 과정상 주어진 담당 역할을 규명하기 위해 민츠버그(H. Mintzberg)[7]

가 제시한 분류기준, 즉 정보수집 활동, 제언을 위한 정보처리 활동, 의사결정 또는 공동의사결정 활동, 인허가 활동, 실행 및 착수활동, 통제활동, 사후 정보관리 활동 등에 의거하여 살펴보았다.

정보수집 활동이 완결되면 즉시 실행해야 할 지침사항이 주어져야 한다. 여기에서는 우선 자문단계로서 실행되어야 할 사항들이 지적되고, 실행되어야 할 사항에 대한 허가활동이 실행단계에 연이어 이루어지도록 해야 한다.

실행단계가 완료되면 실행결과에 대한 확인작업으로서 통제와 평가활동이 요구된다. 이와 같은 작업에는 감사인 뿐만 아니라 경영자, 본사의 인사담당 이사, 공장별 인사부장, 자금부장, 감사부장, 기술부장, 진산팀장, 사업본부장 및 종업원대표, 근로감독관, 주주 등 다양한 이해관계자 집단이 참여한다.

이미 앞에서 언급하였듯이 인사활동은 몇 개의 하부기능으로 나뉘어지며, 각 하부기능 역시 세부기능으로 구성되어 있다. 신입사원 선발기능을 예로 들면, 목표 및 전략수립 활동, 채용(일반직 또는 전문직)활동, 적용할 선발기법의 선정, 고용 계약서의 작성, 신입사원 오리엔테이션 등과 같은 세부기능들이 포함된다. 그러므로 이러한 각각의 세부활동별로 여러 부류의 이해관계자들이 수행해야 할 역할, 즉 권한과 책임이 명확하게 설정되어야 한다([표 4-2]).

이처럼 감사인은 직급별 구성원들에 대한 책임소재의 규명, 인사기능상의 중요한 역할의 명시 및 인사부서 구성원들이 맡고 있는 주요 역할사항에 대하여 상세하게 밝혀주어야 한다.

이러한 진단과 분석을 통한 가능한 결론 하나는 "과연 관리자들의 자격이나 인사팀의 책임이 적합하게 구축되어 있는가" 하는 점을 판명하는 것이다. 따라서 이중 고용 또는 이와는 반대로 나타나는 인원부족 현상 등은 이러한 분석활동을 통하여 밝혀낼 수 있다.

〔표 4-2〕 인사기능상의 책임분담 진단분석표 (예)

주요활동 (critical activities)	미실시	경영자	임원 (본사/공장)	기타 부서장	팀장	기타 (종업원대표 등을 명시)
1. 모집-훈련-해고 A. 모집 　· 목표 및 전략수립 　· 채용 　· 선발방법 　· 고용계약서 작성 　· 신입사원 환영회 B. 훈련 　· 신입 오리엔테이션 C. 해고 　· 집단해고 　· 개별해고 　- 하급종업원 　- 현장감독자 　- 관리자 2. 인사이동						

(역할구분 : 한 사람에게 여러가지의 역할이 부여될 수도 있음)
　· 자문 : CS　· 공동의사결정 : CD　· 통제 : CT　· 의사결정 : D　· 실행 : MO　· 사후정보 : I

4. Flow-Chart

작업흐름도 또는 작업단계표라고 불리는 플로우 차트(Flow-Chart)는 오래 전부터 감사인들이 사용해온 분석기법으로서, 사회감사에 이 기법을 처음으로 적용한 것은 1960년대 초였다.[8] 이에 앞서서 Flow-Chart에서 사용되는 표준기호는 1947년부터 미국에서 시작되었다.

Flow-Chart는 기호의 도움을 받아 복잡한 시스템을 도표로 표현한 것으로, 분석 및 진단기법과 마찬가지로 커뮤니케이션 활동을 위한 효과적인 방법이다.

Flow-Chart의 첫 번째 역할은 과정 및 내부통제시스템에 대한 이해를 도모하는 데 있다. 그러므로 Flow-Chart는 복잡한 시스템에 활용할수록 진가가 발휘될 수 있으며, 과정이 절차적으로 확정되어 있다든지, 또는 직접적인 감독활동만으로도 충분히 통제가능할 경우에는 굳이 작성할 필요가 없다.

Flow-Chart 작성을 위하여 감사인은 작성에 필요한 정보를 제공해줄 수 있는 사원과 이러한 정보를 다루거나 결과를 활용하는 사원들과 충분한 인터뷰를 실시해야 한다. 따라서 시스템 분석을 위해서는 상당히 많은 종업원들을 대상으로 한 인터뷰가 필요하다.

또한 관찰 가능한 문서전달 방식이나 문서를 다루는 방식에 대하여 살펴보는 작업은 서류나 구술로 수집된 정보를 효과적으로 보완해주는 수단이 된다. 결국 감사인은 스스로 모든 Flow-Chart 작업을 수행하고, 그 결과와 자신이 관찰한 내용들을 상호비교하는 작업까지 수행한다.

이러한 활동을 위하여 감사인은 감사대상 시스템 내에 유입되는 정보의 유형 및 정보의 양, 유입정보의 수신자, 정보처리 방법 및 정보전달 책임자, 결과 및 전달 대상자, 그리고 정보 수신인들이 정보를 사용하는 방법 등에 관한 일련의 질문을 준비해야 한다.

특히 복잡한 시스템에 Flow-Chart 방식을 활용하면, 서술적으로 간단하게 표현하는 방식보다 더 간단하고 명확하게 제시될 수 있으므로 이해하기 쉽고 또한 경제적이다. 또한 감사대상자들과의 의사소통에 있어서도 매우 효과적이라 할 수 있다. 즉 감사대상자들 역시 Flow-Chart를 통하여 감사인의 작업과 감사결과를 쉽게 이해할 수 있다.

한마디로 Flow-Chart는 "핵심적인 통제활동의 유무를 밝혀주고, 통제활동의 취약점 및 시스템의 미비점 등을 파악하게 함으로써 감사활동의 생산성을 제고시켜주는 수단이 된다".

Flow-Chart 분석에서는 다음과 같은 모든 종류의 질문에 답할 수 있어야 한다는 점을 전제로 한다.

▶ 만일 어떤 서류가 증발된다면 무슨 일이 일어날 것인가 ?

▶ 과연 해당 문서의 분실여부가 감지될 수 있는가 ?

▶ 만일 그 문서가 다른 곳에 가 있다면 어떤 상황이 발생할 수 있는가 ?

▶ 만일 자료가 사실대로 정확하게 기록되어 있지 않다면 무슨 일이 일어날 것인가 ?

▶ 아예 문서 자체가 등록되어 있지 않다면 무슨 일이 일어나게 될 것인가 ?

[그림 4-4]에서는 사원의 가불절차에 대한 단계를 보여주고 있다. 본 도표는 한 대기업에서 사용한 기업 내부감사 매뉴얼 중 표준기호를 발췌([표 4-3] 참조)하여 작성된 것이다.

〔표 4-3〕 플로우 차트의 표준기호

1. 정보 지원부호

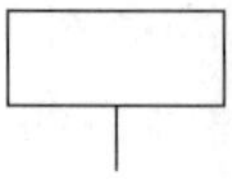

개인 명세서(자세히 기록 요)
문서의 유출은 사각형 오른쪽 아래 구석을 검게 칠하여 표시

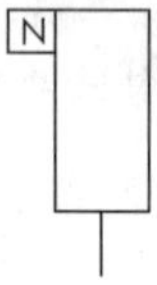

번호별 문서, 즉 인쇄된 일련의 번호

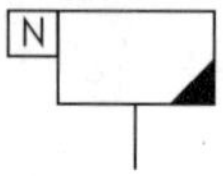

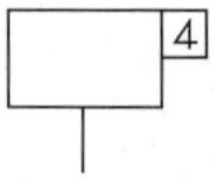

문서 묶음
사본의 수를 사각형 오른쪽 위에 명시

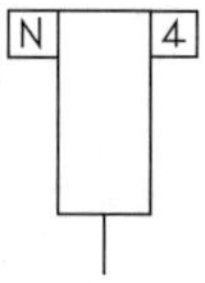

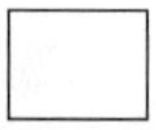

영구보존 정보 등록(자세히 기록 요) : 책자, 일람표, 수첩 등

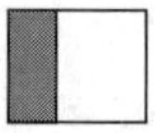

영구보존 회계정보 등록(자세히 기록 요) : 참고저널, 일반저널, 종합책자 등
여백부문에 대차대조 사항을 명시

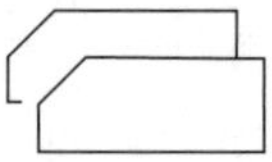

영구보존 정보 열람카드(자세히 기록 요)

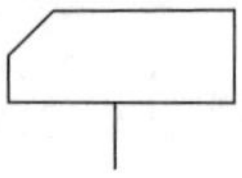

전산 카드

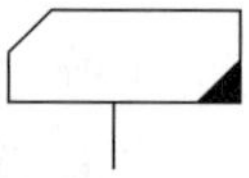

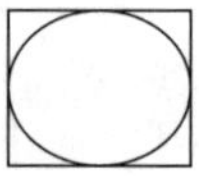

전산자료(자세히 기록 요) : 마그네틱 디스크, 테이프 또는 CD Rom

2. 흐름 및 기타 지표 부호

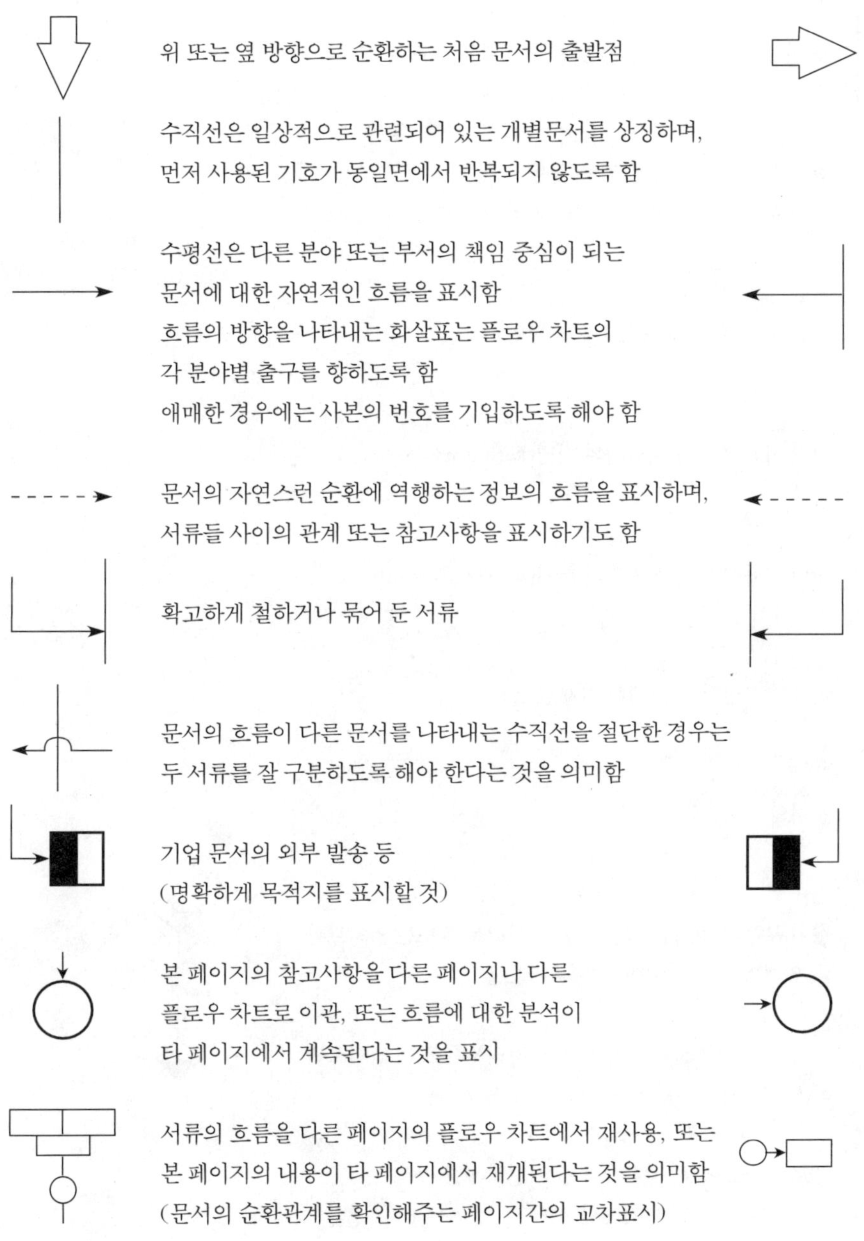

위 또는 옆 방향으로 순환하는 처음 문서의 출발점

수직선은 일상적으로 관련되어 있는 개별문서를 상징하며,
먼저 사용된 기호가 동일면에서 반복되지 않도록 함

수평선은 다른 분야 또는 부서의 책임 중심이 되는
문서에 대한 자연적인 흐름을 표시함
흐름의 방향을 나타내는 화살표는 플로우 차트의
각 분야별 출구를 향하도록 함
애매한 경우에는 사본의 번호를 기입하도록 해야 함

문서의 자연스런 순환에 역행하는 정보의 흐름을 표시하며,
서류들 사이의 관계 또는 참고사항을 표시하기도 함

확고하게 철하거나 묶어 둔 서류

문서의 흐름이 다른 문서를 나타내는 수직선을 절단한 경우는
두 서류를 잘 구분하도록 해야 한다는 것을 의미함

기업 문서의 외부 발송 등
(명확하게 목적지를 표시할 것)

본 페이지의 참고사항을 다른 페이지나 다른
플로우 차트로 이관, 또는 흐름에 대한 분석이
타 페이지에서 계속된다는 것을 표시

서류의 흐름을 다른 페이지의 플로우 차트에서 재사용, 또는
본 페이지의 내용이 타 페이지에서 재개된다는 것을 의미함
(문서의 순환관계를 확인해주는 페이지간의 교차표시)

3. 실행활동 부호

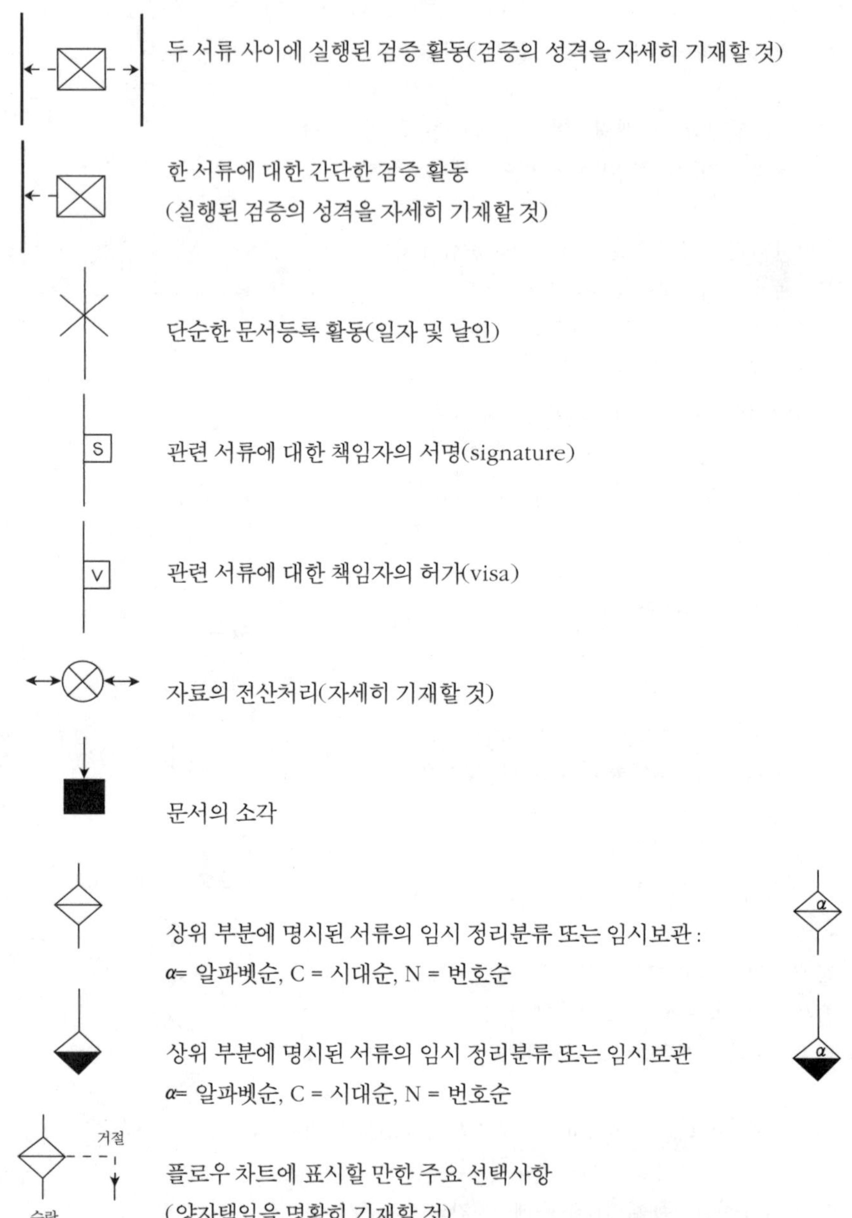

두 서류 사이에 실행된 검증 활동(검증의 성격을 자세히 기재할 것)

한 서류에 대한 간단한 검증 활동
(실행된 검증의 성격을 자세히 기재할 것)

단순한 문서등록 활동(일자 및 날인)

관련 서류에 대한 책임자의 서명(signature)

관련 서류에 대한 책임자의 허가(visa)

자료의 전산처리(자세히 기재할 것)

문서의 소각

상위 부분에 명시된 서류의 임시 정리분류 또는 임시보관 :
α= 알파벳순, C = 시대순, N = 번호순

상위 부분에 명시된 서류의 임시 정리분류 또는 임시보관
α= 알파벳순, C = 시대순, N = 번호순

플로우 차트에 표시할 만한 주요 선택사항
(양자택일을 명확히 기재할 것)

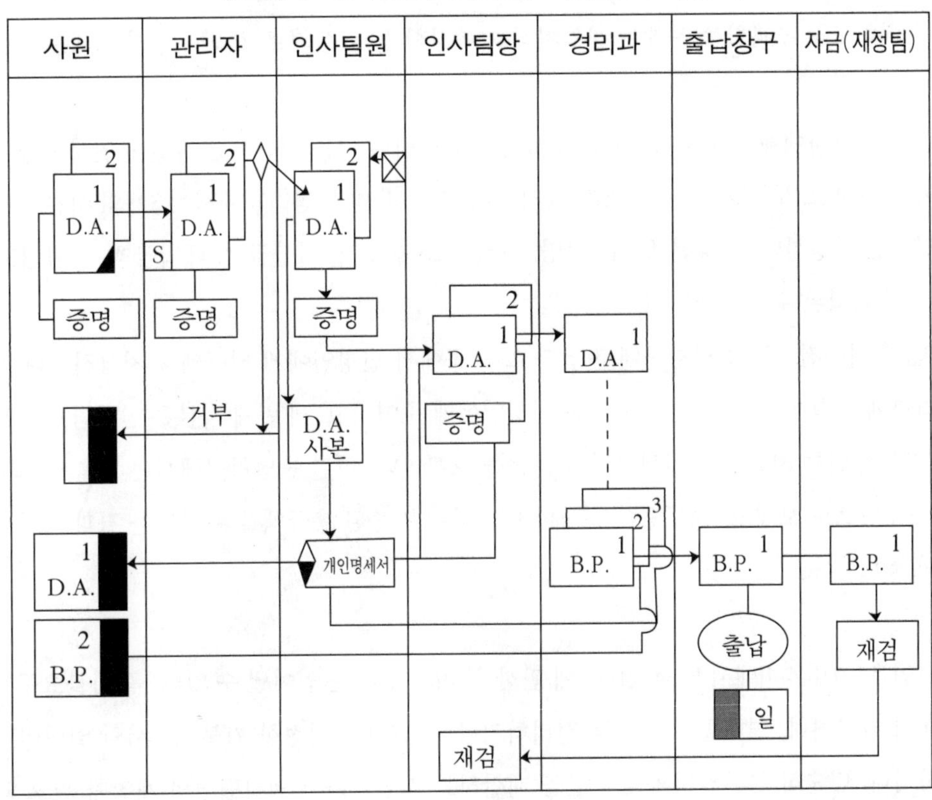

여기에서는 단기 가불과정을 보여주고 있다. 즉 4개월 안에 상환할 수 있는 한 달치 월급 또는 8개월 안에 상환할 수 있는 두 달치 월급에 해당하는 구매 총액을 지불하는 가불과정에 대하여 살펴본 것이다.

신청인은 인사팀에서 두 개의 사본과 가불요구 용지에 자신의 성명, 사원번호, 소속부서 및 청구금액을 기재한다. 가불요구 용지와 함께 제출하는 서류는 돈을 지불했다고 서명한 일종의 영수증 형태로 작성된 증명서이다.

신청인의 직속상사는 가불요구에 서명을 하지만, 만약 해당사원의 성과가 불충분하다고 판단되면 이를 거절할 수도 있다. 상사의 서명이 있은 후, 상사는 요구서를 당사자인 사원에게 주고, 신청인은 인사팀의 담당직원에게 이를 제출한다. 담당직원은 요구하는 금액이 전체 봉급의 50% 이하인지, 이번 가불신청이 처음이 아니라 이미 가불을 신청해 사용중인지를 확인한다.

담당자의 확인절차가 끝난 가불요구서는 인사팀장에게 넘겨진다. 인사팀장은 상환할 개월수

와 총지불금액을 사원과 제도적 계약에 따라 결정한다. 인사팀장은 가불요구를 거절하지는 않
지만 최대한도를 초과할 경우에는 신청자의 가족상황 등을 살펴보고, 근무평점 결과도 참고한
다.

원본은 당사자에게 양도되며, 첫 번째 사본은 인사팀에 있는 개인서류 파일에 인사팀장이 서
명하여 보관하고, 두 번째 사본은 경리과(지출계)로 보내진다. 경리과에서는 3개의 사본으로 된
지출전표를 작성한다. 지출전표에는 성명, 사원의 소속 부서, 지불금액, 매입금액, 상환년도 및
개월 수가 기재된다.

첫 번째 지출전표는 출납창구에 전달되고, 그곳에서 신청인에게 청구액을 지급하거나 직접
납품업자에게 결제한다. 두 번째 사본은 신청인에게 주어지고, 세 번째 사본은 인사팀으로 보낸
다. 인사팀에서는 사원의 개인서류철에 사본을 보관한다. 한편 출납창구에서는 지출전표의 사
본을 재무팀으로 보내고, 재무팀에서는 마지막 달에 지출된 총금액을 재검토한 결과를 인사팀
장에게 통보한다.

감사인은 [그림 4-4]에서 Flow-chart에 관한 몇 가지 결과를 얻어낼 수 있다. 즉 가불요구서를
복사해서 철하거나, 연대별로 서류를 정리하거나, 상급자가 거절한 가불요구서의 일련번호를
확인하거나, 단순히 상환일자와 금액만을 계산하는 작업이라면 인사팀장의 개입이 필요 없다
는 판단을 내릴 수 있다. 그러므로 이런 작업은 인사팀의 어느 사원 또는 사후정보를 제공해주
는 경리과의 담당직원이 직접 관리하도록 조정해야 한다.

Flow-Chart를 통하여 이와 같은 분석을 하면, 상급관리자 및 인사팀장의 지나친 개입에 의해
발생되는 근본적인 문제점도 살펴볼 수 있다. 그러므로 감사인은 이를 통하여 달성해야 할 목표
의 수준과 방향을 제시하고, 업무단계별로 책임담당자를 결정할 수 있다.

물론 단계별로 Flow-Chart가 작성될 수도 있지만, Flow-Chart 방법에서는 가능하면 장황한
설명을 피하고 제안사항을 보다 명확히 하도록 요구하므로, 이를 위해서는 사회감사인의 충분
한 전문경험이 요구된다. Flow-Chart를 처음 작성해보는 감사인의 경우에는 비교적 많은 시간
이 소요된다. 하지만 경험 있는 감사인일수록 복잡한 시스템을 간략하게 정리한 Flow-Chart를
보여준다. 바로 이러한 맥락에서 Flow-Chart를 하나의 기법인 동시에 창조적 성격을 갖는 예술
이라고도 하는 것이다.[9]

5. 파레토(pareto) 그램과 인과관계표

　감사인이 사용하는 기법인 「**파레토**(pareto) **도표**」와 「**인과관계**(cause effect)**표**」 역시 유용한 진단방법이 된다.

　감사관련 인터뷰를 하면, 인터뷰에 응하는 사원들이 면담의 이유와 결과를 분별하지 못하고, 종종 '**결과가 되는 사건**' 과 '**원인이 되는 문제**' 간에 혼동을 일으키는 현상에 부딪힌다. 이미 지적한 바와 같이 동일한 결과(사건)에 대해서도 여러가지 원인이 있을 수 있으며, 또한 동일한 문제(원인)를 통하여 다양한 결과가 나타날 수도 있다. 그러므로 우선 감사인은 가능성 있는 원인들에 대한 목록을 중요도 순서에 따라 연대별로 구분하는 작업이 필요하다.

　감사인이 원인변수들을 분류 · 정리하여 감사 의뢰인에게 이를 제출함으로써 의뢰인들의 의견을 정확히 파악하고, 경우에 따라서는 사전에 작성한 분류표를 재검토하도록 해야 한다. 바로 이러한 작업을 하기 위해서 파레토 도표를 사용하는 것이 매우 효과적이다. [그림 4-5]는 산업재해의 경우를 보여주는 파레토 도표이다.

　빈도가 높게 나타나는 원인 중에는 작업장 내에서의 음주 및 교육훈련의 부족, 위험한 작업조건, 잘못 비치된 도구, 위험한 기계에 대한 안전관리의 결여, 팀원들간의 부조화 등이 포함된다.

〔그림 4-5〕 파레토 다이어그램

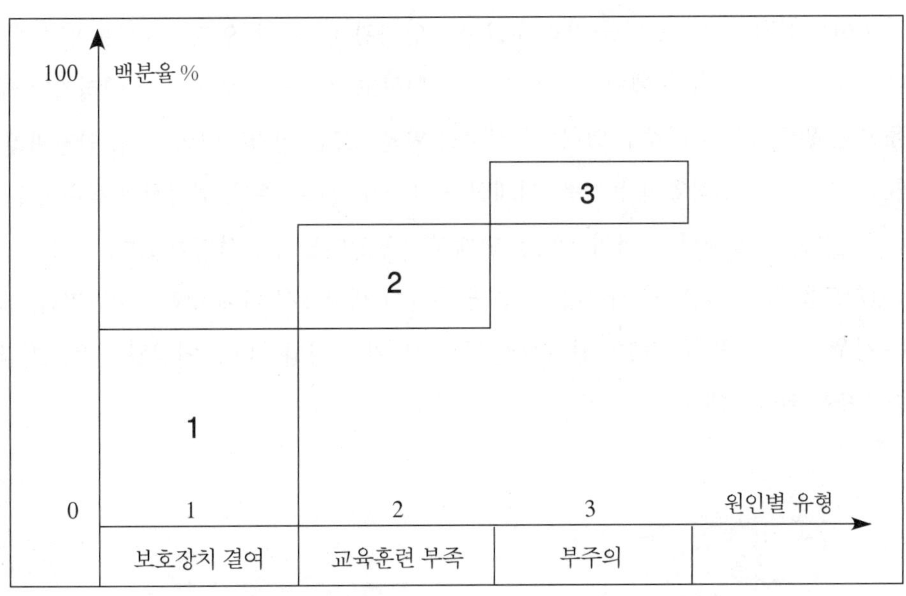

주요 원인을 비중에 따라 분류한 예를 보면 ① 보호장치의 결여(40%) ② 교육훈련의 부족(20%) ③ 부주의(15%) 등으로 나타나고 있다.

하지만 [그림 4-5]에서는 사건의 실태를 명확하게 보여주지는 못한다. 단지 대규모 기업의 안전사고 연구시에 자주 사용되는 분석기술로서, '물고기 뼈' 모양의 도표(일본식 4M 방법, 즉 man, machine, method, material을 주요 원인 변수로 한 인과관계연구 표)와 함께 근로조건에 대한 연구에 활용될 수 있다.

한편 **인과관계표**는 결과를 나타내는 사건의 맥락(context)에 관하여 설명하는 것으로서, 이들 원인의 축은 [그림 4-6]에서처럼 마지막 결과부터 보여주면서 시작된다. 즉 원인이 되는 사슬을 거슬러 올라가면서 원인으로 간주되는 각각의 행위들에 대하여 다음과 같은 다양한 질문이 주어진다.

▶ 어떤 징후가 있었는가?

만약 조짐이 있었다면 그 내용은 무엇인가?

▶ 사건으로 발생될 만큼 충분한 징후라 할 수 있는가?

아니면 어떤 다른 사실들이 개입되었는가?

▶ 그 사실들에 의해 또 다른 결과가 발생되었는가?

그리고 그 현상들은 일시적인 것인가, 아니면 지속적인 것인가?

[그림 4-6]은 산업재해의 원인을 간단히 묘사한 인과관계도이다. 인과관계도는 맨 왼쪽에 결과로 나타난 사건을 표시(본 예에서는 사고의 발생)하고, 오른쪽으로 갈수록 여러가지 세부적인 이유 또는 원인들을 밝혀주고 있다. 즉 사고의 원인으로는 안전관리의 결여, 안전관리의 준수부족(안전모 미착용, 작업화 불착용, 기계덮개 벗기기 등), 부주의, 취급상의 실수 또는 착각 등이 큰 원인변수로 표출되고, 이어서 다음 단계의 세부원인들이 분석되어 있다.

인과관계도를 작성해가면서 각 사실(원인변수)들이 세상에서 아예 잊혀져버렸거나, 신용할 수 없는 경우, 또는 상황에 대하여 완벽한 인과관계도가 작성되었다고 인정될 경우, 그 감사활동을 중단 또는 완료하게 된다.

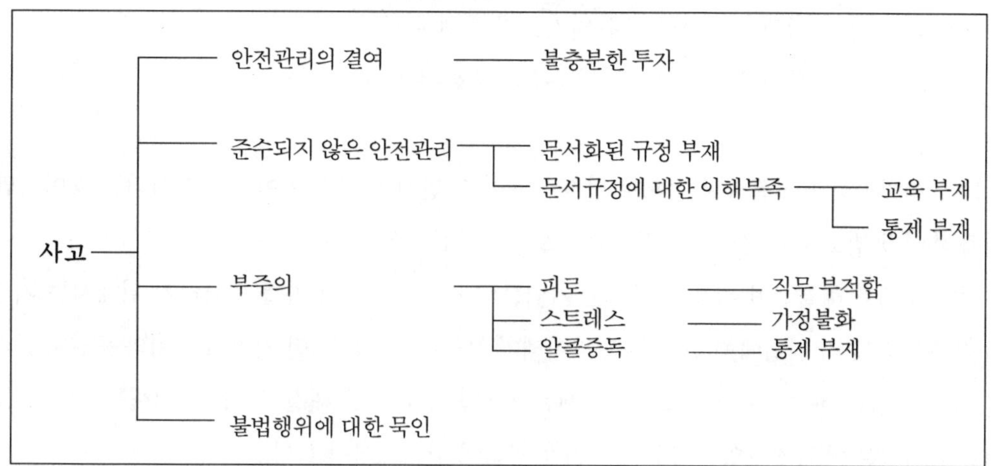

인과관계도를 작성하기 위해서는 **'이론적 모델'**과 함께 **'실천적 경험'**을 충분히 참조해야 한다. 이와 같은 단계적 분석기법은 분석대상 기업의 상황에 관한 진단서를 작성하는 데 큰 도움이 된다. 그러나 인과관계도를 작성할 때는 특히 현상의 흐름에 관하여 가장 최근에 발생한 사건을 원인으로 간주하는 데 만족하지 않고 보다 심사숙고하여 진정한 원인을 규명하는 것이 필요하다.

사실상 인과관계도는 작성된 분석도를 바탕으로 하여 객관적 토론을 활성화시킴으로써 감사의뢰인과의 의사소통을 원활하게 할 수 있다. 감사인은 이런 기법을 통해 사회감사 능력을 향상시키고 문제의 진정한 원인을 규명함으로써 올바른 해결책을 제시하게 된다.

6. 실현가능성 분석

기업이 당면하고 있는 상황 하에서 가장 적합한 해결책을 찾으려 할 경우 **'실현가능성 분석'** 방법을 활용하게 된다. 실현가능성 분석은 해결책을 제시하고 기대되는 이익을 예측함으로써, 이를 발생비용과 비교할 수 있게 하는 기법이다. 하지만 실현가능성 분석은 문제가 명확히 규정되고, 원인이 규명되었을 경우에만 가능한 것이다. 여기에서는 제록스사에서 사용하고 있는 몇 가지 기법을 중심으로 살펴보았다.[11] 우선 실현가능성 분석은 다음과 같이 여러 단계로 구성된다.

▶ 문제해결을 위해 사용되는 기법의 적용가능성에 대한 평가

▶ 적용기법을 실행하기 위한 필수 자격요건에 대한 평가

▶ 초래될 예상위험과 예측되는 이익수준에 대한 측정 등

1) 실현가능성 분석은 원칙적으로 법적인 문제가 완전히 해결된 이후에 실시되는 것이지만, **예측적인 방법**으로서 언제든지 적용할 수도 있다([표 4-7 참조]).

현안 문제를 해결하기 위해 요구되는 기법들의 적용가능성 평가를 수행하기 위해서는 기존의 적용실태 및 각 기법에 대한 전문적인 이해가 요구된다. 즉 "어떤 기업에서 이와 동일한 문제를 이미 경험한 바가 있는가? 그 기업에서는 결과적으로 어떤 해결책들을 제시했는가? 그리고 적용 효과성은 어느 정도였는가?" 하는 점에 관하여 살펴보아야 한다.

특별한 문제를 해결하는 데 보편적인 해결방법이 존재하지 않는 것처럼, 과거의 경험을 원용할 경우에는 반드시 감사 의뢰기업의 특별한 상황을 고려해야 한다. 과거의 진행과정 및 데이터뱅크[12]상의 각종 정보 덕분에 감사인들은 보다 더 정확한 기법 및 경험을 축적시킬 수 있다.

그러나 사실 이것만으로 **적용기법의 가용성**을 평가하기란 매우 어렵다. 그러므로 과연 기업 내 해당기법을 실행할 수 있는 자질과 능력을 갖춘 자가 있는지부터 살펴보고, 이러한 기법을 적용하기 위해서 요구되는 기자재는 무엇이며, 또한 그 기자재가 기업 내에 구비되었는지도 살펴보아야 한다.

한편 기법 적용능력이나 기자재가 부족하면 이를 외부에 의뢰할 수도 있다. 즉 외부 자문교수에게 부탁하거나, 외부에서 전문 기자재를 임대하면 된다. 외부에 의뢰할 경우에는 과거와 동일한 평가기준에 의거하여 요청한다.

2) 실현가능성 분석의 두 번째 단계는 실행의 **용이성을 분석**하는 단계이다. 즉 관리자들의 태도, 기업목표와 경영정책의 연계성, 경영 스타일, 내·외부환경의 제약조건, 종업원들의 기대수준 등에 관하여 살펴보아야 한다. 실행력은 근본적으로 경영진 및 관리자들의 태도에 의해 결정되지만, 이들에게 어떤 제안을 해주는 것은 새로운 책임분담을 의미하므로 사실 쉬운 일이 아니다.

감사인은 이 단계에서 경영진과 관리자를 성공적으로 변화시킬 수 있는 가능성(확률)이 어느 정도인지를 평가한다.

〔표 4-7〕 권고안 평가양식

• 권고안의 확인		
• 설명내용(목표, 해당인원, 일정표 등) :		
• 본 권고활동은 의무적 사항인가?	예 ☐	아니오 ☐

[실현가능성] :

• 해결기법의 난이도

      높다 ☐   중간이다 ☐   낮다 ☐

• 해결기법을 적용하는 데 요구되는 유자격자의 조달가능성

      높다 ☐   중간이다 ☐   낮다 ☐

• 기법분석에 특정 기자재 사용이 요구될 경우의 조달가능성

      쉽다 ☐   보통이다 ☐   렵다 ☐

• 실현가능성 종합

      쉽다 ☐   보통이다 ☐   어렵다 ☐

[적용가능성] : 권고안의 적용가능성

• 관리자들의 태도

      호의적 ☐   보통 ☐   반감적 ☐

• 기존정책의 성격

      유리 ☐   중간 ☐   불리 ☐

• 권력구조의 성격

      유리 ☐   중간 ☐   불리 ☐

• 경영방식의 성격

      유리 ☐   중간 ☐   불리 ☐

• 대내외 환경특성

      유리 ☐   중간 ☐   불리 ☐

• 권고안에서 요구하고 있는 변화의 예측가능성

      완전 예측가능 ☐   다소 예측가능 ☐   전혀 예측불허 ☐

• 환경의 복잡성 수준

      복잡하다 ☐   보통이다 ☐   단순하다 ☐

• 적용가능성 종합 :

      쉽다 ☐   보통이다 ☐   어렵다 ☐

권고안(모집절자의 개선)에 의해 기대되는 효과		금전적 효과	발생 가능성	기대 효익
경제적 효익	• 선발된 신입사원의 성과 향상 • 채용활동의 간소화 　- 불필요한 선발절차의 제거 　- 외부 자문역의 제거 (A) 총이익			
	적용시의 발생비용 　- 보충 인원 (B) 총비용			
	• 순효익 = (A) - (B)			
사회적 효익	• 조직분위기 개선 : 고충청원건수의 완화			
위 험	• 실천행동의 결여에 따른 위험(표준 참고) • 법률적 위험 • 기자재 애로 • 경제적 위험 • 이미지 실추 • 만족도 하락 • 기타	높다	보통이다	낮다

3) 실현가능성 분석의 세 번째 단계는 **예상되는 이익**과 **초래될 위험에 따르는 비용**을 비교하는 단계이다. 간부사원 모집절차의 변경기준에 대한 예가 [표 4-7]의 마지막 부분에 제시되어 있다.

치크(L. M. Cheek)의 설명처럼 "이익(효익), 즉 권고안을 적용함으로써 얻게 되는 예상결과는 분명히 확인될 수 있는 이익과 기대되는 이익으로 구분될 수 있다". 특히 '확인될 수 있는 이익'은 명백해야 하며, 권고안의 실행과 정확히 연결되어야 한다. 우리 나라처럼 외부 인력채용 전문회사에 의뢰하지 않고 인사팀에서 모든 모집 및 채용활동을 수행할 경우에는 이에 따르는 추가비용 및 광고비용 등을 고려한 후 실시한다. 또한 인사팀에서 모집활동을 전담할 경우에는 외부 전문기관이 요구하는 수수료 수준과 비교한 비용수준을 밝히도록 해야 한다.

예를 들어, 채용 개선안의 결과에 대한 이익을 명확히 규정할 수 없을 경우에는 이를 평가하기 위한 세밀한 노력을 기울여야 한다. 감사인이 결과를 평가하는 데 있어서 '결과의 다양성'은 문제가 되지 않는다. 비록 금전적인 효과를 명확히 정의할 수 없다 하더라도, 경영진에 의해 제시된 기준에 따라 얼마든지 결과에 대한 평가를 내릴 수 있다. 따라서 경영자는 장단기적인 사회적 수익성을 고려하는 것이 매우 중요하다.

마지막으로 고려해야 할 요소는 권고안을 적용함으로써 **예상되는 결과의 발생가능성**을 분석하는 것이다. 기대효익을 평가하기 위해서는 아무런 시도도 하지 않았을 경우와 비교하여, 권고안을 실천했을 때 갖게 되는 위험도를 측정할 필요가 있다. 이외에도 감사인은 상관관계분석, 추이분석, 요인분석, 시뮬레이션, 프로젝션 등과 같은 다양한 통계적 기법을 활용한다.

제3절 결과보고 기법

정보를 수집하여 분석한 결과를 요약적으로 제시하기 위해서는 일정한 규칙에 따라 보고서를 작성해야 한다. 이런 규칙에 대한 고찰은 사회감사를 실시하는 목적과도 일치하는 것으로서, 소이어[13]는 세일즈맨이 상품을 소개하는 것과 동일한 방식으로 보고서를 작성하도록 권유하고 있다.

사실상 감사보고서는 의뢰인에게 결과를 통보해주기 위해 작성되며, 경우에 따라서는 시정사항에 대한 주의를 환기시키기 위해 사용되기도 한다. 감사를 효율적으로 실시하기 위해서는 의뢰인의 관심을 끌 수 있어야 하며, 또한 실질적인 효과가 나타날 수 있도록 정리되어야 한다. 감사인은 자신이 내린 결론에 대한 증거를 뒷받침하는 사실과 의견을 수집하기 위하여 사용된 각종 양식에 대한 조건들을 제시하고, 최종 감사보고서에서는 규칙과 효과성에 따라 평가된 결과를 제시해야 한다.

1. 중간 결과의 제시

감사활동에 임하는 감사인은 기업의 역사에 관한 정보, 사업활동, 조직구조, 기술적·경제적·사회적 환경 및 노동시장의 실태 등에 관한 전반적인 자료에 대한 검토를 실시한다.

감사의 효과를 극대화하기 위해서는 조사대상과 관련하여 수집된 정보를 우선 작업문서에 기재하고, 일정 규칙에 따라 감사가 진행되는 사항도 작업문서에 작성해둔다. 여기에서 **'규칙'**이란 명백한 상황에 의거하여 설정된 것으로서 감사인의 최종 보고서도 이에 근거하여 작성된다.

한편 명확하고 정연하게 표준화된 작업문서를 작성하기 위해서는 다음과 같은 제반사항들을 고려해야 한다.[14]

> ▶ 작업문서들은 최종보고서에 의거하여 신속하게 작성되어야 한다.
>
> ▶ 문제점과 비정상적인 사항 및 그 중요성에 대하여 확인 · 검증이 필요하다.
>
> ▶ 감사중 기실행된 것과 미실행된 사항을 구분하여 그 이유를 제시한다.
> 이는 감사의 질적개선을 위해 필요하다.
>
> ▶ 보고서의 결론을 유도해주는 제반 논거 및 사실들을 제시함으로써 감사의뢰인과의 의사소통을 쉽게 해야 한다.
>
> ▶ 차후의 감사를 위해 자료의 출처를 기재해둔다. 이는 객관성의 확보 및 감사활동을 쉽게, 그리고 경제적으로 실행하는 데 필요하다.
>
> ▶ 감사자체에 대한 평가를 가능하게 한다.

작업문서가 목적을 달성하기 위해서는 감사인들이 우선 명확성, 이해성, 간결성, 표준화 수준 및 영속성 등에 대한 각기 다른 조건들을 충분히 이해해야 한다. **'명확성'**과 **'이해성'**에 대해서는 특별한 주문사항이 없지만, **'표준화'**는 분석기준 또는 미리 작성된 도표를 사용하고 있다. 도표를 사용하면 고려변수의 누락방지, 보다 신속한 업무수행 및 기타 다른 상황과 비교분석을 하는 데 큰 도움이 된다.

분석기준의 한 예로 [표 4-8]에서는 고용인력에 대한 법적 타당성 여부를 보여준다. 이러한 분석기준 및 도표는 정보를 빠르고 체계적인 방법으로 수집하고, 감사결과를 객관적으로 정립시키는 데 도움을 준다. 비고란에는 비정상, 실수 또는 누락에 대한 정확한 이유들을 기재하면 된다. 예를 들면 "어떤 장부가 언제부터 제대로 정리되지 않았는가, 어떤 사람의 외출이 기록되지 않았는가" 하는 사항 등을 자세히 기록해야 한다.

노동법의 각 조항은 기업에서 이들 법규를 준수하지 않았을 경우 부과되는 벌금 총액을 예측하게 하며, 또한 "경영자들이 어디에 보다 높은 가중치를 두고 운영해야 하는가" 하는 전략적 관점을 갖도록 해준다. 한편 관찰일자 역시 발생할지도 모를 모든 논쟁을 회피하기 위해 반드시 기재해두어야 한다. 도표정리가 어느 정도 이루어지면 감사인은 관찰한 상황에 대하여 부분적으로 결론을 유추해낼 수 있다.

이러한 도표들은 최종보고서의 본문 또는 부록에 정리해둘 수 있으며, 작업문서는 감사의 목
적에 부응하여 적합하게 작성해야 한다. 하지만 의무적으로 작성하는 인사기록부와 같은 전반
적인 법적 증빙서류들이 [표 4-8]의 예시와 같은 최종보고서 도표에서 다루어질 필요는 없다.

〔표 4-8〕 인사기록부 관찰기준표 (예)

사업장명 :　　　　　　　　　　　　　참고번호 :

인사기록부 (예)	존재함(1)	태만(2)	실수(2)	누락(2)	부조화	노동법 조항	관찰의견	비고
유입인원, 유출인원, 인턴사원								
청소년 근로자								
외국인 근로자								
의료진 인력								
종업원 대표								
위생안전-근로조건위원회								
근로감독관(상근자)								
안전기술관리								
보증관리								
지불대장								
임시적 성격의 공사장 및 기타 사업장								

(1) 장부가 있으면 ○, 없으면 ×, 사용 불가능 N.D, 열람 불가능 N.A.P 등으로 표시

(2) 모든 실수와 누락은 ×로 표시

문서의 공표순서는 감사활동의 연대순에 따르며, 일반적으로 특별한 참고대상이 되는 문서
들은 감사 대상범위 내에서 주제의 유형별로 열람된다. 한 예로 모집활동에 대한 감사를 실시할
경우에는 인사기록카드, 모집절차, 모집자의 자격 등에 관한 정보를 서류별로 분류하여 정리해
야 한다. 여기에서 각종 서류들은 주제별로 다시 세분한다. 예를 들어 '모집절차'에는 모집대상
직무요구사항 분석, 직무명세 사항의 정리, 모집광고, 선발, 신입사원 영입 등과 같은 세부사항
별로 서류를 정리하면 된다.

한편 작성된 작업문서는 감사대상 기업에 제출되며, 감사의뢰인, 즉 기업에서는 감사결과의

수용여부에 대한 의견을 표명하게 된다.

2. 최종 보고서의 제출

감사의뢰인의 요청 또는 감사지침에 의거하여 수행된 모든 감사활동은 감사인에 의해 요약된 **종합 감사보고서**로 작성된다. 종합 감사보고서는 다음과 같은 목적에 의거하여 작성하도록 해야 한다.

▶ 확인된 사항의 전달

▶ 주의 사항 및 주요 사항에 대한 경영진의 지적

▶ 현실적이고 객관적인 권고안의 제시 등

종합 감사보고서는 관계자들이 쉽게 이해할 수 있는 언어를 사용하면서 동시에 의사소통의 기본적인 규칙을 준수하도록 해야 한다. 특히 감사보고서는 정확·명료·간결하게 작성되고, 그 내용은 현실적이고 건설적이어야 한다.[15]

정확성은 낱말 그대로 명확성만을 의미하는 것이 아니라 확실성도 포함된다. 즉, 보고서는 사실에 관한 것, 특히 감사인이 주목하는 가장 중요한 부분과 일치되어야 한다.

명료성은 논리적 진행이 이루어지고, 독자가 서론에서 보고서가 어떻게 진행되는지, 그리고 사용된 문장은 가능한 한 효율성과 수익성에 대한 아이디어를 상기시킬 수 있는지를 의미한다.

일반적으로 보고서를 모두 정독하는 데는 많은 시간이 소요된다. 그러므로 주요 내용을 전달하면서 소요되는 시간은 짧을수록 보고서의 가치는 오히려 높이 평가된다. 이 때문에 부차적 요소는 아예 제외시키거나 참고사항에 포함할 필요가 있다. 필요시에는 감사요약서를 감사보고서의 앞부분에 정리해두는 것도 매우 효과적인 방법이다.

또한 보고서는 현실감 있는 **시사성**을 갖추어 상대방이 흥미를 갖도록 해야 한다. 보고서에서는 "무슨 일이 야기되는지, 그리고 꼭 다루어야 할 직접적인 활동이 어떤 것인지"를 제시하는 내용이 담겨져 있어야 한다. 감사활동이 몇 주 또는 몇 개월 동안 계속될 경우에는 중간보고서를 통하여 의뢰인이 안고 있는 위험성이 내포된 주요 결함사항을 개선해주고, 감사진행을 원활하게 할 수 있게 해야 한다.

특히 **보고서의 내용**은 객관적이고 건설적이어야 하므로 보고서에는 개인적인 의견을 배제하고, 과거의 문제점들을 지나치게 강조하지 않으면서, 가능한 한 개선사항이 강조되도록 해야 한다.

감사보고서의 일반적인 구조는 미국의 내부감사인학회 등에서 규정된 규칙에 의거하여, 다음과 같은 감사보고 사항을 권고하고 있다.[16]

① 결론의 요약

② 본연의 감사사명과의 합일성 여부 확인

③ 감사의 목표 명시

④ 감사대상 영역의 결정 및 감사분야 이외의 상황 명시

⑤ 유리하게 또는 불리하게 관찰된 통제활동에 대한 해명

⑥ 관찰된 결함사항을 개선하기 위한 권고안 평가

⑦ 필요시 정확한 정보를 재구성하기 위한 참고 도표 등

이 중 특히 다섯 번째 사항은 보다 구체적으로 검토해야 한다. 왜냐하면 감사의 근본목적이 오직 발생하는 문제와 위험을 밝히는 데 한정된 것으로 보아서는 안 되기 때문이다. 적절한 시스템을 사용하여 통제활동을 실시할 경우에만 효과적인 감사가 이루어질 수 있으며, 그 결과를 입증하는 의견과 판단을 보고서에 기록할 수 있게 된다. 보고서에는 감사가 이루어진 목표를 명확히 기재하고, 또한 책임의 한계영역을 분명히 밝혀두도록 해야 한다.

감사결과 '**역기능적인 현상**'이 표출된 경우에는 이들 역기능간의 관계, 즉 역기능적인 현상에 대한 요약, 평가기준, 관찰된 사항, 결과와 원인 및 권고사항 등에 대해서도 보고서에 밝혀두도록 해야 한다.

현상에 대한 요약은 우선 "무엇에 관하여 살펴본 것인가? 그리고 최종보고서의 내용을 발췌하여 잘못된 사항을 간결하게 설명할 수 있는가?" 하는 데 대한 답변방식으로 정리될 수 있다(예 : 인력부족으로 생산활동에 차질을 빚고 있었던 인천공장의 생산부서에서 월별 인원부족분 20명을 1998년 3월에 신규 채용하였음).

평가기준은 규범과 결과를 비교함으로써 얻을 수 있다. 즉 앞의 예에서 볼 때, "본사 인사팀의 동의 없이는 어떠한 추가모집도 허용되지 않는다"는 규범과 "공장에서 20명을 채용하였다"라는 결과를 비교해보는 것이다. 이러한 절차가 바로 실제로 나타난 현상에 대응되는 평가기준이 된다.

본 사례에서 지난 6개월 동안 누락된 인원상황이 동기간의 사망 또는 사직한 사원을 포함시

키지 않은 것으로 밝혀질 수 있다. 즉 결과적으로 실질적 결원인력에 대한 추가비용(임금총액 및 해당사원에 대한 부가급부 등에 의해 추정됨)과 낮은 생산성 및 잉여인력의 실태가 노출될 수도 있다는 것이다.

　이러한 상황발생의 구체적인 원인이 몇몇 사원의 부주의나 규정된 절차를 준수하지 않는 일선감독자 때문으로 밝혀질 경우, 이를 개선하기 위하여 다음과 같은 권고안이 제시될 수 있다.

　　▶ 사건발생 동기별 인원유출 원인의 세분화(사망, 사직, 퇴직, 조기퇴직 등)

　　▶ 매월 말 인력현황을 본사에 제출하고 사직자 명부를 작성

　　▶ 본사의 규정 및 허가에 의거한 철저한 모집절차 관리

　　▶ 인원통계를 고려한 종업원 교육훈련의 실시 등

　이와 같은 권고안에는 제시된 각 해결방안별로 추진기한을 명확히 하고, 책임자의 의견사항을 첨가하는 것이 필요하다.

　[그림 4-9]는 특정상황을 소개하기 위해 감사인이 수행하는 단계를 보여준다.

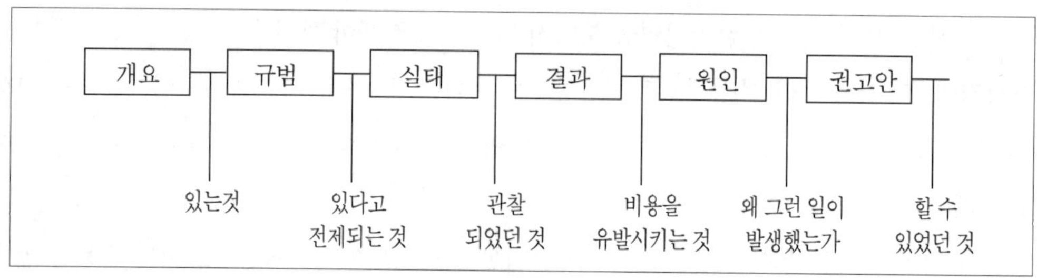

〔그림 4-9〕 상황소개의 단계

　감사보고서는 단지 **문서**로 된 의사소통 뿐만 아니라 구두로도 표현된다. 즉 감사의뢰인에게 핵심사항을 설명하면서 주요 결론과 감사절차를 명확히 지적하기 위해 빔 프로젝트나 슬라이드 프로젝트 등과 같은 Audio-Visual 방식을 사용하게 된다.

　이러한 방식은 여러가지 설명으로 보고서의 전반적 사항을 모두 다루면서 감사의 확실성을 보여주기 때문에 효과성이 매우 크다. Audio-Visual 방식의 활용은 특히 핵심사항에 대한 질의 응답을 유도하는 데에도 매우 효과적인 수단이다.

　그러나 본장에서 소개된 제반 수단과 방법은 궁극적 목적이 아니라 효과적이고 효율적인 감

사를 완성시키기 위한 적용방안으로 다루어져야 한다. 효과적인 감사를 위해서는 여러가지 단계의 감사활동이 요구된다. 즉 우선적으로 예비진단 및 보충연구가 필요하며, 다음으로는 각 기능 및 특정분야별 감사가 이루어져야 한다.

제4장 질문사항

1. 감사보고서를 작성하기 위해 사용된 작업서류와 문서는 언제 파기해야 하는가?

   1) 작업종료 후 즉시   2) 6개월 후

   3) 1년 후   4) 권고안이 적용되는 시점

   5) 관련 공문서의 만기시점과 동일

2. 감사보고서 내에 참고한 이론내용(예 : 인적자원회계이론, 동기이론 등)도 포함시켜야 하는가?

3. 감사인이 사용해야 할 표본추출기법의 기준에 관하여 논하시오.

4. 수단과 방법의 차이점에 관하여 논하시오.

5. 구성원의 책임문제를 진단할 경우, 여러 사람들이 동일한 기능을 수행하는 것(의사결정, 공동의사결정 등)으로 표명하였다. 이를 어떻게 해석해야 하는가?

6. 어떤 상황에서 Flow-Chart가 피상적 또는 무용지물이 되는가?

7. 실현가능성 분석에 있어서 성과에 따른 봉급인상을 위한 모든 절차의 변화에 반대하는 작업장을 어떻게 평가하여야 하는가?

8. 모든 감사에 있어서 인과관계도의 작성이 필수적이라고 생각하는가? 그리고 감사의 최종 보고서에 항상 이를 보여주도록 해야 하는가?

9. 각각의 감사활동별로 세부적 분석표를 작성해야 하는가?

10. 최고경영자에게 특정 감사경위를 설명하기 위해 감사 보고서와 함께 편지를 첨부했다고 감사인이 설명하였다. 이에 대한 귀하의 의견은?

제4장 참고자료

1. *Sawyer. op. cit., p. 279.*

2. *Dunham & Smith, Organizational Surveys. Glenview. Illinois, Scoit, Foresman, 1979, p. 67.*

3. *Sawyer. op. cit. chap. 9.*

4. *Dunham & Smith. op. cit. p.37.*

5. 이와 같은 관점에 대해서는 *Dunham & Smith* 참조.

6. 박기찬, 연봉제하의 전략경영을 위한 팀업적평가, 한국능률협회, 1997. *pp. 416-418.*

7. *Mintzberg H., Structuring of organizations, Englewood Cliffs, Prentice Hall, 1979, p.188*

8. *Anderson R.J., "Analytical auditing : does it work", The Internal Auditor, Aug. 1972, p. 44.*

9. *Weil J.J., "System Flowcharting for the Internal Auditor", The Internal Auditor, April 1977, p. 52.*

10. *Quinot E., "Méthodologie d' Etudes des Accidents du Travail", Revue de l' Enterprise, no. 13, Jan. 1978, pp. 64-72.*

11. *Cheek. L.M., "Cost Effectiveness Comes To The Personnel Function," Harvard Business Review, Vol. 51, May-June 1973, pp. 96-105.*

12. 이와 관련된 자료는 *Paris Entreprise et Personnel*의 *CAD(Centre Associatf des Donnée)* 센터에서 수집 가능함.

13. *Op. cit., p. 432.*

14. *Sawyer L.B., op. cit., p. 244.*

15. *Ibid., pp. 434-438.*

16. *Haddock S.J., "Les 8 élé ments de base du rapport d' audit," Revue Française de l' Audit Interne, no. 69, mars-avril 1984, pp. 38-42.*

제5장
사회적 예비진단

제5장 사회적 예비진단

제1절 예비진단의 목적 및 방법

1. 예비진단의 목적

예비진단의 목적은 감사대상 기업이나 단체의 인사기능상 주요 문제와 위험에 관하여 기업과 그 환경의 특징을 고려하여 체계적으로 엄격한 조사를 실시하는 데 있다. 즉 예비진단은 감사인들이 가능한 가장 효과적인 방법으로 '**위험의 원인**'이 무엇인지 파악하게 하며, 추후에 감사가 있을 경우 기업이 요구하는 목적을 명확히 하는 확고한 기준이 된다.

예비진단은 또한 감독자 또는 상급자와 협력하여 인사기능상 제반문제점들을 공동으로 결정하고, 어떠한 조사 또는 보충감사가 요구되는지를 살펴보게 해준다.

사회적 관점에서 본 예비진단 활동은 모든 감사에 있어서 일반적으로 시행되는 **예비조사** 활동에 해당하며, 예비진단에 임하는 감사인은 우선 기업 내에서 가장 심각하게 발생되는 위험요인에 대한 감사부터 실시한다.

예비진단을 실시하기 어렵거나 예비진단 작성에 소요되는 시간이 긴박한 경우[1] 감사인 또는 인사팀장의 조사활동을 잘못된 방향으로 이끌고, 결국 잘못된 결론에 이르게 되어 모든 노력이 무용지물로 될 가능성이 높아진다. 한마디로 결론에서 제시하는 권고사항 때문에 손실만 발생시키게 된다는 것이다.

　그러므로 **예비진단에 소요되는 시간**을 마치 불필요한 사치스러운 작업으로 생각해서는 안된다. 실제로 주요 문제와 그에 상응하는 위험을 명확히 구분하는 사전적 조치가 부족하면, 감사인은 단지 부차적 문제와 피상적인 위험요인만 고려하게 된다. 바로 이와 같은 행동이 헛수고를 이중으로 하는 것이라 할 수 있다. 왜냐하면 그러한 행위는 쓸모없는 결과만 낳고 시간과 비용까지 낭비하기 때문이다.

　특히 의미 없는 문제만 밝히고 잘못된 해결책이 제시된다면 감사인 뿐만 아니라 기업의 임직원들의 정보수집 활동까지 헛수고가 된다. 이런 경우 감사인은 요구사항과 문제점들에 대한 현실적 이해가 부족해지거나 수집된 정보에 대한 해석능력마저 상실할 수 있다. 그 결과 감사의뢰인으로서 헛된 감사를 했다는 느낌과 함께 감사인으로 부적합하다는 인상을 갖게 되므로 감사인의 명예까지 실추되는 결과가 야기될 수 있다.

　인사기능 내에서 발생되는 복잡한 원인과 결과 및 근거가 불확실한 정보에 대해서는 예비진단시 보다 엄격한 분석을 실시해야 한다. 감사인은 단지 기업의 일반적인 상황만을 진단하는 것이 아니라, 상황을 평가한 결과 반드시 해결책을 제시해야 한다.

　감사인은 이처럼 일의 흐름 및 사용되는 기술에 익숙해야 하며, 현실적인 기업목표의 설정, 주요 위험요인에 대한 확인, 인사기능상의 주요 통제활동의 파악, 관리유형에 대한 이해, 그리고 기업의 변화상 등에 대한 명확한 관점을 가져야 한다. 이와 같은 능력이 있어야만 감사인으로서 경영상의 주요 사항 파악, 기업의 현실적 요구에 적합한 감사 진행 및 감사결과가 발표된 시점 이후에 진행될 향후의 연구를 위한 기반을 제공할 수 있다.

　일반적으로 **예비진단 활동**은 다음과 같은 일련의 단계를 거쳐 이루어진다.

　　▶ 1단계 : 감사(활동)의 사명 확인 및 결정

　　▶ 2단계 : 문제점과 위험수준 분석에 요구되는 정보의 수집

　　▶ 3단계 : 문제점 및 위험수준에 대한 정보분석

　　▶ 4단계 : 문제점 및 위험발생의 원인에 대한 진단

　　▶ 5단계 : 사항별 권고안의 작성 및 제시

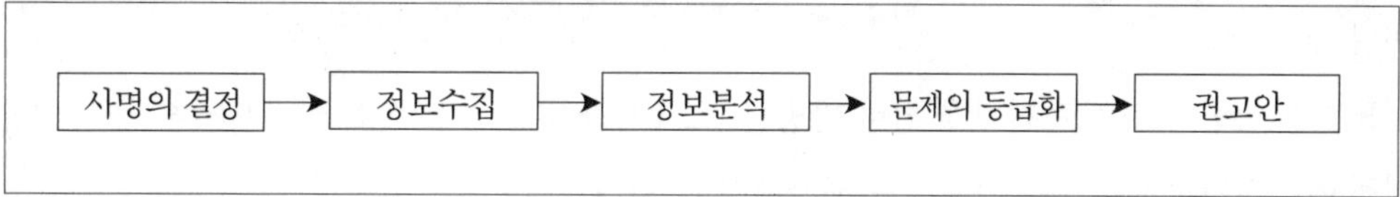

2. 사명의 결정

내부 구성원들과 함께 하는 **협력적** 방식은 성공적인 감사활동을 위한 필수조건이기는 하나 충분조건이 되는 것은 아니다. 하지만 협력적 방식을 통하여 감사의뢰인의 기대사항을 분명히 할 수 있으며, 수행되는 방법과 목적 및 예비진단을 통한 결과를 명확히 설명해줄 수 있다. 또한 감사의뢰인이 예비진단 활동에 함께 참여할 경우에는 감사결과를 보다 쉽게 받아들인다는 장점도 있다.

첫 번째 단계의 목적은 경영자(감사를 요청한 주체가 경영자일 경우) 스스로 자신이 바로 감사의뢰인이라는 인식을 갖도록 하는 것이다. 이는 경영자의 의사가 감사인에 의해 받아들여지고, 또한 감사대상자들과의 의사소통을 원활히 하기 위함이다. 감사를 시행하는 의사결정 활동은 흔히 권력 현상을 다루는 정치적 성격을 띠게 된다.

그러므로 감사인은 자신들이 제시하게 될 객관적 결론을 과연 감사의뢰인이 받아들일 수 있는지 하는 **'감사의뢰인의 능력'** 부터 살펴보아야 한다. 이 단계에서는 단지 사명의 목표, 사용되는 방법론, 파견기간 및 비용만을 측정하는 것이 아니라 "누가 정보수집과 최종감사보고서의 심의에 참여할 것인가"를 결정하는 것도 필요하다.

예비진단의 기간은 기업의 규모와 사원들로부터 정보를 접수하는 방식에 따라 유동적으로 결정된다. 일반적으로 중소기업의 경우 주요 문제점의 내용과 원인 등을 파악하기 위해서는 약 3~5일 정도의 감사활동이 요구된다. 하지만 예비진단의 기간은 상황변화나 경영진의 요구, 또는 보완조사 활동 등에 따라 얼마든지 연장될 수 있다.

예비진단은 주로 문서화된 정보수집에서 시작된다. 필요하면 각 부서별로 몇몇 사원을 차출하여 도움을 받을 수 있으며(인사팀, 정보팀, 경리팀, 회계팀, 경영관리팀 등) 인사팀장을 비롯한 일부 임직원들과의 면담도 필요하다. 예비진단의 실제비용은 단지 외부 감사인에게 지불되는 사례금(내부 감사인의 경우는 임금)뿐만 아니라 감사활동에 투입된 사람들의 소요시간도 포함된다.

또한 인사팀장 스스로 진단을 위한 방법론, 소요시간 및 현실을 파악하는 능력을 갖고 직접 사회적 예비진단을 실시하는 가능성도 생각해볼 수 있다.

그러나 중소기업의 경우에는 외부 감사인만이 예비진단을 실시할 수 있다. 왜냐하면 중소기업에는 이런 유형의 감사를 스스로 실행하기 위한 인적·시간적 필요자원을 충당할 능력이 없기 때문이다. 또한 소규모 조직에 대한 예비진단은 이 정도의 문제점만 파악하여도 감사인의 사명을 다했다고 볼 수 있다.

감사인의 사명을 결정하는 단계는 일반적으로 감사방향의 명시, 사명의 내용, 정보수집의 가능성 등을 요약한 문서에 서명을 함으로써 종결된다. 본 서류는 충분한 여유를 갖고 사전에 인사팀장(또는 최고경영자)에게 전달하고 내용을 검토한 후 이의를 제기할 수 있도록 해야 한다.

작업계획서는 감사인으로부터 이를 접수한 날짜에 바로 공표할 수 있다.

예비진단의 사명을 명시한 문서에는 감사관련 참고서류 목록을 함께 제출하여 감사인의 시간을 절약하게 하는 것도 바람직하다.

제2절 정보의 수집

인사활동의 실태와 관련된 예비진단을 효과적으로 실시하기 위해서 감사인은 우선 정확한 정보를 체계적으로 수집하는 데 주력해야 한다. 정보의 원천은 다음과 같이 3가지로 구분된다.

① 문서화된 정보의 수집

② 기업체 방문에 의한 정보수집

③ 주요 책임자와의 면담 등

문서화된 정보와 방문을 통한 정보수집은 문제의 대상이 되는 오류 및 비정상인 현상을 밝혀내는 데 도움이 되며, 설문지 또는 인터뷰 가이드를 작성하는 데 보충자료로 사용된다. 이와 같은 정보수집 활동을 하는 동안 감사인은 분석지표의 도움을 받아 위험가능한 영역을 파악하는 예비진단의 첫 단계 작업을 시작할 수 있다.

1. 문서화된 정보의 수집

기업에서는 법적으로 요구되는 문서화된 정보를 경영층과 종업원 대표 및 주주들에게 제출해야 한다(프랑스의 경우, 종업원 300명 이상의 기업이나 단체에서는 사회적 대차대조표의 작성, 연간 임금총액의 공표, 2,483가지의 교육훈련 실태, 연도별 정기적 설문분석, 인사기록, 관공서 및 지방노동청에의 신고 등을 요구하고 있음). 이러한 법적서류는 감사인이 1차적으로 참고할 수 있는 자료가 된다. 기타 각종 위원회의 회의록, 종업원 대표들의 회의록, 팜플렛, 조직도, 노사협약 사항, 단체협상 내용, 부서별 업무일지, 회사의 방침 등도 보완적인 자료로 활용된다.

감사인은 면담실시 이전에 이들 모든 정보를 요구할 수 있다. [표 5-2]에서는 문서화된 부서별 정보목록을 보여준다. 이러한 정보들은 사회적 대차대조표에서 사용되는 용어에 따라 분석하기 쉬운 방법으로 분류되어야 한다. 모든 문서는 3년을 기본단위로 작성하며, 이는 새로운 변화 또는 비정상적인 현상을 밝히는 데 도움이 된다.

간혹 기업에서 정보의 출처를 밝히지 못하거나 작성된 통계적 보고서가 없어서 문서조사 기간이 상당히 지연될 수 있으므로 감사인 스스로 통계표를 작성할 경우도 있다. 이에 대비하여 감사를 위한 **전산시스템**부터 구축해야 한다.

2. 기업 방문에 의한 정보수집

작업장, 탈의실, 의무실, 식당, 매점, 주차장, 상점, 교육장, 사회사업관 등에 관한 **현장실사**에는 일반적으로 사장이나 인사팀장이 동반한다. 사장이나 인사팀장은 일의 흐름이나 시설물의 용도에 대하여 세부설명을 해주는 역할을 맡는다.

현장방문은 인사정책, 업무수행절차, 조직도 등에 대한 이해 등 감사인이 현실적인 문제와 위험을 직접 관찰할 수 있게 해준다. 또한 내부규정, 게시판, 건물상태, 사무실과 작업장이 차지하는 공간, 인사카드 등에 관한 감사인의 실사행위는 법적 적합성 여부, 사고의 위험성, 부서와 작업장의 조직상태와 관련된 지표 또는 평가를 위한 기초자료가 된다. 예를 들면 비상문이 재고품 박스에 의해 막혀 있거나 자물쇠로 잠겨 있을 경우 이에 대한 감사인의 지적과 평가가 따르게 된다는 것이다.

또한 일의 리듬, 유휴 기계 및 유휴 인력, 위험한 근로조건 및 위험가능한 근로조건, 재고수량, 재고관리방법 및 주차금지 상황 등에 대해서도 살펴보아야 한다. 이와 관련된 목록작성에 특별한 제약은 없다. 단지 목록작성은 감사인의 과거경험에 입각한 관찰능력과 감사인의 연구방향을 결정하는 규범간의 차이를 고려하여 열거되어야 한다. 중요한 사항은 유휴인력 상황 등이 인사팀에 정확하게 보고되는지, 그리고 필요시에 어떻게 활용하고 있는지를 분명히 해야 한다는 것이다.

방문조사 기간동안 감사인은 현장에서 실행중인 관리절차와 관련된 질문을 할 수 있으며, 주로 안정성에 대한 문제, 결근문제 및 종업원들의 주요 요구사항과 관련된 의견에 관하여 검토하게 된다. 한편 기업 내에서 감사인이 체류하는 동안 표본조사방법으로 자료와 서류에 대한 신속한 조사를 통하여 정보의 보안등급을 확인해야 한다.

방문활동에서 수집한 여러가지 현상들과 서류상의 오류 또는 비정상적인 문제에 관해서는 일반적인 질문 이외에, 면담시 그의 추측을 증명하거나 잘못된 사항이라는 점을 확인할 만한 질문이 추가된다. 경우에 따라서는 예비진단의 최종보고서 발표시에 상황 보충설명으로 현장실태에 대한 사진을 제시할 수도 있다.

〔표 5-2〕 문서화된 정보의 출처

영 역	문 서	출 처
1. 고용		
1-1 인원	인원실태(2 198)	인사팀 (1)
1-2 인력구조	사회적 대차대조표	인사팀
(연령, 성별, 자격)	인사기록부(2)	인사팀
	색인카드	
1-3 근로계약 방식	개인서류	인사팀
	외부기업과의 계약서(임시고용 포함)(3)	관리팀
	인사장부	
1-4 인사이동	연도별 정기신고	인사팀
	- 도청(관공서)	관리팀
	- 지방노동청(4)	
	- 연금관리공단	
	색인카드	인사팀
	근로계약서	인사팀
1-5 모집	절차	인사팀
	계획	

영 역	문 서	출 처
2. 보상		
2-1 임금	단체협상	인사팀
	목표	인사팀
	연간임금의 신고	회계팀
	급여대장	
	기록문서	
	본지사간의 협정	인사팀
	임금명세서	인사팀 / 회계팀
2-2 이익참가	개인서류	인사팀
	임금명세서	회계팀
2-3 복리후생	예산	회계팀
	협정	인사팀
	사회적 대차대조표	인사팀
2-4 사회보장	활동장부	회계팀
2-5 사회사업	사회적 대차대조표	인사팀
	활동장부	회계팀
	기업위원회 회계장부(5)	
3. 근로조건		
3-1 안전	사회적 대차대조표	인사팀
- 사고	의료보험관리공단에 통고(6)	사회지원팀
- 직업병	사회보장(노동)부에 신고	
	의료진에게 연차보고	
	건강 및 근로조건개선위에의 소송내용(7)	
3-2 근로조건 개선	의료진의 보고서	
	기업위원회에의 소송내용	인사팀
	사회적 대차대조표	인사팀
4. 근로시간		
4-1 시간	기업내규	인사팀
	기업협정	인사팀
4-2 실업	지방노동청에 신고	인사팀
	급여장부	회계팀
4-3 휴가	기업협정	인사팀
	인사기록부	인사팀
4-4 결근	노동부에 신고	인사팀 / 회계팀
5. 지출		
5-1 비용지출	목표	인사팀
	비용항목	회계팀
	과세 비공제 비용	인사팀
5-2 구조	사회적 대차대조표	인사팀
	비용항목	
5-3 기간	인사기록부	인사팀

영 역	문 서	출 처
5-3 기간	인사기록부	인사팀
5-4 방식	교육훈련계획	인사팀
	기업위원회의 의견	인사팀
	관련부서의 요청서	
5-5 견습	인사기록부	인사팀
	관리대장 이전 계약서	인사팀
	교육세	회계팀
6. 노사(직업)관계		
6-1 선거	선거소송	인사팀
6-2 기능	위임장	인사팀
	예산 (기업위원회에 납입)	
6-2-1 회의횟수	사회적 대차대조표	회계팀
6-2-2 기업위 회의횟수	사회적 대차대조표	인사팀
	회의록	
6-3 건의	유인물	인사팀
	건의서	인사팀
	참고자료	인사팀
	소송자료	
	게시판	
6-4 갈등	인사팀 서류	인사팀
6-5 협약	협약사항 및 추가조항	
	협약서	
	지침 및 권고안	
6-6 쟁의	관련서류	법무팀 / 인사팀
	사건	
	계류장부 및 근로감독관의 소송문건	
6-7 유급휴가 교육	관련서류	인사팀
6-8 커뮤니케이션	사보	인사팀
	내부광고	인사팀
	종업원 직접건의	
	사회적 대차대조표	인사팀
7. 조직	공식조직도	인사팀
	기능분담표	인사팀
	계획 및 목표	인사팀 / 관리본부
	정책 및 절차	
	지침 및 메모	인사팀
	예산	회계팀
	진행중인 특별과제	인사팀
	통제방식	인사팀 / 회계팀 / 경영관리팀

(1) 인사팀
(2) 인사기록부 : 인력의 유출입, 18세 이하의 청소년 근로자, 재택 근무자, 양호실, 수유실, 외국인 근로자, 작업반, 차량기사, 유급휴가, 종업원대표(평가자료), 특별 주휴, 기업위원회(평가자료), 안전위생 및 근로조건 위원회, 임금대장, 인턴사원, 집단해고 등
(3) 임시작업 (4) 지방노동청 (5) 기업위원회 (6) 의료보험공단 (7) 안전위생 및 근로조건위원회

3. 면담을 통한 정보수집

민쯔(F. E. Mints)는 "성공적으로 감사인의 사명을 수행하기 위해서는 감사인의 감사기술도 중요하지만 얼마나 사원들의 의견들을 잘 청취하고 그들과 의사소통을 잘 하는 것이 보다 중요하다"고 하였다. 이처럼 감사인과 응답자와의 **우호적인 관계**는 올바른 정보를 수집하는 데 중요한 요건이 되며, 감사인이 제시하는 권고안이 보다 신속하고 효율적으로 실행될 수 있게 해준다.

사회감사에 있어서 감사인이 작성하는 인터뷰 기법은 사회감사의 효율성을 위해 반드시 검토되어야 하며, 인터뷰의 내용을 확정하기 이전에 우선 감사인과 감사대상자간의 관계유형부터 살펴보아야 한다.

1) 협력적인 감사의 요건

감사대상자는 비록 자신의 활동영역에 대한 통제의 필요성은 느끼더라도 통제 받는다는 사실을 좋아하지는 않을 것이다. 즉 피감사인은 평가에 대한 두려움, 변화에 대한 두려와 제재에 대한 두려움 때문에 일반적으로 감사를 부정적으로 생각한다.

단지 감사대상자중 24%만이 감사인에게 긍정적인 태도를 보이고, 대부분의 감사대상자들은 감사인을 경찰이나 검사와 동일시하고 있다는 조사결과도 있다. 겨우 11% 미만의 사람들만이 감사인을 도와준다는 긍정적 반응을 보였다는 것이다.

하지만 보다 최근의 연구에서는 사회감사가 적극적으로 필요하다는 결과를 보여주고 있다(5점 척도상 평균 3.7점). 비록 회계감사를 지지하는 대상자(평균 4.6점)나 계획 및 예산활동에 대한 감사의 필요성(평균 3.9점)에 비해서는 지지도가 낮은 편이나 사회감사의 필요성을 강하게 인식하고 있다. 중요한 사실은 내부동료에 의해 수행되는 감사활동보다 외부의 객관적인 전문가에 의한 감사활동을 더욱 중시하고 있다는 점이다.

조사활동이 아직 보편화되지 않은 점도 있지만 피감사인으로서는 사회감사 활동에 대한 거부반응이 아직도 높게 표출되고 있다. 따라서 감사인과 감사대상인 사이의 **신뢰**와 협력적인 관계를 확립시키는 것이 무엇보다 중요하며, 특히 적대관계가 나타나지 않도록 유의해야 한다. 즉 피감사인으로 하여금 **감사**란 기술적 활동이 아니라 경영의 자율관리를 향상시키기 위한 포괄적인 역할이자 또한 있을지도 모를 불완전한 문제를 밝혀내는 활동으로 인식하는 것이 무엇보다 중요하다.

이를 위해서는 예비진단에서 사용되었던 감사의 목적과 방법론을 규명하는 작업이 요구되지만 규명작업이 항상 이루어지는 것은 아니다. 경우에 따라서는 사전에 미리 감사절차, 감사방법론 및 감사의 목적에 관한 **예비정보**를 미리 감사대상자에게 통보하고 감사대상자가 면담을 보다 잘 준비할 수 있도록 감사관련 설문지를 미리 보내는 것도 요구된다.

면담하는 동안 감사인은 상대방이 **적극적으로 면담**에 응하도록 아래와 같은 몇 가지 규칙을 따라야 한다.

▶ 감사대상자에게 감사 프로그램 및 감사의 목적 통보

▶ 감사대상자의 도움과 제안을 촉구

▶ 도출 결과에 대한 논의 및 해결방안의 제시

▶ 감사대상자에 대한 중간보고서 제출

▶ 관계기관의 보고서 및 제안사항에 대한 검토 등

면담시기는 사전에 통보하고, 가능하면 혼잡한 시간대를 피해 실행한다. 특히 저녁 퇴근시간대의 인터뷰는 피하는 것이 바람직하다.

면담시에 감사인은 감사대상자들의 의견을 청취하면서 중요한 부분과 부족한 사실을 메모하고, 주요 강점과 약점을 명확히 파악하여 기록해야 한다. 또한 답변을 미리 예상하면서 주요 사항을 확인하는 것도 요구된다. 이들 사항은 모두 감사대상자에게 제출하게 될 보고서를 작성하는 데 사용된다.

2) 면담의 내용

임직원과의 인터뷰를 위해서는 주로 반직접적(semi-directive) 인터뷰 방식을 활용하며, 주요 위험과 관련된 사항이 누락되지 않도록 유의해야 한다. [표 5-3]에서는 다양한 사회적 예비진단 설문지에서 나타난 사항을 발췌하여 작성한 인터뷰 가이드를 보여준다.

주제별로 분류된 질문사항은 일반적인 문제점과 관련된 것이지만, 문서화된 서류와 방문시 수집한 정보분석을 통하여 구체적인 문제점에 관해서도 물어보도록 해야 한다.

회사내의 사회적 문제점에 대해서는 장래를 예측하면서 분석한다. 그러므로 **사회개발계획**(social plan)에 입각한 기업의 발전과정을 재구성하고, 지역적 그리고 전국적 차원에서 전후관계를 고려하여 문제를 재정립하는 작업이 요구되며, 한편으로는 작업방식과 인력자질에 직접적인 영향을 미치는 기술발전의 영향에 대해서도 살펴보아야 한다.

또한 **책임도 진단**을 통하여 다양한 인사기능(모집, 정보, 임금, 안정성 등)을 구분하고, 조직 구성원(사장, 인사팀장, 감독자, 회계팀, 정보팀, 노동조합 등)들이 어떤 역할을 담당해야 하는지를 밝혀주어야 한다. 물론 분석시 몇 가지 사항은 여전히 불투명하고 보충질문이 필요하다는 사실이 확인될 수도 있다. 그러므로, 감사인은 이해당사자들을 대상으로 피드백을 통하여 보충질문을 할 수도 있다.

〔표 5-3〕 예비진단서 작성을 위한 인터뷰 가이드 (예)

본 인터뷰 가이드는 예비진단서 작성을 위해 구성된 일상적인 질문들로 구성되어 있으며, 다음과 같은 대상자들을 고려한 것입니다 : 이사(D) 인사부장(DP) 회계책임자(C)

1. 전반적 사항

1-1 귀하께서는 기업 내 인사상의 문제가 있다고 생각하십니까? (D)

1-2 귀하께서 맡고 계시는 업무활동 중에서 가장 중요하다고 생각하시는 활동은 무엇입니까? 그리고 가장 사소한 활동은 무엇입니까? (D. DP)

1-3 귀사 종업원들의 사기수준은 어느 정도입니까? (D. DP)

1-4 귀하께서는 그 현상을 어떻게 설명할 수 있습니까?

1-5 제품의 질이 종업원들의 노력을 통하여 개선될 수 있다고 생각하십니까? (D. DP)

2. 구조

2-1 최근 기업의 조직도상 어떤 변화가 있었습니까? (D. DP)

2-2 어떤 이유 때문에 조직도상의 변화가 있었던가요? (D. DP)

2-3 조직도 변화와 함께 역할 및 기능상의 새로운 결정이 있었습니까? (D. DP)
　· 관리자의 역할 및 기능변화
　· 감독자의 역할 및 기능변화
　· 하급종업원의 역할 및 기능변화

2-4 각 부서 및 개인에 대한 가치평점 또는 가중치 부여는 어떻게 주어지고 있습니까? (DP)

3. 목적

3-1 인사기능을 전반적으로 정의해 주는 목적이 명시되어 있습니까?

3-2 최근 제정된 사회관계법을 통하여 무엇을 기대하고 계십니까? (D. DP)

3-3 인사기능상의 목표가 경영전략 사항과 부합된다고 생각하십니까? (D. DP)

3-4 투자결정이 이루어질 때 사회적 문제도 고려하고 있습니까? (D. DP)

4. 통제

4-1 일반적으로 귀하께서는 인사기능을 어떻게 통제하고 계십니까? (D. DP)

4-2 다양한 인사활동에 관한 정기적 보고서가 있습니까? 만약 있다면 어떤 것입니까? (D. DP)

4-3 예산에 포함되지 않은 인사비용지출의 예(교육훈련, 모집, 임금인상 등)를 들어보십시오 (DP)

4-4 귀사에서는 인사기능의 효과성 평가를 위해 어떤 기준을 사용하고 계십니까? (D. DP)

4-5 인사기능을 통제하기 위해서 귀하께서는 어떤 보고서를 주기적으로 받아보고 계십니까? (D)

5. 인원

5-1 최근 3년 동안 각 직급별 인력의 변화는 어떠했습니까?
그리고 인력증감의 원인은 무엇입니까? (DP)

5-2 최근 3년 동안 각 직급별 자발적 이직자는 몇 명이나 나타났습니까? (DP)

5-3 신규채용에 의해 특별히 인원증가가 나타난 부서가 있습니까? (DP)

5-4 신규채용에 따른 총비용은 어느 정도로 예상됩니까?

6. 작업기간

6-1 기술적 실업이 있었습니까, 그리고 실업기간과 실업의 원인은 무엇입니까? (D. DP)

6-2 기술적 실업에 따른 직접비용, 간접비용 및 총비용은 어느 정도입니까? (D. DP)

6-3 종업원 결근(질병, 산업재해, 인가되지 않은 결근)으로 잃어버린 작업일수는 몇 일입니까? (DP)

6-4 결근에 따른 비용발생 수준은 어느 정도로 나타납니까? (DP)

7. 모집

7-1 임원, 간부, 하급종업원, 사무원 채용은 각각 어디에서 담당하고 있습니까? (D. DP)

7-2 사원모집에 따른 총비용은 어느 정도로 나타나고 있습니까?

7-3 어떤 항목들이 비용으로 계상되고 있습니까?

7-4 신입사원 환영행사가 있습니까? 그리고 행사내용은 어떠합니까? (SP)

8. 근로조건

8-1 최근에 개선된 근로조건으로서는 어떤 것들이 있습니까? (D.P)

8-2 개선된 근로조건의 비용과 효과는 어떻게 나타나고 있습니까? (DP)

8-3 노동자층과 사무직층간의 이해상충 및 그 결과가 어떻게 나타나고 있습니까? (DP)

8-4 위생 및 근로조건개선위원회가 운영되고 있습니까? (D)

9. 교육훈련

9-1 교육훈련의 예산편성은 어떤 절차를 통해 결정되고 있습니까? (DP)

9-2   교육훈련의 목적을 어디에 두고 실시하고 있습니까? (D. DP)

9-3   실천중인 실습과제들은 기업의 현실적 필요성에 적합하다고 생각하십니까? (DP)

10. 임금

10-1 지난 해의 임금총액이 증대된 이유와 그 목적은 무엇입니까? (D. C. DP)

10-2 임금인상이 예상보다 초과되었다면 그 이유는 어디에 있습니까? (D. C. DP)

10-3 경쟁기업과 비교해서 각 직군별/직급별 평균임금은 어떻게 결정되고 있습니까? (D. DP)

10-4 실제 보고된 임금총액은 어느 정도로 나타났습니까?

11. 노사관계

11-1 최근 3년 동안 파업일수, 파업동기 및 파업 참여율에 대하여 설명해주십시오 (D. DP)

11-2 기업위원회의 결정사항을 언제, 어떻게 간부들에게 통보했습니까? (D. DP)

11-3 대표자들은 어떤 출신(조합, 직원, 기업위원회, 위생 및 근로조건위원회)입니까? (D. DP)

11-4 대표자들의 자질은 어떠하며, 근속기간은 어느 정도로 나타납니까?

11-5 기업의 목표와 비교하여 각 조합의 위상은 어떻게 구분됩니까?

12. 인사행정

12-1 인사기능의 행정적 문제는 누가 담당하고 있습니까?

12-2 인사카드는 주기적으로 발표되고 있습니까? 그리고 그 주기는 어떻게 나타나고 있습니까?
     (DP)

12-3 어떤 기업통계를 사용하고 계십니까? (DP)

12-4 귀사에서는 조직분위기 분석표를 작성하고 있습니까?
     만약 사용중이라면 어떤 지표를 사용하고 계십니까? (DP)

13. 인사팀

13-1 부서별 직무별 인사팀 조직은 어떻게 구성되어 있습니까? (DP)

13-2 인사감독은 경영위원회에서 이루어집니까? (D. DP)

13-3 인사기능의 실천 결과에 대한 조정은 어디에서 담당하고 있습니까?

제3절 정보의 분석 및 해석

감사인들이 주어진 사항을 분석 및 해석하는 목적은 보고서 작성을 통하여 **명백한 오류**와 **비정상적인 상황**을 밝히는 데 있다. 분석과 해석에 따라 감사인들은 요점과 주요 문제점들을 규명하고, 그 결과의 심각성에 따라 등급을 결정한 다음 내부계획상 진단된 위험들이 외부환경의 잠재적 위협에 의해 어느 정도 증대되는지 살펴보게 된다.

1. 내부능력(강 · 약점) 및 문제점 파악

여기에서 **정보분석**이란 최근 3년 동안 주요지표에 대한 명백한 오류(차이점)를 밝히는 것뿐만 아니라, 지표의 가치와 내부 또는 외부 규범 사이의 명백한 차이점을 파악하는 것을 말한다. 감사인은 또한 여러가지 지표들을 비교 분석하는 작업도 수행하게 된다.

이러한 **차이**(gap)를 분석하기 위해 감사인은 차이의 존재유무 및 차이의 표출, 그리고 그 심각성과 관련된 모든 질문에 응해야 한다.

①법규와 관련하여 단체협상의 내용이 잘못된 점은 없는가?

②미리 설정된 목표와 비교하여 차이점은 없는가?

③규범과 관련하여 차이점은 없는가?

④차이점의 발생은 통제의 부재를 보여주는 것인가?

⑤이러한 차이점의 유의성은 있는 것인가?

⑥차이점은 언제 발생된 것인가?

⑦비용 측면에서 볼 때 이러한 차이점의 결과는 어떻게 나타나는가?

⑧위험 측면에서 볼 때 이러한 차이점의 결과는 어떻게 나타나는가?

⑨이와 같은 차이점이 목표달성에 방해요인으로 되지는 않았는가?

⑩새로운 수정작업이 없을 경우, 차이점이 재발될 가능성은 없는가? 등

감사인은 인사기능의 주요 부분에서 발생된 사건의 분석지표와 관계된 모든 차이에 대한 목록을 작성해야 하며, 또한 기업방문시 면담을 통하여 수집된 의견 및 비정상적 상황도 기록해야 한다.

인터뷰를 통하여 수집된 차이분석 실태는 사실임을 증명하는 증거로 매우 중요한 자료가 되며, 이러한 차이의 내용은 기업의 건전한 운영을 가로막는 부정적 결과를 보여주는 기본지표가 된다.

예를 들어, 다른 해와 비교해서 금년도의 임시작업 시간이 두 배 이상으로 증가했다면 이는 작업수행에 있어서 조절 및 예측활동이 결여되었음을 보여주는 하나의 오류라 할 수 있다. 또한 종업원들의 생산성이 저하되는 현상은 작업구조상의 문제점을 나타내는 지표로서 이 때문에 초과인원이 유발될 수도 있다.

또 다른 지표의 예로서 55세 이상의 종업원들(전체사원 중 노령층에 해당하는 인력)이 차지하는 비율이 어느 정도 되는가 하는 잣대를 들 수 있다. 우선 고령사원들에 대한 인력대체나 연수가 제대로 실행되지 않을 경우에는 이들 집단이 변화에 저항하는 중요한 위험변수가 될 수 있다.

지표는 각각 독립적으로 다루어질 수 없으며, 표출된 문제의 심각성과 위험의 존재를 보다 강조하기 위해 사용되어야 한다. 그러므로 일부 간부들의 무능력(회의시 제시된 명백한 질문에 대한 무응답, 간부에게 주어진 질문에 대하여 그의 부하들에게 답변을 요구하는 행위, 책임의 전가 및 과실유발 행위 등)이 나타날 경우, 이는 관리활동의 부재, 신기술 습득활동의 부족 및 인력채용이나 승진기준이 모호하다는 점을 보여주는 것으로 해석할 수 있다.

문제점 발생과 관련된 지표로서 [표 3-3]에 소개된 목록은 일부분에 지나지 않는 것으로서 필요시 얼마든지 보완되어야 할 것이다. 문제점을 규명하는 것은 문제의 존재를 측정하는 지표들간의 상대적 가치를 분석한 목록을 작성하는 활동을 의미한다. 그러므로 감사인은 모든 문제들 간의 결과를 검토하고 측정을 명확히 하는 데 주력해야 한다.

우선 첫 단계에서는 문제점이 유발되는 상황을 기술적으로 설명하고, 가능한 정보의 수집결과 직접비 및 간접비에 대하여 이를 금전적인 수준으로 밝혀야 한다. 그러므로 우선 정성적인 표현으로서, "인력과잉의 결과는 어떻게 나타나는가 ?" 하는 식의 질문을 던져보도록 해야 한다. 이에 대한 설명은 승진동결, 종업원들의 사기저하, 생산성 저하, 임금인상 및 엘리트 사원의 퇴직 등처럼 나타날 수 있다.

'금전적 평가' 는 감사대상 기업의 사회적 자료가 불충분하기 때문에 종종 근사치로 계산된다.

이러한 근사치는 중요성의 원칙에 입각하여 순서대로 등급화하여 밝히면 된다. 한편 아무런 개선조치가 이루어지지 않을 경우에는 언제든지 사건이 재발될 수 있으며, 그만큼 위험은 항상 존재한다고 할 수 있다. 그러므로 내·외부 환경 변화와 특성을 고려하여 사건이 재발할 확률을 평가해야 한다.

사실상 인사기능상의 문제점들은 내부환경의 특성 및 외부환경의 다양한 영향에 의해 심각성이 증폭될 수 있다. 내부환경의 변화에 따른 돌발적 상황은 상대적으로 기업 스스로 관리 가능하지만 외부환경의 변화란 기업으로서 이에 적응해야만 하는 심각한 위험요소가 될 수 있다. 한마디로 인사활동상 표출되는 문제점은 조직의 내·외부 환경변화에 따라 급격히 악화될 수도 있다.

2. 환경분석

1) 외부환경

모든 외부환경을 총괄적으로 분석하기란 불가능하므로 환경변수를 적절하게 세분화하여 다루는 것이 바람직하다. 일반적으로 **환경**은 정치적 환경·기술적 환경·사회적 환경·경제적 환경·법적 환경·노사환경·노동시장상황·사회문화적 환경 등으로 구분되며, 이들 환경요인들은 직·간접으로 기업의 인사관리활동에 영향을 준다.

환경분야별 평가활동은 고유한 성격(복잡성·호악성·안정성·불확실성 등)으로부터 도출된 평가지표를 통해 이루어지며, 이들 지표는 궁극적으로 환경변화의 위험도를 측정하는 잣대가 된다.

복잡성(complexity)은 기업이 고려해야 할 변수의 양과 다양성에 의해 측정된다. 관리해야 할 다양한 노동시장의 수, 이념이 상이한 노동조합의 수, 청원사항의 복잡다단성 등이 예가 되며, 다양하고 엄청난 정보를 효과적으로 관리하기 위해서는 전문화를 요구하기도 한다.

불확실성(uncertainty), 즉 환경의 변화율은 간혹 복잡성의 한 부분으로 해석되기도 한다. 그러나 불확실성은 보다 구체적으로 자격요건, 절차, 임금산정, 수당의 종류, 작업시간, 교통편 등의 변화를 유발시키는 기술변화의 영향처럼 외부환경의 변화율 및 그 결과에 의해 측정된다. 한편 변화율은 새로운 입법조치나 신제품의 출시 등이 얼마나 빨리 이루어지고 있는가에 의해서도 측정될 수 있다.

마지막으로 **환경의 호악성**(hostility)은 기업이 달성하고자 하는 목표에 악영향을 주는 위험한 환경요인 수준에 의해 평가될 수 있다. 또한 환경변화의 호악성은 목표달성에 절대적으로 요구되는 변수에 얼마나 의존하는가 하는 수준으로 평가되기도 한다. 쇼텔(S. M. Shortell)[5]은 호악성과 의존성간에는 상호연관성이 존재한다는 점을 밝히고 있다. 즉 조직의 환경변화 의존수준이 낮을수록 환경의 호악성은 해당조직에 별 영향을 미치지 못하게 된다. 반대로 조직이 환경변화에 크게 의존되어 있다면 환경변화에 따른 새로운 기회나 위협요인에 민감해질 수밖에 없다.

불확실성 또는 **예측불가능성**은 환경변수의 예견될 수 있는 수준, 또는 환경변수가 기업에 유발시키는 문제와 사건의 성격에 의해 측정된다. 환경변수의 세부요소들을 보다 용이하게 분석하기 위해서는 일반적인 용어를 사용한 것이 아니라 기업과 관련되어 있는 세부요소를 사용 명칭 그대로 확인할 필요가 있다.

한편 기타 다른 요소와 관련되어서는 경제적 환경, 도매가와 소매가의 차이, 소매가의 변동추세, 구매력의 증감추세 등과 같이 단기성 지불기한의 만료 문제나 쟁의 및 갈등을 유발시킬 수 있는 객관적 지표들이 사용될 수 있다. 또한 노동시장의 변화는 직급별 소요인력의 수준, 노동시장의 임금변화 추세 등과 같은 지표를 통해 평가될 수 있다.

사실 다양한 유형의 환경특성을 보여주는 지표만으로 환경의 위험을 구체적으로 측정하기는 어렵다. 오히려 환경을 인식하는 **경영자의 감지력**을 통하여 발생될 위험의 심각성을 보다 잘 파악할 수도 있다. 그만큼 경영자가 새로운 사회적 법규변화에 따른 문제점들을 예측하지 못할 경우에는 엄청난 위험이 따르게 된다. 이처럼 환경에 대한 인식수준은 순전히 개인의 인식능력에 달려 있다. 문제는 대부분의 경영자들이 환경의 실태와 동떨어진 환경 인식력을 갖고 있다는 사실이다.

한편 의사결정자들이 사용하는 정보의 출처를 파악함으로써 그들이 지니고 있는 환경변화 인식력의 적합성 여부를 판단할 수 있다. 이처럼 분야별(임금 · 정보 · 통신 등) **기업의 사회적 목표**를 측정하기 위해서는 의사결정자들이 사용하는 정보의 유형부터 파악해야 한다.

그러나 일부 중소기업의 경우에는 인사팀에서 법적, 그리고 행정적 활동을 맡고 있다는 사실을 알고 있으면서도 이에 대해서는 최소한의 조치만 취한다거나, 아예 인사팀에서 새로운 법규 관련 정보를 관리하지 않는 실태도 나타나고 있다. 따라서 인사관련 전문잡지를 정기적으로 구독하지 않는 것 자체가 잠재적 위험을 평가할 수 있는 지표가 되며, 마찬가지로 동종업종의 비교가능한 기업체와 비교한 임금수준에 대한 정보가 없거나, 노동시장에 대한 정보의 부족이나 부재 역시 또다른 잠재적 위험요인이 될 수 있다.

환경위험도 분석은 단기효과와 장기효과로 구분되며, 수준에 따라 1에서 5(1:무시할 수준, 2:낮은 수준, 3:보통 수준, 4:높은 수준, 5:매우 높은 수준)로 위험수준을 측정하는 것이 일반적이다. 그러므로 해당 감사년도에 대한 기업의 사회정책으로서 신규채용 인력만 고려하고, 인력의 유연성 및 탄력성 등과 같은 인사관리기법이 결여되어 있을 경우에는 인사활동의 경직성에 따른 위험도가 높게 나타나게 마련이다.

2) 내부환경

기업마다 보유하고 있는 능력이 다양하다는 사실 자체가 환경의 압력에 대한 답변이자 동시에 기업이 **사회적 위험**을 안게 되는 문제점이기도 하다. 여기에서는 기업 내부의 인사활동, 경제적 특성, 기업규모, 기술수준 및 조직구조 등에 직접적으로 영향을 미치는 기업능력(특성)의 다양성에 관하여 살펴보도록 한다.

기업의 **경제적 특성**(수익성, 제품의 유형 및 출시년수, 납품업자에 대한 협상력, 하청을 의뢰할 수 있는 가능성)은 종업원들의 갈등 및 불만족을 유발시킬 수 있는 위험과 연계되어 있다. 예를 들면, 기업의 경쟁력이 중시될수록 종업원들은 오히려 작업을 중단하려는 경향을 보인다는 것이다. 사실상 시장가격에 의존되어 있는 총매출액에 비추어볼 때 갈등 및 노사분규에 따른 위험은 기업으로서 큰 부담이 되는 비용이 된다.

또한 **파업의 성향**은 인적자원의 가치증대나 생산성의 증대 또는 기업성장률의 변화속도에 비하여 급격하게 강해지는 경향이 있다. 갈등이나 분규가 최소화되는 수준은 흔히 기업이 평균적 수준에서 성장중일 때 확보될 수 있으며, 임금인상률과 생산성 향상률간의 차이는 갈등고조 및 쟁의발생을 예측하는 주요 위험측정 지표가 된다. 왜냐하면 임금인상과 생산성향상간의 격차는 종업원들에 대한 경제정보가 충분치 않으며 간혹 부당노동행위로 확인되기 때문이다.

납품업자와 하청기업을 대상으로 최상의 가격을 유지할 수 있는 기업은 지불능력의 증가와 함께 높은 수준의 임금인상을 보장해주지만, 이 때문에 사내 사회적 분위기의 경직화가 가중될 위험이 따르게 된다.

종업원수에 의해 평가되는 기업규모는 사업장 또는 기업을 구성하는 부서의 크기, 또는 서비스 활동의 크기로 측정되며, 기업규모와 비례하여 종업원들의 불만과 분규가 커지는 결과도 나타난다.

흔히 **갈등의 빈도**는 기업규모가 클수록 자주 나타나는 현상을 보이지만, **파업 참여율**은 오히려 규모에 반비례하는 현상을 보인다. 즉 "규모가 큰 기업일수록 임금인상을 위한 우회적인 파업위주로 분규가 발생한다"는 것이다.

우리 나라의 경우에는 대기업이 파업을 주도하는 양상을 보이고 있으나 선진국의 경우, 파업에 적극 참여하는 현상은 종업원 100명 미만의 소규모 기업에서 흔히 볼 수 있으며, 종업원 1,000명 이상의 기업에서는 파업 참여율이 상대적으로 낮게 나타나고 있다. 쟁의기간 역시 대규모 기업일수록 짧게 나타나며, 종업원 100명에서 200명 사이의 소규모 기업에서 가장 길게 나타나고 있다. 또한 1,000명 이상의 종업원이 있는 기업에서는 하루 동안만 파업을 하는 것이 아예 관례화된 규칙처럼 받아들여지고 있다.

기업규모와 관련된 위험성은 기업의 보유시설이 어느 정도 복합적으로 존재하는가에 따라서도 달리 나타난다. 즉 다수의 사업장을 갖고 있는 기업이 하나의 사업장을 가진 기업보다 파업 경향이 더 높으며, 사업장의 규모가 작을수록 파업의 위험은 낮고, 반대로 사업장의 규모가 크면 클수록 파업발생의 위험이 높게 나타난다. 한편 여러 개의 사업체를 갖고 있는 기업은 기업 내 사회정책상, 다양한 문제를 조정하고 쟁의를 다루기가 어렵다는 위험도 안고 있다.

한편 감사인은 기계 및 건물의 노후화에 대한 정보분석을 통하여 보유기술이 해당분야 최고 수준과 비교하여 계속 사용가능할 것인지를 판단해야 한다. 또한 사용하고 있는 기술과 인적자원의 자질이 적합한지를 고려하고, 마찬가지로 투자계획 내에 교육훈련 계획이 적절하게 수립되어 있는지도 검토하여야 한다. 감사인은 또한 기술발전에 따라 기존의 작업방식이 조직도 및 다양한 업무흐름에 비추어볼 때 타당하다고 볼 수 있는지도 판단해야 한다.

이처럼 기업에서 사용하고 있는 기술수준과 기술발전의 변화속도를 상호비교하고 **인적자원의 구조적 위험성**을 규명함으로써 교육훈련의 부족, 정보의 부족, 보유 인적자원의 능력부족, 집단작업방식 및 새로운 탄력시간제에 대한 종업원들의 참여도 부족현상 등이 악화되지 않도록 해야 한다.

기업의 **조직구조에 대한 분석**은 다양한 의사결정 시스템, 커뮤니케이션 시스템 및 통제방식 등에 관하여 살펴보는 것이다. 조직구조에 대한 이해를 도모하기 위해서는 "인사활동상 의사결정 시스템이 어느 정도 집권화되어 있는지, 사용중인 의사소통 시스템은 어느 정도 활성화되어 있는지, 그리고 통제방식은 어떻게 이루어지고 있는지" 등에 대한 분석이 요구된다. 이를 위해서는 특히 환경변화에 따른 이들 시스템의 적합성 여부에 초점을 맞추어야 한다.

간혹 부적절한 통제절차 및 신규법규를 적용하지 않음으로써 기업 내 심각한 위험이 발생되기도 한다. 한마디로 기업 또는 사업장의 조직구조만 살펴보아도 그 기업이 과연 환경변화에 잘 적응할 수 있는지 여부를 평가할 수 있어야 한다는 것이다.

한편 조직구조에는 감사 당시뿐만 아니라 기업설립 초기의 가치관이 포함된 경영이념도 투영되어 있다. 간혹 설립시에 비해 종업원의 수가 20년 동안 10배 이상이 증가된 기업에서 경영이념은 전혀 진화되지 않은 모습을 볼 수 있다.

이러한 현상은 초기의 조직구조가 지금의 시장상황과 종업원들의 다양한 자격기준에 부합되지 않는다는 사실을 경영자들이 인식하지 못하기 때문에 발생한다. 그러므로 감사인은 특히 관련 책임자들을 중심으로 조직도의 변천과정과 이유 및 결과에 관하여 면밀히 검토해야 한다.

3. 주요 문제점의 제시

문제점과 위험도의 심각성을 제시하기 위해서는 다음과 같은 두 가지 보완적인 방법이 사용될 수 있다. 하나는 제시된 지표의 가치에, 그리고 다른 하나는 밝혀진 위험도 평가에 근간을 두는 방법이다.

1) 얼굴 모양으로 표현하는 방법

쳐노프(H. Chernoff)[8]에 의해 관심을 끌게 된 이 방법은 그 특징이 **만화방식**으로 얼굴을 나타낸 형태로서 'K-차원의 공간'에 점들을 그림으로 표현하는 것이다. 각 그림의 구성요소들은 코의 길이, 눈의 크기 등으로 의미 있는 일정비율을 표시하고 있다.

이런 그림 유형은 함축적으로 제한된 공간 내에 핵심 정보사항을 보여주려 할 때 매우 유익한 방법으로서 정보들간의 주요 관계 파악 및 규명하고자 하는 결론을 유도하고 상호 의사소통을 활성화하는 데 효과적인 방법이다.

여기에서 사람의 모습은 사실상 선별적 방식으로 의미 없는 정보는 생략하고 유의미한 주요 정보만 얼굴 모습으로 담는다. 이러한 방식은 재무감사에서 재무비율 및 역기능 수준을 보여주기 위하여 사용되고 있는 방식이기도 하다. 각 얼굴의 특징에는 하나 또는 여러 개의 유의미한 비율들이 포함되어 있다.

예를 들면, **얼굴의 크기**는 시장점유율을 나타내며, **머리의 크기**는 해당분야에서 증가된 총매출액을 의미한다. **코**는 재고량을 표시하는 것으로, 좁고 긴 코는 초과재고량, 넓고 짧은 코는 재고부족을 의미한다. **눈의 지름**은 순자산 대비 총부채(총부채/순자산) 비율과 대응되며, **눈동**

자의 지름은 순자산 대비 단기부채(단기부채/순자산)의 비율을 나타낸다. 한편 **입의 모양**은 종합적 평가결과를 의미하고 있다. **위로 올라간 입 모양**은 유리한 상황을, 반대로 **밑으로 쳐진 입모양**은 불리한 상황을 나타낸다.

여러가지 얼굴모양에 대한 비교는 기간별로 연속적인 변화상황(연간, 월별, 분기별 등)을 보여주며, 이를 통하여 기업 재무상태의 개선 또는 악화정도를 판단할 수 있다.

[그림 5-4]에 소개된 얼굴모양들은 1975년에 파산한 미국 그랜트사의 파산과정을 보여주는 것으로서, 위험도의 지표로 간주되는 비율변화를 관찰함으로써 앞날을 예측할 수 있게 해준다.

〔그림 5-4〕얼굴표현방식으로 살펴본 기업재정 상태 변화도

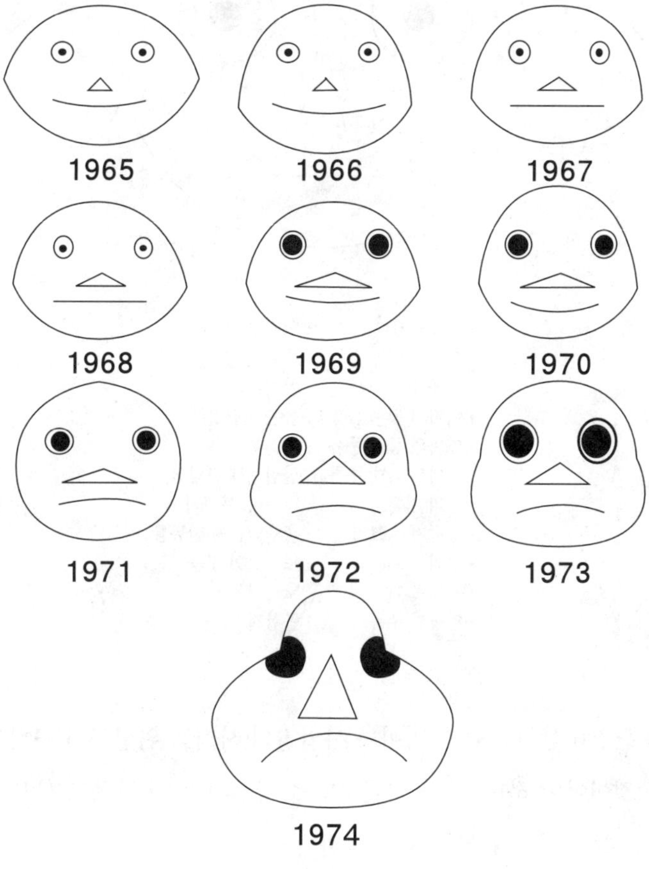

자료원 : R. Ferris & K. L. Tennant, New tools for analytical reviews. The Internal Auditor, December 1982, p. 12.

이 방법은 기업의 **재무적** 상태뿐만 아니라 기업의 **사회적** 상태를 나타내기 위해서도 적용된다([그림 5-5] 참조). 사회적 지표는 기업에 따라 다양하게 나타날 수 있으나, 우선 금전적으로 직접적인 영향을 나타내는 비율과 적어도 평가를 정확히 할 수 있게 하는 비율을 지표로 선택하는 것이 매우 중요하다.

〔그림 5-5〕 얼굴표현방식에 의한 사회적 정보도

- 얼굴크기 　　　　: 인원/부가가치
- 오른쪽 귀 　　　　: 초과인원
- 왼쪽 귀 　　　　　: 자격미달
- 이마의 윗 주름 　 : 높은 결근율
- 이마의 중간 주름 : 이직률
- 이마의 아래 주름 : 산업재해 분담금
- 눈의 지름 　　　　: 인건비/부가가치
- 눈동자의 크기 　 : 총액임금의 변동률
- 코의 넓이 　　　　: 노조원의 비율
- 코의 길이 　　　　: 노사갈등
- 입술의 주름 　　 : 종합점수(사회적 결함)

　　따라서 지표는 관찰대상이 되는 기업이나 사업장의 사회적 위험도가 변화되어가는 과정을 정확하게 표현하는 것이어야 하며, 또한 얼굴모양을 작성하는 데 기호로 사용되는 다양한 지표의 가치를 제시해주는 자료 및 도표를 첨부해야 한다.

　　이러한 도표에 의한 소개방법은 **사회적 위험도**를 예측하기 위해 사용되는 조직분위기분석표(tableau de bord)를 작성하는 기초가 된다.

2) 사회적 위험도

인적자원관리상의 위험도와 문제점을 확인하는 또 다른 방법(얼굴 모양 분석방법의 보완방안)으로는 표출된 문제점들을 분석하고 **등급화**하는 방안이 있다.

이를 위해서 감사인은 우선 수집된 정보에 대한 확실성 및 지표의 신뢰성을 확인한 후, 인사기능상 밝혀진 모든 문제에 대한 목록작성, 문제를 나타내는 지표의 확정, 개략적인 비용의 계산 및 위험을 유발시키는 각종 변화요인들을 규명하도록 해야 한다. 그 결과 비용과 위험의 수준에 따라 위험도가 높은 사항부터 순서에 따라 목록을 작성하면 된다.

실제로 기업 내 **예비진단**을 실시할 경우, 바로 이와 같은 방법을 사용하여 법적 불일치 사항, 즉 작업중지 조치 이후 현장방문의 부재, 현장 운영위원회의 부재, 내규사항의 게재 미비, 소방훈련의 부재 등과 같은 지표들에 관한 확인작업이 이루어질 수 있다.

기타의 문제점에 관해서는 간혹 신뢰성이 결여되기도 하지만 기업 내 정보시스템에 의해 다루어질 수 있다. 즉 정보시스템을 통하여 결근율이 최근 3년 동안 급속한 증가율을 보이면서 20%에 이르렀다거나, 새로 채용된 관리자급의 이직률이 전체 신입자중 35%에 이르렀다는 결과를 알 수 있다.

한편 교육분야에 대해서는 교육훈련비 지출에 대한 통제의 결여, 집행된 교육활동 및 해당년도의 견습생 출석관리 활동의 부재, 이에 따른 결근율의 증대 및 구성원들의 욕구에 대한 분석이 미흡한 점 등에 관하여 분석할 수 있다.

최근 2년 동안 최소한의 교육훈련비만 사용했다면 이는 법규정에도 미치지 못하는 교육비의 지출이 이루어졌다는 것을 의미하며, 또한 교육훈련의 목적이 불분명하다는 점을 보여주는 것이기도 하다. 그 결과 관리부서 내 초과인원이 25명이나 된다거나, 외주활동이 협상 없이 그대로 이루어진다거나, 여러 주 동안 기술적 휴업에 들어가는 현상 등이 나타나며 고용계획은 아예 나타나지 않게 된다.

또한 현장종업원들에 대한 교육이 부족한 경우에는 신분적 또는 금전적 보상과도 직결되지 않기 때문에 고과자뿐만 아니라 피고과자들도 무용지물로 생각하는 업적평가 활동이 쉽게 표출되기도 한다.

이처럼 뒤죽박죽으로 정리가 안 된 목록으로부터 감사인은 분야별로 문제점들을 구분하고 중요성에 따라 이를 등급화하는 데 최선을 다해야 한다. 다음 [표 5-6]에서는 등급화 결과의 예를 보여주고 있다.

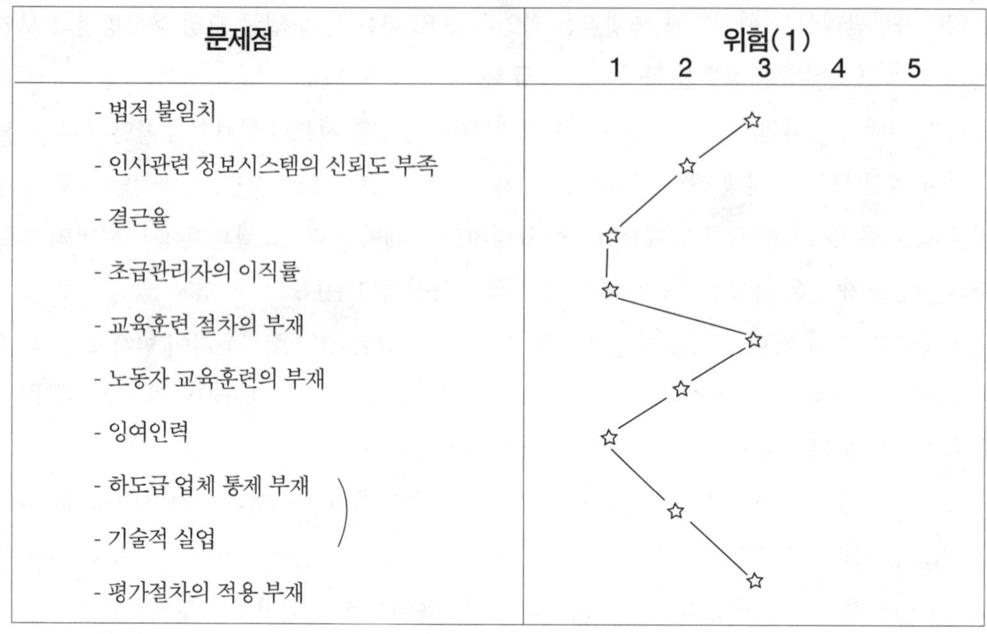

(1) 1 = 가장 크게 평가되는 위험 / 5 = 가장 작게 평가되는 위험

[표 5-6]의 내용은 각 책임자들에게 회부되어 토의의 대상이 되도록 하고, 책임자 스스로 문제의 등급화를 결정해야 한다. 또한 원인진단의 과정과 권고과정에 대한 보고서를 책임자들이 받아보기 이전에 분석결과를 감사인의 분석결과와 비교하는 작업도 필요하다.

제4절 원인진단 및 권고안 제시

문제점과 위험성을 등급화하여 기록한 목록을 통하여 기업 내 인사기능상의 주요 **역기능**(dysfunction) 현상 및 기업의 전반적인 이미지를 파악할 수 있다.

하지만 이러한 목록에는 원인과 결과가 혼합되어 있으므로, 권고안을 작성하기 이전에 중요문제가 도대체 어디에서 야기되었는지부터 살펴보아야 한다.

1. 문제의 원인에 대한 진단

문제점의 **'원인에 대한 진단'**은 앞장에서 이미 소개한 바와 같이 인과관계표 작성을 통하여 살펴볼 수 있다. 이를 살펴보기 위해서는 간단한 원인-결과를 밝혀보는 초기진단의 형식만으로도 충분하다.

진단서 작성을 위해 감사인은 명확한 지표를 사용하여 파악되는 제반 현상을 참조하고, 또한 주요 책임자들과의 면담시 수집된 의견도 충분히 고려해야 한다. 진단시 주의할 사항은 "진단활동이란 《수행되었어야 할 이슈》를 검토하는 방식으로 지나간 과거를 재구성하는 것이 아니며, 명백한 부정행위를 제외하고는 종업원들을 비판하려는 것도 아니다"는 것이다.

앞에서 언급한 사례기업의 경우, 수집된 의견들을 검토해본 결과 새롭게 채용된 간부들의 이직률이 높게 나타난 것은 신입자 환영행사가 미흡했거나, 시장수준에도 미치지 못하는 임금수준 및 기업문화와 신입사원들간의 부조화가 원인으로 나타나고 있다.

이처럼 밝혀진 모든 원인변수들은 하나의 도표로 작성될 수 있으며, 이를 통하여 주요 문제점들이 발생하는 분야를 보다 명확하게 파악할 수 있게 된다.

2. 권고안

권고안은 다양한 문제점에 대한 원인을 논리적으로 진단함으로써 얻게 되는 결과물이라 할 수 있다. 그러나 권고안 중에는 즉각 적용될 수 있는 것이 있는가 하면, 일부 권고안들은 **보완조사**를 요구하게 된다. 특히 기업 내 사회적 위험을 야기시킬 수 있는 문제에 대해서는 보다 신중하게 감사활동을 펼칠 것이 요구된다.

또한 즉각적으로 적용될 수 있는 권고안 중에서도 법적으로 불일치되는 사항이 발생할 수 있다는 점에 유의해야 한다. 그러므로 내규로 확정하여 게시할 경우에는 법적인 하자가 없도록 철저한 **사전검토**가 요구된다.

한편 권고안을 통하여 새로운 실행절차를 마련해야 할 경우에는 적절한 절차를 발견하기 위한 각별한 노력이 요구된다. 기타 권고안 중에는 구체적으로 보완조사가 이루어져야 하는 사항들도 있다.

예를 들면 결근와 관련된 권고안, 부서별 기능(모집활동, 교육훈련, 임금관리 등)과 관련된 감사 권고안 및 특별관리 대상이 되는 사항(파트타이머, 업무수행절차 등)과 관련되는 권고안 등이 바로 그것이다.

예비진단이 잘 이루어지기 위해서는 흔히 의견조사의 결과, 확인된 사항을 기초로 하여 추가적 질문서를 작성하는 작업이 요구되기도 한다.

제5장 질문사항

1. 예비진단을 우선적으로 실행하지 않고 인사상의 세부기능에 대한 감사를 실행했을 경우 예상되는 문제점으로는 어떤 것들이 있는가?

2. 사회적 예비진단을 통하여 해결할 수 있는 5가지 문제점들을 제시하시오.

3. 인사담당 임원이 사회적 문제점 및 위험도를 살펴보려고 사회적 대차대조표에 대한 감사를 실시할 경우, 어떤 이익과 손실이 예상되는가?

4. 예비진단의 기간은 어느 정도가 적당하다고 생각하는가?

5. 계량적 분석만으로 감사결과를 발표할 경우, 예상되는 부정적인 반응 및 이에 따른 위험사항에 대하여 설명하시오.

6. 직접 방문 및 면담을 실시하기 전에 감사대상 기업 또는 작업장의 인사책임자들에게 설문지를 미리 발송해주는 것이 바람직한가? 바람직하다면 그 이유를 설명해보시오.

7. 만약 상대방이 인터뷰를 거절한다면 감사인으로서 어떠한 조치를 취할 수 있는가?

8. 감사활동 초기에 요구되는 원인을 명확히 하는 것이 중요한 이유를 설명하시오.

9. 면담시 상대방의 학력, 경력 및 직무와 회사에 대한 개인적 기대사항과 관련된 질문을 던지는 것이 바람직하다고 생각하는가?

10. 경영진의 관심을 끌기 위해 사회적 예비진단 보고서에 들어가야 할 주요 사항으로는 어떤 것들이 있는가?

제5장 참고자료

1. 예비진단이 너무 오랜 시간 동안 진행되면 효과성이 크게 저하된다. 왜냐하면 진단의 마지막 단계에서 규명된 문제점들이 이미 부분적 또는 전반적으로 해결될 수도 있기 때문이다. 이는 감사의뢰인 측에서 본다면 매우 부정적인 반응을 야기시키는 원인이 된다.

2. Mints F.E., Cooperative Auditing, "Key To A Future", The Internal Auditor, Nov.-Dec. 1973, pp. 32-45.

3. Churchill & Cooper, "A field study for internal auditing", The Accounting Review, Vol. 60, no. 4, Oct. 1965, pp. 267-281.

4. Clancy, Collins & Rael, "Some behavioral perceptions of internal auditing," The Internal Auditor, June 1980, pp. 44-52.

5. Shortel S.M., "The role of environment in a configurational theory of organizations," Human Relations, Vol. 30, no. 3, 1977, pp. 275-302.

6. Bernard J.P., "Croissance des enterprises et conflicts sociaux internes," Thèse de Doctorat ès sciences de gestion, Université Parisé IX Dauphine, 1979.

7. Bernard J.P., op. cit., p.389.

8. Chernoff H., "The uses of faces to represent points in K-Dimentional Space Graphically," Journal of The American Statistical Association, no. 342, June 1973, pp. 361-368.

제6장

결근 감사

제6장 결근 감사

결근감사는 **예비진단의 결과** 결근율이 높게 나타날 경우 실시된다. 또한 경영활동의 역기능적 현상이 나타나거나 경영자의 지시사항으로 상황에 대한 보다 상세한 이해 및 이를 개선하기 위하여 실시되기도 한다

이와 같은 결과를 얻기 위해서는 우선 **결근의 개념**을 분명히 밝히고, 보다 의미 있는 지표를 사용해야 하며, 또한 결근 현상을 정의하기 위한 적합한 분석방법을 활용해야 한다. 또한 **원인진단**은 분석모델에 의거하여 정리하고, 그 결과를 권고안으로 작성해야 한다.

제1절 결근의 개념과 측정

1. 결근의 의미

결근은 등록된 사원[1]이 출근하지 않는 것으로, 흔히 종업원들이 소극적으로 일을 대하는 경우에 나타나는 현상이다. **결근의 원인**은 복합적으로 표출되며, 각각 독립적이고, 다양한 원인

의 다양한 속성으로 나타난다.

결근 문제는 일반적으로 경영자의 개입으로 감소가 불가능한 결근율과 특정기간에 집중적으로 나타나는 압축적 결근율(compressible absenteeism)로 구분하여 다룬다.

첫 번째 유형의 결근 범주에는 다양한 유급휴가, 관습적인 휴가, 근속휴가, 가족사와 관련된 유급휴가(출산·임신·결혼·사망·청소년 근로자·퇴직준비휴가 등), 유급 또는 무급 직업훈련 휴가, 보상휴가를 위한 결근, 파견에 따른 휴가, 부득이한 일로 인해 상급자로부터 허가된 결근(법정소환, 전문의 진단 등) 등이 포함된다. 일부 학자들은 이 범주 안에 무급 휴가도 포함되어야 한다고 주장하지만 장기간의 무급휴가는 제외되어야 한다. [2]

하지만 집단현상으로 나타나는 파업은 개별적 원인에 근거한 결근와는 다른 현상이라는 사실에 유의해야 한다. 파업이 일부 종업원들에 의해 주도될 경우에는 개별적 결근현상이 가끔 선행되기도 하지만 결근과 파업간에는 아무런 관련이 없다고 본다.

결근의 두 번째 유형인 '압축적 결근'에는 증명서가 첨부된 질병, 산업재해, 출장중의 사고로 인한 결근 및 기타 다양한 결근들이 포함된다. 즉 동기가 없거나 허가 없는 단기간의 무급휴가, 사원들의 자의적 결근, 아픈 아이를 돌보기 위한 결근 등에 대해서는 감사인이 세심하게 분석해야 하며, 또한 압축적 결근의 약 90%에 해당하는 질병, 산업 및 출퇴근사고와 관련된 결근 등에 대해서는 특히 주의가 필요하다.

수많은 원인을 갖고 있는 결근의 유형을 하나의 종합적 잣대만으로 관찰할 수는 없다. 그러므로 결근에 대한 분석을 위해서는 다양한 지표들이 활용되며, 이러한 지표들의 올바른 사용을 위해서는 우선 각종지표들에 대한 의미부터 명확히 규명해야 한다.

2. 결근의 측정

고데트(F. J. Gaudet)[3]는 1963년부터 결근에 대한 41가지의 척도를 마련하는 데 성공했다. 결근의 빈도 및 횟수, 총결근일, 일일 최소 결근율, 의료사고를 원인으로 한 결근자수, 주당 가장 결근수가 많은 날 등이 바로 그것이다.

이들 척도들은 다시 성별·연령별·직위별·근속년수별·출신부서별 또는 공장 및 지역별, 그리고 국적별 기준에 따라 세부집단별로 분석된다.

결근상황에 대한 보다 상세한 분석을 위해서는 일반적으로 3가지 기본척도가 사용된다. 즉 결근기간 · 결근의 빈도 · 결근자의 수 등을 기본척도로 하여, 전체 및 평균 심각성 비율 · 결근의 평균일수 · 평균 빈도율 · 결근 및 결근자의 비율 등과 같은 다양한 비율을 계산할 수 있다. 또한 심각성 비율은 수익성에 대한 결근의 영향을 평가하는 손실비용으로도 나타낼 수 있다.

심각성 비율은 결근기간(사회적 대차대조표상의 지표로서, 날짜별로 평가되거나 또는 시간당으로 평가됨)과 결근기간을 포함한 실제 작업일수와의 관계에 의해 나타난다.

$$\text{(1)} \quad \frac{\text{결근시간(날짜)수}}{\text{이론적 작업 시간(날짜)수}} \times 100$$

그러나 결근시간과 작업시간[4] 간의 관계비율은 하나의 방향를 보여주는 지표일 뿐 결근현상의 실제 척도는 되지 못한다.

심각성 비율은 결근로 인해 상실된 시간(날짜)을 백분율로 나타낸 것이다. 그러므로 실무계에서는[5] 결근중 장기간의 결근은 제외시켜야 한다는 주장도 있다. 왜냐하면 이런 유형의 결근은 일반적으로 밀도가 높지 않고 비용도 낮게 나타나기 때문이다. 실제로 인원이 적은 부서나 기업의 결근율은 특정인의 장기적 결근으로 인해 기타 다양한 단기간의 결근이 은폐되면서 비정상적으로 결근율이 높게 나타날 수도 있다. 그러므로 심각성에 대한 전체비율은 다음과 같이 보다 정확한 비율분석에 의해 보완될 필요가 있다.

$$\text{(1-1)} \quad \frac{\text{결근시간(날짜)수 - 장기 결근}}{\text{이론적 작업시간(날짜)수}} \times 100$$

여기에서 날짜수보다는 시간을 기본 측정단위로 취하는 것이 바람직하다. 왜냐하면 시간별 기간은 모든 계층에 있어서 동일하게 나타나지 않기 때문이다.

평균 심각성, 즉 종업원들이 결근한 시간 또는 결근일수는 심각성 비율로부터 나온다. 이는 연평균 종업원수(해당년도의 매달 마지막날 종업원수의 평균) 대비 결근기간간의 관계를 통해 파악할 수 있다.

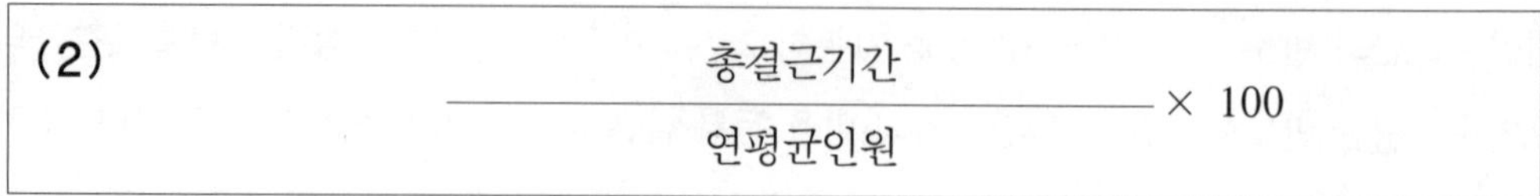

$$(2) \quad \frac{\text{총결근기간}}{\text{연평균인원}} \times 100$$

여기에서는 비율(2)와 앞서 제시된 비율(1), (1-1) 사이의 차이 점에 유의해야 한다. 즉 분모는 등록한 인원으로부터 도출되며(근로계약 중단자도 포함), 분자는 작업일수에 의해 표시된다. 한편 파트타임 작업은 절반으로 계산하면 된다. 여기에서 파트타임으로 일한 사람이 한 달에 20일 일한 경우에는 이론상으로 10일 일한 것과 동일한 것이다.[6]

평균 결근기간은 심각성 비율로부터 도출되는 또다른 비율로서, 전체 결근기간을 결근횟수로 나눈 값을 말한다.

$$(3) \quad \frac{\text{전체결근시간(날짜) 수}}{\text{결근횟수}} \times 100$$

이 지표는 신호등과 같은 지표로서의 가치가 있지만 매우 신중하게 사용해야 한다. 평균값으로는 결근자의 분포를 관찰하는 데 도움이 되지 않기 때문이다. 또다른 지표인 평균빈도는 결근수를 연평균 종업원수로 나누어 측정하는 것이다. 이 비율은 종업원 1인당 평균 결근일수를 보여준다.

$$(4) \quad \frac{\text{결근횟수}}{\text{연평균인원}} \times 100$$

결근 빈도율은 결근자수를 연평균 종업원수로 나눈 값이다.

$$(5) \quad \frac{\text{결근자수}}{\text{연평균인원}} \times 100$$

연평균 종업원수 대비 하루도 결근하지 않는 종업원수를 나타내는 지표도 이를 통하여 산출될 수 있다. 또한 결근의 동기별, 직능별(professional categories) 범주, 또는 이들 두 가지 기준을 결합하여 다양한 비율을 측정할 수 있다.

이처럼 **측정지표의 선택**은 원하는 목표에 따라 좌우되므로 지표의 유효성(validity) 문제가 따른다. 그럼에도 아직까지 결근에 대한 지표의 타당성 및 신뢰성에 대한 연구가 없다는 사실에 놀라지 않을 수 없다. 보다 심각한 점은 연구자들마다 서로 다른 방법론을 사용하고 있어서, 저자들간의 결근에 관한 연구결과 자체가 상당히 심각한 문제점을 안고 있는 것이다.

반면에 결근을 측정하는 기초로서[7] **'결근의 빈도'**를 살펴보는 것이 '결근의 기간' 을 측정하는 것보다 의미 있다는 사실은 통계학적으로 이미 입증되고 있다.

즉 결근은 개별 종업원들의 퇴보적 행동으로 정의되기 때문에 결근의 빈도가 결근기간보다 중시된다. 그러므로 본서에서도 종업원들이 보여주는 결근 빈도율간의 상호관계가 결근기간의 상호관계보다 중시되는 관점을 택하였다.

한편 **목적**에 따라서 지표는 다양하게 선택될 수 있다.

예를 들어 결근자에 대한 보수산정을 위해서는 결근기간과 개인별 결근동기를 명확히 규명해야 한다. 만약 인력계획을 수립하는 것이 목적이라면, 결근자의 임시 대체를 위한 인력대비 활동이 요구된다. 일부 기업에서는 결근에 대비하여 약 10%의 초과인력을 보유하는 계획을 수립하기도 한다. 이런 경우에는 직무별 결근사원의 수, 결근기간 및 가용인력 등을 고려한 감사활동이 수행되어야 한다.

인력문제의 해결이나 결근의 원인에 대한 확인이 목적인 경우에는 부서별 · 전문영역별 · 개인별로 결근의 빈도 및 기간을 측정하는 것이 매우 중요하다. 또한 연구의 목적이 결근율을 예측하는 데 있을 경우에는 결근의 빈도 및 기간, 그리고 개인별 · 부서별 결근 이력사항 등을 참고해야 한다.

단기결근 역시 이직행위를 살펴볼 수 있는 주요단서가 된다. 특히 단기결근은 정기적이든 부정기적이든 자주 결근하는 종업원일수록 이직성향이 높다고 평가할 수 있다.

비록 단기결근에 의해 큰 영향을 받기는 하지만 장 · 단기 여부에 관계없이 연도별로 변화되는 결근의 빈도율 자체도 상당히 중요한 의미를 갖고 있다. 반면에 근무일자 중 가장 많은 또는 가장 적은 결근자가 나타난 일자를 분석하는 것은 별 의미가 없는 작업이다.

결근와 관련된 '유의미한 차이'를 확인하기 위해 적용되는 **규범** 역시 동일한 지표들에 대한 동일한 방법에 의해 도출된다. 즉 관찰대상 기업 내에서는 이러한 지표들이 과거의 가치를 보여주는 것이며, 사업장과 관련된 사업장별 지표가치로는 지역평균, 영역별 평균 및 국가평균 등으로 측정된다.

물론 이와 같은 **평균값**은 매우 신중하게 사용되어야 하며, 지표를 작성하는 데 사용되는 방법에 대해서도 신중한 검토가 필요하다.

우스운 예이지만, 1979년[8] 프랑스 노동부 조사에서는 4월 26일 단 '하루에 대한 결근율'만 파악하고, 지표로서는 단지 '결근빈도'만을 사용한 적이 있다. 즉 참조한 날 하루동안의 등록사원에 대한 결근사원의 평균만을 고려하였다는 것이다.

이러한 결과치를 사용할 경우에는 작업활동 및 결근상황에 대한 어떠한 계절적 변화도 보여주지 못하며 사실 작성자체가 불가능하다.

3. 결근에 따른 비용

결근비용에는 단지 회사에서 지급하는 결근수당만 포함되는 것이 아니라, 결근자를 대체하기 위해 소요되는 초과근무시간 · 보충사원의 채용 · 예상되는 생산성의 감소 · 제품의 품질저하 · 면담 빈도의 증가 · 조직구조 재조정 · 감가상각비 등과 같은 다른 여러가지 요소들이 포함된다.

[표 6-1]에서는 이들 전반적인 비용을 산정하기 위해 수행되는 다양한 방법을 보여준다. 즉 결근비용은 생산구조의 유형 · 기업구조 · 감가상각정책 · 생산활동에 부과되는 제약조건 등에 의해 좌우된다는 것이다. 일반적으로 결근비용은 '직접비'와 '간접비'로 구분된다.

뻬이롱(D. Peyron)[9]에 의하면 직접비는 변동비와 고정비로 나뉘어지며, 직접비에는 다음과 같은 요소들이 포함된다.

▶ 기업이 결근자 전체 또는 일부에게 보상하는 실제 임금 및 사회보장비

▶ 결근으로 인해 노출된 구조 재조정 부담과 상응되는 생산감소비

▶ 결근자를 일시적으로 대체하기 위한 초과근무시간, 임시직 및 하청에 따른 비용

▶ 고정비적인 직접비에는 새로운 구조조정 비용도 포함된다.

즉 관리자들이 결근으로 인해 제기된 문제를 해결하는 데 소비한 시간, 대체인력을 찾기 위해 소비한 시간, 그리고 대체인력이 능숙하게 일을 처리할 때까지 소요된 시간 및 서류정리 등 관리활동과 관련된 관리비용 등도 포함된다.

〔표 6-1〕 결근비용의 요소

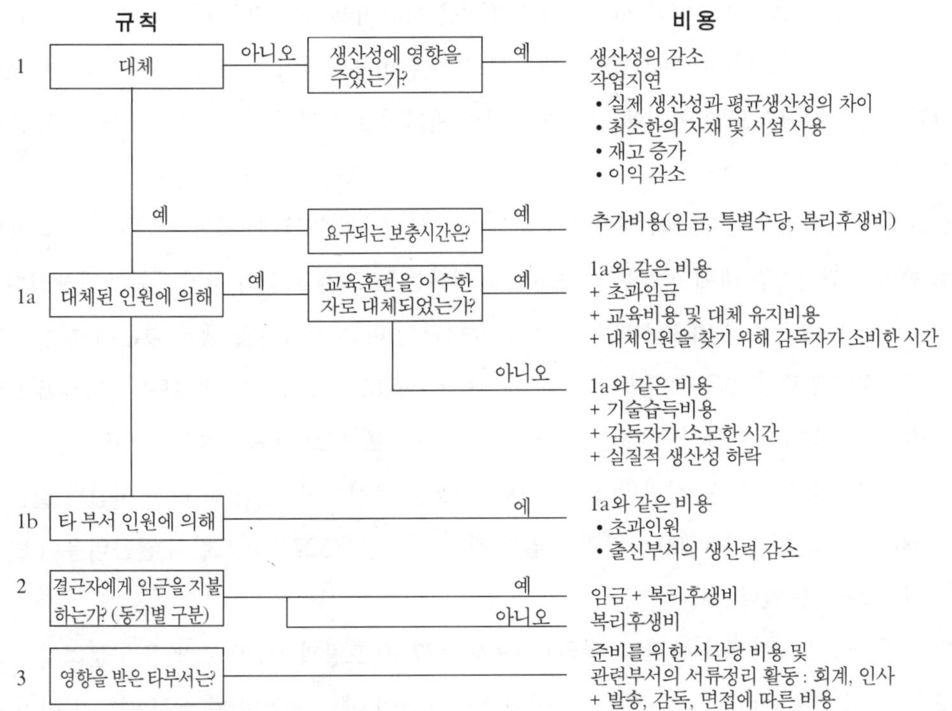

자료원 : B. A. MACY & P. H. MIRVIS의 모델을 수정적용 ; A Methodology for Assessment of Quality of Work Life and Organizational Effectiveness in Behavioral Economic Terms A.S.Q : Vol. 21, No. 2, June. 1976. p.226

간접비에는 결근에 따른 생산성의 감소가 포함되며, 결근 대체인력의 경우에는 품질저하, 폐품률의 증가, 주문 감소 및 기업 이미지를 훼손시킬 수 있는 운송차질, 면담 빈도의 증가 등 '기존 결근자의 생산성과 대체인력의 생산성간의 차이' 로 나타나게 된다. 여기에서 이러한 분류법을 기초로 프랑스의 한 연구사례[10]를 살펴보도록 한다.

총 결근시간수가 8,700 시간에 이르는 본 작업장에서는 인건비로 245,868 프랑이 지급되고, 회사에서 지원한 직접비가 196,690 프랑, 초과인원(다른 직무에로의 대체로 인한)으로 인해 상실된 시간은 1,420 시간, 그리고 인력대체로 지체된 시간 및 기계가동 중단시간이 202 시간으로 나타났다.

관찰된 당해년도의 현장 관리비는 4,650,000 프랑, 작업시간은 100,000 시간인 경우의 시간당

비용은 46.50 프랑으로 산출되었다. 생산중단에 따른 발생비용은 9,400 프랑(202 시간×46.50 프랑/시간)으로 나타났다. 여기에다가 기계가 멈춘 시간비용 66,030 프랑(1,420시간×46.50 프랑/시간)이 추가되었다. 따라서 생산중단으로 인한 총비용발생액은 75,430 프랑(9,400 프랑＋66,030 프랑)이 된다. 또한 여기에 팀장과 비서의 관리비로 집행되는 비용으로 18,000 프랑이 추가된다.

한편 대체인력과 결근자간의 생산성 격차는 15%로서, 대체인력이 낮게 평가되므로 대체인력으로 동일한 생산기간 내에 목표를 달성하기 위해서는 36,780 프랑의 추가비용이 발생한다.

그러므로 본 프랑스 기업의 사례에서 살펴본 결근에 따른 직접비 발생은 결근에 따른 총비용액의 단지 2/3에 해당된다. 즉 총비용 326,900 프랑(196,690 프랑＋75,430 프랑＋18,000 프랑＋36,780 프랑)에 대하여 결근에 따른 직접비는 196,690 프랑으로 나타난다는 것이다.

이처럼 총체적으로 또는 시간당 압축적 결근비용을 측정할 수 있다. 따라서 시간당 결근비용이 37.60 프랑, 총 결근이 8,700 시간인 기업의 경우에는 연간 327,000 프랑의 결근비용이 발생한다는 사실을 알 수 있다.

또한 기능공과 숙련공의 **시간당 평균비용**(각각 27.10 프랑과 28.70 프랑)을 구분하여 도출할 수도 있다. 즉 총결근비용을 요소별로 분석함으로써 과연 어느 요인이 가장 큰 영향을 미치고 있는지를 알 수 있으며, 이를 통하여 결근에 따른 경영활동의 전반적인 문제점을 파악할 수 있다.

이처럼 결근의 중요성에 대한 이해를 보다 명확히 하기 위해서는 **'임금총액 대비 총 결근비용'** 의 비율을 살펴보아야 하며, 또한 다음과 같은 비율분석에 의해 **'1%의 결근이 유발시키는 결근비용'** 을 측정하는 것도 유용한 지표가 된다.

$$\frac{\text{결근비용 / 총액임금}}{\text{결근율}} \times 100$$

여기에서 결근율은 이론적 작업시간 대비 결근시간을 비교함으로써 계산되며, 이론적 작업시간은 월별 또는 연별 작업일수 또는 작업시간수에 등록한 인원의 수를 곱한 값이 된다(프랑스의 경우, 사회감사의 결과 기업에 따라서 1%의 결근율이 유발시키는 비용은 임금총액의 0.3%～0.6% 정도로 나타나고 있다).

4. 신뢰성 검토

지표사용과 비용산출은 수집된 정보에 대한 신뢰성이 확인될 때 의미를 가질 수 있다. 일반적으로 신입사원에 대한 결근시간을 측정하는 방법으로는 1월 1일에서부터 사원을 신규로 채용한 일자 사이의 기간을 계산한다. 그러나 이는 생산활동의 감소와 인력채용이 거의 이루어지지 않은 상태를 전제로 할 경우에 한하여 이렇게 계산된 비율에 따라 결근율이 감소되었다는 결론을 내릴 수 있다.

그러므로 **결근율**을 **계산하는 방식**에 대한 검토 및 적용된 방법이 동일하게 수행되고 있는지 분명히 살펴보아야 한다. 즉 결근율을 시간별 · 반나절별 · 일자별 중 어떤 구분에 의해 산출하고 있는지, 그리고 계층별 · 직군별 집단구분은 어떻게 분류하고 있는지도 명확히 해야 한다.

또한 **결근을 점검하는 주체**(팀장 · 감독 · 담당 · 기타)가 누구인지를 분명히 하는 것도 요구된다. 간혹 작업반장과 반원 또는 팀장과 팀원간에 비공식적인 합의(야합)에 의해 실제로 나타난 결근율을 하향화하는 조작도 가능하므로 전달된 정보가 정확하게 보고되고 적절히 이용되고 있는지에 대해서도 자문해보아야 한다.

결근관련 자료수집 활동을 통해 마지막은 **문서화된 절차의 존재여부**를 확인하는 것이다(관리기준 및 지침서 등). 또한 발생가능한 오류를 검토하기 위해서는 결근과 관련된 문서들을 상호비교 및 관찰해야 한다(시간대별 점검상태, 질병 결근부, 임금대장 등). 이처럼 결근분석은 철저히 정확한 자료에 근거해서 이루어져야 한다.

제2절 결근의 분석방법

실제로 결근과 관련된 지표들은 단지 결근현상에 대한 전반적인 관점만 보여주는 것이다. 그러므로 **결근자들의 특징**에 대한 조사를 위해서는 보다 세밀한 분석작업이 필요하며, 다음과 같은 상호보완적인 두 가지 방법이 사용될 수 있다.

1. 평균 결근율 분석

널리 사용되고 있는 **평균결근율** 분석방법은 결근자들의 평균적 특성을 밝히는 것이 목적이다. 여기에서는 결근자들을 부서별 · 작업장별 · 연령별 · 성별 · 학력별 · 자격별(직급별) · 근속년수별 · 가족상태별 · 국적별 · 부양가족수별 · 자녀 연령별 · 출퇴근 소요시간대별 등의 구분에 의해 결근율을 산정한다.

그러나 이와 같은 집단구분 역시 집단별 통계치를 산출하기 위한 것이지, "과연 누가 진정한 결근자이며, 무엇이 진정한 결근의 원인인지"를 밝혀주는 작업은 아니다.

반면에 결근자 집단별로 **부분적인 특징**이 종종 결근의 원인처럼 간주되기도 한다. 즉 여성이라는 사실이 흔히 결근의 주요 원인처럼 표출되기도 하는데 실제로 이것은 표면적인 현상에 불과하다는 것이다. 많은 연구결과[1]에서 여직원들이 인간관계와 승진 및 업무관계에 있어서 남자 직원들보다 만족도가 낮다는 사실을 증명하고 있다. 그러나 이는 여성이라는 특성보다는 이들의 자격수준이나 근로조건과 관련된 것으로 보아야 할 것이다.

오히려 여성들의 결근은 가족관계의 부담 때문에 발생되는 사회문화적 요인에 의존된 것이 많으며, 결근행위의 규범을 강조하는 데 있어서도 흔히 남자직원들의 결근보다 덜 중요하다고 간주되고 있다.

적절한 기준으로 구분된 집단별 **결근의 특성**을 분석하는 이러한 '평균분석 방법'은 감사인들이 결근율이 높은 집단을 파악하는 데 도움을 준다. 그러나 이러한 평균 결근율 분석방법은 다음의 '개별 결근자 분석방법'에 의해 보완될 여지가 있다.

2. 개별 결근자 분석

연령별 · 성별 · 직업별 · 자격수준별 등과 같이《객관적》유형구분에 근거한 집단별 결근 분석은 집단구성원들의 행동이 동일하다는 가정하에 이루어지는 통계값에 해당한다.

예를 들어 젊은층의 결근은 연평균 20일, 그리고 여직원의 경우는 연평균 22일로 나타날 경우, 이것은 현실에 대한 명확한 설명을 보여주지는 못한다. 왜냐하면 이는 결근이 전체 집단에 골고루 분포되어 나타난다는 점을 전제로 한 것이므로 동일한 집단 내에서도 얼마든지 다른 의견이나 행동을 보이는 구성원들이 다양하게 존재한다는 점이 무시되었기 때문이다.

이러한 부조화를 규명하기 위해 「20/80의 법칙(20%의 결근자가 80%의 결근율을 발생시킨다는 법칙)」에 근거한 '분포도 분석방식'을 사용하는 것이 요구되기도 하지만 이러한 비율이 기업마다 달리 나타난다는 점부터 이해하고 적용해야 한다. 이 방법은 결근율을 예측하고 결근에 따른 위험을 예측하는데 매우 효과적인 수단이 된다. 결국 집단 전체에 대한 결근분석보다는 결근율의 대부분을 차지하고 있는 '특별 소수집단'에 대한 연구가 보다 효과적인 결과를 보여준다는 것이다.

이러한 **개별 결근자 분석방법**은 직원(특히 결근자 개개인)에 대한 직종구분 · 소속부서 · 연령 · 근속일수 · 성별 등과 같은 다양한 특성 및 결근기간 · 결근 시종일자 · 결근별 동기 등을 기재한 '개별 결근카드'의 마련되어 있어야 한다.

즉 결근카드에 기재된 사항들을 근거로 결근빈도와 결근기간에 대한 통계표가 작성될 수 있다. 결근빈도와 결근기간의 백분율로 '누적된 개별 결근분포'에 따라 결근자가 '최고 결근자 10% 이내 또는 25% 이내'에 들어가는지부터 판명할 수 있다.

압축적 결근의 분포를 보여주는 [그림 6-2]는 최고 결근자 10% 또는 25%를 기준으로 한 것이다. 해당집단의 선택은 관련된 사원 및 총 결근자 중 이들이 차지하는 비율에 의해 결정된다.

본 예에서는 75%의 사원들이 3.6회 이하의 결근을 나타내고 최상 10%는 10회 이상의 결근을 하고 있다는 결과를 보여주고 있다. 이러한 통계는 과연 어느 정도의 결근까지 용인할 수 있는가를 판단하는 중요한 기준을 마련해주며, 기타 결근에 대처하기 위한 정책수립에 활용될 수 있다.

그러나 단기 결근자 확인을 통하여 결근하는 사람이 항상 동일한 사람인지를 확인하기란 어려우므로, 결근과 관련되어서는 장기간에 걸친 연구가 요구된다. 이와 관련하여 베랑(H. Behrend)등의 연구[12]에서는 기간전체에 걸쳐 정규 등록사원을 대상으로 매3년 씩 두 번에 걸친 결근조사를 실시하여 다음과 같은 결과를 제시하고 있다.

각 개인별로 첫 번째 기간의 결근수와 두 번째 기간의 결근수간에 일치여부를 비교함으로써 결근행위의 안정성 수준을 파악할 수 있다. 3년 동안 상급 4분위수에 속하는 사원들은 두 번째 기간 동안에서도 유사한 결근행위를 보여준다. 물론 예외는 존재하며, 첫 번째 기간에 낮은 결근수를 기록한 사원들이 두 번째 기간에는 높은 결근수를 기록할 수 있다.

〔그림 6-2〕 결근횟수에 따른 누적인원 분포곡선

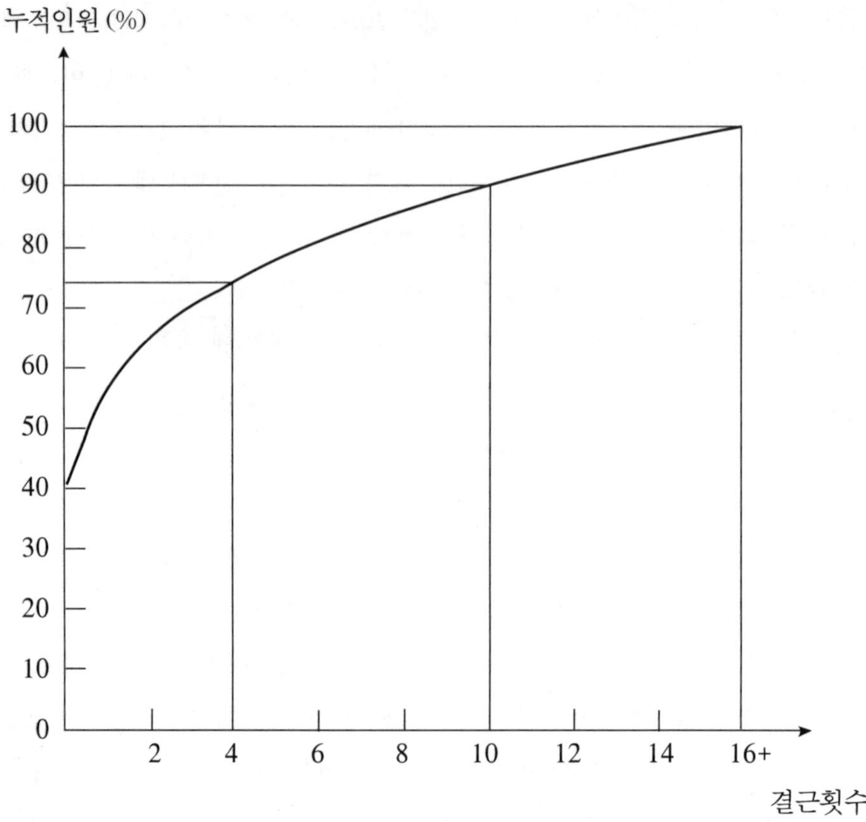

[그림 6-3]은 연속적인 두 기간 동안의 개인별 결근수를 비교한 것이다. 각 점은 개인을 가리킨다. 따라서 A라는 사람은 첫 번째 기간에 10번의 결근을 한 것이고, 두 번째 기간에서는 9번의 결근을 한 것이다. B라는 사람은 각각 10번과 5번의 결근을, 그리고 C라는 사람은 각각 5번의 결근을 한 것이다.

관찰된 결근행위의 **안정성 수준**은 개인별 위험을 예측할 수 있게 하며, 또한 모든 동일한 사건에 대한 예측에도 도움이 된다. 따라서 첫 번째 기간과 두 번째 기간의 결근횟수 사이에 0.87이라는 상관관계율을 가지면, 그 다음 기간에 해당사원이 결근행위를 보일 확률은 평균 76%(0.87×0.87)이다. 상관관계율을 제곱한 비율인 '분산율'은 양 기간 결근횟수간의 유대력, 즉 결합도를 백분율로 나타낸 것이다.

204

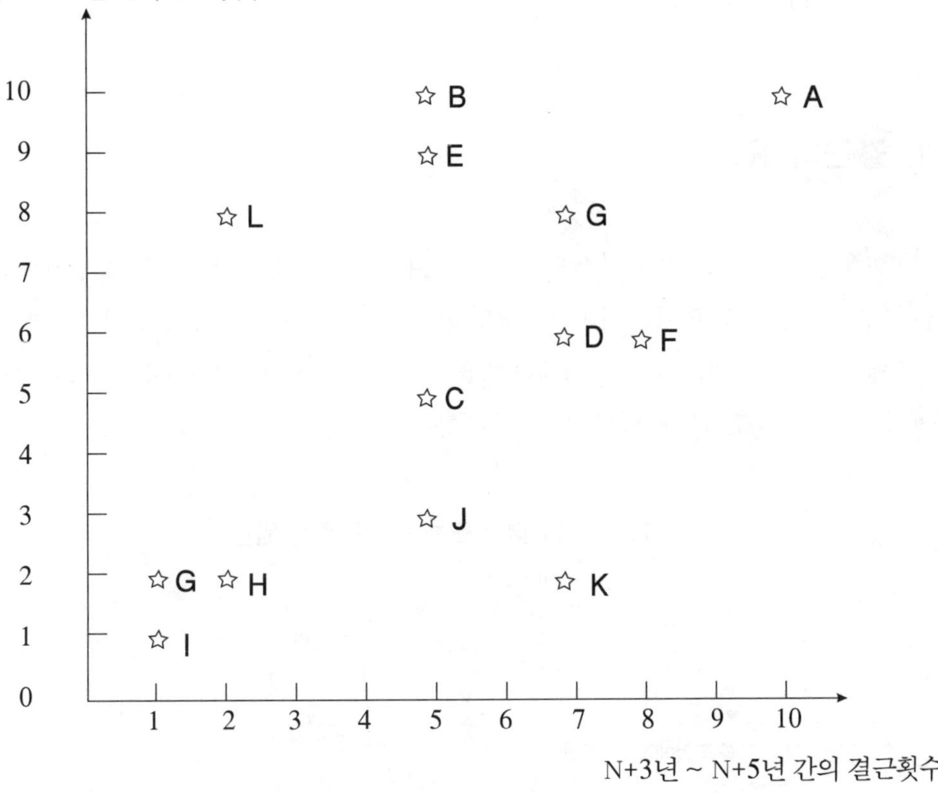

이러한 분석활동은 1년 중 여러 달 동안의 정기적인 결근실태를 분석하는 방법에 의해 보완될 수 있으며, 또한 한 해의 실태를 다른 해와 비교함으로써 개인에 대한 결근 안정성 수준을 파악할 수 있다. 예를 들면, 어떤 사원이 휴가 때마다 질병에 걸려 결근을 한다는 사실 등을 파악할 수 있게 된다. 일단 최대 결근자 10% 및 25% 이내에 들어가는 집단이 확인되면 즉각 그들의 행동에 대한 원인진단을 실행하도록 해야 한다.

제3절 결근의 원인진단

결근은 가능한 이유만큼이나 많은 요인에 의해 영향을 받는 복잡한 현상이다. 그러므로 결근

에 대한 진단을 확실히 하기 위해서는 **상관관계** 분석모델을 통하여 여러가지 원인들간의 관계
를 분석하는 작업이 요구된다.

1. 결근의 유형

전통적 연구에 해당하는 스티어스(R. M. Steers)와 로더스(L. Rhodes)의 분석모델에서는 출근
또는 결근에 영향을 줄 수 있는 여러가지 요인들을 다루고 있다. 즉 직장에 결근하는 행위는 출
근동기에 의해 좌우되며, 출근동기 자체는 해당사원의 출근역량, 해당사원에게 영향을 줄 수 있
는 제약조건 및 직무만족도에 의해 직접적인 영향을 받게 되는 것이다.

〔표 6-4〕 결근 또는 출근의 주요 원인

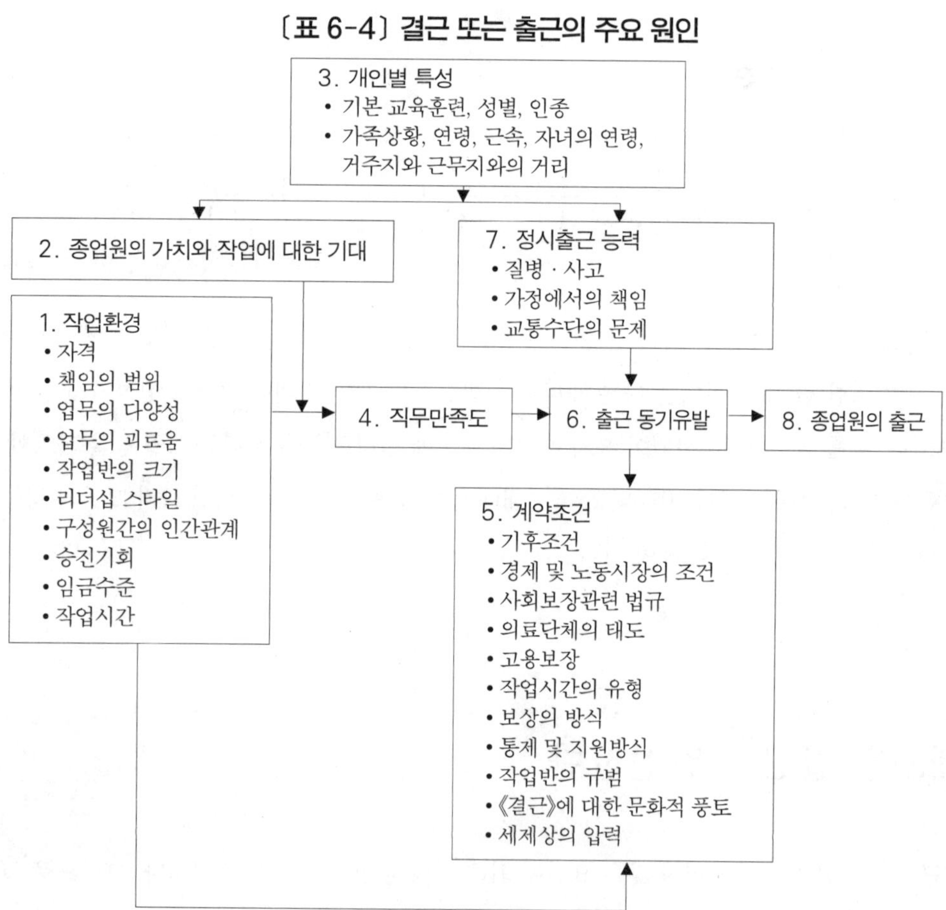

　　직무만족도는 출근행위를 제약하는 데 영향을 주는 작업환경과 해당사원의 가치나 기대수준에 의해 결정되는 종속변수이다. 출근역량과 마찬가지로 해당사원의 가치나 기대수준은 외부특성으로 지칭되는 해당사원의 개인적 특성에 의해 부분적 또는 전반적으로 좌우된다.

　　이러한 분석모델([표 6-4]참조)은 상호관계의 복잡성을 잘 이해할 수 있게 하며, 너무 앞서가는 듯한 설명, 예를 들어 결근, 성별 또는 연령 등을 조합한 설명을 통하여 자칫 현실을 잘못 소개하는 활동을 재확인할 수 있도록 해준다.

　　1) 직무만족 및 출근동기에 대한 직무특성의 영향(사례 1)은 결근 사원들의 개인적 특성 및 가치 시스템, 그리고 그들의 기대수준 등과 같은 매개변수에 의해 영향을 받게 된다. 직무의 주요 특성에는 책임의 범위, 자율성의 수준, 직책의 수준, 업무의 다양성, 직무의 괴로움(스트레스 포함), 리더십 스타일, 직속상사와의 관계, 집단의 크기, 집단내 동료관계, 승진에의 기회, 사원들 기대에 대한 시의적절한 대응 등과 같은 요인들이 포함된다.

　　2) 직무에 대한 가치 및 기대수준(사례 2)은 사람마다 달리 나타난다. 즉, 일에 대한 가치와 기대수준은 사원들의 개인적 특성에 속한다. 따라서 입사시에 상급교육을 받은 사원은 직무와 회사에 대하여 보다 높은 보상(금전적 보상 및 기타의 보상)을 기대할 수 있다. 마찬가지로 채용시에 적합치 않은 교육수준을 보유한 사원이나 직책이 정확하게 부여되지 않은 사원에게는 미래에 대한 불만족스러운 기대와 이로 인한 임금에 대한 불만족이 높게 나타날 수 있다.

　　3) 개인적 특성(사례 3)에 대해서는 이미 널리 연구되어 왔다. 프로보스트(J. Provost)[13]가 지적한 바와 같이 "여사원들의 대부분이 낮은 수준의 직업훈련을 받았기 때문에 낮은 직위의 직업에 종사하며, 임금수준 역시 최소한의 생계유지를 위한 하나의 보충수단에 지나지 않는다"는 것이다. 그 결과 여사원들은 집안에서의 책임과 가사 일을 버려 두고 바깥일만 한다는 것은 생각할 수 없게 된다.

　　여사원의 연령과 결근과의 관계는 젊은층과 노년층에서 높은 결근율이 확인되는 **U 자형** 곡선관계로 나타나고 있다. 하지만 여사원들의 결근에 대한 원인은 일정하지 않다. 즉 젊은층의 결근은 일반적으로 단기간 빈번하게 나타나지만, 노년층의 결근은 빈도수가 낮은 반면에 상당히 장기적인 결근이 높게 나타나고 있다.

어려운 가족상황(가정불화, 이혼, 부양가족의 건강상 문제 등) 또한 결근을 유발시키는 주요 요인이 된다. 한편 종족별 또는 국적별 관찰도 비교검토될 수 있다. 하지만 이는 주로 출신지역의 가치관이나 종교관으로부터 얼마나 강하게 영향을 받고 있는가에 따라 결정된다. 즉 북아프리카 출신은 일반적으로 아시아 지역 출신보다 훨씬 높은 결근율을 보이는 것이 그 예이다.

사실상 자격수준과 연관되어 있는 입사시의 교육수준은 작업유형과 결합되는 요인이기도 하다. 평균적으로 자격수준이 낮을수록 결근빈도가 높게 나타나지만 일부 기업에서는 감독자 집단에서 높은 결근율이 재발되는 현상도 나타난다.

연공(근속년수)은 연령과 직결되는 요인이다. 왜냐하면 신입사원에 대해서는 결근수당을 지급하지 않는 것이 대부분 회사의 규정으로 확고하게 적용되고 있기 때문이다. 또한 연령별 결근율과 근속년수와도 밀접한 관계가 있다.

4) 출근능력(사례 7)에는 "결근이란 개인별로 자유롭게 결정된 결과이다"라는 의견과 상반되는 모든 요인들이 포함된다. 수많은 연구에서 볼 수 있듯이 종업원들이 회사로 출근하려는 의도를 방해하는 제약요인들은 다양하게 나타나고 있다. 왜냐하면 건강의 악화나 집안에서의 여러가지 가사문제, 출퇴근 수단의 문제(폭설로 인한 도로봉쇄, 대중교통의 파업 등) 등이 예기치 않게 발생되기 때문이다.

5) 한편 앞에서 살펴본 내용과 본질적으로 성격이 다른 기타의 제약조건들 역시 출근 또는 결근의 동기를 가중시키는 압력으로 작용한다. 이들 다양한 제약요인은 사회적 또는 경제적 환경, 즉《외부요인》으로서 또는 개인별 성격에 따라 달리 표출되고 있다(**사례 5**).

첫 번째 유형의 《외부압력》은 노동시장을 지배하는 경제적 요건 및 경제상황 전반에 의해 형성된다. 즉 고실업 하에서는 결근율이 일반적으로 낮게 나타나며, 반면에 기업이 일부 종업원들을 해고시킬 수밖에 없는 상황에서는 해당 종업원들의 결근율이 급격히 증가하는 경향이 있다. 단체협상이나 단체협약 및 법규에 의하여 결근상황은 달라지며, 때로는 사내 의료진의 태도에 따라서도 결근상황이 달라진다.

한편 결근과 연관되어 종업원들은 자신들의 임금을 최적화하려는 성향이 있다. 뒤바(P. Dubois)[14]에 의하면 "**자발적 결근**은 자신에게 주어진 고정된 작업시간이 너무 길다고 느끼는 데에서 기인한다"는 것이다. 초과근무를 많이 하는 종업원들이 바로 결근율이 높은 종업원과 동일한 집단이라는 사실이 이를 증명해준다.

일반적으로 초과근무수당은 평균 작업시간당 노임과 비교하여 높은 편이다. 따라서 매주 39시간 일하는 것보다 한 주는 45시간 일하고, 그 다음 주는 33시간 일하는 것이 개인의 수입측면에서 보면 훨씬 유리하다. 병상휴가 역시 보상금이 지급되기 때문에 2주간 연속 39시간 씩 일하는 것은 권장할 만한 일이 아니다. 또한 종업원들은 출근하는 것보다 불법적 수단으로 증권투자와 같은 은밀히 다른 일을 하는 것이 보다 유리하다고 판단할 수도 있다.

또한 일반업무를 맡고 있는 종업원들의 **가치관**이나 기대수준은 특수업무를 맡고 있는 종업원과 상당히 다르게 나타난다. 즉 특수한 업무를 맡고 있는 종업원의 경우에는 "일이 인생에서 매우 중요하다"는 신념을 갖고 있으며, 출근의무는 도덕적으로 당연하다는 가치관을 갖고 있다.

회사의 사규로 정해져 있는 **상벌제도** 역시 출근하고자 하는 사원의 의사에 영향을 준다. 하지만 근면하게 출근한 자에 대한 보상은 우선 실현 가능성에 대한 확신을 주어야 하며, 보상수준이 출근율과 직접적인 관계가 있음을 보여주어야 한다. 또한 합의된 보상금이든 특별수당의 유형이든 이는 비교적 단기적으로만 생명력이 있으므로 일정기간이 지나면 동기유발 효과가 사라지게 된다는 점에 유의해야 한다.

결근율 감소를 위한 **처벌제도**의 영향에 관한 조사결과에서는 일관된 결론이 나타내지 않고 있다. 일부 연구서에 따르면 결근에 대한 통제활동(날짜별로 정리된 결근자 명부작성, 결근후 출근시에 의료검진의 실시, 감독자와의 면담실시, 징계처분 등)을 강화한 결과, 결근율은 낮출 수 있었으나 "한번 결근하면 장기적으로 한다"는 또 다른 역기능 현상이 발생한다는 사실을 보여주고 있다. 이러한 연구결과는 결근에 대한 부정적인 제약을 강화하기보다 긍정적인 방법을 사용하는 것이 효과적이라는 점을 암시해 준다. 예를 들어 작업시간대를 재조정하는 것도 매우 효과적이라는 것이다.

한편 결근관리를 용이하게 해주는 요인으로 **집단규범의 역할**을 들 수 있다. 집단규범은 기업외부의 가치와 기업 내부의 가치로서 기업문화에 직접적으로 영향을 받는다. 일부 기업에서는 결근이 마치 '휴가로 보장되는 권리'처럼 간주되기도 한다.

이러한 관점은 결근이 하나의 대처해야 할 주요 현상이 아니라고 간주하는 경영자에 의해 마치 결근을 조장하는 것으로 비춰질 수 있다. 하지만 결근율 감소를 위한 달성가능 목표의 설정, 경영진과 관리자들의 적극적인 참여, 결근상황과 결근사원에 대한 세부 정보시스템의 구축 등은 출근을 권장하기 위한 기업문화적 지표로서 중시되어야 할 사항이라 할 것이다.

2. 진단의 방법

가장 결근을 많이 하는 사원들(최고 10%이내 또는 최고 25%이내)의 특성을 파악하기 위해서는 우선 '**결근의 원인에 대한 진단**' 부터 실시해야 한다.

결근의 원인에 대한 진단은 이에 대하여 적극적인 관심을 보이는 경영자 및 책임자들과 함께 보다 확실한 정보수집 및 사회심리학적 접근방법에 의해 보완될 필요가 있다.

우선 검토된 결근의 원인들은 어느 요인이 결근의 현상을 보다 잘 설명하는지를 결정하기 위해 등급화되어야 하며, 이에 따라 문제의 출처를 확실히 포착하여 권고안을 작성해야 한다.

여기에서 수많은 사업장을 보유하고 있는 기계 및 무기제조업체인 다쏘(Dassault)사[15]에서 가장 높은 비율의 결근율을 보인 집단(872명)에 대한 **진단사례**를 보도록 한다.

다쏘사의 구성원들은 대다수가 숙련공들로 구성되어 있었다. 작업반장은 거의 공장출신이고 기술적 능력과 성실도를 기준으로 선발된 자들이었다. 약 4년 전부터 모든 작업반장들이 인간관계관리에 관한 교육을 받았으며, 3년에 걸쳐 수업내용에 정통하려는 노력을 보이고, 또한 새로운 리더십을 구사하는 데 익숙해지기 위해 노력했다.

하지만 새로운 방법에 대한 적응도는 작업반장에 따라 완전히 달리 나타났다. 일반적으로 회사의 분위기는 양호했으며, 파업은 전혀 발생하지 않았다. 또한 일일 2교대제가 적용(박스 제조 및 시계 제조 작업장)되었으며, 종업원들은 각각 30분 차이가 있는 두 가지 시간대의 작업시간을 결정할 수 있었다.

우선 공장마다 결근이 자주 발생하는 분야에는 생산에 꼭 필요한 사원들을 배치하고, 최상의 생산책임 및 사원별 능력에 맞는 작업 배정을 위해서 공장들간에 인사이동을 실시하였다. 즉 만성환자들의 불균등한 분포를 해소하고, 현장감독자들의 능력을 고려하여 가장 많이 결근하는 종업원들을 상호 관련된 다른 공장으로 이동시키는 작업을 실시한 것이다.

그러나 이러한 **결근 평준화 방식**에 의해서도 가장 낮은 결근율을 보이는 공장들과 가장 높은 결근율을 보이는 공장간에 일별 결근율이 3%에서 15%까지 나타나는 현상은 해결할 수 없었다.

첫 번째 전반적인 통계분석 작업은 결근을 장단기 기간별로 구분(90일 이상, 35일~90일 미만, 35일 미만, 0일 등)하여 실시되었다. 여기에서 기간은 달력상의 날짜이지 작업일수상의 날짜는 아니다. 그러므로 대상기간은 달력상으로 약300일에 해당한다. 특히 두 번째 범주(35~90일 사이의 결근)에는 전체 종업원의 18%, 결근자의 40%가 들어 있었다.

즉 질병으로 인한 결근 6,646일과 작업중단으로 인한 결근 430일로 결산되는 163명의 사원들이 있었다. 이들 163명은 적어도 3번 이상 작업을 중단한 자들로서 병원에는 입원하지 않은 사람만 고려한 숫자이다. 물론 이러한 분석결과는 공장 내 의료팀과의 면담을 거친후 작성된 것이다. 163명 중에서 다양한 형태의 결근을 보인 자들을 제외한 반복적으로 결근한 사원들은 62명으로서, 이들 62명을 대상으로 하여 개별 특성(연령··성별·자격 등)에 대한 조사를 실시하였다.

분석결과, 첫 번째 결론은 결근을 많이 하는 사원들의 연령과 직위는 평균연령 및 평균자격과 비교할 때 상대적으로 젊은층의 하위직급자로 밝혀졌다. 즉 65명중 54명이 45세 이하였으며(87%), 질병으로 인한 결근은 산업재해와 밀접한 관계가 있었다(특히 4회 이상 결근한 자들의 경우 높은 상관율을 보임). 4회 이상 결근을 한 집단(가장 많은 결근횟수 유형)의 개별 특성을 전체 종업원 및 연구대상 결근자들과 비교한 결과 이들은 매우 젊은층이라는 점이 밝혀졌다. 45세 미만의 소수집단인 바로 이들 젊은층에서 질병으로 인한 결근은 전체 결근의 80%나 되었다. 또한 사업장 전체 출근일 평균지수가 230일, 반복적 결근자의 출근일 평균지수가 221.7일인데 비하여 관찰된 소수 젊은층의 출근일 평균지수는 215일로 가장 낮게 나타났다.

출근일 평균지수가 가장 낮고(210~216일), 평균 연령층도 가장 낮은 4개의 공장에서 가장 높은 비율의 반복적 결근이 발생한다는 점이 확인된 반면, 일부 공장에서는 이들 유형에 속하는 결근자가 전혀 나타나지 않았다. 한편 작업반장들과의 면담을 통하여 이들 4개의 문제 공장에서 이 정도의 출근일 평균지수라도 확보된 것은 대부분 자격 미달의 종업원이나 승진 의욕이 거의 없는 종업원들 위주로 출근은 성실히 해주었기 때문이란 사실도 파악할 수 있었다.

한편 엔지니어들과의 면담을 통하여 이들 4개의 공장이 비교적 능력이 부족한 작업반장들에 의해 관리되고 있다는 점도 알게 되었다. 즉, 이들 작업반장들의 리더십 스타일이 매우 방임적이거나 아니면 아예 권위적인 모습을 보이고 있다는 사실을 확인한 것이다. 또한 비교적 젊은 연령층(35세 이하)으로 높은 출근일 평균지수(240일 이상)를 보인 사원들의 결근원인은 승진에 대한 욕구와 승진에 요구되는 능력간의 차이 및 상호관계를 통해 드러났다. 기타의 결근원인으로서는 자신의 업무에 요구되는 자격의 부족 등과 같은 요인을 들 수 있다. 즉 하급종업원들의 경우에는 능력개발을 위한 투자 없이 오랫동안 단순업무를 수행하는 체제에 젖어 있었으며, 특히 이들 4개의 문제공장에서는 상대적으로 작업조건도 열악하고 업무도 단순반복적인 형태가 대부분이었다.

    본 사례에서 보듯이, 왜 종업원들이 결근하게 되는지를 보다 명확하게 밝히기 위해서는 등급화를 통한 전체적 또는 세부적 통계분석 방법으로 결근자들의 동기를 파악하는 작업이 요구되며, 이는 주로 인터뷰나 설문조사 방법에 의해 수행된다.

    한편 반복적인 결근에 대한 분석과 그 원인에 대한 진단을 하더라도 기타 결근자들에 대한 분석을 소홀히 해서는 안 된다. 왜냐하면 장기 결근자 중 반복적으로 결근할 수밖에 없는 만성적 환자도 있으며, 또한 매년 동일 인물이 아닌 동일 유형의 결근이 한 공장이나 사업장 내에서 얼마든지 발생할 수 있기 때문이다. 따라서 결근에 대한 분석과 진단활동에서 이들 유형 역시 조사대상이 되어야 한다.

3. 권고안

    권고안은 항상 실천 가능성에 대한 분석과 함께 마련되어야 한다. 특히 실천가능성에 대한 분석은 현장감독층과 하급종업원들간의 관계에서 발생되는 복잡한 **게임의 원인**을 규명하는 데 매우 중요한 자료가 된다.

    노동조합은 마치 **《질병에 따른 권리》**가 당연히 주어져야 한다는 부정적 태도를 나타낼 수 있으므로 이들 노동조합의 영향력을 간과해서는 안된다. 하지만 이미 프로보스트(Provost)[16]의 연구결과, 결근의 남용에 대한 여러가지 사례에서 노동조합은 경영층과 함께 출근율 향상작업에 동참하는 것을 꺼려하지 않는다는 사실이 증명된 바 있으며, 또한 권고안에서 제시된 효과는 단지 일정기간 내에서만 발효된다는 점도 확인되고 있다.

    권고안은 정보시스템의 향상과 관련될 수도 있으며, 강제적 또는 격려의 차원에서 대책을 보여줄 수도 있다. 결근에 대한 보다 효과적인 분석을 위해서는 일반적으로 **정보시스템의 발전**이 요구된다. 이처럼 다양한 정보수집 방법들간에 조화를 이루게 하는 것은 데이터의 신뢰성을 보장하기 위한 필수조건이라 할 수 있으며, 또한 정보수집의 절차 역시 경제적이면서도 효율적인 관리를 위해 새롭게 창조되거나 절차과정이 완화되도록 해야 한다. 압축적 결근에 대한 개별 명세서 역시 정보시스템의 도움으로 상황발생의 주기성 · 분기별 · 주별 · 연도별에 따라 얼마든지 마련될 수 있다.

결근을 감소시키기 위한 방안으로서 공장별 결근 통계수치를 표지판에 게시하거나 부서별 회의를 통하여 간부들에게 사원들이 결근문제에 보다 민감해지게 하는 방법을 모색할 수도 있다. 즉 반복적으로 결근하는 사원에게는 개별적으로 편지 보내기, 의료진에 의한 결근관리, 병무휴가중에 타사에 출근한 사원은 없는지 감찰하는 활동, 현장 의료진이 결근에서 돌아온 사원들을 대상으로 체계적인 방문을 실시하는 활동, 결근자가 출근한 날 직속상사와 면담을 실시하는 방법 등을 통하여 제재를 가하는 방안이 마련되어야 한다.

물론 이러한 대책들이 결근방지나 감소에 효과적이기는 하나 그것만으로 충분하다고 할 수는 없다. 즉 결근방지나 감소를 위해서는 **'채찍보다는 다양한 격려'**를 통한 대책이 동반되어야 한다. 하지만 격려를 통한 대책은 비교적 그 생명력이 짧으므로, **규칙적이고 지속적인 관리지표**를 통하여 각종 대책들의 효과성을 검토하는 작업이 요구된다.

결근에 대처하기 위한 격려대책으로는 작업시간의 재조정 · 근로조건의 개선 · 새로운 특별수당의 신설 · 휴가적립제의 도입 · 결근과 승진탈락 및 임금동결과의 연계 등을 고려할 수 있으며, 이러한 격려대책들은 사원 상호간 또는 상하간의 관계를 개선시킬 수 있다는 점에 유의해야 한다.

특히 상하관계의 개선을 위해서는 관리층에 대한 리더십 스타일 교육 및 결근의 실제비용에 대한 정보분석결과 제시, 감독층에 대한 결근과 승진 및 승급과의 연계(성과의 한 요소로서 결근율을 적용) 등을 분명히 제시해야 한다.

이러한 권고안들은 심도 있는 연구결과를 토대로 인사책임자와 관리자들과의 합작품으로 작성되어야 한다. 그러므로 본 과정에서는 아예 감사인의 개입이 전혀 필요 없다는 논지를 제시할 수도 있다.

본장에서 다루어진 결근관리 방법은 지표에 대한 일부 수정, 정보의 원천(간호일지 등), 사고요인분석 등을 통하여 산업재해 문제를 다룰 때에도 그대로 적용될 수 있다.

결근에 대한 감사는 종종 감사인과 인사책임자들이 종업원들의 만족 및 동기와 관련된 문제를 파악하도록 해준다. 그러므로 결근감사를 위해서는 인사의 세부기능에 대한 감사활동 및 특정기능에 대한 감사활동을 통하여 연구대상이 되는 역기능 발생의 원인부터 파악해야 한다.

제6장 질문사항

1. 장기결근과 단기결근의 차이점을 다음과 같은 관점에서 비교해보시오.
   : 행위적 관점의 차이
   : 종업원 만족도의 차이
   : 생산활동 방식상의 차이

2. 결근비용에 결근자 대체비용이 포함되는 이유는 무엇인가?

3. 결근사원의 개별 결근빈도율이 기업의 결근빈도율보다 더 중요하다고 생각하는가?

4. 《출근사원수/전체사원수》 비율이 결근사원의 개별빈도율이나 기업의 결근강도보다 더 중요한가?

5. 단지 평균으로만 결근감사를 요구하는 인사책임자에게는 어떤 표현을 해줄 수 있는가?

6. 어떤 방법으로 결근자의 진정한 결근동기를 확인할 수 있는가?

7. 결근에 대한 개별성향이 산업재해를 파악할 때에도 마찬가지로 적용될 수 있다고 보는가?

8. 질병수당이 결근자에 의해 실질적으로 수납되었다는 확인은 어떻게 할 수 있는가?

9. 장기 병가자(30일 이상)의 행동이 연도별로 비교해볼 때 다른 결근자와 다르다고 생각하는가? 다르다고 한다면 그 이유는 어디에 있는가?

10. 결근은 항상 개인적인 행동의 표현이라 할 수 있는가?

1. *Centre Asociatif de Données et Chambre Syndical des Industries Métallurgiques du Rhône. L' Absent isme, un problème aux multiples facettes, des solutions possibles, Paris, Centre Associatif de Données, Enterprise et Personnel, Jan. 1980.*

2. *Morel C., "La déinition de l' absentéisme", Personnel, no. 254, Oct. 1983, p. 34.*

3. *Gaudet F.J., Solving the problems of employee absence, N.Y., American Management Association, 1963.*

4. *Weiss D., Relations Industrielles, Paris, Sirey, 2e d., 1980, p. 136.*

5. *Provost J., "Le responsable de personnel et l' absentéisme", Université Paris Dauphine, Thèse de Doctorat de 3e cycle, 1979.*

6. *Centre Associatif de Données et Chambre Syndicale des Industries Métallurgiques du Rhône, op. cit., p. 9.*

7. *Huse & Taylor, "Reliability of absence measures", Journal of Applied Psychology, Vol. 46, no. 3, 1962, pp. 159-160.*

8. *Ministère du Travail, Les Résultats de l' enquête sur l' absentéisme de la main d' œuvre en avril 1979, Travail Informations, Notes du Ministère du Travail, Réf. 15, Sep. 1981.*

9. *Peyron D., "Le coût de l' absentéisme : exemple de calcul et mis en œuvre comptable", Revue Française de Comptabilité. no. 103.*

10. *Revue fiduciaire comptable, "Absentéisme et autres coûts sociaux", Dossiers conseils no. 8, La Revue fiduciaire comptable, no. 59 Supplément. Oct. 1981.*

11. *Johns G., "Attitudinal and non attitudinal predictors of two forms of absences from work", Organizational Behavior and Human Performance, Vol. 22, no. 3, Dec. 1978, pp. 431-444.*

12. *Behrend & Pocock, "L' absentéisme individuel : résutat d' une étude de six ans dans une entreprise", Revue Internationale du Travail, Vol. 114, no. 3, Nov.-Déc. 1976, pp. 345-363.*

13. *Op. cit., p. 17.*

14. *Dubois P., "L' absentéisme ouvrier dans l' industrie", Revue Française des Affaires Sociales, Vol. 31, no. 2, avril-juin 1977, p. 30.*

15. *Dassault Co., "une étude diagnotique : absentéisme chez Dassault, 1980.*

16. *Op. cit., p. 21.*

제7장

모집 및 고용감사

제7장 모집 및 고용감사

고용감사는 기업 내 고용성향 분석과 현재의 위험성향을 분석하는 데 근본취지가 있다. 물론 고용감사에 대한 진단을 위해 여러가지 지표들을 사용하지만 이는 차후의 문제이며, 우선적으로 위험을 평가하기 위한 고용분석부터 실시한다.

실제로 고용 및 이와 관련된 감사활동의 명칭은 다양하게 불린다. 일부 감사인들은 성과분석, 보상을 위한 고용분석 및 교육훈련 등과 같은 밀접한 관련이 있는 각 기능을 포함한 감사활동으로서 고용감사를 실시한다.

한편 조직의 「흡수 또는 합병에 따른 감사」는 인적자원과 잠재력, 또는 보다 간단하게 기업들 간의 인력위상을 조화시킬 때 발생하는 문제점 및 그 원인들을 평가하는 경향도 있다. 때로는 현재 또는 미래의 고용관련 의사결정, 즉 고용감소를 유발시키는 대규모 조기퇴직의 실시 및 그에 따른 집단지식이나 승진기회의 상실 등이 미치는 영향력을 평가하기도 한다.

고용감사는 고용활동을 담당하고 있는 사원들에 대한 평가 이상으로 모집절차가 잘 준수되는지, 그리고 합법적인 규범이 잘 지켜지는지를 확인하는 작업도 포함된다. 그러므로 고용감사에 임하는 감사인은 고용활동에 사용되는 수단의 타당성과 유용성을 확인하기 위하여 **인력예측**, 즉 인력계획활동을 명확히 하는 데 초점을 두어야 한다.

실제로 모든 감사활동은 특히 전체 기업활동 내에서 재배치되는 고용활동과 밀접한 관계를 갖고 있다. 왜냐하면 기업의 고용활동은 단순히 인력의 양적측면만 다루는 것이 아니라 자격수준, 동기유발수준 및 능력수준 등의 매개변수를 통한 질적 측면을 함께 포함하고 있기 때문이다.

일부 인사담당자들은 작업시간에 대한 분석활동을 고용감사에 포함하여 검토하기도 한다. 최근의 한 연구[1]에서는, 생산성 향상에 따른 이익이 소비자와 기업과 종업원들 사이에 분배될 수 있다는 사실을 보여주고 있다. 종업원 측면에서 보면 구매력의 증가, 작업시간의 감소, 고용유지 또는 고용창조뿐만 아니라 결근율의 감소, 즉 동일한 인력으로 생산적 작업시간이 증대되는 현상이 발생한다. 이처럼 초과작업시간은 생산활동의 다양성 확보를 통하여 기업의 유연성을 증대시켜 주므로 작업시간도 감사활동의 한 부분이 되어야 한다.

본서에서는 파트타임 근로자에 의한 총근로자수를 고려할 때만 작업시간에 대한 분석을 하도록 하는 간접적인 변수로 다루었다.

부적절한 고용활동은 관리상의 비용 및 위험요소로 초과인원, 미달인원(일부 전문직에 있어서의 유자격 인력의 부족현상), 해당업무에 요구되는 자격의 초과 또는 미달, 해고비율의 증가, 불규칙한 결근율의 변화 등을 유발시킨다. 이러한 요소들은 기업의 경쟁력에 타격을 주게 되므로 모든 위험은 분석지표로 작성되어야 한다. 지표의 가치는 양적·질적으로 고찰된 고용상황에 의해 평가되며, 그 결과 향후 기업의 유지와 발전을 도모하는 기회를 제공해준다.

지표의 가치를 통하여 조기경보 활동을 실시할 경우에는 고용활동의 효과성과 효율성에 대한 일련의 질문(설정된 목표를 달성했는가, 비용은 얼마나 소요되었는가, 목표달성에 소요된 기간은 어느 정도인가, 미래의 과업을 실현하기 위한 인력의 잠재력은 충분한가 등)과 관찰된 상황의 원인에 대한 질문들이 필요하다.

따라서 밝혀진 **차이점 및 역기능 현상**은 다양한 원천에 의해 설명될 수 있다. 즉 인력예측 활동의 부재 및 목표와의 불일치, 모집활동·고용에 대한 정의·업적평가 활동·승진 등과 같은 특정 인사관리 정책 및 절차의 부재나 미적용 등에 의해 다양하게 원인을 파악할 수 있다는 것이다.

이처럼 고용감사는 종업원들의 양적·질적 분석에서 시작되며, 우선 차이점의 출처에 대한 검토와 분석에서 도출되는 결과로 판단한다. 본장에서는 역기능 발생이 가능한 영역으로서 인력예측 및 모집활동에 대해서만 다루었다.

제1절 고용분석

고용분석의 첫 번째 단계는 해당분야 또는 전체 종업원에 대한 **계량적 분석**을 실시하는 것으로, 일정기준별(연령별 · 성별 · 근속년수별 · 근로계약 유형별 · 지역별 · 직종별 · 자격수준별 등) 세부집단에 대한 분석도 가능하다. 고용분석 지표는 특히 갑작스러운 상황 및 인력변화를 파악하는 데 도움이 되며, 이를 통하여 구성원들의 능력, 개별적 동기 및 잠재력 등에 대한 보완적 분석도 가능하다.

이와 같은 **고용분석** 활동에는 구성원들의 강점과 약점에 대한 평가, 기존에 주어진 문제점 및 발생가능한 위험에 대한 분석 등이 포함된다. 고용분석을 효과적으로 하기 위해서는 우선 정보를 종합적으로 수집하고, 수집된 정보의 적법성과 적합성부터 살펴보아야 한다. 일단 정보의 적법성과 적합성이 확인되면 감사대상 기업이나 사업장의 고용실태에 대한 분석에 들어간다.

감사인은 개별 인사기록 사항(입사 · 퇴직 · 국적 · 연령 등)과 의무 신고사항(노동부 신고사항 · 인구통계조사 · 월별신고 · 사회적 성과 대차대조표 등), 유형별 종업원 실태, 대차대조표 첨부자료, 총인건비, 생산계획, 조직편성표, 고용관련 정책 및 시행절차, 점검표 및 각 부서(회계팀 · 정보팀 · 경영관리팀 · 기획팀 · 인사팀 등)에서 나오는 모든 관련 문서들을 참고하여 분석에 임한다. 이들 정보의 적법성 여부 및 기록의 누락이나 오차의 발생, 부정행위 등은 출처가 다른 각종 정보에 대한 사실검증을 통해 밝혀진다.

한 예로 3,000명의 종업원이 있는 사업장에서 신규채용 금지규정을 피하면서 해당 관리자들이 사망 및 자퇴에 의한 결원을 보충하기 위해 본사에 통보하지 않고 신규 사원모집을 실시하였다. 여기에서 우선 권한위임이나 분권화가 이루어진 경우에는 이들에 대한 통제활동이 요구된다는 점을 알 수 있다.

기타 여러가지 형태의 오류 역시 서로 다른 부서로부터 나오는 자료를 통하여 총인원을 재구성함으로써 감지될 수 있다. 실제로 부서마다 자신들이 기대하는 결과 도출을 위해 서로 상이한 방식으로 인력을 산출하는 경우도 빈번하게 발생된다.

같은 맥락에서 감사인은 공표된 결과의 산출방식 및 제반 신고내용이 법규에 적합한지를 확인해야 한다. 이미 지적했듯이 작성된 정보가 확실하고 법적인 하자가 없을 경우 질적 · 양적으로 과거와 미래에 대한 고용분석 활동이 원활하게 수행될 수 있다.

1. 고용인원의 개념

외견상 고용인원 문제는 매우 단순한 개념처럼 보인다. 그러나 실제로는 고용인원에 대한 정의부터 적용사항에 따라[2] 적어도 10가지 이상으로 구분된다. 즉 등록된 고용인원, 이론적 고용인원, 상용 고용인원, 예산 연도별 고용인원, 유급 고용인원 등 사용목적에 따라 고용인원이 다르게 산정된다([표 7-1]참조).

인력대장에 등록된 인원은 다양한 지표를 통해 재해석된다. 즉 12월 31일자의 고용인원, 동년도 1월 1일자 인원과 12월 31일자 인원을 합하여 2로 나눈 고용인원, 매월 말 인원을 합하여 이를 12로 나누어 얻은 월간 평균인원 등이 바로 그것이다.

이론적 고용인원이란《기업을 구성하고 있는 종업원으로서 여기에는 복직권을 갖고 있는 자와 의무 채용자로서 계약 유보상태에 있는 자를 모두 포함한 인력》[3]을 말한다. 이론적 고용인원에서《군복무, 장기병가 등 장기결근에 의해 계약이 유보된 자》를 공제하면 **등록된 고용인원**이 된다.

상용 고용인원이란 사회적 대차대조표상에 풀타임 인력으로 고용된 전임직 사원을 말한다. 그러므로 확정된 기간동안 계약직으로 채용된 사원 및 파트타임 사원은 여기에서 제외된다. 따라서 현실적으로 상임 고용인원에 대한 정확한 개념을 정립하기 위해서는 정규 근로시간 대비 파트타임 근무자들의 근로시간을 비교하여 동일 위상에 있는 사원들은 상용 고용인원에 다시 포함시킬 것이 요구된다.

예산 연도별 고용인원에는 사원으로 표현되는 모든 종업원들이 포함된다. 하지만 노동계약상 정직으로 인해 세무감사 중 월급을 받지 못한 종업원은 여기에서 제외된다.

대차대조표상의 부록조항과 손익계산서에 필수적으로 제시되는 인원상황은 매분기별 마지막 날의 인원을 평균하여 산출한 값으로, 일력상 또는 회계년도상의 4분기별로 구분하여 통계치를 산출한다.

이러한 고용인원에는 근로계약을 맺은 자로서 기업으로부터 직접 임금을 받는 모든 사원들이 포함된다([표7-1] 프랑스의 사례 참조).

유급인원이란 보수가 지급되는(전체 또는 부분) 모든 사원을 말하며, 여기에는 유급휴가자와 질병으로 인한 결근자도 포함된다.

〔표 7-1〕 고용인원 지표에 대한 정의 및 활용 (프랑스)

인원 유형	정 의	출 처	활 용

[상용 인원]
 	
· 법적인원
	풀타임으로 등록된
	기간이 확정되지 않은 계약서를
	소지한 일년 동안의 모든 사원
		BS 112	- 안정성 지표 :
			 · 상용인원
			  등록인원 + 파트타임 + CDD
			 · CDI 채용
			  인원 / CDI N
			  인원 / CDI N - 1 (12월 31일)

[등록인원[1]**]**
 	
· 시점인원
 	
· 연평균인원
 	
· 월평균인원
	인력대장에 등록된 모든 인원
	(임시직 제외)
	12월 31일 EI[2]
	월말의 EI
	
	$$\frac{\text{1월1일에서 12월 31일까지의 EI}^{[3]}}{2}$$
	$$\frac{\text{매달 말의 EI}}{12}$$
		BS 111
		
		BS 111
		
		BS 114
			- 계절별 변화치
			- 계절별 또는 생산임시직
			  CDD인원의 조정
			  (개략적 근사치로 산정)
			
			- 잔존인력

[CDD등록인원[4]**]** · 시점인원 · 월평균인원	12월 31일의 EI CDD	BS 113 인력대장	- 여러 해에 걸친 인력변동 근사치 : EI CDD / EI CDI
[일상적 인원]	노동계약서에 의해 기재된 모든 인원(임시직 포함)		- 법적 적합성 파악 · 노사 대표자 선출 · 주기적 사회보장비 납입 · 교통비 지급 등
[전체 또는 이론적 인원]	등록된 모든 인원 + 복직권리를 가진 인원	BS + 인력대장	- 인적자원의 예측 적합성 확인
[예산연도별 인원] **[유급 인원]** ·시점인원 (12월 31일)	한해 동안 사원으로 등록된 모든 유급사원(제외 : 한해 동안 어떠한 임금도 받지 않은 사원) 등록된 사원 - 고용된 사원	회계장부 DAS[5] 회계장부 인사장부 색인카드	- FP/VA[6] 부담외의 수익성평가 - 이직 : - 입사 - 1월1일의 EI + 입사 결근, 질병 및 12월 31일자 노동계약서의 기타 정직 원인과 질병에 따른 비용의 개략치

(1) 사회적 대차대조표(BS : Bilan social)상의 총등록인원

(2) EI(effectif inscrit) : 등록인원

(3) 12월 31일자의 EI CDD : BS-113를 사용해도 됨

(4) CDD(Contrat à durée déterminée) : 확정된 기간동안의 노동계약서

(5) DAS(Déclaration annelle des salaires) : 연도별 신고 종업원

(6) FP / VA (frais de personnel / valeur ajoutée) : 인건비 / 부가가치

출근 **고용인원**은 '출근'이라는 원래의 의미와는 달리 작업인원 이외에 단기간의 의료방문, 간호, 파견 또는 장기간의 교육파견 등으로 현업에 없는 사원들을 포함한 현재인원을 말한다. 그러므로 작업인원은 실제로 업무에 임하고 있는 사원을 의미한다.

종업원 대표 및 기업위원회의 구성인원을 확정하고 있는 노동법에 의거한 **상용 고용인원**은 앞서 살펴보았던 고용인원들과는 다른 개념으로서, 여기에는 지난 12개월간의 평균 사원에 대한 조항에 의거하여 채용된 임시직 근로자들도 포함되므로 간혹 임시직 근로자를 산정할 경우 문제가 발생될 수도 있다.

한 예로 모렐(C. Morel)[4]은 두 명의 임시직원이 15일 동안 채용되는 경우에는 2명으로, 만약 1명의 임시직원이 1개월 동안 고용된 경우에는 1명으로 산정된다는 점을 지적한다.

감사인은 지표를 선정할 경우 상황을 무시한다는 비판을 회피하기 위해 이들 다양한 고용인원에 대한 개념을 명확히 이해해야 한다. 실제로 인원산정의 기초자료로서 12월 31일자의 고용인원을 사용하는 방법도 많은 문제를 안고 있다. 왜냐하면 특히 연말의 활동이 많고, 계절에 따라 사업활동의 변화가 클 경우에는 종업원수가 과장되어 나타날 수도 있기 때문이다.

2. 고용인원의 양적분석

고용인원에 대한 계량적 분석활동은 우선 직급 또는 직종에 따른 범주별 인원을 조사하고 다음으로 연령별 · 근속년도별 · 거주지별 등 몇 가지 기준에 의해 고용인원을 관찰하는 것이다. 분석은 일정시점의 인원으로 파악될 수도 있으며, 동태적 측면에서 이 같은 인원수가 나오게 되는 원인을 함께 밝히는 방식으로 파악될 수도 있다.

1) 전반적 분석

총고용인원 또는 범주별 고용인원에 대한 분석은 생산량의 변화, 부가가치의 변화 및 자본비용의 변화 등을 고려하여 효과적으로 산정될 수 있다. 또한 총고용인원을 총수익과 비교하는 것도 가능하며, 최근 3년 동안의 인원변화를 관찰하는 방식도 가능하다. 이들 분석결과는 기업의 수익성 및 경쟁력과 관련된 고용상황에 대한 전반적인 정보를 제공해준다(예 : 감사대상기업의 결과를 국내외 경쟁사의 수준과 비교하는 방법 등). 하지만 이와 같은 전반적 분석은 인력구조 및 구성형태 등 제반 기준에 의해 도출되는 고용인원의 불균형 상태를 밝혀주지는 못한다.

2) 인력구조 분석
①**연령별** 구조분석

평균연령만으로 다양한 변화성이 있는 고용인원을 분석하는 것은 불충분한 작업이다. 따라서 기업에서는 일반적으로 젊은 층과 고령층을 구분하고 있다.

연령별 분포를 통해서는 어느 특정 부서에 있어서 특정 연령층이 타 부서에 비해 특히 많이 몰려 있는 불균형 현상을 살펴볼 수 있다. 감사인은 이와 같은 현상에 대하여 불균형성(이직실태조사 등)에 적용된 척도의 적합성 또는 부적합성(예 : 사직권고행위, 연공위주의 임금인상, 기존의 과잉 연령층에 새로 인원을 채용하는 행위 등)을 검토한다. 즉 감사인은 특정 연령층 또는 특정 부서의 목표 및 향후 활동전망에 대한 분석을 통하여 인력채용 및 기존 인력구조의 불균형성을 판단하는 것이다.

이러한 분석은 계층의 분포 및 인원초과나 인원결여로 인한 불균형 분포를 보여주는 연령 피라미드를 통하여 쉽게 이루어진다. 인력구조가 역피라미드 형으로 고령자가 많이 나타나는 경우에는 인력대체의 어려움, 집단지식의 이탈문제, 하급자의 승진적체문제 등 젊은 층의 미래를 어둡게 하는 부작용이 발생한다.

연령 피라미드는 또한 과거의 모집정책이 어떠했는지를 살펴보는 데에도 매우 유용한 수단이 된다. 예를 들면 특정 시점 동일 연령층의 인원을 많이 채용했다면, 기존에 인원이 거의 없을 경우를 제외하고는 해당 연령층이 눈에 띄게 팽창하는 모습을 볼 수 있다. 이러한 현상을 정확히 살펴보기 위해서는 일반적으로 사용되고 있는 3단계 연령층(25세 이하, 25~45세, 46세 이상) 구분 방식만으로는 미흡하므로 이를 보완해주는 근속년수별 인력 피라미드 분석이 요구된다.

②**근속년수별 인력구조분석**

근속별 분석은 특히 이직 효과 또는 반대로 고용 안정성 및 기업에의 충성심을 살펴보기 위한 것으로 흔히 연령별 분석과 결합되어 사용된다. 신입사원의 **잔존비율**에 대한 분석 역시 종업원들의 행동방식을 보다 자세히 이해하게 해준다.

첫 번째로 '**근속별 피라미드**' 분석은 출근일자와 직접 관련되는 임금수준을 통하여 근속별 인력구조와 활동목표의 적합성을 평가해준다. 근속년수별 집단구분은 흔히 단체협상에 의해 결정되며, 다음과 같은 산식으로 고용안정성을 산출해볼 수 있다.

$$\frac{\text{N년 12월 31일 기준 1년 이상 근속자 수}}{\text{N-1년 12월 31일 상용인원}} \times 100$$

이러한 비율은 실제 파트타임 종업원의 비율이 낮은 경우에는 별 의미가 없으며, 파트타임 종업원의 비율이 50%이상이 될 경우에는 매우 중요한 지표가 된다.

또다른 안정성 지표는 〔100×(2년 이하의 근속년수를 가진 모든 상주 고용인원의 근속월수) / 24×(2년 이상의 근속년수를 가진 종업원수)〕를 통하여 살펴볼 수 있다.

이 지표는 이직률이 비교적 높은 입사초기에 신입사원들의 불안정성을 살펴보는 데 유용하며, 앞의 지표와 함께 보완적으로 활용될 수 있다.

③거주지별 분석

거주지(집과 회사와의 거리)와 거주상태(소유, 전세, 월세, 임대 등)에 따른 종업원 분포분석은 경우에 따라 타 지역에 새로운 사업장을 설립하는 데 활용될 수 있으며, 또한 이직과 결근실태를 분석하는 데에도 유용하게 사용된다.

페트만(P. O. Pettman)과 태브니어(G. Tavernier)[5]는 종업원의 거주지 이동에 대한 장기적 예측작업을 할 경우 퇴직 또는 예비퇴직에 이른 연령층은 분석에서 제외해야 한다는 점을 밝히고 있다.

④자격에 의한 분석

일반적으로 자격수준 또는 직능등급의 구분은 단체협약에 의거한 일선 근로자, 하급종업원, 기술자, 일선 감독자, 설계사, 관리자 등으로 나뉘어진다. 이들 개괄적인 구분은 다시 자격계수를 부여함으로써 자격구조에 대한 보다 엄밀한 차별화를 기할 수 있다.

기술(또는 기능) 수준별 자격적합성 여부는 유사한 기술을 사용하고 있는 동종업체의 실태와 비교하여 판단한다. 즉 단순기능공(미숙련공)에 의해 생산활동이 가능한 선반공장에서 전체 종업원의 80%가 숙련공으로 구성되어 있다면 이는 당연히 초과 자격자 투성이라는 평가를 할 수 있다는 것이다.

자격수준별 인력구조분석을 통하여 간부비율, 간접인력 대비 직접인력 비율, 전체 간부사원 대비 본사의 간부비율 등을 살펴볼 수 있다(전체 간부인력 대비 인사팀의 간부비율 등과 같이 부서별로 보다 상세한 분석도 가능함).

조직도 및 인력구조에 대한 심층분석을 통해서는 어떤 직무나 직책이 위험도가 높으며, 현재 담당자가 그 자리를 떠날 경우 다른 자격보유자로 대체할 수 있는지 여부를 확인할 수 있다.

한편 **인력구조**는 성별 또는 국적별 기준에 의해서도 앞에서 제시된 지표에 따라 평가될 수 있다. 목적에 따라서는 종업원들의 고용계약 유형별로 계약직·임시직·외국인 근로자·파트타임 근로자·계절별 근로자·견습생·파견사원 등과 같은 구분에 의해 분석할 수도 있다.

따라서 부서별 인턴사원이나 견습생의 수와 분포는 직업학교와 대학에 대한 기업의 개방성을 보여주는 지표가 될 수 있다. 이 경우 노동력 요청이 기업이 자발적으로 요청하여 이루어졌는지를 살펴보고, 견습생의 자격수준, 업적 또는 성적과 견습결과 등에 대해서도 살펴보아야 한다.

⑤ 지위별 분석

특정 지위에 있는 인력에 대한 감사(예를 들면 파트타임에 속한 사원 등)는 신뢰성과 일치성, 그리고 효과성 측면에서 인력감사를 실시하는 것으로 보험회사의 경우, 몇 가지 기준(성별·소속부서별·작업시간별·거주별·연령별·근속년수별 등)을 결합하여 인력감사를 실시하고 있다.

일치성은 법적인 요구사항 및 단체협약상의 요구사항과 비교하여 평가된다. 그리고 사용가능한 정보의 완벽성 및 정확성은 근속년수·작업시간대·근태·근로계약의 유형 및 파트타임 근로방식을 택한 동기분석 등과 같은 기준에 의해 평가된다.

이러한 측정의 효과성은 일일생산성에 따라 평가되므로 풀타임 사원의 보충근무일수 및 무노동시간이 누적되는 상황과 대비하여 일주일 중 공백일자(예: 수요일)를 두는 경우도 있다. 이 때문에 간혹 정확성의 결여, 법적인 하자 및 불일치(법적 금지사항임에도 불구하고 협약을 통해 작업량을 확정)와 같은 문제를 유발되기도 한다.

즉 이틀 동안에 할 작업량을 절반인 하루로 재구성하여 파트타임 노동자에게 일임할 경우, 작업속도는 증가되지만 해당 사원들의 사기저하로 인해 생산성 저하현상이 나타난다.

또한 지위별 인력감사 활동에는 계약을 맺거나 계약파기를 요구하는 자들의 동기를 분석하는 작업도 필요하다. 즉 효과적인 감사활동을 위해서는 지위 또는 직급별로 설문조사를 실시하여,

이들이 느끼고 있는 비용수준, 생산성 및 결과에 대한 만족도를 상호비교함으로써 그 결과를 권고안에 포함시켜야 한다.

3) 사원의 이직분석
① 외부이동 분석

외부에로의 이직에 대한 분석은 다양한 원인으로부터 발생하는 **이직지표**를 통하여 이루어진다. 이직은 크게 ‘자발적 이직(실질적인 사직)’ 과 ‘타의적 이직(퇴직 또는 예비퇴직[6])으로 인한 명퇴나 사퇴 및 해고 등)’ 으로 구분되며, 사망의 경우는 제외하는 것이 일반적이다.

여기에서는 특히 범주별 · 연령별 · 부서별 · 상위계층별 · 근속일수별 · 성별구분 등에 따른 자발적 이직에 관하여 살펴보되, 우선 전반적인 이직과 신입사원의 자발적 이직을 구분하도록 하였다. 일정기간 동안의 **이직률**을 측정하는 전통적인 방법은 다음과 같다.

$$\frac{\text{이직자수}}{\text{평균인원}}$$

이직자수에는 또한 해고, 교체 또는 계절별 이직, 확정 계약기간의 만료, 퇴직에 의한 사직 등이 포함된다. 그러므로 다음과 같은 산식으로 일정 기간 동안 나타난 자발적 이직률을 보다 구체적으로 측정하는 작업이 요구된다.

$$\frac{\text{사직자수}}{\text{평균인원}}$$

한편 이러한 분석을 통하여 특정 부서에 있어서 어떤 기준으로 해고가 이루어졌는지를 파악하고, 또한 여러 해에 걸친 집단별 해고실태의 목표나 수단과도 비교해야 한다.

전반적 이직률 역시 여러 지표 중 하나에 지나지 않는다는 점을 인식하지 않을 경우에는 잘못된 결론이 유도될 수도 있으며, 실제로 전반적 이직률을 통해서는 이직현상의 세부사항을 파악할 수 없다. 이직현상의 분포는 서로 상이한 두 집단(신입사원 집단 및 장기근속 집단)간의 반응방식이 조합된 이중 양식으로 작성된다.

따라서 연령별 · 성별 · 근속년수별 · 직능등급별 · 고용계약별 등 세분화된 지표를 통하여 보다 상세한 이직실태에 대한 분석이 요구된다. 즉 종업원의 '불안정성 비율'을 측정하는 작업이 필수적이다.

신입사원의 이직률은 전체 이직률을 보완해주는 지표로서 일반적으로 다음과 같은 잔존율을 산출하는 방식이 적용된다.

$$\frac{\text{N달 말일까지 남아 있는 사원수}}{\text{N달 말일까지 이직한 사원수}}$$

기타 다음과 같은 신입사원의 이직률을 구하는 산식도 활용된다.

$$\frac{\text{N달 말일까지 이직한 사원수}}{\text{신입사원수}}$$

이직은 채용사원수 대비 잔존사원의 백분율을 세로 좌표에, 그리고 출근인원수를 가로 좌표로 한 잔존율 곡선의 형태로 표현된다.

페트만과 태브니어[7]는 영국의 사례를 분석하여, 신입사원의 집단적 이직은 18개월~24개월 사이에 최소화되며, 잔존율 곡선을 비교 분석한 결과 단기간 동안 이직자가 많이 발생한다는 사실을 밝힌 바 있다. 그러므로 이직률의 변동치를 계산하기 위해서는 표준년도의 이직률 대비 해당년도의 이직률을 살펴보아야 한다.

즉 이처럼 몇 해에 걸쳐 신입사원의 이직률이 높아지는 결과(예 : 첫 해에 40%, 둘째 해에는 80%)가 제시될 경우, 감사인은 우선 이들 집단의 학력수준 · 모집지역 · 채용일 · 충원 장소별 등에 의거하여 이직사원의 특성을 분석하고, 또한 잔존사원들의 특징에 대한 비교 및 설문지를 통한 이직동기 분석을 실시해야 한다. 예를 들면, "고졸자보다는 대졸자, 강원 지방보다 충청 지방에서 채용된 사원들의 이직률이 높게 나타났다"는 식의 분석이 필요하다는 것이다.

이러한 분석이 완료되면, 감사인은 우선 이직현상을 밝혀줄 기업의 고용정책과 고용절차 및 고용방식에 대한 조사를 실시하고 이에 의거하여 모집감사를 시작한다. 따라서 이직분석은 이직동기를 분석하기 위한 보다 심층적인 연구의 출발점이 되며, 뒤에서 살펴보게 될 인력계획의 부재 및 모집정책의 불합리성을 밝혀주는 근거가 된다.

② 내부이동 분석

내부이동은 '수평적 이동(전보)'과 '수직적 이동(승진)'으로 이루어진다. 내부이동에 대한 분석은 사원전체, 특정 집단별 또는 부서별로 각종 지표를 통하여 분석된다.

바띠에(R. Vatier)는 조직도를 지속적으로 분석함으로써 **내부이동률**을 파악할 수 있다는 점을 지적하고 있다. 즉 몇 년간의 '조직도 분석'을 통해 3년 동안 간부들의 내부이동율이 25%~30%에 이른다는 현상을 쉽게 살펴볼 수 있다는 것이다.

감사인은 이와 같은 내부이동률 분석을 통해서 이동률의 고저에 관계없이 "집단별 승진율 및 전보율이 어떤 정책과 절차를 통하여 이루어졌는지"를 살펴보아야 하며 관찰대상이 되는 이동사원의 실태분석을 통하여 "이동이 우연히 이루어졌는지 아니면 단계적인 진급순서를 밟아 이루어졌는지"를 평가하도록 해야 한다.

자디에(P. Jardillier)[8]는 개별 인사이동의 경로(경력경로)에 관한 고찰을 통해, "과연 일련의 전문적 성격을 띤 승진절차에 따라 수행되었는지를 평가하고, 승진절차상 수직적 승진단계의 수가 20개 미만, 그리고 수평적 전문분야의 수는 다소 넓게 분화하는 것이 바람직하다"는 점을 밝히고 있다.

사실 직급단계가 너무 적을 경우에는 승진이 너무 어렵다는 문제가 야기되며, 반대로 너무 많은 승진단계(예를 들어 30단계 등)는 자동승진이라는 위험 및 이러한 단계들 사이에 현실적 차이가 없다는 점을 사원들이 지각하게 된다. 또한 경력경로를 통하여 전문성을 너무 제한시키지 않도록 하는 것도 요구된다. 전문성을 너무 부각시킬 경우에는 승진 자체가 단절되는 문제가 야기될 수 있기 때문이다. 이러한 연구는 궁극적으로 고용에 대한 질적평가를 요구하는 작업이기도 하다.

3. 고용인원의 질적분석

질적분석은 사원들의 **능력과 잠재력 또는 동기유발**과 관련된 사항이다. 구성원들의 동기유발에 대해서는 일반적으로 태도조사 또는 설문조사에 의한 개별감사 방식으로 이루어지므로 여기에서는 종업원들의 능력과 잠재력에 대한 분석에 초점을 맞추었다.

1) 능력분석

종업원들의 능력에 대한 분석결과는 자격수준을 살펴보기 위한 보완적 자료가 된다. 리베뜨 (R. Ribette)[9]는 '직종별 교육수준' 을 기준으로 능력을 분석하도록 권유하고 있다. 이에 의거하여 우선 입사시의 교육수준과 입사 후 사내 교육훈련체계에 따른 직업교육 수준을 도수분포도 방식으로 살펴본다.

도수분포도를 통해서는 관리자들 중독학으로 공부한 자의 비율이 어느 정도 되는지, 그리고 이들이 입사 후 어떤 교육훈련을 이수했는지를 알 수 있다. 즉 교육훈련 수준을 부서별로 비교함으로써 간접적인 방법으로 부서별 교육훈련체계를 재정립할 수 있다.

하지만 일반적으로 교육훈련체계의 재정립을 위한 직접적인 지표로서는 부서별 생산성 및 구성원들의 성과를 상호비교하는 방법이 사용된다. 그러므로 부서별 종업원들의 능력을 파악하기 위해서는 업적평가 및 주요 활동별 특성분석, 그리고 제품별 라이프 사이클을 파악하고 간부 및 제품의 특성 등을 고려한 **인력 포트폴리오**를 구성하는 작업이 요구된다.

2) 잠재력분석

잠재력분석은 인력계획수립과 직결되는 분석활동으로서 중·단기별 인력의 대체, 이동 및 승진관리와 관련된 잠재인력을 측정하는 것이다. 우선 현행 조직도와 향후 예상되는 조직도에 관한 논의를 통하여 각 자리에 누구를 보임할 수 있는지 파악해둔다. 판단의 기준으로는 자리별 대체가능 연령·능력·시기 및 요구되는 교육훈련 등이 활용되며, 인력대체표가 작성되면 다음과 같이 잠재적 이동률을 산출할 수 있다.

$$\text{잠재적 이동률(T.M.P)} = 100 \times \text{대체가능 인력의 수} \,/\, \text{공급가능 자리의 수}$$

$$\text{T.M.P.} : \frac{\text{대체 가능한 인원수}}{\text{자리의 수}} \times 100$$

여기에서 잠재적 이동률의 값이 1.0~1.5일 경우에는 대체인력이 부족하다는 것을 나타내며,

반대로 2.0~3.0은 과잉경쟁의 위험이 내재되어 있다는 적신호이다.

또한 직급별 또는 직종별 이동률을 측정하는 것도 가능하므로, 집단별 이동률을 통하여 승진 가능한 사원의 수를 직급별(등급별)로 산정할 수 있다. 이 자료는 부하직원들로부터 승급가능성에 대한 의뢰가 있을 때 답해줄 수 있는 근거가 된다.[10]

감사인은 [표 7-2]에서 열거되어 있는 지표에 따라 고용실태에 대한 통계분석 작업이 완료되면, 인력계획 관련 정책의 효과성에 대한 평가를 실시한다.

〔표 7-2〕 고용 잠재력 관련 주요지표 (예)

분야	지표
정보시스템	- 통계의 부재 : 사원들의 채용, 사직, 이직에 대한 정보의 부재 - 서로 다른 출처에서 나온 총인원수의 불일치 - 미등록 유급사원 - 일별 인력의 유출입 자료 미비 - 사직자와의 면담 부재
연령별 구조	- 50세 이상의 사원비율 (역 피라미드형) - 25세 이하의 사원비율 - 연속되는 연령층별 인력차이 - 인력피라미드 계층별 인력산정을 위한 연령계층의 통합
자격별 분석	- 전문직종별 인력비율 - 규정상의 간부인력비율 - 각 집단별 평균인력지수 - 총여성인력 중 여성간부인력비율 - 총간부인력 중 독학입사인력비율
계약서와 법규분석	- 일반계약직원수 대비 기간계약직원수 - 상임직원수 대비 임시직원수 - 장애자 고용인원, 법정 장애인 고용T/O - 외국인 근로자 / 월평균인원 - 파트타임 근로자 / 월평균인원
외부이동	- 퇴직자수 / 월평균인원 - 해직자수 / 월평균인원 - 잔존비율 : N개월 후의 잔존인력 / 신입사원수 - 채용인원수 / 월평균인원
내부이동	- 전보자수 / 월평균인원 - 승진자수 / 승진 직전의 직급인력 - 이동자수 / 월평균인원

제2절 인력계획 감사

1. 인력계획의 정의

인력계획이 없거나 부적절하게 수립된 경우에는 인사기능 전반에 걸친 문제점들이 발생한다. 여기에서는 인력계획의 효용성에 대한 분석 이전에 우선 인력계획에 대한 개념을 소개하고 일반적으로 수행되는 인력계획 감사절차에 관하여 살펴보기로 한다.

인력계획은 기업의 장단기 목표를 달성하는 데 요구되는 자격과 전문성을 지닌 적합한 인력을 적재적소에 확보하기 위한 정책시스템 및 절차를 마련하는 활동이다.

그러므로 인력계획활동을 **'노동력의 계획화'** 활동이라고도 부르며, 기업이 필요로 하는 인원의 유형과 크기를 확정하는 작업이라 할 수 있다. 인력계획활동의 효과성을 측정하는 기준으로서 경영전략과 생산계획간의 합일성을 살펴보기도 한다.

인력계획활동에서는 집단적인 문제만 다루며, 개인이 아닌 기업에 초점을 두고 있다. 또한 인력계획은 장기적 생산성 및 조직의 영속성과 관련되므로 경영전략 및 기타 인사기능(교육훈련 · 조직개발 · 경력관리 · 모집 등)과 통합적으로 이루어진다. 인력계획활동은 또한 생산목표 및 생산프로그램간 전후 연계성이 갖추도록 수립되어야 하며, 동시에 구성원들의 욕구를 만족시켜주는 결과를 유도해주도록 해야 한다.[11]

노동력을 계획하는 활동은 기업 내 요구되는 노동력의 실태를 측정하기 위한,. 그리고 미래의 위상을 분석하고 반영하기 위한 전략을 수립하고, 실천방안을 확정하며 결과를 평가하는 과정으로 정의된다.

인력예측활동은 **예측기간**에 따라 6개월~1년간의 단기인력계획과 1년~3년간의 중장기 인력계획으로 구분된다. 단기목표는 주로 생산 및 비용 프로그램에 따라 결정되므로 기계당 생산성 및 부가가치로 산출되는 생산량이 지표가 된다. 흔히 목표달성에 요구되는 노동력을 산출하기 위해서는 **선형계획법**(Linear Programming)과 같은 분석기법이 사용되며, 중장기 목표는 기업 전체활동과 관계되므로 제품의 수명주기 · 시장점유율 및 수익성 등에 의해 결정된다.

일반적으로 인력계획활동은 필요인원에 대한 측정, 인적자원에 대한 평가, 대체 또는 충원에 대한 의사결정 등 3단계로 이루어진다. 일반상황에 대한 보고서 작성이 끝나면 감사인은 지표의 도움으로 단계별 위험과 예상되는 문제점에 관한 요약표를 작성한다.

　이처럼 문제점 및 주요 요점을 파악함으로써 기업의 고용관리상 표출되는 내적·외적 제약조건을 규명할 수 있다. 또한 이 단계에서는 분석활동의 계획이 적정하게 이루어지고, 커뮤니케이션이 잘 이루어졌는지, 그리고 계획에 대한 구성원들의 수용성과 통제성이 확보되었는지에 관해서도 살펴보아야 한다.

〔표 7-3〕 인력계획상의 문제점 분석지표

영 역	분 석 지 표
A. 전반적 사항	- 공식적 목표의 부재 - 초과인력 - 장기간에 걸친 공석 - 인력예측과 경영철학간의 불일치 - 인력예측과 기타계획(모집, 교육훈련)간의 불일치 - 인력예측의 목표와 기타 다른 인사기능상의 목표간의 불일치 - 기업의 전반적 목표 부재
B. 욕구사항	- 필요인력에 관한 정보의 부재(필요인원, 자격수준, 채용지역, 채용기간) - 생산 및 생산성 기준에 관한 정보의 부재 - 인력잉여 또는 인력부족에 대응하기 위한 계획의 부재 - 현 조직도 및 향후의 예상 조직도 부재 - 무계획적인 채용관련 문제대응
C. 인적자원	- 현재 인원에 관한 정보의 부재 - 대체인력현황표의 부재 - 잠재인력에 관한 정보의 부재 - 노동시장의 추세에 대한 정보의 부재 - 조직구성원들의 성과무시
D. 책임분담	- 상급 책임자에 의한 계획화방법의 거절 - 계획화를 부차적인 이슈로 인식 - 계획안에 대한 상급 책임자와의 의사소통 부재 - 계획안에 대한 승인 부재 - 계획안 실천에 대한 통제활동의 부재 - 책임분담의 부적절성 인식 - 책임에 대한 공식적으로 명확하게 작성된 개념의 부족

　인력계획 보고서를 작성하기 위해서는 기업의 목표, 작업 프로그램, 다양한 계획작성 방법, 진행중인 절차, 인적자원의 내용, 잠재력 측정, 인원실태, 이직자에 대한 통계, 예상 퇴직자 및 업

적평가에 대한 정보부터 수집해야 한다.

수집된 정보의 불투명한 요소를 규명하기 위해서는 관련 책임자들과의 인터뷰가 요구되며, 이를 통해 현재 사용중인 계획과 절차의 합당성에 대한 태도를 살펴볼 수 있다.

공식문서나 인터뷰를 통하여 "하급종업원 모집은 반드시 외부로부터 충원해야 한다"는 의견이 표출될 수도 있으며, 내부승진자의 경력을 보완해주는 구체적 교육훈련 또는 모든 직급별 및 연령별 모집활동을 요구한다는 의견 등이 나올 수 있다. 그러므로 욕구사항과 인적자원에 대한 이론 및 실무간의 일관성을 유지하는 것이 감사인으로서 추구해야 할 주요 지표가 되는 것이다.

[표 7-3]에서는 인력예측활동과 관련된 전반적 문제점과 분야별 문제점을 파악하는 데 도움이 되는 몇 가지 지표를 보여주고 있다.

2. 원인진단

인력계획상 유발되는 문제와 그 원인을 규명하기 위해서는 일련의 절차를 통한 분석활동이 필요하다. **첫 번째** 단계에서는 결과치와 목표치를 비교하고, **두 번째** 단계에서는 필요성과 인적자원을 측정하기 위한 정책과 실상에 대한 조사, 그리고 **세 번째** 단계에서는 계획활동에서 사용하는 절차 및 의사결정, 의사소통과 통제활동에 대해서 검토하고, **마지막** 단계에서는 인력계획에 따른 구성원들의 책임분담에 관하여 살펴본다.

1) 일반적 진단

인력의 과잉이나 과소 현상에 대한 원인진단을 위해서는 몇 가지 지표들이 사용된다. 공식적으로 제시된 목표치는 결과치와 비교하여 만일 그 목표가 달성되지 않았을 경우에는 부차적인 여러 인사기능상의 목표치와 비교하여 전후 일관성 여부를 분석하게 된다([표 7-3] 참조).

2) 필요성 측정

인력의 필요성에 대한 측정은 임무를 수행하는 데 필요한 자격과 능력을 가진 사원들의 수와 맡은 임무의 전문성을 파악하는 작업이다. 그러므로 인력의 필요성에 대한 측정을 위해서는 인력의 양적 · 질적 · 부서 · 근속기간 등에 대한 분석이 요구된다.

인력의 필요성이란 인적자원 요구량을 의미하며, 인원의 과잉 또는 초과시에는 당연히 인력 감축이라는 부정적인 요구[12]가 나타난다.

인력의 필요성에 대한 **적합도** 측정을 위해서는 기업의 전반적 목적 및 단기 생산계획을 고려하여 분석하고, 그 결과 인력과잉 현상을 소멸시키거나 노동력 부족을 메우기 위한 계획 및 절차를 수립하도록 해야 한다.

따라서 감사인은 회사전체 및 부서별 생산목표, 실행계획, 표준 및 예산관련 사항을 검토한 후, 생산목표와 생산인력을 비교하고, 필요인력산정의 기초가 되는 작업활동량에 대한 전반적인 정보를 수집하고 분석해야 한다. 즉 단기계획으로써 생산성 및 고용 요구활동에 대한 확인, 사직 및 해고, 예비퇴직 또는 퇴직의 형태로 나타나는 사퇴 가능성 등에 대한 분석이 요구된다.

3) 자원 측정

인적자원은 내부 또는 외부노동시장을 통해서 조달되는 하나의 공급자원이라 할 수 있다. **인적자원의 측정**은 자격 · 성과수준 · 잠재력 등에 의해 평가되며, 확실하고 효과적인 정보에 바탕을 둔 것이다. 즉 인적자원은 개별 부서(인사팀 · 정보팀 · 생산팀 · 마케팅팀 등)에서 보유하고 있는 정보를 통하여 측정되며, 계층별 책임자들에 의해 엄격하게 적용되어야 한다.

따라서 대체인력, 성과 및 능력평가, 이직률에 대한 정보, 퇴직으로 인한 사직, 경력개발, 승진계획 및 생산성 향상의 추이와 같은 사항들이 인적자원 측정절차에 통합되어 다루어진다. 또한 인적자원에 대한 측정활동은 현재와 미래의 노동시장 추이를 비교적 상세히 파악하는 데 초점을 두어야 한다(신입사원의 이직, 신입사원의 업적평가, 우수졸업생의 유입비율 등 관련 문제에 대한 지표를 중심으로 파악).

관찰대상기업의 지속적인 인력잉여 또는 부족현상은 인적자원계획의 부적합성을 보여주는 **위험신호**이다. 만일 인적자원의 과잉현상에도 불구하고 이 문제를 다루는 공식적 기획활동이 없다면 결국 적절한 의사결정활동이 결여되어 있다는 결론을 내릴 수 있다. 이와 관련된 문제점은 [표 7-3]에서 보여주는 지표를 통해서도 살펴볼 수 있다.

4) 책임의 배분

현재와 미래의 욕구차이 및 인적자원의 차이는 이에 대한 계획수립과정, 정보교환, 통제방법 등에서 파생되는 역할의 내용과 분담방식에 의해 표출된다. 계획수립 활동에 관한 책임사항이 명시되지 않았을 경우, 부서장들은 그 필요성을 잠정적으로 도출할 것이 아니라 정확하게 인식하는 것이 필요하다.

부서장들에게 주어지는 정보가 부정확하거나 적시에 전달되지 않는다면 그 정보를 사용할 수 없거나, 의사결정을 종합적으로 할 수 없다. 또한 인사관련 정보활동이 지나치게 집권화되어 있을 경우에는 과도한 분권화보다 더욱 심각한 문제를 유발시킬 수 있다. 그러므로 감사인은 인적자원계획수립 활동의 단계별로 관련 당사자들의 **역할**이 명확히 분담되어 있는지부터 파악해야 한다('역할분담'사항에 관한 사항은 제4장의 책임분담표 참조).

5) 배치분석

일부 학계 및 실무계에서 배치전환 분석을 통하여 인사예측활동 감사를 보완해야 한다는 점이 지적되고 있다. 즉 승진과 순환보직 등 개별적 또는 집단적 인사이동과 관련된 제반 계획활동과 연계하여 인적자원계획을 수립해야 한다는 것이다. 본서에서는 단지 집단적 현상으로 나타나는 인력계획관리 문제만 다루었다.

따라서 근속년수 · 업적 · 나이 · 학력 또는 경력 등 개별 승진관련 요소에 대해서는 전략적으로 차별화하는 작업이 별도로 이루어져야 하며, 동시에 **인력배치**는 이동의 계획화 및 사원들의 배치 기간과 특히 일일 작업량을 고려하여 평가될 것이 요구된다.

최대의 생산성을 보장하는 배치활동을 하려면 표준생산 및 생산기준, 담당자의 자격사항, 그리고 담당자가 보여준 업적 등에 관한 구체적 분석이 있어야 한다.

한편 **적정 업무시간**은 결근 · 지각 · 휴식 그리고 사원들의 기대를 고려하여 평가된다. 하지만 이들 사항은 엄밀한 의미에서 인사예측을 위한 경영감사의 영역에 속하지 않는 또다른 하나의 전문적 감사영역을 형성하고 있다.

3. 제약조건 및 권고안 평가

감사인에 의해 작성된 보고서상의 강점(핵심역량)은 기업에 영향을 미치는 내 · 외부 제약조건을 고려하여 상대적으로 평가된다.

그러므로 감사인은 우선 주요책임자들의 도움을 받아 법적 환경 · 경제적 환경 · 노동시장의 상황 · 기업 내 노조활동 및 인사활동의 특성상 표출되는 제반 제약조건별 비중(가중치)을 평가해야 한다.

해고 및 채용에 관한 제도적 영향은 단지 문서상의 사실내용만을 고려할 것이 아니라 경영진의 의도까지 포함하여 살펴보아야 하며, 또한 현재시점에서 살펴보는 것 이상으로 미래의 노동시장 추세에 대한 광범위한 평가활동도 요구된다.

이처럼 초과인원의 표출현상이 경제환경의 구조적 문제인지 아니면 일시적 현상인지를 살펴보고, 기업 내 의견을 달리하는 노동조합의 주장과 목적을 살펴봄으로써 기업경영 활동의 유연성에 대한 평가를 실시하도록 해야 한다. 이 점에 관해서는 '사회적 동반자(social partner)' 라는 노사간에 이루어진 단체협상의 결과가 유용한 정보가 된다.

리베뜨[13]에 의하면 "임금과 같은 직접적 보상 이외에 부가적 휴가에서부터 퇴직충당금에 이르는 모든 복지후생은 경직화되기 쉽다"는 위험이 내포되어 있으며, 특히 한 사업장의 생산활동이 줄어들 경우, 해당 예산이 타 지역으로 이전되어 집행되거나 타 지역에서도 동일하게 혜택받으려는 위험이 따르게 된다.

이들 작업의 결과는 감사인들이 권고안을 작성할 때 참고해야 하는 각종 위험요인을 평가하는 데에도 활용된다.

제3절 모집 감사

뽀스뗄(G. Postel)[14]은 "모집계획이 인력계획(예측) 활동에 의해 수립될 수 있다"는 점을 강조한다. 즉 현재와 미래의 인력 요구량에 대한 정확한 파악 없이는 모집활동이 실패할 위험이 따른다는 것이다.

실제로 **모집절차**는 정확하게 진행되어야 하고 적절하게 적용되어야 한다. 만일 기업 스스로 어떤 유형의 인력을 찾고 있는지 명확히 인식하지 못한다면 모집활동 자체가 비효과적이 될 수밖에 없다. 그래서 많은 기업들이 신규 졸업자들을 선호하면서도, 과연 이들이 앞으로 어떻게 능력을 배양할 것인지에 대해서는 경시하는 현상도 나타난다.

모집활동은 수순상으로 볼 때 맨나중에 이루어지는 활동이다. 즉 내부승진, 직위 재부여, 전환

배치 등의 방법을 모두 사용하고 난 후, 기업의 필요에 따라 외부 노동시장에 의뢰하는 방법이 바로 모집활동이다.

향후 요구되는 필요인력은 직접적으로 기업의 전반적인 목표 및 생산기획과 인적자원 실태 등에 의해 좌우된다. 그러므로 인력예측활동의 목적은 기업의 경영철학에 입각하여 경영활동상의 비효과성을 표출시키는 모집활동이 무엇인지를 분명히 제시해줄 수 있도록 설정되어야 한다.

모집에 대한 감사를 실시하기 위해서는 목표 · 정책 · 기획 · 선별절차 · 모집절차 · 환영절차 및 사직절차 등에 관한 정보부터 수집해야 한다.

우선 **모집활동에 소요되는 제반 비용**에 관한 자료와 경영평가활동으로부터 도출된 자료, 사원카드와 개인별 서류, 채용시기 및 이후의 신입사원과 이직자에 대한 통계, 범주별 종업원수, 입사시의 교육수준 및 경력과 자격조건, 채용일자 및 채용장소, 출신지역, 입사시의 담당부서 및 지위 등에 대한 통계자료를 확보해야 된다.

이렇게 작성된 정보 및 부서장들과의 면담을 통하여, 감사인은 기업의 모집정책과 모집절차의 효율성 및 효과성에 대한 측정, 현안에 대한 진단 결과, 문제의 원인에 대한 해석과 이를 해결하기 위한 방안에 대한 권고안을 작성한다.

그러므로 감사인은 판단의 기준에 대하여 명확히 알고 있어야 하며, 특히 모집절차와 모집활동에 소요되는 **비용구조**에 통달해야 한다. 여기에서 모집활동의 효율성 및 효과성을 측정하는 주요 지표는 모집단계상 나타나는 문제점들을 파악하고 모집활동의 강약점을 인식시켜주는 안내자이자 도우미 역할을 하게 된다.

1. 모집활동의 절차 및 비용

내부모집 또는 외부모집에 관계없이 **모집활동**은 인력 소요량에 대한 정의 및 분석(수요조사), 입사를 지원하는 인력에 대한 조사(공급조사), 선발과정, 채용결정, 입직과정 등의 다섯 단계를 통하여 이루어진다.

첫 번째 단계는 담당가능한 직무 및 자격요건을 포함한 직무명세서, 특기사항, 보수 및 조직도상의 직책 등을 정리하는 작업이다.

여기에는 비용지출을 인정하는 계약사항도 첨부되어야 한다. 물론 이것은 지원자들을 선별하는 데 도움이 되는 기준을 마련한다는 전제 하에 이루어진다. 요구 기능에 대한 분석작업이 완료되면 내부채용을 할 것인지 외부채용을 할 것인지를 결정하게 된다.

두 번째 단계는 내부 노동시장 또는 외부 노동시장 중 어느 곳을 선택할 것인가를 분석하는 단계이다.

외부 노동시장의 경우, 지원자는 자발적 지원자나 다양한 고용알선 기관에 의한 추천자, 또는 기타 광고 등의 경로를 통해 소개된다. 여기에서 주의할 것은 신입사원의 임무와 전문적 경험을 요구하는 임무를 분명히 구분해서 채용해야 한다는 것이다.

세 번째 단계는 선발활동의 단계로서, 수많은 지원자를 탈락시키는 작업이 동시에 이루어진다. 이를 위해서 이력서 검토, 시험 및 인터뷰 등을 통한 분석이 요구된다. 고용의 최종 단계는 일반적으로 주관부서장에 의해 채용을 결정하는 단계이다.

마지막 단계인 모집절차에는 고용주와 신입사원간의 법적 서류작성(예 : 근로계약서), 신입사원 오리엔테이션 및 생산성 증대활동에 신입사원들을 응집시키기는 적응기간 등이 포함된다.

이런 모든 작업은 당연히 **모집비용**과 모집결과로 산출되며, 모집비용은 전체 모집활동 또는 개별 모집유형별로 산출된다. 모집비용은 일반적으로 고정비와 변동비의 2개 범주로 구분되며, 총비용(지출비용 총액) 또는 신입사원의 이직을 고려한 순비용으로 표시된다.

〔표 7-4〕 모집비용

비용 항목		정보 출처
(고정비)	- 모집부서 비용	회계팀
	- 지역별 비용	회계팀
	- 재료비(감가상각비)	회계팀
	- 안내 유인물 자료비	인사팀
	- 대학 등에 대한 설명회 비용	인사팀
(변동비)	- 직무분석 비용	인사팀
	- 외부 미팅시간	회계팀
	- 광고비	회계팀
	- 입사시험 비용	인사팀 + 모집부서
	- 우편요금 : 거절 또는 소환	인사팀 + 회계팀
	- 면담비용(이직자 포함)	인사팀
	- 테스트 비용	인사팀 + 모집부서
	: 내부 또는 외부(필적 분석)	회계팀
	- 비서활동비	인사팀
	- 서류정리비	인사팀
	- 환영 오리엔테이션 비용	관리자 + 인사팀
	- 표준생산성 대비 신입사원의 생산성 차이	관리자

[표 7-4]에서는 범주별 모집비용을 44개의 다양한 세부사항으로 구분하고 있다.[16] 물론 우선은 감사인들이 개괄적인 주요 사항만 정리하는 데 만족해야 되지만, 모집절차에 개입되는 주요 관련주체들과 합의하여 모집절차를 확정하고 소요시간을 측정하며 동시에 임금수준 등을 고려한 소요금액을 산출하는 추가작업이 요구된다.

2. 모집결과 분석

분석활동은 수집된 정보들이 확실하다는 전제 하에 이루어져야 한다. 그러므로 감사인은 출처가 다른 다양한 정보에 대한 사실검증을 통해 통계수치 · 사실 · 의견 등이 현실과 일치하는지를 확인해야 한다. 다음 단계는 **법적 일치성**을 조사하고, 주요 사항과 발생 가능한 문제점에 대한 규명 및 효율성과 효과성의 관점에서 이를 **평가**하는 것이다.

1) 일치성 감사

감사인은 무엇보다 모집절차가 준수되었는지, 그리고 모집실시상 법적요건을 준수하였는지에 대해 사항별 일치성 여부를 확인한다. 또한 예산승인 사항이 정확하게 기재되었는지, 지원자 신청공고가 적법하게 이루어졌는지, 근로계약서는 완벽했는지, 정보의 보안성이 유지되었는지, 그리고 기업이 요구하는 자격요건 등 모든 안내 요구사항에 있어서 월권행위는 없었는지를 검토한다.

2) 효과성과 효율성 개념의 분석

효과적이고 효율적으로 모집결과를 평가하기 위해서 감사인은 질적 · 양적 지표를 사용하며, 분석결과와 상정된 목표간의 차이를 비교한다. 예를 들어 전문분야별로 외부에서 모집한 사원의 수와 승진한 사원의 수를 비교하면 내부승진 목표가 어느 정도 준수되었는지 확인할 수 있다.

감사인은 이같은 활동을 실행하는 데 어느 정도의 비용이 지출되었는지 확인하고, 다른 기업체에서 관찰된 관련비용과 비교함으로써 차이를 발견해낼 수도 있다. 또한 전문분야별로 비용변화치를 살펴보고, 보다 구체적으로 내부 부서에 의해 지출된 모집비용과 외부기관에 의해 제시된 모집비용을 비교한다.

내·외부 신규 모집활동에 대한 **질적 평가**는 충원활동에 소요된 시간이나 신입사원의 안정적 업무수행과 같은 관리지표를 통하여 살펴볼 수 있다. 실제로 신입사원의 이직률에 대한 분석을 통해서 이직자의 이직동기에 대한 보다 심도 있는 연구가 가능하며, 이직과 관련된 제반 정성적 문제점들을 밝혀볼 수 있다.

효과성 및 효율성 평가는 기업에 내재된 전반적 위험요인을 판단하는 기준이 된다. 그러므로 감사인들은 해당책임자들의 도움을 받아 신입사원의 이직에 대한 변화요인과 승진적체에 따른 위험, 사기저하에 따른 위험, 노동시장에서의 기업이미지 실추 위험, 생산량 및 생산성 감소의 위험, 개별 또는 집단적 갈등에 따른 위험, 인력 과부족 문제, 부적절한 모집활동에 따른 과도한 교육훈련비 지출 위험 등에 대한 종합적인 분석 및 검토를 실시한다.

3. 원인진단 및 권고안

관찰된 오류는 지표 및 실태에 의해 밝혀진 몇 가지 원인으로 설명될 수 있다. 즉 **지표 및 실태**는 모집의 목표와 기업의 전반적인 목적 및 기타 다른 기능과의 전후연결성을 분석한 결과 도출된다.

이처럼 "모집절차는 준수되었는가, 과연 모집절차가 적합한가, 아예 모집절차 자체가 존재하지 않는 것은 아닌가, 모집자 및 인터뷰 받는 지원자에 대한 교육은 적절하였는가" 하는 질문사항은 모두 지표로 사용될 수 있다.

[표 7-5]는 잠재적 문제점의 파악 및 밝혀진 오류에 대한 원인을 진단하기 위해 사용되는 지표의 예이다. 감사인이 문제의 원인을 진단하여 권고안을 제시하는 작업도 바로 여기에서 도출된 지표의 가치를 통해서 이루어질 수 있다.

'내부일치성'에 대한 분석은 다양한 모집활동의 실천방법 및 모집절차상 수행되는 각 과정별로 이루어진다. 그러므로 즉 해당 직무에서 요구하는 작업내용 및 근로계약 사항이 일관성 있게 제시되어 있는지부터 살펴보아야 한다. 근로계약을 맺을 때 과연 임금수준이 적합하게 결정되었는지를 살펴보는 것이 그 예가 된다.

또한 모집활동과 목표, 정책, 타 인사기능에서 사용하고 있는 절차, 전반적 인사정책, 타 부서의 정책과 전략 및 전사적 전략과의 상호일치성을 살펴보기 위해서는 타 인사기능에서 이루어

지는 방식이나 타 부서의 정책 및 전략이 수립되는 방식, 그리고 기업의 조직구조와 인사활동의
목표 등에 대한 분석기준을 마련해야 한다.

그것으로써 관련 기업에서 사용중인 정보시스템과 모집활동과의 적합성도 규명해볼 수 있다.
예를 들면 "신입사원의 이직 또는 성과에 대한 정보가 인사정보시스템에 통합되어 있는가", 또
는 "신입사원의 교육훈련 수준과 전체 종업원들의 교육수준간에 어느 정도의 차이 또는 일치성
이 있는가" 를 살펴볼 수 있다.

〔표 7-5〕 모집관련 잠재적 문제점 분석지표(예)

영 역	지 표
정의	- 공식적으로 구체화된 모집요청서의 부재 - 모집활동에 대한 사전분석의 부재 - 지원자에 대한 자격요구명세서의 부재 - 모집계획의 부재
지원자 집단	- 외부 대학과의 관계 부재 - 상이한 분야별 채용에 동일한 광고매체를 사용하는 무관심 - 내부노동시장의 체계적 운영 부족(승진·순환보직 등) - 게시판 소개 기준의 부재 - 신용 없는 외부 취업알선기관의 활용
채용	- 모집 테스트 방식의 타당성 결여 - 모집절차의 준수성 부족 - 이력서 내용에 대한 확인활동 부족 - 이력서에 명시된 학위와 실제 학위와의 불일치 - 신입사원의 자격에 대한 상급자의 불평
고용결정	- 모집절차의 준수성 부족 - 서명날인의 부재
입사	- 입사절차의 부재 - 신입사원 오리엔테이션 부재 - 부서별 신입사원의 이직현상 - 입사관련 서류 및 장부의 부재 - 교육훈련의 부재
근로계약서 신입사원 수습	- 서명이 결여된 입사통보서 - 근로계약서의 부재 - 근로계약서상의 내용 누락 및 착오 - 평가활동이 없는 수습기간 - 이직자와의 면담 부재

자료원 : P. Candau, Revue française d' Audit interne, No. 62, 1982년 11월-12월.

　　모집절차의 존재 및 준수여부를 확인함으로써, 감사인들은 표출된 문제점의 원인에 대한 목록작성 및 우선순위의 결정, 그리고 이를 통한 권고안을 작성하는 작업에 들어가게 된다. 이와 같은 모집에 관한 감사결과는 다음과 같이 요약될 수 있다.

　　▶ 신입사원에 관한 정보시스템의 구축

　　▶ 입사절차의 수립

　　▶ 외부 교육기관과의 교류

　　▶ 모집예산항목간의 조화

제7장 질문사항

1. 배치가능한 구성원들은 모두 총인원에 합산될 수 있는가? (총원이란 상근직 인원인가? 등록인원인가? 아니면 유급 고용인원인가?)

2. 승진의 목표는 어떻게 결정되고 있는가? (개별 업적평가에 기초한 것인가? 과거의 교육훈련 및 지식수준에 의해 결정되는가?)

3. 사직자와의 면담내용은 감사인들에게 어떤 정보의 원천이 되는가?

4. 《평균근속일수》만으로 해당 종업원들의 특징을 살펴보는 것이 불충분한 이유는 무엇인가?

5. 인사범주별 자격수준의 부족문제를 어떻게 평가할 수 있는가?

6. 신입사원의 출신대학 수준이 향상되었다는 사실이 모집의 질적인 향상으로 평가될 수 있는가? 그리고 이를 통하여 기업의 이미지가 개선될 수 있는가?

7. 인사관련 예측관리에 영향을 주는 내 · 외부 제약조건은 어떤 방법으로 평가되는가?

8. 경력관리가 인력예측활동에 대한 감사의 대상이 될 수 있는가?

9. 〔고용 확정인원수 / 고용 실시인원수〕라는 지표를 통하여 모집 주관부서의 효과성을 파악할 수 있는가? 그리고 이를 통한 기업이미지 개선효과를 파악할 수 있는가?

10. 신입사원 선발절차의 효율성은 어떻게 평가될 수 있는가?

제7장 참고자료

1. Dévelopment et Emploi, "La Durée du Travail dans L' Entreprise : Stratégie d' Analyse et d' Action", Paris, Dévelopment et Emploi, 1984. p. 48.

2. AFCOD, Ratios Sociaux, Paris, Editions d' Organisation, 1975.

3. Gautier & Lupe, Les tableaux de bord de la fonction personnel, Enterprise Moderne d' Edition, 1975, p. 76.

4. Morel C., "Les petits pièges du bilan social", Personnel, no. 264, d c. 1984, p. 40.

5. Pettman & Tavernier, Manpower planning Workbook, Westmead Farnborough(U.K.) : Gower Press, 1979 (3rd ed.), p. 32.

6. 또한 진행중인 조기퇴직의 실시시항도 고려하도록 해야 함(특히 고령 파트타임 근로자 대상).

7. Op. cit., p.37.

8. Jardillier P., La Maîtrise de l' Emploi, Paris, Presses Universitaires de France, 1982, p. 148.

9. Weiss & Morin, "Gestion Prévisionnelle des Ressources Humaines", in Pratiques de la Fonction Personnel, Paris, Editions d' Organization, 1982, p. 217.

10. Pettman & Tavernier, op. cit., p. 84.

11. Bureau du Vérificateur Générale du Canada, Audit Guide : Payroll Costs Management : Human Ressource Planning, June 1981, p. 5.

12. Fher H., Personnel Planning : A survey of Major Problems and Some Quantitative Methods, "Personnel Research in Europe," Bruxelles, Institut Europ en de Recherche et d' Etudes Sup rieures en Management, 1975, p. 3.

13. Op. cit., p.220.

14. Postel. G., "Le recrutement Prévisionnel et ses suites", Personnel, no. 162, juillet-août 1973, p. 10.

15. Poupart R., "Les Mouvements de Personnel" in Pratique de la Fonction Personnel, (D. Weiss & D. MORIN, Eds.), Paris, Editions d' Organisation, 1982, pp. 276-295.

16. Lopez M., Procédures et Coût de Recrutement des agents de fabrication, Ecully, I.S.E.O.R., mai 1978.

제8장

급여 감사

제8장 급여 감사

급여감사는 감사인들이 관심을 갖고 있는 가장 중요한 부분 중의 하나이다. 하지만 그 동안 감사인들은 급여에 대한 감사를 재무감사의 연장으로 인식하면서, 일반적으로 회계상의 수치검증이나 운영상의 문제로 다루고 있다.

실제로 어떤 방식이든 간에 자금운용에 대한 조작활동(manipulation)은 결과적으로 허위나 오류를 낳을 수 있으며 이는 반드시 기업에 손실을 끼친다. 나아가서 전산화의 진전 또한 기업의 급여지불 활동에 수반되는 위험을 증가시킨다.

반면에 **급여감사의 영역**은 계량적 특성 때문에 다른 인사기능에 비해 보다 쉽게 통제될 수 있다는 장점도 있다. 이 때문에 감사인들이 급여감사 영역을 재무감사의 자연스런 연장으로 보는 것이다.

한편 최근 들어 감사인의 관점이 급여를 단순히 지불행위에 대한 신뢰성과 일치성을 평가하기 위해서뿐 아니라, 전반적인 효과성을 평가하기 위한 관리활동의 차원으로 확대해서 살펴보는 추세로 전환되고 있다.

이와 같은 **급여감사의 목표**는 다음과 같이 열거될 수 있다.

▶ 제도 및 절차의 엄격한 적용여부에 대한 검증

▶ 급여시스템의 안전성 보장

▶ 기준에 입각한 급여활동의 효과성에 대한 평가

: 규칙성(기준일자에 지급), 정확성(예정된 정확한 액수 지급) 및 자사 종업원에 대한 신
　분확인(실수령자에 대한 지급) 등.

한편 기업의 특성과 목표에의 부합여부를 검증하기 위해 급여시스템이 어떤 방향으로 변화되
는지에 대해서도 면밀한 검토가 요구된다.

1. 급여의 절차

급여는 구성요소가 다양하고 실행 내용 역시 복합적이기 때문에 매우 복잡한 기능을 갖고 있
다. 대기업의 경우에는 1,000여 가지 이상의 세부요소들이 결합된 다양한 급여수준이 나타나기
도 한다(기본급 · 시간외 수당 · 상여금 · 다양한 보상금 · 가족수당 · 차별화 요소 · 휴가비 · 결
근 · 특별수당 · 계약만료 · 종업원 분담금 · 기업 분담금 및 보조금 · 공제액 · 종합소득세 등).

그러므로 "경리 책임자가 모든 급여명세서에 대해서 뽑을 수 있는 유일한 공통요소는 바로 이
것을 종업원들에게 지불해야만 한다는 사실이다!"라는 표현을 하기도 한다. 급여활동은 임금지
불명령서 · 지급 · 회계장부화 등 크게 세 가지 범주로 구분된다([그림 8-1] 참조).

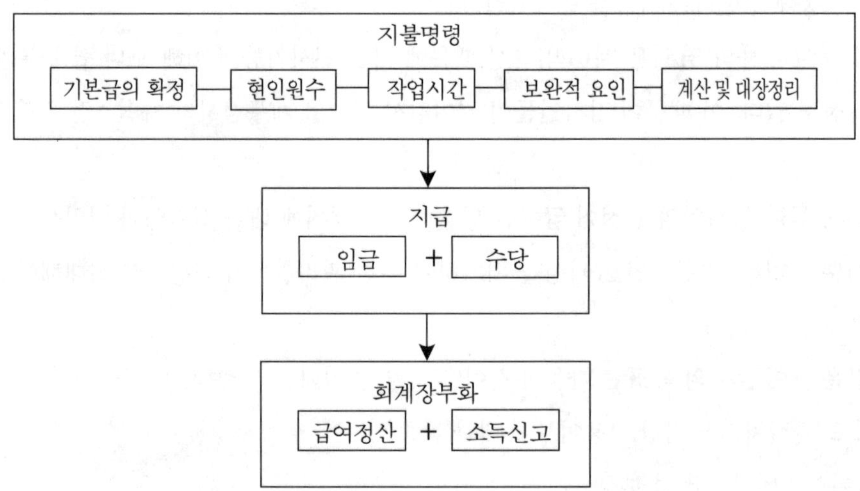

〔그림 8-1〕 급여지불의 주요 단계

급여활동에 대한 분석 역시 다양한 자료가 포함된 정보부터 축적해야 한다. 주요 정보로는 조직도 · 각 기능에 대한 정의 · 급여산정방법 · 시행절차 · 연도별 소득신고 · 임금지급장부 · 은행구좌 · 단체협약 · 본지점간의 협약사항 · 인사 및 급여대장 · 종업원 실태 및 작업시간 등을 들 수 있다.

감사의 단계마다 감사인은 급여관리와 관련된 원칙이 잘 준수되고 있는지 살펴보아야 하며, 이를 위해서는 급여의 개념, 각 기능에 대한 구분 및 통제방법의 유형 등을 고려하여 감사에 임하도록 해야 한다.

첫 번째 검토사항은 과연 **급여**가 관리의 도구로 인식되고 있는지, 아니면 단순히 종업원들에 대한 문제로만 국한되어 있는지를 확인하는 것이다. 즉 급여산정의 기초자료가 단순히 보수문제에만 국한된 것인지, 아니면 보다 전반적인 관리활동과 관련되어 있는지를 살펴야 한다.

기능의 구분이란 인력구분, 다양한 임금지급방식의 구분, 급여명세 및 지불방식의 구분, 지급방식별 회계장부의 작성, 회계장부 및 소득신고 등과 관련된 활동을 구분하는 것이다.

결국, 감사인은 통제시스템의 존재유무와 적용방식을 검증하는 데 주안점을 두며, 특히 이와 같은 검증활동은 사후 실시보다는 사전 실시가 중요하다. **사전 검증활동**이 있어야 정상적인 운영에 위배되는 오류 · 사기 · 추가비용의 지출 등을 방지할 수 있으며, 기존의 법제도 운영에 적합치 않는 사항에 대한 처벌도 가능하기 때문이다. 한마디로 감사인은 규칙적이고 정확하며, 기준에 적합한 급여활동이 이루어질 수 있도록 적절한 통제활동을 수행해야 한다는 것이다.

흔히 필요한 정보를 수집하기 위해서 감사인은 검증해야 할 질문과 요지를 담고 있는 **체크리스트**기법을 사용하게 된다. 체크리스트 방법은 빠지는 부분 없이 체계적인 검토를 하는 데 유용하다. 또한 급여명세에 대한 설문조사가 필요하기도 하는데 주로 표본추출방식으로 실시한다. 그 결과 공식적 규정에 입각하여 지불했는지, 그리고 인사대장의 기준과 일치하고 있는지를 검증할 수 있다.

이와 같은 **급여감사**는 단적으로 "현 실태를 파악하기 위한 지표를 중심으로 개별 급여활동에 대한 통제, 문제발생시의 진단과 책임규명, 그리고 궁극적으로는 이와 같은 문제점을 치유하기 위한 권고안을 작성하는 활동이다"라고 정의될 수 있다.

2. 임금지급 활동 분석

급여지불 활동 단계에는 기본급 수준, 현행인력, 작업시간, 기타 보완적 요소(급여의 세부항목 · 가불임금 · 종업원에 대한 대출 등) 및 급여산정 프로그램 등에 대한 검사 활동들이 포함된다.

1) 기본급에 대한 분석

주에(C. Jouet)[1]의 주장처럼 기본급에 대한 첫 단계 분석작업은 집단적 또는 개별적 임금인상 문제를 고려하면서 인사대장의 기록대로 담당직무별로 급여가 적정하게 산정되어 있는지를 살펴보는 것이다.

기본급을 결정하는 작업은 기본급 결정을 위한 절차의 존재 및 적용에 대하여 살펴보는 것이다. 그러므로 "직무분류에 상응하는 급여수준으로 채용되었는지, 단체협상의 결과를 중시하였는지, 그리고 의사결정의 결과가 증명될 수 있는 문서가 정리되어 있는지, 책임자의 결재서명과 관련 담당자가 기재되어 있는지" 등에 대해 살펴볼 것이 요구된다.

또한 일부 종업원들에 대해서는 과연 **'직무분석지표'**가 적합하게 도출되어 있는지에 대해서도 살펴볼 필요가 있다. 한편 집단별 또는 개인별 **급여인상**에 대한 검증도 이루어져야 한다. 급여인상에 대한 검증활동은 무작위로 추출된 사원들의 급여명세서를 통하여 1년 동안 나타난 변화를 살펴보는 것이다. 이를 통하여 개별 급여수준에 어느 정도의 성과급이 정확하게 주어졌는지도 확인할 수 있다.

2) 정원(T/O)에 대한 검증

정원에 대한 검증은 정원 또는 현원에 대한 정확한 급여지불이 이루어졌는지를 확인하는 작업이다. 그러므로 감사인은 급여수령인원과 현재인원간의 비교, 금년도(N년도)와 지난 해(N-1연도)간의 급여수령인원 차이분석, 급여명세서의 숫자와 등록인원수간의 차이 등에 대한 분석 및 각종 급여명세서간에 동일한 급여명세서가 얼마나 나타나는가에 대하여 살펴보아야 한다.

또한 인력의 유형, 즉 파트타임 종업원, 수습 및 견습사원, 계약직 종업원 등 비일반직원의 전체인력대비 점유비가 어느 정도인지, 그리고 연간 몇 명 정도가 활용되었는지에 대해서도 살펴보아야 한다. 이들 다양한 분석결과를 통하여 흔히 일컫는 '유령인력', 즉 실제 회사를 떠났지만 급여지출은 이루어진 인력이 얼마인지도 확인해야 한다.

한편 기존 정원상의 문제점을 파악하기 위해서 감사인은 일정한 지표를 활용할 수 있다. [표 8-3]에서는 이와 관련된 지표를 보여주고 있다.

3) 작업시간에 대한 통제

작업시간 통제는 출근시간, 퇴근시간, 작업시간 및 추가근로시간 등의 존재유무 및 관련정보를 수집하는 과정에 대한 분석활동을 의미한다. 이를 위해서 감사인은 우선 관련정보가 신뢰성 있게, 그리고 필요한 시점에 정확하게 주어지는지부터 살펴보아야 한다.

예를 들어, 감사인은 경리팀에서 급여관리를 준비하는 데 소요되는 시간 및 정확한 정보가 확보되는 시간, 수정이 필요한 정보가 재처리되는 데 소요되는 시간, 책임자 결재에 소요되는 시간, 회계분석에 요구되는 기간 등에 대한 분석을 해야 한다.

한편 **'시간에 대한 통제방법'**은 종업원의 유형(하급종업원, 사무직 근로자, 현장감독층 및 관리자 등), 인사정책 및 사업특성 등에 따라 달라진다[2]. 물론 문제점을 파악하기 위한 지표들도 실제로 열거될 수 있으며([표 8-3 참조]), 오류수정을 위한 재처리 작업에 소요되는 시간측정 및 오류수정 자체의 결여 등도 분석내용이 된다.

4) 보완적 요소에 대한 통제

보완적 요소란 생산활동과 관련된 제반 수당들과 관련된 것으로 생산직 근로자가 처한 직무상황 및 다양한 가불방식(대출 · 담보 · 임대 · 가불 · 사전공제 등) 등을 의미한다. 또한 사전허가 · 수당총액 · 개인별 수당지급액 · 대출원금 및 이자 상환액 · 가불수준의 상한선 유지[3] · 당사자의 직급 및 자격이 급여수준과 관련하여 적합한가 하는 지급절차 및 적용방식 등도 보완적으로 검토되어야 할 사항이다.

지역적으로 먼 거리에 공장 또는 작업장을 갖고 있는 기업의 경우, 출장비 항목에 대한 감사도 실시하는데, 이는 출장거리가 **단체협약**에 제시된 거리보다 가까운 경우에도 과대한 출장비가 지급되기 때문이다. 마찬가지로 노조 전임자 및 종업원 대표의 활동비 역시 감사의 대상이 된다. 이는 절차에 맞게 그리고 정확한 수준으로 지급되었는지를 살펴보기 위한 것으로, 활동비 기본금액에서 기지급금 및 미지급금이 제대로 공제되었는지를 확인하게 된다[4].

5) 급여산정 및 지급준비 상태에 대한 통제

급여지불명령의 실행과정상 검증해야 하는 마지막 단계는 급여산정 및 급여관련 정보에 대한 감사라는 두 가지 유형의 감사로 이루어진다.

급여산정의 제반 항목, 즉 정원(T/O) 및 작업시간으로부터 기본급을 산출한 총액과 지급할 총액에 대한 검증활동은 간혹 재산출하는 작업이 요구된다. 즉 감사인은 급여산정의 준비단계에서 나타나는 결과와 이들 재산출 결과를 비교하여 오차를 검증해야 한다.

급여산정에 대한 감사는 개개인의 급여에서 일일 총액급여수준에 이르기까지 세부적으로 보여주는 자료가 마련될 경우 쉽게 이루어진다. 월말까지 관련정보가 처리되지 않아 보통 20일에서 25일 사이에 주어지는 급여가 지급되지 못하는 현상이 발생한다면 다음 달에 반드시 관련정보를 밝혀주거나, 아니면 수작업으로 계산된 내용을 보여주어야 한다. 이 때문에 급여지불 총액과 급여명세서의 지불합계간에 오차가 발생하게 되며, 기타 소득신고 사항 및 사내 통계자료상의 오류도 발생할 수 있다.

급여를 **전산화**하는 경우, 흔히 급여산정에 대한 감사활동은 수당명세 및 급여관련 프로그램이 적합한지에 대한 평가까지 이루어진다.

예를 들면, 감사인은 하청업자의 성실성에 대한 평가, 하청계약사항에 대한 검토, 하청업자 인사카드 및 거래명부의 소재 및 접근가능성 등에 대한 검토, 하청업자의 생산중단이 발생할 경우 이에 대한 대체안에 대해서도 검토할 것이 요구된다. 이를 통하여 책임소재에 대한 진단, 즉 운영상의 기밀성과 하청생산 서비스의 규칙성이 어느 정도 잘 지켜지고 있는지도 살펴볼 수 있다.

급여전산화 작업이 기업내부인력에 의해 이루어졌을 경우에는 전산화 작업의 신뢰성 평가를 위해 필요에 따라서 전산 프로그래머들에 대한 감사를 실시할 수도 있다.

한편 **급여지불** 활동은 급여일지, 급여명세서, 소득신고 및 급여관련 통계자료의 작성을 통하여 이루어진다. 그러므로 발생가능한 오류를 확인하기 위한 급여일지에 대한 검토가 완료되면 경리팀에서 급여가 지출될 수 있도록 급여명세 자료를 인쇄하여 각 해당부서에 전달한다. 감사인은 수신처에 관련자료가 제 때에 전달되었는지 살펴보고, 급여대장이 법적기준에 따라 안전하게 보관되어 있는지도 확인해야 한다.

3. 급여지불에 대한 통제활동

　급여지불에 대한 통제활동이란 월급, 가불 및 해당기관에서 공제하는 각종 공제절차에 대한 감사를 말한다. 즉 "급여가 주어져야 할 당사자에게 제대로 지급되었는지, 일부 금액 중 지체된 사항은 없는지, **급여명세서**는 납득할 수 있도록 작성되었는지, 그리고 금전출납상의 안전관리는 잘 되었는지" 살펴보는 작업이다. 감사인은 임금지불명령서의 역할과 다양한 자금관리방식의 역할이 적정하게 분담되어 있는지에 대해서도 검토한다.

　예를 들면, '**창출가치**'와 '**임금총액**' 간의 적합성, 세금공제전 임금총액과 실제 지불해야 할 임금총액간의 적합성 등의 지표를 통해 역할분담의 적합성을 검증할 수 있다. 감사인은 또한 월별 은행 인출금액과 지급해야 할 임금총액이 맞아 떨어지는가를 확인해야 하며, 마찬가지로 법정수당과 법정외 수당이 규정대로 정확하고 적시에 처리되었는지도 살펴보아야 한다.

　기타 사회보장제도에 따른 질병 또는 의료비 환급분에 대한 감사(기업에서 사회보장금을 적립하고 있을 경우에만 해당됨) 및 일부 납입금의 법적 강제성 조항에 의거하여 부분적인 수정조치도 요구된다. 즉 종업원들의 교통비 보조를 위하여 해당 수당에 대한 납입금은 적립했으나 실제로 교통비 지급이 전혀 요구되지 않는다면 이에 대한 시정조치를 명할 수도 있다.

4. 급여산정 활동에 대한 분석

　회계담당자와 전산담당자간의 역할이 구분되어야 하듯이 급여나 수당을 공표하는 부서에서 급여산정 작업을 동시에 맡아서는 안 된다.

　회계감사에서는 계산상 확인된 오류를 수정하기 위한 정리작업이나 지연 또는 취소되어 기재가 누락되어 흔히 《보류》된 상태를 파악하고 있다. 예를 들면, 3개월 이상 계속 보류되어온 문제점들은 새로운 기록 및 회계처리 결과에 의해 해결해야 한다.[5] 또한 원가회계에 대한 검토를 통해서는 인건비가 정확하게 계상되었는지를 살펴보아야 한다. 신고소득에 대한 분석 역시 사업체별, 그리고 공제항목별로 입금되어 있는 계좌증명 등을 통하여 다양한 감사가 이루어져야 한다

　이와 같은 급여감사는 급여활동 및 담당부서에 대한 효과성 평가를 통하여 종합적인 권고안을 작성할 때까지 계속된다.

5. 급여 담당부서에 대한 책임성 진단 및 효과성 평가

급여담당부서의 **책임성에 대한 진단**은 급여활동과 연계된 여러 주체들(관리자 · 인사팀 · 작업감독자 · 회계팀 · 경리팀 · 전산팀 및 기타부서 등)의 담당역할에 대하여 검토하는 작업이다. 대부분의 기업에서는 급여문제를 인사부서에서 다루지 않고 회계부서에서 관장하고 있으며, 아예 급여산정 작업을 전산전문업체에 위탁하기도 한다. 일반적으로 급여관련부서 및 담당자들은 정보수집 · 급여준비작업 · 지출승인 · 지급 · 회계 및 통제활동 중 한 가지 이상의 역할을 분담하고 있다.

[표 8-2]는 부서간 책임분담을 위해 작성된 도표이다. 이를 고려하지 않을 경우에는 탈세와 오류, 이중고용이나 실행되지 않은 업무의 발생 등이 쉽게 나타난다. 그러므로 책임분담표를 통하여 감사인은 보다 정확하게 급여활동이 이루어지고 있는지를 검증할 수 있다.

책임성 진단은 급여에 대한 안전성과 신뢰성 확보를 위하여, 제반 조건에 대한 감사를 수반할 수 있다.

예를 들면, "급여관련부서에의 접근가능성이 용이한가, 해당부서 직원들에 대한 교육훈련 및 경력관리는 제대로 이루어지고 있는가, 공식적인 업무(직무기술서 및 담당기능)의 분담은 적절히 이루어졌는가, 직원들의 순환보직은 제때에 이루어지고 있는가, 그리고 급여담당자의 존재여부 및 교체가 이루어지고 있는가" 등에 대한 감사활동이 필요하다는 것이다.

본 단계에서는 다양한 권한위임 또는 **임파워먼트**에 관한 연구가 동시에 이루어질 수 있다. 흔히 기업에서는 권한위임이 구두 또는 전통적인 방식으로 이루어지므로 분명하게 "누가 권한을 갖고 있는지(비용지출의 한도액 설정), 누가 결재를 하는지, 어떤 경우에 복수결재가 요구되는지, 위임의 형식과 날짜는 어떻게 결정되는지, 그리고 누가 누구에게 권한을 위임하는지" 등에 대한 구체적인 검증활동이 요구된다.

그러므로 **급여서비스** 활동 문제는 실제로 기업 전체의 효과성 평가문제로 다루어진다. 소이어에 따르면[6], "급여서비스 활동은 업무량이 많을 때, 본 활동을 맡을 수 있는 정식직원의 숫자를 예측하는 데 초점을 두는 경향이 있다."는 것이다.

급여서비스 활동이 순조롭지 못한 경우에는 불황시의 초과인원 발생, 효율성의 저하 및 사회적 분위기의 저조 등의 현상이 나타난다. 급여서비스 활동의 효과성은 생산량과 생산인원이라는 계량지표 및 급여서비스 활동에 대한 비계량(질적) 지표를 통해서 알 수 있다.

〔표 8-2〕임금기능상의 책임분배

주관업무 \ 부서	관리자	인사팀	직반장	회계	경리	전산	기타
- 채용							
- 퇴직							
- 승진							
- 분류							
- 직무기술서							
- 제도 및 절차							
- 인사대장							
- 개인인사기록부							
- 집단 급여인상							
- 개별 급여인상							
- 수당							
- 출근관리							
· 추가 작업시간							
· 작업 공제시간							
- 결근관리							
- 수당 변화							
- 보너스							
- 주택공제							
- 담보공제							
- 분할지불금							
- 대출관리							
- 가불관리							
- 구좌결산							
- 급여증명							
- 은행이체							
- 식대							
- 의료보험							
- 분담금 지불							
- 신고증명							

자료원 : M. Jouet : Audit des rémun rations et des charges. 1re partie :《Contrôle des rémunérations》,
Revue française de l' Audit interne, no 18, jan-fév., 1974, p.36.

즉 대기업의 경우, 직원 1인당 적정업무는 350장에서 400장에 이르는 월급명세서를 취급하는 것으로 설정될 수 있으며, 연간 다룬 전체 급여명세서를 부서인원으로 나눈 값 역시 참고기준으로 채택될 수 있다.

하지만 이와 같은 지표들은 각 기업별 특성, 전산화의 수준, 작업량의 변화, 종업원의 수 및 자격수준, 업무의 유형 및 사업분야 등을 고려하여 상대적으로 평가해야 한다. 마찬가지로 급여활동의 기술적 효율성을 평가하기 위해서는 오류나 지체 및 제반 비정상적 상태를 분석하기 위한 지표를 사용한다.

6. 종합 및 권고안

직면하고 있는 문제점에 대한 진단에는 이 때문에 기업이 부담하게 되는 위험 및 비용에 대한 평가작업이 수반되어야 한다. [표 8-3]에서는 다양한 지표의 가치를 통해 표출되는 각종 위험요소들을 보여준다.

실제로 부정이나 사기에 따른 위험은 관리활동상의 비효과성에 따른 위험보다는 덜 중요하며, 자주 나타나지도 않는다.

기타 통제활동의 부족으로 인한 초과비용의 발생, 급여서비스 인력의 초과 또는 부족상태 등의 오류도 흔히 발생된다. 한편 급여감사를 통하여 전산시스템의 효과성, 사용된 데이터 베이스의 타당성 검증, 통제시스템의 존재와 적용 및 적합성 등을 평가할 수도 있다.

권고안은 논리적으로 사실이 증명된 사항을 기초로 작성된다. 그러므로 권고안을 작성하기 위해서는 발생비용, 담당직원의 자격평가 및 감수해야 할 위험, 그리고 기업 내 급여활동이 관리의 주요 도구로 인식되고 있는지 아니면 단순히 직원에 대한 급여지급활동에 국한되는지에 대한 구체적 분석이 요구된다.

〔표 8-3〕 급여활동상의 잠재적 문제점 분석지표 (예)

급여의 영역	지 표	위 험
1. 급여지불 명령		
A. 보수의 기본요소	- 채용시 급여 지급승인 부재	초과비용
	- 개별 임금인상 승인서 부재	감사부재
	- 법조항과 단체협약 사항간의 불일치	벌금
	- 영업실적에 따른 성과급의 미지급	초과비용
B. 고용인원	- 종업원 명단의 수정승인서 부재	사기/초과비용
	- 정기적 인사자료의 지체	부당한 지급
	- 인원수와 임금 명세서의 불일치	오차 · 실패
	- 동일인에 대한 중복지급	오차 · 실패
	- 직원 분류색인표의 부재(학생, 파트타임 고용직 등)	
	- 청구되지 않은 임금명세서	가공(유령)직원
C. 작업시간	- 시간조정 이유에 관한 요약사항 재검토 부재	오류의 재발
	- 인정되지 않은 시간조정에 관한 재검토 부재	오류의 재발
	- 동일 부서, 동일 인물에 대한 시간외 근로시간의 변동	통제부재의 불공정성 발생가능성
D. 추가요인	- 특정인물에 대한 심각한 가불초과	
(예: 가불)	- 정당한 가불이유의 부재	미상환
	- 관리자 또는 상사로부터의 가불여부	통제부재
	- 부채 상환의 지연	
E. 급여산정	- 프로그래머의 급여통제에 대한 감사부재	사기
	- 시행절차 매뉴얼의 부재	통제부재
	- 정산단말기에 대한 자유로운 접근	
	- 급여프로그램 변화에 대한 승인부재	통제부재
	- 다년간 바뀌지 않은 급여프로그램 운영키	사기
	- 오류에 대한 재검토 부재	새로운 오류
F. 자료의 편집	- 급여기록 보존에 대한 법률적 기간의 미준수	벌금
	- 급여대장 · 월급고지서 · 급여신고서 · 통계표간의 불일치	오류
	- 적시에 도달되지 않은 수신부서 목록	비밀공개
	- 별도 보존되어 있지 않은 사본	자료분실
2. 지급	- 청구되지 않은 자에 대한 지불	가공(유령)직원
	- 호송경찰 없는 현금운반	도난발생
	- 지불총액에 미달되는 급여총액	
	- 입출금 총액간의 불일치	오류
	- 은행이체에 대한 월별 검증의 부재	통제부재
	- 입금총액과 지불총액간의 불일치	
	- 각종 사회기관에의 지불지연	벌금
	- 신고된 소득금액과 회계상의 급여총액간의 불일치	오류
3. 회계	- 지불명령자와 회계원간의 역할 혼동	사기
	- 은행계좌와 급여신고간의 불일치	오류
	- 해고 및 정직자의 수	
	- 오류수정의 지연	손실발생
4. 책임분담	- 이력서 검증 없는 급여관련부서의 직원모집	사기
	- 동일인물에 의한 급여지불 명령 및 지급	사기
	- 기능(책임내용)에 대한 불분명한 정의	오류
	- 급여관련 부서 내의 비계획적인 인력 교체	사기 · 오류

제8장 참고자료

1. Jouet C., "Audit des rémunérations et des charges", 1re partie : "Contrôle des rémunérations," Revue Française de l' Audit Interne, no. 18, janvier-février. 1974.

2. Jouet C., op. cit., p. 32.

3. 본 사항에 대해서는 제4장의 절차분석 내용을 참조할 것.

4. Jouet C., op. cit., p. 32.

5. Maillard R., "Audit des rémunérations et Charges Afférentes", 2e partie : "Vérification d' une paie informatisée", Revue Française de l' Audit Interne, no. 18, Jan.-Fév. 1974, p. 46.

6. Sawyer, op. cit., p. 148

제9장 보상 감사

제9장 보상감사

보상감사는 다양한 보상방식간의 상호연관성 및 실천과정에 대한 검증활동으로서, 일반적으로 **목표에 대한 분석**부터 실시한다. 그러나 총액임금과 관련된 제반 요인의 발전상에 대한 분석을 먼저 실시하고 보상의 목표 및 정책에 대한 분석을 나중에 실시하기도 한다.

모든 보상은 공식적으로 기업 또는 경영자가 제시하는 초기의 요구사항에 의존되어 있다. 즉 총액임금의 주요 **파생요인**으로부터 결정적인 원인을 밝힐 수 있는 변화실태를 연구할 수도 있으며, 조기경보방식으로 변화에 영향을 미치는 핵심요인을 추적하고 예견할 수도 있다.

그 결과 보상의 영역뿐만 아니라 인사기능 전반적으로, 채택된 정책과 목적의 타당성에 관한 일련의 질문에 대한 분석도 가능하게 된다. **보상감사**에는 임금, 수당 및 사회보장 등과 같은 다양한 영역이 포함된다. 본장에서는 임금정책, 총액임금 및 임금구조 등에 대하여 중점적으로 살펴본다.

제1절 임금정책 감사

보상은 인사기능에 내재된 모든 의사결정의 결과를 금전적인 개념으로 표현하면서 동시에 인사기능의 기본요소를 구성하는 것이다. 그러므로 기업의 보상정책을 이해하는 것은 매우 중

요하다. 보상정책은 일목요연하고 분명한, 그리고 일관성 있는 목표를 전제로 하여 수립되어야
한다. **보상정책의 효과성**은 한마디로 "종업원들의 기대에 부응하는 기업목표의 적절성과 그
목표의 실현에 달려 있다".

동시에 보상정책은 신뢰할 수 있는 감사시스템에 의존되어 있으며, 사전에 공식적으로 정립
된 목표와 분석결과를 상호비교함으로써 그 효과성을 평가할 수 있다. 주로 보상은 **'관리적'** 방
식보다는 **'제도적'** 차원에서 결정되기 때문에 동기유발에 실패하는 경우가 많으며, 실제로 종
업원들은 보상수준과 성과수준간의 관계를 이해하지 못하는 경우도 자주 발생한다.

매슬로우와 허츠버그의 이론에 입각하여, "임금은 일에 대한 개인의 욕구를 만족시켜주는 가
장 중요한 요인이 아니다"라는 종종 잘못된 평가를 받기도 했었다. 물론 이들 두 사람이 똑같은
주장을 한 것은 아니다. 허츠버그는 임금을 동기유발 요소가 아닌 불만족 해소를 위한 **위생요인**
(hygiene factor)으로 가정하였으나, 임금에 내재되어 있는 불만족 요인 자체보다는 보상관리의
방식에 따라 「만족·불만족」 수준이 달라진다는 데 초점을 두었다.[1]

이처럼 보상은 종업원들이 제공하는 노동에 대응하여 기업에서 그 생산요소에 대한 대가로
지불하는 하나의 경제적 상호작용으로만 간주되어 왔다.

그러나 임금은 종업원 개인별로 다양한 욕구에 대한 만족을 부여하는 수단이자 종업원들의
행동방식을 결정짓는 주요 원인변수가 된다. 그러므로 보상은 심리적 측면을 갖고 있으며, 특히
임금의 공정성 문제가 가장 중요하다. 또한 보상은 사용자와 사회적 파트너인 노조나 종업원
대표와의 협상대상이 된다는 측면에서 상당히 **정책적**인 특성도 지니고 있다.

그러므로 임금정책은 단순히 기업의 지불능력과 연계된 인건비의 통제에만 관련된 것이 아니
라, 종업원들의 책임과 성과가 보상에 어떻게 연계되는지를 고려한 종합적인 정책으로 정립되
어야 한다.

그러나 흔히 기업에서 임금과 관련된 공식적 목표가 결여되어 있다.

물론 목표를 명확하게 정립하는 데 장애가 되는 요인은 다양하게 존재한다. 아예 임금정책이
고정되어 있다거나, 부하직원들의 개별성과를 비교하는 활동 자체를 꺼린다거나, 부하직원들과
의 관계악화에 대한 우려 및 임금에 대한 의사교환 없이 일방적으로 결정된다거나, 보상에 대한
대종업원 설문조사 활동이 없거나, 종업원들의 욕구와 무관한 임금결정 기준을 도입하는 것들
이 대표적인 장애요인들이다.

이러한 **장애요인**은 특히 유럽보다 미국에서 쉽게 확인된다. 나아가서 법정생계비 지수[2]와 연

계된 성과를 고려하지 않은 측정지표가 설정될 경우에는 종업원들의 동기유발을 저해시키기도 한다. 또한 구매력(또는 인플레)에 대한 《자동적》 보상 때문에 임금 인상분이 잠식되거나, 성과급 역시 의미가 상실될 수도 있다는 점에 유의해야 한다. 이처럼 보상정책과 연계되어 다양한 목표가 존재하는 것은 오히려 임금정책의 효과성을 평가하는 데 장애가 된다.

그러므로 **보상목표의 효과성**을 평가하기 위해서는 목표의 일치성, 하위목표로 제시된 지표의 적합성에 대한 검토 및 보상관리에 수반되는 각종 장애요인에 대한 평가와 종합적인 결과에 대한 평가 등이 필수적으로 요구된다.

1. 임금정책의 기준

보상활동에는 복합적인 목표가 주어진다. 헨더슨(R. I. Henderson)[3]은 **보상관리**에 다음과 같은 **5대 기본 목표**가 있어야 한다는 점을 주장한다.

① 경영철학의 반영

② 직위간 합리적 계층의 유지

③ 내적 공정성의 개선

④ 노동시장에서 기업의 경쟁적 지위 확보

⑤ 평가시스템과 임금정책간의 종합적 적합성 확보 등

한편 떼리오(A. Theriault)[4]는 보상과 관련된 조직의 암시적 또는 명시적 목표를 다음과 같이 열거하고 있다.

① 인적자원의 목표를 만족시켜주는 질적·양적 인력의 유입

② 질적·양적 성과수준의 달성

③ 무단결근과 이직비율 및 관련비용 예측

④ 개별임금수준에 대한 만족도의 적정선 유지 등

이들 목표는 내부적·외부적 공정성, 평가활동, 자극의 수준 및 특성, 보상체제의 명료성, 안전성의 보장 등의 다양한 세부지표를 통하여 구체적으로 분석된다.

외부적 공정성은 임금관련 설문조사가 편견 없이 실시되는 것을 전제로 하여, 노동시장에서 요구되는 자격을 엄격하게 비교함으로써 판단할 수 있다.

내부적 공정성은 서로 다른 직위(직급)사이에 가장 합리적인 임금계층이 존재한다는 것을 의미하며, 개인의 임금인상과 성과목표도 객관적으로 고려해야 한다는 점을 주장한다. 이처럼 내부적 공정성은 업적에 따른 임금인상 및 승진이라는 '자극 보상시스템'의 특성을 전제로 하고 있다.

다양한 임금정책상의 목표에 대한 **가중치 부여** 방식은 "기업의 경영철학이 어떻게 제시되어 있는가"에 따라 달라진다. 가중치는 직책수당 · 가족수당 · 근속수당 등의 제반 수당이 어느 정도, 그리고 어떻게 주어지는가로 알 수 있으며, 이를 통해 종업원들의 '직무몰입(job involvement)'과 '조직몰입도(organizational committment)'를 증대시킬 수 있다. 유리한 조건으로 주택마련 대출을 해준다던가, 기업 내 재직연수에 따른 근속수당이나 사회적 혜택을 부여해주는 것이 그 예가 된다.

기업에서는 이와 같은 복리후생을 실시함으로써 종업원 또는 노동조합과의 갈등을 사전에 해결하는 노력을 기울인다. 십슨(R. E. Sibson)[5]과 같은 실용주의 학자들은 기업이 추구하는 목표에 따라 세 가지 범주로 구분한다.

첫 번째 범주에 속하는 기업은 극단적으로 방어적인 목표를 채택하고 있다. **'방어형'** 기업들은 뜻밖의 임금문제가 발생하거나 발생하려 할 경우, 모든 고민사항을 무조건 회피하는 기법을 사용한다. 즉 경쟁기업에서 높은 상여금을 주기로 동의하면, 방어형 기업에서도 그만큼 상여금을 인상하는 정책을 펼친다.

두 번째 범주에 속하는 능동적 기업에서는 보다 적극적으로 임금정책이 기업목표 실현에 직접적인 기여를 하도록 유도한다. 즉 **'능동형'** 기업에서는 경쟁우위를 유지하기 위하여 기업목표 달성의 경제적 자극제가 되도록 성과에 따른 상여금을 지급하는 임금구조를 갖는다.

마지막 세 번째 범주에 속하는 기업은 임금목표를 다른 영역의 목표 및 전사적 경영전략사항에 통합시키고 있다. 이처럼 **'통합형'** 기업에서는 일관성과 효과성 및 조직개발에 초점을 둔 임금정책을 펼친다.

그러나 **보상정책의 효과성**은 "임금의 목표와 종업원의 기대 사이에 균형이 유지될 경우에만 가능하다"는 점을 인식해야 한다.

종업원들은 외부적 · 내부적 공정성, 동기유발을 촉진시켜주는 자극 성과급적인 특성 및 안정성 등이 수용되고, 공정성의 수준에 따라 보상에 대한 판단을 하게 된다. 그러므로 누구에게나 동일하게 주어지는 집단적 · 간접적 보상인 사회적 혜택을 제외한 직접적인 보상만을 다루는 것이 바람직하다.

한편 **사회적 혜택**은 근로의욕을 촉진시켜주는 효과가 미미하고, 대부분의 종업원들은 어느 정도가 적절한지도 모르고 있다.[6] 실제로 사회적 복리후생에 대한 종업원들의 선호도를 살펴보기 위한 앙케이트 조사조차 거의 실행되지 않고 있는 실정이다.

반면에 종업원들의 집단적 욕구 및 사회적 선호도는 나이 · 지위 · 가족에 대한 책임 · 배우자 및 자녀의 나이 등에 따라 달리 나타난다.[7]

종업원들은 기업의 재무상태, 담당직무의 가치, 동등직무나 경력 및 동등 학력에 있는 동료직원과의 업적비교, 승진의 가능성 및 모집정책(모든 직급을 대상으로 외부영입에 의존하거나, 하위직급자를 대상으로 내부승진을 유도하거나 근속에 따른 승진 실시) 등을 고려하여 다소 불완전한 방법으로 **내부적 공정성**을 평가하는 경향이 있다.

또한 종업원들은 자신의 과거 임금에 대한 인식, 조직에 대한 기여도, 업무의 강도, 금전적 욕구 및 복리후생의 내용 등에 의해서 종합적으로 임금에 대한 인식을 달리한다. 이로써 임금에 대한 내부적 공정성을 판단하기도 한다. 그러므로 모든 요소들은 종업원이 임금구조, 성과에 대한 평가, 임금인상 및 기본급 결정을 위한 제반 기준 등에 대한 이해와 인식의 차이에 따라 다르게 평가되고 있는 것이다.

보상의 자극제적인 특성은 이를 종합적인 지각활동으로 해석한 브룸(V. H. Vroom)[8]의 이론에 의해 설명된다.

첫 번째 지각단계는 어떤 결과에 도달하기 위해 투입되어야 할 노력의 정도와 결과가 비슷한 작업상황에 직면한 과거경험 및 자신에 대한 평가정도에 따라 좌우되는 관계를 지각하는 것이다.

두 번째 지각단계는 성과의 다양한 단계와 그에 대한 혜택 사이에 존재하는 관계를 지각하는 것이다. 이후 종업원들은 결과에 따라 차별적으로 나타나는 가치를 인정하게 된다.

산출된 결과(업적)는 종업원의 욕구를 충족시켜줄수록 보다 중요한 것으로 평가된다. 그러므로 내부적 공정성은 욕구의 성격 및 기대보상에 대한 만족도에 의해 결정된다.

결과적으로 "종업원들은 ① 자신에게 요구된 것 이상으로 할 수 있는 능력이 있다고 스스로 평가하며 ② 성과가 긍정적인 결과를 가져다줄수록 더욱더 노력하게 된다(즉 자신의 기대가 충족될수록 동기유발이 강하게 나타난다)"는 것이다. 그렇다고 노력의 결과가 곧바로 성과로 이어지는 것을 의미하지는 않는다. 즉 성과는 개인의 노력 이외에 적성과 자신의 역할에 대한 확실한 인식 및 업무수행에 요구되는 수단의 구비 등에 의해 결정된다.

이와 같은 **브룸**(Vroom)**의 이론**은 "임금이나 기타 보상의 요소는 종업원 스스로 중요하다고 생각하는 업적과 연계될 경우, 차후의 목표달성을 위한 노력도를 증대시키는 효과가 있다"는 점을 밝혀준다.

임금정책을 분석하는 데 있어서 단순히 종업원의 기대사항 분석만으로는 충분하지 않으며, 적어도 기업의 임금관련 목표설정에 있어서 기업의 재량권 및 제약성에 대한 분석이 병행되어야 한다.

2. 제약조건의 결정

외부 제약조건들의 **영향력**은 외견상 법 · 제도처럼 동일하게 주어지는 것 같지만, 실제로 기업의 특성과 상황에 따라 완전히 다르게 작용한다.

사실 최저임금의 대폭적인 인상은 기술자나 숙련공들의 비율이 높은 기업보다 최저봉급자들의 비율이 높은 기업에게 단기적으로 직접적인 영향을 미친다. 우선 가격인상으로 인하여 기업의 경쟁력이 하락될 수 있으며, 위계질서상의 혼란 및 숙련공들의 사기저하와 임금인상 요구를 유도할 수 있다. 또한 최저임금의 인상에 따라 기본급을 초과하는 상여금 지급도 나타날 수 있다.

경제상황에 따라 종업원들이 다른 방법으로 그들의 수입을 증대시킬 수 있는 방안이 없을 경우에는 추가노동시간의 감소 및 시간당 인건비 인상요구가 강하게 표출될 수도 있다. 반면에 고용유지(실업방지)를 위하여 임금인상을 자제하는 현상도 나타난다.

이처럼 임금인상에 대한 기업의 **지불능력**은 회사마다 다르므로 감사인은 이를 **매출액** 또는 **부가가치** 창출액을 고려하여 다루어야 한다. 사업장별로 협약된 최저임금과 실제로 지불된 최저임금 사이의 차이 및 차별적 적용은 과거에 일반적인 인상 수준과 타기업과 비교하여 정립된 탄력적 임금정책을 고려하여 이루어진다.

결과적으로 노동시장에서 "경쟁사에 비해 자사의 수준이 어느 정도인가"를 검토하는 작업과 경쟁사의 임금수준과 자사의 임금수준을 비교하는 작업이 동일할 수는 없다. 또한 협상에 대한 강제성을 부여하고 있는 새로운 법률 역시 내부의 임금인상 압력으로 작용하게 된다.

이러한 모든 연구는 기업 재량권의 한계를 설정하고, 임금정책에 대한 분석을 통하여 구체적인 권고안을 마련하는 데 유용하게 사용된다.

3. 진단 및 권고안의 작성

감사인은 공식적 목표와 실제로 관찰된 결과간의 합일성, 대내외적 제약 속에서 추구된 목표의 부적절성에 기인한 위험성, 다양한 인사기능상의 목표와 임금정책의 목표간의 일치성 및 기업의 전사적 전략에 임금정책의 목표를 통합시키는 과정 등에 관하여 살펴보아야 한다.

이러한 다양한 관점들간의 불일치 또는 일관성의 부재현상이 표출되면, 종업원들의 사기저하, 임금인상 요구, 갈등, 총액임금의 표류, 경쟁력 상실 및 생산성 저하 등의 문제점들이 나타난다.

이와 같은 위험요소들은 기업 회계자료에 대한 검토, 관찰 및 비교, 종업원 대상 설문조사, 그리고 경영자 및 관리자들과의 인터뷰 등으로부터 도출된 지표([표 9-1] 참조)의 도움을 받아 평가된다.

한편 **임금정책에 대한 분석**은 주어진 목표와 관찰된 결과 사이에 존재하는 차이를 확인하는데에서 출발하여, 공식적으로 표명된 사항과 실제로 추진된 임금정책간의 차이, 보상시스템과 의사결정시스템 및 의사결정구조간의 차이, 임금정책의 목표와 타인사기능의 공식적 목표와의 차이, 그리고 전반적 보상관련 목표와 전사적 기업전략간의 차이 등의 상호일치성에 대해 이루어진다.

이처럼 **'공표된 가치와 관찰된 실제간의 차이'**는 쉽게 살펴볼 수 있다.

예를 들면, 경영자 측에서는 중간관리자들의 참여를 공식적으로 요구하면서도 실제로는 일방적으로 임금인상기준을 설정하며, 대외적으로는 최고수준의 임금을 지불하는 기업이미지를 갖고 있으면서 실제로는 최저수준의 임금을 지불하고, 유자격자만 채용한다는 고용목표가 실제로는 반대로 나타나거나, 최저 또는 중간수준의 임금을 지불하기 때문에 최저 또는 중간수준의 자격자를 채용하고 있는 것이다.

〔표 9-1〕 임금정책상의 잠재적 문제점 평가지표 사례

영 역	지표의 예
전 반	- 공식화된 목표의 부재 - 결과와 목표간의 차이 - 목표간의 불일치성 - 공식적 목표와 실질적 목표간의 불일치 - 임금과 관련된 목표와 다른 기능과 관련된 목표간의 불일치 - 임금과 관련된 목표와 기업의 지불능력간의 불일치 - 차이를 나타내는 요소에 대한 통제활동의 부재
시 장	- 노동시장의 임금수준에 대한 정보 부재 - 부정기적 임금관련 설문조사 - 임금조사 데이터 분석상의 오차 - 임금조사 결과에 대한 활용 부족
임금에 대한 종업원의 기대	- 종업원 기대사항에 대한 정보 부재 - 임금인상요구 · 이직 · 결근 · 생산성의 저하 - 업적과 임금간의 사전 연계성 부족 - 종업원간 실적에 따른 임금인상률 차별화 활동의 부재 - 실적 · 평가결과 또는 성과평가에 따른 임금인상의 불일치 - 실적대비 임금인상기준의 부재
내부적 제약조건	- 전체 종업원중 최저임금자의 비율 증대 - 기업문화적 특성 - 의사결정의 집권화

성과위주의 기업목표를 달성하려면 종업원들에게 동기유발을 이끌 수 있는 차별적 수당이 주어져야 한다. 그러나 직위와 직급수준에 따라 다양한 보상시스템이 갖추어져 있다 하더라도 분권화된 조직단위별 욕구를 충분히 만족시켜주기는 어렵다.

반대로 참여적이고 분권적인 **'수평적 조직구조'**에서는 상대적으로 직위나 직급의 차이가 중시되지 않으므로 구성원들의 욕구와 임금시스템간의 일관성이 높게 나타나는 장점 대신 수당이나 보너스 역시 높게 형성되는 경향이 있다.

한편 신규채용의 증대에 따라 임금이 밀려서 상승하는 경우에는 외관상으로도 개인의 고속승진 목표(노동시장의 팽창이 전제된 경우) 또는 조직의 혁신과 발전을 장려하기 위한 회사의 의지와는 무관하다는 점을 알 수 있다. 이 경우에는 오히려 승진기회의 박탈, 충분한 실적별 임금인상 가능성의 저하 및 때로는 잉여인력을 유발시킬 위험이 따른다.

마찬가지로 **근속년수**를 강조하는 것은 업적에 따른 승진 및 성과주의 정신에 반하는 방법이며, 결국 전사적 기업전략과 사용된 보상정책간의 괴리만 커지는 원인이 된다.

일단 **일관성**의 수준이 증명되면, 감사인은 관찰된 문제점들의 원인에 대한 진단을 할 수 있다. 즉 감사인은 조직 내 통제활동의 부재, 절차적용의 부재, 대내외 제약조건에 대한 고려 부족, 경영자들의 종업원 기대사항에 대한 인식부족, 잠재력 감지활동의 결여, 책임사항에 대한 불분명한 정의 및 수립된 정책과 양립될 수 없는 의사결정의 집권화 현상이 어떻게 나타나고 있는지 등에 대해 진단한다.

흔히 보상활동이 갖고 있는 **동기유발력**에 대한 경영자의 인식이 부족하거나 한편으로는 임금정책의 한계를 인식하지 못하는 것이 일관성 부족의 가장 심각한 원인으로 나타나고 있다. 이와 같은 일관성에 대한 감사활동의 권고안에서는 임금의 목표가 공식화되어 있지 않거나 분명하지 않을수록 이를 통합하고 명확하게 정의 내리기 위한 경영자들의 심사숙고하는 자세를 요구하게 된다.

감사인이 보상의 목표와 정책에 대해 분석할 경우, 무엇보다도 총액임금에 대한 감사를 통해 그 결과가 원래의 의도와 일치하는지 검증할 수 있다.

제2절 총액임금 감사

총액임금에 대한 감사는 ① 기업이나 사업장의 인건비 부담이 너무 클 때 ② 임금지출이 원래의 목표에 비해 비정상적으로 급속한 증가추세를 보이거나(임금정책의 표류현상) ③ 이에 대한 원인을 규명하고자 할 때 ④ 임금관리를 보다 효과적으로 하고자 할 때 ⑤ 단체협상에 대비하기 위한 준비작업으로서 ⑥ 또는 향후의 임금대책을 효과적으로 마련하기 위해서 실시된다. **총액임금에 대한 감사활동**은 우선 총액임금에 대한 개념과 총액임금의 구성요소를 명확히 하는 데에서 출발하여, 총액임금이 증대되는 요인을 파악하고 이를 분석하는 단계를 거친다.

1. 총액임금에 대한 정의

총액임금의 개념은 프랑스의 공기업[전력공사(E.D.F. ; Electricité de France), 가스공사

(G.D.F. ; Gaz de France), 철도공사(S.N.C.F. ; Société Nationale des Chemins de fer Français), 석탄공사(Charbonnage), 파리시 교통공사(R.A.T.P. ; Régie autonome des transports parisiens) 등의 중재 및 임금에 관한 회의절차를 개선하기 위한 뚜떼(Toutée)**보고서**[9]가 발간되면서 일반화되었다.

이후 **뚜떼** 방식은 1968년 6월에 폐기되었으나, 공기업 및 국영기업의 총액임금 변화를 확인하기 위한 방법론으로 지금도 계속 사용되고 있다. **뚜떼**의 총액임금은 분담금 공제전 보상요소의 총액으로 정의된다. 보상요소는 일반적이며 영속적인 요인들로 되어 있다.[10]

보상요인으로 확정되기 위해서는 모든 종업원들에게 지급되거나, 아니면 적어도 주요 집단 전체를 대상으로 지급되는 것이어야 한다. 또한 보상요인으로 유지되기 위해서는 정상적 근로시간에 대하여 기간에 관계없이 정기적으로 주어져야 한다.

총액임금에서 일부 종업원에 국한된 요소들, 즉 비용성격의 대표적인 수당(예 : 교통비 지급 등), 가족수당, 초과근로수당, 특별수당, 힘든 노동에 대한 수당, 특별한 지식(예 : 2개 언어구사력에 대한 수당) 등과 관련된 수당이나 상여금은 제외된다. 그러나 전체 종업원들에게 주어지는 예외적 상여금(창립 25주년 기념 특별 상여금 등)은 추가임금으로서 총액임금에 포함된다. 그러므로 총액임금에는 엄격하게 정의된 개념으로서 종업원들에게 주어지는 보상과 주택수당, 연말상여금, 휴가상여금, 생산상여금 등만 포함된다고 할 것이다.

한편 총액임금의 개념은 사회적 대차대조표상에 기재되는 **'연간 임금신고 총액'** 의 개념과는 구분된다. 왜냐하면, 사회적 대차대조표에 기재된 임금신고액에는 종업원들이 분담한 사회부조금, 임시적 비용지출 및 채용에 따른 비용 등을 공제한 금액이 기재되어 있기 때문이다.

1982년 프랑스의 '신규 일반회계 계획안' 에서는 인건비, 사회 · 미래보장비 및 기타 사회보장비(기업위원회비 및 사업장별 위원회비, 안전위생위원회비 및 기타 사회사업비, 노동현장의 의료비 및 직접세) 등을 포함시키고 있다. 반면에 본 계정에서는 임시직 종업원에 대한 비용, 집단 출퇴근 교통비, 외부 고용기관에 의뢰하여 채용할 때 드는 비용, 보상에 부과되는 다양한 세금 및 경영자들의 교육훈련참가비 등을 제외시키고 있다.

인건비를 광의로 해석할 경우에는 불법행위로 인하여 근로감독관에 의해 과해진 벌금사항도 포함된다. 또한 실무계에서는 사무실의 집기비용 및 전화비 등도 인건비에 포함시킴으로써 학교 교육 이수나 휴가로 인한 비용변화를 쉽게 파악하도록 하자는 주장도 제기되고 있다.

한편 프랑스의 사회감사인[11]에 의해 제시된 또다른 총액임금 분류방법에서는 분담금을 제외한 총액임금, 사회보장비 및 예비비(가비용) 등 세 가지 범주로 구분하고 있다.

분담금을 제외한 총액임금에는 임금 이외에 정상적인 초과수당, 작업방식과 연계된 비용(고정직무·야간업무·주말근무 등), 해당업무의 작업조건(더위·추위·오염·습기 등 따른 수당), 특별수당(판매상여 등), 임금에 포함되지 않는 근속상여, 유급휴가 및 유급연휴, 기타 유급결근(교육훈련·업무위임·육아휴가·질병결근·출산휴가·산업재해 및 출산 또는 산업재해에 대한 사회보험 공제 등), 기타 수혜(교통비·휴가수당·노후보장에 대한 수당 등)와 특히 지위별로 달라지는 퇴직·실직·사직예고기간에 대한 수당 등이 포함된다.

사회보장 분담금은 고정적 분담금(사회보장연합, 연금관리공단, 상공업 고용협회, 세무서 등에 지불), 변동적 분담금(견습비, 건축 및 의무교육세, 직장의료보험비, 기업위원회비, 근로조건 및 위생안전위원회 회비, 근로조건 개선비 및 교육훈련비 등) 및 기타 분담금(법정 최소비용으로서 총액임금의 1.1% 이상의 교육훈련 추가비용, 노후보장 대책비, 퇴직관련 법정추가비용) 등으로 구분되며, 이들 분담금은 대부분 법적으로 의무화되어 있다.

사회보장 분담금에 대한 이와 같은 정의는 직접 인건비, 작업조직 및 해당직책별 추가비용, 지위에 따른 부가적 보상 및 다양한 사회보장비를 산출하는 데 매우 유용한 개념이 된다. 이를 통하여 총액임금에서 차지하는 이들 요소들의 상대적 중요성도 설명할 수 있다. 기타 요소별 총액을 계산하거나 항목별 평균 급여비용을 해당 종업원의 수 또는 총작업시간수로 나누어 계산하는 방법도 강구할 수 있다.

한편 이들 작업은 경리팀·회계팀·예산팀·총무팀 등 모든 기능 부서에서 접수된 정보와 자료를 기초로 하여 분석된다. 그러나 동일한 목적을 추구하지 않는 이들 부서간에는 간혹 상이한 방식으로 총액임금 요소를 설정하게 되므로 급여대장, 일반계정 및 원가회계, 인사기록부 등에 나타난 자료간에 불일치 현상이 나타날 수 있다. 따라서 다양한 비교분석을 통하여 수집된 자료에 대한 신뢰성 검증이 반드시 요구된다.

즉 자료입수 절차에 대한 검증 및 조직도상 관련부서의 위상파악, 그리고 상호조정활동의 실태 등에 대해서도 살펴보아야 하며, 특히 부서에서 사용하는 분석방법에 대해서는 각별한 주의가 요구된다. 예를 들면, 예비비를 고려하지 않았기 때문에 회계팀의 총액임금액이 수집된 자료를 통한 총액임금액과 일치하지 않는 문제점 등을 파악해야 한다.

2. 총액임금의 수준변화 분석

1) 변화의 요인

실제로 총액임금은 다음과 같이 다양한 요인에 의해 변화된다([그림 9-2] 참조).

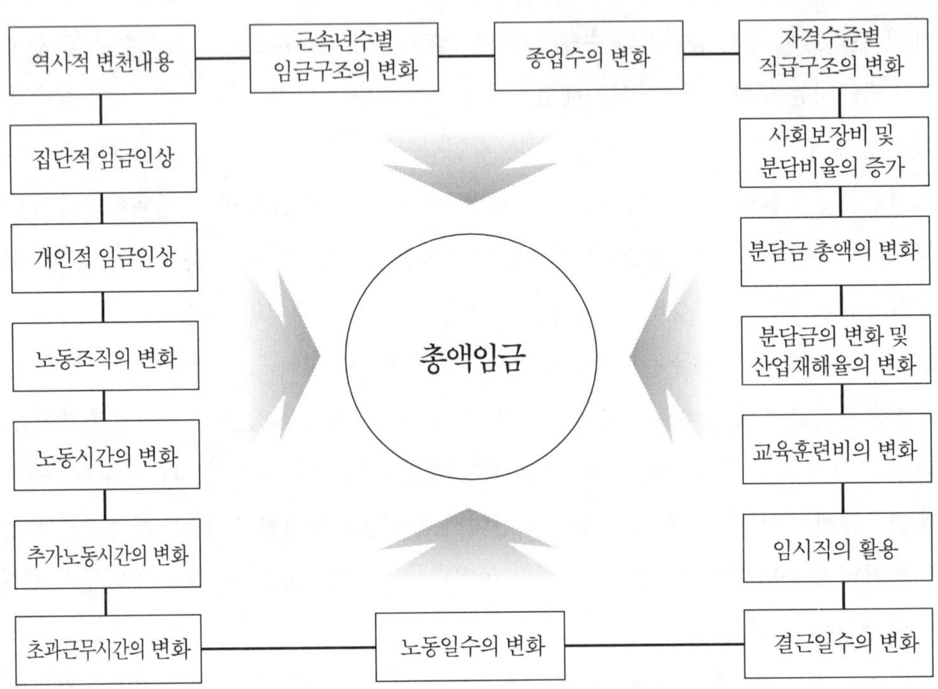

즉 총액임금은 **기업의 외부요인**(분담금의 변화, 근로일수의 변화, 사회보장비 상한선의 변화, 산업재해에 대한 분담금 증가[2], 근로시간의 변화 등) 및 **기업자체의 의사결정**(분담금 설정, 전체 또는 개별 종업원의 임금인상, 초과근무시간, 교육훈련, 작업방식의 수정, 임시직의 활용, 질병이나 결근에 따른 결근율, 사고 등)에 따라 변화된다.

이처럼 개별 또는 집단별 임금인상 및 직급구조의 변화는 기본급 · 수당 · 초과근무시간 · 근속수당 · 유급휴가 · 연휴수당 · 무단결근 · 사회적 분담금 등에 직접적인 영향을 미친다.

또한 **종업원수**의 변화 역시 기본급 · 휴가일수 · 사회보장 분담금 · 실업수당 등에 영향을 주며, 작업조직의 변화에 따라 수당의 총액 및 사회적 분담금 수준이 달라진다. 나아가서 사회보장비의 상한선 인상 및 종업원 분담비율 변화 역시 사회적 분담금 총액을 변화시키는 주요 원인이 된다. 총액임금의 변화원인을 살펴보기 위해서는 직·간접적으로 총액임금에 영향을 주는 상기 요인에 대한 분석이 필요하다.

2) 분석기법

총액임금의 변화에 미치는 다양한 요인들의 영향을 예측하기 위해서 감사인은 인사관리자들이 예측과 통제활동에 사용하는 몇 가지 분석기법들을 활용할 수 있다. 여기에서는 전반적 임금인상, 종업원수의 변화 및 임금 및 직급구조의 변화 등에 대해서만 간단히 살펴본다.

① 전반적 임금인상의 영향

전반적 임금인상은 모든 종업원들에게 공통적인 임금인상률이 적용되거나 아니면 특정집단에 대해서만 임금인상이 적용되는 두 가지 형태로 구분된다. 전반적 임금인상에 따른 총액임금의 변화수준을 분석하기 위해서는 **직급별** 효과와 **총체적** 효과로 통칭되는 두 가지 분석기법이 활용된다.

● 직급별 효과

직급별 효과는 임금인상 전후의 월 총액임금을 비교하는 방식으로서, 해당년도에 미치는 영향력은 기업에서 정한 임금인상률을 덧셈 또는 곱셈방식을 적용하여 산출한다.

첫 번째 **'덧셈방식'**은 주로 공공기관이나 공기업에서 활용하고 있는 방식으로서, 초기 수준에다가 새로운 임금인상률을 추가하는 방식이다.

즉 1월 1일자의 임금수준을 100으로 할 때, 2월 1일자로 2.5%의 임금인상이 있으면 2월 1일자의 임금인상 효과는 102.5%로 산정한다는 것이다. 만일 10월 1일에 또다시 2.5%의 임금인상이 이루어졌다면, 연간 임금인상률은 100% + 2.5% + 2.5% = 105.0%, 즉 5%라는 것이다.

두 번째 **'곱셈방식'**은 주로 일반기업체에서 적용하고 있는 방식에 해당한다.

즉 2월 1일자 및 10월 1일자로 각각 2.5%의 임금인상이 있었다면, 10월 1일자 인상은 9월의 임금을 기초로 해서 1.025 × 1.025 = 1.0506(연간 임금인상률이 5.06%)가 된다.

● 총액으로 이루어진 효과

총액임금에 대한 **임금인상 효과**는 임금인상이 2월 1일자에 있었는지, 또는 10월 1일자에 있없는지에 따라 분명히 달라진다.

실제로 2월 1일자의 2.5% 임금인상은 2월부터 12월까지의 11개월에 대한 2.5%×11/12 = 2.29%의 총액임금 인상효과를 보이며, 10월 1일자의 2.5% 임금인상은 2.5×3/12 = 0.625%의 총액임금 인상효과만 있게 된다.

「뚜뗴 효과」라고 불리는 **총액임금 인상효과**는 정확한 월수를 고려하며, 해당 월수동안의 인상효과를 산출하는 것이다.[13] 그러므로 총액임금 인상효과는 동일년도의 총액임금에 대한 임금인상률의 영향을 고려한 것이다. 총액임금 인상효과를 측정하기 위해서는 다음과 같은 두 가지 방법을 활용한다.

첫째는 이전의 임금인상률에 적용월수라는 가중치를 곱하여 구한 값을 모두 더하여 구하는 방식이다. 앞의 예를 통해서 보면 다음과 같은 계산이 나온다.

$$\frac{2.5\% \times 100 \times 11}{12} + \frac{2.5\% \times 102.5 \times 3}{12} = 2.93\%$$

총액임금 인상효과를 계산하는 두 번째 방법은 **N년도의 총액임금÷[12 × (N−1)년도 12월의 총액임금]**으로 값을 구하는 방식이다.

● 이월 효과

한 해 동안에 발생한 임금인상은 임금인상률이 적용된 당해년도의 기간에 비례하는 부분적인 효과만 갖고 있으며, 실제로 완전한 인상효과는 차년도에 나타난다.

즉 차년도에 있어서는 임금인상이 없더라도 전년도 12월의 총액임금에 12개월 분을 곱한 값과 동일하게 되며, 이는 전년도의 임금인상분을 초과하는 수준으로 나타난다.

이와 같은 N-1년도의 효과가 N년도에 이월되는 효과는 N년도의 총액임금이 N−1년도 12월에 지불된 총액임금에 비해 적어도 12배가 되는 것으로 나타난다.

$$\frac{12 \times \text{N-1년 12월 총액}}{\text{N-1년 연간 총액}}$$

이는 모렐(C. Morel)[14]이 강조한 것처럼 [(N−1)**년도의 임금인상÷N년도의 총액임금 인상 효과**]와 같은 가치를 지닌다. 상기 사례를 통해서 보면, [표 9-3]에 나타난 것처럼 이월 임금인상 효과는 다음과 같다.

$$\frac{12 \times \text{N-1년 12월 총액}}{\text{N-1년 연간 총액}} = \frac{1,311.12}{1,257.96} = 1.0423$$

이월 효과를 계산하는 또 다른 방법으로서 비율을 이용하는 방법이 있다. 즉 상기 사례에서 [(N−1)년도 12월의 임금지수÷(N−1)년도의 평균임금지수]를 구하는 방법이 바로 그것이다.

$$\frac{109.26}{104.83} \times 100 = 104.225 \text{ 또는 } 4.23\%$$

한편 총액임금에 대한 인상효과의 종합산식으로서 [(N−1)**년도 대비 N년도의 임금인상 총액** =(N−1)**년도의 임금인상 이전효과÷N년도 임금수준×N년도 총액임금 인상효과**]를 통하여 산출하는 방법도 있다.

$$\frac{\text{N년 연간 총액}}{\text{N-1년 연간 총액}} = \frac{12 \times \text{N-1년 12월 총액}}{\text{N-1년 연간 총액}} \times \frac{\text{N년 총액}}{12 \times \text{N-1년 12월 총액}} , \text{ 즉}$$

$$\frac{1,349.55}{1,257.96} = \frac{12 \times 109.26}{1,257.96} \times \frac{1,349.55}{12 \times 109.26} = 1.0423 \times 1.0293 = 1.0728$$

$$\text{또는 } \frac{112.46}{104.83} = 1.0728$$

〔표 9-3〕 기업의 종합적 임금인상

월별	N-1년도		N년도		
	백분율로 나타낸 임금인상	지수	백분율로 나타낸 임금인상	지수 기본=N 1월	지수 기본 100=12월
1월 …		100.00		100.00	109.26
2월 …	+3%	103.00	+2.50%	102.50	111.99
3월 …		103.00		102.50	111.99
4월 …		103.00		102.50	111.99
5월 …		103.00		102.50	111.99
6월 …		103.00		102.50	111.99
7월 …	+2%	105.06(1)		102.50	111.99
8월 …		105.06		102.50	111.99
9월 …		105.06		102.50	111.99
10월 …	+4%	109.26(2)	+2.50%	105.06	114.79
11월 …		109.26		105.06	114.79
12월 …		109.26		105.06	114.79
총액 …		1,257.96		1,235.18	1,349.55
평균지수 …		104.83		102.93	112.46

임금인상의 종합적 효과를 보여주는 공식은 다음과 같이 정리된다.

$$\frac{\text{N년 총액}}{\text{N-1년 총액}} = \frac{\text{N-1년의 이월효과}}{\text{N년 임금수준}} \times \text{년 총액 효과}$$

모델이 지적한 것처럼, 전년도의 인상금에 비해 N년도의 총액임금 인상은 《**이전 효과**》와 《**총액 효과**》라는 두 가지 효과가 결합되어 나타난다. 이는 N-1년도 특정 월에 발생한 임금인상과 이를 통해 N-1년도 대비 N년도 총액임금 인상분을 분명히 예측할 수 있다.

한편 《**부정적 이월 효과 또는 유예 효과**》는 기본급에 포함되지 않은 상여금이 예외적으로 N년도에만 부여되고 N+1년도에는 나타나지 않을 때 발생한다. 이 경우에는 N+1년도 총액임금이 감소되는 효과를 나타낸다.

② 종업원수의 양적 변화에 따른 영향

종업원의 수의 양적 변화 역시 총액임금에 직접적인 영향을 준다. 즉 종업원수의 변화가 총액임금에 미치는 영향력을 산출하기 위해서는 우선 1년(12개월) 동안의 월 평균인원을 계산하여 다음 산식에 적용하면 된다.

$$\frac{\text{N년 임금총액}}{\text{N-1년 임금총액}} = \frac{\text{N년의 평균임금}}{\text{N-1년의 평균임금}} \times \frac{\text{N년의 평균인원}}{\text{N-1년의 평균인원}}$$

한편 단계별 영향력에 대한 계산은 해당년도 12월 31일자의 인원을 적용한다. 상기 산식으로부터 산출된 백분율 값은 정규종업원의 총액임금 변화율을 보여주는 것이다.

③ 인력구조의 변화에 따른 영향

인력구조의 변화가 총액임금에 미치는 영향을 측정하기 위해서는 다음과 같은 고전적인 분석기법이 활용된다.

● 노리아 효과(Effect of Noria)

연령층별 인력구조의 변화가 총액임금에 미치는 영향은 **노리아**(Noria)**효과**로 측정된다. **노리아 효과**는 총액임금 대비 근속수당의 비중변화 등과 같은 분석을 통하여 인력의 고령화 또는 신예화에 따른 총액임금 변화효과를 평가하는 것이다.

노리아 효과는 백분율(%)로 변화수준을 보여주는 것이 아니라, 연령층별 해당인원에 지급되는 근속수당 및 연도별 근속증대에 따른 수당금액의 변화를 나타낸다.

그러므로 **노리아 효과**를 산출하기 위해서는 우선 연도별 및 연령층별로 인원변동상황을 파악해야 하며, 연령층별 근속수당에 해당 연령층의 인원을 곱하여 N-1년도와 N년도의 근속수당을 각각 산출한다.

노리아 효과는 연도별 총액임금 대비 근속수당의 총액비율을 상호비교함으로써 연도별로 어느 정도의 차이가 나는지를 보여준다.

〔표 9-4〕 근속년수에 따른 인원 분류

근속년수	1년미만	1	2	3	4	5	6	7	8	9	10	11	12	13	14
인원(명)	0	1	1	0	3	3	1	2	1	0	2	5	3	4	4

[표 9-4][15)]에 제시된 프랑스 기업의 사례에서처럼 근속년수별로 구분되는 총 30명의 종업원을 고용하고 있는 중소기업의 경우, 근속수당의 합은 다음과 같이 산출된다.

$$(N-1)년도의 임금수준 \times 임금백분율(\%) \times 해당인원$$

〔표 9-5〕 근속년수별 수당지급액 (N-1년도 및 N년도)

근속년수별 연령층 구분	임금대비 수당비율(%)	N-1년도 인원	N-1년도 수당총액(FF)	N년도 인원	N년도 수당총액(FF)
3년 미만	0	2	0	1	0
3~5년	3	6	14,967	4	9,984
6~9년	6	4	19,968	6	29,952
9~11년	9	7	52,416	3	22,464
12~15년	12	11	109,824	12	119,808
15년 이상	15	0	0	4	49,920
합계		30	197,184	30	232,128

본 사례에서의 평균임금은 총액임금을 해당인원(30명)으로 나눈 값과 같다(2,496,000 ÷ 30＝83,200). 3년에서 5년 사이의 근속자들의 경우를 예로 들면, 83,200×3%×6＝14,976프랑이 된다는 것이다.

여기에서 노리아 효과는 N년도의 근속수당[(N-1)년도의 기본급을 기초로 해서 계산]과 (N-1)년도의 근속수당 사이의 차액을 (N-1)년도의 총액임금으로 나눈 값으로 산출된다.

$$\frac{232,128 - 197,194}{2,496,000} \times 100 = 1.4\%$$

장기근속자층에서 일시에 많은 이직이 발생할 경우(연대계약에 따른 집단이직 등), 노리아 효과는 마이너스(-)로 나타나며 총액임금 역시 줄어든다. 왜냐하면 이직자의 평균임금은 일반적으로 신규채용 직원보다 높기 때문이다.

● **구조적 효과**(Effect of Structure)

기술력의 영향은 인력의 구조적 효과를 통해서 측정되며, 이는 특히 단능공이 요구되던 업무가 새로 고자격을 요구하는 업무로 전환될 경우 강하게 표출된다. 그러므로 구조적 효과는 기술변화의 영향이나 승진의 필요성을 측정하는 잣대가 된다.

구조적 효과를 측정하기 위해서는 승진에 따른 개별 임금인상분에 대하여 우선 살펴보아야 한다. 이와 같은 구조적 효과는 임금자체가 갖는 격차에 대한 것이 아니라, 종업원을 어떤 범주로 분류하느냐에 따라 그 범주간 평균임금의 차이를 통해 측정된다.[16]

그러므로 구조적 효과는 인력구조가 고정된 상태에서는 전혀 나타나지 않는다. 즉 N-1년도의 연령층별 인력배분 대비 N-1년도의 총액임금과 N년도의 총액임금간의 구조적 효과는 없다.

앞에서 예로든 프랑스 기업에서 N-1년도에 2명의 관리자가 1월 1일부터 매월 500 프랑의 개별 임금인상 혜택을 받았고, 4월 1일부터는 8명의 노동자가 매월 200 프랑, 그리고 6월 1일부터는 2명의 노동자가 평균임금(6,000 프랑)의 5%에 해당되는 임금인상이 이루어졌다면, N-1년도의 총액임금은 다음과 같이 프랑화 및 백분율로 나타난다.

$$2 \times 500 \times 12 = 12,000 \ (총액임금의 \ 0.48\%)$$
$$8 \times 200 \times 9 = 14,400 \ (총액임금의 \ 0.58\%)$$
$$2 \times 5\% \times 6,000 \times 7 = 4,200 \ (총액임금의 \ 0.16\%)$$

지수로 계산할 경우, N-2년도 12월의 수준을 100으로 했을 때 N-1년도 1월=100.48, 4월=101.06, 6월=101.22가 되며, 지수총합은 1,212.10[(100.48×3)+(100.48×2)+(101.22×7)=1,212.10]이 된다

여기에서 지수계산은 곱셈(100.48×100.58=101.06) 방식으로 구한다. 12개월간의 지수총합을 12로 나누면 1,212.10÷12=101.008로서, 이를 통하여 N-1년도의 구조적 효과는 1.008%, 즉 1.01%로 나타난다.

종업원수가 고정되어 있더라도 승진자가 있으면 총액임금액은 분명히 증가한다. 하지만 승진이 있을 경우 범주별 평균임금의 수준은 하락한다. 실제로 승진한 자는 일반적으로 이전 직급에

서는 가장 높은 월급을 받았지만, 새로운 직급에서는 반대로 가장 낮은 보상을 받기 때문이다.

반면에 퇴직자(일반적으로 가장 높은 보수를 받은 집단을 대상)의 자리를 신규인력으로 대체할 경우에는 당해 직급에서 가장 낮은 월급을 받는 사람들로 대체될 것이므로 총액임금은 당연히 감소한다.

3. 종합 및 권고안

기업의 총액임금 및 구성요소들을 확인하면, 종합적으로 어느 부서가 가장 중요한지, 어느 부서의 승진이 빠르거나 다양한 변화를 겪었는지, 그리고 어느 부서에 회사의 정책이 쉽게 적용되었는지 등을 알 수 있다.

이와 같은 관점에서 총액임금에 영향을 주는 다양한 요인들의 영향력을 재검토하면 기업에서 보유하고 있는 재량권의 한계 및 관찰된 다양한 변화추세에 대해 유용한 지침을 얻을 수 있다. 또한 총액임금의 변화에 가장 큰 영향력을 행사하는 요인도 식별해주므로 권고안을 작성하는 데에는 재검토 활동을 통한 원인진단이 필요하다.

총액임금에 변화를 주는 제반 요인 중 비정상적이거나 또는 변화폭이 지나친 사항은 [표 9-6] 에 예시된 것처럼 관련지표를 통해서 파악할 수 있다. 또한 원인에 대한 정확한 파악이 이루어지면 자연스럽게 이들 표출된 문제점을 해결하기 위한 권고안 작성에 임할 수 있다.

한편 총액임금 관리를 위한 정보시스템 구축이 미비하고, 또한 신뢰할 수 없을 경우에는 비록 유효한 자료를 수집했더라도 적절한 관리가 어렵다.

실제로 다양한 범주별 보상(상근직 종업원, 임시직 종업원, 아웃소싱 또는 하도급업자 등)은 비교가 곤란한 서로 다른 기준(시간급 또는 월급)에 의해 산출된다. 마찬가지로 여러 부서로부터 수집된 통계수치 역시 총액임금의 변화에 대한 관리를 어렵게 만드는 원인이 된다.

한편 업적평가에 대한 관리절차의 부재는 부서별로 총액임금에 대한 오류 및 표류 현상을 유발시키며, 또한 데이터를 수집하고 활용하는 부서간의 책임을 확실하게 규명해두지 않을 경우에는 왜곡된 임금관리 활동이 나타난다.

〔표 9-6〕 총액임금 감사에 적용되는 지표 (예)

분 야	지 표
정 보	- 종업원 범주별(상근직, 임시직, 하청업자) 상이한 산정방식 적용 - 다양한 부서를 통해 수집된 통계수치간의 불일치 - 집행되지 않은 적립금 - 임금 및 작업시간의 변화일자에 대한 기록 부재 - 급여지출에 대한 종합자료의 부재 - 공표된 데이터 활용의 부재 - 월급직에 대한 시간급 기준 계산 - 기본율에 의거하지 않은 수당
총액임금 및 구성요인의 변화	- 노동시간 대비 생산량(생산량 / 노동시간) - 총액임금 / 부가가치 또는 매출액 - (총액임금+임시직 급여) / 매출액 - (총액임금+임시직 급여) / 총이윤 - 일반노동시간의 평균비용 - 추가근무시간의 평균비용 - 임시노동시간의 평균비용 - 총노동시간의 평균비용(종업원 범주별) - 사회보장비 / 직접인건비 - 사회보장변동비 / 총사회보장비 - 연간 노동자의 총비용 / 연간 사용자의 총비용 - 산업재해 분담금 / 총액임금 - 직책 및 임금에 상응하는 수당의 변화
절 차	- 업적평가 절차의 부재 - 업적별 차등임금 인상절차의 부재 - 책임영역에 대한 정의 부재 - 현존하는 절차의 적용 부재

그러므로 경영자(부디에(B. Boudier)의 지적처럼[17] 경영자들이 연루된 수준의 역할), 관리층, 인사팀, 경리팀, 총무팀, 감사팀, 전산팀 및 노동조합 등 관련 주체집단들의 역할을 명확히 하는 것이 중요하다.

주체집단의 역할은 비용지출에 대한 권한행사, 통제의 방식, 정확한 예측활동, 정보의 입력 활동 등으로 구분된다. 만일 집단간에 조정이 이루어지지 않은 상태에서 역할이 중복되거나 관리부재 상태가 지속될 경우에는 엄청난 비용의 손실이 나타난다.

확인된 결과에 따라서 감사인은 보상과 관련된 특별한 요인(추가작업시간, 법정외 분담금, 각종 참가비 등) 또는 임금구조와 같은 사항에 대하여 보다 중점적으로 검토할 수 있다. 여기에서는 임금구조에 대하여 중점적으로 살펴본다.

제3절 임금구조 감사

임금정책은 보상과 개인의 책임영역, 그리고 보상과 개별성과간의 합일성을 정립시키기 위한 기업의 주요 경영활동이다. 그러므로 향상된 성과에 대한 보답으로서의 임금인상 및 승진에 따른 책임증가의 형태로 이루어진다.

임금구조는 바로 기업 내 임금의 증가를 보여주는 것으로서, 특히 기업의 보상정책 및 경영목표를 직접적으로 반영한다. 그러나 임금구조는 그 자체가 하나의 목적이 아니라, 오히려 목표달성과 바람직한 임금관리를 위한 수단으로 보아야 한다.

그러므로 동일한 총액임금으로 다양한 임금구조를 선택할 수 있으며, 선택의 기준은 바로 기업이 추구하는 목적과 임금정책, 지불능력 등의 기업별 상황에 의해 결정된다.

임금구조에 대한 감사는 임금정책의 타당성 및 기업의 보상 · 인사관리 · 경쟁력 등의 제반목표와의 일치성을 검토하는 작업에서 시작된다. 철저한 감사를 실시하기 위해서는 임금의 구조와 기초에 대한 개념을 명확히 하고, 표출된 문제점에 대한 진단과 분석을 통하여 권고안을 작성해야 한다.

1. 임금구조의 기초 및 정의

임금구조를 광의로 해석(기본급 · 수당 · 추가근무수당 · 분담금 등)할 경우에는 총액임금과 분명히 구분된다. 즉 임금구조는 기업에서 지불하는 다양한 임금수준과 관련된 제반 시스템을 다루는 것으로서 임금영역을 총체적으로 일컫는 표현이라 할 수 있다. 이와 같은 임금구조는 직급별 보상의 차이와 개별업적에 따른 성과급의 배분 및 임금인상 방식을 고려한 형태로 나타난다.

임금구조의 목표는 기업의 목표 및 인사관리상의 다양한 목표에 부합해야 효과를 달성할 수 있다. 그러나 실제로 외부적 압력(노동시장, 법제도의 변화) 및 내부적 압력(노동조합의 압력, 기업의 지불능력 등) 때문에 임금구조가 기업의 목표나 인사상의 제반목표에 완전히 부합되는 경우는 매우 드물게 나타난다. 그러므로 비록 완벽한 목표설정은 어렵지만, 사전에 잘못된 사항을 인식하고 비정상적인 요인을 파악함으로써 보상관리를 철저히 해야 한다.

결국 임금구조는 분석활동 · 평가활동 · 분류활동 및 직급별로 이를 계층화하는 활동, 업적에 따라 차별화된 임금인상분을 결정하는 방법 등을 고려하여 분석하도록 해야 한다. 또한 경력관리, 총액임금의 배분, 그리고 특히 기본급과 법정외 수당의 구분 역시 고려되어야 한다.

그러므로 임금구조 분석을 위해서는 업적급에 따른 총액임금의 인상분, 임금인상분을 결정하는 책임수준의 확정 및 임금인상분 결정안에 대한 의사소통(어느 직급까지 적용 할 것인가에 대한 논의)의 범위 등 전반적인 요인에 대한 고찰이 필요하다.

2. 임금구조 분석

1) 임금곡선

일단 자료가 수집되면 분석활동에 들어간다. 분석활동의 첫 번째 단계는 임금곡선에 따른 직군별 임금분배, 하급자에서 상급자에 이르는 직급별 임금분배, 그리고 계수별 또는 주요 직무별 **대표임금**이라 불리는 '평균임금' 을 산출하는 작업이다.

다음 관찰된 임금곡선의 기울기는 임금구조의 일차적 근사치를 보여주는 것이다([그림 9-7 a] 참조). 실제로 종업원 계층별 집단(하급종업원, 현장감독층, 관리자 집단 등)에 따라 기울기를 달리하는 다양한 임금곡선이 나타난다([그림 9-7 b] 참조).

일반적으로 **최저임금**은 법제도와 단체협약 및 노동시장의 임률에 따라 결정되며, 이를 기초로 임금단계가 결정된다. 대부분의 선진기업에서는 시장임률에 따른 주요 직책의 평균값(mean) 또는 중앙값(median)의 가치를 비교하기 위해 임금곡선을 사용하고 있다. 그러나 평균값 또는 중앙값을 선택하는 것이 중립적인 것은 아니다.

헨더슨(R. I. Henderson)[18]의 지적처럼 평균값을 기준점으로 사용하는 것은 용어의 통계적 의미상 정상분포를 전제로 한 것이다. 그러나 실제로 임금분포가 정상분포로 나타나는 경우는 매우 드물기 때문에 표본의 분산이 클수록 평균값보다는 중앙값을 사용하는 것이 바람직하다.

약 8만 명을 대상으로 임금조사를 한 결과, 중앙값(median)의 가치가 평균값(mean)의 가치보다 3~4% 정도 낮다는 사실이 증명된 경우도 있다. 이 경우 만일 기업에서 시장의 평균임률에 맞추어 임금을 지불하고 있다면, 적어도 3~4%의 초과임금을 지출을 하고 있다는 결론을 내릴 수 있다.

〔그림 9-7〕 임금곡선

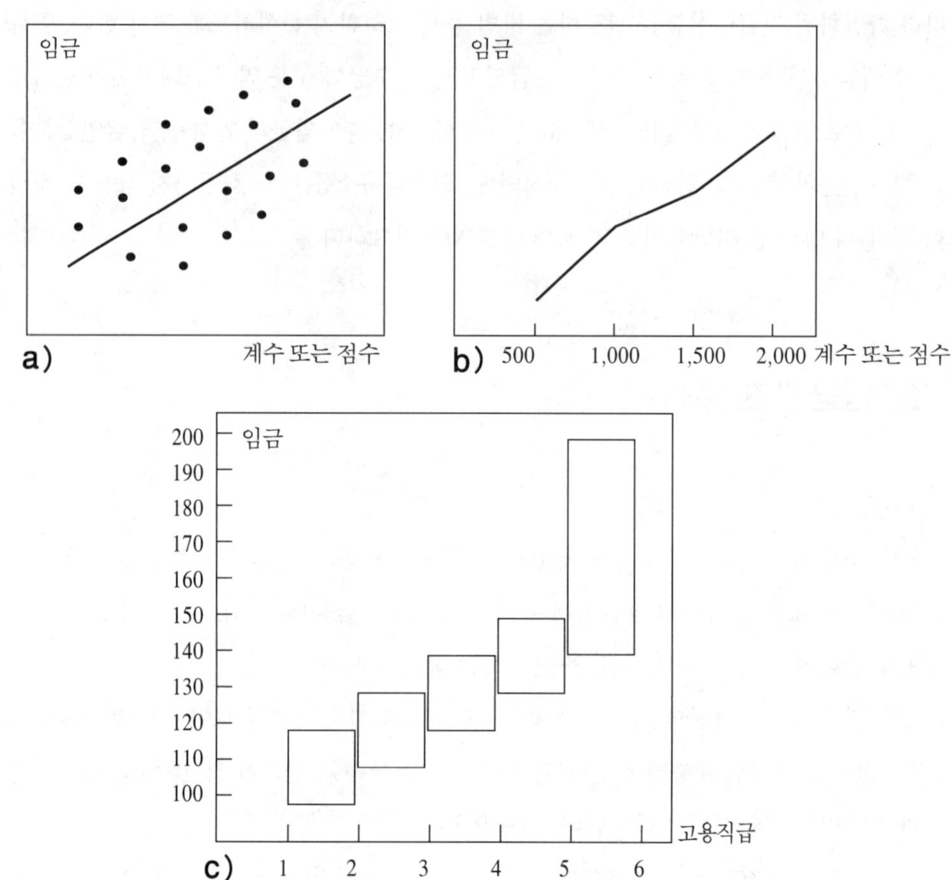

주) 임금격차가 큰 임금곡선을 그리는 데 있어서는 세미 로그(semi logarithmic) 방식으로 작성하는 것이 보다 효과적임

한편 기업 내 최고수준의 임금을 받는 임원진의 임금구조는 특히 기업문화, 기업의 지불능력, 시장의 임률, 기타 다양한 종류의 보상 및 성과 등에 영향을 받는다. 이처럼 임금구조의 폭을 결정짓기 위해서는 다음과 같은 사회적 비율(전체 종업원 또는 각 범주별 종업원)을 사용하면 된다.

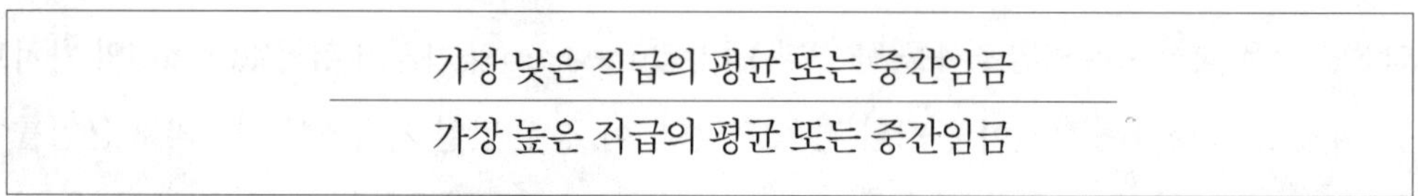

기타 목표와 상기 비율간의 가치를 비교함으로써 다음과 같은 질문을 던져볼 수 있다.

▶ 최고수준 또는 최저수준의 임률을 결정하는 요인은 무엇인가?

(단체협상, 과거에 적용된 실례, 기업의 지불능력, 다른 회사와의 비교, 능력 있는 인물을

유치해야 할 필요성 등)

▶ 최소자격으로 안정적인 업무를 수행할 수 있는 최저수준의 임금은 어느 정도인가?

▶ 모든 직무를 통합하여 관리가능한 하나의 임금구조를 형성시킬 수 있는가?

▶ 그리고 종업원들의 직급단계는 몇 단계로 분류하는 것이 바람직할 것인가?

2) 임금변화(昇給)에 대한 분석

일반적으로 **종업원 집단**은 직급별·직무평가결과별·자격요건별로 분류되며, '직급계층의 수'는 상이한 종업원 집단의 수·기업 내 최고-최저 수준의 임금차이·임금 및 승진정책의 목표·종업원 스스로 상이한 집단이라는 지각상태 등에 의해 결정된다.

그러므로 임금구조를 통해서는 평균 또는 중앙(중간) 임금의 변화(昇給), 한 직급에서 다른 직급에로의 승급(昇級) 및 동일직급 내의 임금격차 등과 같은 문제를 다루게 된다. 특히 여기에서는 "직급수가 많으면 많을수록, 직급간의 임금격차는 낮게 나타난다"[19]는 점에 유의할 필요가 있다.

또한 직급간의 차이 및 중복, 직급 내부의 격차, 직급 또는 등급의 수, 직급별 임금수준의 분산도 등에 따라 다양한 문제점이 유발될 수 있다. 직급별 임금수준은 일반적으로 시장가격을 나타내는 평균값 또는 중앙값을 중심으로 표출되므로, 임금구조는 이들 직급별 평균값을 연계하여 보여준다.

일반적으로 상하 직급간의 임금수준은 중첩되어 나타난다. 직급은 달라도 책임수준이나 업무 요구량, 업무관련 지식이나 적성 등이 유사한 경우가 많이 발생하기 때문이다.

이와 관련하여 떼리오(A. Theriault)[20]는 "임금구조에 대한 종업원들의 수용도는 직급간 중첩도가 높을수록 낮아진다. 즉 직급간 임금수준의 중첩도가 높은 임금구조는 종업원들의 자발적 노력도를 저하시키며, 또한 외부영입에 의한 승진이 많이 나타날수록 임금구조의 문제점도 증대된다"고 주장한다.

[그림 9-7c]에서는 한 직급의 최저임금 수준을 2단계 하위에 있는 직급의 최고 수준과 일치하도록 한 기업의 사례를 보여주고 있다. 즉 3급의 최저임금은 1급의 최고임금과 같도록 한 것이다 (우리 나라의 경우에는 승진할수록 급수를 줄여가는 체제를 갖고 있으나, 외국의 경우에는 대부분 승진할수록 급수의 수가 증대되는 것이 일반적임).

마찬가지로 4급의 최저임금은 2급의 최고임금과 같다. 이것은 직급간 임금격차가 너무 크게 발생하지 않도록, 그리고 지나친 중복현상이 나타나지 않도록 하기 위한 방법이다. 어떤 기업에서는 바로 하위 직급의 중앙값을 1단계 상위 직급의 최저임금으로 설정하는데, 항상 고정된 직급간 임금중복 구간을 갖게 되며, 직급간 임금수준차는 적은 반면 승진에 따른 최저임금의 수준은 보다 빨리 이루어지는 특징을 갖게 된다.

직급간 임금격차는 임금계층상 허용될 수 있는 압축비율이 어느 정도인가 하는 문제와 직결된다. 간혹 직급간 수용될 수 있는 임금격차를 유지하기 위해서 기존 직급의 수와 임금계층의 수를 줄이는 기업도 있다. 이 경우에는 동일직급 내에서 임금인상이 이루어질 수 있도록 내부 차별화의 가능성을 증가시켜주는 조치가 요구된다.[21]

이처럼 동일직급 내에서도 다양한 등급이 구분되며, 최소 20%에서 최대 100%의 차이를 보일 수 있다. 일반적으로는 20%~50% 정도의 임금격차가 나타난다.

한편 동일 직급 내 등급의 수는 본질적으로 최소수준과 최고수준간의 임금차이, 그리고 하위등급에서 상위등급으로 이어지는 임금인상의 비율에 따라 결정된다. 일반적으로 등급간 임금변화가 기하급수적(geometric progression)으로 이루어지게 하는 것이 산술급수적으로 차별화하는 방식보다 성과에 따른 임금차별화에 부응하는 방법이 된다.

이에 대하여 새루이(G. Sarrouy)[21]는 평가등급을 5단계로 구분하고 있다.

최하위 1등급은 신입사원층으로서 타조직에서 동등한 자격을 취득했거나 일정한 적응기간을 거친 후 그와 동등한 자격을 갖추면 두 번째 평가등급을 받을 수 있다. 3등급은 외부와 내부 노동시장에서 인정하는 표준수준의 평가를 받는 기준이 되며, 4등급은 표준수준보다 앞선 업적을 보인 구성원한테 주어진다. 마지막 최상급 등급은 일정한 경력보유와 함께 뛰어난 성과를 보인 자를 대상으로 최고수준의 임금을 지급하는 대상이다.

한편 동일직급 내 등급간 인원분포의 적절성 및 해당 종업원들의 만족도를 분석하기 위해서는 **콤파 비율**(compa-ratio)[23]라는 '비교비율 지표'를 사용한다.

$$\frac{\text{동일직급 인원에 의해 수령된 실제 임금총액}}{\text{중간임금} \times \text{동일직급 소속 인원}}$$

콤파 비율의 값이 1을 나타낼 경우는 동일직급 내 구성원들이 정상적이라고 받아들이는 임금차별화가 이루어진다는 점을 의미한다. 한편 0.8의 값이 나타나면 해당직급의 임금수준이 평균 이하이거나 신입사원의 숫자가 상대적으로 많다는 점을 보여준다. 반면에 값이 1.2일 경우에는 장기근속자의 숫자가 많거나, 시스템적으로 상향조정된 임금지불 또는 여타 항목이 함께 포함된 임금산정 및 궁극적으로는 시장의 노동가격과의 불일치를 나타낸다.

여기에서 콤파 비율의 값이 1보다 낮거나 높은 가치를 보일 때는 감사인들이 직급의 범위를 다시 고려해야 한다는 위험신호로 받아들여야 한다. 이에 의거하여 비교비율 지표의 값이 0.8과 1.2로 나타난 경우에는 다음의 지표를 통하여 《범위》를 재설정하면 50%의 범위확장값을 얻게 된다.

$$\frac{\text{실제 평균 임금 - 최저임금}}{\text{최고임금 - 최저임금}}$$

상기의 예를 적용하면 대상직급의 범위확장값은 다음과 같이 나타난다.

$$\frac{6,000 - 4,800}{7,200 - 4,800} = 50\%$$

보다 심도 있는 감사활동을 위해서는 직급별 임금구조 및 연령층에 따른 임금곡선을 활용하여 소위 경력관리에 대한 분석까지 요구된다. 비정상적인 현상에 대해 조치를 취하려면 과연 그 현상이 주요 문제로 부각된 것인지를 확인하고, 원인을 규명함으로써 궁극적으로는 문제해결을 위한 권고안을 작성해야 한다.

3. 진단 및 권고안

표출된 문제의 원인을 규명하기 위해서는 특히 직무평가, 직무분류, 업적평가, 정보시스템 및 모집활동 등에 대하여 세밀하게 살펴보아야 한다. [표 9-8]에서는 일련의 지표에 대한 예를 보여주고 있다.

〔표 9-8〕 임금구조상의 잠재된 문제 분석지표 (예)

분 야	지 표
임금구조	- 직급별 최고수준의 고용임금 - 임금곡선 밖의 임금 - 1.2 이상 또는 0.8 미만의 비교 비율(compa ratio) - 직급 내 최고수준 임금등급에의 집중도 - 임금구조의 부적절성에 대한 경영자의 지각수준 - 개별 임금인상에 대한 시행절차 및 기준의 부재 - 공식문서 없는 개별 임금인상 - 임금곡선의 부적절성(평균연령 기준) - 3개 이상 직급간의 임금중복 - 성과별 임금인상 총액의 변화에 대한 통제 부재
직무평가	- 평가시스템의 부재 - 컨설턴트의 평가방법 선정에 대한 정당한 이유의 부재 - 종업원들의 주장 및 요구사항 - 일부 직무별 요구사항에 대한 거부 - 요구자격의 변화에 따른 직무의 비현실성 - 이질적 직무에 대한 동일 명칭의 부여
직급분류	- 단체협약과 직급분류간의 불일치 - 일부 기능수행을 위한 부서의 부재 - 직급 분류시스템에 대한 구성원간 의사소통의 부재 - 개별 인사기록부(현재 및 과거)상 직급분류정보의 부재 - 이질적 직위에 대한 동일 기본급의 지급
성과평가	- 개별 업적평가 활동의 부재 - 평가의 시행절차 부재 - 업적평가와 임금평가간의 불일치 - 평가결과의 타당성 검증 부재 - 절차준수에 대한 통제활동의 부재

이들 지표는 진행과정·적용방식·특정사항에 대한 통제활동 및 주요 책임자와의 인터뷰 사항 등을 다루고 있으며 매번 특별감사 방식으로 감사활동이 이루어진다.

한편 권고안은 원인에 대한 진단활동에서 도출되므로 감사활동이 종료되면 다음과 같은 개선조치가 요구된다.

▶ 정보시스템의 개선

▶ 일부 직무에 대한 재정의

▶ 직급별 임금수준 확인을 위한 절차의 확립

▶ 부서별 개별임금수준의 변화에 대한 통제절차의 재정립

▶ 고용계획의 개선

▶ 채용시 직무재평가 등에서와 같이 부적절하다고 판단되는 절차의 폐지

▶ 인력수급계획을 위한 절차의 개선

▶ 고용 재평가 담당위원회의 구성

▶ 임금향상의 목표 명확화 등

제9장 질문사항

1. 기업회계상 크리스마스 연휴 및 정초 연휴에 대하여, 임금지급은 N년도 분으로 이루어지면서 추가근무일자는 N+1년도 분에서 배정하는 경향이 확산되고 있다. 이 경우, 휴가수당은 N+1년도 분으로 상정되면서 휴가수당을 포함한 총액임금은 N년도 분으로 계상된다. 이와 같은 총액임금 산정방식에 대하여 어떻게 생각하는가?

2. 만일 귀사의 최고경영자가 완전한 성과급체제를 운영하겠다면서 "임금정책상 어떠한 전반적 임금인상(최저임금수준은 제외)이나 인플레 보장을 위한 임금인상은 없을 것이다"라고 할 경우, 이를 어떻게 검증할 수 있으며, 이와 같은 임금정책을 위해서는 어떤 전제조건이 선결되어야 하는가?

3. 귀사의 임금정책이 노동시장과 연계되어 있다면 이를 어떻게 평가할 것인가?

4. 동일업무 또는 유사업무에 대하여 여러가지 차별화된 임률이 적용된다면 심각한 문제점이 나타날 것으로 보는가?

5. 귀사의 임금정책에서 완전한 성과급을 내세운다면 이를 어떻게 받아들이겠는가?

6. 힘들고 위험한 근로조건에 대하여 임금구조상 초과자격을 부여하는 방법과 시간당 직무수당으로 지급하는 방법 중 어느 것이 보다 적절하다고 생각하는가?

7. 다양한 직무간에 차별화되어 있던 임금수준을 재조정하기 위해서는 어떤 요인들을 분석해야 하는가?

8. 임금구조에 대한 단체협상의 영향을 어떻게 평가할 수 있는가?

9. 뚜떼(Toutée)의 총액임금을 회계상의 총액임금과 일치시키기 위해서는 어떤 산식을 사용해야 하는가?

10. 결근율과 이직률 및 임금수준간에 어떤 연관성이 있다고 생각하는가?

제9장 참고자료

1. Lawler III E.E., "Effective Pay Programs", Compensation Review, Vol. 8, no 3, 1976, p. 16.

2. Loi de Finance, 1959, J.O. 4 déc. 1959, Art. 79.

3. Henderson, op. cit., p. 447.

4. Theriault, op. cit., p. 15.

5. Sibson R.E., "New Practices and Ideas" in Compensation Administration Compensation Review, Vol. 5-6, 1973-74, p. 41.

6. Theriault, "Gestion de la rémunération : Politiques et Pratiques efficaces et équitables", Chicutimi, Quebec, Gaétan Morin, 1983, p. 531.

7. Bessette L., "Rationalsation des Régimes de Protection du Revenu et l'Approche par événement", Relations Industrielles, Vol. 33, no. 3, 1978, pp. 524-532.

8. Vroom V.H., Work and Motivation, New York, Wiley, 1964.

9. Toutée M., "L'Amélioration des procédures de discussion des salaires dans le secteur public", Rapport de Toutée, Documentation Française, Notes et Etudes documentaires no 3069, mars 1965.

10. Ministère de l'Economie et des Finances, "Méthode pour la prévision de l'évolution de la masse salariale", 14 mars 1972.

11. Boudier B., Audit des dépenses sociales, Personnel. no. 256, Jan. 1984, pp. 18-20.

12. 프랑스의 경우, 공공건설사업체로서 50명 이하의 종업원을 고용하는 기업에 대한 분담금 비율은 안전관리 개선율보다는 사업장의 비율만 고려함.

13. Ministère de l'Economie et des Finances, op. cit.

14. Morel C., "Comment calculer les effets de calandrier", Personnel no. 248, fv. 1983, pp. 41-43.

15. Jagu C., Note de l'Union de Brasseries.

16. Morel C., op.cit., pp. 41-43.

17. Op.cit., p. 20.

18. Henderson R.I., "Compensation Management", Rewarding Performance, 3rd ed., Reston, Virginia, Reston Publishing Company, 1979, p. 277.

19. Theriault, op. cit., p. 265.

20. Op. cit., p. 279 21. Ibid., p. 280.

22. Sarrouy G., "Job Evaluation et Facteurs Humaines" Personnel, no. 176, fév. 1975, pp. 327-39.

23. Henderson R.I., op. cit., p. 423.

제10장 교육훈련 감사

제10장 교육훈련 감사

    교육훈련에 대한 감사는 사전진단의 결론에 따른 연장작업으로서, 확인된 위험의 주요 원인을 밝혀주는 영역이다. 이것은 교육훈련비의 효과적인 집행여부에 대하여 관심을 갖는 최고경영자의 공식적인 요구에 의해 실시될 수도 있다.

    그러나 최고경영자의 요구에 의해 교육훈련 감사가 이루어질 경우에는 적법성에 대한 감사, 절차에 대한 감사, 회계검토 및 교육프로그램 평가 등과 같은 특정 부분에 한정된 감사만 실시될 수도 있다.

    특히 최고경영자의 요청에 의해 감사가 이루어질 경우에는 충분한 진단활동의 부족, 그리고 가시적으로 도출된 문제점만 파악하거나 그에 따른 핵심 위험요인은 잠복되는 문제점이 나타날 수 있다는 점에 유의해야 한다.

    교육훈련 감사의 **사명에 대한 정의**를 명확히 하는 작업은 감사인에게 매우 중요한 단계가 된다. 이에 따라 감사기간과 사용될 감사방법이 결정되기 때문이다.

    본장에서는 교육훈련 전반에 대한 감사를 통하여 표출된 문제점 및 교육훈련 활동에 내재된 위험요인에 대한 정의를 내리고, 원인진단 및 분석결과를 권고안으로 작성하는 내용을 다룬다.

    교육훈련을 평가하는 작업은 여러가지 이유 때문에 사실 불가능하다는 의견도 있다. 로페르(J. Laufer)와 비아르그(J. L. Viargues)[1]는 "교육훈련은 끊임없이 변화하는 환경의 요구에 부응하는 완만하고도 지속적인 조직적 · 사회적 변화의 과정으로서, 새로운 문제점이 나타날 때마다 이에 대응해야 하는 속성을 갖고 있으므로, 사실상 교육훈련에 대한 완전한 평가는 불가능하며 아예 포기할 수밖에 없다"는 부정적인 의견을 표명하고 있다.

또한 "**교육훈련의 효과성**은 이러한 환경변화를 관리하는 기업의 능력으로서, 경제적 측면뿐만 아니라 인간적 · 사회적 측면이 종합적으로 고려되어야 한다"는 주장을 하고 있다.

반대로 평가방법을 너무 복잡하게 구상하면 오히려 관료적이고 억압적이며 비용도 많이 드는 시스템으로 된다는 점에 유의해야 한다. 또한 교육훈련은 개인마다 받아들이는 수준이 다르므로 구체적으로 개인에게 어떠한 도움이 되었는지를 파악하기란 극히 어렵다.

교육훈련에 대한 감사인의 작업은 명확한 목표의 부재, 정보시스템의 부재, 일관성 있고 모호하지 않은 평가의 부재 등으로 어려움을 겪는 경우도 있다. 그러나 교육훈련에 대한 준거체계와 문제점을 파악하는 데 적합한 방법론을 채택함으로써 효과성을 평가하는 것이 가능하다는 주장도 강하게 지적되고 있다.

그러므로 감사인은 무엇보다도 **교육훈련의 기능적 특성**과 주요 법규 및 협약사항상의 내용을 확실히 파악하고 있어야 한다. 이와 같은 관점에서 본장에서는 우선 교육훈련의 과정상 특성에 대한 검토와 함께, 결과에 대한 분석, 주요 문제점 및 위험요인의 파악 등에 초점을 맞추었으며, 다음으로는 교육훈련상 표출되는 문제점의 원인에 대한 진단과 실천방안으로서 권고안의 작성에 대하여 다루도록 하였다.

제1절 교육훈련의 절차

1. 교육훈련의 정의

본장에서 교육훈련이란 "직무에 임하고 있는 개인의 인지와 적성 및 태도를 구체적으로 개선 또는 보완하기 위한 모든 활동"으로 정의 내리고 있다.[2] 그러므로 교육훈련은 개인의 능력개발이나 지식 및 기초방법론을 습득하는 데 초점을 두고 있는 교육(또는 기초교육훈련)과는 차별화되어야 한다.

그러나 실제로 '**교육훈련**'과 '**교육활동**'을 구분하는 것이 용이하지는 않다. 또한 구성원들이 요구하고 기업에서 동의한 교육훈련의 대부분은 자신의 현재업무 및 미래업무와 거의 무관한 것으로 나타나고 있으며, 그 효과는 적어도 중장기적으로 나타나는 경우가 많으므로 단기간 내에 교육훈련의 효과를 살펴보기란 매우 어렵다. 게다가 교육훈련의 방식은 순환보직이나 전근, 상사감독 하의 견습활동이나 종업원 대표직 수행, 개별 교육훈련 및 프로젝트 참여 등과 같은 다양한 형태로 실시된다.

이와 같은 교육훈련 활동에는 당연히 신입사원교육도 포함되지만, 일반적으로 신입사원 교육활동은 모집활동의 한 분야로 다루어진다.

본장에서 의미하는 교육훈련은 주로 경영자가 주도적으로 결정하고 공표하는 공식적 교육훈련 프로그램으로서, 생산성 및 효과성 증대를 위하여 구성원들의 기대를 충족시키고 이들의 역량을 활용하기 위한 하나의 수단으로 선택된 방식이라 할 수 있다. 그러므로 교육훈련은 기업과 종업원 모두에게 관련된 특별활동으로서, 교육훈련의 효과성에 대한 평가 역시 종업원들의 반응과 기업의 목표를 동시에 고려해야 한다.

기타 **교육훈련비**는 법적 규제조항에 의거하여 다양한 절차에 따라 집행하는 항목이 많으므로 당연히 경영자의 자율권을 제약할 수도 있다. 이와 같은 교육훈련 활동은 개개인이 이를 이수하는 동안의 금전적 지출로 평가되기도 하는 노력도만큼의 비용으로 평가될 수 있다. 이들 교육훈련 활동은 추구하는 목표별 · 대상 고객별 · 강사진의 출신별 · 교육훈련 활동 장소별로 재분류된다.

한편 교육훈련이 추구하는 **목표**는 교육대상 및 교육기간에 따라 달라진다. 이미 이론교육과 실천교육의 구분, 적성교육과 '노하우' 교육의 구분 및 태도교육과 직무교육의 구분되고 있다. 또한 교육훈련을 통하여 미연의 사고방지나 승진대비 목적 또는 인적자원개발과 관련된 구성원들의 욕구를 만족시키는 것도 교육훈련의 주요 목적이 된다.

교육훈련 활동에 대한 법적분류(적응 · 승진 · 예방 · 지식의 습득 및 심화 등) 방식은 실제로별 효용성이 없다. 즉 법적으로 일정기간 및 일정비용을 유급 교육휴가 프로그램에 사용하도록 강제한다 하더라도 만일 본 프로그램에 지원자가 전혀 없거나, 반대로 엄청나게 많을 경우에는 법적제약에 따른 방식보다는 이직률이나 생산성의 변화 등의 조직분위기나 조직실태를 고려하는 것이 보다 효과적이라는 것이다.

2. 교육훈련의 단계

교육훈련 시스템 역시 결과지향적 활동을 도출하기 위하여 제반 자원이 투입되는 방식으로
형성된다([그림10-1] 참조).

〔그림 10-1〕 교육훈련 시스템

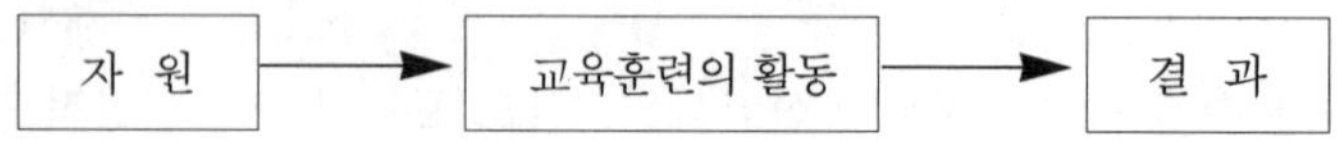

자원이란 투입된 수단의 총체로서, 여기에는 교육훈련 서비스, 교육훈련생과 사내강사의 월
급, 외부강사의 강사료, 지역별 교육비, 종업원 욕구파악을 위해 소요된 관리자들의 작업시간 등
이 모두 포함된다.

또한 **교육훈련 활동**에는 교육훈련에 사용되는 제반 준비물까지 포함된다. 결국 교육훈련 행
위는 수강생들의 행동방식을 변화시키고, 생산성을 향상시키며, 안전사고의 방지 및 승진자격
을 갖추기 위한 목적으로 수행되는 것이다.

교육훈련의 결과에 대한 평가는 효율성을 기준으로, 경제적 효율성(등록 수강생의 교육성과
대비 투입된 교육훈련비 수준), 사회적 효율성(종업원의 만족도 증대, 결근율의 하락, 산업재해
의 감소 등), 또는 기술적 효율성(불량률, 실수 및 낭비의 감소율 등에 따른 종합적 제품품질의
향상) 측면 등에서 다양하게 측정될 수 있다.

〔그림 10-2〕 교육훈련의 과정

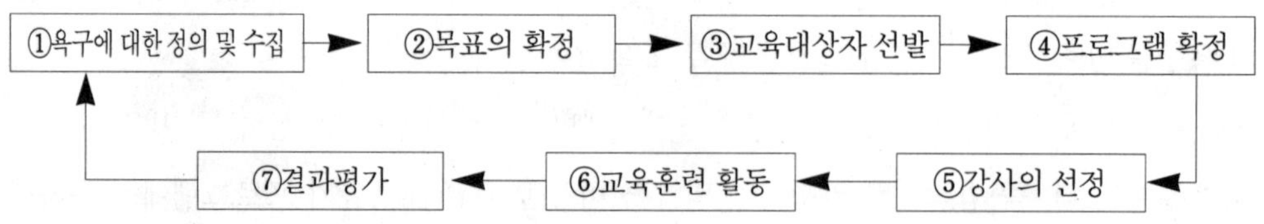

특성을 고려한 교육훈련의 결과를 평가하기 위해서는 보다 면밀한 분석작업이 요구된다. 교
육훈련의 과정은 기업목표 및 직무와 직급에 할당된 목표와 관련된 욕구에 대한 정의 및 욕구사

항의 취합, 교육훈련의 목표설정, 교육훈련 대상자의 선정, 교육 프로그램에 대한 정의, 강사진의 구성, 교육훈련 방법의 확정, 그리고 최종적으로 교육훈련 프로그램별 결과에 대한 평가([그림 10-2]) 등의 단계로 구분된다.

1) 욕구의 취합

이론적으로는 구성원들의 욕구사항을 정의해주는 것은 바로 기업 및 부서별 교육훈련의 목표라 할 수 있다. 이러한 구성원들의 욕구는 문서(설문지 및 양식) 및 구두(관리자 및 이해관계자와의 인터뷰) 방식으로 수집될 수 있다. 욕구에 대한 파악은 부서차원의 목표와 관련된 사항이나 구성원들의 과거 업적 및 역량에 대한 평가결과를 통해서도 가능하다.[3]

교육훈련에 대한 계획을 수립할 경우에는 동시에 **투자계획**도 함께 수립하는 것이 일반적이다. 마찬가지로 외국에 새로운 지점을 설치할 경우에는 필요한 영업전략의 수립과 함께 향후 해당 해외지점의 언어와 관례, 습관 및 법제에 익숙한 관리자 양성을 위하여 반드시 교육훈련 계획도 함께 수립될 것이 요구된다.

2) 목표에 대한 정의

모든 교육훈련 프로그램은 목표를 분명히 해야 한다. 즉 기업 경영활동의 효과성을 평가하기 위한 기준을 마련하는 것처럼, 교육훈련을 통하여 개선해야 할 사항을 명확히 제시 해야 한다. **목표**는 분명하고 정확해야 하며, 가능하면 **계량적**으로 표시되고, 경영자 및 종업원들이 받아들일 수 있으며, **전사적 경영전략**과 일치되도록 설정되어야 한다. 또한 목표는 조직구조의 변화, 새로운 작업조직의 설계(업무 및 역할에 대한 재정의 등), 업무활동 내용의 변화 및 새로운 기계나 새로운 자재의 구입에 따른 신기술에의 적응 등으로부터 도출되기도 한다.

목표의 두 번째 범주는 기대되는 결과에 대한 구성원들의 만족도 증가, 갈등과 결근율 및 이직의 감소 등을 통한 기업 내 **인사활동의 통합**을 지향하는 데 있다. 또한 분명한 목표는 생산 및 생산성의 향상과 생산의 품질향상으로 표출되는 직무에 대한 적응도를 최적화시키는 것이다(불량률의 감소, 오류의 감소, 작업지연 방지 및 고객불만 사항의 감소 등).

교육훈련을 통하여 **종업원들의 능력**이 진부해지는 것을 방지하는 목표도 매우 중요하다. 직무상 요구되는 새로운 적성과 태도 및 새로운 기술과 업무수행 절차 등에 대한 이해부족을 치유해주는 것도 교육훈련의 주요 목표가 된다는 것이다. 물론 이와 같은 이해부족이 동기유발이 부족한 데에서 나올 수도 있지만, 당사자 능력의 한계나 성격상 특질 또는 자신을 비하하는 태도에서 나올 수도 있다.

한편 교육훈련의 목표는 산업재해의 감소 같은 즉각적인 대책과 관련되기도 하며, 승진 같이 장기적으로 추구하는 목표도 있다. 교육훈련은 또한 구성원들의 통합을 위한 정보활동의 기회를 부여하는 목표도 동시에 갖고 있다.

때로는 교육훈련이 업무사항과 직접적인 관계는 없으나, 상호간의 **갈등치유**와 만족도 제고를 위해 실시되는 경우도 있다. 반면에 예외적이기는 하지만 일부 기업에서는 법정 교육훈련비를 정부기관에 납부하면서 아예 교육훈련을 실시하지 않는 경우도 있다.

뒬리스꾸에(C. Duliscouet)[4]는 금융기관의 사례를 통하여 다음과 같은 **교육훈련 정책의 방향**을 제시한다.

▶ 종업원의 요구사항과 경영진의 욕구간의 균형
▶ 각 직군별 교육훈련 수혜시간의 적정배분
▶ 전체 교육훈련 시간의 1/3 정도를 실무교육시간으로 배정 : 세 가지 범주로 교육훈련 분할(조직문화조성 60%, 직무행위개선 20%, 인력개발 20%)
▶ 교육훈련 시간의 절반을 외부기관에 의뢰
▶ 예정된 교육훈련에 대한 관리자들의 적극적 관여 등

교육훈련의 목표가 일반적인 경영목표로 제시된 경우에는 대부분 구체적으로 체계화되지 않은 상태이거나 도달할 수준이 명확하게 제시되지 않은 형태를 띄고 있다. 그러므로 교육훈련의 목표는 실제 관찰된 결과와 실태를 반영하여 수립되어야 하며, 다른 인사활동과의 연계성 및 경영전략과의 일치성 수준에 따라 평가될 것이 요구된다.

3) 교육훈련 대상자 선발

교육훈련의 대상자 선발은 교육훈련의 필요성에 대한 조사결과뿐만 아니라 부서활동에 필수적으로 요구되는 사항 및 종업원들의 교육훈련 이수욕구 등을 반영하여 이루어진다. 이런 관점에서 보면, 교육훈련 대상자를 강제적으로 선정할 경우에는 원래 주어진 교육훈련의 목표(자율성의 강화 및 책임의식의 제고 등)에 반하는 결과가 나타날 수도 있다.

4) 교육훈련 프로그램에 대한 정의

교육훈련 프로그램은 교육훈련 활동의 목표에 의거하여 작성된다. 프로그램에 대한 정의는 내용뿐만 아니라 교육방법과 교육기간 및 교육장소에 대한 설명까지 모두 포함하고 있으며, 특히 교육방법이 교육대상자들에게 적합하도록 구성되어야 한다.

예를 들어 장시간 앉아서 받는 교육방법에 익숙하지 않은 현장감독자들을 대상으로 이와 같은 방법을 사용할 경우에는 교육내용에 관계없이 효과를 기대할 수 없다는 것이다.

5) 교육훈련 강사의 선정

강사의 선정은 교육훈련 기관에서 결정하거나 기업의 요청 또는 교육훈련 담당자가 직접 강사나 전문 교육훈련 기관과의 접촉을 통하여 이루어진다. 강사는 선택된 교육방법을 사용하여 그 내용을 전달하는 전문가들로서, 교육훈련 대상자 집단에 경험이 풍부한 자로 선정하는 것이 바람직하다.

6) 교육훈련 활동

교육훈련 활동은 교육상의 절차준수, 교육기자재의 활용, 직장외 교육(Off-JT), 특정 기간 동안의 교육 및 사전 교육비 예산수립 등과 같은 다양한 학습과정의 단계를 내포하고 있다. 교육훈련의 방식 역시 기업 내 또는 기업간 합동 세미나, 작업시간중 또는 작업시간외 교육훈련 등 다양하게 채택될 수 있다. 즉 효과적인 교육훈련 활동을 위해서는 목표에 따라 적합한 교육방식을 적용해야 한다.

7) 교육훈련의 결과

교육훈련의 결과는 각각의 결과가 특정평가를 위한 기준이 되므로 세부사항별로 구분해서 평가한다.[그림 10-3] 참조).

〔그림 10-3〕 교육훈련의 결과

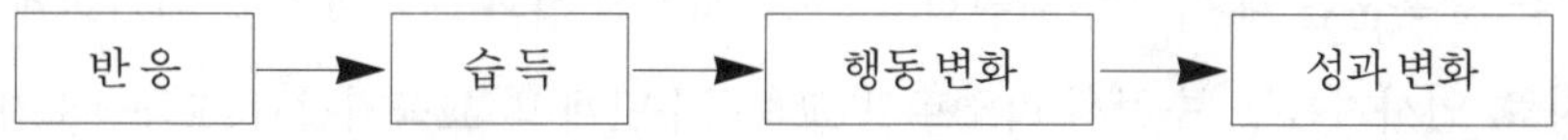

첫 번째 결과는 교육훈련의 기간, 그리고 교육훈련 직후 강사와 교육훈련 내용이나 교육환경
및 타 교육훈련 수강생들에 대한 **수강생들의 반응**을 통해 나온다. 일반적으로 주로 교육참가자
들의 평가를 통해 이루어지며, 때로는 강사들에 의해 파악되기도 한다. 수강생들에 의해 교육훈
련의 결과를 파악하는 경우에는 우선 수강생들의 만족도에 대하여 살펴보아야 한다.

지식, 적성 또는 태도의 습득 수준은 교육훈련 전후에 실시되는 테스트 결과를 통하여 파악할
수 있다. 교육이수자가 현업에 복귀한 이후의 행동변화에 대한 파악은 주로 상급자에 의해 이루
어진다. 교육훈련의 결과에 대한 행동변화 테스트는 3개월에서 6개월 또는 1년 정도의 기간을
두고 실시된다.

교육훈련에 대한 최종결과는 맡은 작업에 대한 **성과의 변화**로 나타난다. 성과는 생산성의 증
가, 산업재해의 감소, 무단결근의 감소, 불량품의 비율 감소 등의 양적지표를 중심으로 하고, **질
적지표**(의사소통의 개선, 갈등의 감소 등)를 보완하여 평가된다. 교육훈련에 대한 종합적인 결
과는 복합적인 요인에 의해 평가되며, 감사인은 교육훈련의 효율성과 효과성에 입각하여 분석
에 임하도록 해야 한다.

제2절 정보수집과 결과분석

모든 감사에서처럼 결과에 대한 분석은 우선 관련 정보수집을 전제로 하며, 정보에 대한 신뢰
도부터 평가하고 다음으로 감사인의 상황에 대한 분석작업이 이루어지도록 하고 있다.

1. 정보의 신뢰도 분석

감사인은 우선 교육훈련과 관계된 다양한 자료를 수집하는 작업부터 실시한다. 여기에는 교
육훈련 조항, 교육훈련 계획, 기업위원회의 의견, 사회적 성과 대차대조표, 원가회계 및 일반회
계 관련 자료, 인사기록부, 수강생 리스트와 교육이수단계 및 교육기간과 교육장소가 명시되어
있는 교육훈련활동 카탈로그 및 교안, 출석표 서명 내용, 평가시트, 교육 기자재 및 부수적 자료,

영수증 사본 및 비용처리 영수증, 외부 교육훈련기관과 체결된 협약문서와 실습계획 등이 포함된다. 감사자료에는 개인별 성적표 및 개별서류 등도 포함된다.

실제로 서류에 기록된 비용이 과연 실제 내용과 일치하는지를 확인하기 위해서는 다양한 서류들을 비교해보아야 한다. 이들 서류에 대한 공식적인 증명은 여러 부서(회계팀, 인사팀, 비서실 등)에서 제출된 자료의 오류를 수정하는 효과가 있다. 여기에서 **확인된 오차**는 중요한 의미를 갖고 있다. (즉 교육훈련비로 계상하기 어려운 항목의 총액이 총액임금의 0.3%를 넘지 않도록 하며, 최소 법정교육훈련비에 해당하는 총액임금의 1.1% 이상이 되어야 하는 사항을 준수하도록 함).

회계감사는 역시 증명활동을 위한 전통적 규칙에 따라 지불명령절차, 관련 책임자의 결재서명, 증빙서류의 질적 수준, 매출액 구성자료, 계산내력의 정확성 및 분석항목의 체계화, 그리고 예산통제 등에 대한 검토부터 실시한다. 이 점에 관해서 틸리스꾸에[5]는 교육훈련비를 두 가지 계정으로 분리해야 한다고 주장한다. 첫 번째 계정은 일정한 분배(사례금, 임금, 숙박비, 교통비 등)를 고려한 세무회계 관련 사항이며, 두 번째 계정은 세무신고가 요구되지 않는 비용을 말한다.

2. 결과 및 비용 확인

수집된 정보를 기초로 하여 교육훈련활동 관련 법적 및 협약상의 요구사항, 목표 및 절차, 효과성 및 효율성 대비 **오차**를 검증할 수 있다.

1) 결과의 제출

교육훈련의 결과는 대상 고객, 교육훈련의 형태, 강사의 소속, 훈련기간 및 비용, 단기적 및 중기적 교육훈련 효과 등과 같은 기준에 따라 분류된다([표 10-4]). 한편 교육훈련 활동의 **수혜 집단**은 직위별(간부 · 기술자 · 현장감독 · 일반사원 · 하급종업원), 출신부서별, 성별, 근속년수별, 교육훈련 이수내용별로 분류될 수 있다.

교육훈련의 형태는 **프로그램의 내용**에 따라 조치할 수 있는 기준을 마련해준다. 그러므로 지식 · 적성 및 태도의 습득은 교육훈련 프로그램에서 다루게 되는 주제(노동법 · 인간관계 · 정보 · 회계 등)를 분명히 함으로써 달리 이루어질 수 있다.

마찬가지로, **강사의 출신**은 그들이 기업에 소속되어 있는가, 아니면 외부강사인가에 따라 교육훈련활동이 달리 이루어질 수 있다. 중·단기적으로 이루어지는 교육훈련활동에 대한 평가결과는 감사인들에게 추구하는 목표사항에 대한 새로운 의미를 부여하는 영향을 미치게 된다.

〔표 10-4〕 목표 및 강사의 소속별 교육훈련 활동상태

대상고객 및 소속		교육훈련 활동의 목표		
		지식 (단기 / 중기)	적성 (단기 / 중기)	태도 (단기 / 중기)
임 원	내부			
	외부			
간 부	내부			
	외부			
현장감독	내부			
	외부			
기 술 자	내부			
	외부			
사 원	내부			
	외부			
노 동 자	내부			
	외부			

자료원 : S. Vindras & A. Meignant, :Méthodologie pratiquée pour une action de formation, Personnel, no 256, janvier 1984, p.23.

결국 교육훈련활동은 교육훈련의 기간과 비용에 따라 분류되며, 특히 교육훈련비는 교육훈련의 발전여부와 직결된 것으로 파악할 수 있다.

2) 교육훈련비의 결정

교육훈련비는 다양한 범주로 분류될 수 있으며, 교육훈련 활동의 **경제적 효율성**을 평가하기 전에 바로 이 항목별 분류체계부터 이해해야 한다(〔표 10-5〕 참조).

교육훈련비에는 교육훈련 활동의 결과로 나타나는 모든 비용이 포함된다. 그러나 수강생들의 개인적 추가 노력에 따른 비용이나 직무외 교육훈련에 따른 비용은 제외된다. 실제로 비용은 다양한 방식으로 분류된다. 여기에서는 고정비 또는 구조적 비용 대 변동비 또는 비율적 비용, 직

접비 대 간접비, 법정 교육훈련비 등에 대하여 살펴본다

〔표 10-5〕 교육훈련 비용

비용의 유형	정보의 원천
기업의 고정비	
- 교육훈련 서비스 비용	교육훈련 부서예산
- 현장관리 비용	회계자료
- 교육시설 비용 (감가상각비)	
- 프로그램 작성	
- 교육훈련 홍보비용	비용지출서
- 교육훈련 욕구조사 비용	상사의 평가자료
법적비용	
- 교육훈련위원회 회의비	담당부서 (인사팀)
- 필수 정보관리 비용	
교육훈련 직접비	
- 교육훈련 프로그램 고정비	교육훈련 부서예산
(내부)	영수증
(외부)	
· 외부강사	
· 교육 기자재	
· 장소 임대료	
- 교육훈련 프로그램 변동비	회계자료
- 수강생에 대한 보수 (사회적 부담금 포함)	회계자료
- 이동비	회계자료
- 숙박비	
교육훈련 간접비	
- 수강생 부재에 따른 생산량 감소	생산부서
- 임시충당	
· 추가 근로시간	
· 신규채용	회계자료
- 관리비	담당부서
· 서류의 보존 및 취급	

① 고정비

고정비에는 교육훈련 서비스 비용, 현장관리 비용, 기자재 비용, 교육훈련 준비 및 확산 활동 비용, 교육훈련 장소 임대비용 등이 포함된다. 기업의 교육훈련 비용은 교육훈련 예산에 나타나 있으며, 교육훈련 담당직원 인건비, 집기비용(책상 · 타자기 · 복사기), 현장관리비 및 기타 제반 비용 등이 포함된다.

　　교육훈련비 총액은 일반적으로 총액임금 대비 교육훈련비의 비율로 계산되지만, 전체 종업원수 대비 교육훈련 부서직원수의 비율에 의해 산출되기도 한다. 교육훈련시 사용된 장소 및 기자재 사용료는 자본비용으로 분류되므로 단순 감가상각비로 처리된다. 감가상각비의 비중은 원가회계 방식을 통하여 분명히 파악할 수 있다. 교육훈련 프로그램의 홍보비용과 종업원들의 욕구파악을 위한 비용도 고정비에 포함된다. 즉 고정비에는 교육훈련 카탈로그 제작과 배포, 관리자들의 관리시간 및 교육훈련 담당부서원 욕구파악 및 분석을 위한 제반 비용 등이 포함된다.

② 법정비용

　　법정비용은 교육위원회가 설치되어 있는 경우, 위원회 개최(업무위임이 요구되는 기간 또는 시간, 대표이사의 참석시간 등)에 소요되는 비용을 의미하며, 여기에는 정보수집비 및 유인물 발간비도 포함된다.

③ 교육훈련 직접비

　　직접비는 프로그램별 고정비와 변동비 수준에 따라 다르게 나타난다.

　　고정비에는 우선 과거의 사항을 수정한 새로운 교육훈련 프로그램을 개발하는 데 드는 비용이 포함된다. 외부기관에 의해 교육훈련이 실시될 경우에는 신규 프로그램 개발비를 별도로 설정할 수도 있다. 그러나 본 프로그램이 반복적으로 실시되는 정규프로그램이 될 경우에는 프로그램 개발비 계산을 분명히 해야 한다. 내부강사에 대한 것과 마찬가지로 외부강사에 대한 사례비 역시 고정비 범주에 속하지만 교육훈련 담당부서에 귀속되는 경비는 아니다. 기업외부에서 실시되는 교육훈련비 역시 고정비 항목에 포함된다.

　　한편 교육훈련 프로그램과 관련된 변동비에는 수강생들의 임금과 사회적 분담금, 이동비용 및 숙박비 등이 포함된다. 일부 기업에서 교육훈련에 따른 수당을 일별로 계산하여 지급하는 경우에는 분명히 비용지출 부분이 변동비 산정에 가산되어야 한다.

④ 교육훈련 간접비

　　간접비는 교육훈련 기간 동안의 종업원 결원에 따라 발생하는 생산감소 및 결원인력을 보충하기 위해 일시적으로 고용하거나 대체인력의 작업시간으로 환산되는 비용으로 나타난다.

　　간접비에는 교육훈련에 대한 정보, 즉 개인자료(서류)의 보관, 인사부서의 관련자료 보관, 교육훈련 관련정보, 회계에 관한 기록 등을 다루는 데 소요되는 비용도 추가된다.

모든 비용은 **금전적 화폐단위**로 표시되지만, 명확하게 수집가능한 정보를 제외하고는 억지로 화폐단위로 표시하려 해서는 안 된다. 왜냐하면, 비용이란 현상의 일부분만 보여주기 때문이다. 기타 교육훈련 상의 역기능적인 현상에 대해서는 종업원들의 만족 또는 불만족을 측정하는 지표로 다루는 것이 바람직하다. 결국 일련의 실태보고서를 작성하기 위해서는 교육훈련의 활동범주별로 작성된 다양한 지표를 상호 교차시켜 살펴보도록 해야 한다.

3. 차이분석 및 문제점 파악

기타 잠재적 문제점들을 파악하기 위해서는 사용된 지표들의 가치와 법적 또는 단체협약상 규정된 기준의 가치간에 나타나는 차이, 그리고 사용된 지표의 과거 가치와 설정된 목표수준을 비교하고 분석할 필요가 있다.

1) 법적준수 사항에 대한 감사

법적준수 여부에 대한 감사는 나타난 결과와 법적·단체협약적 의무사항에 수반된 절차를 비교하는 방식으로 실시된다. 이를 위해 감사인은 다음과 같은 교육훈련에 관한 주요 법적 조항에 대하여 살펴보아야 한다.

① 지불의무와 비용구조

프랑스에서는 법적으로 **총액임금의** 1.1% **이상**을 교육훈련에 지출하도록 규정하고 있다. 본 금액은 엄격히 교육훈련 활동에 한하여 사용되며, 경우에 따라서는 공공 금융기관이나 교육훈련 보험기금 또는 공인된 제휴기관(10% 이내)에서 관리하도록 하고 있다. 조성된 교육훈련기금을 사용하기 위해서는 다음과 같은 일정 조건을 만족시켜야 한다.

▶ 작업장 밖에서 실시할 것

　(실무교육상 필요할 경우 또는 이미 자격을 보유하여 면제된 경우에는 제외)

▶ 실무기법의 습득에 한정되지 않을 것

▶ 최소한의 교육훈련 시간을 제공할 것

▶ 수강생들에 의한 평가를 실시할 것

▶ 외부기관에 의한 교육훈련시에는 단체협상의 대상이 되도록 할 것 등.

한편 프랑스의 법규정에서는 **교육훈련비의 비용구조**에 대한 사항도 제시하고 있다. 즉 능력개발 교육훈련(formation continue)에 0.8%, 신입사원 교육훈련(formation des jeunes)에 0.2%, 그리고 공통 관심영역에 대한 교육훈련을 위한 외부 제휴기관에 0.1%를 배정한다.

② 기업위원회의 의무 및 자문활동

프랑스에서는 법규정상의 의무 교육훈련계획에 대하여 **기업위원회의 자문**을 구하고 있으며, 그 실행여부를 다시 기업위원회(Comité d' Entreprise)에 보고하고 있다.

기업위원회에서는 첫 번째 회의를 늦어도 매년 11월 15일 이전에 개최할 수 있도록 3주전까지 관련문서를 전달받아야 한다(재무팀의 신고사항, 전년도 및 금년도의 대차대조표, 휴가 가능일수 및 협약체결된 휴가일수, 임의지출 및 예비비에 대한 재무팀의 실사내용 등).

연도별 12월 31일 이전에 개최되어야 하는 두 번째 회의에서 기업위원회는 차년도 교육훈련계획에 관한 의견을 표명해야 하는데, 여기에는 교육훈련 활동사항과 교육훈련기관, 조직실태, 직종별 교육훈련 대상인원 및 교육훈련 예산사항 등이 모두 포함된다. 기업위원회에서는 교육훈련 휴가와 교육훈련 활동에 대한 보고 또는 거부행위와 관련된 의사결정을 내리기에 앞서 자문에 임하는 역할도 맡고 있다.

한편 300명 이상의 종업원을 고용하고 있는 기업 또는 공장의 경우에는 교육훈련 위원회를 의무적으로 설치해야 하며, 교육훈련 위원회는 기업위원회를 대신하여 연구관련 자문활동을 수행하게 된다. 기업위원회의 일부 권한은 종업원 대표에게 이전되어 있으므로, 교육훈련 휴가는 반드시 종업원 대표의 자문을 거쳐 실시한다. 교육훈련에 따른 휴가처리를 거부하거나 교육훈련 실행조건을 설정하는 것도 종업원 대표들이 맡고 있다.

또한 교육훈련 계획에 관한 기업위원회의 자문내용 증명이 없거나 태만행위가 밝혀질 경우에는 실행년도의 교육훈련 명목으로 교육훈련비 총액의 50%에 해당하는 과징금을 내도록 의무화하고 있다. 한편 당해년도의 교육훈련비 지출이 법정비용 이하로 나타날 경우, 감사인은 전년도의 교육훈련비가 초과 지출된 내력부터 검토하고, 교육훈련 계획의 수립과 실행이 법적 기준 및 단체협약사항을 준수하여 이루어졌는지 확인해야 한다.

2) 효과성 평가

교육훈련 활동의 효율성과 효과성을 분석하기 위해서는 흔히 AFREF[6]에서 작성한 지표를 참고할 것이 요구된다. [표 10-6]에서는 교육훈련의 세부 영역별로 표출될 수 있는 잠재적 문제점을 파악하기 위한 지표의 예를 보여주는 것으로, 교육훈련 활동의 효율성과 효과성에 대한 분석은 우선 전반적인 수준에서 살펴보고 구체적인 교육훈련 프로그램별로 평가하는 단계를 밟는 것이 바람직하다.

[표 10-6] 교육훈련의 잠재적 문제점 분석지표 (예)

분 야	지 표
교육훈련 총비용	- 교육훈련비의 변화÷총액임금의 변화 - 공공기금에의 납입 - 교육훈련 예산총액의 변화 - 추가비용에 대한 보고
교육훈련비 배분	- 기준별 비용구조의 차이 : · 직종별 · 성 별 · 부서별 · 시간별 · 연령별 · 재직년수별 · 교육훈련 과정별
교육이수 인원 교육훈련 시간	- 기준별 교육훈련생의 수 (2) - 수강생의 교육훈련 시간수
교육훈련 과정 구성	- 범주별 교육훈련의 평균기간 (2) - 유급 교육훈련 시간수÷무급 교육훈련 시간수 - 교육훈련 과정별 등록자수 - 교육훈련 과정별 참여율 - 강사 비율 : 강사의 수÷수강생의 수 - 교육훈련 중도포기자의 수 - 교육훈련 과정의 지속년도 - 교육훈련 과정별 수강생수
교육훈련 결과	- 교육훈련 이수후 생산력의 변화 - 교육훈련 이수후 생산품질의 변화 - 교육훈련 이수자의 승진비율 - 교육훈련 이수자의 만족도 수준 - 교육훈련 거부비율
교육훈련 부서활동	- 중앙 교육훈련 활동비÷공장 교육훈련 활동비 - 교육훈련 활동비÷교육훈련 총비용 - 교육훈련 부서활동의 질적 수준

① 전반적인 평가

기술적 효율성은 각종 교육훈련 프로그램에서 지향하고 있는 지식과 적성 및 태도향상의 결과 생산증가와 품질향상으로 평가될 수 있다. 물론 이는 개략적으로 교육훈련 활동의 결과로 나타난 성과향상분을 통하여 파악되지만 항상 알 수 있는 것은 아니다. 그러나 일부 기업에서는 교육훈련 전후를 비교하여 정확하게 생산력향상에 기여한 부분을 측정하는 기법을 개발하고 있다. 즉 생산성의 증대, 고객 배상청구 건수의 감소, 배달지연의 감소 등과 같은 지표가 교육훈련 활동의 기술적 효율성을 평가하기 위해 사용되고 있다. 종업원들의 교육훈련 욕구에 신속하게 대응하는 프로그램의 수립, 그리고 기업 내 교육훈련이든 또는 외부 교육훈련이든 교육훈련 프로그램의 실제 수행 기간과 예상 기간 사이의 차이를 평가하는 것도 기술적 효율성을 측정하는 주요 지표가 된다.[7]

경제적 효율성은 교육훈련 실시비용과 교육훈련을 통해 나타난 효익을 비교하여 평가되며, 비용구조 및 비용변동사항을 분석하면 부적절한 사항도 파악할 수 있다.

사회적 효율성은 교육훈련 활동에 대한 종업원들의 만족도를 통해 평가되며, 이직률의 저하, 결근율의 감소, 안전사고의 감소, 교육훈련 이수후 승진율의 향상 등을 통하여 간접적으로 파악될 수 있지만, 무엇보다도 사회적 분위기의 개선도가 가장 중요한 지표라 할 수 있다.

결국 **효과성**이란 교육훈련 활동에 주어진 '목표 달성률'로 정의될 수 있다. 그러나 로페르와 비아르그[8]가 강조하고 있듯이, 주어진 목표의 복합성 때문에 교육훈련 결과를 종합적으로 해석하기란 매우 어렵다.

이처럼 교육훈련은 업무생산성의 향상, 경력개발, 개인적 만족도의 증대, 조직변화에의 참여 및 지원, 조직몰입도의 증대, 양호한 사회적 분위기의 조성 및 교육훈련 부서의 적법한 활동 등 다양한 목표를 추구한다. 그러므로 교육훈련과 관련된 공식적 논쟁에 집착할 필요는 없더라도 교육훈련에 할당된 실제 목표를 분명히 하기 위해서는 다양한 책임자들과의 면담을 통한 내용 수집과 그 적용여부에 대한 검토가 바람직하다. 교육훈련의 효과성은 한마디로 목표의 달성으로 표현되지만 한편으로는 비용 및 기술적 효율성과 사회적 효율성을 통하여 밝혀볼 수 있다.

마찬가지로 직종별 · 성별 · 소속부서별로 교육훈련을 이수한 인력구조와 경영진에서 기대한 교육훈련대상자간의 차이를 살펴볼 수 있다. 부서별 · 개인별 교육훈련 기간의 배분비율은 특정 집단에 요구되는 교육훈련 내용의 집중도 여부를 판단하는 기준이 된다.

한편 각종 **교육훈련과정**에 대한 분석을 통하여 교육훈련의 적절성 여부도 판단해야 한다. 예를 들면, 고가의 기계를 구매하고 10년이 지나서야 그것을 다루는 교육훈련을 실시하는 것은 매우 부적절하다. 그러므로 생산방법 및 정비방법의 변화가 심한 신제품의 상업화를 위해서는 교육훈련이 절대적으로 중시된다. 이처럼 **목표대비 시간적 · 내용적 차이**(gap)가 발생하면 감사인은 우선 공식목표가 실제로 실현가능한 것인지를 경영진과 면밀히 검토한다. 또한 과연 교육훈련과 그 성과간의 관계가 어떻게 나타나는지에 대해서도 살펴본다.

결국 수강자가 자신의 직무특성에 대한 분석 없이 교육훈련 과정을 이수케 한 경우에는 실제 교육훈련을 통한 긍정적인 성과를 기대할 수 없다. 비록 개인의 적성은 향상되었다 하더라도 기업차원에서는 아무런 효과가 없다는 것이다. 이처럼 교육훈련의 세부영역과 다양한 프로그램으로부터 발생되는 문제점을 확인하는 작업은 **차이분석**(gap analysis)을 통하여 이루어진다.

② 감사대상 프로그램의 선정

각종 교육훈련 프로그램에 대한 분석결과를 통해서 우선 비용과 성과간의 불균형 상태를 살펴볼 수 있다. 감사대상이 될 교육훈련 프로그램을 선정하는 작업은 데밍(B. S. Deming)[9]이 제안한 두 가지 기준의 비교를 통해서 이루어질 수 있다.

프로그램의 **첫 번째 분류기준**은 관리자층과 임원층의 다양한 구성원들을 대상으로 차별화된 각종 교육훈련 프로그램을 배정하는 데에서 시작된다. 본 작업은 상대적 그리고 주관적인 만큼 관리책임자들의 적극적인 참여활동이 요구된다. 그 결과 프로그램별 평균값을 하나로 축소할 수 있다.

두 번째 유형의 분류기준은 프로그램별 집행비용에 기반을 두고 있다. 즉 가장 많은 비용이 드는 프로그램을 제1열에 두고 차례대로 비용이 감소하는 방식으로 교육훈련 프로그램을 배정하는 방식이다.

두 가지 분류방식의 결과치(기업에서 평가하는 중요도 순서별 및 비용수준별)는 가중치가 부여된 값으로 산정되어, 프로그램별 기업의 잠재적 이득수준을 보여주게 된다. 즉 점수값이 높을수록(비용 및 중요도가 클수록) 잠재적 이득도 높게 나타난다.

감사대상 프로그램은 잠재적 이득이 가장 큰 것부터 선정하여 교육훈련의 결과 과연 작업성과에 긍정적인 영향을 미치고 있는지를 평가한다. 평가는 프로그램별로 주어진 목표와 비교하여 이루어지게 되지만, 아예 공식적으로 제시된 목표가 존재하지 않는 교육훈련 프로그램도 있으므로 관리자 및 강사진과의 인터뷰를 통하여 효과성을 측정하기 위한 기준을 설정하도록 해야 한다.

　우선 평가할 교육훈련 프로그램을 선정하기 위해서는, 프로그램별 잠재적 이득의 수준과 교육훈련 프로그램이 실제로 작업성과를 향상시켜준 결과치를 비교해보아야 한다.

　[표 10-7]은 교육훈련 프로그램간의 순위평가를 통하여 프로그램을 선정하는 사례이다. 여기에서는 현장감독자를 위한 리더십 교육훈련 프로그램 중 가장 높은 잠재적 이득(기업에 있어서 가치순위 1위+ 비용순위 1위)을 보여주는 프로그램부터 선정하고, 업무성과에 대해 비효율적이라고 판단되는 활동부터 우선적으로 평가해야 한다는 점을 보여주고 있다.

　기타 감사대상 교육훈련 프로그램을 선정하는 기준으로서 벵드라(J. Vindras)와 메이낭(A. Meignant)[10]이 제시한 것이 있다. 이들은 교육훈련 활동의 지속성, 평가 효과성, 교육훈련 프로그램상의 새로운 문제점, 해당 프로그램에 관련된 인력의 형태, 예상되는 교육훈련 기간 및 외부 하청교육 등의 기준을 제시하고 있다.

〔표 10-7〕 평가대상 교육훈련 프로그램의 결정

프로그램의 유형별 사례	기업의 가치순위	비용순위	잠재적 이득순위	프로그램의 작업성과	평가 우선순위
	A	B	(A+B)　C	D	E
비서 교육훈련	3	2	(5)　2	불확실	2
기계 운전	2	3	(5)　2	효과적	4
리더십 교육훈련 (현장감독자 대상)	1	1	(2)　1	비효과적	1
종업원 어학교육	4	3	(7)　4	비효과적	3

주) 괄호 속의 숫자는 가치와 비용순위의 합계를 의미함 : Deming B.S., Op. cit.

　이와 같은 평가를 위해서는 이해관계자, 관리자 및 강사진과의 인터뷰가 반드시 요구된다. 인터뷰를 통해서는 관련 당사자들의 성과 또는 만족도에 대한 평가와 함께, 표출된 역기능적 현상의 원인을 규명한다.

　결과분석은 쉬운 일이 아니며 또한 항상 가능한 것도 아니다. 실제로 이들 저자들이 밝히고 있듯이, 세부 교육훈련 프로그램에 있어서도 측정변수의 속성상 또는 결과의 신뢰도상 다양한 어려움이 발생한다. 즉 교육훈련의 결과로 기계수리에 소요되는 시간이 축소되는 것과 같은 효과는 원자재의 변경을 통하여 업무상의 단순성 또는 신뢰도가 향상되는 것 이상의 **긍정적인 효과**를 보여줄 수 있다.

반면에 업무량 증가를 두려워하여 성공적인 교육훈련의 결과로 발휘될 수 있는 업무시간의 단축현상이 아예 표출되지 않을 수도 있다. 그러므로 감사인은 원인에 대한 진단을 할 때 이와 같은 어려움이 내재되어 있다는 점에 유의하도록 해야 한다.

제3절 원인분석 및 권고안

지표의 가치와 **적용기준의 수준**간 차이에 대한 확인작업은 원인 및 결과에 대한 분석을 통해서 이루어진다. 여기에서 관찰된 결과는 중간결과 뿐만 아니라 최종결과에 대한 사항도 다룬다. 한편 문제의 진정한 원인을 파악하기 위해서는 '상호일치도' 및 '인과관계 분석기법'을 사용하게 되며 이를 바탕으로 권고안을 작성하게 된다.

1. 일치도 분석

상호일치도 분석은 하나의 요인이 다른 요인과 관련하여 어느 정도의 적합성을 가지고 있는지를 평가하는 기법이다. 일치도 분석은 교육훈련의 과정, 결과 및 목표간의 관계를 살펴볼 때 적용되며 '내적 일치도'로 표시된다.

한편 일치도 분석은 교육훈련을 구성하는 요소들간의 관계를 연구하거나 다른 인사기능 또는 경영정책과의 포괄적인 관계를 연구할 경우에도 활용되는데, 이를 '외적 일치도'라 한다. 여기에서는 바띠에와 메이낭[11]의 분석방법론을 중심으로 살펴보도록 한다.

1) 내적 일치도 분석
내적 일치도 분석은 교육훈련의 시행절차 및 적용방법의 단계에 대한 행렬 매트릭스 표를 통해 분석된다. [표 10-8]에서는 요인간의 일치도 수준을 확인하기 위한 분석표를 보여주고 있다.

바띠에와 메이낭은 "쿼터 시스템으로 등록절차가 복잡하거나 상하좌우간의 의사결정 참여방식이 까다로울 경우, 결국 교육훈련 담당자의 에너지만 소모시키고 목표에 대한 분명한 정의를 내리기도 어렵게 만든다"[12] 고 경고하고 있다.

마찬가지로 교육훈련의 목표사항으로 여러가지 교육 모듈을 이수하게 하고 있으나, 교육훈련 대상자 선발이 선수과정 모듈 없이 최종 모듈에 따라서만 이루어질 경우에는 일치도가 현저히 저하된다. 또한 실제로 수많은 교육훈련 프로그램들이 종업원들의 진정한 욕구를 반영하지 않고 일방적으로 결정되고 있으며, 때로는 태도변화를 위한 교육훈련에 강압적인 방법으로 강의만 실시하는 경우도 쉽게 나타난다.

한편 강사의 프로필이 표출된 욕구와 일치되지 않는 경우도 흔히 발생한다. 즉 수강생들은 기술습득을 기대하고 있는데, 이론적 강의만 내세우는 교육훈련이 진행되는 경우도 많다는 것이다. 동일한 교육훈련에 여러 조직으로부터 다른 강사들을 조달하는 경우에는 강의기법과 방법이 상이하여 오히려 교육훈련 이후 업무성과가 부정적으로 나타날 수도 있다. 또한 동일한 교육훈련과정에 차수별로 상이한 평가기준이 적용될 경우에도 추구목표와의 불일치도가 높게 나타난다. 교육훈련과정을 개설한 초기의 목적은 직무적성개발에 있는데 최종결과 평가지표로 종업원 만족도 기준을 선택하는 것이 그 한 예가 될 것이다.

〔표 10-8〕 교육훈련의 내적 일치도 분석

적용방법 및 시행절차	A	B	C	D	E	F	G
A. 종업원 욕구의 파악							
B. 목표에 대한 정의							
C. 프로그램에 대한 정의							
D. 훈련훈련 대상자 선발							
E. 강사진의 구성							
F. 교육적 방법론							
G. 결과에 대한 평가							

주) 일치도는《C》로, 불일치도는《NC》로 표시

반면에 벵드라와 메이낭이 강조한 것처럼 "효과성이 객관적으로 확인된 교육훈련에 대한 분석(기계 고장 수리시간의 절약 등) 결과는 교육훈련에 대한 욕구파악, 목표설정, 프로그램 내용 및 교육방법의 보완, 프로그램의 구성, 운영 및 적용 등에 있어서도 일치도와 적합성이 높게 나타난다"[13].

그러므로 **'내적 일치도 분석'**은 결국 "과연 현행 절차에 따르면 기대하는 결과를 달성할 수 있는가?", 그리고 "기업의 정책 및 전략사항에 비추어볼 때 달성된 목표는 원래의 목표와 일치하는가?" 하는 질문에 대한 답을 줄 수 있을 것이다.

2) 외적 일치도 분석

외적 일치도 분석은 한편으로는 교육훈련의 결과, 그리고 다른 한편으로는 세부 인사기능별로 채택된 정책 및 절차, 전반적인 인사전략 및 전사적 경영전략에 입각하여 평가된다.

앞에서 인용한 바띠에와 메이낭의 논문에서 제시한 바처럼 [표 10-9]는 외적 일치도 분석을 위한 양식을 보여주고 있다.

본 양식에서는 교육훈련의 적용방법과 시행절차라는 양 측면을 인사의 기능별, 전반적 인사정책, 기업의 기능별 정책 및 절차, 조직구조 및 종업원들의 기대사항 등 각 항목을 살펴보도록 하고 있다.

〔표 10-9〕 교육훈련의 외적 일치도 분석

교육훈련의 적용방법 및 시행절차	인사 행정	사원 모집	인사기능				인사 정책	기타기능			조직 구조	종업원 기대
			평가	승진	보수	…		생산	재무	영업		
• 욕구에 대한 정의 및 파악												
• 목표에 대한 정의												
• 프로그램에 대한 정의												
• 교육훈련 대상자 선발												
• 강사진의 선정												
• 교육적 방법												
• 결과에 대한 평가												

즉 다음과 같은 질문을 통하여 교육훈련과 평가활동간의 일치도를 분석할 수 있다는 것이다.

▶ "과연 과거의 교육훈련에 대한 정보가 인사정보시스템에 통합되어 모든 종업원들에게 전달되었는가?"

▶ "교육훈련 과정별 결과가 잠재적 효익평가를 위해 피드백되고 있는가?"

▶ "이들 사항이 향후의 교육훈련 활동에 활용될 수 있는가?"

▶ "능력개발에 기여한 바는 어느 정도인가?"

▶ "과연 전반적 인사정책은 어느 정도 반영하고 있으며 인력예측은 포함되어 있는가?"

▶ "교육훈련의 내용이 생산 · 영업 · 재무 등 다양한 관리활동에 적합하게 구성되어 있는가 ?
(투자의사결정에 있어서 교육훈련을 충분히 반영하고 있는가, 해외시장 다각화 전략은
사전에 적합한 교육훈련 활동과 함께 진행되었는가 ?)

조직구조상 **교육훈련 부서**의 위치와 중요도의 적합성 역시 외적 일치도 분석을 통하여 평가
된다. 결국 '외적 일치도 분석'에서는 종업원의 기대와 기업문화간의 일치도, 그리고 기업의 교
육훈련 활동과 사용된 절차간의 일치도에 대한 평가가 핵심적으로 다루어진다.

이러한 외적 일치도에 대한 분석은 신속하고 용이하게 수행될 수 있는 것이 아니며, 이를 위해
서는 교육훈련에 대해서 뿐만 아니라 기업 내 인사관리 및 경영정책 전반에 대한 전문적 지식이
요구된다.[14] 그러므로 대부분의 경우에는 불일치도를 보여주는 주요 사실을 밝히는 수준에서 외
적 일치도를 분석하는 데 만족하고 있는 실정이다.

2. 권고안

교육훈련상의 상이한 문제와 위험 및 원인을 밝히는 작업은 감사활동의 최종단계에서 이루어
지며 이는 문제해결을 위한 개선안으로 작성된다.

인과관계표는 관찰된 결과에서 시작해서 사건의 사슬을 따라 거슬러올라가는 방식으로 작
성된다. 인과관계 분석을 통하여 적법치 못한 위반사항이 나타나는 이유는 담당자에 대한 교육
훈련의 부재, 절차 확인의 부재, 관련된 정보의 부재, 관리자 및 경영진의 무관심 등에서 나온다.

마찬가지로 특정 집단에 대한 교육훈련의 부재는 확고한 의지, 욕구수집의 절차 부재, 승진정
책과 일치되지 않는 교육훈련 및 목표의 부재 때문이다. 제반 문제점의 원인으로 파악된 사항들
은 주요 책임자의 의견을 고려하여 순서대로 해결방안을 정리하면 된다.

개선방안 또는 해결방안의 선정은 실행비용의 수준, 실천가능성, 시급성(예 : 법정요건 등) 및
기업조직이 추구하는 목표 등을 고려하여 이루어진다. 또한 감사인은 달성목표와 실무담당자명
및 실행예산 등이 명시된 추진일정표도 작성한다.

개선방안의 내용으로는 다음과 같은 사항들이 예시적으로 열거될 수 있다.

▶ 용접공 교육훈련 프로그램의 삭제(교육훈련시 획득된 기술이 현장에서 진부화됨)

▶ 인사팀과 교육훈련팀의 기안지 공동작성

▶ 교육훈련 계획상 법정 교육일수의 준수

▶ 종업원 욕구파악 절차의 확인

▶ 예산항목간의 조화

▶ 논리적 계획활동에 의한 교육훈련 과정의 재분류

▶ 종업원 의무 교육훈련의 실시 철저 등

이들 사항은 여러가지 권고안 중 몇 가지 개선방안을 예시적으로 보여주는 것이다. 실제로 개선방안은 교육훈련 실태에 대한 종합평가 및 특정 프로그램에 대한 감사결과 바람직한 개선안으로 제시된 사항 중에서 주요 사항을 발췌하는 방식으로 선정된다

제10장 질문사항

1. "한 개인만을 위한 교육훈련에 대해서는 실제로 교육훈련의 결과를 평가할 수 없다"라는 명제에 대하여 어떻게 생각하는가?

2. 교육훈련의 효과성을 평가하기 위해서는 어떤 기준들을 사용할 것인가?

3. 여러 해 동안 계속 〔교육훈련비의 변동치÷총액임금의 변동치〕를 산출하면 기업의 교육훈련 정책에 관해 정확한 이해를 할 수 있다고 보는가?

4. "교육훈련의 주요 평가기준은 수강생의 만족도와 교육훈련의 결과이다"라는 명제에 대하여 논의해보시오.

5. 기업에서 무급 교육훈련휴가를 요구하지 않고 있는 것도 주요 분석지표에 포함되어야 한다고 보는가? 그리고 본 사항은 어떤 지표에 해당하는 것인가?

6. 교육훈련에 대한 감사에는 어떤 목표가 부과되어 있는가?

7. 기업의 특정부서에서 교육훈련을 받고 돌아온 사람들에게 "그래, 휴가는 잘 보내고 왔어요?"라는 인사를 하는 것을 보면서 무엇을 생각해볼 수 있는가?

8. 노동조합 또는 기업위원회가 경영자로부터 실습생(견습생)을 선정할 권한을 부여 받은 경우, 이를 어떻게 해석할 것인가?

9. 경영자가 교육훈련에 대한 감사를 오로지 비정상적인 문제점만 파악하는 작업으로 한정시킬 경우, 이를 어떻게 받아들일 것인가?

10. 교육훈련에 대한 감사활동시 사용되는 준거사항으로는 어떤 것들이 있는가?

1. Laufer & Viargues, *"Critères de réussite d'une action de formation continue"*, Rapport Final, Paris, FNEGE, p. 100.

2. Hamblin A.C., *"Evaluation and Control of Training"*, London, McGraw-Hill, 1974, pp. 6-7.

3. Birlin J.L., *"Les six étapes du plan de formation"*, Le Management, jan. 1973, pp. 119-126.

4. Duliscouet C., *"Une mission d'audit : Contrôle de la Fonction formation"*, Revue Française d'Audit Interne, no. 62, nov.-déc. 1982, p. 27.

5. Duliscouet C., op. cit. p. 24.

6. Association Française des responsables de Formation, *"Le tableau de bord du responsable de formation"*, Travail et Méthodes, no. 361, avril-mai 1979, pp. 29-30.

7. Smith & Scanlon, *"Le tableau de bord d'un service de formation"*, Bullettin de Responsable de Formation, no. 14, nov. 1982, pp. 6-7.

8. Laufer & Viargues, op. cit., p. 78.

9. Deming, *"A system for evaluating training programs"*, Personnel, Vol. 56, no. 6, nov.-dec. 1979, pp. 33-41.

10. Vindras & Meignant, op. cit., p. 25.

11. Vatier & Meignant., *"Un Aspect de l'Audit de Formation : la Cohérence entre la Formation et la Gestion du Personnel"*, no. 249, Personnel, mars-avril 1983, pp. 10-16.

12. Op. cit., p. 13.

13. Op. cit., p. 5.

14. Vindras & Meignant, op, cit., p.22.

제11장

효과성과 사회감사

제11장 효과성과 사회감사

감사활동을 통하여 기업경영의 효과성을 추구하는 것은 감사인의 핵심적인 역할이라 할 수 있다. **감사인의 역할**은 적절한 분석기법을 활용하여 상황에 대한 객관적 인식, 강점과 약점 또는 주요 문제점 및 위험요소의 확인, 이들 위험요소에 대한 원인진단 등을 권고안으로 제시함으로써 기존 관리시스템의 적합성을 판단하는 데 있다. 한마디로 감사인의 감사활동은 바로 기업경영의 효과성(effectiveness)을 제고시키는 것이다.

비록 감사활동이 공식적인 증명서를 확인하는 작업에 국한된다 하더라도 감사활동은 대상기업의 표출된 위험 및 사회적 취약점을 평가하고 그 원인을 밝힘으로써 경영의사결정의 효과성을 높이는 데 주력해야 한다.

그럼에도 불구하고, **효과성의 개념과 감사인의 행위**간에는 아직도 명확한 관계가 정립되지 않고 있다. 이같은 현상이 특히 미국에서 많이 나타나는 것은 부정행위와 횡령사건을 파헤치려는 감사부서의 역할을 통해서도 알 수 있다.

미국에서는 '외국인 부정방지법(Foreign Corrupt Practice Act)' 등을 통하여 이를 실천에 옮기고 있다. 부정행위의 결과는 정보부족이나 정보왜곡 또는 정보분석 및 정보통제방식의 결여에서 발생되는 경영상의 오류현상과는 근본적으로 다른 척도에 의해 파악된다. 부정부패를 사전에 예방하기 위한 가장 좋은 방법은 조직을 가능하면 효과적인 체제로 형성시켜주는 데 있다.

감사활동의 이미지는 외부 감사인 뿐만 아니라 내부 감사인의 활동을 통해서도 나타난다. 마치 순찰중인 경찰관처럼 경영활동에 대해 통제를 가하는 모습을 보이게 된다. 감사인은 행동규칙을 준수하며 회계자료를 검사하는 공인회계사와 동일시되기도 하지만, 그렇다고 감사활동을 통하여 항상 결과를 유도해야 하는 것은 아니다.

그러므로 관리자들은 감사인을 기업활동과 무관하고 관리영역과는 별도의 이슈만 다루는 자로 보기도 하는 것이다. 결국 볼롱(D. Baulon)[1]이 지적한 바대로 "사실 감사인의 감사활동은 완전히 독립적이며, 기업경영자와의 결속력 또한 기대할 수 없다"는 것이다.

이와 같은 관점을 사회감사에도 그대로 적용할 경우, **사회감사인의 역할**은 오로지 노동법에서 요구하는 의무사항을 준수하고 있는지를 서류상의 숫자 확인만으로 처리하는 데 한정될 것이다. 하지만 이같은 법적 측면의 감사활동은 단지 사회적 감사활동의 일부이지 전체를 구성하는 것은 아니다.

반면에 내부 감사인이든 또는 외부 감사인이든 효과성 추구를 위해 **'진단방식'**을 정립하고, 위험요소에 대한 평가, 감사활동의 효과성 및 권고안을 제시해야 한다.

라블렉(J. P. Ravelec)[2] 같은 학자는 **법적 감사**에 위험의 개념(벌금에 대해서만 적용)을 포함시키면서 효과성과 관련된 개념은 거의 제시하지 않는다. 즉 기업의 내부감사 활동만 고려할 뿐, 기업전체의 경영활동에 대한 효과성을 다룬다고는 이해하지 않았다.

이러한 관점 때문에 **사회감사도** 단지 회계자료에 대한 검토활동 정도로 여겨졌으며, 기업경영 활동을 위해서 별 효용성이 없다는 비판을 받아온 것이다. 또한 이를 보완하고자 추진한 **사회적 비용에 대한 연구** 역시 인사관리의 목적을 외면한 채, 정성적인 부분까지 지표화 내지 기법화를 통한 정량적인 감사활동에 얽매인 문제점을 안고 있다.

한편 사회감사인들에 의해 기업과 회계감사 자체의 효과성을 추구하는 연구가 이루어지면서 이와 같은 딜레마가 표면화되었다. 즉 관점과 방법을 달리하여, 효과성을 평가하는 감사인의 감사활동부터 효과적이어야 한다는 주장이 강하게 나타났다. 효과적인 감사활동을 위해서는 다음의 사항에 대하여 감사인 스스로 자문해볼 필요가 있다.

첫째, 감사인의 책임과 자질 및 역할을 명확히 할 것

둘째, 내 · 외부 사회감사 활동이 어떤 조건 하에서 보다 효과적인지를 명확히 할 것

셋째, 감사기구 및 감사팀의 사명이 효과적으로 수행되었는지를 평가하기 위한 기준을 명확히 설정할 것

넷째, 향후 사회감사에 기대되는 전망에 대하여 자문할 것 등

제1절 사회감사인의 책임·경력 및 역할

사회감사인의 책임과 역할은 감사활동 자체의 특성이 그렇듯이 기업 내 통제활동의 효과성에 대한 평가와는 독립적인 활동으로서, **'통제활동을 통제하는 활동'** 으로 정의된다.

1. 사회감사인의 책임

미국의 내부감사인협회(Institute of Internal Auditor)에서는 IFACI에서 채택한 규칙과 원칙을 규정하고, 감사인에게 부여된 목표달성에 충실할 것을 강조하고 있다.[3] 윤리적 규정과 동일시 될 수 있는 본 공표사항의 목표와 원칙 및 규칙은 사회감사인에게도 동일하게 적용된다.

▶ 통제활동의 정확성, 충분성 및 실천성에 대하여 검토하고 평가해야 하며, 통제활동은 합리적인 비용으로 효과적인 단계를 밟아 진행한다.

▶ 정책·계획 및 수립된 시행절차와의 일치성에 대해 검토해야 한다.

▶ 조직 내에서 수집한 자료의 신뢰성에 대하여 검토해야 한다.

▶ 책임수행에 대한 질적 평가를 실시해야 한다.

▶ 실천적 개선을 위한 권고안을 제시해야 한다.

르나(C.Renard)[4]가 강조한 것처럼 감사인의 역할은 단순히 관찰자·확인자의 역할에 그치지 않으며, 또한 관찰의 질적 수준에 대한 책임에 국한되지도 않는다.

즉 **감사인의 역할**은 기업의 진정한 통제정책을 이끌고, 나아가서는 『비용-효익 분석』에 대한 최종검증을 하는 데 있다. 여기에서 "과연 감사인은 수단에 대한 의무를 갖는가, 아니면 결과에 대한 의무를 갖는가" 하는 문제가 제기된다.

첫 번째 경우의 책임은 행동규범의 준수와 사용기법의 적정성에 의해 질적 평가가 이루어지는 검증활동에 국한된 것이며, 두 번째 경우의 책임은 구체적 결과를 낳고 조직의 효과성을 개선

하는 데 기여하는 감사인의 책임을 강조하는 것이다.

이처럼 감사인은 기존의 방법(경영평가 방식 및 각 계층별 자율평가 방법 등)을 활용하여 기업 내부통제시스템의 신뢰도를 평가하며, 또한 검증 전문가로서 내부 관리자들을 대상으로 훈련자 역할도 수행하게 된다. 즉 감사인은 통제활동의 부재현상을 확인하고, 관리자들을 대상으로 바람직한 업무수행방법(효과적이며 정확한 방법)에 관하여 자신의 의견도 함께 제시해주어야 한다.

감사의 목적은 분석결과와 평가결과, 권고안 및 관련 업무활동에 대한 조언내용 등을 통하여 경영진들이 효과적으로 임무수행을 할 수 있도록 보좌하는 데 있다. 그러므로 단순히 업무수행 절차와 일관성 및 정보의 신뢰도 등에 대한 실무적 검증활동에 한정되는 것이 아니라, 경영정책 및 조직구조의 효과성 평가에 이르는 광범위한 문제까지 다루어야 한다.

반면에 감사인은 주어진 활동영역 밖에 있는 역할(권한 및 책임)을 수행해서는 안 된다. 즉 감사대상 부서나 부서장의 역할을 부여하거나 박탈하는 권한을 갖고 있지 않다. 이것은 감사인의 활동이 독립적이며 객관적이어야 한다는 점을 강조하는 것이기도 하다.

감사인의 독립성은 효과적인 감사활동을 위해 필수적인 조건이다. 독립성이란 "실제로 내·외부 사회감사인들의 지위가 감사대상 업무와 관련되어 있지 않다"는 의미이다. 또한 감사인의 독립성 문제는 특히 내부 감사부서의 경우 보다 구체적으로 입증되어야 한다.

사실 감사인이 공식 조직도상에서 어느 정도 자유로운 위치에 있는가 하는 것은 감사대상자로부터 얼마나 독립적으로 감사활동을 전개하는가에 대한 잣대가 된다. 감사인이 의존하고 있는 인물의 공식적 지위가 높을수록 보다 객관적인 보고서를 작성할 가능성이 높으며,[5] 또한 감사인의 자격이나 품격에 따라 전문성이 부각될 수 있다.

2. 사회감사인의 경력

미국 내부감사인협회(IIA)에서는 내부감사인들이 공인회계사나 약사 또는 변호사와 마찬가지로 전문가집단이라는 주장을 강하게 내세운다. 이들은 교육훈련을 통하여 지식과 적성을 갖추고, 직업교육으로 지속적으로 지식을 보완해나가며, 기본적으로 실무 및 시험을 통과한 전문가라는 것이다.

　전문직 분야 자체가 원래 일정한 원칙에 충실하려는 의무론(deontology)적 특성에서 형성되므로, 감사인 역시 일정한 자격을 갖춘 전문성을 갖추어야 한다. 그러나 감사활동의 복잡성 때문에 실제로 **감사인의 행동범위**는 매우 넓다 할 것이다.

　또한 감사활동이 효과적으로 수행되기 위해서는 끊임없이 직업훈련을 받아야 하며, 내부감사인이든 외부감사인이든 감사인으로 선임되기 위해서는 반드시 일정한 자격요건을 갖추어야 한다.

　사회감사인이 갖추어야 할 자격요건 역시 일반 감사인에게 요구되는 자격사항과 동일하다. 물론 사회감사인에게는 업무수행 실태에 따라 추가적인 자격요건이 제시될 수도 있다. 이상적인 자격요건을 갖춘 사회감사인을 선임하기란 불가능할지 모르지만, 요구사항을 만족시키는 인물일수록 보다 효과적인 감사활동을 할 수 있다는 평가는 가능하다. [표 11-1]에서 이와 같은 감사인에게 요구되는 자격사항을 크게 3가지 범주로 나누고 있다.

　1) 사회감사인은 감사에 대한 방법론과 기법에 숙달해야 하며, 노동법 · 인사관리 · 기초통계 · 재무관리 · 정보관리 · 경영관리 및 경제분야 등에 대한 이론적 기법과 실무에 능통해야 한다. 또한 감사대상 조직의 구조적 특성, 경제적 · 기술적 · 사회적 특성 등을 파악하기 위한 조직이론에도 능통해야 한다. 이와 관련된 지식을 습득하기 위해서는 이론교육이 필수적이지만 감사인에게는 실무경험 또한 필수불가결한 조건이 된다.

　2) 사회감사인은 이론적 · 인간적으로 합당한 적성을 갖고 있어야 한다. 첫 번째 적성으로서는 진단에 임하여 엄격한 방법으로 정보를 수집하고 적절히 관찰해나가는 관찰력 · 분석력 · 종합력 · 요약력 · 추리력 등이 요구된다. 또한 주어진 시간과 공간의 제약 하에서 일정 감사활동을 수행하기 위한 신체적 특성도 중요한 요건이다.

　3) 사회감사인이 보여주어야 할 태도요건 역시 전문가 집단에게 일반적으로 요구되는 사항과 유사하다. 즉 객관성 · 창의성 · 독립성 · 비판정신 · 정직성 · 충성심(경영자 및 의뢰인에 대한 비밀유지 의무 등) · 개방적 사고 · 동태성과 적극성 · 사회성과 사교성 · 기교성 · 대인존중성 등이 요구된다.

〔표 11-1〕 감사인의 프로필 비교

	검사인				사회감사인
	Sayle (1)	Sawyer (2)	APEC (3)	IFACI (4)	
1. 지식					
－ 감사 방법론		×			×
－ 통계 및 계량분석 방법		×			×
－ 회계		×			×
－ 경제		×			×
－ 전략		×			×
－ 재무		×			×
－ 정보		×			×
－ 경영		×		×	×
－ 조직이론				×(5)	×
－ 노동법			×		×
－ 인사관리					×
－ 실무 및 경험			×		×
2. 적성					
－ 관찰력					×
－ 분석력	×		×	×	×
－ 종합력				×	×(6)
－ 이해력	×		×		×
－ 의사소통력	×		×	×	×
－ 문서작성 능력		×			×
－ 육체적 지구력					×
－ 절제력	×				
3. 태도					
－ 비평정신			×		
－ 정직성					
－ 타인 존중성				×	
－ 요령 및 사교성	×	×		×	
－ 충성심					
－ 사회성		×			
－ 독립성					
－ 역동성	×				×
－ 유연성 · 회계성		×			×
－ 객관성	×			×	×
－ 창조성 및 혁신성		×			×
－ 호기심	×				
－ 사고의 개방성	×		×		
－ 엄격성	×	×			

(1) Sayle A.J., Management Audits ; The assessment of Quality Management Systems, London, McGraw-Hill, 1981, p.174
(2) Sawyer L.B., op.cit : 내부 감사인에 대해서만 언급
(3) APEC, La fonction audit interne-Dossier Emploi 1979.
(4) Vidaux F., op.cit.
(5) Renard C., op. cit.
(6) Peretti., "Audit Social-Le social alchimiste" ─L' Etudiant no 47, Oct. 1984., pp. 90-93.

제시된 자격요건을 만족시켜주는 사회감사인들을 찾기란 사실 어렵다. 그러나 사회감사인에

게 주어지는 역할이나 기능이 단계적으로 차별화되어 있으므로 내부감사인에게 부여된 역할기술서에 의거하여 이들 사회감사인들을 적절하게 활용하는 경영자의 능력이 보다 중요하다 할 것이다.[6]

3. 사회감사인의 역할

초급감사인에 의해 실시되는 감사활동은 실행사항에 대한 증명, 감사활동의 효율성과 특징에 대한 평가, 경영정책 · 업무수행절차 및 경영진의 지시사항과의 일치여부, 공식목표에의 적합성, 현장에의 엄격한 적용여부 등을 판단하는 초급수준의 작업이 포함된다.

초급감사인은 선임감사인의 직접적인 감독 하에 다음과 같은 업무를 수행한다.

▶ 감사 프로그램 절차를 정확히 수립하도록 보좌

▶ 자료수집 및 분석, 적용 테스트의 형태, 작업보고서 작성 등을 보좌

▶ 수립된 프로그램에 따라 전문적 방식으로 감사를 실시하도록 보좌

▶ 객관적인 감사효율성 평가를 위한 정보의 수집 · 분석 및 평가방법의 강구

▶ 감사대상 실무활동에 사용된 자료 · 서류 및 방법에 대한 확인

▶ 감사결과 자료의 입력 및 요약을 통한 수용가능 작업보고서의 준비

▶ 사실검증과 내용설명을 위하여 조직의 역기능에 대한 경영자들과의 사전회합 등

이에 비하여 **선임감사인**은 감사영역에 대한 전반적인 책임을 지며, 감사활동을 감독하고, 감사의 실행이 전문적 기준 · 계획 · 예산 · 기간 등에 일치하도록 완전한 운영 프로그램을 확정하는 역할을 맡는다.

또한 감사관련 경영자들과의 양호한 관계유지와 함께 감사실천 매뉴얼을 개발하고, 초급 감사인들을 위한 교육훈련 지침서를 작성하는 것 역시 선임감사인의 역할이다. 선임감사인의 책임에는 다음과 같은 활동들이 포함된다.

▶ 실행중인 감사인들의 감사활동에 대한 감독

▶ 실천 프로그램에 초점을 둔 사회감사의 완벽한 수행

▶ 위험영역의 결정 및 비용 · 지체 · 품질 관련 위험도 평가

▶ 기업의 위험수준에 따른 실행 감사계획의 수립

▶ 감사인 및 회계전문가 집단과의 감사 프로그램 조정

▶ 감사활동별로 추구해야 할 방법 · 영역 및 목표에 대한 감독과 인정

▶ 전문직종별 작업계획 및 자료수집 활동에 대한 감사

▶ 감사보고서의 감수 · 발표 및 경영진과의 합동회의 실시

▶ 최고경영자에 대한 감사결과 보고

▶ 감사기법 및 감사방식의 개선

▶ 자료의 수집 · 기록 및 감사방식에 대한 준비

▶ 역기능적 현상파악 및 지적된 사항의 개선을 위한 권고안 제시

▶ 실행된 다양한 감사활동의 효율성 제고 지원 등[7]

초급감사인과 선임감사인의 위상은 획일적으로 구분되는 것이 아니라 내부감사의 경우 중간 단계의 감사인이 얼마든지 있을 수 있으며, 내부감사팀장이 이들을 지휘하는 위치에 있게 된다.

그러나 아직까지 사회감사는 새로운 감사영역으로 다루어지고 있으며, 숫자도 많지 않으므로 **사회감사인의 공식적 위상**에 대한 논란은 별 의미가 없고, 모든 사항은 결국 사회감사인의 전문적 경력 문제로 귀결된다.

내부감사인의 경력은 한 직장을 중심으로 이루어지므로 일반적으로 간단한 편이다. 볼롱[8]은 "감사업무의 작업강도가 높은 곳에서 근무할수록 보다 신속히 익히게 된다"는 사실을 강조하면서, "실무적 · 윤리적으로 요구되는 감사인의 자격형성 기간은 아무리 길어도 4년 이상은 걸리지 않는다"고 하였다. 이처럼 감사인의 경력은 감사활동을 수행해가면서 쌓이게 된다.

미국의 경우에는 내부감사인의 상당수가 지점장을 맡고 있으며, 때로는 본사의 임원으로 활동하고 있다. 프랑스에서도 실무팀장이 내부감사인으로 되어 있는 경우가 드물지 않게 나타난다(총무팀장, 재무팀장, 지사장 등). 그러므로 내부감사는 그 자체 바람직한 교육훈련의 장이 된다고 할 수 있다.

비록 사회감사의 기능이 최근들어 강조되기 시작했으며, 또한 사회감사인의 숫자가 적다고는 하더라도, **외부 사회감사인**이 인사본부장으로 보임되고 내부 사회감사인이 인사본부 또는 최고경영자 직속으로 기획팀이나 감사팀을 이끌어가고 있는 점에 주목해야 한다.[9]

한편 사회감사인에게 요구되는 필수 자질 및 교육훈련 사항은 사회감사를 필요로 하는 기업

의 특징 및 해결하려는 문제의 유형에 따라 달라진다.

제2절 사회감사의 적용방식

기업합병이나 흡수 또는 비정상적인 지표가치의 변화에 따라 인사기능상의 **이상경보**가 나타날 경우 사회감사의 필요성은 더욱 증대된다. 사회감사 활동이 보다 효과적으로 이루어지기 위해서는 우선 "외부감사인에게 부탁할 것인가, 아니면 내부감사인에게 맡길 것인가 또는 사회감사체제를 특정 조건 하에 아예 기업에 도입할 것인가" 하는 감사방법부터 결정해야 한다.

내부 사회감사인과 외부 사회감사인의 구분은 단지 기업 내 소속여부에 의해 결정되는 것이 아니라 지원인력의 정확한 개입방식에 더 의존한다. 하지만 이와 같은 구분 역시 단면적인 해석에 지나지 않는다. 즉 외부 사회감사인의 개입활동이 때로는 기업 내 사회감사체제를 구축하기 위한 필수 전제조건이 되기도 하며, 때로는 내부 사회감사 활동의 대체작업 또는 보완작업으로 다루어지기도 한다.

이들 모든 의사결정은 경영전략적 특성을 갖고 있으므로 기업문화, 조직구조 및 구성원들의 표명된 욕구사항 등에 대한 심층적 분석이 동시에 요구된다.

1. 외부 사회감사의 적용

기업의 규모가 내부감사인을 선임하기에는 너무 작을 경우(일반적으로 1,000명[10]이상이 되어야 하나, 내부 사회감사인을 두기 위해서는 종업원의 수가 이보다 훨씬 많아야 한다)에는 일반적으로 외부감사인에게 의뢰한다. 즉 기업 내부에서 능력 있는 인물이 없거나 전문가의 자문이 필요한 경우, 또는 외부감사인이 보다 실질적이며 객관적이라는 인식이 내부 종업원들간에 확산되어 있을 경우에는 외부감사인을 활용하는 것이 보다 효과적이다.

IBM사와 같은 대기업에서는 승진감사, 기업위원회의 활동감사, 추가 근로시간에 대한 감사, 교육훈련 관련 통계자료의 유의성 및 적합성에 대한 감사, 설문조사의 타당성에 대한 감사 등에 외부감사인을 적극 활용하고 있다.[11] 물론 이와 다른 예들도 많이 있다.

일반적으로 고객들은 감사인을 선택하는 문제에 대하여 아무런 관심이 없다. 하지만 기업에서는 비록 고객들이 모른다 하더라도 사전에 외부감사의 선택이 독립적으로 이루어졌다는 정보를 명백히 밝혀줄 의무가 있다.[12]

합병의 경우, 외부감사인은 양사로부터 중립적이라고 인정 받는 자라야 한다. 특히 감사를 의뢰한 회사가 흡수나 합병(M&A)을 고려할 경우에는 양사의 사업상 시너지 효과 및 인수회사의 다각화 전략에의 적합성 여부뿐만 아니라, 흡수 또는 합병에 따르는 위험도 및 잠재력에 대한 분석도 요구된다. 이처럼 사회감사는 흡수 · 합병 작업의 주요 내용이 된다.

일반적으로 외부 사회감사를 필요로 하는 이유는 기업 내 사회감사 부서를 설치하려 하거나, 경영진 또는 관련부서(인사기획팀, 경영분석팀, 내부감사팀 등)의 구성원 중 선발된 자들을 중심으로 감사 준비팀 구성을 부탁하는 데 있다.

어떤 경우이든 간에 **외부감사인**은 우선 "진정한 고객이 누구인지", "왜 그들이 의뢰하게 되었는지", 그리고 "사회감사를 통하여 의뢰인들이 무엇을 기대하고 있는지" 등에 대하여 경영진이나 의뢰인들로부터 명확한 답을 구해야 한다. 이들의 관점을 분명하게 밝혀두는 것이 중요한 이유는 흔히 초기의 감사욕구 사항이 기업이 안고 있는 진정한 인사기능상의 문제점과 일치되지 않기 때문이다. 예를 들면 조직분위기에 대한 감사를 요청하면서 단순히 임원들로 구성된 경영위원회의 운영상 문제점만 다루는 현상도 나타난다는 것이다. 또한 외부 사회감사인은 감사를 의뢰하는 원인이 되기도 하는 기업 내 권력갈등 문제에 휘말리지 않도록 유의해야 한다.

외부 감사인에 대한 **신뢰도**는 감사인 스스로의 행동방식에 따라 결정되며, 이것은 일반적으로 감사인의 의견이 보증될 때에만 높게 나타난다. 반면에 과거의 활동 결과 해당기업 또는 해당분야로부터 별로 좋지 않은 평가를 받은 경우에는 일반적으로 불신이나 거절이 따른다.

최종단계의 조건은 계약체결을 위한 협약서를 작성하는 것이다. 여기에서는 의뢰인의 퍼스낼리티와 외부감사인의 퍼스낼리티간에 상호 적합한 공감대가 이루어져야 한다. 이와 같은 심리적인 공감대를 통해 효과적인 감사활동이 이루어질 수 있다. 기업 내에 사회감사체제를 확고히 정립하기 위해서는 무엇보다 경영진의 지원에 의한 전략적 절차를 따르고, 사전준비팀의 수많은 논의활동이 요구된다. 또한 활동결과는 공식적 서류나 감사규정으로 제정되어 감사인의 권한과 책임이 분명히 명시되도록 하고, 효과적인 사회감사가 진행될 수 있도록 일정조건에 따라 기타 감사조직을 구성하는 조치도 요구된다.

2. 내부 사회감사의 전략

사회감사전략은 감사결과의 실질적 욕구 및 추진방향에 따라 단계적으로 수립된다.

1) 요구사항에 대한 정의

사회감사전략을 수립하는 첫 번째 단계는 대상기업의 사회감사에 대한 요구사항을 평가하는 작업이다. 요구사항은 경영진과의 인터뷰 또는 종업원 대상 설문조사를 통하여 평가된다. 볼롱[13]의 지적대로 인터뷰나 설문조사방법은 경영진의 결정사항을 잘 정리할 수 있다는 장점과 해석상의 어려움을 미리 예견할 수 있다는 장점이 있다.

기타 주요 임원들이 참여하는 준비팀을 구성하여 사회감사에 대한 요구사항을 수집하는 방법도 있다. 준비팀의 주업무는 기업의 사회감사 활동 및 역할을 규명하고, 역할의 우선순위를 결정하여 이를 따르도록 하는 데 있다. 여기에서 주의할 사항은 부서별 사회감사에 대한 욕구를 평가하기 위하여 향후 감사 받을 부서의 의견을 반드시 고려해야 한다는 것이다.

한편 사회감사에 대한 요구사항은 조직구조나 기업문화 및 경영자의 리더십 스타일 등의 **기업 특성**에 따라 달라진다. 그러므로 다양한 요소에 대한 진단활동을 통하여 기업의 실제 요구사항과 감사전략을 일치시키도록 해야 한다. 이처럼 기업마다 고유의 특성(규모·기술·환경)과 구조(집권화 또는 분권화된 의사결정체계·집단적 합의방식 여부·성과기준·감독체계 등), 그리고 최고경영자의 경력과 학력 및 퍼스낼리티로부터 영향을 받은 기업문화 등에 차이가 있다. 그러므로 사회감사는 일련의 인사기능을 이해하기 위한 기업의 경영전략과 동일한 특징을 갖게 된다.

사회감사에서 채택하게 될 요구사항의 내용과 형식은 실제 감사대상자의 특성에 따라 달라진다. 즉 감사를 의뢰하는 주체가 경영자, 공장장, 부서장 등 누구인가에 따라, 위험분석에 초점을 둘 것인지, 아니면 보다 구체적으로 업무수행절차와 같은 실무적인 문제점을 다룰 것인지를 결정하게 된다. 그 결과 사회감사인은 사용자의 욕구에 부응하고 그들에게 보다 친숙한 표현으로 결과를 제시하게 되는 것이다.

2) 내부 사회감사인의 개입방식

사회감사전략이 이처럼 표출된 요구사항 및 기업과 경영진의 특성에 따라 달리 수립되므로 감사인의 개입방식 역시 사명의 내용별로 구분되어야 한다. 감사인의 개입(또는 역할)은 다음 [그림 11-2]에서처럼 연속선상의 개입수준에 따라 구분된다.

〔그림 11-2〕 감사인의 가능한 역할 (예)

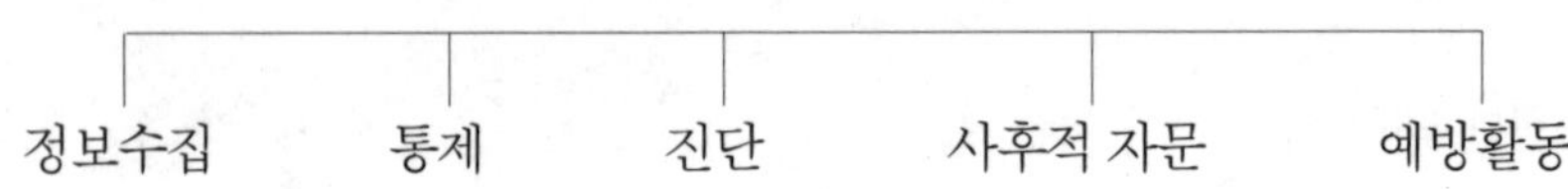

① 우선 감사인이 주어진 사회적 상황에 관한 정보만 수집하여 전달하는 경우(과연 이것이 감사의 진정한 역할인가 하는 데에는 문제가 있음)가 있다. 이와 같은 경우는 인사팀에서 사회감사인의 역할을 맡아 사업장으로부터 정보를 수집하여 인사본부장에게 보고하는 방식으로 사회감사가 이루어지는 것이 보통이다.

② 다음으로 감사인은 감독자의 역할을 담당할 수 있다. 감독활동의 첫 번째는 수립된 실천방안 및 수행절차의 일치성을 확인하는 작업이며, 다음으로는 확인된 업무수행절차의 적합성에 대하여 살펴본다.

③ 적합성에 대한 분석은 감사인의 진단활동(표출된 문제점들의 원인에 대한 진단)을 요구하며, 진단내용은 강약점에 대한 분석 및 위험분석 활동을 포함한다.

④ 감사인은 직접적이지는 않지만 경영자나 관리자를 대상으로 실천행동에 대한 자문역도 수행한다. 자문역할은 일반적으로 문제가 확인된 이후에 실시된다.

⑤ 마지막으로 감사인은 실천사항에 대한 위험분석을 통하여 사전예방 역할을 수행한다. 사전예방 활동은 비용측면에서 보면 가장 효율적인 개입활동이라 할 수 있다. 이는 기업경영에 대한 사회감사의 역할 중 가장 큰 부분을 이루는 부분이기도 하다.

이와 같은 **사회감사의 다양한 역할** 중 어느 것을 선택할 것인가 하는 문제는 감사인의 신뢰도에 달려 있으며, 신뢰도가 바로 감사인의 기업에 대한 영향력이라 할 수 있다. 감사인에 대한 **신뢰도분석**은 인사부서의 역할과 권력 및 전략에 관한 연구와 같은 맥락에서 분석된다.[14]

즉 경영자의 지원확약과 이를 감사활동에 적용되게 하는 것, 그리고 경영자와의 양호한 관계를 유지하는 것, 수익성 강화를 위한 감사활동의 사명을 명시하는 것, 부서의 기능을 원활히 하는 것, 적합한 방식으로 본부장 또는 부서장에 대한 자문(볼롱의 지적처럼 감사의 초기에는 현장으로부터 신뢰를 받기 위하여 모든 요구사항을 받아야 함)을 하는 것, 그리고 전략적으로 중요한 부서나 담당자들과의 확고한 인간관계를 정립하는 것 등과 같은 다양한 전략이 요구된다.

감사전략은 사명의 내용과 직접적인 관련이 있다. 즉 감사자료의 진위성에 대한 검증 및 확인, 적법성의 확인, 절차 적용에 대한 통제활동, 절차간의 일치성 및 적합성, 특정 인사정책 및 전반적 인사정책의 효과성 평가 및 부서활동에 대한 평가 등과 같은 감사의 사명내용에 따라 감사전략은 다르게 수립된다.

가능한 **전략 시나리오**가 다양하게 존재하는 것은 기업 내 내부 사회감사인이 선택할 수 있는 역할이 그만큼 다양하다는 사실을 보여주는 것이다. 그러므로 감사인은 사이몬(H. Simon)의 '제한된 합리성(Bounded rationality)' 개념에 따라 개별기업의 특성에 적합한 효과적인 목표와 전략을 수립해야 한다.

3. 사회감사기구의 조직

사회감사기구의 효과성을 평가하는 활동에는 고용실태, 교육훈련, 인재확보 등에 대한 사항 이외에 적정 지위의 부여, 사명내용의 전략화 및 실행계획, 그리고 내부 사회감사를 위한 매뉴얼의 작성 활동까지 포함된다.

1) 조직구조상의 지위

내부 감사팀은 팀설치 규정에 입각하여 원칙적으로 감사인의 독립성이 보장되도록 설계되어야 한다. 내부 감사기구의 독립성을 보장하기 위해서는 최고경영자 또는 기업위원회 직속 또는 경영위원회, 감사위원회, 종합운영위, 통합감사위 등에 소속시키거나, 아예 그룹 인사본부 직속으로 운영한다.

그러나 그룹의 인사본부 소속으로 할 경우에는 다소 주의를 기울여야 한다. 왜냐하면 인사본부장 직속으로 사회감사업무를 배치하는 것 자체가 감사인의 독립성 보장과는 모순되기 때문이다. 또한 감사의 목적에 충실하고 감사활동을 타협적으로 추진하지 않기 위해서는 진단 및 권고안 제시 등 감사활동이 전문적으로 이루어져야 한다.

소이어에 따르면 "이상적인 구조는 감사인의 위상을 이중적으로 정립하는 방식으로서, 최고경영자 직속(권고안에 대한 관심 및 모든 정보수집이 가능하도록 보장)으로 하고 동시에 경영위원회나 감독위원회의 기능(최고경영자의 잘못된 조치가 발생할 것에 대비하고 회피하기 위한 기능)을 갖도록 한다"는 것이다.

그러므로 조직도상 감사기구의 위상은 우선 사회감사인들의 전문능력이 증명되고, 최고경영자 및 정보위원회가 감사보고서의 객관성과 구체성을 인정하여 이를 받아들일 자세를 갖고 있을 때 정립된다.

2) 사회감사의 계획화

다른 유형의 감사에서처럼 사회감사 역시 경영진의 의지와 지지 및 필요 예산의 확보, 그리고 종합적으로 사회감사의 효과성을 평가하기 위한 지표 등을 마련하는 계획화 과정을 거쳐야 한다. 사회감사의 신뢰도는 바로 이와 같은 과정을 통해 확보될 수 있다.

사회감사의 **계획화** 활동은 사전진단의 결과, 인사기능의 다양한 영역에서 나오는 주요 위험요인을 확인하고 경영진과의 합의 하에 리스트를 확정하는 방식으로 이루어진다. 하지만 감사의 초기에는 의뢰인 쪽에서 중요하다고 제시한 사항을 중심으로 감사에 임하게 되는 것은 당연하다.

계획화 활동은 유연하게 이루어져야 하며, 이를 위해서는 주요 순위별 · 활동별 · 기능별 실천방안 및 과정별 · 감사유형별 · 일정별 · 인당 소요기간별로 복합적인 구상이 요구된다. 이와 같은 계획화 활동은 사명 · 목표 · 추진일정 · 사명완수에 소요되는 기간 · 적용기준 및 일정계획이 명확하게 표시된 실천 프로그램을 완성하는 것으로 집약된다.

사회감사의 목표는 최대한 2~3년에 대한 계획화(특히 초기에 3년 이상의 감사기간을 정하는 것은 매우 비현실적인 조치가 된다는 점에 유의해야 함) 활동을 통해서 확정된다. 한편 기업에서 외부감사를 요구한 경우에는 이들 계획화 활동이 이중적(기업 및 외부감사인)으로 이루어지지 않도록 사전에 상호합의가 있어야 한다.

3) 사회감사 매뉴얼

사회감사 매뉴얼은 내부 사회감사인의 임무수행시 기준이 되는 내용으로서, 이를 통하여 업적의 기준, 업무의 연속성 및 타 감사결과와의 비교가 가능하다.

사실 매뉴얼의 유일한 모델은 존재하지 않는다. 그러므로 기업은 자신의 고유한 특성을 고려해야 하며, 결코 사회감사 매뉴얼을 마치 만병통치약처럼 다루어서는 안 된다. 즉 매뉴얼상 수행해야 할 의무나 기준 등에 너무 집착하여 감사인의 창의성이 저해되는 일이 발생해서는 안 된다. 또한 감사 매뉴얼의 체크리스트 항목 역시 감사초기의 참고항목이지 감사의 목적이 되어서는 안 된다.

결국 만족스러운 감사활동을 수행하기 위한 하나의 수단으로 제시된 것이 바로 **감사 매뉴얼**이고, 매뉴얼에 따른다고 해서 매뉴얼에 없는 새로운 지표를 통한 효과적인 감사결과를 유도하는 활동이 배제되어서는 안 된다.

매뉴얼은 우선 임무내용(감사보고서의 확산), 업무서류의 구성(영구보존서류, 연구서류, 종합서류, 업무용지 등), 사전진단 방법, 감사보고서의 제시 등에 관한 절차를 명시하는 전반적 조항을 다루어야 한다. 다음으로는 인사의 기능별(사원모집 · 임금 · 보상 · 직급구분 · 교육훈련 · 평가 및 노사관계 등) 감사사항을 일련의 지표 리스트와 함께 제시하고, 동시에 의무적으로 제기해야 할 질문사항, 데이타의 일치성 등을 증명하는 내용을 담고 있어야 한다.

마지막으로 내부 사회감사 매뉴얼에는 플로우 차트나 표본추출법 및 예측기법 등 분석방법에 대한 설명도 함께 제시해야 한다. 때로는 외부감사인들이 이와 같은 내부 사회감사 매뉴얼을 정리하는 데 직접적인 도움을 주는 경우도 있다.

제3절 사회감사의 효과성 측정

감사는 객관적이고 독립적인 방식으로 이루어진다. 그러나 감사 역시 기업의 다른 기능처럼 감사활동 자체의 효과성을 평가하는 기능이 포함되어 있다. 여기에서는 우선 **효과성**(effectiveness)의 개념부터 명확히 해야 한다.

효과성에 대한 연구를 위해서는 우선 효과성의 대상이 무엇인지부터 분명히 해야 한다. 즉 "어떤 기준이나 조치 및 규약이 '왜', 그리고 '어떻게' 사용되는지를 분명히 해야 한다"는 것이다.

이는 감사활동이 무엇을 위한 것인지, 그리고 왜 조직이 효과적이어야 하는지를 자문해보는 작업으로서 조직 내 · 외부의 수많은 집단들과 관련되어 있는 문제이기도 하다.

즉 하나의 조치에 대해서도 경영진 · 노동조합 · 인사팀 · 관리자 집단 및 특정부서 · 공급업자 · 주주 · 채권자 · 은행 · 행정부처 · 소비자 단체 등 각종 이해관계 집단별로 관점이 다르게 나타날 수 있다. 하지만 기업으로서는 이들 모든 이해관계 집단의 요구를 만족시킬 수는 없으므로 때로는 상호간의 갈등 또는 배타적인 관계가 나타나게 된다.

이들 **이해관계자 집단**은 그들의 가치시스템으로부터 나오는 기대, 즉 기업에 대한 나름대로의 목표를 갖고 있다.[15]

본서에서 설명하고 있는 사회감사는 효과적인 경영활동을 위한 수단으로 다루었지만, 그렇다고 해서 사회감사에서 사용한 방법 및 기법이 이해관계자 집단별로 다르다는 것이 아니라 사용되는 세부지표, 기준 및 규범사항의 차별화를 통하여 효과성 증대에 기여해야 하는 것으로 받아들여야 할 것이다. 물론 모든 감사활동에 있어서 적법성 여부에 대한 검증활동은 사전에 동일하게 실시되어야 할 분석수단이다.

이러한 **사회감사의 효과성**에 대한 측정은 우선 다양한 효율성(경제적 · 기술적 · 사회적)의 형태로 나타나는 제반 구성요소별 지표를 통해 평가된다([표 11-3] 참조).

1. 경제적 효율성

사회감사의 경제적 효율성은 비용을 계산하고, 실현된 효익을 도출한 다음 비용과 효익간의 비율을 기준율과 비교함으로써 평가된다.

감사비용은 우선 외부 감사인의 경우에는 사례금, 내부 감사인의 경우에는 시간에 비례하는 월급이라는 직접비로 나타난다. 한편 직접비에는 요구되는 정보수집과 해석 및 영접비, 인터뷰 및 감사결과보고회의 참석시간 등에 따른 제반 비용도 포함된다.

라블렉[16]의 연구에서는 "법정감사를 위해서 종업원들이 소요하는 시간은 외부 사회감사인의 소요시간보다 1.5배 정도 된다"는 연구결과를 보여주고 있다.

즉 외부감사인이 감사에 100시간을 할애하면, 종업원들은 150시간을 소요하게 된다는 것이다. 그러나 실제로 사회감사에 소요되는 시간비율은 기업 내 정보시스템 및 조직화의 수준, 담당자의 능력 및 자격수준, 정보의 확산도 및 축적도 등에 따라 완전히 달라질 수도 있다.

반면에 감사의 질적 수준이 동일한 경우, 내부 사회감사와 외부 사회감사간에 소요되는 비용 수준은 거의 차이가 없는 것으로 확인되고 있다.[17]

일반적으로 외부감사 대신 내부감사를 실시할 경우에는 외부 전문가가 없다거나 추가적 외부 비용 및 감가상각비가 없다는 사실을 경영자가 증명할 수 있을 때에만 가능하다.

〔표 11-3〕 사회감사의 효과성 평가지표 (예)

분 야	효 과 성 평 가 지 표
경제적 효율성	- 감사비용÷실현효익 - 내부감사비용÷외부감사비용 - 임무수행 시간 - 감사횟수÷예산
기술적 효율성	- 프로그램화의 부재 - 부적절한 감사방식 - 수집정보의 신뢰성 평가 부재 - 제기된 문제와 관계없는 세부항목 언급 - 평가되지 않은 위험사항 언급 - 정당화 또는 설명되지 않은 방법론 사용 - 실질적이고 적절한 권고안의 부재
사회적 효율성	- 적용되지 않은 권고안 - 거부된 권고안 - 보고서 작성후 감사인과 피감사인 간의 접촉 부재 - 실시된 감사에 대한 피감사인의 부정적 인식
종합적 효과성	- 각종의 감사를 위한 명시적 목표의 부재 - 명시적 감사정책의 부재 - 감사인과 경영진간의 연계성 부족 - 경영진에 대한 감사보고서 전달 부재 - 감사대상이 되기 어려운 부서 또는 현장의 존재

감사활동으로부터 도출되는 **효익**은 감사인에 의해 제시된 권고안의 실행 결과 나타나는 비용절감이나 위험제거 수준으로 측정될 수 있다.

실제로 감사권고안에 따라 실현된 효익과 감사비용에 대한 실증연구를 통해서 보면, "감사보고서의 가치는 하나의 잣대가 될 뿐 완벽한 것이 될 수는 없다"는 사실을 알 수 있다. 즉 실제상황에 대한 확인과 같은 감사활동은 단지 예측치 또는 개략적인 효익가치만 평가할 뿐이라는 것이다.

그러나 볼롱[18]이 강조한 것처럼 "외부 전문가에 의해 동일한 감사 서비스가 이루어질 경우의 잠재비용(기회비용)과 비교하여 내부감사인에 의한 감사 서비스의 장점을 살펴볼 수 있으며, 동시에 동일한 목표를 추구하는 사회감사의 임무간의 비용을 비교할 수도 있다."

또한 감사의 **사전 예상비용**과 감사의 **실행 결과비용**이 얼마나 비슷하게 나타나는가도 주요 지표로 다루어지며, 현재뿐 아니라 미래시점에서의 감사활동의 종합적 효익을 평가하는 작업도 요구된다.

현재 시점의 효익은 권고안에 따라 실행된 절감효과(예 : 총액임금의 0.2%에 해당하는 즉각적 절감효과를 가져오는 무단결근율의 감소 등)를 말하며, 결근풍토의 확산방지와 같은 무형적인 것도 있지만 측정가능한 지표는 가능하면 포함되어야 한다.

한편 소송방지, 안전사고의 예방 및 과태료나 잉여인력의 배제, 이직률의 감소 등을 통한 잠재적 효익은 위험의 감소율로 평가될 수도 있다.

2. 기술적 효율성

사회감사의 기술적 효율성은 감사준비활동의 질적 수준, 적용방법의 적절성, 보고서의 내용, 보고서 작성 이후 감사인과 피감사인 사이의 접촉형태와 보고서의 지연 등에 의해 평가될 수 있다.

감사준비활동의 질적 수준은 임무사항별 목표에 대한 평가 및 임무사항을 도출하는 방법의 적절성에 의해 평가된다. 모리스(N. Morris)[19]는 감사인이 감사에 앞서 "실행과정표를 작성했는지, 수집된 정보의 질을 평가했는지, 그리고 감사작업을 위한 적절한 자료를 준비했는지" 등에 대하여 검토하도록 제시하고 있다.

적용방법 역시 "과연 감사인들이 실질적인 의견조사를 실시했는가?", 그리고 "적절한 기법을 사용했는가 ?" 하는 방식으로 평가된다.

마찬가지로 **감사보고서의 내용**에 대해서도 환기된 문제점들에 대한 검토, 제기된 위험 또는 가치결여 사항에 대한 검토, 그리고 부정적인 방식(약점만 언급) 또는 중립적인 방식(강점과 약점, 즉 능력 전반에 대한 언급)으로 작성했는지를 살펴보아야 한다.

감사가 종료된 이후 피감사인과의 **사후 접촉활동** 역시 감사인과 피감사인 사이의 관계를 질적으로 평가하는 지표가 되며, 이는 주로 피감사인의 반응을 살펴봄으로써 알 수 있다.

마지막으로 **감사기간의 준수** 또는 지체여부를 분석하는 지표를 통하여 사회감사의 기술적 효율성을 측정할 수 있다.

3. 권고안 분석

감사보고서에 포함된 권고안의 내용을 분석함으로써 사회감사의 기술적 효율성과 사회적 효율성을 동시에 평가할 수 있다. 이는 주로 권고안의 창의성 · 독창성 · 실천성을 중심으로 볼롱이 제시한 바와 같이, ① 완전히 거부되는 경우 ② 수용은 하되 실제 적용은 되지 않는 경우 ③ 수용되고 적용되는 경우 등의 세 가지 범주로 구분할 수 있다.

권고안의 질적 수준은 3단계로 평가된다. 즉 권고안의 서비스 만족도 총점이 0~35점 사이일 경우는 권고안의 질적 수준이 낮고 기업경영에 적절하지 못하다는 것이며, 35~70점 사이일 경우는 권고안의 질적 수준은 만족스러우나 실천적 필요성에 있어서 다소 부족, 그리고 70점 이상인 경우는 권고안의 질적 수준이 뛰어났다고 평가되지만 간혹 감사인이 갈등을 피하기 위하여 피감사인의 의견에 적극 동조한 결과라는 비판이 따르기도 한다.[20] 물론 이 점수는 단순히 사회감사를 통해 이루어진 서비스 수준을 피감사인의 의견을 통해 살펴본 것에 지나지 않는다는 점도 염두해두어야 한다.

4. 효과성 평가

사회감사의 효과성에 대한 평가는 다양한 효율성에 대한 평가결과를 종합적으로 고려한 것이다. **효과성 평가**를 위해서는 목표에 대한 기대와 최고경영층의 지지도를 동시에 고려해야 한다. 우선 "할당된 목표와 감사의 결과가 어느 정도 유사하게 나타났는가" 하는 것이 감사의 효과성 평가를 위한 가장 중요한 지표가 된다. 마찬가지로 예측된 통제력과 실현된 통제력간의 유사성도 효과성 평가에 중요하다.

한편 효과성 평가는 "최고경영자가 사회감사에 대하여 어떻게 생각하고 있는가" 하는 의견조사를 통하여 보완되어야 한다. 사회감사에 대한 최고경영자의 지지도는 예산의 수준, 감사 대상 영역의 크기 및 감사활동의 위상 등에 의해서 평가된다.

그러므로 최고경영자의 지지도를 평가할 경우에는 "과연 최고경영자의 지지에 힘입어 내부 사회감사가 효과적으로 이루어졌는가", 그리고 "지지활동이 결여된 경우 과연 최고경영자가 지지해줄 의향이 있는가" 하는 점을 파악하도록 해야 한다.

결국 기업 내부에 사회감사체제를 확고하게 정립시키고, 사회감사에 대한 새로운 관점을 부여하기 위해서는 바로 직면한 제반 조건들부터 만족시키도록 하는 노력이 있어야 할 것이다.

제4절 사회감사와 인적자원관리의 향후전망

갈수록 변화와 복잡성이 증대되고 있는 경영활동에 있어서 감사활동이 추구해야 할 방향은 단순히 업무수행 사항별 확인이나 검증활동에 국한될 것이 아니라, 종합적인 효과성과 제반 위험도 지표에 대한 분석을 최우선 과제로 삼아야 한다. 이는 사회감사의 출현과 발전상을 통해서도 여실히 드러난다.

즉 **사회적 비용**(Social Cost)을 보다 효과적으로 관리하고, 경영활동상의 위험도를 예측하며, 경영전략의 차원에서 인사관리활동을 통합시킴으로써, 가능한 한 최고의 효과성을 추구하는 것이 사회감사에 대한 관심을 증대시키는 원동력이라 할 수 있다. 이와 같은 경향은 선진국으로 갈수록 사회감사를 도입하고 있는 기업체의 숫자가 증대하고 있는 추세를 통해서도 쉽게 살펴볼 수 있다.

또한 기업과 기타 조직에서 사회감사 활동이 확산되면서 이에 대한 전반적 또는 부분적인 교육훈련 프로그램이 동시에 확산되고 있으며, 사회감사관련 연구활동 역시 활발하게 이루어지고 있다.

그러나 원래 **인사기능**과 **인간행동** 자체가 매우 복잡한 성격을 갖고 있는 데다가, 상대적으로 역사가 짧은 만큼 사회감사는 방법론 및 주요 개념에 있어서 엄청난 보완작업이 요구된다. 그렇지만 그 동안 기법과 수단에 있어서 눈부신 발전을 거듭해오면서 그 결과 감사영역의 주요 부분을 차지하게 되었고 감사영역 자체를 확대해가고 있는 것이다.

방법론의 발전은 특히 문제점 및 위험도 관련 지표에 대한 타당성 검증, 정보시스템에 의한 진단기법의 정교화 및 다양한 사회감사 방식에 적합한 진단 소프트웨어의 개발을 통해 급속히 이루어지고 있다.

하지만 사회감사의 발전을 위해서는 단순히 프랑스 식 '사회적성과 대차대조표' 에 나타난 지표 등의 자료수집에만 그칠 게 아니라, 감사인과 경영자들에게 실질적으로 유용한 데이터 뱅크를 대대적으로 구축하고 이를 통해 각종 기준 규정을 정립하는 작업이 요구된다.

사회감사는 기업 또는 조직 내 인간문제에 대한 진단활동(또한 문제해결을 위한 권고안에 의해 위험을 줄이거나 제거하고 효율성을 증가시키는 활동) 및 감사개념의 질적 충실화에 초점을 두고 있는 만큼, 과연 인접영역으로서의 커뮤니케이션 활동, 기업구조 또는 경영시스템에도 동일한 방식이 적용될 수 있는지에 관해서도 자문해보아야 한다. 실제로 사회감사로 분류되는 일부 활동들이 이미 엄밀한 의미에서 인사관리의 영역을 벗어나는 것들도 나타나고 있다.

즉 **설문조사**와 관련된 감사는 커뮤니케이션 활동과 관련된 것이며, 커뮤니케이션은 기업의 일반감사 대상이라는 것이다.[21] 그러므로 설문조사를 통하여 경영자는 이미 '사회전략(Social Strategy)' 을 수립하고 조직 및 구조의 변화를 도모하고 있다는 것이다. 또한 여기에서 구조란 단순히 공식조직도를 의미하는 것이 아니라 역할시스템, 의사결정시스템, 통제시스템 및 커뮤니케이션시스템 등을 총체적으로 의미하고 있다.

한편 조직감사는 오로지 구조의 효과성을 평가하는 데 초점을 둔 감사로서,[22] 기업 전반적 또는 사업장이나 부서단위의 통제시스템, 의사결정 및 커뮤니케이션 시스템의 강점과 문제점(또는 위험사항)에 대한 진단작업이 그 주요 내용이다. 그러나 이제는 어떤 조직에서든지 의사소통, 종업원 단결, 조정활동, 자원의 배분 및 적응활동 등으로 분류된 제반 문제점을 해결하도록 요구되고 있다.

나아가서 문제점의 중요도와 위험도를 측정하기 위한 지표들도 이미 수없이 도출되었으며, 제반 문제점들을 나열해보면 인사관리의 상당한 영역이 조직감사에 포함되어 있다는 사실도 확인할 수 있다.

그러므로 조직감사는 사회감사의 논리적 연장선상에 있으며, 기업문화와 관련해서는 마르띠네(A. C. Martinet)[23]가 강조한 것처럼 **'전략경영**(Strategic Management)' 과 **'효과성**

(Effectiveness)' 기준에 입각하여 이해하도록 해야 한다는 것이다.

기타 **기업경영의 효과성**을 단순히 경제적 성과의 측정, 또는 재무적 성과에 입각하여 평가하는 과거의 방식을 탈피하고, 이를 보완하기 위한 연구도 다방면에서 진행되고 있다.

민츠버그(H. Mintzberg)와 같은 학자는 경영환경분석(앤소프(I. Ansoff)식의 SWOT Analysis) 자체를 내부감사단계(Internal Audit Stage)와 외부감사단계(External Audit Stage)로 구분하여, 일단 목표가 설정되면 조직의 내 · 외부 여건분석을 감사활동 방식으로 실시하도록 권유하고 있다.[24] 즉 기업의 경영전략을 위한 내 · 외부 감사활동을 통하여 '예측 및 준비(Predict and Prepare) 작업'을 해야 한다는 것이다.

이는 주어진 목표수준이나 기준과 비교하여 차이분석에 초점을 맞추고 있는 사회감사 방법론과 근본적으로 같은 관점으로서, "감사활동이라는 사전적 통제활동이 철저하게 이루어져야만 예측력이 높은 경영계획을 수립할 수 있다"는 것이다.

특히 얼리처(D. Ulrich) 등은 기업조직의 새로운 효과성 증대를 위한 **혁신경영** 기법(Business Unit Restructuring, Continuous Improvement, Consolidation, Core Competency, Corporate center Study, Managerial Cost Analysis, Cycletime Analysis, Decentralization, Downsizing, Economic Value added, Empowerment, Excellence Program, Goal-setting, Fusion Leadership, Knowledge Management, Six Sigma, Strategic Alliance, Variable Pay, Workout 등)을 적용할 경우에는 경제적 성과만이 아니라, 이를 통한 기업조직의 사회적 성과와 후유증까지도 평가해야 한다는 점을 강조하고 있다.[25]

결국 인적자원관리, 나아가서는 기업경영 전반에 걸쳐 새로운 가치의 원천을 발굴하고 이를 활용함으로써 경쟁력 있는 인적자원개발 메카니즘을 구축하기 위해서는 **'사람의 가치에 기반을 둔 사회적 성과'**에 보다 많은 관심을 가져야 할 것이다. 이는 사회감사 활동을 통하여 경영전략 및 인적자원관리의 틀(paradigm)을 새롭게 구축해야 한다는 의미이기도 하다.

제11장 질문사항

1. 신임 사회감사인에게 가장 효과적인 교육훈련으로서는 어떠한 것들이 있는가?

2. 여러 사업장에 걸쳐 약 5,000명의 종업원이 있는 기업의 최고경영자가 이미 내부 사회감사팀에 소속되어 있는 사회감사인의 직무를 재무본부로 이관하려 한다면 이를 어떻게 받아들일 것인가?

3. 최고경영자를 설득하여 기업 내 사회감사인 직책을 신설하려 한다면, 어떤 논리와 필요성을 최고경영자에게 강조할 수 있는가?

4. 사회감사의 효과성은 언제든지 평가될 수 있는가?

5. 법정감사는 사회감사 시작시에 의무적으로 실시해야 하는가?

6. 조직감사는 속성상 사회감사와 어떤 다른 특성을 갖고 있는 것인가?

7. 사회감사의 위상은 어떤 책임체제 하에 놓여지는 것이 바람직한가?

    - 내부감사팀 소속으로 할 것인가?

    - 외부감사인의 책임 하에 둘 것인가?

    - 본사의 인사책임자 책임 하에 둘 것인가?

    - 감사대상 조직단위의 인사팀장 책임 하에 둘 것인가?

    - 최고경영자 직속으로 할 것인가?

    - 이사회 또는 경영위원회 소속으로 할 것인가?

    - 복합소속으로 할 것인가? 만일 그렇다면 복합소속부서들은 어떤 부서들로 구성되는가?

8. 사회감사인이 하나의 전문직업으로 형성될 수 있다고 보는가?

9. 사회감사인에게 요구되는 가장 중요한 자질은 무엇이라고 보는가?

10. 기업 내 사회감사인의 효과성을 가장 잘 발휘하도록 해주는 요인은 무엇인가?

1. Baulon D., "Comment améliorer l'efficacité d'un service d'audit interne," Revue Française d'Audit Interne, no. 65, mai-juin 1983, p. 9.

2. Ravalec J.P., "Audit social, autonomie et particularit, schéma d'un audit social", La Semaine Sociale Lamy, no. 245 supplément, 21 jan. 1985. p. 15.

3. I.I.A., Standards for the practice of internal auditing, Altamonte Springs, Florida, Institute of Internal Auditors, May 1978.

4. Renard C., op. cit., p. 16-17.

5. Sawyer L.B., op. cit., p. 540.

6. Ibid., p. 553.

7. Ibid., p. 551.

8. Baulon D., "Comment améliorer l'efficacité d'un service d'audit interne", Revue Française d'Audit Interne, no. 66, 1983, sep.-oct., p. 22.

9. Peretie M.M., "Audit social, le social alchimiste", L'Etudiant, no. 47. oct. 1984.

10. Renard C., op. cit, p. 15.

11. Gandillot T., "L'Audit gagne le social", L'Usine Nouvelle, no. 36, 2 Sep. 1982, p. 64.

12. Guérard & Leruez, "Audit d'acquisition", Revue Française d'Audit Interne, no. 69, mars-avril 1984, p. 29.

13. Op. cit, p. 14.

14. Candau P., "Pour une approche stratégique de la fonction personnel", Economies et Sociétés, Série Sciences de Gestion, no. 2, 1981, pp. 1555-1592 및 "Pouvoir, Stratégie et Rôles d'un dpartement de Personnel", Personnel, no. 235, Sép. 1981, pp. 21-24.

15. Candau P., "L'évaluation de l'efficacité organisationnelle", Revue Française d'Audit Interne, no. 69, mars-avril 1984. p. 5.

16. Op. cit., p. 11.

17. Baulon D., op. cit., p. 18.

18. Guérard & Leruez, op. cit., p. 27.

19. Morris N., "Comment s'évalue votre audit interne", Revue Française d'Audit Interne, no.44, nov.-d c. 1978, p. 75.

20. Baulon, op. cit., p. 17.

21. Hochapfel G., "Pour un audit de la communication dans l' entreprise française," Documents ANDCP, fév.-mars 1982, pp. 54-57.

22. Candau P., "L' évaluation de l' éfficacité organisationnelle", op. cit.

23. Martinet A.C., "Management stratégique : organisation et politique", Paris, McGraw-Hill, 1984. pp. 1-2.

24. Mintzberg H., The Rise and Fall of Strategic Planning, Free Press, N.Y., Macmillan, 1994, pp. 54-56.

25. Ulrich D., Human Resource Champions : The next agenda for adding value and delivering results, Harvard Business School Press, Boston, 1997, pp. 2-19.

제12장
패러다임 혁신과 주체집단의 역할 재정립

제12장 패러다임 혁신과 주체집단의 역할 재정립

제1절 감사인들의 역할 : 전략적 · 통합적 감사활동

갈수록 기업조직이 복잡해지고 경영환경이 급변함에 따라 경제적 · 재무적 성과에 주안점을 둔 전통적 감사방식은 그 의의가 급속히 퇴색되고 있다. 즉 급속한 환경변화는 특히 전문가로서 외부감사인의 새로운 역할을 요구하고 있으며, 경제적 · 사회적 위험요인에 대한 전략적 · 통합적 분석 및 기업 내 · 외부 환경변화에 대한 포괄적인 이해를 동시에 요구하고 있다.

1. 감사활동의 새로운 패러다임

모든 조직은 경영목표 수립의 기반이 되는 비전을 갖고 있어야 한다. 그리고 이처럼 설정된 경영목표를 달성하기 위해서는 경영전략 · 조직구조 · 관리과정과 이를 위한 제반 자원을 철저히 관리해야 한다. 그러므로 감사인은 감사의뢰 기업의 **비전 · 목표 · 전략 · 구조 · 인적자원 · 물적자원 · 통제시스템** 등에 대한 전문적 분석 및 판단력을 갖추어야 한다.

특히 최근 들어 지역적으로 떨어져 있는 거리에 기업끼리 대륙간 전략적 제휴(Strategic Alliance)도 활발하게 이루어지고 있으며, 규제완화(deregulation)와 자유경쟁의 분위기가 전세계적으로 확산되면서, 하나의 기업에 대한 감사활동을 위해서 실제로 수많은 연계 조직에 대한 감사가 동시에 필요한 현상도 나타난다.

그러므로 전통적 회계감사뿐만 아니라 태동하고 있는 사회감사분야에 있어서도 이처럼 복잡한 경영환경을 고려하지 않을 경우에는 자칫 잘못된 권고안을 마련하는 심각한 오류와 위험에 빠질 수도 있음을 명심해야 한다.

1) 위험분석 패러다임의 변화

팀제의 도입, 프로세스 조직에로의 이전, 임파워먼트의 확산 등에 따라 기업 내부적으로 수평적 조직이 이루어지고, 조직단위별 책임경영 활동이 강조되면서 감사인의 위험분석 활동은 다음과 같이 과거와는 완전히 달라지고 있다.

전통적 위험분석 패러다임	새로운 위험분석 패러다임
1.위험분석은 필요에 따라 실시된다.	1.위험분석은 연속적인 관리과정이다.
2.위험분석의 대상은 회계·재무 및 내부 감사에 한정된다.	2.위험분석의 대상은 모든 경영활동에 걸쳐 이루어진다.
3.경영위험 분석은 세부분야별로 독립적으로 이루어진다.	3.경영위험 분석은 전략적 차원에서 중점적·조화적으로 이루어진다.
4.통제활동은 재무적 위험을 회피하기 위하여 실시된다.	4.통제활동은 피하기 어려운 위험을 적정 수준으로 완화하기 위해 실시된다.
5.경영위험을 통제하기 위한 기업 내부의 합리적 정책은 없다.	5.경영위험을 통제하는 정책은 경영진과의 의사소통을 통하여 정립된다
6.위험에 대한 사후적 조치로서 원인 변수를 다룬다.	6.위험에 대한 예방적 조치로서 지속적인 원인변수에 대한 감지활동을 실시한다.
7.구성원의 자질이 위험발생의 원천이다.	7.업무수행과정이 위험발생의 원천이다.

그러므로 감사의뢰 기업의 능력을 재평가하고, 이를 통하여 효과적인 자금 및 인력의 흐름이 보장하기 위해서는 다음과 같이 대상기업에 대한 전반적인 이해와 분석활동이 요구된다.

① **경쟁우위요인 파악** : "새로운 가치창출을 위한 기업의 경영전략은 어떻게 수립되어 있는가 ?", "경쟁사 대비 상대적 우위를 유지할 수 있는 틈새(niche) 요소는 무엇인가 ?"

② **목표달성에 방해가 되는 위협요인의 파악** : "새로운 가치창출 활동을 저해하는 요인은 무엇인가 ?", "핵심역량의 구축을 위한 활동은 어떻게 이루어지는가 ?", 그리고 "목표가치의 실현을 위한 프로세스 혁신은 어떻게 이루어지는가 ?"

③ **경영활동 성과의 측정 및 벤치마킹** : "기대가치가 실현되었다는 증명을 무엇으로 할 수 있는가 ?", 즉 "전략적 목표에 입각하여 경쟁사보다 우월하게 수행하고 있는 업무활동은 무엇인가 ?"

④ **프로세스 분석 및 경영위험 분석내용의 자료화** : "경영의사결정 활동의 적합성을 전문적으로 판단하기 위한 감사지식 및 분석의 틀은 어떻게 정비되었는가 ?"

수많은 **사례연구**를 통해서 "감사활동이 실패하는 주요 원인은 바로 기업현실에 대한 감사인의 이해부족, 즉 대상기업의 사업활동 · 산업 내 주요 제품의 지위 · 인적자원의 특성 등에 대한 전문적 분석과 연구가 부족하기 때문이다"라는 점이 밝혀지고 있다(KPMG 내부자료, 1997). 그러므로 정보기술의 발전과 함께 감사인이 접하는 정보는 모두 믿을 수 있어야 하며, 또한 이를 통하여 지식경영인의 자세로 감사에 임해야 한다는 것이다.

2. 감사기능의 새로운 접근방법

경영기능에 대한 이해와 새로운 경영혁신을 위한 모델은 수없이 제시되고 있다. 그러므로 감사인은 우선 이들 **경영모델**에 대한 이해와 함께 대상기업의 경영활동에 대한 전문적 판단을 할 수 있어야 한다. 특히 회계감사에 초점을 맞춘 전통적 감사기능은 경영전반에 걸친 폭넓은 감사를 위하여 근본적인 접근방법의 변화가 필요하다.

이처럼 사회감사 및 감사기능 전반적으로 새로운 **패러다임의 혁신**이 요구되며, 이를 통하여 보다 명확하게 감사대상기업의 경영위험 및 감사위험을 파악해야 한다는 것이다. 특히 전통적으로 회계 및 재무감사활동의 대상이자 심각한 오류발생의 원천이라는 재무제표 자체에 대한 편협된 해석에서 탈피하는 것이 무엇보다 중요하다.

전통적 감사 패러다임	새로운 감사 패러다임
1.업무분야별 감사활동 : 부분별 조사활동을 통하여 전체를 파악할 수 있다.	1.경영전반적 감사활동 : 부분에 대한 이해를 위해 전반적 관점이 요구된다
2.정보 프로세스 위주 : 수집된 정보들 간의 상호관계에 의해 성과 제고	2.업무 프로세스 위주 : 전략과 지표를 통해 경영전략의 목표 정립
3.감사에 대한 지식 중시 : 감사 프로세스 및 회계기준에 대한 심도 있는 이해	3.업무에 대한 지식 중시 : 비일관성 및 비정상적 요인을 파악하기 위한 조직 및 경영전반에 대한 지속적인 이해
4.은밀한 독립 시스템 관점 : 조직을 독립적인 여러 부분의 모자이크로 봄	4.네트워크 시스템 관점 : 조직을 상호분리 불가능한 다위시스템간의 동태적 연계시스템으로 봄
5.감사의 위험도 중시 : 경영자의 경영위험 분석과는 별도로 재무제표에 대한 의견제출에 초점을 둔 위험분석	5.경영의 위험도 중시 : 재무제표에 대한 의견 역시 단지 전반적 경영위험분석을 위한 하나의 필수요건으로 분석

그러므로 「차이(gap)분석」에 초점을 두고 있는 감사활동은 감사결과보고서 및 권고안을 통한 기업의 새로운 성장(사회적 · 경제적) 기회를 부여하는 핵심방법이 되어야 할 것이며, 한편으로 경영전략차원에서 다음과 같은 감사의 역할 재정립문제를 향후 연구관제로 삼아야 할 것이다.

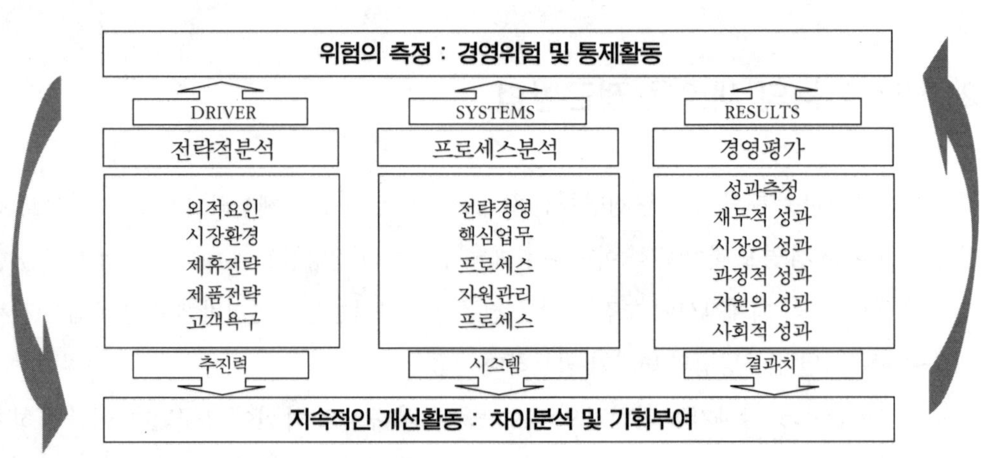

제2절 사회적 이슈에 대한 경영사례연구

본장에서는 새롭게 정립되고 있는 사회감사 및 전통적 회계·재무감사의 영역을 경영전반에 걸친 전략적 감사로 확대해서 살펴보는 **5가지 연구사례**를 정리하였다.

사례에서는 기업조직의 사회적 이슈를 중심으로 **주체집단**(경영자, 노조, 전문가, 인사책임자 등)의 역할 및 **운영시스템**으로서 인사기능과 경영풍토의 중요성에 대하여 다루었다.

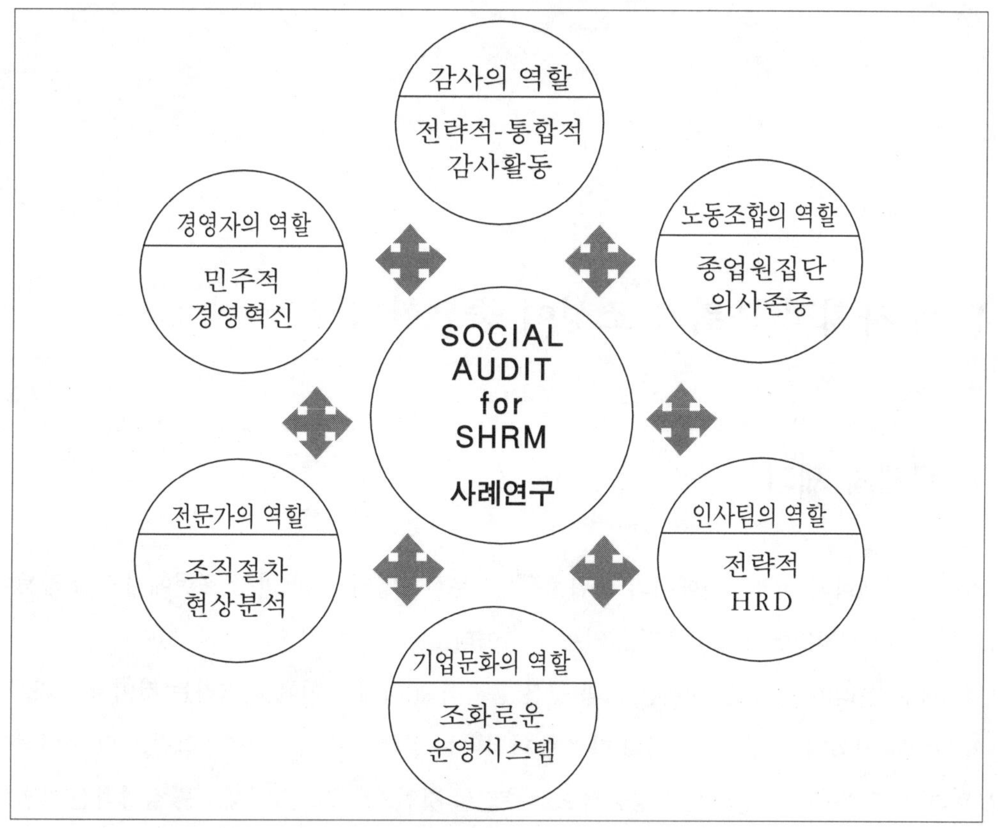

우선 이들 사례를 중심으로 「**사회감사**」차원에서 "사회감사를 통하여 사례에서 밝혀진 문제점을 어떻게 분석하고, 또한 어떠한 개선방안을 제시할 수 있을 것인가?"에 관하여 논의할 것이 요구된다. 나아가서는 「**경영전략**」차원에서 감사활동의 기여도를 연구하고, 그리고 각 「**주체집단**」차원에서 새로운 역할 재정립 문제에 관하여 연구할 것이 요구된다.

사례 1   경영자들의 역할 :

사회적 분위기 조성을 통한 민주적 경영혁신

I. 왜 사회적 분위기 조성이 중요한가 ?

1. 문제의 제기

기업의 국제화와 국제경쟁에서의 우위점유는 '무한경쟁의 시대' 라는 표현에서 강조하듯이 어느 나라, 어느 기업에서나 강조되고 있는 상황이다.

여기에서 우리가 문제 삼는 것은 이와 같은 총론적 논지에 이의를 제기하는 것이 아니라, 정부의 정책과 기업의 전략이 지역마다 다르게 나타나는 실태 하에서 "어떻게 하면 보다 구체적이고, 보다 실현 가능한 경영혁신을 성공적으로 추진할 것인가?", 그리고 "새로운 경영혁신 기법으로 그 동안 강조되어온 Process Innovation(Davenport, 1993), BPR(Hammer & Champy, 1993), 時-테크(윤은기, 1993) 등이 왜 15-30%의 성공률밖에 보이고 있지 않는가(변상근, 1994.7.7, 중앙경제)?"하는 것이다.

피터스(T. Peters)나 해머(M. Hammer) 등 새로운 경영혁신을 부르짖는 자들의 논지는 우선 과감한 '톱-다운' 식의 개혁과 고객중심의 경영방식으로 관리체제를 재구축한다는 것이다.

그러나 "이와 같은 「합리적」 경영혁신의 한계는 어디에 있으며, 과연 경영혁신에 있어서 종업

원과 노동조합의 참여도는 어떠하며, 정부와 경영층의 의지는 혁신을 어떻게 이끌어가는가?"하
는 데에 대한 분석은 많은 연구에서 결여되어 있다. 이는 자칫 잘못하면, 최고경영자의 '오만
한' 혁신의 칼자루밖에 되지 않는 학문적 편견성과 현실적 위험성을 동시에 지니고 있는 선동적
혁신이 될 수도 있다(박기찬, 1993a).

경영혁신이라는 새로운 게임을 하는 데 있어서도 많은 연구물들이 "과연 새로운 게임의 룰
(새로운 목표 · 새로운 지침 · 새로운 강조사항 등)을 어떻게 정립할 것인가?"하는 이슈를 다루
고 있다.

그러나 새로운 게임을 성공적으로 운영하기 위한 방안으로서 게임의 룰의 변경보다도 더욱
중요하고 강력한 방법이 바로 '게임의 주체를 변화시키는 것'이라는 데 대한 연구는 상대적으
로 취약한 실정이다. 그 이유는 아직도 혁신의 주체는 과거의 집단을 그대로 두고 단지 새로운
룰을 제정해서 조직을 운영하는 방법이 보다 안정적이라는 판단 하에, 기존의 세력이 자신의 입
지를 유지하기 위해 주체집단의 변경을 거부하기 때문이다.

그러므로 "진정한 경영혁신은 새로운 룰의 제정에 있는 것이 아니라 새로운 주체집단의 재구
축과 그들의 **역할을 재확립**하는 데 두어야 한다"는 것이 본연구를 통하여 전반적으로 검토하
는 주제가 된다.

본 연구는 가장 어려운 상황에서 가장 '민주적'인 개혁을 시도하고 있는 프랑스의 한 기업조
직을 대상으로 민주적 경영혁신의 가능성을 타진하고, 그 방식의 일반화를 위한 상황적 전제조
건을 확립하기 위하여 크로지에 (M. Crozier, 1977)의 「전략적 게임분석 방법」을 사용하여 조
직갈등과 혁신동기에 대한 분석을 한 것이다.

본 연구의 핵심이 되는 '민주적 경영혁신(democratic management innovation)' 이란 종업
원과 노조, 그리고 정부와 경영층이란 4대 주체가 공감적으로 집단의 차별적 혁신처방이 아닌
'공유적 혁신처방' 을 추진해나가는 것을 의미하며(Adam & Reynaud, 1978), '합리적' 경영혁신
은 기업마다 유행하는 하향식의 개혁방식을 의미하고 있다.

2. 대상조직의 실태

"민영화되지 않고, 분권화되어 있지 않은 조직에서 노조의 힘이 강할수록 새로운 변화를 시도

하기는 지극히 어렵다(Adam & Reynaud, 1978)." 라는 표현은 마치 본 연구의 대상이 되는 프랑스 국영항공사인 에어 프랑스(AF)사를 두고 한 말처럼 여길 정도로 AF는 국영기업이자 중앙집권적인 경영, 그리고 강한 노사분규에 휘말려온 기업의 대표적 사례로 꼽힌다.

1993년에 세계 전항공사 총적자의 1/3을 냈으며, 1992년에서 1993년까지 총종업원 48,000명을 40,000명 수준으로 합리화(성력화)하였으나 흑자전환 기미는 전혀 보이지 않았다. 그리고 유럽정부의 제재와 논란 속에서도 정부로부터 200억 프랑의 지원금을 받아 기업구조혁신의 강도를 제고하려는 생존을 위한 필사적 생존에의 노력까지 보이고 있으나 여전히 AF의 장래는 불확실성 속에 놓여 있는 실정이다.

1993년 말 블랑(C. Blanc)이란 신임회장과 프란츠(R. Frantz)사장이 영입되면서, AF는 오히려 장기적 관점에서 기업을 회생시키기 위한 '민주적 경영혁신(democratic management innovation)' 을 추진하였다.

만일 극도의 경영난국에 처한 기업이 경제적 성장을 이룩하면서 민주적 개혁에도 성공한다면, 드러커가 제시한 「참여적 경영」과 피터스가 강조하는 「고객위주의 경영」을 동시에 만족시키는 가장 바람직한 개혁의 방향이 될 것이나, 실패할 경우에는 민주성의 쇠퇴와 함께 노사관계의 악화는 물론 기업의 생사여부까지도 불확실해지는 비운을 맞게 될 것이다.[1]

1) 경제적 성과의 하락

1978년 미국의 규제완화정책이 나타나면서 항공운송업계는 엄청난 경쟁체제에 접어들었다. 가격경쟁에 의한 운임의 저하와 서비스 경쟁에 의한 비용의 증대 등으로 항공사들은 최근 3년 동안의 적자가 과거 항공운송 역사상 벌어들인 흑자의 수준을 상회하는, 파산과 무한경쟁의 시대를 맞이한 것이다.

AF 역시 이와 같은 산업환경의 변화 하에서 재무구조의 악화와 비용의 급증, 시장점유율의 하락현상을 보이고 있는 반면에, 가장 강력한 경쟁사인 영국항공(BA)에서는 민영화를 통해 오히려 세계화 전략을 성공적으로 추진하면서 세계 최대 흑자항공사로 부각되는 면모를 보이고 있었다.

AF가 안고 있는 엄청난 적자의 원인은 취약한 보고관리 시스템에 따른 비용관리의 부재와 영

---

[1] 이에 대해서는 拙著 조직정치론(경문사, 1933) pp. 35-39를 참고 바람.

업부서의 잘못된 경쟁전략, 즉 공급초과 상태에서 서비스의 질을 향상시키기 위한 전략이나 탑 승률을 끌어올리기 위한 전략보다는 경쟁상대별로 각개 전투를 벌이는 근시안적 전략에 너무 치우친 점에 있었다. 이에 비하여 BA는 26가지의 차별화된 고객집단에 대한 정보시스템과 수익관리 시스템(yield management system)을 활용하여 고객의 충성도를 제고하는 영업전략을 공격적으로 시도하였다.

신임회장의 영입과 함께 AF에서도 시장공략과 고객충성도 강화를 위한 적극적인 영업전략을 펼치기 시작하였으며, 바로 여기에서 종업원들의 의식개혁과 행동방식의 혁신이 가장 중요한 이슈로 제기된 것이다.

2) 사회적 성과의 부진

AF의 기능별 조직구조와 집권적 관리방식은 종업원의 동참과 고객위주의 경영혁신을 도모하는 데에는 전혀 부적합하다는 인터뷰 분석결과(Dupuy, 1994)가 보여주듯이, 관료적 풍토가 강한 조직에서 새로운 혁신의 원동력을 키우기란 어려운 일이다. 즉 AF는 국영기업으로서 영업이익을 산출해야 할 책임이 희박하였으며, 실제로 경제적 성과향상과는 무관한 공공서비스 활동을 중심으로 항공운송사업을 해온 것이다.

이와 같은 경영풍토에서 종업원들의 적극적인 업무개선을 위한 모티베이션은 거의 나타나지 않았으며, 책임의 소재 역시 불명확한 데 비하여 상대적으로 집단행동을 위한 노조의 영향력은 갈수록 강화되었다. "경영혁신을 할 것인가, 아니면 현 상태를 고수할 것인가" 하는 경영권의 의사결정 이슈도 노조의 동의 없이는 한치도 전개할 수 없는 상태에 있었다.

신임회장은 「단순한 조직구조, 책임 있는 성과산출」을 내세우면서, AF의 근본적인 구조조정 작업에 임하였다. 특히 '성과에 대한 책임체제의 구축'은 지금까지 고객을 위하여 거의 이루어지지 않았던 내부경쟁체제와 사업부체제의 강화에 의한 집단업적평가를 강화하겠다는 의지를 보인 것이다. 이에 대해서는 전체 종업원 81%가 참여하여 이중 86%가 찬성한 투표결과에 의해서도 종업원들의 지지도를 알 수 있다(Trépo, 1994).

또한 종업원 1,332명을 대상으로 한 설문조사 결과에서도 91%가 강력한 대기업에 종사하고 있는 데 대하여 자부심을 갖고 있으며, AF의 조직문화와 자신을 동일시하고 있는 긍정적인 면모도 보여주고 있었다(Dupuy, 1994). 그러나 AF의 경우에는 피터스와 워터만(1979)이 제시한 바 있는 공유가치(shared value)가 강할수록 우량기업화할 수 있다는 주장을 완전히 부정할 만큼, 종업원들의 공유가치가 일치하고 "기업문화와 경영이념에는 동조하더라도 회사의 경제적 성과는 악화일로에 있을 수 있다"는 실례를 보였다. 즉 AF사에 있어서는 "강한 기업문화만으로는 기업의 성장이 보장될 수 없다"는 사실을 보여주고 있다는 것이다.

그리고 이와 같은 높은 공감대가 조성된 상태에서도 인사관리체제의 재정비가 거의 불가능하다는 사실을 동시에 보여주고 있다. 왜냐하면 적자누적 상태에서도 정부의 지원으로 생존하고 있는 AF사의 운명과, 경영혁신운동을 통해 대대적으로 사라져가는 종업원들의 운명이 일치할 수가 없기 때문이다. 또한 관리직과 현장직에 대한 '이원적 차별화에 의한 경영혁신' 방식도 주요 문제가 되고 있었다. 전임 아딸리(B. Attali)회장은 사임직전에 4,000여 명의 직원을 해고했는데, 이 중 3,000여 명이 현장직 사원으로, 이미 임금과 보너스 및 복리후생 수준이 세계 최고였던 관리직은 약 1,000명 정도만 성력화시켰다. 바로 이점 때문에 일단 사무실에 배치된 사원은 현장직에로의 순환을 기피하게 되었고, 현장직과 관리직간의 연대의식은 갈수록 약화되었다.

결국 신임회장으로서 AF의 경영혁신에 앞서서 우선적으로 해결해야 할 과제는 바로 대립적으로 분화되어 시기와 반목이 급증되고 있는 이들 양집단을 하나로 규합시키는 작업이었다.

3. 연구방법 및 주요 혁신이슈

어려움에 처해 있는 한 기업의 경영혁신과 노사관계의 재정립 실태에 관한 연구는 상당기간에 걸친 역사적 고찰이 요구되며, 조직갈등이 형성되면서 나타나는 주체집단들간의 갈등관리 방식에 대해서도 심도 있는 분석을 할 것이 요구된다. 그러므로 본 연구에서도 경영혁신에 직면한 기업의 내부구성원들간의 갈등관계에 대한 '전략적 분석'(Crozier, 1977) 방법을 따르도록 하였다.[2] 경영혁신의 주요 이슈에 대해서는 블랑 회장이 내건 **'AF 경영구조개혁'**에 의해 살펴볼 수 있다.

1) 조직갈등발생의 원인

걸프전 이후 지속적인 적자의 눈덩이 속에서 1993년 9월 15일 AF는 총 4,000명의 인력절감

---

[2]　M. Crozier의 전략적분석 및 시스템분석론에 대해서는 졸저 조직정치론(박기찬, 1993)의 부록편을 참고하기 바람.

(이중 1,000명은 관리직) 정책을 발표하였으며, 보쏭(Bosson) 교통장관도 이를 인정해주었다. 해고정책이 발표되자 동년 10월 12일 화물사업 노조가 전면 파업에 돌입하였으며, 10월 20일에는 관리직을 포함한 AF의 종업원들이 파업에 들어갔다.

AF의 전면적인 파업이 시도되자 나흘 후인 24일에 보쏭 장관은 아딸리 회장을 사임시키면서 경영합리화를 위한 해고정책을 철회시켰다. 그러나 다시 이틀후인 26일에는 AF의 국내선 자회사인 Air Inter에까지도 총파업이 확산되었으며, 정부에서는 이를 해결하기 위한 책임자로서 SNCF(프랑스 국영철도회사)를 맡은 바 있었던 블랑을 신임 AF 회장으로 지명하였다.

10월 29일 파업이 철회되면서 노조원들은 정상업무에 복귀하기 시작하였으며, 12월 13일 신임 블랑 회장은 종업원의 참여와 '민주적 분권화'에 의한 향후 3년간의 경영혁신안을 직접 노조에 출석하여 발표하였다. 블랑 회장은 이미 강력한 사회주의적 노선을 걷는 인물로 정계와 재계에 소문이 나 있었으며, AF의 재건을 위한 경영혁신도 타 기업과는 대조적으로(합리적 경영혁신이 아닌) '민주적' 참여에 의한 경영혁신책을 제시한 것이다.

2) 경영구조혁신의 방향

AF 경영혁신의 목표는 1997년까지 경영정상화를 실현한다는 계획 하에 정부의 초기 지원금 50억~80억 프랑과 함께 생산성을 30% 증대시킨다는 것이다.

이와 같은 「**경제적 성과**」의 향상목표 이외에 「**사회적 성과**」와 관련해서는 1994년 3월 26-27일 양일간 경영진과 14개 AF 내 노조와의 합의가 있었으며, 동시에 블랑 회장이 직접 노조와의 협상을 통하여 다음과 같은 사항에 대한 협약을 체결하였다.

① 향후 3년 동안 모든 임금인상의 동결

② 단순해고가 아닌 방법으로 종업원 5,000명의 절감

③ 근로시간의 연장

④ 급여의 일부분을 주식으로 배당 받는 종업원지주제의 확산 등

보다 구체적으로 종업원 근로조건의 변화는 다음과 같은 양대 축을 갖고 있었다.

그 첫째는 책임경영의 실현으로서, Profit Center체제로의 전환을 통하여 보다 자율적으로 분권화 정책을 실시한다는 것이다. 또한 이를 통하여 독립사업본부별로 현장직과 관리직간의 일체감과 소속감을 제고시킨다는 것이다. 문제는 AF의 종업원들이 이미 매우 높은 소속감을 갖고 있으나, 집단간의 일체감이 낮고 관료제 하의 책임성이 낮으며, 분권화에 대한 반발이 예상된다

는 것이다. 즉 Profit Center별로 분권적 운영이 될 경우에는 조직전체의 관점에서 경영이 이루어지기보다는 독립본부별 자기 이익 챙기기에 급급한 부조화가 발생할 것이며, 비행기와 같은 기자재의 효과적인 활용이 불가능해진다는 것이다. 그러므로 분권화는 바람직하되 점진적으로 추진되어야 하며, 철저하게 관리되어야 한다는 주장이 따랐던 것이다.

둘째는 경영성과의 향상으로서, 우선은 종업원들의 자질을 강화하기 위한 교육훈련에 대한 투자를 증대하고, 특히 영업부문은 변화하는 경쟁환경에 적응하기 위한 교육 및 정보분석에 상당시간을 할애하도록 한 것이다. 또한 성과향상의 수단으로서 현장직에 대한 탄력작업시간제의 확산을 강구하였다.

II. 갈등의 주체 및 내용

AF의 대내외적 실태를 통해서도 알 수 있듯이, AF의 경영난국은 공공서비스 사업이라는 본연의 서비스와 국제적 경쟁의 가속화라는 시장환경간의 단절현상으로 발생한 것이다. 즉 조직 내부활동과 조직 외부환경간의 이질화 현상에 의한 경쟁력상실은 구성원 주체집단들에서 야기되는 집단갈등을 통해서도 밝혀질 수 있었다. 이들 집단간의 갈등이 복잡하게 증가된 주요 원인은 우선 주체집단의 숫자가 증가한 데에서 찾을 수 있다.

일반적으로 조직 내 집단갈등의 대표적인 유형은 노조와 사용자간에 이루어지는 2자간 단체협상의 장에서 공식화된다. 그러나 AF의 실태는 다양한 이유에서 종업원들의 의견이 분화되고, 응집력이 결여되면서 자연적으로 노조의 힘과 사용자측의 추진력을 동시에 약화시키는 현상을 보이고 있었던 것이다.

나아가서는 국영기업으로서 경영층의 주장과 정부의 입장이 배치되는 현상까지 표출되고, 조직력의 약화와 함께 복잡한 조직갈등이 증대되고 있었다. 그 결과 「2자 관계」로 논의되던 조직갈등의 이슈가 노 · 사 양자 이외에 정부와 종업원 집단이 추가되면서 「4자 관계」의 엄청나게 복잡한 관리를 요구하는 형태로 전개되고 있었던 것이다.

흔히 우리가 인식하는 노사관계는 정부의 개입과 함께 노 · 사 · 정 「3자 관계」로 전개되는 tri-partism으로 분석되나, AF의 경우에는 노 · 사 · 정 · 종이라는 quatrepartism으로 돌입한 현상을 보이게 된 것이다.

물론 어느 조직에서나 이들 「4자 관계」가 존재하지만, AF의 경우에는 4자 모두 공식적 주체로서 경영혁신에 즈음한 집단갈등 문제를 다루게 되었다는 것이다.

첫 번째 활동이 신임회장에 의해서 직접 행하여진 대종업원 호소문의 배포 및 대종업원 설문에 의한 경영혁신안 찬반투표(referendum) 활동이었다. 바로 이 점에 있어서 타 기업의 하향식 경영혁신 대신 AF가 추구하는 「민주적 · 참여적」 경영혁신 방법이 구분되며, 종업원의 지지와 동참 없는 혁신은 혁신의 겉모습만 흉내내게 된다는 신임 회장의 혁신 스타일이 부각될 수 있었다.

1. 혁신주체(정부 및 기업)간의 갈등

이론상으로 AF는 국영기업으로서, 정치적 역량을 발휘해야 하는 회장은 정부에서 선임하며, 정부의 의사에 따른 경영활동을 책임지도록 되어 있었다. 그러나 아무리 정부소유의 국영기업이라 하더라도 매년 수십억 프랑의 정부지원금으로 기업을 회생시키는 정책을 유지할 수는 없는 것이다. 그러므로 정부로서는 AF의 경영정상화가 재무구조의 건전성과 함께 표출되면, AF를 민영화시키겠다는 의사를 밝히게 된 것이다. 신임 블랑 회장의 전략은 이와 같은 정부의 정책에 조금의 오차도 없이 동조성을 보이고 있었다.

한편 AF의 경영정상화 작업에 대한 정부의 개입은 전혀 줄어들지 않았으며, 모든 협상에서 주체로서의 역할을 수행해오고 있었다. 그러나 전임 아딸리 회장 때부터 수도 없이 이루어진 정부의 개입활동으로 인하여 사실 그 타당성은 크게 저하되어 있는 상태였다. 심지어 교통장관 뿐만 아니라 국무총리까지도 AF의 경영정상화 방안에 대한 개입을 해왔었다. 특히 교통장관의 개입정책은 하나같이 경영정상화와 상반되는 제약조건으로 작용하였다.

우선 그는 "국영기업에서 해고란 있을 수 없다"는 인기정책을 펌으로써 경영층의 활동범위를 크게 위축시켰다. 그의 일관성 없는 발언은 1993년 10월 22일에 "AF의 경영혁신은 추호도 흔들림 없이 추진되어야 한다"는 성명을 발표하고 나서 다음날 AF 노조와의 직접협상을 거친 며칠 후에는 "경영혁신의 주요 안건을 대부분 포기할 수 밖에 없다"는 번복 성명을 낸 것을 통해서도 알 수 있다.

즉 정부의 정책방향과 정반대의 입장을 갖고 있는 노조의 입장, 그리고 이들 사이에서 정부정책을 추진하면서 노조와 종업원의 동참을 유도해야 하는 경영진의 역할이 약화되면서 복잡한 조직갈등 현상이 표출된 것이다. 보다 심각한 문제는 복잡한 조직갈등을 최고경영자의 해임으로 해결하려 했던 정부의 또다른 오판에 있었다.

아딸리 회장의 사임을 야기시킨 「정부(교통장관)-노조」의 경영혁신 추진여부에 대한 협상결과는, 곤궁에 처한 AF의 경영과 협상 승리에 의기양양한 노조 관리, 그리고 이상주의적 구조개혁을 요구하는 정부정책의 수행이라는 복합적 과제가 신임 블랑 회장의 어깨에 주어졌다.

블랑 회장으로서는 협상에서는 거부되었지만 정부에서 제시했던 AF 경영혁신안을 그대로 따르는 수밖에 없었다. 반면에 정부의 기대는 원래의 혁신을 추진하되 노조와의 조직적 갈등을 치유하기를 요구함으로써, 이제는 정부측과 경영진간에도 합의하기 어려운 관점의 차이가 나타나기 시작하였다.

즉 갈등관리를 위한 정부와 경영진의 게임방식이 공식적으로 표명된 AF의 경영혁신안과 완전히 달라지면서 상호간의 차이가 더욱 벌어졌다. 또한 AF의 경영혁신을 부추기던 발라뒤르(P. Balladure) 총리의 인기가 떨어지고 있는 시점에서 노조가 파업을 확산시키는 전략을 펼침으로써 파업의 영향력은 더욱 강하게 나타났었다.

이에 교통부 및 총리에 대한 신뢰회복책을 마련하려했던 보쏭 교통장관은 속죄양으로 아딸리 회장의 사직권고 방안을 제시하였고, 결국 수년간의 적자경영 속에서 경영혁신의 기초만 수립한 채 아딸리 회장은 주체세력에서 물러났다.

이와 같은 복잡한 조직갈등을 내재하고 있는 거대 조직 AF에 부임한 신임 블랑 회장은 이미 노련한 협상가로서 명성이 자자했으며, 공기업의 경쟁체제를 신봉하고 있는 만큼, 과감한 경영혁신을 감행해도 본인으로서는 아무 것도 손해볼 것이 없는 '밑져 봤자 본전' 이라는 유리한 위치에 있었던 것이다.

또한 그는 전임 아딸리 회장처럼 여러 주체집단과 얼키고 설킨 관계를 갖지 않았으며, 스스로도 이를 거부해왔기 때문에 이미 신임 회장의 이미지에 그가 추진하려는 정책의 타당성이 강하게 부각되고 있었다.

2. 참여주체(종업원 및 노조)간의 갈등

혁신에 동참 내지 반발을 하는 종업원과 노조 집단에 있어서도, 혁신주체인 정부와 경영진 사이에 발생하고 있는 이질화 성향이 뚜렷이 나타나고 있었다. 즉 노조와 종업원 집단 역시 이론상으로는 동조체제를 유지해야 하지만, 점진적으로 의견을 달리하면서 이제는 완전히 반대되는 입장을 표명하기도 했다.

"노조와 종업원 집단간의 분리현상은 점점 가속화되고 있으며, 가장 심각한 사회적 갈등이 될 것이다"라는 주장(Adam & Reynaud, 1978)은 이미 오래 전부터 있었다. 바로 AF의 실정이 이를 극명하게 보여주는 사례가 된 것이다.

「노조와 종업원 집단간의 괴리」 현상은 우선 오늘날 노조의 영향력이 크게 약화되고 있는 유럽 선진국의 사회적 추세를 통해서도 알 수 있다. 즉 노동조합은 근로자들의 권익을 옹호하는 대표 집단으로서 존재하는 것이나, 아직도 높은 수준의 노조 가입률을 유지하면서도 "과연 노조가 진정으로 종업원의 권익을 보호하고 있는가?" 하는 점에 종업원들의 반응이 매우 회의적이라는 것이다.

실제로 AF의 노조는 14개로서 완전히 세력이 분산된 모습을 보이고 있었다. 여기에는 전통적으로 형성되어온 CGT, CGC, CFDT, CFTC, 및 FO의 5대 직업별 노조와 SNCMSAC, SNPL, SNPNC, SUNAC, SPAC, 및 SNOMAC 등의 산별 노조가 포함되어 있다. 어느 노조도 주도권을 갖고 있지 않고, 단지 한정된 분야에만 영향을 미치고 있는 실정이다.

또한 노조운동의 추세도 갈수록 특정 집단의 권익만 주장하면서 분화되어가고, 전국노조보다는 '기업별 노조' 활동이 강화되는 현상을 보이고 있다(G. Trépo, 1994). 심지어 최근 종업원들의 집단행동 방식이 노조와 관계없이 스스로의 종업원 총회(Assemblées Générales) 파업 및 투쟁위원회 등을 통하여 이루어지는 경향을 보이고 있었다. 그 결과 종업원 집단의 파업이 선행되고, 노조가 오히려 종업원집단의 파업에 뒤따르는 양상까지 보이게 된 것이다. 이는 1984년의 오루(Auroux)법에 의거하여 "노조의 파업행위에 종업원 집단이 거부의사를 밝힐 수 있다"는 조문에 의해서도 강력하게 지지되고 있다.

그리고 프랑스의 경우에는 다른 앵글로 색슨 및 스칸디나비아 지역과는 달리 「파업행위에 대한 의사결정」을 노조에서 독점하고 있지 않는 특수성이 있다. 노동조합의 파업행위 독점화는 종업원 개개인의 자유를 구속할 수 있기 때문에 이를 방지하자는 것이 본 조항의 취지인 것이다.

한편 AF의 종업원 집단과 노동조합간의 분리를 촉진하게 된 배경에는 블랑 회장이 노조를 거치지 않고 모든 종업원을 대상으로 AF 경영혁신안을 표결에 붙인 결정이 있었다. 이와 같은 전원 투표방식은 완전히 새로운 것은 아니었다. 1992년 10월 정부(교통장관)와 노조간의 협상에서 조차도 소수파 노조인 CGC, FO, SNMSAC, 및 USAF에서만 경영혁신안에 동조를 했을 뿐, 나머지 대부분의 노조는 반대입장을 표명했었다. 이로써 AF의 개혁이 동결되고 오히려 전사적 파업으로까지 확산되었던 과오를 되풀이하지 않기 위하여 노조의 단체행동권보다도 더 강력하면서, 노조와 경쟁관계에 있는 종업원 집단의 힘을 활용하였던 것이 블랑 회장의 전략적 의도였던 것이다.

그러므로 블랑 회장의 전략적 의사결정은 종업원 집단의 힘이 강해지는 최근의 경향을 활용하여, 복잡한 2자 내지 3자게임으로서의 노사간 조직갈등을 치유하려한 것으로 해석할 수 있다.[3]

반면에, 블랑 회장의 전략에 대하여 노조와 종업원들이 보는 시각은 여기에 한정되지 않았다. 즉 종업원 총투표결과는 노조의 정당성과 신뢰도에 큰 의문을 던져주었으며, 종업원의 81%가 노조의 경영혁신안 부결에 대하여 불신의사를 보였다는 것이다.

이에 대하여 CFDT 등 일부 노조에서는 '면피' 전략으로서, "비록 경영혁신안에 대해 합의하지 않았지만 경영혁신 프로젝트에 동감은 한다"는 태도를 보이기도 하였다. 그러나 이와 같은 노조의 어정쩡한 태도는 오히려 노조의 신뢰도를 더욱 떨어뜨리는 결과만 초래하였다.

결국 전체 종업원을 대상으로 실시한 경영혁신안 표결투표의 결과는 신임 블랑 회장 각종의 종업원 집단들이 요구하는 복잡한 사항을 떨쳐 버리고, 기업재건에 대해서만 몰입할 수 있게 해준 큰 계기가 되었던 것이다. 또한 이것은 한 개의 주도적 노조와 협상(2자 관계 협상)을 하면서 대상 노조에 엄청난 교섭권과 단체행동의 폭을 넓혀주는 오류를 방지하는 효과를 동시에 보여주었다.

AF의 이와 같은 사례는 노조와 종업원 집단간의 극명한 분리현상을 보여주고 있으며, 양 집단

---

[3]　블랑 회장의 이와 같은 이이제이(以夷制夷)의 전략은 실제로 종업원 81%의 투표에 86%의 찬성이란 보기드문 지지를 받았다. 보들레스 은행(Bordelaise de Crédit), 톰슨(Thomson) 및 섹스땅 아비오니끄(Sextant Avionique)사 등에서 동일한 방법으로 종업원 집단의 호응 하에 오히려 톱-다운식보다 더 강력한 경영혁신 추진 사례를 보여주고 있다(Le Monde, 1994.5.11). 즉 종업원 집단의 직접적 · 참여적 의사결정이 이루어지면, 전통적인 2자 내지 3자게임에서 해결할 수 없었던 고질적 · 대립적 조직갈등문제를 손쉽게 다룰 수 있으며, 종업원의 의사라는 정당성과 함께 강력한 경영혁신을 추진할 수 있다는 실례가 되었다. 노조의 독점적 파업행위가 야기시키는 엄청난 조직갈등 및 경영손실을 고려한다면, 이와 같은 '민주적' 경영혁신의 효과는 엄청난 것으로 평가된다.

주체간의 이질화는 단체행동뿐만 아니라, 협상의 게임방식에 있어서도 여실히 나타나고 있는 것이다.

관례적으로 노조는 사용자에 대한 반발과 단체행동권을 통하여 자신들의 입지를 강화하지만, AF에서 이루어진 종업원 총투표를 통한 결과는 노조의 기반이 부정되고, 대다수의 종업원이 신임 회장의 전략을 지지하는(즉, 전임 회장부터 실시하려 했던 경영혁신안이 통째로 승인되는) 결과를 보여준 것이다. 이는 가시적으로 경영진과 종업원의 승리이며, 게임의 패자는 우선 노조와 정부로 나타난 것이다. 한마디로「Always More !」를 부르짖는 전통적 노사관계 게임이 도태되면서, 종업원 집단이 중심이 된「For Our Own Survival !」이란 혁신적 기업생존 게임이 강하게 부각되었다는 것이다.

3. 합리성과 민주성의 결합효과

AF의 새로운 경영혁신 사례는 '민주적' 접근방식이라는 특성을 보이고 있으나, 경영혁신의 내용이나 AF 재건이라는 비전 및 조직풍토가 변화된 것은 절대 아니다. 단지 변화가 있다면, 혁신을 추진하는 단계 또는 순서가 바뀌었으며, 경영혁신의 정당성을 확보하는 방법(게임방식)이 「노사간 2자 관계」로부터 종업원 집단을 우선으로 하는「勞 · 使 · 政 · 從 이라는 4자 게임의 방식」을 택했던 것이다.

그러므로 전임 아딸리 회장 시절에 마련된 '합리적' 경영혁신안을 그대로 전수 받으면서, 경영혁신의 추진방법을 톱-다운 대신 '종업원 표결' 이라는 '민주적' 방식으로 전환하면서 강력한 혁신 추진력을 확보하였던 것이다.

결론적으로 AF는 경영혁신이라는 새로운 이슈(crisis)가 만들어낸 복잡한 조직갈등을 합리적으로 수립된 경영혁신안은 그대로 유지하면서, 갈등관리의 주체집단을 변경함으로써 민주적 정당성을 확립과 함께 더욱 강력한 추진력을 갖게 된 것이다.

이와 같은 경영혁신 운동이 장기적으로도 성공할지 여부는 미정이나, 일단 관습적인 2자 관계식 협상방식을 탈피하면서 혁신내용의 합리성과 혁신방법의 민주성을 조화시킨 성공적 작품으로 평가할 수 있다.

III. 게임의 주체 및 역할의 변화

1. 게임이론의 적용

아당과 레이노의 저서 〈작업조직의 갈등과 조직사회적 변혁〉(Conflits du Travail et Changement Sociaux)에서 조직갈등 관리게임에 관한 이론을 자세히 분석하고 있다. 이론의 요지는 갈등이나 협상의 장에 있어서 의사결정의 주체들은 서로 상대방이 어떤 결정을 할 것인가를 기대하면서 자신들의 방식에 입각한 합리적 논리에 의거하여 의사결정을 하게 된다는 것이다(Adam & Reynaud, 1978).

그러나 게임이론은 조직사회적 갈등에서는 전혀 검증될 수 없는 몇몇 가정을 전제로 한 제한적 접근방법을 보여주고 있다(박기찬, 1993b).

실제로 조직갈등 현상에서는 정보가 불완전하게 주어지며, 주체집단들에게 불균형적으로 주어진다는 문제가 항상 내재되게 마련이다. 이 때문에 사이몬의 「제한된 합리성」(Wick & Leôn, 1993), 크로지에의 「제한된 정당성」(Crozier, 1977) 등과 같은 의사결정의 한계현상이 표출되는 것이다(박기찬, 1993b).

이와 같은 현행 2자 내지 3자 게임이 갖고 있는 한계를 파악한 AF의 블랑 회장은 종업원을 대상으로 총투표를 실시하기 전에 여러 차례 '회장 메시지(사보 또는 홍보물에 게재)'를 통하여 종업원들의 경영혁신에 대한 이해도 증진에 주력했던 것이다.

즉 종업원 집단을 가장 중요한 노사게임의 주체로 강조시킴으로써, 2자 관계식 노사관계의 한계를 극복함과 동시에, '머리' 보다는 '가슴' 에 호소하는 '민주적' 경영혁신을 추진하려 한 것이다.

또한 어느 주체집단이든 자신과 관련한 문제에 대한 의사결정에는 합리성이 결여될 수 있다는 논지를 증명이나 하듯이, 노조집단은 즉각적인 이득만 보려할 뿐 회사의 앞날을 바라보는 장기적 효과를 기대하지 않고 있었다. 실제로 기업에서 이루어지는 모든 의사결정은 서로 얽혀 있는 조직적 산물이지, 어느 한 주체의 합리성에 의한 것이 아니다(Allison, 1971). 바로 이 점에 있어서 게임이론은 증명될 수 없는 가설들을, 주어진 전제조건으로 분석하려 한다는 한계성을 갖고 있는 것이다.

한편, 조직 내에서 이루어지는 게임을 체계적으로 분석하기 위해서는 주어진 게임의 조건 즉, 「게임의 룰」이 안정적이어야 한다. 그러나 조직사회의 문제나 조직갈등과 관련된 게임의 룰은 끊임없이 변화하며, 하나의 결과와 현상이 다음의 게임 룰에 직접 영향을 주게 되는 것이 바로 '사회적 현상(social fact)' 이라는 것이다(Crozier, 1977).

때로는 제약이나 전제조건으로 주어지는 게임의 룰 그 자체가 새로운 게임활동이 되기도 한다. 즉 게임의 목적은 룰을 변화시켜서 자기에게 보다 유리하도록 하려는 게임활동이 나타나게 된다는 것이다. 이는 바로 「meta-game」의 일종으로서, 게임의 룰이 변화하지 않을 경우의 「fixed-game」보다 훨씬 다양한 현상을 유발시키게 된다.

물론 조직갈등을 흑백논리로 정의할 수는 없다. 사실 완전한 fixed-game이라든지 완전한 sliding-game 또는 meta-game은 존재하지 않으며, 결국 모든 게임은 이들 형태가 뒤섞인 상태로 표출된다고 보아야 할 것이다. 그러므로 노사갈등, 상하갈등, 부서간 갈등 등에서 표출되는 게임을 단순한 룰에만 입각하여 분석하는 것도 잘못이며, 그렇다고 무조건 '룰'을 무시하고 변화하는 상태의 조건별로 고려하는 분석도 잘못된 연구가 된다는 것이다.

결국 조직갈등에 대한 연구는 두 가지를 동시에 고려하되, 갈등발생의 초기부터 말기까지 변화에 큰 영향을 미치게 되는 최고경영자(상사)의 리더십 스타일 및 성격에 대한 분석을 동시에 해야 할 것이다.

2. 전통적 「tri-partism」 하의 갈등게임

AF의 조직갈등이 발생하게 된 것은 전임 아딸리 회장과 정부 및 노동조합간의 3자 게임에서 연유되었다. 갈등발생의 초기에는 앞에서 언급한 fixed-game과 sliding-game이 혼재되어 표출되었다. 즉 경영혁신을 추진하기 위하여 아딸리 회장은 노조와 전통적인 협상과 갈등이라는 fixed-game을 하였으며, 보쏭 장관은 아딸리 회장 및 노동조합과 sliding-game을 시도하였던 것이다.

실제로 회사측의 아딸리 회장과 노조측에서는 노사협상게임의 룰을 변화시키지 않는 전략을 펼쳤다. 즉 아딸리 회장은 AF의 본질적이고 구조적인 경영구조혁신을 내세웠으며, 이에 대응하여 노조는 즉각 부분파업에 돌입한 것이다. 다시 경영진에서는 경영혁신에 동반하는 '사회복지

정책안'을 제시하였으나 이번에는 아딸리 회장이 거부하였고, 그 결과 노조는 총파업을 선언하였다. 2자간의 「노사게임」방식으로 전통적인 핑퐁활동이 계속되면서 노조는 외부의 개입 없이 아딸리 회장의 경영구조혁신안을 사사건건 반대한 것이다.

한편 보쏭 장관은 아딸리 회장과는 정반대의 전략으로서, 노사간에 합의를 보지 못한 이슈에 대하여 직접적인 개입을 시도하였다. 우선 1993년 10월 중순에 아딸리 회장이 종업원 해고정책을 표명하자마자 해고인원의 상한선을 제시하도록 요구하면서, 일단 해고의 타당성에 대해서는 인정하는 태도를 보였다. 그리고 며칠 후에는 보쏭 장관이 직접 노조대표와의 협상을 시도하였으며, 곧이어 아딸리 회장의 직원해고안이 철회되었다. 「3자 게임」을 유도하면서 정부측의 보쏭 장관이 회사측의 아딸리 회장 대신 협상에 직접 임함으로써 '게임의 룰'을 변화시키려 한 것이다. 즉 보쏭 장관은 게임의 룰을 2자 게임에서 3자 관계식으로 전환하여 'sliding-game'으로 갈등관계를 풀려한 것이다.

일반적으로 2자 관계 방식의 fixed-game보다도 3자 관계 이상의 sliding-game을 사용하는 것이 '인위적 술책'을 마련하는 데 있어서 유리하지만(Morin,1982), 보쏭 장관의 개입은 오히려 상황을 악화시키는 결과만 초래하였다.

즉 'fixed-game'을 'sliding-game'으로 유도시킨 주체의 게임관리 능력이 부족할 경우에는 상황만 복잡하게 악화시킬 뿐, fixed-game에서 표출된 갈등을 치유할 수 없게 된다는 점을 보게 된 것이다.

바로 이와 같은 현상이 무조건 노사간의 2자 게임을 「노·사·정간의 3자 게임(tripartism)」으로 바꾸었다고 해서 조직갈등이 치유되는 것은 아니라는 점을 보여주는 것이며, 오히려 전통적인 노사관계에서 흔히 나타났던 노·사·정간의 해결되지 않는 복잡성만 유발시킨 대표적 사례라 할 수 있다.[4]

---

[4] 즉 전통적 노사관계에서 이미 노·사·정간의 tripartism이 형성되어 왔으나, 이를 기업 내 노사관계로서의 2자 게임과 정부의 개입이 포함된 3자 게임으로 구분하여 해석해왔을 뿐이다. 또한 기존 게임의 룰을 변화시킬 경우에는 당연히 또다른 게임이 형성되어, 보다 복잡한 현상이 나타나며, 게임을 관리할 능력이 없을 경우에는 오히려 과거의 조직갈등과 새로 형성된 조직갈등을 모두 해결해야 하는 부담만 커지게 된다. 경영혁신이라는 새로운 게임에 있어서도 새로운 룰을 제시하고 추진하는 주체의 능력이 부족할 경우에는, 마찬가지로 과거의 조직갈등과 새로 형성되는 조직갈등을 동시에 안게 된다.

3. 새로운 「Quatre-partism」의 태동과 그 성과

심각한 경영난국에 즈음하여 AF의 구조개혁을 부르짖은 아딸리 회장의 합리적 경영혁신 (rational management innovation)과 2자 관계식(bipolarism)의 노사협상 및 보쏭 장관의 3자 관계식(tripartism) 갈등관리전략은 결국 모두 실패와 혼돈만 남기고, 게임의 주체(당사자들) 역시 향후 게임에서 사라지는 결과만 보여준 것이 지금까지 분석한 내용이다.

신임 블랑 회장 역시 부임 초기에는 'fixed-game' 방식을 그대로 사용하였다. 그러나 노조의 반발과 총파업의 연장을 바라보면서, 새로운 경영혁신정책을 구상하여 1993년 12월에 제시하였 다. 즉 정부의 지원 하에 블랑 회장은 노조에 대해 위세를 보이는 전략으로, "금번의 혁신안 제의 가 마지막 기회이다"라는 점을 내세우면서 모든 노조들이 이에 서명하도록 요청하였다. 그러나 14개의 AF 노조 중에서 단지 6개 노조만 이에 동조하였을 뿐 나머지 8개 노조의 동의는 구하지 못하는 첫 번째 걸림돌에 직면하게 되었다.

블랑 회장의 이와 같은 방식은 역시 전통적인 노사협상 방식의 연장으로, 당연히 파업의 강도 만 높이는 결과를 낳게 되었던 것이다. 바로 이 시점에 직면하였을 때, 블랑 회장의 독창적인 갈 등게임 관리방식이 출현되었다. 즉 "만일 자신이 제시한 경영혁신정책이 소기의 목적을 달성하 지 못할 경우에는 스스로 물러나겠다"는 각오를 표명하면서, 노동조합을 경유하지 않고 직접 종 업원 집단을 대상으로 경영혁신 신임투표를 하도록 제의한 것이다.

이는 기존의 게임 룰을 완전히 뒤바꾸는 것으로서, 'fixed-game' 방식이 'sliding-game'으로 전환되었다는 것이다. 나아가서는 종업원 81%의 참여에 86% 찬성이라는 확실한 지지 결과까지 얻게 되자, 블랑 회장은 노조와 대립하는 2자 또는 3자 게임을 할 필요도 없이 자신이 제의한 경 영혁신정책을 강력하게 추진할 수 있는 정당성과 추진력을 동시에 확보하는 완전히 「새로운 게 임」에 돌입할 수 있었다.

물론 여기에는 정부의 배후 호응과 노조의 동조적 포기가 있었으나, 4자 게임으로 확대하면서 진정한 협상의 주체와 정당성의 원천을 경영자와 종업원 집단에 둔 블랑 회장의 sliding-game은 엄청난 효과를 거두게 된 것이다.

그러나 '게임의 룰'을 성공적으로 변화시켜 경영혁신의 정당성과 추진력을 동시에 확보하기 는 하였으나, 「경영혁신 게임」에서는 실제로 그 성과를 입증해주는 실천전략이 요구되게 마련 이다. 특히 경영혁신의 세부사항별로는 AF 내 부서별 · 팀별, 그리고 내부고객으로서의 종업원들이 적극 동참하여 추진하는 「조직문화적 응집력」이 나타나야만 성공을 바라볼 수 있는 것이다.

그럼에도 불구하고 많은 나라의 대부분의 기업들이 국제 경쟁과 개방시대에 직면하여 경영혁신을 부르짖고 있으나, '민주적 합의성과 이해'를 구하지 못하여, 일시적인 그리고 명목적인 경영혁신운동에 그치고 있는 실정(Hammer & Champy, 1993)을 볼 수 있다. 그러므로 우선 「4자 게임방식」으로 정당성과 추진력을 동시에 확보함으로써, 「전통적 노사대립」이라는 조직갈등을 극복한 AF의 민주적 경영혁신 방법은 노사관계를 연구하는 연구자 및 경영혁신을 주도하는 경영자들 모두에게 시사점을 던져준다 할 것이다.

Ⅳ. 결론 및 시사점

'경영권'에 입각한 사용자측과 '노동권'을 주장하는 노조측간의 노사관계는 기본적으로 「합리적 경영」과 「민주적 참여」라는 또다른 상동어로 표현할 수 있듯이, "상호대립 속에서 협상을 통한 조화를 도모해야 한다"는 것이 전통적 관점에서 바라보는 노사관계관리라고 할 수 있다(김수곤, 1992).

그러나 이와 같은 관점은 「노사게임의 룰」이 항상 '합리성 대 민주성', 또는 '경영권 대 노동권'이라는 양립적 상태에 고착되어 있다는 'fixed-game'을 전제로 한 것이기 때문에 기업의 합리적 경영혁신 활동에도 제약을 주며, 노조의 민주적 참여활동에도 제약을 주게 되었던 것이다. 이는 한마디로 협상의 주체들이 고착화켜둔 '제약의 틀' 속에서 나름대로 운신의 폭을 넓히려는 '죽기 아니면 살기' 식의 대립적 투쟁밖에 되지 않았다는 것이다.

그러므로 「기존 게임의 룰」을 변화시킬 수 있는 meta-game, 또는 sliding-game을 통하여 전통적 노사관계게임이 지니고 있는 제약의 틀부터 깨는 작업이 노사관계의 재정립뿐만 아니라 이를 기반으로 한 새로운 경영혁신의 추진력 강화에 큰 기여를 할 수 있다는 점을 본 사례분석을 통하여 강조할 수 있다.

군사정부가 막을 내린 이후에도 「경영혁신의 정당성」과 「노동운동의 민주성」을 상호 균형적으로 확립하지 못하고 있는 우리 나라의 노사주체 집단은 아직도 'meta-game'을 아예 고려하지도 않는 것으로도 해석할 수 있다. 그러나 경영혁신을 통한 우리 나라 기업의 국제경쟁력 향상이 요구된다면 기존 게임의 룰 안에서 권력투쟁에 입각한 조직갈등만 유발시키는 전통적 노사관계는 반드시 변화되어야 하며, 또한 조직갈등관리의 정당성 및 기업경영혁신의 정당성은 노동조합이 아닌 종업원 집단에 있다는 점을 본 연구를 통하여 강조할 수 있다.

그러므로 종업원 집단의 직접참여에 의한, 그리고 2자 게임이나 3자 게임이 아닌, 「4자 게임」이란 보다 복잡성이 강화된 '노사게임' 을 통하여, 과거부터 경직화된 우리의 노사게임을 「meta-game」으로 승화시키기 위해서는 물론 '게임의 룰' 을 변화시키려는 주체집단의 개혁의지와 협상능력부터 강화되어야 할 것이다.

[사례 1] 질문사항

1. 기업 경영혁신을 위한 방법이 국영기업과 민간기업에 있어서 달리 형성될 수 밖에 없는 이유를 AF사 사례를 통하여 밝혀보시오

2. 블랑 회장과 아딸리 회장의 경영관(가치관)을 비교해보시오.

3. 노사관계에 있어서 2자 게임, 3자 게임 및 4자 게임간의 특성을 비교하고, 종업원집단의 직접적 참여활동이 중시되는 이유를 설명하시오.

4. 기업주도의 합리적 경영혁신 활동과 노동조합의 민주적 참여활동간의 조화방안에 관하여 논하시오.

5. 노사관계에 있어서 정부의 개입문제를 어떻게 해석해야 할 것인가? 개입의 정당성에 대한 논지를 중심으로 설명해보시오.

6. 위기상황하에서 경영자의 역할 중 가장 중시되어야 할 사항은 무엇이라고 보는가?

7. 구성원들의 새로운 변화(경영혁신, 성력화, 구조조정, 연봉제 도입 등)에 대한 저항은 어떻게 관리해야 하는가?

[사례 1] 참고자료

김수곤(1992), 한국노사관계론(경문사).

박기찬(1993a), "전략적인적자원개발에 관한 이론적고찰," 인사관리연구, 제17집, pp 83-85.

박기찬(1993b), 조직정치론(경문사).

윤은기(1993), 時테크 성공학(UCG).

이학종(1993), 한국의 기업문화(박영사).

Adam, G. & Reynaud, J. D. (1978), Conflits du travail et changement social (Paris : PUF).

Air France, Annual Report (1985-1993).

Allison, G. T. (1971), Essence of Decision, (Boston : Little Brown and Company)

Crozier, M. (1977), L' acteur et le système, (Ed. du Seuil).

Davenport, T. H. (1993), Process Innovation (Boston : HBS Press)

Dupuy, F. (1994), "Entretiens d' Air France," (Fontainebleau, INSEAD).

Hammer, M. & Champy, J. (1993), Reengineering the Corporation (Harper Business).

Peters, T. & Waterman, R. H. (1982), In Search of Excellence (Harper and Row Pub.).

Peters, T. (1991), Thriving on Chaos (New York : Harper Collins Pub.)

Peters, T. (1992), Liberation Management (New York : Knopf)

The Economist(1993-1994).

Trépo, G. (1994), "Conflits d' Air France," (Paris : HEC).

Wick, C. & León, L. S. (1993), The Learning Edge, (McGraw-Hill).

사례 2 노동조합의 역할 :

신인사정책과 노동조합의 대종업원 대표성

I. 과연 노동조합은 종업원 집단의 뜻을 대표해주고 있는가 ?

1. 문제의 제기

기업 조직 내 주체간의 집단관계는 "주체집단을 어떻게 구분할 것인가?", 그리고 "집단 관계 상 어떤 이슈를 다룰 것인가?"에 따라 다양하게 분석될 수 있다. 특히 주로 집단행동의 문제를 다루는 노사관계 분야는 '산업적 관계(industrial relations)'를 의미하면서 산업화가 직업사회 에 미치는 문제를 주로 다루고 있으나, 흔히 '직업적 관계(professional relations)' 및 '사회적 관계(social relations)'라는 의미로도 연구되고 있다.

또한 프랑스를 비롯한 유럽지역에서는 행동과학자들을 중심으로 진행되어온 '조직적 관계 (organizational relations)'와는 구분된 영역이 되도록 의도적으로 노력해온 측면도 배제할 수 없다.[5]

노사관계의 영역과 행동과학의 영역을 의도적으로 구분하는 경향은 미국에서도 마찬가지로

---

[5] D. Weiss, Relation Industrielles, 2nd Edition, Editions Serey, 1980

나타나고 있다. 즉 집단행동은 구성원들의 개별적 관심(self-interest)과는 관계없이 표출된다는 가정 하에 노사문제가 연구되어 왔으며, 개인의 행동이 이기주의를 배제하고 이타주의적으로 나타날 때에만 집단적 행동과 집단의 목표가 정립된다는 올슨(M. Olson)[6]의 학문적 정의도 있다(Olson, 1977).

바로 이와 같은 연구자들의 관점은 실제로 나타나는 집단행동의 이기적 형태, 즉 '집단 이기주의' 와 같은, 구성원들의 이타주의가 거의 배제된 집단행동이라든지, 종업원 집단의 주장과는 무관하게 노동조합이 제도적 집단행동권을 사용한다든지 하는 「집단행동 방식의 피그말리온 현상(Pygmalion effect)」을 설명해주지는 못하고 있다.

본 연구에서는 조직의 주체집단을 노동조합(Union)과 종업원 집단(Employee)으로 구분하고, 종업원 집단을 다시 상급관리자집단(Hierarchy)과 하급노동자 집단(Base)으로 구분하여, 이들 집단별로 '신인사제도의 도입' 이라는 새로운 집단적 이슈에 대한 의견과 반응이 어떻게 표출되고, 과연 노동조합은 하급 종업원의 집단의사를 대변하는지, 아니면 단순히 그들만의 집단적 「Self-fulfilling Prophecy」만을 강조하고 있는지에 대한 분석과 함께, '종업원집단의 직접 참여에 의한 경영혁신' 의 가능성을 예측해보고자 한다.

노동조합이 하나의 대표자 집단이라는 제도적 기관(institution)으로 정립되면, 노조의 집단행동방식은 실제로 종업원집단의 집단욕구와 무관하게 노조라는 기관의 세력(institutional power) 확장을 위한 방향으로 전개될 수 있다.[7]

본 연구는 이러한 "노동조합의 집단의사와 종업원 집단의 집단의사간에 과도한 괴리가 발생할 경우에도 과연 노동조합이 종업원집단의 대표성을 계속 유지할 수 있는가?"에 대한 것이다. 우선 노동조합의 세력이 강하게 표출되고 있는 업체를 대상으로, 첫째, "과연 노동조합과 종업원 집단간에는 어느 정도의 집단 괴리가 발생하고 있는가"를 살펴보고, 둘째, 이 결과를 통하여 「노동조합의 대표성」여부에 관하여 분석하였다.

---

6)   M.Olson, The Logic of Collective Action : Public Goods and the Theory of Groups, Harvard University Press, 1977

7)   Peretti, J.M. Resources Humaine, Vuibert, Paris, 1992, pp334-337.
이에 대한 논지는 레이노(1977)와 아당(1981)의 연구에서도 주된 이슈로 다루어져왔으며, 조합원의 숫자에 관계없이 노동조합의 강령이나 주장이 표출된다는 것으로 요약됨. Park(1987)의 연구 결과에서는 경영혁신을 추진하는 기업에 있어서는 오히려 조합원의 숫자가 적은 노동조합이 보다 강한 강령을 제시한다는 점을 보여주고 있음(Park, 1987, HEC Paris).

2. 연구의 내용 및 관점

1) 연구의 내용

집단의 욕구란 매슬로우(A. H. Maslow)가 제시한 개인의 욕구 5단계설에서처럼 명확한 욕구 수준이나 내용 구분이 이루어지기가 오히려 어려울 수도 있다. 이는 이미 융(Jung)의 집단심리 이론이나 상솔리오(R. Sansaulieu)의 조직사회이론 및 크로지에(Crozier)와 프리드베르그(E. Friedberg)등의 연구에서도 명확히 밝혀지고 있다(Crozier & Friedberg, 1977).

결국 "집단행동에 관한 연구에 있어서도 행동과학자들의 연구에 영향을 받은 개별의견의 합이나 대표값이 집단의사를 대변한다"는 논지에 입각한 연구들이 많이 있지만, 실제로 집단자체의 특성은 때로는 규범론적 접근법(Normative Approach), 그리고 때로는 상대론적 접근법(Relativism)을 활용하는 종합적 접근방법을 개발하여 연구해야 한다는 비판을 가할 수 있다.[8]

특히 조직구성원의 집단행동에 대한 이론은 레빈(K. Lewin) 이후의 조직개발과 팀워크 향상을 위한 연구들[9]이 주종을 이루어왔으며, 집단행동을 통한 집단 대표성의 정립문제는 주로 노사관계의 문제로 다루어지면서, 노사간의 대립과 협조, 노사 민주화, 종업원 집단의 참여제도 확대, '이념적 노조'의 '경제적 노조화' 등과 같은 「**노동조합의 대표성**」을 유일한 집단행동의 원천으로 한 노사관계의 발전을 도모해왔다는 것이다.

그러나 「**집단행동의 논리**(Logics of collective action)」는 소속집단의 성격과 환경에 의하여 얼마든지 내용과 수준이 달리 나타날 수 있으며, 노동조합의 논지도 노동조합이 처해진 환경과 발생의 터전에 따라 얼마든지 종업원 집단의 주장과는 다른 강령을 제시할 수 있는 것이다(Reynaud,1979).

본 연구에서는 이와 같은 노동조합과 종업원 집단간의 집단의사 차이를 분석함과 동시에, "과연 우리 나라의 기업환경 하에서 노동조합의 이질적 집단의사를 어떻게 해석해야 하며, 과연 종업원 집단의 의사와 완전히 다른 의견을 표명하는 노동조합도 그 대표성이 유지되어야 하는지,

---

[8] Crozier M. & Friedberg E., L' Acteur et le Système, Paris, Seuil, 1979.

[9] 30년대 말부터 발전된 행동 과학자들의 논지는 개별 행동 방식에 대한 종합적 고찰에 있었으며, 집단역학(Group Dynamics), Sociometry, Tavistock학파 등의 집단행동연구론자들 역시 궁극적인 목적을 기업조직에 바람직한 종업원의 활동상 정립 및 조직유효성(Organizational Effectiveness)증대에 둔 합리성(Rationality)제고 방안에 있었다(참고: 조직행동, 오세철, 1981)

그리고 대표성의 재회복을 위한 방안 또는 대표성의 타 집단에의 이전은 가능한가"에 대한 논의
를 제시하였다.

2) 연구의 관점

기업 조직 내의 집단은 여러가지 방식으로 구분될 수 있다. 우선은 조직의 공식도에 입각한
'공식적 집단', 즉 각 부서나 팀별 집단구분이 가능하며, '비공식 집단'의 구분도 가능하다. 그러
나 이와 같은 공식-비공식 조직구조 및 집단의 구분은 1930년대 인간관계론자들의 연구 이후 지
속되어온 조직구성원들의 양면적 성격, 즉「공식적 권한(formal authority)」과「실질적 영향력
(real power)」간의 차이(gap)를 분석하는 데 유용하게 적용되었었다.

그러나 이들 모든 방식이 적용된 하나의 종합 게임체로서 조직의 집단을 구분할 경우에는 성
과산출의 목적으로 형성된 '공식적 관리계층집단(Hierarchy System)'과 이들의 활동을 견제하
면서 '종업원 집단의 이익을 대변하는 노동조합(Union System)', 그리고 갈수록 노동조합과 이
질적인 성향이 부각되면서 '직접적인 참여활동을 내세우는 종업원 집단(Participative System)'
으로 구분하는 것이 가능하다. 이는 특히 노사관계의 집단적 특성을 고려한다면 매우 유용한 주
체집단의 구분방식이 될 수 있다.[10]

조직 내부의 주체집단별 집단행동의 '정당성(legitimacy)'과 '합리성(rationality)' 및 '민주
성(democracy)'에 대한 이론적 고찰을 통하여 보면, 마치 맥클리랜드(D. C. McClelland)의 욕구
구분에서와 같이, 집단행동의 '정당성'과 '합리성' 및 '민주성'은 엄격히 구분되는 것이 아니라,
혼합적이되 '강도의 수준'이 다르다는 점을 지적할 수 있다(Crozier & Friedberg, 1979).

본 연구에서는 주체집단별 대표성격을 상기 [표 1]에서와 같이 분류하고, 이들의 실제 특성을
연구결과로 확인해보고자 하였다. 특히 노동조합의 집단행동이 어느 정도의 정당성과 민주성,
그리고 합리성을 갖추고 있는지에 관하여 연구의 초점을 두고 이를 검증해보고자 한다.

---

10) 　이러한 관점은 실제로 1994년 프랑스의 Loi Auroux라는 법으로 제정 되었으며, 여기에서는 종업원 집단을 제3의 세력, 즉 제1의
세력을 Hierarchy, 제2의 세력을 Union,그리고 제3의 세력을 Employees로 규정하였다.(참고: K. C. PARK, La Création d'une
Micro-Culture Mobilisatrice dans l'Entreprise Française, HEC Paris, 1987)

〔표 1〕 조직 내 주체집단의 구분 및 집단의 특성

집단의 특성 \ 집단의 구분	Hegel식 집단특성	대표적 특성 1	대표적 성격 2
HIERARCHY 집단	Power 집단	Rationality 추구	성과지향적 집단
UNION 집단	Anti-Power 집단	Democracy 추구	분배지향적 집단
EMPLOYEE 집단	Third-Power 집단	Legitimacy 추구	참여지향적 집단

3) 연구의 방법

자료의 수집은 대상업체에 대한 설문조사를 통하여 종업원 집단과 노동조합간의 집단괴리현상을 분석하고, 이를 통하여 새로운 제도변화(신인사제도 도입을 중심으로)에 직면한 양 집단간의 대표성 여부를 분석하고자 하였다.

'신인사제도' 라는 새로운 인사제도 및 관리방식의 개선안에 대한 종업원 집단과 노동조합의 의견 차(gap)를 분석함으로써, 신인사제도의 '대종업원 수용도' 분석 및 '노동조합의 대표성' 을 분석하는 데 초점을 둠으로써, 현실적으로 우리 나라 기업조직이 안고 있는 능력위주의 인사제도 도입에 대한 「주체집단별 의견 차이에 대한 분석」과 함께 의견차이의 수준분석을 통하여 「주체집단별 대표성 여부」를 규명해보도록 하였다.

이를 위하여 신인사제도 도입에 대한 설문 항목별로 주체집단(노동조합, 종업원 집단 및 관리자 집단)간의 의견 차이를 chi-square 및 ANOVA로 분석하였으며, 총 1,455명에 대한 설문 중에서 'Hierarchy' 를 대변하는 관리자 집단이 233명, 'Employee' 층을 대변하는 일반 종업원이 1,138명, 그리고 'Union' 을 대표하는 대의원이 50명으로 구분되었다. 척도기준은 Likert 5점 척도와 빈도분석으로 하였다.

즉 「노동조합의 존재」에 대한 정당성은 종업원(특히 노조 가입자)들의 지지에 있는 만큼, 만일 노조와 종업원 집단간의 의견 차가 극심할 경우에는 노조의 행동방식변화 및 종업원 집단의 직접적인 참여(직장협의회)방식이 요구된다는 점을 사전적 결과(rationality apriori)로 제시하는 연구로서, 본 연구의 결과는 우리 나라 기업에 있어서둔 것이 「노동조합의 대종업원 대표성 여부」를 분석함으로써, 향후 노동조합의 성격변화 및 직장협의회 등 종업원집단의 직접참여방식을 유도하는 데 그 초점을 둔 것이다.

II. 노동조합의 대표성 실태분석

신인사제도의 도입이라는 새로운 제도적 변화를 추구함에 있어서도 롤러 III세(E. E. Lawler III)의 지적처럼 신제도의 '합리성' 뿐만 아니라, 신제도의 '수용성' 이 높게 나타나야만 성공적인 운영을 기대할 수 있다. [11]

본 연구의 대상이 되는 회사는 중공업 분야에 강한 노조가 존재하며, 신인사제도뿐만 아니라 새로운 경영혁신에 대해서도 이들 노조(실제로는 노조대의원 집단)의 반발로 최근 5년간 새로운 변화전략이 거의 적용되지 못하는 상태에 있었다.

앞의 에어 프랑스사를 대상으로 한 연구[12]에서도 종업원 집단의 욕구와 노조의 주장이 완전히 달리 표출되는 실례를 볼 수 있었으나, 우리 나라의 경우에는 선진 외국 실태 이상으로 **'종업원 집단과 노동조합간의 괴리'** 를 보인다는 문제 제기와 함께 다음 연구내용을 분석하도록 하였다. 주체집단은 노조대의원 집단, 하급종업원 집단 및 상급관리자 집단으로 구분 비교하였다.

〔표 2〕 주체집단의 사전적 행동방식 예측

설문의 주요 분석내용	관리자집단 (Rationality)	종업원집단 (Legitimacy)	대의원집단 (Democracy)	전체평균
1.현조직에 대한 만족도 (Satisfaction)	상	하	하	하
2.문제점에 대한 인식도 (Problems)	중	상	상	상
3.개선안에 대한 합의도 (Solutions)	상	하	하	하

본 연구는 상기 표에서처럼 집단별 예상되는 반응의 수준이 다르게 나타난다는 가정 하에 실증분석을 하였다.

---

[11] 김남현, 임금과 조직효과, 경문사, 1987 (E.E. Lawler III, Pay and Organizational Effectiveness)

[12] 박기찬, Quatrepartism Game에 의한 노사관계관리-프랑스 기업의 민주적 경영혁신 사례를 중심으로, 노사관계연구 제5권, 서울대학교 노사관계연구소, 1994. 12. 합리적 경영혁신만 주장했던 아딸리 에어프랑스 회장의 정책이 실패한 원인분석과 후임 블랑 회장의 민주적 경영혁신방식의 성공원인에 대한 연구로서, 노조와의 게임보다 정당성의 원천인 종업원 집단과의 직접적인 게임이 더욱 효과적이라는 실례임.

가설 1) 회사생활에 대한 만족도 수준은 종업원 집단과 노조대의원 집단에서 낮게 나타날 것이다.

가설 2) 현행문제에 대한 인식도 수준은 종업원 집단과 노조대의원 집단에서 높게 나타날 것이다.

가설 3) 개선방안에 대한 합의도 수준은 종업원 집단과 노조대의원 집단에서 낮게 나타날 것이다.

가설 4) 종업원 집단의 전반적인 반응은 관리자 집단보다 노조대의원 집단의 반응과 유사하게 나타날 것이다.

이들에 대한 검증을 통하여 종합적으로 살펴보는 것은 "과연 종업원 집단의 반응이 관리자 집단 또는 대의원 집단 중 어느 집단에 더 가까운 모습인가?" 하는 데 있다.

1. 주체집단별 현행체제에 대한 만족도 수준비교

1) 회사에 대한 애사심 및 전반적 만족도

조직에 대한 만족도는 전체평균 3.57로서 매우 높게 나타나고 있다. 이는 [가설 1]을 기각하는 결과로서, 내부적으로는 종업원 집단의 경우에도 관리자집단과 비슷한 수준의 높은 만족도를 보이면서 노조대의원 집단과는 완전히 다른 반응을 보여주고 있다.

즉 회사에 대한 만족도는 관리자 집단과 종업원 집단에 있어서 매우 높은 만족도를 보이면서 대의원집단은 이와 다른 이질성이 부각되어 나타나고 있다는 것이다.

분석내용	관리자집단 (Rationality)	종업원집단 (Legitimacy)	대의원집단 (Democracy)	전체평균
1.현조직에 대한 만족도(기대치)	상	하	하	하
1)회사생활에 대한 만족도(실제치)	3.74상	3.56상	2.96상	3.57상

또한 모든 세부항목에 있어서도 집단별 유의한 차이를 보이면서 관리자 집단과 종업원 집단의 만족도가 유사하게 나타나고 있다.

	전체	관리자	종업원	대의원	F Ratio	F Prob
1.회사에 다니는 것을 자랑스럽게 생각한다	3.61	3.68	3.61	3.12	11.05	.000
2.회사는 나의 평생직장이다	3.55	3.59	3.57	2.92	11.89	.000
3.회사를 위해 개인적인 시간을 할애할 수 있다	3.38	3.75	3.33	2.78	35.01	.000
4.회사의 발전과 나의 발전은 밀접한 관계가 있다	3.72	3.93	3.71	3.02	25.60	.000

2) 현행 인사제도에 대한 만족도

기존의 인사제도에 대해서는 모든 집단들이 불만을 표출하고 있으며, 노조대의원 집단과 종업원집단에서만 만족도가 낮을 것이라는 [가설 1]을 기각시키고 있다. 특히 현행 인사제도에 대해서는 관리자 집단에 있어서도 불만도가 강하게 나타나고 있다.

한편 모든 집단이 불만족을 표출하고 있으나, 불만족의 수준은 관리자 집단과 종업원 집단에 있어서는 유사하게 나타나며, 노조대의원 집단은 유의한 차이를 보이면서 극도의 불만을 표출하고 있다.

분석내용	관리자집단 (Rationality)	종업원집단 (Legitimacy)	대의원집단 (Democracy)	전체평균
1.현조직에 대한 만족도 (기대치)	상	하	하	하
2)현행 인사제도에 대한 만족도 (실제치)	3.72하	2.64하	2.08하	2.69하

인사관리상의 모든 제도와 제반 활동에 있어서도 유의한 집단간 차이를 보여주고 있다. 특히 노조대의원 집단은 임금제도와 휴일근무제에 있어서 관리자 집단 및 종업원 집단과는 완전히 차이가 나는 불안을 표출하고 있다.

	전체	관리자	종업원	대의원	F Ratio	F Prob
6.현재의 인사평가제도에 만족하고 있다	2.47	2.47	2.49	2.12	3.99	.018
7.회사의 징계, 해고 등의 처분이 공정하다	2.67	2.88	2.65	2.08	19.49	.000
8.현재의 임금수준에 만족하고 있다	2.28	2.17	2.29	1.00	84.87	.000
9.현재의 급여체계에 만족하고 있다	2.30	2.48	2.31	1.52	34.23	.000
10.현재의 직종 및 부서이동에 만족하고 있다	2.74	2.69	2.77	2.30	5.99	.003
11.현재의 교육훈련제도에 만족하고 있다	2.68	2.50	2.73	2.24	13.83	.000
12.현재의 교육훈련은 업무수행에 도움이 된다	2.77	2.75	2.81	2.06	17.07	.000
13.교육대상자 선정이 공정하다	2.58	2.71	2.60	1.84	22.12	.000
14.현재의 연공서열식 승진제도에 만족하고 있다	2.69	2.55	2.72	2.62	3.52	.030
26.전반적인 복리후생 수준에 만족하고 있다	2.82	2.81	2.84	2.26	11.87	.000
27.고충처리가 잘 이루어지고 있다	2.43	2.59	2.42	1.94	15.10	.000
29.현재 내가 속해 있는 직급에 만족하고 있다	2.89	2.86	2.91	2.54	3.64	.027
30.현재의 근무제(교대, 상주)에 만족하고 있다	3.09	3.30	3.09	2.50	12.24	.000
31.현재의 휴일 근무에 만족하고 있다	2.13	2.93	2.03	1.27	91.60	.000
32.현재의 근무시간에 만족하고 있다	2.99	3.21	2.98	2.32	16.74	.000
33.현재의 직급체계에 만족하고 있다	2.70	2.86	2.68	2.42	6.14	.002

3) 현행조직관리에 대한 만족도

현행 조직관리에 대한 만족도 역시 [가설 1]을 기각시키고 있다. 여기에서도 관리자 집단의 만족도 수준이 낮게 표출되고 있다. 종업원들의 전반적인 반응은 유의한 차이를 보이면서 대의원 집단과는 달리 나타나고 있으며, 관리자 집단의 반응수준과 유사하게 나타나고 있다.

분석내용	관리자집단 (Rationality)	종업원집단 (Legitimacy)	대의원집단 (Democracy)	전체평균
1.현조직에 대한 만족도 (기대치)	상	하	하	하
3)현행 조직관리에 대한 만족도 (실제치)	2.97중	2.78중	2.44하	2.86중

	전체	관리자	종업원	대의원	F Ratio	F Prob
16.현재 맡고 있는 직무에 만족하고 있다	3.24	3.11	2.28	3.10	3.98	.019
15.상사의 리더십(지휘통솔력)에 만족하고 있다	2.76	2.86	2.77	2.02	17.55	.000
17.내가 맡은 일은 우리 부서 내에서 중요한 일이다	3.83	3.79	3.84	3.92	.68	.511
18.상 하급자간의 업무협조가 원활히 이뤄지고 있다	3.12	3.37	3.09	2.46	23.88	.000
19.직종 부서간 업무협조가 원활히 이뤄지고 있다	2.86	2.88	2.88	2.30	12.32	.000
20.업무수행과 관련된 정보 획득이 용이하다	2.61	2.78	2.60	2.16	11.44	.000
21.맡은 일에서 능력발휘를 충분히 하고 있다	3.27	3.24	3.27	3.22	.22	.802
22.직속상사는 나의 업적이나 성과를 잘 인정해 준다	2.98	3.29	2.96	2.16	44.37	.000
23.업무 수행에 있어 재량권이 주어지고 있다	2.78	3.13	2.75	2.00	38.52	.000
24.동료들과의 인간관계가 좋다	3.59	3.64	3.58	3.60	.66	.518
25.상 하급자간의 인간관계가 좋다	3.26	3.46	3.25	2.62	24.19	.000
28.최근 반장/직장 임명결과가 공정하다	2.86	3.08	2.85	2.16	25.44	.000

세부적으로는 조직관리상 동료들과의 인간관계 및 자신이 맡고 있는 업무의 중요성, 그리고 업무수행상의 능력발휘에 있어서는 집단에 관계없이 모두 만족하고 있다.

이 일과 인간관계에 대한 만족도가 높다는 것으로서, 현행 업무관리방식 및 상하간 리더십의 변화가 별로 요구되지 않는다는 것으로 해석할 수 있다. 문제는 바로 이와 같은 업무와 인간관계의 「관행적 양호성」때문에 새로운 변화에 대한 욕구가 약하다는 데 있다.

기타 조직관리상 이슈에 대해서는 앞에서와 마찬가지로 종업원 집단의 반응이 노조대의원보다는 관리자 집단의 반응과 유사한 수준으로 표출되고 있다.

4) 조직만족도 종합

물론 본 연구는 만족도 자체에 대한 것이 아니라 주체집단별 반응의 유사성을 보기 위한 것이다. 이와 같은 관점에서 회사에 대한 만족도 수준을 종합적으로 살펴보면, 종업원 집단의 주장이 관리자 집단과 비슷하게 나타나며, 노조대의원 집단과는 완전히 다르다는 결과를 유의성 있게 보여주고 있다.

설문의 주요 분석 내용	관리자집단 (Rationality)	종업원집단 (Legitimacy)	대의원집단 (Democracy)	전체평균
1. 현조직에 대한 만족도 예상 (기대치)	상	하	하	하
1)회사생활에 대한 만족도 (실제치)	3.74	5.56	2.96	3.57
2)인사제도에 대한 만족도 (실제치)	2.72	2.64	2.08	2.69
3)조직관리에 대한 만족도 (실제치)	2.97	2.78	2.44	2.86
4)현조직에 대한 만족도 종합 (실제치)	중	중	하	중

2. 주체집단별 문제점에 대한 인식도

1) 회사의 최대 문제점

회사의 주요 문제점에 대한 인식도 차이에 있어서는 3개 주체집단간에 완전히 다른 모습을 보여주고 있다.

종업원 집단은 ① 중간관리자의 눈치만 보는 태도 ② 부서 이기주의 ③ 인사평가제도의 불공정성을 주장하고 있으며, 관리자 집단은 ① 회사의 장기적 비전 부재 ② 부서 이기주의 ③ 최고경영자의 경영스타일을, 그리고 노조대의원 집단은 ① 최고경영층의 경영스타일 ② 부서 이기주의 ③ 인사평가제도의 불공정성을 들고 있다.

즉 부서간 이기주의는 어느 집단에서나 공통적으로 강조하는 문제점으로 부각도고 있으며, 한편으로 관리자는 비전 부재를, 종업원은 중간관리자의 태도를 그리고 노조대의원은 경영층을 문제의 핵심으로 지적하는 "의존적 책임전가" 현상을 보여주고 있다.

그 결과적으로 첫째 중간관리자의 책임, 둘째 부서간 이기주의, 그리고 셋째 인사평가제도의 불공정성 문제가 조직의 최대문제로 제시되고 있다. 즉 관리자 집단이나 노조대의원 모두 종업원 집단의 '잠정한 집단욕구' 는 만족시키지 못하는(또는 문제를 보는 시각이 다른) 실태를 보여주고 있다는 것이다.

그러므로 종업원 집단과 노조대의원 집단의 문제 인지도가 유사하게(강하게) 나타날 것이라는 [가설 2]가 기각되면서 **'노조의 대표성'**에 문제가 있다는 점도 동시에 밝혀주고 있다.

단위 (%)	전체	관리자	종업원	대의원	x^2	significance
(1) 최고경영층의 경영 스타일	11.7	13.7	10.5	28.6		
(2) 부서 이기주의	16.6	19.4	15.8	20.4		
(3) 하향 평준화식의 작업방식	7.6	3.5	8.7	2.0		
(4) 인사평가제도의 불공정성	12.6	4.8	14.2	20.4		
(5) 불분명한 업무지시 관행	8.7	2.2	10.3	4.1		
(6) 때를 놓친 의사결정	.9	1.8	.8	.	254.53	.0000
(7) 정보시스템의 취약	4.5	9.3	3.7	.		
(8) 회사의 장기적 비전 부재	6.6	26.0	2.9	.		
(9) 중간관리자의 눈치, 태도	21.2	8.8	23.8	18.4		
(10) 무사안일주의 팽배	8.9	10.1	8.9	4.1		
(11) 기타	.4	.4	.4	2.0		

2) 인사평가제도상의 문제점

인사평가제도에 대한 집단별 의견도 유의한 차이를 보여준다.

종업원 집단은 ① 평가척도의 모호성 ② 나눠먹기식 평가 ③ 묵인하는 분위기, 관리자 집단은 ① 평가척도의 모호성 ② 묵인하는 분위기 ③ 나눠먹기식 평가를, 노조대의원 집단은 ① 평가척도의 모호성 ② 묵인하는 분위기 ③ 비공개평가를 들고 있다.

이는 평가척도의 모호성이 가장 큰 문제라는 공통적인 지적과 함께 종업원 집단과 관리자는 나눠먹기식이 아닌 공정평가를 주장하는 데 비하여, 노조대의원 집단은 고과의 공개를 주장하는 차별성을 보여주는 것이다.

본 문항 역시 [가설 2]를 기각시키면서, 고과제도에 대한 종업원 집단의 의견이 관리자 집단과 보다 유사하다는 점을 밝혀주고 있다.

단위 (%)	전체	관리자	종업원	대의원	x^2	significance
(1) 애매모호한 평가척도 (탁월, 우수, 보통 ....)	18.5	15.8	18.6	28.0		
(2) 부적합한 평가요소 (업무처리 능력, 책임감....)	8.7	5.7	9.4	6.0		
(3) 불합리한 평가요소별 배점 (가중치)	5.2	2.2	5.9	4.0		
(4) 점수를 후하게 주거나 중간점수로 주는 경향	6.3	5.3	6.4	8.0	91.96	.000
(5) 1, 2차 평가자의 역할 미분담	1.1	2.2	.8	2.0		
(6) 평가시기, 횟수 등 평가 운영상의 문제점	2.4	2.2	2.4	2.0		
(7) 승진대상자가 인사평가 성적을 후하게 받는다	3.8	9.6	2.8	.		
(8) 나눠먹기식 평가	9.3	12.7	9.0	2.0		
(9) 평가자 기분대로 평가하며, 또한 이를 묵인	11.3	8.8	11.7	16.0		
(10) 1, 2차 평가결과가 서로 차이가 많이 발생	.9	.9	.9	.		
(11) 평가결과가 급여, 교육훈련 등과는 무관	3.2	5.7	2.9	.		
(12) 평가를 하는 목적, 절차에 대한 이해 부족	2.6	2.2	2.8	.		
(13) 평가자 교육이 없다	2.1	2.2	2.0	2.0	91.96	.000
(14) 부하나 동료가 평가하는 절차가 없다	3.5	8.2	12.0	7.6		
(15) 인사평가 성적이 승진에 별로 반영되지 않는다	2.5	1.3	2.9	.		
(16) 인사평가요소에 부서의 특성 미반영	2.9	6.1	2.4	.		
(17) 부서의 실적이나 성과에 대한 평가 미흡	3.2	6.1	2.4	6.0		
(18) 평가 결과를 공개하지 않는다	7.4	5.7	7.5	12.0		
(19) 기타	1.1	1.8	1.0	.		

3) 승진제도상의 문제점

현행 승진제도에 대한 문제의식은 노조대의원 집단과 종업원 집단이 유사한 모습을 보여주고 있다. 즉 관리자 집단은 승진관리의 비일관성을 강조하는 데 비해 노조대의원 집단과 종업원 집단에서는 승진기준의 불합리성을 강하게 주장하고 있다. 한편 집단간의 차이는 유의하게 나타나고 있으며, 종업원 집단의 경우에는 승진제도에 대하여 다양한 문제점을 제시하고 있다. 이는 [가설 2]를 부분적으로 수용하는 결과가 된다.

단위 (%)	전체	관리자	종업원	대의원	x^2	significance
① 승진관리의 일관성 결여	19.2	37.2	15.8	14.3		
② 승진기회의 불공평성	24.9	16.6	26.4	28.6		
③ 승진 기준의 불합리성	31.4	25.6	32.1	42.9	74.19	.0000
④ 여러 직종간의 이해상충	23.0	20.6	24.2	8.2		
⑤ 기타	1.4	.	1.4	6.1		

4) 승진결정기준상의 문제점

　현행 승진결정기준에 대한 시각에 있어서는, 직급에 따라 다른 기준을 적용하는 데에서 연유된 차이도 있겠지만, 종업원 집단과 관리자 집단은 근속년수가 결정적인 역할을 한다고 보는 데 비하여, 노조대의원 집단은 상사와의 인간관계가 결정적이라는 점을 강조하고 있다.

　이 때문에 신인사제도의 도입을 보는 관점에 있어서도 노조에서는 상하관계의 부조리 배제가 우선되어야 한다는 주장을 하고 있으며, 종업원 및 관리자층에서는 근속년수 위주의 연공제부터 완화해야 한다는 이견을 보이고 있는 것이다.

단위 (%)	전체	관리자	종업원	대의원		significance
① 학연 지연 혈연	15.7	13.1	16.0	22.0		
② 연령	2.1	.	2.6	2.0		
③ 학력(전공)	12.5	5.7	13.8	14.0		
④ 자격증	.6	.	.8	.		
⑤ 업무 실적	6.9	10.0	6.4	4.0		
⑥ 근속년수	21.1	25.8	20.2	18.0	61.401	.0000
⑦ 현재의 근무부서나 보직	6.1	10.5	5.4	2.0		
⑧ 상사와의 인간관계	15.1	15.3	14.3	32.0		
⑨ 근무수행능력 및 지식	13.2	13.5	13.6	4.0		
⑩ 근무태도	2.9	4.8	2.6	.		
⑪ 부서 직종 경력	3.4	.9	3.9	2.0		
⑫ 기타	.4	.4	.4	.		

　승진상의 문제점 및 승진결정기준상의 문제점에 대한 집단별 의견 역시 노조대의원은 관리자 및 종업원층과는 다른 의견을 보임으로써 종업원 집단의 뜻을 반영하지 못한다는 비판을 받을 수 있다.

5) 교육훈련상의 문제점

　현행 교육훈련제도에 대해서는 세 주체집단 모두 형식적인 교육 및 실익 없는 교육훈련 내용에 대하여 강한 비판을 하고 있다. 단지 교육훈련 역시 노조대의원 집단은 실익 없는 교육을 강하게 비판하는 데 비하여, 종업원 집단과 관리자 집단은 교육훈련이 형식적으로 이루어진다는 점에 동감하고 있다. 그러므로 교육훈련에 대한 문제인식도 종업원 집단이 관리자 집단과 더욱 유사한 반응을 보이고 있다 할 것이다.

단위 (%)	전체	관리자	종업원	대의원	x^2	significance
① 교육내용이 실제 업무수행에 도움이 되지 않는다	22.8	20.2	23.0	30.0		
② 일부 직종만을 위한 교육으로 구성되어 있다	7.6	8.8	7.7	.		
③ 대상자 선정에 문제가 있다	8.3	8.3	8.0	16.0		
④ 교육기간이 너무 짧아 제대로 배우지 못한다	16.3	16.7	16.5	8.0	26.32	.0096
⑤ 형식적인 교육에 불과하다	34.2	39.0	33.5	26.0		
⑥ 피교육자의 의견이 전혀 반영되지 않는다	9.8	5.3	10.2	20.0		
⑦ 기타	1.1	1.8	1.1			

6) 순환보직상의 문제점

현재 직종 및 부서간 이동이 제대로 되지 못하는 원인을 모든 주체집단들이 개인의사의 반영 미흡이란 점에 공감하고 있으나, 그 강도의 수준은 관리자 집단에서 가장 강하게 나타나며, 노조대의원은 직속상사의 일방적인 업무처리, 그리고 종업원 집단에서는 영입하는 부서의 배타적 태도를 상대적으로 강하게 지적하는 차별적인 모습을 보여주고 있다.

단위 (%)	전체	관리자	종업원	대의원	x^2	significance
① 직종 및 부서이동이 잦아 업무를 제대로 배울 수 없다	2.6	2.2	2.5	6.0		
② 직종 및 부서이동이 없어 업무에 싫증이 날 지경이다	13.7	18.1	13.2	4.0		
③ 직종 및 부서이동에 관한 개인 의견이 반영되지 못한다	39.2	54.4	36.0	40.0	79.51	.0000
④ 사원들 스스로 부서이동에 관해 달갑지 않게 생각한다	27.1	10.2	31.1	14.0		
⑤ 직속상사가 일방적으로 부서이동을 시행하고 있다	16.1	11.9	16.0	36.0		
⑥ 기타	1.4	3.1	1.2	.		

7) 문제점에 대한 인식도 종합

현행 인사제도를 중심으로 한 3대 주체집단간의 의견 차이는 유의성 있게 파악되고 있다. 또한 문제점의 내용과 수준에 있어서는 순환보직상의 문제점을 제외하고는 종업원 집단의 문제인식 내용과 수준이 관리자 집단과 유사하다는 점을 보여주고 있다.

결론적으로 문제인지도가 종업원 집단과 노조대의원 집단에서 강하게 나타날 것이다는 [가설 2]는 기각되면서 현행 문제에 대한 인지도 역시 종업원 집단은 노조보다 관리자 집단에 더욱 유사한 모습을 보여주고 있다. 이는 조직문제에 대한 노조대의원 집단의 종업원 의사대표 활동이 매우 취약하다는 점을 동시에 증명해주는 결과가 된다.

3. 주체집단별 개선안에 대한 합의도

1) 신인사제도의 도입안에 대한 의견

가) 새로운 직급체계에 대한 의견

능력과 자격, 그리고 직능평가시스템에 의한 신직급체계의 도입에 대해서는 관리자 집단만 높은 만족을 보인 데 비하여, 노조대의원 집단은 매우 강한 불만을 표출하고 있다. 종업원 집단은 다소 불만을 갖고 있으나 대체로 받아들이는 태도를 보이고 있다.

여기에 있어서도 노조의 태도는 극단적인 반대 즉 예외 없는 "매우 불만"을 보인 데 비하여 종업원 집단은 상대적으로 수용적이라는 점을 이해할 수 있다.

전체	관리자	종업원	대의원	F Ratio	F Prob
2.74	3.25	2.72	1.00	144.30	.000

나) 새로운 승진체계에 대한 의견

신직급체계에 대한 의견과 거의 동일하게 노조대의원 집단은 100% 불만을 보이고 있으며, 종업원은 이에 비해서 매우 우호적이나, 시험제도와 능력에 따른 승진체계에 대하여 다소 불만을 표출하고 있다. 그러나 평균값의 차이에 있어서 관리자 집단과 종업원 집단의 근접성이 노조대의원 집단보다 훨씬 가깝다는 점을 알 수 있다.

전체	관리자	종업원	대의원	F Ratio	F Prob
2.63	3.26	2.57	1.0	161.74	.000

다) 새로운 승진고시에 대한 의견

승진 자격고시제의 도입에 대해서도 상기 사항과 비슷한 결과를 보여주고 있으나, 노조대의원 중에서도 이를 일부 수용하는 의견이 있는 것으로 표출되고 있다.

전체	관리자	종업원	대의원	F Ratio	F Prob
2.72	3.22	2.67	1.52	75.28	.000

라) 새로운 능력급제에 대한 의견

연공급제의 약화와 함께 능력급 부분을 강화하는 데 대해서는 종업원 집단도 받아들이는 태도를 보이고 있으며, 관리자집단의 경우에는 매우 높은 만족도를 보여주고 있다. 극단적인 반대를 보이고 있는 노조대의원 집단에 있어서도 타 인사제도에 비해서는 능력급제를 주장하는 비중이 높게 나타나고 있다. 그러나 능력급제의 도입에 있어서도 노조대의원 집단은 종업원의 의사를 대변하지 않는 것으로 해석된다.

전체	관리자	종업원	대의원	F Ratio	F Prob
3.05	3.75	2.96	1.75	125.57	.000

마) 새로운 교육훈련지원에 대한 의견

직급별(계층별)교육에 대체되는 직능교육 부분의 강화 및 이에 대한 상사의 지원활동에 대해서는 전반적으로 매우 높은 불만을 표출하고 있으며, 특히 관리자 집단의 불만도가 매우 높게 나타나고 있다. 이는 하급종업원 집단 뿐만 아니라 상급관리자 집단에 있어서도 교육훈련 부족 문제를 강하게 지적하고 있다는 점을 보여주는 것이다.

전체	관리자	종업원	대의원	F Ratio	F Prob
2.50	2.71	2.49	1.74	26.129	.000

바) 새로운 직종순환제에 대한 의견

직종순환 및 경력관리의 개방적 체제에 대해서도 관리자 집단은 매우 만족하고 있으나 종업원 집단은 다소 회의적이며, 노조대의원 집단은 역시 강한 불만을 표출하고 있다.

전체	관리자	종업원	대의원	F Ratio	F Prob
2.68	3.49	2.55	1.65	118.00	.000

사) 신인사제도의 내용에 대한 의견 종합

새로운 능력개발정책에 따른 신인사제도에 대해서도 거의 획일적으로 노조대의원 집단은 무조건적인 반대의사를 표명함으로써, 상당한 만족 및 찬성의 의사를 지니고 있는 종업원 집단의 의사를 대변하지 못하고 있음을 알 수 있다. 이에 비하여 관리자 집단은 교육훈련에 대한 우려 이외에는 높은 만족도를 보이고 있다.

그러므로 "신인사제도의 도입에 대한 종업원 집단의 의견은 노조대의원 집단의 의견과 유사하게 나타날 것이다"라는 [가설 3]은 기각되며, 관리자 집단은 적극 수용, 종업원 집단은 다소 불만스러우나 수용, 그리고 노조대의원 집단은 적극 반대와 함께 강한 불만을 표출하고 있다. 이는 결국 3개 주체집단간의 의견이 완전히 구분되어 나타난다는 점을 보여주면서 노조의 대표성이 그만큼 약하다는 점을 동시에 설명해주는 것이다.

2) 인사제도 개선상의 최대과제

개선 이슈에 대해서는 대의원 집단과 종업원 집단간의 의견이 일치되고 있다. 즉 현행의 임금수준이 타사에 비해 객관적으로는 낮지 않으면서도 임금수준의 인상을 제도적으로 강화해 달라는 욕구가 양집단에서 강하게 표출되고 있다. 이에 비해 관리자 집단에서는 승진제도와 인사평가제도의 개선이 시급하다는 주장을 하고 있다.

단위 (%)	전체	관리자	종업원	대의원	x^2	significance
① 인사평가 부분	21.4	24.0	20.5	28.6		
② 교육훈련제도 부분	8.9	12.2	8.6	.		
③ 전환배치(부서이동)부분	7.8	14.8	6.4	6.1		
④ 승진제도 부분	11.9	28.8	8.9	2.0	159.59	.0000
⑤ 임금제도 부분	38.6	11.4	43.3	57.1		
⑥ 직급체계 부분	8.6	8.3	9.0	2.0		
⑦ 채용제도 부분	2.1	.	2.6	2.0		
⑧ 기타	.7	.4	.7	2.0		

또한 기업 내 새로운 인사제도의 도입을 위한 선결과제에 대해서도 노조대의원과 종업원 집단간에 공통적으로 우수 인력의 공정확보를 들고 있으며, 다음으로 종업원 집단과 관리자 집단은 승진제도 및 교육훈련제도의 강화를 들고 있다. 결과적으로 3개 주체집단간의 개선과제의 선정에 있어서 각기 다른 의견을 표명하고 있음을 알 수 있다.

단위 (%)	전체	관리자	종업원	대의원	x^2	significance
① 공정한 채용방법 도입	18.3	9.6	20.0	20.4		
② 교육훈련의 기회확대	17.7	21.8	17.1	10.2		
③ 승진제도의 개선	20.0	23.6	19.9	6.1		
④ 현행 직급구조의 개선	10.1	8.3	10.5	8.2		
⑤ 인사 평가제도 개선	13.4	16.6	12.2	24.5	84.538	.0000
⑥ 전환배치제도 개선	3.7	10.0	2.5	2.0		
⑦ 상벌제도 개선	1.3	.4	1.5	.		
⑧ 체계적인 교육체계 정립	4.1	4.4	4.3	.		
⑨ 급여체계의 개선	11.4	5.2	11.9	28.6		

3) 신인사제도의 성공조건

신인사제도의 성공을 위한 지원요구사항으로서 조직관리와 인사관리상의 이슈에 대해서도 3주체집단간에 유의한 차이를 보여주고 있다. 조직관리상으로는 종업원 집단과 노조대의원 집단 공히 상하간의 원활한 의사소통문제를 들고 있으며, 관리자 집단은 모티베이션 방안의 강화를 요구한다. 한편 인사관리상의 지원이슈 역시 노조대의원 집단과 종업원 집단은 복리후생의 강화를 강조하고 있으며, 관리자 집단은 교육훈련의 확대를 강조하고 있다.

조직관리 부분 (단위 %)	전체	관리자	종업원	대의원	x^2	significance
① 상사의 리더십	15.8	8.8	17.1	18.4		
② 동기유발	12.4	36.0	7.9	4.1		
③ 부서 이기주의의 해소	18.2	25.9	16.6	20.4		
④ 상하간 원활한 의사소통	34.6	18.9	38.1	28.6	205.589	.0000
⑤ 동료간 원활한 의사소통	14.6	2.6	16.7	22.4		
⑥ 신속한 의사결정	4.1	7.9	3.3	4.1		
⑦ 기타	.3	.	.3	2.0		

인사관리 부분 (단위 %)	전체	관리자	종업원	대의원	x^2	significance
① 복리후생의 지원	20.5	17.4	20.4	36.7		
② 인원의 충원	14.1	10.0	14.1	32.7		
③ 부서별 운영비용의 확충	2.6	3.9	2.5	.		
④ 교육훈련기회의 확대	23.7	51.7	18.7	8.2	174.469	.0000
⑤ 탄력적 작업시간의 운용	5.8	3.9	6.1	6.1		
⑥ 작업환경의 개선	29.8	7.8	35.0	14.3		
⑦ 정보시스템(컴퓨터)의 지원	3.1	4.3	2.9	2.0		
⑧ 기타	.4	.9	.3	.		

4) 신인사제도의 도입지연에 대한 책임

신인사제도의 도입이 지연된 책임을 주체와 업무분야로 구분하여 분석한 결과, 역시 노조 대의원 집단과 종업원 집단간에 유사성을 보이면서, 일반종업원 스스로의 책임이 제일 크다는 자기반성적인 자세를 보인 데 비하여, 관리자 집단의 경우는 이를 노조에 전가하는 것이 강하게 나타나고 있다. 한편 업무상으로는 관리자 집단과 종업원 집단이 공통적으로 과거의 잘못된 관행 탓으로 돌리는 반면에 노조대의원 집단은 강력하게 회사에 대한 불신 때문으로 내세우고 있다.

사람 중심 (단위 %)	전체	관리자	종업원	대의원	x^2	significance
① 최고경영자	15.7	17.0	15.1	22.4		
② 임원진	14.2	21.4	12.9	10.2		
③ 상급관리자	11.8	5.8	13.3	6.1		
④ 현장감독직 (직/반장)	4.6	5.8	4.2	8.2	94.368	.0000
⑤ 일반사원	39.6	22.8	43.2	38.8		
⑥ 노동조합	10.7	24.6	7.9	8.2		
⑦ 외부세력	.7	.4	.7	2.0		
⑧ 기타	2.7	2.2	2.7	4.1		

일 중심 (단위 %)	전체	관리자	종업원	대의원	x^2	significance
① 과거의 관행	24.3	35.0	23.0	4.1		
② 사회적 형평성	6.4	4.4	6.8	6.1		
③ 내부적 반발	13.3	14.6	13.4	4.1		
④ 경영진의 잦은 변경	4.8	4.4	4.8	6.1	58.063	.0000
⑤ 회사에 대한 불신	29.3	20.4	29.6	63.3		
⑥ 노조에 대한 불신	2.2	.9	2.4	2.0		
⑦ 정보나 이해의 부족	18.7	19.5	18.9	10.2		
⑧ 기타	1.2	.9	1.2	4.1		

즉 새로운 혁신이 지연되는 책임 이슈에 있어서는 상호간의 책임전가 현상이 강하게 나타나며, 이에 비하여 종업원 집단은 "내 탓이오"라는 표현처럼 자신의 잘못으로 돌리는 바람직한 모습을 보여주고 있다. 이는 정당한(legitimate) 태도를 보이는 종업원 집단의 태도가 노조집단보다 오히려 대표성을 가질 수 있다는 점을 보여주는 부분이 된다.[13]

III. 종합 및 결론

본 연구는 제시된 가설검증 자체에 초점을 둔 것이 아니라, 가설검증을 통하여 3대 조직주체 집단간의 의견 차이 분석을 통한 노동조합의 종업원 집단 대표성 문제를 파악하는 데 목적을 둔 것이다.

첫째, 설문분석의 결과는 아주 예외적인 3~4개의 문항을 제외하고는 모든 항목에 있어서 0.01 수준에서 3집단간의 차이가 있다는 유의성을 보여줌으로써, 기본적으로 관리자 집단과 종업원 집단 및 노동조합대의원 집단간에는 새로운 변화에 대응하는 태도에 분명한 차이가 있음을 알 수 있었다.

둘째, [가설 1]의 검증결과, 종업원 집단의 직장만족도는 노동조합의 주장처럼 낮은 것이 아니

---

13)　Reynaud J. D. ibid. 종업원 참여제도의 근거를 분석한 레이노 교수의 논지는 노동조합이 종업원의 집단의사를 배신할 때에는 당연히 종업원대표(Representant du Personnel)집단이 노조대표(Délégue du Syndicat)의 역할을 할 수 있도록 하는 기업 내 제3세력 집단의 제도적 강화가 요구된다는 것임.

라 오히려 매우 높게 나타나며, 이는 종업원 집단이 노조대의원의 태도보다는 관리자집단의 태도와 유사하다는 점을 강하게 보여주는 결과로 나타난 것이다.

셋째, [가설 2]의 검증결과, 역시 가설내용이 기각되었으며, 여기에서도 종업원의 문제점에 대한 인식도는 노조대의원 집단과는 매우 다르게 나타나며, 역시 관리자 집단의 인식도와 방향과 수준을 거의 같이하는 것으로 나타났다.

넷째, [가설 3]의 검증결과는 부분적으로 수용되었으나, 대부분에서는 노조대의원의 개선주장사항과 종업원의 욕구간에는 유의한 차이를 강하게 보이고 있다. 이들 결과를 요약정리하면 다음과 같다.

분석내용	상급 관리자집단 (Rationality)	하급 종업원집단 (Legitimacy)	노조 대의원집단 (Democracy)	의견차이 집단
1.주체집단별 현조직에 대한 만족도차이(Satisfaction)				
1)회사에 대한 애사심 및 전반적 만족도	3.74	3.56	2.96	노조대의원 집단
2)현행 인사제도에 대한 만족도	2.72	2.64	2.08	노조대의원 집단
3)현행조직관리에 대한 만족도	2.97	2.78	2.44	노조대의원 집단
2.주체집단별 문제점에 대한 인식도차이 (Problems)				
1)회사의 최대 문제점				모두 다름
2)인사평가제도상의 문제점				모두 유사함
3)승진제도상의 문제점				모두 다름
4)승진결정기준상의 문제점				노조대의원집단
5)교육훈련상의 문제점				노조대의원집단
6)순환보직상의 문제점				모두 다름
3.주체집단별 개선안에 대한 합의도차이(Solutions)				
1)새로운 직급체계에 대한 의견	3.25	2.72	1.00	노조대의원집단
2)새로운 승진체계에 대한 의견	3.26	2.57	1.00	노조대의원집단
3)새로운 승진고시에 대한 의견	3.22	2.67	1.52	노조대의원집단
4)새로운 능력급제에 대한 의견	3.75	2.96	1.75	노조대의원집단
5)상사의 교육지원에 대한 의견	2.71	2.49	1.74	노조대의원집단
6)새로운 전환배치에 대한 의견	3.48	2.55	1.65	노조대의원집단
7)인사제도 개선상의 최대과제				관리자집단
8)신인사제도의 성공을 위한 조직관리				관리자집단
9)신인사제도의 성공을 위한 인사관리				모두 다름
10)신인사제도의 성공을 위한 책임주체				모두 다름
11)신인사제도의 성공을 위한 책임과제				모두 다름

본 연구의 결과는 노조대의원 집단만이 변화에 대응하는 집단행동방식의 차이를 보이고 있으며, 종업원 집단과 관리자 집단은 온건주의적인 자세에 있어서 공통성을 보이면서, 단지 종업원 집단은 변화가 급격하게 일어나기를 원치 않는 태도를 표명하고 있다.

즉 '보수와 혁신', 그리고 '온건과 과격' 이라는 집단행동의 구분에 따르면 다음과 같은 집단간의 성격구분이 확연하게 표출되고 있다는 것이다. 물론 이와 같은 분류가 가능하듯이, 조직 내 주체집단간의 성향은 달리 나타날 수 있다.

〔표 3〕 주체집단의 행동방식 유형구분

문제에 대한 인식 변화에 대한 태도	온건주의적	과격주의적
혁신주의적	관리자집단	경영자집단
보수주의적	종업원집단	대의원집단

그러나 본 연구결과는 노조의 대표성 박탈이나, 새로운 「제3세력 집단」의 강화라는 모험적인 해결책의 제시보다는 다음과 같은 연구과제를 새롭게 부각시키는 선행적 연구가 된 점을 강조하고자 한다.

첫째, 노조대의원 집단의 주장 및 태도가 유독 종업원 집단의 주장과 달리 나타나는 사항이 부각되고 있으며, 나아가서는 종업원이 주장하는 방향과 완전히 반대되는 입장에 서 있는 노조대의원 집단이 과연 종업원 집단의 권익과 이해관계를 보호할 수 있을 것인가?

둘째, 무조건적으로 과거의 제도를 그대로 유지하면서 이슈별로 강한 주장만 고집하는 노동조합의 '과격-보수' 형 성격이 계속되어야만 하는가?

셋째, 이에 비하여 '온건-보수' 형에 해당하는 종업원의 정당한 집단주장은 누구(어떠한 새로운 주체집단)를 통하여 추진되어야 하는가?

넷째, 관리자집단의 '온건-혁신' 형 태도는 과연 일관성 있게 주창되어 하급종업원 집단 및 노조의 이해를 구할 수 있을 것인가?

다섯째, 경영혁신의 기치 하에 기업조직의 구조적 문제를 면밀히 고려하지 않은 '과격-혁신' 형 경영자집단의 주장은 당장에 관리자 집단의 수용이라도 얻을 수 있을 것인가?

본 연구결과는 이들 사항을 살펴보기 위한 문제의 제기에 해당하는 것이다. 단지 변화에 직면한 조직주체간의 태도는 기본적으로 다르지만 노동조합의 태도는 종업원 집단의 의사를 대표하지 못하고 있다는 점, 그리고 「정당성의 원천」을 종업원 집단에 두고 있는 우리 나라 노동조합의 역할은 어디까지나 "노동조합 대표집단 자신의 제도적 권력(institutional power)을 키우는 데 두어서는 안 된다"는 점을 분명히 할 수 있다.

연구의 결과가 일반화되기에는 본 사례연구식 내용만으로는 매우 미흡한 상태일 것이다. 그러나 '종업원과 노동조합간 집단행동상의 밀착성이 높을 것' 이라는 일반적인 인식은 본 연구를 통하여 완전히 비판받을 수 있으리라 보며, 이에 따른 노동조합의 대표성 역시 큰 위기에 처해 있다는 점을 강조할 수 있을 것이다.

[사례 2] 질문사항

1. 노동조합의 제도적 영향력(institutional power)이 형성되는 원인 및 그 문제점에 대하여 설명해보시오.

2. 과연 노동조합 및 노조대의원 등 노조대표 집단은 종업원의 집단의사와 유사한 논지를 제시하고 있는가? 만일 그렇지 않다면 그 원인은 어디에 있다고 보는가?

3. 사회감사 활동을 내부 또는 외부 감사인 대신 노동조합에 맡길 수는 없는가? 만일 노동조합에서 사회감사를 실시한다면 어떤 문제점들이 유발될 것으로 보는가?

4. 제3세력(the third power group)으로서 종업원 집단의 권력원천은 어디에 있다 고 보는가?

5. 신인사제도와 같은 경영혁신 방안에 대하여 종업원 집단이 호의적인 태도를 보이고 있다면 그 이유는 어디에 있다고 보는가?
   그리고 직급이나 직종별로 새로운 제도혁신에 대한 의견이 다르게 나타나는 이유에 대하여 설명해보시오.

6. 노동조합의 역할이 새롭게 정립되어야 한다면 그 방향 및 내용은 어떻게 되어야 할 것인가?

[사례 2] 참고자료

김남현, '임금과 조직효과', 경문사, 1987

김식현, 정재훈, '노사관계론', 학연사. 1995

박기찬, '조직정치론', 박영사, 1993

박기찬, 'Quatre-Partism Game에 의한 노사관계관리-프랑스기업의 민주적 경영혁신 사례를 중심으로', 노사관계연구 제5권, 서울대학교 노사관계연구소, 1994

오세철, '비판조직이론', 현상과 인식, 1980

Adams G. & Reynaud, J.D., 'Conflits du Travail et Changement Social', Paris, PUF, 1978

Crozier M., Friedberg E., 'L' Acteur et le Système', Paris, Seuil, 1979

Weiss D., 'Relation Industrielles', 2nd Edition, Editions Serey, 1980

Fink S., 'High Commitment Work Place', New York, Quorum Books, 1992

Hartley J. & Stephenson, G., 'Employment Relations', Oxford, Blackwell, 1992

Lawler III E.E., 'Pay and Organizational Effectiveness(김남현 역)', 임금과 조직효과, 경문사, 1987

Olson, M., 'The Logic of Collective Action : Public Goods and the Theory of Groups', Boston, Harvard University Press, 1977

Park, K.C., 'La création d' une micro-culture mobilisatrice dans l' entreprise Française', Paris, HEC, 1987

Peretti, J. M., 'Ressources Humaines', Paris, Vuibert Gestion, 1992

Weiss, D., 'Relation Industrielles', 2nd Edition, Paris, Editios Serey, 1980

사례 3 컨설턴트의 역할 :

조직정치 현상과 조직정치인의 역할

I. 조직정치인의 역할이 중시되는 이유는 ?

갈수록 복잡해지고 있는 경영현상에 대한 연구, 그리고 직접적으로 경영실무를 다루는 데 있어서는 적어도 당위론적(what should be)으로 접근하는 방법과 현상론적(what is)으로 접근하는 방법을 구분하는 작업이 요구된다..

당위론적인 방법은 20세기 내내 학자나 컨설턴트 또는 최고경영자들에 의하여 제시되는 규범론적인 모델에 근간을 둔 것에 비하여, 현상론적인 방법은 현장의 종업원들에 의하여 이루어지는 실태를 자료와 함께 실증적으로 파헤쳐보아야만 정리될 수 있는 것이 아직도 우리 나라 학회에서 만연되고 있는 규범론적 또는 통계분석적 접근방법에 대하여 '실태를 모르는 자들의 현학적 해석에 지나지 않는다' 는 비판을 할 수 있는 것도 그만큼 현상론적인 분석과 연구가 부족하기 때문에 생기는 비판이라 할 수 있을 것이다.

자본주의의 발달과 함께 경영조직에서 추구하는 가치관은 목적지향적(goal-oriented), 수익지향적(profit-oriented), 그리고 시장지향적(market-oriented)인 성격을 중심으로 형성되어왔다. 그 결과 목적을 달성하지 못한 조직, 수익을 실현하지 못한 조직, 그리고 시장을 개척하지 못한 조직은 경쟁에서 도태되고 또한 배척의 대상으로 간주되고 있다.

그러나 이와 같은 규범론적인 가치관을 갖고서는 "왜 이들 기업조직들이 성공 또는 실패하였는가?"하는 원인분석을 정확히 할 수 없으며, 결국 21세기에도 그와 같은 실패를 반복하거나, 향후의 성공을 보장해주지도 않는 과거의 성공전략, 즉 잘못된 해답에만 얽매인 모습을 보이게 될 것이다.

조직 내 부서나 구성원들간의 업무관계를 살펴보면 한편으로는 매우 합리적으로 그리고 이성적으로 운영되는 것처럼 보이기도 하고, 다른 한편으로는 자신이 속한 부서의 이익을 지나치게 강조한 나머지 업무의 효율을 떨어뜨리는 모습이 표출되기도 한다. 이는 조직구성원이나 부서들이 여러가지 방법을 동원하여 권력을 형성하려 하고 이를 바탕으로 자신들의 이해관계를 높이는 방향으로 영향력을 행사하려고 하기 때문이다.[14] 만약 이러한 현실을 무시한 채 규범적인 방법 입장에서만 부서(또는 부서원)간의 관계를 설명한다면 논리적으로는 적합할지 몰라도 이론과 현실간의 괴리는 더욱 커질 가능성이 있다.[15] 이러한 현상이 발생되는 주요 원인은 행위주체인 부서나 구성원들 모두가 자신을 둘러싼 환경을 분석하고, 자신들에게 가장 유리한 결과가 나타나도록 행동하기 때문이다.[16]

그렇기 때문에 조직현상을 올바르게 이해하기 위해서는 행위주체들이 어떤 환경(상황)에 놓여 있는지, 그리고 조직 내에서 현실적으로 표출되는 현상이 무엇인지에 대한 분석활동이 요구된다. 이러한 필요성에 의해 제기된 것이 바로 행동주체의 행동논리시스템 분석(ALSA : actors' logics system analysis)이다.

본 연구는 프랑스 IEP 파리 정치대학 크로지에 교수의 저서 〈행위자와 행동시스템〉(Actors and Systems)에서 밝히고 있는 기본논지와 미국 스탠포드 대학의 페퍼(J. Pfeffer) 및 프랑스 HEC 파리 경영대학의 트레뽀(G. Trépo), 슈발리에(F. Chevalier) 등의 연구 결과에 근간을 두고 정리한 것[17]이며, 이들이 조직정치현상을 분석하기 위해 사용한 ALSA의 개념 및 적용 사례를 간략하게 소개하고자 한다.

---

14)　신유근(1994), 조직행위론, 다산출판사, pp.392-394

15)　조직 내 권력현상의 중요성이 부각되면서 권력 그 자체를 다루고 있는 분야와 구분하여 조직정치(organizational politics)를 하나의 독립된 분야로 연구하고 있는 추세이다.

16)　Crozier M. & Friedberg E.(1980), Actors and systems : The politics of collective action, University of Chicago Press

II. 조직정치현상에 대한 이해

1. 조직정치현상 분석의 필요성 및 목적

"21세기형 조직일수록 보다 인간중심으로 운영되어야 한다"는 논지에 대해서는 아무런 반론이 없을 것이다. 그러므로 다양한 가치관을 갖고 있는 수많은 인간들로 구성된 조직시스템(organization as human constructed)에 대해 올바로 이해하기 위해서는 개인행동이든 집단행동이든 '무엇이 주요 문제 또는 진정한 문제인가?' 하는 특정 이슈를 분명히 파악하고, 이들 행위주체(행위주체 집단)들이 추구하는 목적에 따라 달리 표출되는 다양한 행동논리(logic of action) 및 그 원천적 자산(스스로 통제와 제약이 가능한 불확실성의 내용 및 수준)을 파악하는 작업은 오히려 지금보다 더욱 강조되어야 할 것이다. [18]

크로지에 및 프리드베르그[19]에 의해 정립된 인간형성체로서의 조직현상에 대한 분석방법론에서는 "사람은 누구나 나름대로의 합리성과 영리함을 보유하고 있으며, 단순히 추상적인 이론적 모델을 갖고서는 조직의 실상을 파악할 수 없다"는 논지를 밝히고 있다.

즉 문헌이나 연구논문 및 과거의 경험으로부터 나오는 어떠한 사전적인 해결책(a priori solution)을 가지고서는 끊임없이 표출되고 다양하게 변화하는 조직문제를 해결할 수 없다는 것이다. 그러므로 크로지에 교수의 '전략적' 조직분석방법론은 조직문제에 대한 심층적인 분석과 종합적인 이해를 위한 수단이자 권력관계에 대한 연구자들 및 이를 별로 신뢰하지 않고 있는 최고경영자들의 조직정치 현상에 대한 관심을 제고시키기 위한 도구라 할 수 있다.

---

[17] Chevalier F.(1991), Cercles de qualité et changement organisationnel, Paris, Economica Chevalier F.(1995), Changes and managing contradictions, EGOS Colloquium, Istambul, July
박기찬(1993), 조직정치론, 경문사
Trépo G.(1997), 'Dynamics of organizational change : The management of contradictions', Academy of Management, July, Boston

[18] Crozier M.(1964), The bureaucratic phenomenon, University of Chicago Press

[19] Crozier M. & Friedberg E.(1980), op.cit.

2. 조직의 이미지

조직행동, 즉 조직의 목표지향적인 행동은 예외 없이 그 조직이 표출하고 있는 조직의 표상 (representation of organization)으로부터 도출된 것이다. 모건[20]도 저서 〈Images of organizations〉에서 바로 이 개념을 강하게 주장한다. 물론 망치를 갖고 있는 사람은 일의 내용에 관계 없이 망치를 사용하려 하듯이 조직을 연구하는 사람들도 나름대로의 망치를 어디에든지 적용하는 경향이 있다.

한편, 행위주체들의 합리적 선택(rational choice)에 기반을 둔 조직 연구자들은 조직목표의 일관성·안정성 및 공통성이 보장되어야 한다는 점을 강조하고 있다(Allison 1971, Pfeffer 1981). 스탠포드 대학의 페퍼[21]는 대표 저서인 〈Power in organization〉에서 다음과 같은 4가지의 조직유형으로 조직의 특성을 구분하여 설명하고 있다.

① 관료적 모델(Bureaucratic Models of Decision Making)

만일 조직목표의 일관성, 안정성 및 공통성이 확보되지 않을 경우에는 표준화된 작업방식 및 작업절차, 계획활동, 예산관리, 목표관리(MBO), 상벌시스템, 커뮤니케이션 및 교육훈련 시스템 등을 통하여 목표와의 적합성을 제고시켜야 한다는 것이 관료적 조직의 특성이다. 그러므로 관료적 조직 하에서 나타나는 절차상의 합리성(procedural rationality)은 현실적인 합리성 (substantive rationality)을 의미하는 것으로 볼 수 있다.

② 과정적 모델(Decision Process Models)

의사결정의 결과보다도 의사결정의 과정을 중시하는 것은 쿠바 미사일 위기 분석으로 널리 알려진 앨리슨(G. Allison)의 연구 덕분이다. 의사결정의 과정모델은 "Garbage can", 즉 쓰레기통 모델이라는 "muddling through" 절차를 따르는 모델로서[22] 과정모델의 논지는 합리성 또는 사후적 합리화(rationality or rationalizing ex-post) 활동을 중시하는 데 두고 있다.

---

20) Morgan G.(1986), Images of Organizations, Sage

21) Pfeffer J.(1981), Power in organizations, Massachusetts : Pitman Publishing Inc.

③ 정치적 모델(Political Models)

정치적 모델을 주장하는 학자들은 앞에서 제시된 의사결정의 관료적 모델 및 여러가지 형태로 제시되는 사회화과정 모델로서는 결코 조직구성원들간에 합의된 공유목표(shared goals)를 도출할 수 없다는 비판을 가하고 있다. 이와 같은 주장은 미국의 페퍼(1981), 프랑스의 크로지에 및 프리드베르그(1980) 등에 의하여 강하게 제시된 것으로서, 정치적 모델은 기업에 대한 수많은 사례분석을 통하여 구체적으로 그 논지가 입증되고 있다.[23]

한편, 조직의 성장단계와 조직문화전략의 중요성을 강조한 그라이너와 샤인[24]은 그들의 저서 〈Power and organizational development〉에서 주요 권력관계의 진단대상을 7가지로 열거하고 조직의 유형을 3가지로 구분하고 있다.

① 합리적 관료제 조직(Rational Bureaucratic Organization) : 베버식의 조직유형에 대해서는 그들 스스로 합리적 관료제 조직이 과연 이상적인 조직의 형태가 될 수 있는지에 대하여 강한 의문을 던지고 있다.

② 공감적 연대적 조직(Consensus & Collegial Organization) : 이들은 공감적, 연대적 조직이야말로 조직개발을 통하여 이룩해야 할 가장 이상적(utopia)인 조직으로 보고 있으며, 이는 참여적 경영(participative management), 근로생활의 질(quality of work life) 및 산업민주화(industrial democracy) 등을 통하여 실현할 수 있다고 하였다.

③ 다원적 정치적 조직(Pluralistic & Political Organization) : 행위주체의 논리시스템 분석(actors' logic system analysis : ALSA)에서는 이들이 제시한 조직의 유형 중에서 바로 이러한 다원적, 정치적 조직을 전제로 한 분석모델을 적용하는 것이다.

22) Cohen M.D., March J.G., & Olsen J.P(1972), 'A garbage can model of organizational choice', Administrative Science Quarterly, Vol. 17, pp.1-25.

23) Halberstam D.(1986), The reckoning, Avon

24) Greiner L. & Shein V.(1988), Power and organizational development, Addison Wesley

[그림 12-1] Key Power Relationships

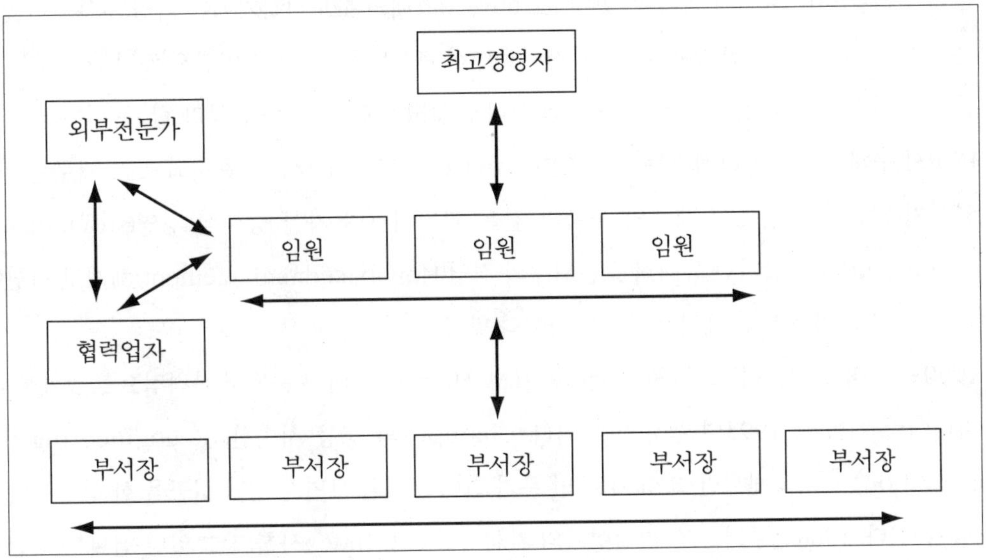

Greiner L., & Schein V. (1988),op. dit.

3. 조직진단의 방법

(1) 조직진단 방법상의 문제점

경영조직의 혁신을 위한 새로운 패러다임을 주장하면서 다양한 연구모델을 적용하고 있는 전 세계 주요 컨설팅 산업의 매출규모는 97년도 한해만 하더라도 약 2,500억 달러에 이르는 것으로 산출되고 있으며, 이는 21세기에 가서도 지속적으로 성장해나갈 지식산업으로 구분되기도 한다.

반면에 경영학 관련 새로운 패러다임과 이론 및 기법은 갈수록 라이프 사이클이 단축되면서 변화무쌍한 상황(범세계화 · 자유화 · 민영화 등)에는 제대로 적용하지 못하는 모습을 보이고 있다.

1970년대부터 "다각화(diversification) 없이는 기업성장이 보장될 수 없다"는 주장이 강하게 확산되었으나, 1990년대에 와서는 "핵심역량(core competence)을 갖춘 주력산업의 육성 없이는 기업은 생존조차 보장될 수 없다"는 주장이 강조되고 있는 것을 보면, 환경이 변화하면서 완전히 반대되는 경영기법과 새로운 패러다임이 나타난다는 점도 쉽게 이해할 수 있다.

우리 나라뿐 아니라 선진 외국에 있어서도 60~70년대의 고도성장기에는 기업의 부채비율이 높은 것을 당연시하였지만, 90년대 말에 접어들면서 부채비율을 200% 미만으로 낮추는 것을 대부분 기업에 있어서 가장 중요한 과제 중의 하나로 삼고 있는 것도 큰 변화라 할 수 있다.

IMF의 구제금융체제 하에서는 현금흐름(cash flow) 위주의 경영이 중시되므로, 재무환경에 오염되지 않는 건실한 조직체제의 구축과 같은 과거의 보유자산 증대식 경영(stock-based management)에서 탈피한 동태적 흐름위주의 경영(flow-based management)체제로 전환하는 것도 한국 기업을 위한 새로운 패러다임이라 할 수 있다.[25]

1990년 하버드 비즈니스 리뷰에 실린 해머(M. Hammer)의 논문에서 본격적으로 소개된 리엔지니어링 기법은, 1993년 동료인 챔피(J. Champy)와 공동 저술한 〈Reengineering the corporation〉이 미국에서만 그 해에 25만 부가 판매된 것을 보면 엄청난 성공을 한 경영기법이라 할 수 있다. 1988년부터 CSC 컨설팅사의 자회사인 CSC Index사를 맡고 있던 챔피는 리엔지니어링의 성공과 함께 전세계에 CSC 컨설팅사가 지사를 개설하고, 또한 수많은 컨설팅 회사를 흡수합병하는 데 전적인 기여를 하였다. 연간 수십억달러의 매출을 올리는 대규모 컨설팅기업으로 성장한 것이다.

경영기법의 유행현상에 대해서는 이를 긍정적으로 바라보는 관점과 부정적으로 바라보는 관점이 상이하게 나타나고 있다.[26] 긍정적인 관점은 새로운 경영혁신 기법들이 고착된 현실 문제를 치유하는 에너지와 역동성을 갖고 있다는 주장을 말한다. 부정적인 관점은 새로운 경영기법들이 현실과는 동떨어진 분석기법이면서도 마치 모든 문제를 치유할 수 있다는 식으로 제시되므로 기업조직에서 큰 낭패를 당할 수도 있다는 주장을 의미한다.

물론 최고경영자들이 새로운 경영혁신 기법을 유행처럼 도입하려는 것은 주로 이를 통해 경영위험을 감소시키고 또는 자신이 안고 있는 경영상의 책임을 회피해보려는 데 있다.[27]

결국 이처럼 사전에 준비된(ready made) 경영기법이나, 약이 귀하던 시절에 아스피린처럼 만

---

25) 박기찬(1997), 팀업적평가, 한국능률협회

26) Trépo G.(1987), 'Introduction and diffusion of management tool', European Management Journal, Vol. 5, No. 4, Winter
Trépo G.(1988), 'Mode de management et évolution des entreprise', L'enjeu humain, CEPP Paris

27) Shapiro E.(1995), Fad surfing in the boardroom, Addison Wesley

병통치약(fit-all solution)으로 통하는 경영기법들이 위험천만의 수단이 될 수 있다는 점을 인정한다면, "과연 이를 대체할 수 있는 상황분석 방법은 존재하는가?", 그리고 "분석의 결과로서 얻고자 하는 것은 무엇인가?"에 대한 재고와 심사숙고하는 과정이 반드시 요구되는 것이다.

(2) 조직분석과 조직진단의 차이

정기적으로 건강진단을 받고 있는 사람이라 하더라도 발병의 원인과 악화과정을 분석적으로 살펴보지 않을 경우에는 돌이킬 수 없는 결과를 당할 수 있다. 실제로 유추와 가정에 근간을 둔 진단과 처방을 할 경우에는 거의 예외 없이 건강상태에 대한 일정 모델을 상정하고, 모델에서 제시하고 있는 기준치를 잣대 삼아 건강상태에서 벗어난 수준을 측정하는 기법을 사용한다.

하지만 "과연 조직과 경영의 건강을 증진시키는 유일한 방안(one best way)이 존재하는가?", 그리고 고객으로서의 경영자와 해답을 내놓으려는 컨설턴트간에 "무엇이 좋으며(good), 무엇이 나쁜가(bad)에 대한 상호합의가 항상 이루어질 수 있는가?" 하는 근본적인 질문에 대한 논의를 거치지 않은 해답은 결코 정답이 될 수 없다는 사실부터 인식해야 할 것이다.

온스타인(R.F. Ornstein)과 티키(N. M. Tichy)[28]는 경영자와 컨설턴트간에 갈등과 대립이 발생하는 이유로서 다음과 같은 사항에 대하여 이들이 갖고 있는 내재적 직관력이 다르기 때문이라는 점을 강조하고 있다.

① 조직관리 및 모티베이션을 위한 분석모델의 차이

② 인지 구성도(cognitive maps) 및 패러다임의 차이

③ 상호간의 가치 및 규범상의 차이 등

또한 온스타인과 티키는 경영컨설턴트 및 연구자들이 제시하고 있는 진단방법 중 22가지를 선별하여 공통적인 진단지표를 작성하였으며(소단위 조직진단 모델), 이를 통하여 하나의 공통 진단모델을 설계하였다(대단위 조직진단 모델).

이처럼 경영 및 조직에 대한 진단방법은 다양하게 제시될 수 있으므로 본 연구에서는 진단(diagnosis) 기법 자체보다, 누구나 공감할 수 있는 분석(analysis) 활동에 대한 이해를 강조하고자 하였다.

---

28) Ornstein & Tichy(1973), Organizational diagnosis and improvement of strategy, New York, Behavioral Science Associates Editors

4. 분석대상

  컨설턴트라면 누구나 개선방안이나 모델을 제시하기 이전에 진단활동과 도출된 방안들의 실현가능성에 대한 연구를 수행했다고 주장할 것이다. 경영전략 수립을 전문으로 하는 컨설턴트의 경우에는 우선 BCG의 2X2매트릭스 모델이나 앤소프(Igor Ansoff)의 환경분석모델(SWOT analysis), 포터의 경쟁분석모델 또는 다른 분석모델 등에서 요구하는 정보수집에 몰입하게 된다.
  그러나 이와 같이 널리 알려져 있는 분석 및 진단모델의 핵심은 '의도된 변화(change intended)'를 달성하기 위하여, 즉 제시된 문제점에 대한 해결책을 마련하기 위해 사전에 준비된 규범론적 분석기법들이라 할 수 있다.
  이에 비하여 조직구성원간의 정치적 권력관계의 실태 파악에 초점을 둔 '행위주체의 행동논리시스템 분석(ALSA : actors' logics system analysis)' 방법은 사전에 정립된 분석모델, 즉 특정 해결방안을 갖고 접근하는 것이 아니라 특정 시스템 속에서 활동하고 있는 행위주체간의 타협과 제약관계를 밝혀내는 데 초점을 둔 현상론적, 그리고 상황론적 분석기법에 해당되는 것이다.[29]

III. 행위주체의 행동논리시스템 분석 (ALSA: actors' logics system analysis)

1. ALSA의 개념

  조직을 분석하는 시각은 크게 '전통적' 관점과 '전략적' 관점으로 양분시켜 볼 수 있다.[30] 전통적 관점에서는 시스템(system)이 행위자(actor)에게 일정한 제약을 부여(구조적 상황이론)하

---

29) 박기찬(1993), 전게서

30) Crozier M. & Friedberg E.(1980), op.cit.

는 것으로 보는 반면, 전략적 관점에서는 개인이 행위주체로서 시스템에 일정한 반응을 하는 것으로 보고 있다.

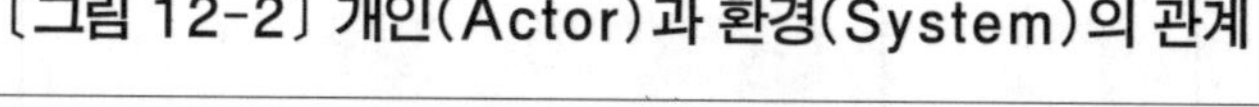
[그림 12-2] 개인(Actor)과 환경(System)의 관계

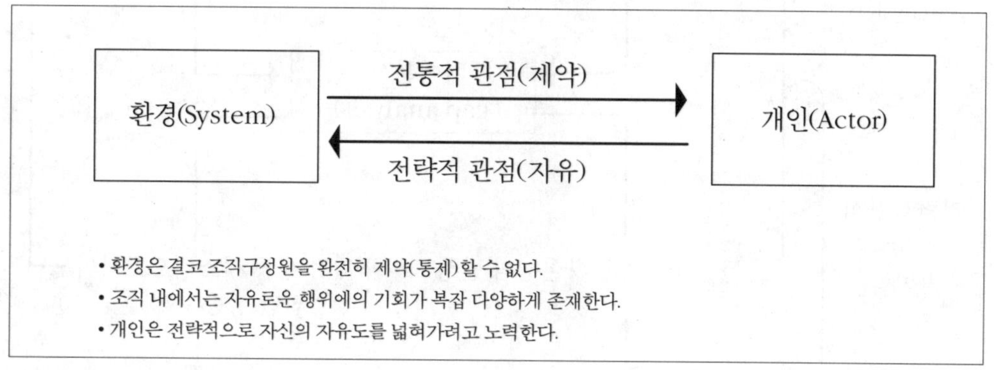

즉 개인(actor)은 자신이 처한 환경(system)과 밀접한 관계를 맺으면서 자신에게 유리한 상황이 되도록 행동한다는 것이다.

크로지에는 "미국의 경우, 목표설정의 이론적 관점과 수단방법의 계량적 관점이 주류를 이루고 있다. 프랑스의 경우는 구조적 상황이론(structural contingency theory)까지도, 경험적으로 볼 때 결정이론(deterministic)에 입각한 것으로 보고 있다"는 점을 강조하면서, 미국식 객관적 합리성(objective rationality)에 의거한 결정론적 관점에는 반드시 한계가 있다는 비판을 가하고 있다.

결국 조직정치력을 통한 새로운 혁신을 도모하기 위해서는 조직 내 권력관계 및 정치적 현상을 유발시키는 행위주체의 행동논리(logic of action)와 주관적 합리성(subjective rationality)을 철저히 파악하고 분석하는 작업이 요구되는 바, ALSA는 바로 이와 같은 문제를 다루기 위한 전략적 분석기법이라 할 수 있다.

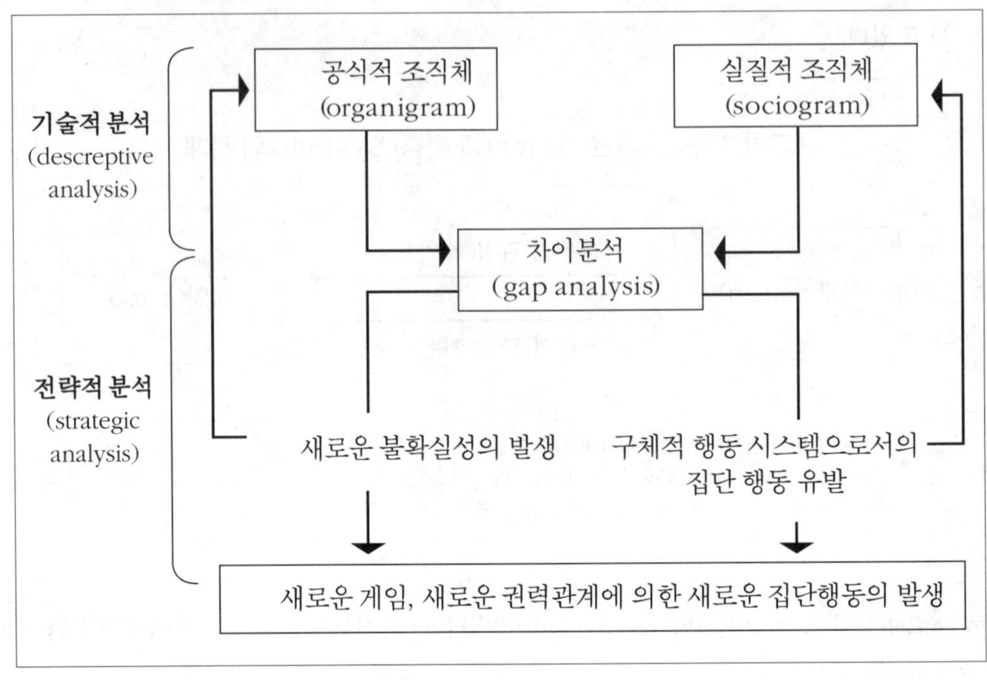

〔그림 12-3〕 행위주체의 행동논리시스템 분석(ALSA) 모형

2. ALSA의 4가지 기본전제

(1) 기본전제 1

다원적 · 정치적 조직을 전제로 한 조직분석방법론에서는 "종업원들은 자기 나름대로의 가치(values), 논리적 근거(rationales) 및 목표(objectives)를 갖고 있으며, 항상 어느 정도의 협상력(bargaining power)을 보유하고 있다"는 점을 전제로 하고 있다.

즉 조직의 구성원으로서 행위주체들은 나름대로 불확실성, 희소자원, 지식과 정보, 게임의 룰 및 게임의 룰 설정 등에 대한 통제활동을 할 수 있다는 것이다.

① 종업원들이 비록 경영자들의 기대대로 행동하지 않는다고 해서 그것이 합리적이지 않다고 할 수는 없다. 단지 그들의 '행동논리', 즉 종업원들이 보유하고 있는 합리성이 경영자들의 합리성과 다를 뿐이라는 것이다.

② 만일 A가 B의 행동을 비합리적이라고 생각한다면, 바로 A 스스로가 문제라 할 수 있다.

왜냐하면 이 경우, A는 B의 행동시스템을 이해하지 못하는 사람이 되기 때문이다.

(2) 기본전제 2

기본전제 1(주관적 합리성의 중요성을 인정함)을 구체적으로 표현하면, "모든 종업원들은 조직정치 활동의 행위주체(actors)가 된다"는 사실이다.

즉 지위가 높은 상사나 경영자들이 보상이나 벌칙, 교육훈련 및 정보관리 등의 통제활동을 통하여 부하직원 및 일반종업원들을 구속할 수 있는 영역은 사실 매우 한정되어 있다는 점을 인식해야 한다는 것이다.

흔히 권한위양이 이루어지지 않은 조직, 즉 수직적 조직에서 업무효율이 낮게 나타나는 이유도 제도적으로 보장된 상사의 권한만으로는 부하직원의 역량을 최대로 발휘할 수 없다는 점을 간과하고 있기 때문이다.

반면에 모든 종업원들에게 권능(權能: empowerment)이 부여된 수평적 팀제조직의 구축이 중시되는 이유도 개개인이 조직정치활동의 행위주체가 된다는 점을 인정함으로써 역량발휘를 최대화할 수 있기 때문이다.

(3) 기본전제 3

"공식화된 제도적 절차와 규정의 뒷면에는 예외 없이 조직과 개인간에 세부적 협상활동과 조정활동이 있다"는 사실이다. 즉 살아 움직이는 조직 내에는 구체적 운영메카니즘으로서 새로운 규제시스템이 끊임없이 형성된다는 것이다.

이와 같은 규제시스템의 효율성은 시간과 비용, 그리고 구성원들의 스트레스 및 고통의 수준 등으로 측정될 수 있다. 전반적인 성과 역시 낮은 자원투입으로 높은 성과를 산출하는 정도를 측정하여 살펴볼 수 있다. 만일 선진화된 제도만으로 조직을 혁신시킬 수 있다면, 우리도 초우량기업의 제도를 벤치마킹하기보다 똑같이 그냥 복사해서 적용하면 될 것이다. 그러나 진정한 조직운영 메카니즘은 제도에서 나오는 것이 아니라 제도적 규제시스템과 주체집단의 대응시스템이 결합된, 매우 동태적인 형태로 나타난다는 것이다.

(4) 기본전제 4

일반적으로 "행위주체로서 조직구성원들의 관심사는 다음과 같은 절차에 의거하여 표출된다"는 사실이다.

① 조직구성원들은 자신의 관심사항을 우선적으로 고려하며,

② 다음으로 소속되어 있는 이해관계자 집단의 관심사항을 고려하고,

③ 대단위 및 공식조직의 관심사항은 가장 나중에 고려하게 된다.

이상의 네 가지 기본전제들은 사실 매우 상식적인 논지이므로 일상생활에서 항상 볼 수 있으며, 연구결과 이미 오래 전에 밝혀진 사실이기도 하다.[31] 결국 이를 통하여 검증한 사실을 한마디로 표현하면, "만일 행위주체간에 상호공통적인 이해관계 및 목적을 갖고 있지 않으면 이들은 자신의 목표달성만을 위하여 어떤 권력의 원천도 활용하게 될 것이다"라는 점을 강조할 수 있다.

3. ALSA의 5단계 분석과정

ALSA를 활용하여 조직정치현상을 분석하기 위해서는 다음과 같은 5단계 분석과정을 거쳐야 한다.

(1) ALSA의 1단계 분석 : 행위주체의 파악(identify the actors)

우선적으로 파악해야 하는 행위주체는 개인 또는 단체(부서 · 조합 · 집단 등) 누구나 될 수 있으며, 조직의 내부 또는 외부(공동체, 정치인 등) 어디에나 존재할 수 있다.

행위주체는 조직활동상의 게임(또는 게임 이슈)에 연루된 현안이나 의사결정활동 및 행동방식에 영향을 미치는 역할을 한다. 또한 행위주체의 파악은 특정 이슈에 따라 달리 형성되며, 새로운 변화와 새로운 문제가 발생함에 따라 행위주체도 달라진다는 점에 유의해야 한다. 다음과 같은 조직 내 행위주체들이 그 한 예이다.

▶ 최고경영자 : 박정수, 나이 50세, 서울대 상대 출신으로 입사 25년만에 대표이사 사장에 취임. 낙천적이며 쾌활한 성격. 과감한 권한위양으로 정보통제력이 다소 취약한 경영스타일을 보임.

31) Dalton M.(1959), Men who manage, New York, Wiley

▶ 디자인팀　：새로 발족된 영업본부의 한 팀. 업무내용이 다양화며 업무수행 자체가 매우
　　　　　　자율적임. 자신들의 전문능력을 너무 강조하여 타부서와의 마찰이 자주 발
　　　　　　생.

▶ 전산팀　：초기에는 프로그래머 5인으로 발족. 전사적 정보시스템 구축을 위하여 40
　　　　　　여명으로 증가되면서부터 최고경영자의 관심이 집중됨.

▶ 생산팀　：자동화 및 조직구조 재설계에 따라 인원은 크게 감축됨. 노동조합과의 연대
　　　　　　속에서 최고경영자 및 신생 디자인팀에 대한 반발의식이 큼.

(2) ALSA의 2단계 분석 : 행위주체간의 관계에 대한 sociogram의 작성

파악된 행위주체간의 관계를 소시오그램으로 작성할 때에는 적어도 다음과 같은 3가지 유형
의 관계를 명확히 규명해야 한다.

▶ 반목 및 갈등관계(opposition and conflict)

▶ 제휴 및 연대관계(alliances and coalition)

▶ 상호간의 의존관계(inter-dependency) 등

소시오그램 역시 이슈의 특성에 따라 달라지므로 갑과 을의 관계가 때로는 제휴관계, 때로는
반목관계에 있을 수 있다는 점에 유의해야 한다. 또한 새로운 이슈 및 위기상황이 표출될 경우
이들간의 관계변화 상태를 단계별로 구분하여 소시오그램을 작성해야 한다

〔그림 12-4〕 행위주체간 관계분석 소시오그램

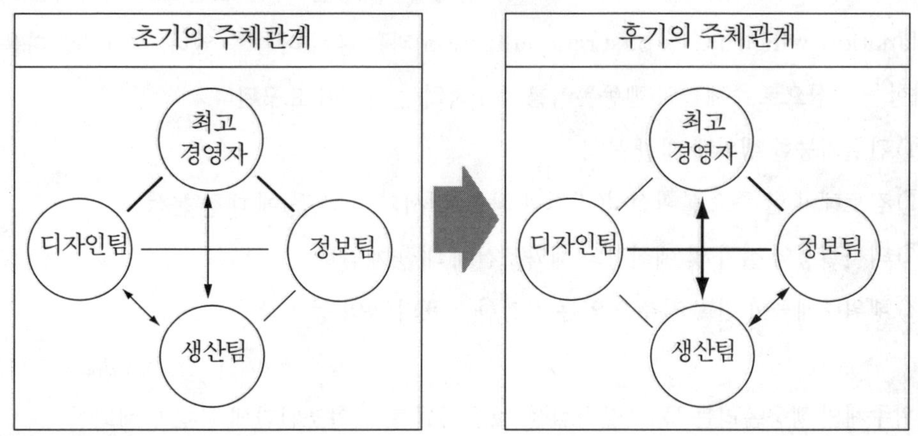

(3) ALSA의 3단계 분석 : 행위주체들의 권력수준 측정

행위주체의 권력수준을 측정할 때 특히 유의할 사항은 "모든 민주주의 사회에 있어서 권력(power)은 합리성(rationality)을 바탕으로 나타난다"는 사실이다.

이것은 사이몬(H. Simon)과 마아치(J. March)(1958)의 의사결정 및 협상논리와는 완전히 다른 개념으로서, 승리한 자의 의사결정은 항상 합리적으로 나타나며, 패배한자 역시 나름대로의 합리성을 갖고서 체면 치레를 하게 된다는 점을 인정하고 있다는 것이다.

[표12-1]에서는 4대 주체(최고경영자 · 디자인팀 · 전산팀 · 생산팀)집단이 5가지 권력의 원천을 중심으로 이루어지는 권력관계를 간략하게 도식화한 내용을 보여준다.

〔표 12-5〕 행위주체별 권력관계

권력의 원천	최고경영자	디자인팀	전산팀	생산팀
전문능력 : 주도력	+	++	+	+
: 도전력				
: 문제해결력				
규칙통제력 : 입안력	++	-	+	-
: 해석력				
자금통제력 : 보유자원	++	-	-	-
정보통제력	+	++	+	-
대경관계력	++	+	o	-
종합점수	8	3	2	-3

(4) ALSA의 4단계 분석 : 행위주체의 행동논리시스템 재구축

행위주체들의 행동논리는 공식적으로 제시된 사업목표(official business objectives)나 공표된 목표(stated objectives) 또는 사후에 "합리화" 과정을 거친 표현으로 제시되는 "설명"(explanationswhich are ex-post rationalization)과는 흔히 다를 수 있다. 그러므로 다음과 같은 사항을 중심으로 주체들의 행동논리를 재구축하는 작업이 요구된다.

① 관찰가능한 행위에 대한 분석

② 검토해야 할 주요 불확실성(좌절과 좌초, 질서와 규제 등)에 대한 분석

③ 의사결정의 절차 및 예산상의 제약조건에 대한 재검토

④ 행위주체들이 간혹 감추고 있는 진정한 목표의 파악 등

행위주체의 행동논리는 목표, 불확실성, 보유자원 및 제약조건간에 상호 연계되어 있는 '합리

적 해결책을 추구하는 방식'으로 형성된다. 불확실성(uncertainty)이 행동논리 분석에서 중요하게 다루어지는 이유는 다음과 같다.

① 불확실성은 다른 행위주체들에게 권력을 부여하거나 조직 전반에 걸친 문제를 야기시킬 수 있다.

② 불확실성을 다룰 수 있는 사람(행위주체)은 이를 통하여 자신의 목적을 달성하려 한다.

③ 사람(행위주체)들은 남들이 자신의 행동을 예측하지 못하도록 하기 위하여 불확실성을 관리한다.

〔표 12-6〕행동논리 시스템 분석의 주요 내용

주요 이슈, 주요 문제별 (Key Issue)	핵심주체 (Key Actors)	핵심주체별 보유자원 및 제약조건 계약조건 (Resources & Constraints)	핵심주체들의 구체적 행동논리 (Logic of Action)
이슈1	갑 을 병	• 예산(budget) • 규정 해석력 (interpretation of rules) • 전문능력(expertise) • 희소자원에 대한 통제력 (control of scarce resources) • 주요 불확실성에 대한 통제력 (control of key uncertainties) • 업무 및 정보흐름의 집약도 (centrality in work/inform-flow)	• 공식적 · 비공식적 협상활동의 조정 (arrangement of formal / informal negotiation) • 협상조정비용에 대한 보상은 누가 할 것인가? (Who pays the cost of arrangements?)

[표 12-2]는 행위주체의 행동논리시스템 분석(ALSA)에 요구되는 내용을 정리한 것이다. 이와 같은 분석표는 각각의 의사결정이나 문제점 및 새로운 변화가 있을 때마다 작성될 것이 요구된다. 우선 본 분석표의 좌측에서 우측으로 정리해가면서 핵심주체(key actors)집단을 분명하게 파악해야 한다. 다음으로는 권력 및 영향력행사 각 게임에서 주체들이 갖는 보유자원과 제약조건들을 파악하고, 동시에 그 수준을 측정해야 한다. 여기에서는 희소자원에 대한 불확실성 통제력, 게임의 규칙에 대한 해석 및 전문성의 보유수준에 대한 분석이 구체적으로 이루어질 것이 요구된다.

한편 주체간의 제휴 · 연합 · 동조 또는 독자적 관계를 살펴봄으로써 이들 주체의 행동논리 및 행동목표를 재구축하는 작업이 요구된다. 이처럼 비공식적인 협상이나 상호 주고받는 행동의 결과, 그리고 상호 조정활동 등을 거친 행위주체들의 행동시스템은 끊임없이 동태적인 균형을 만들어가게 한다.

만일 행위자 각 개인이 안고 있는 현안이 무엇인지에 대하여 개괄적으로 파악할 경우에는 다음과 같이 몇 가지 유형별로 구분해보는 것이 효과적이다. 주요 현안에 대한 유형구분은 크게 5가지로 구분된다.

① 담당직무의 내용, 책임 및 자율성(Job content, responsibilities, autonomy)

② 대인관계 및 집단관계 : 집단차원의 사회적 욕구 및 권력게임(Interpersonal and group relationships)

③ 사업체 및 조직차원의 상호관계 : 조직차원의 사회적 욕구 및 권력게임(Unit or company-wide relationships)

④ 업무외적 상호관계(Relationships outside work)

⑤ 보상 및 경력개발에의 기회(Compensation and career opportunities) 등

한편 버저(P. L. Berger)와 럭만(J. H. Luckman)[32]은 "실태(reality)란 행위주체들의 신념과 가치관, 정신적 이미지 및 그들의 과거 경험에 의해 구축된다"는 점을 분명히 하고 있다. 그러므로 경영자나 변화의 주역(change agent)들이 다른 조직구성원(행위주체)의 반응을 예측하기 위해서는 행위주체들의 신념이나 가치관부터 살펴보아야 할 것이다.

[표 12-3]은 직무의 충실화(enriched job) 및 업무의 권능화(empowered job) 방식으로 공장 단위의 조직을 재설계할 경우, 미숙련공들의 반응이 어떻게 표출될 것인가 하는 주말교대반에 대한 경영자들의 예측분석 내용을 간단히 정리한 것이다.

〔표 12-7〕 현장종업원에 대한 임파워먼트 실시 사례 분석

현안문제	상황의 변화	상황변화에 대한 인식
직무내용의 책임 자율성의 강화	(+) 정형적 업무의 축소	미숙련업무와 숙련업무간의 큰 격차
대인관계 및 집단관계의 개선	(-) 동료작업자의 개입	경영층에 대한 대응세력 규합 필요성
본부간 및 조직차원의 관계 개선	(-) 경영진에 대한 노동조합의 세력 약화	노조는 종업원 지지세력
업무외적 관계	(-) 카풀 활동의 소멸	회사업무보다 개인의 사생활 및 취미에 관심
보상 및 승진기회	(+) 승진기회의 확대	계층의식의 약화

---

[32] Berger P.L & Luckmann J.H.(1966), The social construction of reality, New York, Doubleday

(5) ALSA의 5단계 분석 : 규제내용의 파악 및 규제비용과 결과분석

행위주체간의 다양한 조정과 협상활동은 시스템의 성과(비용 · 품질 · 서비스 등) 및 구성원의 만족(스트레스 · 긴장 · 승진기회 · 학습 등) 수준에 직접적인 영향을 주게 된다. 특히 여유인력이나 여유시간이 존재할 경우에는 부서간 갈등이 오히려 고조될 수 있다는 점에 유의해야 한다.

또한 행위주체 집단간 경쟁관계가 결여될수록 조직시스템의 성과수준과 구성원들의 안정감 수준에는 상호 상쇄관계에 놓이게 된다는 점도 이해하여야 한다. 반면에 상호간 경쟁관계가 고조될수록 여유인력이나 여유시간을 기대할 수 없으며, 자신들의 심리적, 그리고 감정적 문제점을 일상적으로 해결하도록 할 것이 요구된다.

IV. 분석사례

제시되는 분석사례는 4개이며, 이들은 분석대상 및 분석방법에 있어서 다소의 차이가 있지만 기본적으로 ALSA의 분석시각과 논지에서 전개되고 있다.

[사례 1]은 크로지에 교수가 프랑스 전매청 소속 담배제조 공장 내에서 '감독자-기계수리공'의 관계를 분석한 것으로, 동일 조직 내의 개인(individual)을 분석대상으로 하고 있다. [사례 1]을 통해 공식적으로는 감독자와 기계수리공의 직위를 바탕으로 한 계층구조(hierarchy)가 확립되어 있지만, 실질적으로는 하급자인 기계수리공이 불확실성(uncertainty) 대처능력을 갖고서 감독자 못지않은 권력을 행사하는 현상을 보여주고 있다.

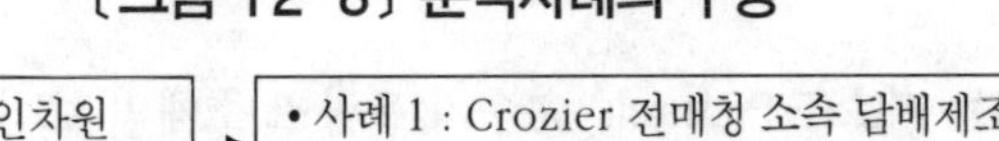

[그림 12-8] 분석사례의 구성

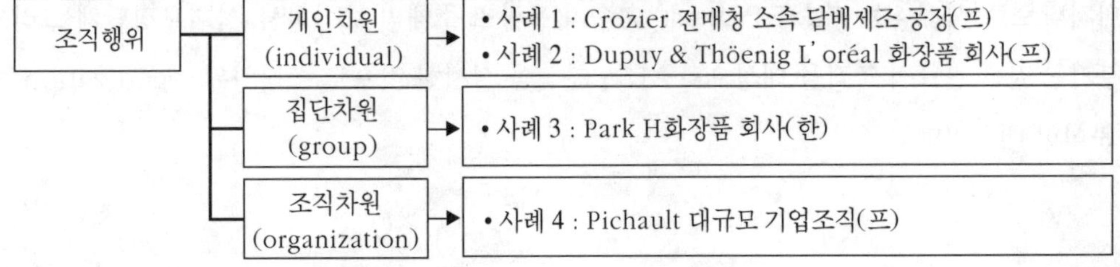

[사례 2]는 뒤삐(F. Dupuy)과 뙤니그(J. C. Thöenig)교수의 프랑스 로레알 화장품 회사의 영업 활동에서 나타난 '화장품 판매원-미용사-샴푸 걸(shampoo girl)' 간의 관계를 분석한 것으로 서로 다른 조직에 속해 있는 개인(individual)을 분석대상으로 하고 있다.

이를 통해 외부인이 바라본 조직 내 공식적 조직과 실질적 조직간의 괴리(gap) 현상과 그에 따른 영향을 분석하게 된다.

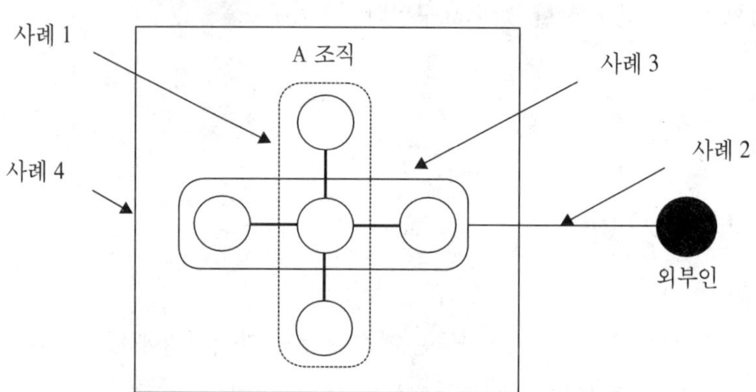
[그림 12-9] 분석사례별 시각

[사례 3]은 공식적으로는 수평적인 관계에 있는 부서들이 다른 부서와의 역학관계에 의해 계층구조가 형성되는 것을 분석한 것으로 조직 내 공식집단(formal group)인 부서를 분석대상으로 하고 있다.

[사례 3]은 권력에 대한 기존의 연구와는 달리 부서의 권력크기(amount of power) 및 갈등크기(amount of conflict)의 측정을 통한 'Power-conflict Scatter Diagram' (권력-갈등분포도)을 다루고 있다.

마지막으로 [사례 4]는 삐쇼(F. Pichault) 교수가 프랑스 소재의 보험회사, 사회보장단체 그리고 정부기관 같은 관료적 조직을 대상으로 ALSA 분석을 실시한 것으로 조직차원(organization)에서 분석한 내용이다.

1. 프랑스 전매청 소속 담배제조 공장의 사례

크로지에 교수가 분석한 프랑스 전매청 소속 담배제조 공장의 사례는 행위주체간 상이한 권력원천을 바탕으로 공식적 권한관계(상사·부하 관계)를 초월하여, 상호보완적이며 협력적인 관계가 형성되는 현상을 파악한 것으로 「전략적 권력관계 분석」의 효시로 평가 받고 있다.[33]

행위주체별로 '권력의 원천'을 살펴보면, 감독자는 조직으로부터 '직위권력'(피감독자들을 감독할 수 있는 권한)을 부여받았으며, 부하인 기계수리공은 '전문권력'을 바탕으로 한 불확실성 대처능력(기계에 대한 전문지식과 기계가 불시에 고장났을 때 대처할 수 있는 능력)을 보유하고 있다.

이들은 각기 가지고 있는 권력의 원천을 바탕으로 서로에게 권력행사를 하게 된다. 즉, 감독자는 직위권력을 바탕으로 기계수리공들을 통제·관리하며, 기계수리공들은 기계수리시간을 고의적으로 지연시키면서 감독자를 난처하게 만들었던 것이다.

이러한 과정을 통해 감독자는 기계수리공만이 기계를 수리할 수 있다는 것과 기계수리공과의 갈등은 곧 기계수리시간의 지연을 의미한다는 점을 인식하게 되었다. 또한 기계수리공은 평상시 자신의 활동을 통제할 수 있는 사람이 바로 감독자라는 것과 감독자와의 갈등에는 곧 업무통제가 따르게 된다는 것을 인식하게 되었다. 즉 감독자와 기계수리공은 상대방이 서로가 원하는 것을 가지고 있다는 사실을 인식하게 된 것이다.

감독자와 기계수리공은 '상호간의 이해관계', 즉 감독자는 기계수리공과의 원만한 관계를 유지함으로써 불시의 기계고장으로 인한 생산정지의 불안감에서 벗어나기를 희망하였고, 기계수리공은 감독자와의 원만한 관계를 유지함으로써 감독자로부터의 인간적인 대우와 업무에 대한 억압적 통제에서 벗어나고 싶어한 것이다.

---

[33] Hickson 등(1971)에 의해 발표된 'A strategic contingencies' theory of intraorganizational power'를 전략적 권력연구의 효시로 보는 경우도 있으나, 내용을 살펴보면 Corzier(1964)의 'The Bureaucratic phenomenon'에서 제시된 주요 내용, 즉 권력의 주요 원천으로서의 불확실성 대처 능력과 행위주체간의 전략적 권력관계 등을 인용하고 있으며, Crozier에 의해 조직분석의 전략적 모형(strategic model of organization as system)이 제기되었음을 명확히 밝히고 있다(Hickson, 1971, ASQ, 219-220). 그러므로 전략적 권력연구의 효시는 Crozier로 보는 것이 정확하다고 할 수 있다.

〔그림 12-10〕공식적 조직체와 실질적 조직체 비교 Ⅰ

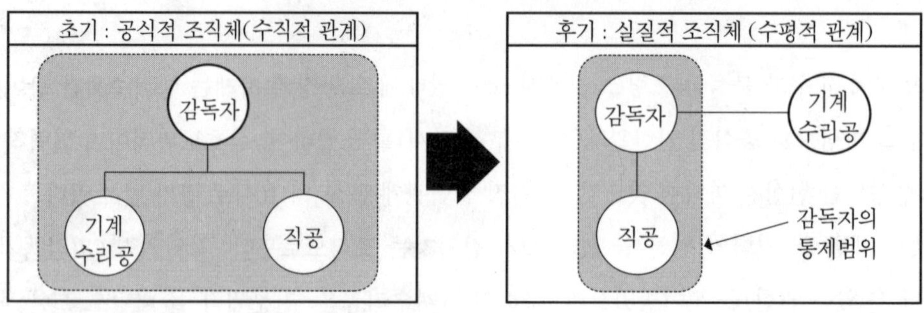

[그림 12-7]에서 알 수 있듯이 감독자의 통제범위는 기계수리공과 직공들을 포함하는 것처럼 보이지만, 실제 업무관계에 있어서는 감독자와 기계수리공은 대등한 관계에 있으며 직공만이 감독자의 실질적인 통제범위에 놓여 있다는 것이다. 결과적으로 행위주체간의 협력을 통하여 서로가 원하는 것을 얻을 수 있게 된 것이다.

반대로 만일 감독자와 기계수리공들이 서로 협력하지 않고, 자신들이 보유한 권력의 원천을 바탕으로 권력행사에만 주력하였다면 어떤 결과가 나타날지는 쉽게 예상할 수 있을 것이다.

외부의 연구자가 이상과 같은 '감독자-기계수리공-직공'의 관계를 간과한 채 공식적 지위에만 입각하여 규범적인 분석만 실시하였다면 조직 내에서 발생되는 실질적인 현상은 제대로 파악하지 못했을 것이다.

행위주체간의 '전략적 협력관계'에 대해 콘(A. Kohn, 1992)은 "모든 조직이 필연적으로 구성원들의 요구보다 적은 양의 자원을 보유하게 되는데, 만약 구성원들이 제한된 자원(limited resources)을 둘러싸고 경쟁·갈등·반목한다면 조직은 쇠퇴할 수밖에 없다"고 하면서 구성원들이 보유한 지식과 정보를 공유하고 상호협력을 모색해야 한다고 지적하고 있다.[34]

2. 프랑스 로레알 화장품 회사의 사례

ALSA를 이용한 또다른 분석 사례로 프랑스 로레알 화장품 회사에 대한 연구가 있다.[35] 로레알사는 세계적으로 유명한 프랑스의 화장품 제조회사로서 1970년대 말 '케라스타스(Kerastase)'라는 특별 기획상품(샴푸 종류)을 개발하여 전국 미장원을 판매채널로 한 판매활동에 들어갔다.

로레알사의 영업부서에서는 미장원에서 머리를 감겨주는 임시직 종업원(일반적으로 '샴푸걸 (Shampoo Girl)'이라고 부름)들을 통하여 자사의 샴푸와 린스를 판매하는 것이 가장 효과적일 것이라고 판단하였다. 또한 이들은 미장원에서 가장 임금이 낮은 종업원들이기 때문에 판매량 에 따른 인세티브제를 적용하면 효과가 클 것이라는 실천적인 판촉정책도 함께 시도하였다. 그 러나 이와 같은 전략은 시작하면서부터 엄청난 적자와 재고누적에 시달리는 시련을 맞이했다.

생각지도 못한 실패에 직면한 로레알사에서는 "왜 이같은 현상이 발생되는가?"하는 구체적 원인과 이유를 살펴보기 위하여 조직정치학을 전공한 뒤삐 교수에게 전 유럽의 미장원을 대상 으로 한 「행동논리시스템 분석(ALSA)」을 실시해주도록 요청하였다.

뒤삐 팀의 연구결과, 미장원에서 머리를 감겨주는 샴푸 걸들의 가장 큰 관심사이자 걱정은 무 엇보다도 실직을 우려하는 것으로 나타났다. 즉 이들에게는 미장원에서 해고되지 않는 것이 중 요했으며, 기회가 되면 미장원에서 손님들의 머리를 손질하는 미용사가 되는 것이 꿈이었다.

실제로 '샴푸 걸'들이 손님에게 로레알 샴푸를 사용하겠다고 제안하면, 손님은 '샴푸 걸'에 게 대꾸도 하지 않고, 우선 머리를 손질해주는 미용사한테 이 샴푸가 내 머리에 적합한 것인지를 확인하는 것이었다. 그리고 무엇보다 중요한 사실은 머리를 손질하는 미용사들은 자신들만이 고객의 머리손질에 대한 모든 문제에 대하여 답변해줄 수 있는 유자격자로 자부하고 있다는 것 이다.

결국 샴푸 선정 문제를 미용사들(hairdressers)이 선정하는 방식으로 미장원 내의 **사회적 질 서(social order)**가 형성되면서 머리를 감겨주는 '샴푸 걸'들도 샴푸 선정문제는 아예 미용사들 의 의견을 그냥 따르는 것이 자신들의 자리를 지키는 데 훨씬 유리하다고 인식하고 있었다.

이와 같은 연구결과를 바탕으로 로레알사는 '샴푸 걸' 대신에 간접적인 방법으로 미용사들이 로레알사 제품을 추천하는 충고와 자문(advice) 역할을 하도록 노력했다. 그러면서 특히 조심한 것은 스스로 '예술가'로서의 자부심을 갖고 있는 미용사들에게 "샴푸를 판매(sell)하면서 자신 들의 품위를 손상시키게 만든다"는 반감이 발생하지 않도록 하는 것이었다.

---

34) Kohn A.(1992), No contest : The case against competition, John Ware Literary Agency, 성재언 역, 비봉출판사, 1992

35) Dupuy F. & Thöenig J.C., L'administration en miettes, Paris, Fayard, 1985, La loi du march , Paris, L'Harmattan(1986)

〔그림 12-11〕 공식적 조직체와 실질적 조직체 비교 Ⅱ

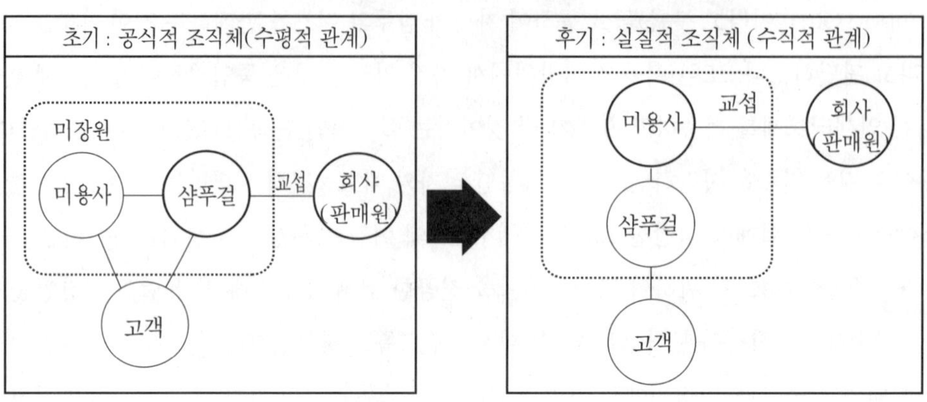

즉 초기 로레알사의 영업부서에서는 미장원 내에 존재하고 있는 '미용사와 샴푸 걸' 간의 사회적 질서를 파악하지 못하고 있었으며, "미용사보다 샴푸 걸들이 샴푸를 사용하므로 당연히 고객과의 접촉기회가 많을 것이다"라는 판단 아래 샴푸 걸을 교섭(판매촉진) 대상으로 정한 것이었다. 그러나 미용사와 미장원의 '샴푸 걸' 간의 확실한 수직적 관계가 밝혀지고, 특별 기획상품의 판매에는 '샴푸 걸' 보다 미용사가 효과적이라는 판단 아래 미용사들을 교섭대상으로 교체한 것이다. '샴푸 걸' 대신에 미용사들을 활용한 결과, 로레알사의 샴푸와 린스는 일년도 되지 않아 프랑스 국내시장을 주도하는 큰 성과를 얻게 되었다.

본 사례는 ALSA를 활용한 분석기법이 조직 내의 권력관계나 조직정치현상을 정확히 분석하는 학문적 연구에만 국한되는 것이 아니라, 기업의 판매활동에도 직접적으로 활용될 수 있다는 사실을 실천적으로 증명한 것이다.

3. H 화장품 회사에 대한 'Power-conflict scatter diagram' 분석사례[35]

분석 대상이 된 한국의 H 화장품 회사는 몇 년 전까지만 해도 업계 1-2위를 차지하던 회사였으나 최근에는 업계 3위로 밀려난 상황에 놓여 있었다.

---

36) 박기찬(1997), 전게서

418

이러한 결과는 ① 지난 수년간 국내 화장품 업계의 불황으로 인한 매출 감소와 ② 직판체제를 구축한 외국의 유명 화장품 회사들에게 시장점유율과 수익률을 잠식당하는 데 원인이 있었다. 이에 대한 타개책으로 H 사는 신제품 개발에 대한 지원과 함께 영업부서에 대한 인적 · 물적 지원에 초점을 둔 전략을 펼쳤다.

본사 차원의 적극적인 지원에도 불구하고 영업실적(시장 점유율 · 판매량 증가율 · 수익률 등)은 향상되지 않았으며, 오히려 이와 같은 실적 부진에 대해 영업부서와 지원부서간의 입장만 서로 상충되고 있었다. 즉, 영업부서장은 조직의 정책이 공식적으로는 영업기능을 강화한다고 하지만, 실제로는 지원부서들이 지나치게 통제와 간섭을 하고 있어 효율적인 영업활동에 지장을 주고 있다는 불만을 표출하고 있었던 것이다.

반면에 기획실 · 총무팀과 같은 지원부서의 입장은 영업부서에 대해 대폭적인 자율을 부여하고 있으며, 일선 영업부서에서 이야기하는 것과 같은 관리 및 통제위주의 조직관리 활동은 거의 없다는 반응을 보이고 있었다.

이러한 부서간 권력행사와 이로 인해 발생되는 갈등문제를 해결하기 위해 박 교수를 중심으로 ALSA 개념을 이용한 'Power-conflict scatter diagram' 분석을 실시하게 되었다.

(1) Power-conflict scatter Diagram의 개념

「권력-갈등관계 분산도(Power-conflict scatter diagram)분석」을 하기 위해서는 부서별 권력 및 갈등 크기의 측정이 선행되어야 한다. 우선 권력의 크기를 계산하기 위한 측정 영역 및 산식은 다음과 같이 이루어졌다.

[그림 12-12] 권력 크기 측정의 영역

권력행사		권력의존
주관적 권력행사 A 스스로 권력행사를 하고 있다고 응답한 영역	객관적 권력행사 B에 의해 인정된 영역	A가 B에 대해 의존하고 있다고 인정한 영역

- 권력크기[37] = 권력행사점수 - 권력의존점수
- 권력행사점수[38] = (주관적 권력점수 × 1/3) + (객관적 권력점수 × 2/3)
- 주관적 권력점수[39] = 권력행사 대상 부서 수 × 권력 행사 수 × 권력행사수준
- 객관적 권력점수[40] = 권력의존 대상 부서 수 × 의존 권력수 × 권력행사수준

또한 갈등의 크기에 대한 측정은 다음과 같은 방법으로 이루어졌다.

〔그림 12-13〕 갈등 크기 측정의 영역

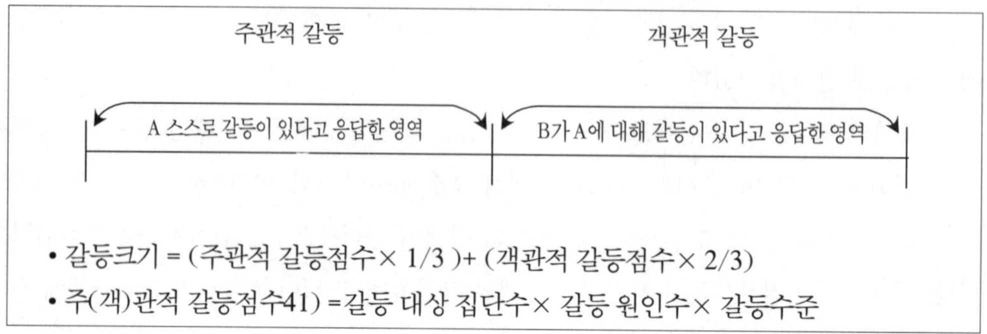

이상과 같은 방법으로 부서별 권력 및 갈등크기를 계산한 뒤, SPSS program을 이용하여 Positioning Map을 작성하면 다음과 같은 4개의 분면으로 구분되어 나타난다.

〔그림 12-14〕 Power-conflict scatter diagram의 개념

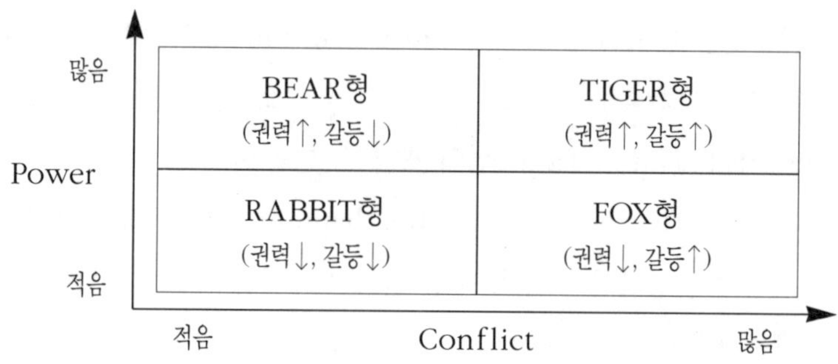

37) 권력행사와 권력의존은 역의 관계(inversed function)에 있기 때문에 권력행사 점수에서 권력의존 점수를 빼는 것이다 (Emerson 1962, Jacobs 1974).

38) 주관적 권력점수에 1/3, 객관적 권력점수에는 2/3의 가중치를 부여한 것은 자신과 관련된 부분을 언급할 때에는 다소 과장하고, 다른 사람에 대해서는 평가절하하는 현상을 반영한 것이다. 물론, 상대적 가중치의 값은 구성원들의 의견조사를 통하여 가변적으로 결정될 수 있다. 본 연구에서는 사전적(apriori) 가중치값으로 객관적 표현의 2배의 값을 보장해주었다.

39) 주관적 권력행사는 해당 부서 스스로 권력을 행사하고 있다고 응답한 것을 가리키며, Emerson의 권력개념 중에서 Pab에 해당된다.

40) 객관적 권력점수는 다른 부서에서 해당부서에 권력을 의존하고 있다고 응답한 점수를 분석하여 계산된다.

41) 객관적 갈등점수는 다른 부서에서 해당 부서와 갈등이 있다고 응답한 점수를 분석하여 계산된다.

TIGER · BEAR 같은 유형의 명칭은 권력과 갈등의 속성을 분석한 뒤, 이와 유사한 성격을 가지고 있는 동물들을 대응시켜 「권력-갈등관계」를 보다 쉽게 이해할 수 있게 한 것이다. 유형별 특징을 연구사례를 통하여 살펴보면 다음과 같다.

TIGER형에는 기획실, 총무팀 등 조직전체 시각에서 현장부서를 조정하는 지원부서들이 위치하고 있었다.

BEAR형에는 QC · 경리 · 연구실 등과 같이 TIGER형 부서들에 비해서 현장부서들을 조정하는 역할 비중은 적지만, 업무활동에 있어서 타 부서와 긴밀한 연계를 맺고 있는 부서들이 위치하고 있었다.

FOX형에는 해외사업부 · 디자인실 등 갈등의 크기는 큰 반면에 그에 대응하는 권력의 크기는 낮은 본사 소재 지원부서들이 위치하고 있었다.

RABBIT형에는 영업부 · 지점 등과 같이 TIGER · FOX형 부서들에 의해 이루어진 사업계획 및 운영방침을 실행하는 부서들이 위치하고 있었다.

여기서 한 가지 주의할 사항은 "4가지 중 하나의 특정 유형이 무조건 좋다는 결론은 내릴 수 없다"는 것이다. 즉 "권력이 크고, 갈등도 많이 유발시키는 TIGER형이 좋기 때문에 모든 부서들을 TIGER형으로 전환해야 한다"는 식의 결론을 도출해서는 안 된다는 것이다.

그러므로 분석결과를 토대로 하여 특정 부서가 전혀 다른 곳에 위치해 있는 경우를 주의 깊게 살펴본 뒤, 이의 원인을 면담이나 인터뷰 등과 같은 비계량적 방법을 통해 찾아내고 새로운 해결방안을 모색해야 한다. 즉 기존의 '권력문제' 관련 연구에서처럼 권력의 원천별로 평균점수를 계산한 뒤, 통계적으로 그 값이 유의하다는 식의 결론을 내려서는 의미가 없거나 오히려 잘못된 처방이 도출된다는 것이다.

[그림 12-15] Power-conflict scatter diagram의 활용법

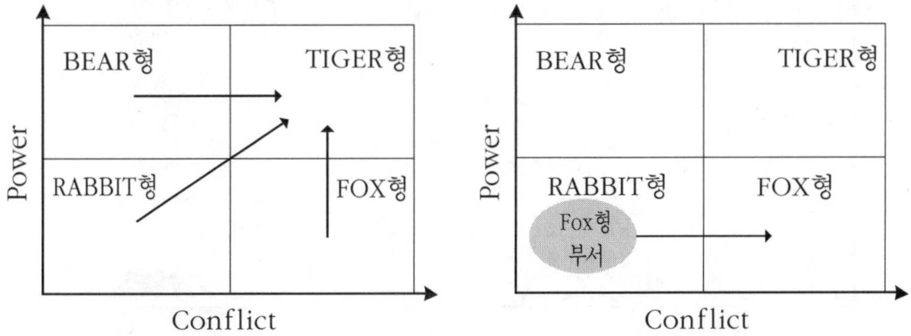

(2) Power-conflict scatter diagram 분석결과

본 분석에 사용된 변수들간의 상관관계는〔표 12-4〕와 같이 나타나고 있다.

〔표 12-16〕 변수별 상관관계 결과

Correlations	주관 권력	객관 권력	권력 행사	권력 의존	권력 크기	주관 갈등	객관 갈등	갈등 크기
주관적 권력	1.000							
객관적 권력	.718**	1.000						
권력의 행사	.965**	.875**	1.000					
권력의 의존	.940**	.704**	.918**	1.000				
권력의 크기	.840**	.904**	.923**	.696**	1.000			
주관적 갈등	.773**	.576**	.754**	.669**	.720**	1.000		
객관적 갈등	.038	-.101	-.012	.010	-.031	.170	1.000	
갈등의 크기	.669**	.445**	.632**	.569**	.596**	.914**	.554**	1.000

** Correlation is significant at the 0.01 level (2-tailed).

즉 분석에 사용된 변수들간에는 높은 상관관계가 있으며, 통계적으로도 매우 유의하다는 사실을 알 수 있다. 특히 '권력행사' 와 '권력의존' 간에 매우 높은 正(+)의 상관관계가 있는 것으로 분석되었는데, 이를 통해 "권력행사를 많이 하는 부서일수록 타 부서에 대한 권력의존 정도가 높다"는 것을 판단할 수 있다. 반면에 '주관적 갈등' 과 '객관적 갈등' 에는 상관관계가 미비한 것으로 분석되었다.

〔그림 12-17〕 Power-conflict scatter diagram의 실례

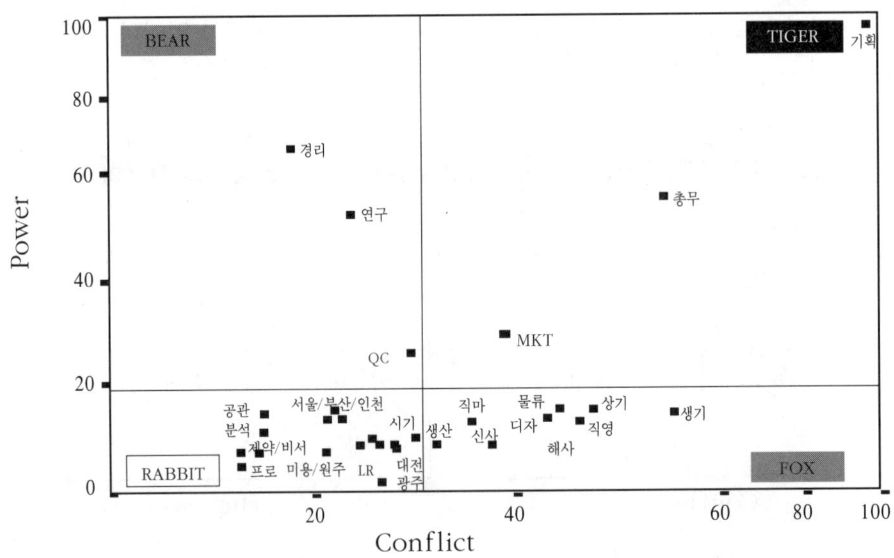

이상과 같은 자료를 바탕으로 「Power-conflict scatter diagram」을 작성한 결과는[그림 12-13]과 같으며, 분석의 편의상 점수를 100점대로 표준화하여 정리하였다.

분석결과, 공식적으로는 영업기능을 강화한다고 하였지만 실제 업무활동에 있어서 나타나는 행위들을 분석해보면 기획실과 총무팀 같은 지원부서들이 전체 부서들을 관리·통제하고 있음이 드러났다(관리위주의 조직관리 특성이 강하게 부각됨).

그러므로 진정한 의미에서 일선부서에게 업무의 자율성을 부여하고 영업기능을 강화하기 위해서는 기획실, 총무팀과 유사한 기능 및 업무권한을 가질 수 있게 재조정하는 작업이 요구된다(영업위주의 조직관리 및 일선부서에의 권력위임이 요구됨).

4. 관료적 조직에 대한 분석 사례

삐쇼는 대규모 조직을 대상으로 이와 같은 ALSA 방법을 사용하여 '관료적 현상'에 대한 심층적 분석을 실시하였다.

본 사례분석에서는 신임 최고경영자가 「조직혁신(organizational innovation)」과 「권능부여(empowerment)」라는 명분 하에, 실제로는 20년도 더 지난 목표관리(MBO)나 다능화(multi-skilling) 전략 및 집체교육(mass-training)을 실시한 내용을 다루고 있다.[42]

연구대상인 보험회사·사회보장단체 및 정부기관의 경우, 변함 없이 법규·정부규제·판례·조직의 내규 등을 통한 '문서관리위주'로 작업이 이루어지고 있었다. 즉 모든 서류는 타이핑된 상태나 사진자료와 함께 파일화되어 캐비닛 안에 보관하고 있었다. 한편 전산소에서는 외부 경영자문팀과 함께 연구한 결과를 바탕으로, 종업원들에게 개인용 컴퓨터를 지급하면서 동시에 모든 관리활동을 온라인(on-line)화하도록 최고경영자에게 건의하고 있는 상태였다.

새로운 경영혁신의 방법과 내용에 대한 확신 없이 무수한 이견들만 표류하고 있을 시기에 조직사회학자인 삐쇼 교수에게 의뢰하여 ALSA(행위주체의 논리시스템 분석)부터 시도하게 한 것이다.

---

[42] Pichault F.(1993), Resources humaines et changement stratégique : vers un management politique, Université De Bock, Bruxelles

분석의 첫 단계는 경영혁신이란 이슈를 중심으로 핵심 주체집단을 파악하는 작업이었다. 여기에는 최고경영자, 전산소장 및 전산화 컨설턴트, 경영혁신 담당팀원, 일선감독자 및 문서관리 직원 등이 포함되었다.

주체집단을 파악하는 과정에서 직원들은 업무시간 중 90% 이상을 차지하고 있는 문서관리 활동에 신물이 나 있다는 점을 알게 되었으며, 문서관리는 가능하면 일선감독자들이 직접 하게 하는 것이 바람직할 것이라는 의견도 접게 되었다.

이와 같은 분석결과가 공표되자마자 문서관리 담당직원과 일선감독자들이 강하게 반발하였다. 일반직원들은 중립적 태도를 보이면서 "일선감독자와 일부 문서관리 작업을 도와줄 수는 있다"는 미지근한 의견을 표명하였다. 또한 전반적으로 전산시스템(하드웨어 및 소프트웨어) 구축에 엄청난 투자가 이루어지더라도 종업원들은 컴퓨터를 켰다가 끄는 작업만 할 뿐, 컴퓨터의 활용도는 매우 낮다는 의견도 강하게 부각되었다.

분석결과를 통하여 마지막으로 제언한 사항은 "문서관리 직원들을 '자원인력(resource people)'으로 전환하여, 일선감독자집단과 함께 시스템 설계작업에 종사해야 한다"는 것이었다. 그리고 컴퓨터는 이를 원하는 부서에만 공급하자는 것이었다.

5. 분석사례의 시사점

지금까지 살펴본 분석사례들은 「공식적 조직체」와 「실질적 조직체」간에는 분명 차이(gap)가 있으며, 이러한 「차이분석(gap analysis)」에서는 우리에게도 익숙한 미국식의 기술적 · 계량적 접근방법만으로는 집단행동의 구체적 시스템을 파악하지 못한다는 점을 강조하고 있는 것이다.

결국 인간형성체인 조직을 'one best way' 식의 「결정론적 연구모델」에 의하여 분석하는 방법은 기술적 분석에만 사용하도록 제한하고 인터뷰 · 관찰 · 그리고 끊임없는 지적 성찰(reflexion) 방법에 의하여 수정되어야 한다는 것이다.

이처럼 조직을 병원에서 MRI 촬영하듯 구성원간의 권력관계에 관하여 심층적으로 분석하는 방법은 어떤 형태의 변화에 직면한 조직에 있어서도 매우 효과적으로 활용될 수 있다. 왜냐하면 조직해부(the anatomy of organization) 또는 조직의 실태(the reality of organization)를 밝혀볼 수 있다면, 어떤 상황 하에서도 최악의 사태를 방지할 수 있을 뿐만 아니라 손자병법에서 강조하고 있듯이 '백전불태(百戰不殆)'의 실천전략도 구상할 수 있기 때문이다.

V. 결론

행위주체의 행동논리 분석(ALSA)을 통한 조직분석은 크게 3가지로 요약될 수 있다.

1) ALSA분석의 결과를 활용한 세부적 개선방안의 제시

「맞춤식 해결방안(tailor-made solutions)」은 이해관계자들이 몰입되어 있는 수준에 따라 스스로 정립해야 한다. 그러므로 이면에 가려져 있거나, 비공식적으로 형성되어 있는 규제 메카니즘의 내용 및 권력게임 실태 등을 심층분석하는 작업이 무엇보다 중요하다.

2) 행위주체들의 반발적 또는 협력적 행동의 원인에 대한 분석

행위주체의 행동방식은 다음의 원인변수를 통하여 심도 있게 파악해야 한다.

▶ 첫째, 행위주체들의 목표 및 행동논리(objectives and logic of action)

▶ 둘째, 행위주체들의 성패에 대한 지각(경험 · 가치관 · 문화적 풍토 등)

▶ 셋째, 행위주체들의 지각 및 해석방식은 때때로 혼잡하고 모순적으로 나타나므로 정보활동 · 교육활동 · 토론활동을 통하여 개별 행위주체의 잘못된 해석사항을 수정하는 활동 등

3) 이해관계자들에 대한 분석결과의 피드백 활동 등

사례를 통해 알 수 있듯이, 우선 「**실태를 그대로 보여주는 것**」이 가장 쉽고 강력한 수단이 된다는 점을 인식하고, 모든 이해관계자들에게 분석결과를 제시한 후 이를 받아들이게 하는 방법을 도입하고 일부의 반발 및 저항세력에 대해서는 설득과 재해석 활동을 통하여 회유하는 작업이 요구된다.

이렇게 해서 모든 구성원간의 공통된 이해와 타협을 유도할 수 있으며, 행위주체들의 행동논리(사람들은 항상 자신들이 올바르다는 인식을 하고 있음)를 결집시키고, 또한 규제내용과 규제

비용관리에 대한 방향도 합치시킬 수 있다는 것이다.

ALSA라는 사회학적 조직진단 및 분석방법론을 제창한 크로지에 교수는 "행위주체의 행동논리에 대한 분석이 이루어지면, '진정한 문제점(real problems)'이 드러나게 되며, 자연히 현실적 규제 메카니즘 및 규제 비용의 심각성을 이해관계자들에게 보여줄 수 있다"고 일관성 있게 주장하고 있다.

결국 조직의 모든 구성원들이 그들의 책임에 대하여 공감하고, 한편으로는 상호 비방적인 활동을 자제하면, 새로운 그리고 보다 효과적인 해결방안(ad hoc solutions)이 얼마든지 나올 수 있으므로, 경영학자들이 흔히 빠지기 쉬운 분석 없이 사전적으로 제시되는 해결방안(ready made solutions)만을 활용하는 모델과 설문분석의 위험에 빠지지 않도록 항상 유의해야 할 것이다.

[사례3] 질문사항

1. 사회감사인들이 ALSA(행위주체의 행동논리시스템 분석) 모델에 입각한 조직진단(또는 예비진단)을 실시할 경우, 어떠한 분석효과를 기대할 수 있다고 보는가?

2. 현대 조직을 '다원적 · 정치적 모델'에 입각하여 분석하는 이유를 변화(change), 불확실성(uncertainty), 복잡성(complexity)의 3대 개념에 입각하여 설명해보시오.

3. 조직분석과 조직진단간에는 어떠한 차이가 있는가?

4. 사회감사인과 전문 컨설턴트의 역할상 차이 점과 공통점에 관하여 설명해보시오.

5. "사회감사인이나 전문 컨설턴트 모두 현상론적 접근방법을 중시해야 한다"는 명제에 대하여 어떻게 생각하는가?

6. 행위주체의 행동논리시스템(ALSA)의 개념 및 효용성에 대하여 설명해보시오

7. 샴푸 걸(shampoo girl)과 미용사(hairdresser)간의 공식적 지위 및 실질적 권력관계에 대하여 분석해보시오.

[사례 3] 참고자료

김수곤(1992), 한국노사관계론(경문사), 박기찬(1992), 전략적 권력관계분석에 관한 방법론적 고찰, 산업경제연구소, Vol.6. pp.23-58.

박기찬(1993), 조직정치론, 경문사

박기찬(1997), 팀업적평가, 한국능률협회

신유근(1994), 조직행위론, 다산출판사

Berger P.L & Luckmann J.H.(1966), *The social construction of reality*, New York, Doubleday

Chevalier F.(1991), *Cercles de qualité et changement organisationnel*, Paris, Economica

_________ F.(1995), *Changes and managing contradictions*, EGOS Colloquium, Istambul, July

Cohen M.D., March J.G., & Olsen J.P(1972), 'A garbage can model of organizational choice', *Administrative Science Quarterly*, Vol. 17, pp.1-25.

Crozier M.(1964), *The bureaucratic phenomenon*, University of Chicago Press

_______ M. & Friedberg E.(1980), *Actors and systems : The politics of collective action*, University of Chicago Press

Dalton M.(1959), *Men who manage*, New York, Wiley

Dupuy F. & Thöenig J.C.(1985) *L' administration en miettes*, Paris, Fayard

_______ F. & Thöenig J.C.(1986) *La loi du march*, Paris, L' Harmattan

Emerson R.M.(1962), 'Power-dependence relations', *American Sociological Review*, Vol.27. pp.31-40.

Greiner L. & Shein V.(1988), *Power and organizational development*, Addison Wesley

Halberstam D.(1986), *The reckoning*, Avon

Hickson D.J. & Hinnings C.R, Lee C.A., Schneck R.E., & Pennings J.M.(1971), 'A strategic contingency theory of intraorganizational power', *Administrative Science Quarterly*, Vol.16, pp.216-229

Ornstein & Tichy(1973), *Organizational diagnosis and improvement of strategy*, New York, Behavioral Science Associates Editors

Jacobs D.(1974), 'Dependency and vulnerability : An exchange approach to the control of organizations', *Administrative Science Quarterly*, Vol.19, pp.45-59

Kohn A.(1992), *No contest : The case against competition*, John Ware Literary Agency, 성재언 역, 비봉출판사, 1992

Morgan G.(1986), *Images of Organizations*, Sage

Pfeffer J.(1981), Power in organizations, Massachusetts : Pitman Publishing Inc.

Pichault F.(1993), Resources humaines et changement stratégique : vers un management politique, Université De Bock, Bruxelles

Shapiro E.(1995), Fad surfing in the boardroom, Addison Wesley

Tr po G.(1987), 'Introduction and diffusion of management tool', European Management Journal, Vol. 5, No. 4, Winter,

________G.(1988), 'Mode de management et évolution des entreprises', L' enjeu humain, CEPP Paris

________G.(1997), 'Dynamics of organizational change : The management of contradictions', Academy of Management, July, Boston

사례 4   인사기능의 역할 :

전략적 인적자원개발에 대한 이론적 고찰

I. 인적자원의 전략화가 요구되는 이유는 무엇인가?

인적자원개발은 석유나 광물과 같은 물적자원의 개발과는 근본적으로 접근 방법이 다르다고 할 수 있다. 그러나 현실적으로 인적자원을 피동적인 물적요소처럼 다루는 경영자의 태도나 이를 조장하는 제도적 장치가 정도는 달리 하면서 어느 기업에 있어서나 존재한다는 사실도 부정할 수 없다고 할 것이다.

슘페트(J. Schumpeter)이후 강조된 '혁신의 논리' 는 최근 경영활동의 새로운 패러다임 형성 문제로 발전되고 있으며, 변화와 창조적 파괴의 시대(Peters, 1992)에 있어서는 인적자원의 소프트웨어 능력을 혁신적으로 개발시키는 전략적 활동이 가장 중시되고 있다(Wick & León, 1993).

본 연구에서는 1990년대 이후에 공표된 인적자원개발 및 경영혁신 관련 주요 논문과 저서들의 요지를 통하여 갈수록 중시되고 있는 인적자원의 가치증대와 이를 활용하기 위한 최근의 연구내용에 관한 이론적 고찰을 하였다.

인적자원개발의 핵심이 되는 제도나 활동으로서는 우선 종업원들에 대한 교육훈련 시스템을 들 수 있다. 이는 교육훈련이 바로 인적자원개발을 위한 활동이라는 의미로 해석할 수 있다. 해머(1993)와 데븐포트(1993)등은 교육과 훈련 중에서도 전통적인 훈련(training)보다 교육(education)의 중요성을 더욱 피력하고 있다.

정보기술(IT)의 발달과 함께 필요한 인력의 종류와 인력의 가치가 과거와 달라져야 한다는 것이 이들의 관점으로서, 기존의 기능별 조직구조와 책임단위가 불명확하고 관리단위 및 고객을 중심으로 한 가치분석이 이루어지지 않는 조직에서는 비록 수많은 교육활동이 실시되더라도 인적자원의 진정한 가치증대 또는 전략적인 활용은 어렵다는 것이다(Davenport, 1993).

본 연구에서는 인적자원개발을 통한 경영혁신의 핵심 수단을 정보기술에 두고 있는 이들 경영프로세스 혁신학파들의 논지를 소개하였다. 아울러 다양한 인적자원개발에 대한 연구내용을 ① 교육훈련 중심으로 고찰한 연구 ② 품질관리를 중심으로 고찰한 연구 ③ 조직행동을 중심으로 고찰한 연구 ④ 인적자원계획을 중심으로 고찰한 연구 ⑤ 기타 사항을 중심으로 고찰한 연구로 구분하되, 교육훈련을 중심으로 살펴보도록 하였다.

1. 인적자원의 가치향상을 위한 게임과 룰의 혁신

인사관리 전공자의 관점만으로 전략적 인적자원개발을 논하는 것 자체가 이제는 구시대적인 방법이 되고 있다. 그만큼 경영환경과 종업원들의 의식 상태가 보다 복잡하고 급변하고 있다는 것이다. 전략적 인적자원개발도 이와 같은 환경과 구성원의 변천 속에서 종합적 그리고 전략적으로 이루어질 것이 요구되고 있다(C.Wick & L. Lu Stanton, The learning Edge, 1993).

미국 기업에서도 경영자들이 제품 및 서비스의 대중시장(Mass market Products & Services)에 부응하기 위해 근 100년 이상 추구해온 성과표준화 시스템은, 지금과 같은 경쟁격화의 시대에 와서는 부적합한 것으로 평가되고 있다. 한마디로 과거의 성공전략이 더 이상 성공을 보장해주지 않을 뿐더러, 오히려 실패의 지름길이 되고 있다는 것이다.

결국 200여년 전 '분업의 논리'를 강조한 스미스나 20세기 초에 나타난 테일러의 업무분석방식 등과 같은 조직구조에 대한 문제보다는, 조직활동의 과정을 중시하는 관점에서 이들 분화된 업무의 새로운 재결합이 요구되고 있다는 것이다(T. Peters, 1987).

즉 아직까지도 경영자들은 「누가 무엇을 하는가(Who do What)」에 초점을 둔 인사관리를 하고 있으나, 이제는 「종업원들이 무엇을 위하여 어떻게 하여야 하는가(For What, Do How)」하는 전략적 인사활동으로 변화될 것이 요구된다는 것이다.

이는 기능부서별로 분화된 현재의 부서별 작업수행방식을 고객을 위한 가치창출의 개념으로

업무수행의 단위(Set of Activities)를 재구성해야 한다는 것이며, 그만큼 구성원들의
「Discontinuous Thinking」 즉, 과거의 경영원칙과는 단절된 새로운 고객중심의 직무수행방식
이 요구된다는 것이다(D. Freemantle, 1993).

문제는 종업원들의 일상 업무 중에는 고객들의 욕구와 무관하게 기계적으로 상사의 지시대로
만 움직이는 톱니바퀴식 업무추진 방식이 너무나 오랫동안 확산되어왔다는 데 있다(박기찬,
1993).

2. 지속적인 위기관리제도의 가동

많은 학자들이 "기업조직은 간소하고 유연하며, 반응적이고 경쟁적이어야 하며, 고객 지향적
으로, 수익과 효과성을 증대하기 위한 혁신성을 갖추어야 한다"고 부르짖어왔다 (T. Peters, Get
innovative or Get dead, California Management Review, Winter & Spring, 9-23. 9-26, 1991).
그러나 사실상 조직은 여전히 부풀어가고, 종업원들의 행동방식은 초라하게 경직된 모습을 보
이면서, 경쟁의식과 창의성은 날이 갈수록 퇴화되어가고 있다. 새로운 인적자원의 개발과 조직
관리상의 혁신이 요구되는 배경으로는 다음과 같은 사항이 제시되고 있다(Hammer & Champy,
1993).

즉 스미스의 시대(1776)만 하여도 교통 및 통신의 발달이 미미했었고 단순 폐쇄적으로 이루
어지는 분업의 원칙이 노동생산성 향상에 보다 효과적이었다. 그러나 19세기 중엽부터 철도산
업을 중심으로 명령과 통제(Command-and-Control) 시스템의 활용, 20세기 초의 포드(H.
Ford)와 슬론(A. Sloan)(제품의 모델별로 GM의 생산본부를 분화한 방식도입 및 재무전문가의
활용) 등이 강조한 조립방법의 발달, 1960년대의 맥나마라(R. McNamara)(Ford), 제닌(H.
Geneen)(ITT), 존스(R. Jones)(GE) 등이 강조한 「합리적 경영 방식」을 거치면서 갈수록 생산규모
나 생산량(Capacity & Quantity)의 문제보다도 제품과 서비스의 질(Quality)과 고객만족(CS :
Customer Satisfaction)의 문제가 바로 인적자원에게 요구되는 생산성의 핵심이 되었다는 것이
다.

1) 고객의 욕구증대

1980년대의 큰 변화는 판매자와 구매자(Seller-Customer)의 관계에 있어서 판매자 (Seller)보다 고객(Customer)들의 지위가 우위에 서게 되었다는 점이다(D.Freemantle, 1993). 특히 고객들은 그들의 특유하고 차별화된 욕구에 부응하는 서비스나 제품을 요구하게 됨으로써, 시장의 균형력(Balance of Market Power)이 공급자로부터 소비자한테 넘어가게 된 것이다.

2) 경쟁의 격화현상

최근의 국내외 기업간의 경쟁은 수준의 격화현상뿐만 아니라 경쟁의 양상도 다양해지고 있다. 무조건적으로 규모를 넓혀가려는 확장전략보다는 명확한 전장터를 공략하여 수익을 실현하려는 '니치 경쟁자(Niche Competitors)' 의 위력이 증대되고 있으며, 이제는 "적정능력 · 적정규모 · 적정인력 등을 갖추었다고 성공이 보장되지는 않는다(Adequate is no longer good enough)" 라는 표현이 강조되고 있다(T. Peters, 1993).

3) 끊임없는 변화의 연속

"변화하지 않는 것은 아무것도 없다. 변화하지 않는 것은 단지 변화하지 않는 것은 아무것도 없다는 한마디의 진리뿐이다"(조동성 · 이광현, 1992)라는 표현처럼 이제는 변화란 정상적이고 당연한 것으로 받아들여져야 할 것이다. 그러므로 변화의 시대에 적응하기 위해서는 기존에 갖고 있는 산업과 경쟁자, 그리고 사업에 대한 잘못된 기본 가정부터 수정할 것이 요구된다.

결국 기업들이 겪고 있는 경영상의 어려움은 인적자원의 활용가치를 증대하기 위한 방안으로서 목표에 의한 관리(Management By Objective), 사업 다각화(Diversification), 일본식 경영(Theory Z), 제로기준 예산활동(Zero Based Budgeting), 가치사슬 분석(Value Chain Analysis), 분권화(Decentralization), 분임조 활동(Quality Circle), 초일류의 추구(Excellence), 조직 재설계(Restructuring), 위험분산 관리(Portfolio Management), 배회관리(Management by Walking Around), 매트릭스 조직관리(Matrix Management), 창업가 활동(Entrepreneuring), 또는 1분 경영(One Minute Managing) 등을 활용하지 않았기 때문이 아니라, 구성원들이 「진짜 해야 할 일」과 「지시 받은 일」에서 갈피를 잡지 못한 채 자신의 업무에만 매달리도록 관리해 왔기 때문이라는 것이다(박기찬, 1993).

그러나 종업원들에 대한 통제활동을 그대로 유지하면서 그들의 업무를 단순하게 해주기 위해서는 상당한 비용이 든다. 우리의 경우에는 기업 내 아무도 업무흐름의 전반에 대한 고려를 하지 않고, 또한 아무도 이에 대한 책임을 지지 않으며, 같은 지시를 받고서도 부서별·과제별로 분리되고 업무가 중첩됨으로써 때로는 실수투성이의 활동까지 보여주고 있는 것이다(박기찬: D 산업, S 그룹, I 제약 등 10개사 조직진단보고서, 1993).

이러한 한국 기업의 비효율적인 과업관리 및 인적자원의 낭비적 운영실태를 보면서, 3C(고객·경쟁·변화) 시대론을 강조하는 T.Peters의 논지처럼 기능별 과업지향적(Task-oriented)인 조직관리방식보다는 우리 나라 기업에서도 업무수행 단계별 과정(Process) 중심의 조직 재설계가 요구된다 할 것이다.

많은 기업들이 현실적으로 안고 있는 '규모의 비경제'는 직접인력보다도 특히 간접인력 부문에서 나타난다(Davenport, 1993). 한 예로, 기업의 과업단위가 100개이고, 한 사람이 10개의 과업을 수행할 수 있을 경우에는 10명의 노동자와 1명의 감독자, 즉 11명이 요구된다. 한편, 과업이 1,000개로 불어날 경우에는 노동자 100명, 감독자 10명, 관리자 1명, 18명의 인력관리 팀원, 19명의 장기전략 팀원, 22명의 감사 팀원, 그리고 23명의 총무팀원 등 총 196명이 요구된다. 즉 과업량이 10배 증대할 경우, 인력은 약 18(196÷11)배의 증대 또는 86명(196-110명)의 추가 간접인력을 요구하게 된다는 것이다.

3. 경영혁신을 위한 지름길

인적자원개발 이슈는 종업원들의 의식개혁 작업에 초점을 둔 것으로 그 목적은 다음과 같다. 비용, 품질, 서비스 및 스피드상의 주요 성과를 획기적으로 개선시키는데 있다(Hammer & Champy, 1993).

첫째, 현재 하고 있는 일은 왜 이렇게 하고 있는지, 그리고 반드시 해야만 하는 일을 밝혀내고 동시에 그것을 어떻게 수행할 것인지를 단계적으로 밝힐 것.

둘째, 업무의 본질과 근원을 따져보고, 과거의 관행에서 탈피함으로써, 새롭게 자신이 맡고 있는 일에 대한 가치를 규명할 것.

셋째, 경영혁신의 대상은 강력한 회오리바람을 몰고올 수 있는 곳에만 도입해야 하며, 대부분의 경영자들이 과업(Tasks), 사람(People), 구조(Structures)에만 관심을 두고, 일을 하는 방식, 즉 프로세스(Process)에는 무관심했던 과오를 치유할 것 등이다.

새롭게 경영혁신을 도모하기 위해서는 "종업원들이란 기술과 능력이 조금밖에 없으므로 단순한 과업(simple task)을 부여해야 한다"는 기존의 제반 가정을 수정해야 한다. 이를 위해서 다음과 같은 새로운 개념이 도입될 것이 요구된다.

1) 다양한 직무들의 통합화

이는 IBM Credit 사의 사례에서 보듯이, 새로운 Assembly Line을 구축하고, 고객 서비스 전담책(Customer service Representatives) 등을 설치하여 다단계 업무를 일원화하고, 통합프로세스(Integrated processes)를 통하여 프로세스 간접비용 (Process administration overheads)을 절감하고 종업원들의 책임의식을 제고해야 한다.

2) 구성원들에 의한 의사결정

실무담당자의 실제 업무와 의사결정자의 결재활동을 실무자 중심으로 일원화하여 직무와 의사결정 활동이 분리되는 것을 방지하고, 의사결정 활동이 직무의 한 부분을 이루도록 해야 한다.

3) 자연스러운 업무 프로세스 체제의 구축

인위적(artificial)인 작업방식보다 자연적인 업무수행절차(natural precedence in the work)를 강조하고, 획일적인 업무 프로세스보다도 다음에 무슨 활동이 뒤따라야 하는지(What needs to follow what)를 중시해야 한다.

그러므로 PERT/CPM 식의 단계별 작업방식이 아니라, 수많은 직무가 동시에 추진되게 함으로써 전방단계와 후방단계간의 소요시간을 획기적으로 단축시키는 비선형적(delinearizing) 작업방식의 구축이 요구되는 것이다.

4) 가장 의미 있는 일부터 수행

현재의 구매시스템만 보더라도 단지 200원 짜리 볼펜을 사기 위해서 3만원 어치의 노동력과 시간을 투입하는 기능전문가들을 볼 수 있다. 이 경우 아예 부서별로 10만원에 도달할 때까지는 기업신용카드로 직접 구매하고, 합계 금액을 매월 신청하도록 하는 개념을 도입하면 업무효과가 훨씬 향상될 수 있을 것이다. 이처럼 시간과 정보, 작업방식의 새로운 조작을 통하여 종업원들이 같은 일을 하더라도 보다 의미 있고 효과적으로 수행하게 해주어야 한다.

5) 통제 및 평가활동의 축소

새로운 경제성이 부각될 경우에만 통제나 평가활동을 실시하고, 가치증대가 없는 업무활동(nonvalueadding work)은 최소화시켜야 한다. 실제로 많은 회사들에서 엄격한 통제시스템을 유지하는 데 얼마나 많은 시간과 인적자원이 투입되는지 경영자들조차 모르고 있다는 것이다.

6) 분권화와 집권화가 융합된 조직관리

특히 정보기술과 정보시스템의 발달은 단위별로 자율경영체제를 채택하면서도 얼마든지 부서운영을 가능하게 해주고 있다. 그러나 조직의 '구조적 분화' 하에서도 '관리적 통합'은 가능했으나, 현재와 같은 분산적 구조(fractionalized structure) 하에서는 아무도 고객전체를 대상으로 활동하지 않게 되는 문제점이 그대로 남게 된다.

결국 업무수행의 프로세스가 새롭게 설계되면 구성원들이 맡는 직무는 편협하고 과업지향적(narrow & task-oriented)인 상태에서 다음에서 열거하듯이 다차원적 (multidimensional)인 형태로 바뀌게 된다.

① 조직의 단위 : 기능별 부서형태로부터 프로세스 팀으로 전환

즉 프로세스 혁신을 통한 인적자원관리는 현재의 기능별 관리에서 팀별 공동관리 (put together)방식을 사용하여 함께 일하는 체제를 구축하게 된다.

② 직무의 단위 : 단순작업으로부터 다차원적인 복합활동으로 전환

프로세스 팀의 구성원들은 각자 개별 전문업무를 담당하는 것이 아니라, 모두가 프로세스 단위별로 업무결과에 대한 책임을 지고 일한다. 즉 이들은 일반관리자(generalist) 또는 다능공(multi-skiller)으로서 다차원적인 업무(multidimensional work)를 수행하게 된다.

또한 업무 프로세스의 혁신을 통해서는 부서간의 영역구분에 의해서 발생되는 업무중복에 의한 손실(waste)과 비부가가치(nonvalueadding)업무를 줄임으로써 구성원들이 다차원적인 일을 하게 해준다.

③ 구성원의 역할 : 통제활동으로부터 역량강화를 위한 활동으로 전환

업무수행의 과정이 재정비된 조직에서는 업무수행의 절차가 조직의 규정을 따르는 것이 아니라 구성원들 스스로 자신의 룰을 만들어가게 함으로써, IBM의 사례에서 보듯이 감독자와 관리

자(supervisor & manager)의 역할이 사실상 없어지게 되는 것이다.

④ 직무수행준비활동 : 훈련체제로부터 교육체제로 전환

전통적인 조직에 있어서는 특정업무 수행에 대한 종업원 훈련(training)을 강조하였다. 그러나 정보기술을 활용한 업무프로세스의 혁신을 도입한 조직에서는 교육(education)활동을 중시하며, 채용시부터 교육수준이 높은(educated) 자를 선호하게 된다.

여기서 훈련(training)이란 '직무를 어떻게 수행하는가에 대하여 기술과 능력을 가르치는 것'으로 해석하며, 교육(training)이란 '왜 그렇게 직무를 수행하는가에 대한 이해도와 직관력을 높이는 활동'으로 해석한다.

그러므로 새로운 경영혁신에 있어서는 'know-how' 보다 'know-why' 를 부르짖고 있으며, 우리 같이 'know-whom' 에 의존되어 있는 기업풍토에서는 실제로 교육과 훈련 모두 중시되어야 할 것이다.

⑤ 평가체제 : 기능별-직급별 성과평가로부터 가치창출별 결과평가로 전환

프로세스 작업방식이 적용된 IBM Credit 사에서는, 성과를 그들이 창출한 가치(value)에 의해 평가 받고 있다. 그만큼 프로세스 혁신을 통하여 평가체제는 과거보다 보너스 시스템은 강화되는 반면에 기본급 부분은 약화되는 쪽으로 변화한다.

사실 조직을 프로세스 위주의 수평조직으로 재설계할 경우에는 지위가 높다고 해서 더 많은 가치를 창출한다는 보장이 없는 만큼, 보상체계에 있어서도 과거처럼 연공이나 지위가 기준이 되지 않게 된다.

⑥ 승진기준 : 성과(performance)로부터 능력(ability) 기준으로 전환

작업의 성과에 따른 차별화된 보너스를 지급하는 것은 적합한 방식이다. 그러나 새로운 직무에로의 승진결정은 작업성과만으로 따질 수는 없다. 즉 새로운 직무에로의 이동(승진)은 성과가 아닌 구성원들의 능력변수에 의해서 결정되어야 한다는 것이다. 이는 결국 「보수는 성과기준, 승진은 능력기준」(pay for performance and promote for ability)이라는 보상체계의 구분적용 및 기준확정을 강조하는 것이다.

⑦ 가치체계 : 방어적 성격에서 생산적 성격으로 전환

기존의 직무수행방식을 혁신하는 데 있어서는 무엇보다 관행에 얽매인 현행 조직풍토의 근본적인 변화가 요구된다. 특히 "종업원들은 고객을 위하여 일하는 것이며 상사를 위하여 일하는 것이 아니다"라는 점이 강조되어야 한다. 종업원들에게 월급을 주는 사람은 고객들이지 경영자

가 아니기 때문이다(제록스사에서 고객만족에의 기여분에 의해 월급을 주는 사례).

　기업문화의 핵심이 되는 공유가치(shared value)체계가 정립되어 있어 이를 뒷받침해주는 관리시스템의 지원이 없으면, 이는 사상누각의 미사여구밖에 되지 않는다.

　그러므로 과거에 수많은 사람들이 강조했던 종업원들의 조직몰입도(organizational commitment) 증대 이상으로, 종업원들의 가치몰입도(value commitment) 증대를 위한 관리시스템을 구축하는 것이 중요하다고 할 것이다.

　＊ 전통적 가치관의 예

　　: My boss pay my salary-우리가 고객을 운운하는 것도 바로 보스를 만족시키기 위한 것이다.

　　: I am just a cog in the wheel-제일 좋은 전략은 고개를 푹 숙이고 사내에서 파도를 일으키지 않는 것이다.

　　: The more direct report I have, the more important I am - 큰 영토를 가진 자가 승리하게 마련이다.

　　: Tomorrow will be just like today-' 과거에도 그러했듯이' 바로 이와 같은 가치나 신념 체제가 변화되지 않고서는 경영혁신의 성공은 기대할 수 없게 된다.

　＊ 경영혁신에서의 신념

　　: Customers pay all our salary-바로 고객들을 만족시키기 위하여 가치 있는 일을 하도록 해야 한다.

　　: Every Job in this company is essential and important-그러므로 나는 뭔가 다른 점을 보여주어야 할 것이다.

　　: Showing up is no accomplishment-나는 내가 창출한 가치에 따라서 보상을 받는다.

　　: The buck stops here나의 문제는 나의 것이며, 나는 이것을 해결하고야 말 것이다.

　　: I belong to a team-우리는 함께 성공하고 함께 실패한다.

　　: Nobody knows what tomorrow holds-끊임없는 학습활동이나의 주요 과업 중 하나이다.

　⑧ 관리자 : 통제자 역할에서 코치로서의 역할로 전환

　프로세스 팀에 있어서는 담당자가 1인이든 다수이든 보스는 요구되지 않으며 코치 역할을 하는 사람만 있으면 된다. 전통적으로 보스들은 직접 업무를 설계하고 디자인하지만, 프로세스 팀에서는 팀원 스스로가 자신들의 업무를 주관하게 된다.

⑨ 조직구조 : 수직적 계층제로부터 수평적 조직으로 전환

새로운 경영혁신을 통해서 업무가 프로세스 위주로 조직화되며, 프로세스 팀에 의해서 업무가 수행되도록 해야 한다.

⑩ 경영자 : 목표관리자의 역할에서 리더의 역할로 전환

조직이 평면화(수평화) 될수록 경영층과 고객의 친밀도가 높아지게 되며, 경영층부터 고객을 위한 가치창출 활동을 해야 된다. 마치 축구팀의 코치가 상대방을 몇 점 차이로 이기라고 지시하지는 않지만 게임의 운영이나 전략의 구상에 주도적으로 관여하듯이 경영자의 역할이 변모되어야 한다는 것이다.

이들 변화의 실태를 요약하면, 새로운 정보기술의 활용을 통하여 다음과 같은 변화를 도모할 수 있다는 것이다.

▶ 종업원이 요구하는 방향으로 직무변화

▶ 상사와의 관계변화

▶ 경력경로의 변화

▶ 평가와 보상방법의 변화

▶ 경영자 및 관리자의 역할변화

▶ 구성원들의 의식개혁의 변화 등

이처럼 조직활동력분석(Activity Value Analysis)과 업무 프로세스 혁신 중심의 새로운 경영혁신은 기업의 모든 것(사람 · 직무 · 관리자 · 가치체계 등)을 변화시키게 된다. 물론 변화의 핵심은 이들 변수들을 상호연계시켜서 추진하는 데 있다.

물론 프로세스 혁신만으로 경영혁신의 성공을 기대할 수 없다. 그러므로 동시에 조직의 가치시스템에서 지원을 받아가면서 기타 직무 및 조직구조의 혁신과 경영성과 평가시스템의 혁신이 이루어지도록 할 것이 요구된다.

4. 경영혁신 수단으로서의 정보기술

이제는 정보기술(information technology)의 활용 없이는 조직의 새로운 경영혁신을 기대할 수 없게 되고 있다. 즉 정보기술이 바로 새로운 경영혁신을 위한 핵심적인 역할을 하게 되었다

는 것이다(Davenport,1993).

1) 귀납적 사고의 정립

업무 프로세스 혁신을 위해서는 과거처럼 문제점들을 나열하고, 문제점별로 개선방안을 강구하는 문제해결식(Problem solving) 방법을 지양해야 한다. 피카소(Picasso)의 표현대로 해결책부터 갖고 이를 통하여 눈앞에 널려져 있는 문제를 개선하도록 살펴보는 귀납적(inductive) 접근방법이 요구된다.

대부분의 관리자나 경영자들은 연역적(deductive)인 사고방식에 몰입되어, 문제의 파악에는 '도사' 급이 되어 있으나, 문제를 파악한 후에는 상이한 해결책의 탐색 및 평가에만 몰입하고 있는 것이다. 그러나 정보기술의 적용에는 철저한 귀납적 사고방식(inductive thinking)이 요구되며, 이를 위해서는 우선 정보기술과 같은 강력한 해결방안을 밝혀낸 이후 해결가능한 문제를 탐색해야 한다.

흔히 경영자들이 빠지기 쉬운 오류는 정보기술을 기존 업무수행 방식의 눈을 통해서 본다는 것이다. 즉 "새로운 기술을 활용하여 기존에 종업원들이 하지 못한 것 중 무엇을 개선할 수 있는가"하는 식의 의문을 갖기보다는, "새로운 기술을 통하여 현재 종업원들이 하고 있는 일을 어떻게 개선할 수 있는가"에 대해서만 생각한다는 것이다.

한마디로 프로세스 혁신은 자동화(automation)가 아니라, 말 그대로 혁신활동이라 할 수 있다. IBM조차도 잘못 생각한 것이 바로 PC의 출현과, 작지만 강력한 컴퓨터의 필요성을 인식하지 못했다는 것이다.

결국 연역법적 사고방식으로 조직을 관리할 경우에는, 조직구성원들이 진정 무엇이 중요한지를 모르게 하고, 단지 미미하고 중요하지도 않은 신기술의 적용에만 열광하는 모습을 보이게 된다. 그러므로 고객의 욕구에 부응하는 제품이나 서비스 상품의 개발을 위해서는 이들 제품이나 서비스가 목전의 한계에 도달하기 이전에 고객들의 욕구를 새롭게 불리일으키도록 해야 한다는 것이다.

최근 영상회의(teleconferencing)와 같은 새로운 정보교류수단의 도입이 기존의 업무방식에 미치는 혁신적 사례는 어렵지 않게 볼 수 있다. 새로운 정보기술의 도입에 의해 사라질 낡아빠진 규정들을 살펴보면 다음과 같다.

과거의 잘못된 관행	혁신을 위한 매개수단	혁신의 주요 개념
·정보는 일시적으로 한곳에서만 발생한다	·데이타베이스의 공유 (Shared Database)	·정보는 정보를 요구하는 곳마다 동시에 발생한다
·전문가만이 복잡한 업무를 수행할 수 있다	·전직원 전문화 시스템 (Expert System)	·일반관리자들도 전문가의 업무를 수행할 수 있다
·조직은 때때로 집권화, 때로는 분권화시켜야 한다	·정보통신 네트워크	·조직은 집권화와 분권화를 동시에 누릴 수 있다
·관리자들이 모든 의사결정을 한다	·의사결정지원수단 (DataBase, Modeling SW)	·의사결정은 누구나 수행하는 고유업무에 속한다
·현장인력도 정보를 교류할 수 있는 사무공간이 요구된다	·무선전화기와 휴대용 PC (Wireless Data Com.)	·현장인력도 어디에서든지 정보교류가 가능하다
·잠재적 바이어와의 개별접촉이 가장 효과적인 방법이다	·홍보/설득 가능한 비디오 (Interactive Video)	·잠재고객과의 가장 효과적인 접촉수단의 변화
·자료물들이 어디 있는지를 스스로 찾아내해야 한다	·자동검색/자동추적 기술 (Automatic ID Tech.)	·자료물들이 자신의 위치를 알려주게 된다
·계획은 정기적으로 수정된다	·고성능 컴퓨터 (Hi-Performance Comp.)	·계획은 즉각적으로 수정된다

이와 같은 데븐포트의 논지를 극단적으로 요약하면, "우리가 새로운 기술이라고 도입하는 것은 이미 새로운 것이 아니다"라는 것이다. 그러므로 기업의 경영혁신을 위한 인적자원개발을 위해서는 종업원들이 기존에 알고 있는 것에 대하여 살펴볼 것이 아니라 완전히 새로운 것을 밝혀내는 데 초점을 두어야 할 것이다.

5. 경영혁신의 주체로서 인적자원

경영혁신도 회사가 하는 것이 아니라 바로 구성원이라는 사람들이 하는 것이다. 그러므로 경영혁신의 성공여부도 누구에 의해서 이루어지는가에 달려 있다. 데븐포트(1993), 해머와 챔피(1993) 등은 경영혁신의 주체집단을 역할별로 구분하여 다음과 같이 제시한다.

이들간의 관계는 혁신리더가 프로세스 팀장을 지명하고, 프로세스 팀장은 혁신조정역의 도움을 받아 경영혁신팀을 지원하며, 혁신위원회는 이들의 후원자 역할을 수행한다.

• 혁신 리더	경영혁신 전반에 대하여 동기유발을 시키고 이를 승인하는 경영자
• 프로세스 팀장	특정 프로세스에 대한 혁신책임을 맡은 관리자
• 경영혁신팀	특정 프로세스의 혁신 구성원들로서, 기존의 프로세스를 진단하고 이를 재설계 및 실천하는 방법을 구상하는 자
• 혁신위원회	경영혁신 전반에 걸친 전략수립과 진행상태를 점검하는 본부장급으로 구성된 정책결정기구
• 혁신조정역	각 경영혁신 단위를 연계하여 시너지(synergy) 효과를 추구하고, 경영 프로세스 혁신기법을 개발하는 자

▶ 혁신리더 : 리더가 없이는 경영혁신이 시작될 수 없으며, 원칙적으로 최고경영자가 이를 맡아야 한다. 그러나 경영자가 반드시 리더가 되는 것이 아니라 리더는 그 역할을 자청하는 경영층 인사 중에서 맡도록 해야 한다. 리더로서의 가장 중요한 역할은 구성원에게 꿈과 동기를 부여해주는 것이다.

새로운 경영혁신을 위한 리더의 자질로서는 야망과 끈기, 그리고 지적 호기심 등을 갖고 있는 자로서, 여기서 리더란 구성원들이 리더가 원하는 대로 따르게 하는 것이 아니라, 구성원 스스로가 리더가 원하는 원할 수 있도록 만들어주는 자를 말한다.

▶ 프로세스 팀장 : 팀장은 반드시 상급관리자가 맡도록 해야 한다. 리더에 비하여 프로세스 팀장들은 더 작은 단위과정을 맡게 되나, 대부분의 조직에서 이러한 프로세스 팀장은 전무한 상태로 운영되고 있다. 또한 경영혁신의 영역이 이와 같은 조직에 있어서는 서로 분리되어 운영되기 때문에 경영 프로세스 혁신의 초기에 기업의 주요 혁신 프로세스(major processes)를 파악하는 것이 결정적으로 중요한 이슈가 된다.

▶ 경영혁신 팀 : 이들 팀은 실제로 비즈니스를 고안해내는 자들로 구성되며, 절대로 운영위원회의 형태는 띠지 않게 된다. 또한 경영혁신 팀은 5~10인 정도로 작은 규모로 자율적으로 운영되며, 팀장들은 경영혁신 팀의 고객들이지 상사는 아니다. 그리고 팀 전체의 성과는 그대로 개인의 성과로 반영된다.

흔히 자신에 대해서 잘 알고 있다는 자일수록 고객에 대해서는 모르고 있는 경우가 많다 (Freemantle,1993). 실제로 고객을 이해하기 위해서는 현장에서 고객들을 직접 살펴보는 것이 가장 효과적이다. 사무실에서 고객의 의견을 숫자와 종이로 분석하고, 이를 보고 받는 경영자는 고객들의 진정한 욕구는 모르게 된다는 것이다.

　현행 업무수행 프로세스의 재설계를 중심으로 정보기술을 통한 경영혁신을 이루기 위해서는, 선정된 프로세스별로 최소의 인력이 최대의 성과를 창출하도록 하는 목표가 설정되어야 한다. 이를 순조롭게 달성하기 위해서는 해머의 지적대로 다음과 같은 사항에 유념해야 한다.

　① 경영 프로세스의 재설계를 통한 경영혁신을 도모하는 데 있어서 구성원들 모두 전문가일 필요성은 없다. 왜냐하면 일반관리자든 전문인력이든 자신과 관련된 업무수행 프로세스의 혁신에 있어서는 스스로가 혁신의 주체가 되기 때문이다.

　② 구성원들간에 직접적으로 관련된 일이 아니더라도 상호 조력자로서의 자세를 갖고 업무에 임해야 한다.

　③ 현재 자신이 인식하는 관념의 틀을 깨고, 업무나 사업 또는 경쟁자에 대한 기본 가정부터 잘못된 것이 없는지 살펴보아야 한다.

　④ 특히 고객의 관점에서 자신의 업무를 살펴보는 것이 요구된다.

　⑤ 경영혁신은 프로세스 팀별로 자신의 문제점을 파악하고 정보기술 등을 통한 혁신을 추진해야 한다.

　⑥ 현재 수행하는 프로세스에 대하여 너무 많이 알려고 노력할 필요는 없다. 중요한 것은 프로세스의 혁신을 위한 구성원들의 아이디어에 있다.

　경쟁의 격화, 산업환경의 개방, 자유화·민영화·세계화의 확산 등에 따라 과거의 관행과 현실에 안주하려는 모습이 나타날수록 기업은 급격한 쇠퇴기에 접어들게 된다. 또한 정보기술의 발전은 종업원들이 움직이지 않으려는 조직에게는 가장 큰 위협이 될 것이며, 이를 활용하여 업무와 사업의 효과성을 발휘하려는 조직에게는 가장 우수한 경쟁력의 원천을 제공한다. 그러나 실제 통계상으로도 기업들이 어떤 형태의 경영혁신을 도모하여 성공한 비율은 30% 정도밖에 안 되는 것으로 나타나고 있다(Hammer, 1993).

　동태적인 경쟁환경의 변화 속에서 생존과 성장을 끊임없이 추구해야 하는 한국의 기업조직도 늙은이들을 위한 「양로원(연공주의의 폐해)」, 또는 자신의 업무가 갖고 있는 가치도 모르는 자들을 위한 「고아원(교육훈련의 부족)」도 아니라 할 것이다. 그러므로 「테일러식 전문화」 또는 「스미스식 분업화」 그리고 「베버식 관료화」를 탈피하고, "30%의 혁신에 성공한 기업에 드느냐, 아니면 수많은 시간과 노력만 낭비하고도 70%의 실패기업에 속하느냐" 하는 것은 바로 새로운 정보기술과 인적자원개발 및 활용시스템을 어떻게 연계시키느냐에 달려 있다 할 것이다.

II. 교육훈련의 활용

새로운 경영혁신에 초점을 둔 프로세스 학파의 논지는 사실 인적자원의 개발 그 자체에 목표를 두고 있지 않으며 오히려 새로이 부각되는 정보기술의 활용을 통한 기업의 경영혁신을 강조한 것이라 할 수 있다. 다음 내용은 교육훈련을 포함한 인적자원의 개발수단 및 그 활용방안에 대한 연구물을 중심으로 정리한 것이다.

1. 원가절감과 역할증대

아그레스타(R. J. Agresta)(1992)는 정부행정관료라는 가장 관료적인 집단의 인적자원을 전략적으로 개발시키려면, 관료들이 정부기관에 채용되는 시점에서부터 이들의 개발욕구를 조사하고, 신분향상시에도 욕구충족에 기반을 둔 교육투자를 해야만 오히려 비용을 절감할 수 있다는 점을 밝히고 있다.

특히 종업원들의 욕구에 부응하는 교육을 실시할 경우에는 역할(role) 범위가 넓혀지게 됨으로써 탄력적인 조직관리도 가능하게 된다는 점을 밝히고 있다. 또한 그는 새로운 기술의 활용이나 비기술적인 경험의 활용 그리고 사용자원의 공유에 의한 부서간의 연대의식 강화 등이 교육훈련의 핵심임을 강조하고 있다.

2. 상황별 리더십의 개발

〈1분 관리자〉(One Minute Manager)의 저자인 블랜차드 & 리(Blanchard & Lee)(1992)가 밝히고 있는 인적자원의 전략적 활용 방안은 역시 과거의 관심사였던 상황적 리더십 이론에 바탕을 두었다. 즉 미성숙 상태에 있는 집단을 위해서는 지시적 또는 부모와도 같은 배려가 요구되며, 집단이 성숙화될수록 집단의 리더는 코치로서 조언해주는 역할을 해야 한다는 점을 밝히고 있다. 이러한 논지를 Situational Leadership II라는 제목으로 리더십 개발교육을 실시하고 있다.

3. 전략적 인적자원개발의 개념정립 : 마케팅과 조직변혁의 연계

영국의 더햄 대학 경영대학원에서는 "인적자원의 전략적인 개발은 결국 다양한 분야의 다양한 경험과 지식을 갖추는 데 있다"는 점을 강조하여, 아예 학내에 전략적 인적자원개발 과정을 개설하고 산학협동으로 다양한 경험과 지식 그리고 다양한 업무를 맡은 자들간의 교류를 촉진시킴으로서 인력개발을 도모하고 있다.

아킨(A. Arkin)(1991)은 특히 전략적 인적자원의 개발은 구성원들에게 마케팅 활동의 중요성과 조직변화의 필요성을 인식하게 하고 이에 대한 능력을 증진시키는 데 있다는 점을 강조하고 있다.

4. 인적자원의 가치증대

필립스(J. J. Phillips)(1991)는 재무적으로 ROI, 즉 투자수익율을 따지듯이 ROH(Return On Human Resources Development), 즉 「인적자원개발을 통한 조직의 실질 수익률」을 분석해야 한다는 점을 밝히고 있다. 인적자원의 개발효과는 우선 객관적으로 어느 정도 합리화되었고, 어느 정도 조직갈등이 감소되었는가를 통하여 살펴보아야 하며, 이를 또한 금전으로 환산하여 비교분석해야 한다는 것이다. 물론 생산성의 향상 또는 매출액의 증대를 통해서도 살펴보아야 한다. 특히 시간절감의 효과와 품질의 향상도를 금전적으로 환산하기 어려운 점이 있으나 가장 중시해야 할 사항은 인적자원개발을 통한 가치증대 요소라는 것이다.

5. 교육담당자와 관리자들간의 공감대 형성

핸슨(H. L. Hanson)(1991)은 "종업원들에 대한 훈련 프로그램은 사전에 경영진이나 관리자들에게 충분히 인식된 경우에만 효과가 나타난다"는 연구결과를 보여주고 있다. 이를 위해서는 인적자원개발을 담당하는 스태프들은, 훈련에 들어가기 전에 교육훈련의 정책과 경영진의 욕구에 대하여 명확히 정리하여 이수자들에게 밝혀주어야 하며, 이들간에 공감대가 형성되지 않은 교육훈련은 반드시 실패작이 된다는 것이다.

6. 문제해결을 위한 교육훈련 프로그램의 한계

코프만(R. Kofman)(1991)은 "교육훈련 프로그램은 당면한 문제를 해결하기 위한 것으로 마련되어서는 안 된다"는 점을 밝히고 있다. 즉 새로운 경영혁신을 위한 교육 또는 눈앞에 닥친 적자 만회를 위한 영업교육 등은 그 생명력이 없다는 점을 연구 결과를 통해 밝히고 있다. 즉 전략적으로 인적자원을 개발하는 것은, 결코 당면한 문제해결을 위한 교육을 통하여 이루어지는 것이 아니라는 점을 강조하고 있는 것이다.

7. 경력 이분법에 의한 인력개발

셔스터(F. Schuster)(1991)는 "성인들의 생애를 살펴보면, 초반기에는 무엇인가 성취하고 획득하려는 데 집착하며, 후반기에는 적게 갖는 것이 더 많은 것을 얻는다"라는 점을 현실로 받아들이면서, 기록을 세우기보다는 내면적 가치를 중시하게 된다는 점을 밝혀냈다. 그러므로 인적자원의 개발도 이와 같은 연령별 경력 이분법을 통하여 직업 경력 초반기에 요구되는 교육과 후반기에 요구되는 교육 프로그램을 구분하여 정립하도록 요구하고 있다.

허드슨(F. Hudson)도 이와 같은 '이분 경력법'에 의해서 종업원들의 잠재능력과 조직 몰입도의 증대가 강화된다는 점을 강조하고 있다.

8. 종업원 임파워먼트의 증대

조직사회학자들의 권력관계에 대한 현상론적 연구물과 이론들이 경영학 분야에는 보다 규범론적으로 도입되어 '윈-윈 게임', '시너지 효과' 등의 조직변혁 이론에 큰 영향을 주고 있다(박기찬, 1993).

스바스쿠(J. Sirbasku)(1991)는 'Human Resource Development : Putting the Power in Empowerment' 라는 연구에서 만일 기업이 생산성과 품질을 동시에 향상시키려면, HRD의 방향은 종업원들의 실질적 역량을 키워주는 임파워먼트에 두어야 한다고 피력하고 있다.

이를 위한 HRD 프로그램은 ① 목표설정의 명확화 ② 개발 프로그램에의 몰입화 ③ 끊임없는 대체안에 대한 연구 ④ 인적자원개발 프로그램에 대한 성과평가가 이루어져야 한다는 것이다.

한편 HRD 프로그램이 개인차원을 대상으로 실시되면 창업가 정신이나 자질의 향상은 가능하다. 그러나 이것이 곧 조직개발과 동일시되어서는 안 된다는 점을 강조하고 있다. 즉 조직개발을 위한 HRD는 개인이 갖고 있는 모티베이션의 성격을 변화시키고 이를 재강화해주어야 하며, 단지 직무와 관련된 이슈만 다루어서는 안 된다는 점을 강조하고 있다.

9. 전략적 경영혁신의 추진

노엘(J. Noel)과 덴하이(R. F. Dennehy)(1991)는 인적자원개발을 통한 전략적 조직변화의 방법으로서 다음과 같은 6단계의 전략방안을 제시하고 있다.

① HRD 프로그램의 배경이 되는 경영전략적 요소의 파악

② 최고경영자의 설득 및 참여 유도

③ 전략적 조직변화에 요구되는 경영기법의 도입

④ 행동학습과 같은 학습기법의 개발

⑤ 조직의 전략적 · 문화적 성격을 재정립하기 위한 참여적 접근방법의 활용

⑥ 구성원들의 활동 역량 증대(empower participants) 등

이들 6단계를 거치면서 HRD의 전략적 효과가 나타나게 되므로 HRD 프로그램은 항상 전향적(proactive)인 방향으로 정립되어야 함을 주장하고 있다.

10. 시장변화에의 적응 : 국제인의 양성

세계적인 블럭경제가 진전되고 사회주의가 몰락함에 따라서 인적자원의 개발도 과거의 계획

경제하의 체계로부터 사회적 시장경제 체제에 적응할 것이 요구되고 있다.

프랭크(E. Frank)(1991)는 서유럽 국가들이 통합하면서 시작된 직업교육에 대한 엄청난 투자 증대 추세를 지적하면서, 유럽통합 이후의 대학생들간의 유럽 내 이동성 증대에서부터 종업원들의 자유로운 취업이동에 따른 고도의 다양한 교육훈련이 요구된다는 점을 지적하고 있다.

이는 흔히 말하는 범세계화에 부응하는 인적자원의 개발을 의미하는 것이다.

11. 전략적 인적자원개발

개러반(T. N. Garavan)(1991)은 전략적 인적자원개발(SHRD)에 관한 각종 문헌연구를 통하여, 전략적 인적자원개발의 핵심은 훈련과 개발 활동을 통합하여 보다 광범위하게 이를 경영계획 활동과 연계시키는 데 있음을 밝히고 있다. 특히 HRD에 대한 투자증대는 최고경영자의 적극적인 참여를 요구하게 되며, 인적자원개발(HRD)와 인적자원관리(HRM)의 통합적 관리가 요구된다는 점을 동시에 밝히고 있다.

또한 경영전략과 HRD 프로그램을 효과적으로 연계하기 위해서는 ① 내재적 · 외재적 직무 만족의 증대 ② 안전사고 · 이직률 및 결근율의 감소 ③ 고객만족의 지속적인 증대 ④ 작업성과와 경력향상의 도모 ⑤ 개별학습 기간의 단축 및 인재의 효과적 활용 ⑥ 미래에 대비한 조직학습의 증대와 같은 사항들이 추진되어야 한다는 논지를 펼치고 있다.

12. 과학적 전문인력의 양성

온스타인(R. F. Ornstein)이나 민츠버그(H. Mintzberg)도 강조하듯이 인적자원의 개발은 왼쪽 두뇌와 오른쪽 두뇌의 개발을 동시에 종합적으로 활용하자는 학자들이 많이 나타나고 있다. 사이몬(H. Simon)은 이에 반대하는 입장에 있음 : Mintzberg on Management, 1991).

카프(Karp)(1990)는 갈수록 전문 연구인력들이 관리자로서의 역할도 동시에 하고 있다는 점을 강조하면서, 과학적 · 합리적 사고는 좌뇌가 작용하게 되지만 관리상의 리더십은 예술적 · 상황적으로 이루어져야 하는 만큼, 우뇌의 개발이 절대적으로 요구된다는 점을 밝히고 있다. 우뇌의 기능에 소구점을 두는 HRM 교육 프로그램을 연구자나 과학자를 대상으로 하여 그대로 적용하게 되면 좌뇌 활동에 근간을 둔 합리적 관점과 마찰을 유발하게 되므로 이들 전문인력을 개발하기 위해서는 다음과 같은 사항들이 고려되어야 한다는 것이다.

① 강사진들은 과학자나 연구인력들이 일반관리자들과는 다른 사고과정을 가지고 평가와 연계적 사고활동을 한다는 점을 알고 있어야 한다.

② 수강자들이 강의나 훈련에 대하여 반발하더라도 이를 자연스러운 현상으로 이해해야 하며, 이들도 함께 개발활동을 할 수 있음을 확신시켜야 한다.

③ 이들에 대한 교육훈련의 신뢰성은 초기 단계에서 확실하게 정립해야 한다. 또한 이들 전문인력들의 불만사항은 내면화되도록 방치하지 말고 적극 표출되도록 유도해야 하며, 가능하면 교육 초기 단계에서 이해되도록 하는 것이 가장 효과적이라는 점을 강조하고 있다.

13. 문화적 차이나 충격의 해소

기업의 활동영역이 국경을 넘어서면서 합작이나 흡수합병이 세계적으로 많이 이루어지고 있다. 세계화되어 기업에 있어서 인적자원의 개발 핵심은 나라간의 문화적 차이를 조정하는 데 있어야 한다는 연구도 있다(L. Nadler, 1990). 즉 비록 이들 기업의 HRD 프로그램이 잘 정립되어 있다 하더라도 나라의 정치적 구조나 국민적 의식구조를 우선적으로 고려해야 한다는 것이다.

합작기업의 경우에는, 이러한 국가적 특성을 우선 고려하면서, 훈련(trining)은 종업원의 현행 업무에 초점을 둔 것이며, 교육(education)은 종업원의 미래업무에 초점을 둔 것이나 개발(development)이란 현재 또는 미래의 업무에 초점을 둔 것이 아님을 재인식해야 한다는 것이다.

14. 전문기술의 강화에 의한 미래사회에의 대응

갈수록 사회전반적으로 요구되는 노동력은 기능인력(skilled)과 탄력적(flexible)인 인력이 될 것으로 보고 있다. 김멀링(G. Kimmerling)(1989)은 이에 대비하기 위해서 인적자원 개발프로그램에 대대적인 기술교육이 강화되어야 한다는 점을 밝히고 있다. 즉 전문기술인력의 증대와 소수집단으로서의 여성인력활용이 중시되면서 이들의 욕구에 부응하는 교육 프로그램이 기업의 가장 중요한 경영전략으로 수행되어야 한다는 것이다.

문제는 갈수록 종업원들이 자기 개인의 목표와 경력관리만 주장하고, 기업의 기초기술인력(basic skill work force)의 비중이 낮아짐으로써 사업의 성격이 전문화되지 않는 기업은 노동력 확보 자체가 어렵게 된다는 것이다.

15. 전략적 인적자원개발을 위한 주요 성공요인의 확립

실바(K. Silva)(1989)는 전략적 인적자원개발이 성공적으로 이루어지기 위해서는 다음과 같은 7가지의 주요 요인이 다루어져야 한다는 점을 밝히고 있다.

① 인적자원개발을 위한 전문교육의 사명과 정체성의 확립

  : 사명에는 주요 경영이슈, 최고의 교육 프로그램 및 현장위주의 효과적 훈련 사항 등이 명시되어 있어야 한다.

② 경영활동의 주요 이슈에 대한 명확한 파악

  : 전략적 경영평가(Strategic Business Assessment :SBA)는 매18개월마다 시행되어야 한다

③ 목표 이슈의 설정 및 주요 인사의 연루

  : 추진위원회와 태스크 포스 팀의 구성에 의해 추진되어야 한다

④ SBA로부터 설정된 주요 교육 프로그램의 우선 실시

⑤ 수강 대상자에 대한 교육훈련 프로그램의 홍보

⑥ 교육 프로그램의 성과측정을 위한 평가지표의 도출

⑦ 성공한 사항에 대한 격려와 실패에 대한 인정 등

16. 교육훈련비의 효과적인 활용

HRD 투자가 증대됨에 따라 교육훈련 담당자와 자금관리자 사이에는 마찰이 발생하게 된다.

로이드(T. Lloyd)(1989)는 교육훈련 담당자의 주된 업무 중의 하나가 인적자원의 사내자산화에 대한 의미와 중요성을 자금담당자에게 설득하는 것이라는 연구 결과를 밝히고 있다. 바로 이를 위해서는 예산 설정시에만 자금담당자에 대한 접촉과 설득을 시도할 것이 아니라 평소에 정기적으로 이들과의 관계를 정립해야 함을 강조하고 있다.

열거된 항목 이외에도 교육훈련을 통한 전략적 인적자원개발에 대한 이론과 연구결과를 제시하고 있는 학자는 엄청나게 많다.

이들 연구를 통하여 우리 나라의 기업과 연구기관들이 반성할 점을 지적한다면, 역시 첫째는 채용방법이 전문 인력의 확보를 위한 체제로 되지 않고 있다는 점과, 둘째는 채용 이후에도 직급별 교육에 치중하여 인력의 능력이라는 가치증대와 가치활용을 위한 실천적 교육이 이루어지지 않고 있다는 점, 그리고 교육훈련에 대한 최고경영층의 관심과 투자가 아직까지도 선진국에 비하여 너무나 미약하다는 점 등을 들 수 있을 것이다.

물론 데븐포트의 주장처럼 인적자원을 관리하는 주체들이 인적정보를 고도화시키지 못하고, 인적정보의 활용이 미진한 곳에서는 인적자원의 전략적 활용도 불가능하다는 점도 지적할 수 있을 것이다.

결론 : 이론적 고찰을 통한 시사점

본 연구에서는 인적자원개발에 대한 이론적 모델에 대한 연대별 구분은 실시하지 않았다. 대신 연구의 관점을 최근 부각되고 있는 정보기술의 활용에 의한 전략적 인적자원개발과 전통적으로 강조되고 있는 교육훈련을 통한 인적자원개발의 연구결과에 대하여 살펴보는 데 두었다.

정보기술의 활용은 인적자원개발 이외에 전반적인 경영혁신을 위한 새로운 패러다임, 즉 조직의 구조에 대한 접근보다 경영활동의 프로세스에 대한 재고를 통하여 조직 성과의 혁신을 도모하자는 데 목적이 있으며, 교육훈련을 통한 인적자원개발은 갈수록 전문화, 국제화되어가는 추세에 대응하여 인력의 활용 측면에서 탄력성을 증대시키는 데 주요 목적이 있는 것으로 분석되고 있다.

학문적으로는 우리의 인적자원개발에 대한 연구가, 이론은 미국의 것을 많이 원용하고, 설문기법위주로 수행되었다. 그러면서 일본식 인적자원개발 또는 유럽식 인적자원개발의 모형과 실태에 대한 구체적인 연구방법은 매우 취약한, 불구자적인 모습을 보여준다.

실천적으로 보더라도 한국 기업들은 인적자원의 개발과 활용방안이 연공체제 하에서, 채용시부터 직무와 결합된(직무에 요구되는 자격요건에 입각한) 인재의 선발이 아니라 「lump-sum식 일괄채용 및 적당배치」를 함으로써 채용 이후 이루어지는 교육 역시 직급별 교육에 치중된 문제점을 안고 있다.

그러므로 한국 기업에 있어서 전략적 인적자원개발을 위한 방안으로서는 해머의 지적대로 정보화·전문화 시대에 부응하는 인사정보시스템의 구축 및 인력채용, 즉 「Buying-policy」에 보다 신중을 기함과 동시에, 채용 이후에는 「인적자원회계제도」(점수화·계량화된 평가시스템)의 정립과 이에 상응하는 「전문직능교육」의 강화가 가장 중요한 과제로 부각된다.

[사례 4] 질문사항

1. 기업 내 인적자원개발의 주역(change agent)은 누구라고 생각하는가?

2. 인적자원개발을 위한 전략수립에 사회감사 활동이 기여할 수 있는 바에 관하여 설명해보시오.

3. 인적자원개발을 위하여 조직의 분권화와 집권화가 동시에 요구된다는 점에 관하여 이유와 구체적 방안을 제시해보시오.

4. 기업조직에 있어서 교육(education)보다 훈련(training)활동이 더 중시되는 이유는 어디에 있다고 보는가?

5. 「승진감사는 능력위주」, 「급여감사는 성과위주」로 해야 한다는 논지가 옳다고 보는가? 그리고 이유는 어디에 있다고 보는가?

6. 귀납적 사고방식과 연역적 사고방식의 차이점을 설명하고, 향후 경영혁신 방법에서 채택해야 방식은 어떻게 되어야 할 것인지에 관하여 설명해보시오.

[사례 4] 참고자료

박기찬, 조직정치론-권력관계의 본질과 조직행위의 정치성 (서울: 경문사, 1993)

조동성·이광현, 경쟁에서 이기는 길 (서울: 교보문고, 1992)

Agresta R.J., Renaissance in Human Resources Development: Can we afford it? (Public Manager, Spring 1992, pp.33-37)

Arkin A., The Course of Strategic HRD(Personnel Management, Vol 23, Dec 1991, pp.47-48)

Davenport T.H., Process Innovation-Reengineering work through Information Technology (Boston: Harvard Business School Press, 1993)

Framantle D., Incredible Customer Service, (McGraw-Hill, 1993)

Frank E., HRD in Europe(Journal of European Industrial Training, Vol 15, 1991, pp.4-39)

Garavan T.N., Strategic Human Resource Development(International Journal of Manpower, Vol. 12, 1991, pp.21-34)

Hammer M. & Champy J., Reengineering the Corporation-A manifesto for business revolution(New York: Harper Business, 1993)

Hanson H.L., Getting Started(Training & Development Journal, Vol. 45, Aug 1991, pp.53-56)

Karp H.B., HRD for Scientists-A Right brain Force meets a Left brain Object(Training & Development Journal, Vol. 44, Sep. 1990, pp.48-54)

Kaufman R., When Good Bosses ask for Bad Things(Training & Development Journal, Vol. 5, May 1991, pp.29-32)

Lookatch R.P., HRD's Failure to Sell Itself(Training & Development Journal, Vol. 45, July 1991, pp.47-50)

Mintzberg H., Mintzberg on Management(New York, Free Press, 1989)

Nadler L. & Nadler Z., International Joint-Venture and HRD(Training & Development Journal, Vol. 44, June 1990, pp.71-76)

Noel J. & Denneby R.F., Making HRD a Force in Strategic Organizational Change(Industrial & Commercial Training, Vol. 23, 1991, pp.17-19)

Peters T., Thriving on Chaos-Handbook for management revolution(New York, Harper Collins Publishers, 1991)

Phillips J.J., Measuring the Return on HRD(Employment Relations Today, Vol. 18, Autumn 1991, pp.329-342)

Sirbasku J., Human Resource Development-Putting the Power in 'Empowerment' (Supervision, Vol. 52, June 1991, pp.9-10)

Wick C.W. & León L.S., The Learning Edge-How smart managers and smart companies stay ahead(McGraw-Hill, N.Y., 1993)

사례 5 경영풍토의 역할 :

경영전략과 조직문화간의 부조화 현상

I. 조직문화와 경영전략 : 어떻게 조화시킬 것인가?

세계적 경기침체 하의 경쟁격화 현상은 우리 나라 기업에 있어서도 새로운 경영혁신에의 노력을 요구하였고, 80년대 후반 이후 우리도 기업마다 경쟁전략과 기업문화운동을 펼쳐왔었다. 그러나 21세기를 목전에 둔 IMF 금융위기는 구조조정과 감량경영이라는 새로운 이슈가 강력하게 요구되면서 성장지향적 문화 이전에 기업생존을 위한 개혁풍토가 정부주도로 추진되고 있다.

그러나 과거에 이미 MBO나 ZD운동 등을 통하여 책임경영과 경영효율을 증대하려던 것이 별 효과 없이 끝나버리고, 기업문화운동도 하나의 분위기로 시도되었다가 구체적 실천제도를 정립시키지 못했었다. 이제 와서 또다시 종업원들을 뛰게 해보려는 능력주의 인사, 구조개혁, ABM(activity based management), Challenge MBO 등이 새로운 경영혁신의 수단으로 제기되고 있는 것이다.

문제는 항상 "왜 선진경영기법을 활용한 경영혁신운동이 우리 나라 기업에는 일시적인 유행으로 확산되다가 일정기간이 지나고 나면 한번의 홍역을 치렀다는듯 사라져버리고 마는가" 하는 데 있다.

일본식 Quality Circle만 하여도 우리 나라에는 1960년대 말에 품질관리 분임조로 확산되었으나 아직까지도 관리자의 QC를 운영하는 회사는 볼 수 없는 실정이다. 이에 비하여 미국과 유럽에서는 1970년대 말에 도입되어 지금은 전사적으로 QC를 확산(예: IBM의 Excellence Team, 톰 슨사의 Progress Group등)해오고 있다. 한편 MBO는 일본 기업의 신인사제도를 구성하는 요소 가 되어 Challenge MBO로 확대 발전되어 적용되고 있다.

본 연구는 갈수록 경쟁이 치열해지는 첨단 전자업체를 중심으로 하여, 우리 나라 기업들이 안 고 있는 구조적, 그리고 고질적인 문제를 파악하면서 동시에 현 경영위상을 평가함으로써, 우리 나라 기업들은 왜 새로운 경영혁신모델을 선호하고 적용하려는 노력은 크되 그 효과는 미진하 게 나타나는가 하는 원인분석에 초점을 두도록 하였다.

II. 연구의 내용 및 분석방법

본 연구에서는 조직혁신방안으로서 경영전략과 기업문화에 대한 제반 모델을 검토하여 이를 바탕으로 한 설문 및 인터뷰 가이드를 작성하였으며, 연구의 범위가 넓은 만큼 전체 종업원들이 표현해준 내용과 설문 답안의 평균분석(리커트식 5점 척도법)을 중심으로 분석하였다.

연구대상업체는 우리 나라 굴지의 전자회사를 선정하였으며, 본 설문에 대한 인적특성별 T-test, F-test의 결과는 대부분 유의성이 낮게 나타났으므로 세부 분석은 모두 생략하였다. 또한 연 구분석에 사용된 모델들은 이미 교재나 논문을 통하여 잘 알려져 있는 것을 사용하였으므로 문 헌연구에 대한 세부 설명도 생략하였다.

주요 모델은 ① 맥킨지 그룹의 7S 모델(Peters & Waterman, 1983) ② 일본생산성본부의 5대 경영함수 모델(일본생산성본부, 1986) ③ 크로지에의 문화변수 모델(Crozier, 1977) ④ 포터의 경쟁전략 모델(Porter, 1980) ⑤ 딜과 케네디의 미시문화모델(Deal & Kennedy, 1986) 및 ⑥ IBM 사의 인사정책 모델(IBM, 1990) 등에서 발췌하였다.

III. 조직전략모델에 대한 정의

본 연구에 사용된 모델은 주로 경영전략과 조직문화에 대한 연구물에서 나온 것이다. 여기에서 '경영전략'은 기업활동의 [현재-미래지향적인 측면]을 고려하여 보다 구체적인 내용을 분석하기 위한 것으로 파악하였으며, 이에 비하여 '조직문화'는 [과거-현재지향적인 측면]을 고려하여 다소 추상적인 개념정립을 위한 분석으로 파악하였다.

타사와의 경쟁과 주어진 목표달성을 위한 경영전략과 조직의 풍토를 규명함으로써 새로운 체질개선을 시도하려는 조직문화에 대한 연구는 상호보완적인 접근방법이면서도 이들 사이에는 상호이질적인 형태가 내재되어 있다.

그러므로 실제로 기업의 경영전략과 기업문화간에는 상당한 괴리(gap)와 부조화가 있게 되며, 이러한 괴리와 부조화가 한국 기업의 경영혁신을 가로막고 성과향상을 위한 전사적 노력에도 불구하고 그 실천적 효과는 매우 낮게 나타나게 된다는 점에 기본가정을 두었다.

물론 전략적 접근방법과 문화적 접근방법을 통합하여 전략적 조직문화분석(strategic culture analysis)이라고 표현하는 학자도 있다(Crozier,1977). 본 연구에서는 이를 접목시키려는 노력보다는 상호보완적인 분석을 통하여 우리 나라 기업의 경영전략과 문화적 특성간의 괴리도를 규명하는 데 초점을 두었다.

1. 7S 모델

피터스와 워터만(1982)이 제시한 것으로 경영전략(strategy), 조직구조(structure), 관리방식(style), 관리제도(system), 기술수준(skills), 인력특성(staff) 및 공유가치(Shared value) 등의 변수를 사용한 우량기업 평가 모델.

2. 경영함수 모델

일본생산성본부(1986)에서 제시하고 있는 경영성과산출을 위한 5대 변수로서, 과거부터 경제학의 생산함수로 다루어온 자본(capital)과 노동(labour) 이외에 경영함수에는 마케팅 (marketing) · 정보(information) 및 문화(culture)가 포함되어야 한다는 모델.

3. 문화요인 모델

이는 모델이라기 보다는 크로지에 등(1977) 조직사회학자들이 문화의 속성을 밝혀주는 개념으로서 신념이나 이념 · 시스템 · 상징성 및 상징적 활동 · 구성원의 태도 등을 중심으로 조직의 특성을 규명하려는 방법.

4. 경쟁전략 모델

포터(1980)가 그의 저서 〈Competitive Strategy〉에서 제시하고 있는 목표의 성격, 제반가정의 성격, 현행전략의 성격 및 기업의 능력(강 · 약점)등에 대해 구체적으로 분석하려는 모델.

5. 미시문화 모델

딜과 케네디(1982) 및 동료들이 제시하는 기업문화에 대한 요인변수로 구성된 것으로 주로 구성원들의 행동방식과 태도에 관한 분석을 위한 모델

6. 인사정책 모델

IBM사(1987)의 인사정책을 중심으로 경영이념, 사회적 책임, 관리자의 역할 등을 다룬 것으로 우량기업의 인적자원관리 및 기업문화상의 특성을 비교분석하기 위한 모델.

이에 대한 정의에서 살펴보듯이 모델별로 변수의 수준이 다르며, 또한 문화변수가 dependent variable로 설정된 것과 independent variable로 사용된 것이 혼재되어 있으므로 모델을 통합하는 작업은 구상하지 않았다. 그러므로 연구는 조직문화를 중심으로 경영전략 및 구성원의 행동방식을 현상적으로 비교분석함으로써 우리 나라 기업의 고질적 조직문제(전략과 풍토간의 gap)를 개선하는 데 목적을 두었다.

IV. 분석결과

1. 대상업체에 대한 내용

본 업체는 총 종업원 2,680명(전략직군 570명, 관리직군 220명, 생산직군 1,470명, 영업직군 410명)을 갖고 있으며, 정보 및 통신기기를 생산하여 국내외에 판매하고 있다. 본 제품은 국내에서도 강력한 경쟁업체가 있으며, 국제적으로도 엄청난 경쟁을 치르고 있는 품목에 속한다. 이들이 문제 삼는 가장 중요한 조직문제로는 구성원들의 능력개발과 기능부서간의 협력 및 연계활동으로서 이를 개선하기 위하여 지속적으로 경영혁신운동을 전개해오고 있다.

즉 ① 애매한 조직분화, 정보관리시스템의 부진, 비공식채널을 통한 의사소통, 자기중심적인 사고방식 등을 치유하기 위한 노력과 ② 구성원들의 전문능력 부족, 부서의 기능전문성 취약 및 개인의 업적이 조직의 성과와 연계되지 않는 문제의 해결 등을 위하여 기업의 경영전략 및 기업풍토를 쇄신하자는 경영혁신운동을 전개해온 것이다.

문제는 최고경영자부터 솔선수범하여 추진해온 경영혁신운동이 소기의 성과를 달성하지 못하고 있다는 데 있다.

본 연구에서는 "그렇다면 왜 경영혁신의 성과가 강하게 나타나지 않으며, 과연 어떤 조건변수들이 이를 가로막고 있는가를 세부적으로 분석하도록 하였으며, 이를 위하여 관리직 전체(부장급 61명, 과장급 173명)를 대상으로 설문분석을 실시하였다.

2. 경영관리상의 실태

1) **7S 모델 분석**(3.087) : 본 회사도 전략 · 기술 · 공감대의 형성 및 인력에 있어서는 경쟁사들보다 우수하다는 점을 보이고 있으나, 관리제도와 관리방식 및 조직구조에 있어서는 낙후되었음을 보여주고 있다. 그러므로 7대 변수에 대한 종합평가는 경쟁자와 거의 동일하다(3.1)는 점을 밝히고 있으나, 관리상의 취약점이 강하게 부각되고 있다.

한편 지위가 높은 간부들과 관리직군은 조직구조상 문제가 없다는 의견을 보인 데 비하여 하급간부들과 영업 · 전략 및 생산직군에서는 조직구조상의 취약성이 강하게 드러나는 대조적인 모습을 보이고 있다.

우위변수	전략(3.6) 기술(3.4) 인력(3.4) 공감대(3.1)
열위변수	관리제도(2.6) 관리방식(2.6) 조직구조(2.9)

2) **경영함수 분석**(2.832) : 자본력 · 노동력 · 마케팅력 · 정보력 및 문화변수등의 5대 경영함수에 대한 종합평가는 경쟁자보다 열위에 있는 모습을 보이고 있다. 이 중에서 노동력 · 문화력 및 자본력 등은 경쟁우위에 있으며, 마케팅력과 정보력은 상당히 취약하다는 의견을 보이고 있다. 그러므로 생산성향상을 위한 핵심 경영요인은 마케팅과 정보활동을 강화하는 데 초점을 두어야 한다는 대안을 제시할 수 있다.

우위변수	인력(3.4) 문화(3.2) 자본(3.2)
열위변수	마케팅(2.4) 정보력(2.5)

3) **문화요인 분석**(2.826) : 상기의 모델에서 공감대 형성(3.1)과 문화변수(3.2)는 경쟁우위요인으로 표출되었으나, 이를 경영이념, 관리제도, 상징활동 및 종업원의 태도 등의 변수로 세분화하여 분석할 경우에는 경영이념을 제외하고는 모두 취약하다는 의견을 보였다.

이는 본 기업의 기업문화가 위로부터 제시되고 있는 경영이념 부분에서 강력하게 제시될 뿐 이를 지원하는 제도와 상징적 활동 및 종업원들의 반응은 경영이념에 부합된 모습을 보여주지 못하고 있음을 밝혀주는 것이다. 또한 문화요인만을 다룰 경우에는 취약한 기업문화(2.8)를 갖고 있는 것으로 나타나고 있다.

우위변수	경영이념(3.1)
열위변수	관리제도(2.6) 종업원태도(2.7) 상징적활동(2.9)

종합적으로 경영관리 활동력을 평가하면, 관리제도와 상사의 관리방식 및 부하직원들의 업무태도가 공통적인 취약점으로 부각되고 있으며 이는 경영전략의 열위보다 기업문화의 취약성이 강하게 표출되는 것으로 볼 수 있다.

3. 경쟁전략상의 실태

포터가 제시하고 있는 목표, 가정, 전략 및 능력의 4대 변수는 현행의 전략적 측면을 밝혀주는 가장 중요한 내용들이다(M. Porter, 1980). 이들 변수들은 각각 그 형성요인을 갖고 있으며, 여기에서는 요인분석을 통하여 4대 변수의 실태를 파악해보도록 하였다.

1) **목표의 성격** : 경영목표에 영향을 주는 요인으로는 최고경영자의 가치관, 인력의 구조, 조직구조, 재무적 목표 및 비재무적 목표, 그리고 대외관계의 성격 등을 들 수 있다.

① 최고경영자의 가치관(보수적-**진취적**) : 최고경영자의 가치관은 매우 진취적(4.3)으로 나타나고 있다

② 인력구조(**연공위주**-전문위주) : 인력은 연공에 의하여(2.8) 승진이 이루어지며, 전문성이 부족한 것으로 나타났다.

③ 조직구조(**경직**-유연) : 조직구조는 매우 경직되어 있으며(2.5), 최고경영자의 가치관과는 상치됨을 알 수 있다.

④ 재무적 목표(**현상유지**-제일주의) : 재무적 목표는 다소 현상유지적인 성향(2.9)을 보이고 있다.

⑤ 비재무적목표(**안정**-성장) : 질적인 표현으로 제시되는 기업의 비재무적 목표는 안정적 성장(3.0), 즉 안정기반 위의 성장을 추구하고 있다.

⑥ 대외관계(**소극**-적극): 대외관계는 아직도 소극적(2.8)인 모습을 보이고 있으며, 개방적인 접촉이 부족한 것으로 나타나고 있다.

종합적으로 최고경영자의 가치관만 매우 진취적으로 표출되며, 조직구조가 경직되었고, 기업의 대외개방성이 부족하므로 경영목표의 성격은 공식적으로는 진취적으로 표현되나 실질적으로는 보수적인 형태를 취함으로써 상호간에 큰 괴리가 있다.

2) **제반 가정의 성격** : 제반 가정은 다음의 요인에 대한 객관적 현상과 주관적 인식의 상태에 어느 정도의 괴리가 있는지를 분석하기 위한 것으로서, 이에 대한 판단은 대부분 사후에 검증될 수밖에 없는 것이다.

①정치적 환경에 대한 가정(**위협-기회**): 정치적 환경에 대해서는 별다른 위협이나 기회가 없을 것이라는 가정(3.0)을 하고 있다.

②사회적 환경에 대한 가정(**개인주의**-집단주의): 사회적으로 갈수록 과거 집단주의적인 성격보다도 개인주의적인 성향(2.5)이 커질 것으로 내다보고 있다.

③경제적 환경에 대한 가정(**안정**-급변): 경제적 환경은 상당히 안정적(3.5)일 것이라는 가정을 하고 있다.

④기술적 환경에 대한 가정(모방적-**혁신적**): 기술환경은 갈수록 모방성을 탈피하고 새로운 연구개발 활동을 요구하는 혁신성이 부각될 것으로 전망하고 있다.

⑤조직 내부환경에 대한 가정(**관료적**-탄력적): 조직 내부환경은 외부 변화에 관계없이 관료성(2.8)을 보이게 될 것으로 가정하고 있다.

⑥하이테크 산업의 장래성에 대한 가정(비관적-**낙관적**): 전자 및 통신산업의 장래는 매우 밝을 것이라는 낙관적(3.7)인 가정을 하고 있다.

⑦경쟁상태에 대한 가정(미약-**치열**): 경쟁상태는 앞으로 엄청나게 치열(4.1)해 질 것이라는 데 모두들 동감하고 있다.

⑧고객에 대한 가정(**충성**-이탈): 현재의 자사 고객들은 향후에도 다소 충성도를 유지(2.9)하게 될 것으로 가정하고 있다.

⑨자사에 대한 가정(보수-**진취**): 스스로는 상당히 진취적인(3.4) 모습을 보이고 있다는 가정을 하고 있다.

이들 가정을 종합해보면 경쟁의 격화 속에서도 고객의 이탈은 별로 없을 것이라는 안이한 대고객 가정을 하면서 해당 산업의 장래성을 매우 밝게 전망하는 것은 가정상의 부조화가 있다고 볼 수 있다. 또한 조직의 내부환경은 계속 관료적인 모습을 보이게 될 것으로 가정하고 있는 점 역시 기타의 환경변화나 목표달성에 방해가 되는 변수로 작용하게 될 것이다.

3) **현행 전략의 성격** : 포터는 '본원적 전략(generic strategy)' 으로서 원가우위전략, 차별화 전략 및 집중화전략 등을 제시하면서 이들 3가지 유형의 전략 중 하나가 강하게 부각되지 않을 경우에는 'stuck-in-the-middle' 이라는 어정쩡한 전략으로 된다는 점을 강조하고 있다. 우리 나 라 대기업에서는 집중화전략은 거의 실천되지 않고 있으므로, 여기에서는 원가우위전략과 차별 화전략이 어떻게 표출되고 있는가를 살펴보았다.

① 원가우위력(2.7) : 원가우위전략을 펼칠 수 있는 요건으로서 제시된 자본력, 기술관리력, 집중적 인력관리, 서비스 제공력, 유통비용 절감도, 원가관리, 세부적 통제력, 책임의 명확화 수 준 및 합리적 인센티브 제도의 정착도 등을 통해서 볼 때, 생산기술력(3.1)을 제외하고는 모두 낮 게 나타나고 있으며, 특히 인센티브 제도의 미비(2.3) 및 책임경영시스템의 취약성(2.4)은 본 회 사가 원가우위전략을 구사하는 데 가장 큰 제약요인이 되고 있다.

② 차별화 능력(2.9) : 차별화전략을 펼칠 수 있는 요건으로서 마케팅력, 생산기술력, 창의적 안목, 기초조사 연구력, 기술우위 이미지, 기업의 고유경력, 유통구조상의 협력도, 실적평가 및 인센티브 제도, 창의적 인재 확보력 등에 있어서도 기업의 연륜(3.7), 기술력(3.1) 및 기술우위의 이미지(3.4) 등을 제외하고는 모두 취약하게 나타나고 있다. 특히 기술력이 있다고 평가되면 서도 기초 연구력이 취약(2.5)하고 실적평가시스템이 정착되지 않은(2.5) 것은 본 회사가 차별화 전략을 구사하는 데 큰 제약조건이 되고 있다.

결국 원가우위전략을 구사할 수 있는 능력도 부족하며, 차별화전략을 구사할 수 있는 기반도 취약한 상태이므로, **현행 전략의 실태**는 전략형태와 전력수준이 맞지 않는 어정쩡한 것으로 평 가될 수 있다.

그러나 이들 중에서도 원가우위력이 차별화 능력보다 더욱 취약하게 나타나므로 기초연구력 의 강화와 공정한 업적평가제도를 도입하여 차별화 전략을 수립하는 것이 보다 효과적인 방안 이 될수 있다.

4) **기업의 능력(강ㆍ약점)** : 기업의 능력을 인사관리, 조직관리, 노무관리, 마케팅관리, 생산 관리 및 재무관리 등의 분야로 대별하여 그 강약점을 분석한 결과, 재무 및 인사관리 분야가 가 장 취약한 것으로 평가되었다. 이들 사항을 각 요인별로 살펴보면 다음과 같다.

① 인사관리(2.8) : 직무 · 보수 · 신분 · 교육 · 복리 · 채용 및 평가관리에 있어서 모두 취약한 모습을 보이고 있으며, 특히 보수관리 · 평가관리 및 직무관리가 더욱 취약하게 표출되고 있다.

② 조직관리(2.8) : 계획활동 · 조직활동 · 통제활동 · 의사소통 · 의사결정 및 조직개발 활동 등 제반 조직관리 활동이 모두 취약하게 나타나고 있으며, 특히 조직개발 활동과 의사결정 활동이 더욱 취약한 모습을 보이고 있다.

③ 노무관리(3.1) : 고충처리 · 직업안정 · 노사협상 및 근로조건에 있어서는 다소 양호한 모습을 보이고 있으며, 근로조건은 특히 우수(3.6)한 반면에 고충처리가 잘 안 되고 있는 실정이다.

④ 마케팅력(3.0) : 시장점유율 · 목표시장 · 제품 · 판매촉진 · 가격 및 유통믹스력에 있어서는 평균수준을 유지하고 있다는 평가를 하고 있으나, 유통활동(2.7) · 가격관리(2.8) 및 판촉활동(2.8) 등은 취약하게 나타나고 있다.

⑤ 생산관리(2.9) : 제품개발력 · 공장의 입지 · 공정관리 · 제품검사 · 재고관리 및 품질관리력은 대부분 평균수준에 있으나, 유별나게 재고관리의 취약성(2.3)이 크게 부각되고 있다.

⑥ 재무관리(2.8) : 수익관리 · 예산관리 · 배당정책 · 운전자본 · 유동비율 · 부채비율 · 고정비율 · 채권회전율 · 자본이익률 · 자본생산성 및 주가수익률은 하나같이 취약하게 나타나고 있으며, 재무상태는 수치로 분석이 되는 만큼 그 취약성에 대한 평가결과가 보다 분명하게 제시되고 있다. 특히 총자본 이익률(2.6) 및 매출채권 회전율(2.6)이 좋지 않다는 평가를 하고 있다.

종합적으로 보면, 재무관리와 인사관리 활동이 취약하며, 세부 요인별로는 보수문제 · 평가문제 · 조직개발문제 · 재고문제 · 채권관리 및 수익관리 등이 크게 취약한 것으로 표출되고 있다.

5) **경쟁전략에 대한 종합평가** : 경영관리 함수(7S 모델 · 경영함수 · 문화요인 모델 등)로서 자본 및 인력보유상의 상대적 우수성을 강조하면서도 이들 변수들이 경쟁전략상으로는 취약하게 나타나는 이유는 결국 자금과 사람을 활용하는 방식이 부진하여 그 효과가 낮게 나타나기 때문이라는 결론을 내릴 수 있다.

특히 최고경영자의 경영이념은 진취적으로 제시되고 있으나 조직의 내부환경은 관료적으로 유지될 것이라는 가정을 강하게 갖고 있는 모습을 통하여 목표는 진취적 · 도전적이나 조직구조와 관리방식은 변화에 대한 저항을 보이는 점이 바로 우리 나라 기업에 있어서 경영혁신운동이 실패로 종결되는 가장 중요한 원인이 된다 할 수 있다.

4. 미시문화의 형성실태

딜과 케네디 등은 조직문화를 일과 사람의 특성 및 관계, 그리고 그들의 가치관과 행동방식을 통하여 살펴보려 하였다. 여기에서는 이들 사항을 차례대로 살펴보도록 하였다.

1) **업무수행 방식(능력위주**-제도위주) : "귀하의 업무수행 방식은 본인의 능력이나 태도에 의존되어 있습니까? 아니면 귀사의 제도 및 관행에 더욱 의존되어 있습니까?"라는 물음에 대해 자신들의 능력과 태도에 의해 자율적으로 이루어진다(2.8)는 표현을 하고 있다.

2) **업무참여 방식**(비동참적-**동참적**) : "어떤 업무가 새롭게 주어지더라도 회사의 발전을 위하여 기꺼이 동참하는 분위기가 형성되어 있습니까?"에 대해서는 참여적인 분위기가 강하게 형성(3.5)되어 있다는 점을 보여주고 있다.

3) **명확한 인사방침의 필요성** : "인사제도의 정립이나 상사의 관리방침이 명확하게 제시되기를 바란다면 가장 적절한 이유는 무엇입니까?"에 대해서는 **경영목표의 달성(34.6%) 및 부하직원들의 모티베이션 향상**(28.6%)을 들고 있다.

4) **위험부담 태도**(회피적-부담적) : "귀사의 종업원들의 위험(risk)에 대한 태도는 어떻습니까?"에 있어서는 최고경영자는 엄청나게 위험추구적인 모습을 보이나, 상대적으로 **임원 및 상급간부들은 위험회피적인 성향**이 높게 표출되고 있다.

특히 대졸신입 이후 과장선에 이르기까지는 위험회피성이 약하다가 지위가 올라갈수록 위험회피적 성향을 보이게 되는 점을 지적할 수 있다. 또한 현장직은 감독직이나 하급자들이 모두 위험회피적으로 도전적인 자세가 취약하다. 이는 아무리 최고경영자들이 경영혁신을 부르짖더라도 임원부터 이를 수용하지 않으려 하며, 또한 최하급직의 현장인력들은 언제나 변화에 대한 저항과 보수적인 태도를 보이고 있다는 것이다

5) **성과표출방식(단기**-장기) : "귀사 종업원들의 성과표출방식은 어떠합니까?"에 대해서는 매우 단기업적 중심이라는 표현을 하고 있으며, 이는 임원 이하 모든 직원들이 강조하고 있는 것

으로 나타난다. 특히 일반직원들보다도 단기적 관점으로 업적을 챙기려는 자세는 상하간에 큰 마찰을 불러일으키고 있으며, 상사에 대한 신뢰감도 약화시키는 원인이 되고 있다.

6) **관리개선 분야** : **① 전략수립 활동** ② 인사관리 활동 **③ 마케팅 활동** ④ 재무·회계 활동 ⑤ 생산관리 활동 ⑥ 기타 활동 중에서 가장 우선적으로 개선되어야 할 부분으로는 마케팅 활동과 전략수립 활동으로 나타나고 있다. 하급간부들은 인사관리의 개선도 강하게 주장하고 있다.

7) **조직개선 요인** : 조직 활성화 이슈 중 시급히 도입 또는 개선되어야 할 사항으로는 **사업 다각화**가 가장 부각되고 있으며, 유통방식 및 마케팅 활동, 부가가치의 창출, 원가절감, 그리고 리더십의 개선 등이 그 뒤를 따르고 있다.

8) **기업의 사회적 이미지**(최고수준-최하수준) : 기업의 사회적 인식도는 **업계 선두대열**에 있는 것으로 평가되고 있다(2.1).

9) **사내 의사결정 속도**(느림-빠름) : 사내 의사결정의 속도는 다소 느린 것으로 표출(2.6)되며, 특히 전략직군과 관리직군, 즉 본사 스태프 부서들의 의사결정 활동이 느린 것으로 표출되고 있다.

종합적으로 조직문화는 능력을 중시하고 조직에 동참하려는 긍정적인 분위기로 형성되어 있으나, 목표달성과 모티베이션의 수준이 낮으며, 도전적이지 못하고 위험회피적인 모습을 보이면서 단기 업적에 치중된 모습을 보이고 있다. 즉 전략수립 활동과 마케팅 활동 등 환경변화와 고객의 욕구에 직접적, 그리고 신속하게 대응하여야 할 활동들이 매우 취약하게 나타나며, 사내의 의사결정 시간도 오래 걸리는 문제점을 안고 있다는 것이다. 특히 위험감수에 대한 태도와 성과표출에 대한 방식을 각 계층별로 구분하면 다음과 같은 모습을 볼 수 있다.

단기업적주의   장기업적주의

```
                                                   (3.0, 3.8)
위                                                  최고경영자
험
부                                      (2.2, 3.0)
담            <모험형>                   일반직원           <투자형>
2.81
위험         부차장      (2.2, 2.8)
회           (1.8, 2.5)  (2.0, 2.5)
피           현장감독자    임원
             하급종업원
             <근면형>                                    <관료형>
```

2.16

즉 전반적으로는 단기업적주의와 위험회피적인 모습을 보이면서 구성원들간의 상대적인 모습은 최고경영자집단만 위험감수와 장기적인 측면을 강조할 뿐(투자형), 임원들부터 위험회피적이고 단기업적주의적인 모습(근면형)을 보이고 있다는 것이다.

또한 일반직원들은 부서장 이상의 상급자들보다도 적극적인 자세를 보이고 있으므로 중간관리자들의 보수적이고, 안이한 태도가 새로운 경영혁신운동에 큰 장애가 되고 있음을 알 수 있다. 특이한 것은 모험형이 전혀 보이지 않으며, 관료형의 풍토 역시 부각되어 나타나지는 않는다는 점이다.

5. 인사정책의 실태

IBM사 등 우수기업의 인사정책과 비교하여 각 항목별로 본사의 인사정책수준을 살펴보았다. 물론 IBM사 역시 제품전략과 시장전략상 심각한 문제를 보이기도 하였으나, 관리 및 인사제도에 있어서는 상당히 앞서 있다고 할 수 있다.

1) **동료와 비교한 자신의 능력수준**(열위-우위) : 모두가 공정하게 평가하였다면 그 평균값이 3.0으로 나타나야 할 자기능력의 상대적 수준은 3.4의 수준으로 나타나고 있다. 이는 대부분 자신의 능력이 남들보다 우위에 있다는 점을 강조하고 있는 것(스스로 잘난 체함)으로 받아들일 수 있다.

2) **동료와 비교한 자신의 태도 상태**(불량-**양호**) : 역시 공정하게 자신의 상대적 태도를 평가
했다면 3.0의 평균값을 보여야 할 값이 자기자신은 매우 양호한 태도를 보이고 있다(3.6)는 점을
강조하고 있다. 이 결과는 「P = f(A · M)」이라는 개인의 성과함수식에 비유하면, 구성원들은 서
로서로 "남들보다 능력과 태도가 앞서 있다"는 표현을 하고 있다는 것이며, 보상 차원에서 본다
면, **"자신의 태도와 능력에 비하여 저평가 받고 있다"**는 의식이 강하다는 점을 보여주는 것
이다. 이 또한 경영혁신에 임하여 남들 이상으로 뛰지 않으려는 속성의 원인이 되는 변수라 할
것이다.

3) **관리자들의 자세**(소극적-**적극적**) : 상사로서 관리자들의 자세는 일반적으로 평균이상의
적극성을 보이고 있으나, 정보제공 활동, 의사소통 활동 및 교육훈련 활동은 다소 미진한 것으
로 나타나고 있다. 이는 IBM사와 같이 종업원들에 대한 교육(Formation), 정보(Information), 의
사소통(Communication) 활동을 가장 중시하고 있는 우수기업과 비교하면, 바로 이들 활동의 취
약성 때문에 조직력이 취약하게 된다는 결론을 내릴 수 있다.

반면에 부하의견의 존중, 창의적 의견의 존중 및 인사활동의 공정성은 잘 이루어지는 것으로
표출되고 있다. 인사활동의 공정성과 의사소통활동의 적극성에 대해서는 다음 표에서와 같이
직급별 · 직군별로 다소 다른 의견을 표명하기도 한다.

4) **애로 해결방안** : 현행 풍토 하에서 애로 해결을 위하여 가장 중시되어야 할 요건으로서는
① 전문기술 등 Know-how의 축적 ② 기본 이론에 입각한 Know-why의 규명 ③ 타사 내지 외국
의 다양한 선진제도의 모방을 통한 Know-what 분석 ④ 다양한 인간관계 통로를 통한 Know-
whom식 해결자의 물색 중에서 **전문기술 등의 Know-how를 축적하는 것이 가장 중요**하다
는 의견을 표명하고 있으며, 기초연구와 관련된 Know-why 부분에 대해서는 아직도 가장 미약
하게 나타나고 있다. 즉 우리에게는 「미국식의 Know-how」· 「일본식의 Know-what」· 「한국식
의 Know-whom」그리고「프랑스식의 Know-why」순으로 풍토 개선이 요구된다는 점을 밝히고
있다는 것이다.

5) **우량문화 실태**(없다-**있다**) : 우량문화를 지닌 회사의 특성요인에 있어서 기업 내에 모델
화된 영웅이 없다는 점에 모두들 공감하고 있으며, 기타의 특성 변수에 있어서는 대부분 우량기

업의 형태를 보이고 있는 것으로 나타나고 있다. 이는 회사 내에서 그를 모범 삼아 업무에 임할
수 있는 사람이 존재하지 않는다는 표현이 된다.

　종합하면, 인사활동상 부하직원들은 각자 자신이 남들보다 능력과 태도가 앞서 있다는 의식
을 하고 있으며, 이 때문에 보상에 대한 불공정성을 느끼고 있다. 한편 관리자들은 구성원들의
능력개발과 문제해결을 위한 교육 · 정보 및 의사소통 활동을 게을리하고 있으며, 부하들의 모
범이 되는 행동을 보여주지 못하고 있는 점이 부각되고 있다.

V. 결론 및 시사점

　이학종 교수의 연구결과(1993, pp319-320)는 최고경영자 및 창업가의 역할이 그 회사의 기업
문화 형성에 가장 중요한 역할을 하며, 기업체질의 개선과 경쟁력 강화에 기업문화의 역할이 가
장 중요하다는 점을 밝히고 있다. 한편 조동성 교수(1985, 서문) 등은 경쟁전략이 기업의 경영정
책상 가장 중요한 요인이 되고 있음을 포터 교수의 제언을 빌려 강조하고 있다.

　이에 비하여 본 연구에서는 기타 기업문화와 경영전략에 대한 연구모델을 종합적으로 적용한
결과 다음과 같은 사항이 부각되어 나타났다.

　①「기업문화」에 있어서는 최고경영자만이 진취적이고 위험감수적이며, 조직혁신을 위한
노력을 아끼지 않고 있는 데 비하여, 당장 임원이나 관리자들은 보수적이며, 변화에 적응하기보
다는 변화를 회피하려는 성향을 강하게 보여주고 있다. 이는 최고경영층과 임원 등 간부들 사이
의 가치관이나 행동방식에 커다란 격차가 존재한다는 점을 보여줌과 동시에, 이들 간부보다 진
취성이 강한 일반직원과의 관점 격차도 조직 내 기업문화력을 분산시키는 주요인이 되고 있다
는 점을 보여주는 것이다.

　②「경쟁전략」에 있어서도 경쟁의 잠재력은 충분히 갖추고 있으나 이를 활용하는 구체적
전략이 수립되어 있지 않고, 오히려 조직의 취약점으로 부각됨과 동시에 원가우위전략이나 차
별화전략을 택하는 모습이 분명하지 않으므로, 포터 교수의 개념구분에 의한다면 '어정쩡한'
상태에 있다는 점도 살펴보았다.

　③「기업풍토」는 최고경영자와 구성원들 간에 '진취' 대 '보수'라는 격차를 보이고, 「경영

전략」은 '보유능력'과 '발휘능력' 간에 큰 격차를 보임으로써, 실제로 경영혁신운동을 위한 슬로건과 전략이 제시되더라도 이는 일시적 운동으로만 시행될 뿐 실질적인 혁신의 성과는 기대하기 어렵다는 점도 알 수 있다.

그러므로 이러한 취약성을 보완하기 위해서는 중간관리자들의 부하직원들에 대한 교육과 정보교류가 특히 활성화되어야 할 것이며, 최고경영자들은 본인만 진취적이고 혁신적인 운동을 강조할 것이 아니라, 중간관리자들의 공감대 형성을 위한 노력, 즉 중간관리자들에 대한 경영참여와 신속한 의사결정이 이루어질 수 있도록 하는 권한위양과 모범간부에 대한 인센티브의 적극적인 적용을 유도해야 할 것이다.

특히 일반직원(대졸신입사원에서 과장 미만의 직원)의 창의성·적극성이 간부직원들보다 높게 나타나고 있으므로, 이들을 경영의사결정에 참여시켜 그들의 창의력과 진취성을 활용하는 데 주력을 기울여야 할 것이다.

본 연구에서 활용한 연구모델의 적용을 통하여 다음과 같은 결론 및 시사점을 제시할 수 있다.

①7S 모델을 통하여 특히 관리방식과 관리관행의 취약성을 살펴볼 수 있으며, 이는 경쟁전략상으로는 발휘능력이 부족하며, 기업문화적으로는 중간관리자들의 제도 적용방법 및 부하육성을 위한 리더십이 취약하다는 점을 보여주므로 중간관리자들의 전략적 사고방식 및 참여경영이 적극 요구된다.

②경영함수 모델로부터는 마케팅 활동과 정보관리 활동이 취약하다는 점을 파악할 수 있다. 그러므로 제조업 중심으로 운영되어온 우리 나라 대기업의 생산성 향상 목표는 시장에서의 고객만족 목표로 그 소구점부터 변환시킬 것이 요구되며, 부서이기주의를 극복할 수 있는 상호 정보공유 활동이 적극 요구된다.

③조직문화 모델을 통해서도 역시 관리시스템의 취약성과 이를 상징적으로 활용하는 활동이 미진하다는 점을 파악할 수 있으므로 기업문화의 재정립 및 경쟁전략에서의 우위를 점하기 위해서는 제도 및 관행의 기계적 적용이 아닌 전략적 활용방안을 모색하도록 해야 할 것이다.

④경쟁전략 모델을 통해서는 제시된 바와 같이 최고경영자와 종업원들간의 가치관이 엄청나게 달리 표출되고 있으므로, 조직능력의 발휘를 위해서는 고객중시의 가정을 확립하고, 이를 위한 목표와 전략구상을 중시함으로써, 시장에서의 원가우위 또는 차별화 전략을 분명히 해야 할 것이다. 또한 조직력이 취약하게 표출되는 부분으로 조직관리 활동과 마케팅 활동이 부각

되므로 내부고객(종업원) 및 외부고객과의 의사소통 활동을 강화해야 할 것이다.

⑤ **미시문화 모델**을 통해서는 구성원들의 남보다 잘난 체하는 의식이 강조되므로 이를 치유하기 위한 공정한 인사평가(특히 업적평가)제도의 확립이 요청되며, 당연히 구성원들의 모티베이션 방안을 강구해야 할 것이다. 특히 최고경영층의 진취적·투자적 속성과 기타 구성원들의 보수적·근면적 속성간에 큰 차이가 존재하므로 중간관리자들의 장기적 관점 강화 문제와 위험추구적 행위가 표출될 수 있도록 하는 책임경영체제의 강화가 요청되고 있다.

⑥IBM **모델** 같은 우량기업의 인사시스템에는 부하육성, 의사소통의 중시 및 개인존중이라는 인사철학이 강하게 형성되어 있으나, 우리의 경우에는 이와 같은 변수들이 가장 고질적인 문제가 되고 있으므로, 인사관리는 인사정책의 차원으로 이루어지면서 인사철학(또는 인사정책)의 논지를 명확하게 제시해야 한다(예 : 능력위주의 인사, 인센티브의 강조, 전문화 및 국제인 양성 등).

이와 같은 결론은 어디까지나 연구대상 기업의 독특한 풍토와 현행 전략을 중심으로 살펴본 만큼 당연히 사례연구로서의 결과가 될 것이다. 그러므로 본 연구의 한계는 역시 여러 기업을 대상으로 한 장기적 분석이 되지 못하였으며, 일반화되기 어려운 부분적 연구라는 데 있다. 그러므로 향후 이에 대한 종합적이고, 장기적인 연구를 통하여 본 연구에서 밝히고 있는 결과를 검증 및 종합화하는 작업이 뒤따라야 할 것이다.

[사례 5] 질문사항

1. 경영전략과 기업문화가 조화롭게 구축되어야 하는 이유에 관하여 논해 보시오.

2. 사회감사를 비롯한 감사활동의 새로운 접근방법(패러다임의 혁신)을 논하면서 조직 문화의 재정립이 중시되는 이유는 어디에 있다고 보는가?

3. 경영함수 모델〔P=f(K.L.M.I.C.T.A.HN.FLO.)〕을 중심으로 인사기능 및 경영전반에 걸친 감사활동이 가능하다고 보는가?

4. 기존의 경영전략이나 조직문화 운동에 있어서 '사회적 이슈(social issue)'가 충분히 고려되지 않았던 원인은 어디에 있다고 보는가? 그리고 이를 어떻게 극복해나갈 것인가?

5. 기업 풍토가 장기업적보다 단기업적주의로 이루어져 있을 때 사회감사인은 이를 어떻게 해석하고, 어떤 권고안을 마련할 수 있을 것인가?

이학종, 한국의 기업문화(박영사, 1993), pp.15-31.

일본생산성본부, 화이트칼라의 생산성향상(KPC 역서, 1986).

Chandler A.D., Strategy and Structure(Cambridge, Mass.: M.I.T. Press,1962).

Shein E.H., Organizational Culture and Leadership: A Dynamic View (N.Y. :Jossey-Bass, 1985).

IBM, Managers' Guide(Paris: IBM France, 1987).

Porter M., Competitive Strategy: Techniques for Analyzing Industries and Competitors (Boston :The Free Press, 1980): 조동성, 정몽준, 경쟁전략(경문사, 1985).

Crozier M., L' Acteur et le Système(Paris: Seuil, 1977).

Pascale R.T. & Athos A.G., The Art of Japanese Management (N.Y.: Penguin Books, 1981).

Peters & Waterman Jr., In Search of Excellence(N.Y.: Harper & Row, 1982).

Deal & Kennedy, Corporate Culture: The Rites and Tituals of Corporate Life(Readings, Mass. : Addison-Wesley Publishing Co., 1982).

Ouchi W., Theory Z(Mass.: Addison-Wesley Publishing Co., 1981).

부록

참고문헌-국내문헌

김수곤, 한국노사관계론, 경문사, 1992.

김식현, 인사관리론, 무역경영사, 1999, pp. 209-210.

김식현, 정재훈, '노사관계론', 2판, 학현사. 1999. pp41-44.

박경규, 신인사관리, 홍문사, 1997, pp. 44-52.

박기찬, "Quatre-Partism Game에 의한 노사관계관리-프랑스기업의 민주적 경영혁신 사례를 중심으로", 노사관계연구 제5권, 서울대학교 노사관계연구소, 1994.

______, "전략적 권력관계분석에 관한 방법론적 고찰", 인하대 산업경제연구소, Vol.6., 1992, pp. 23-58.

______, "과학적관리와 한국적 인사관리", 한국인사 · 조직학회 발표논문집, 1992.

______, "전략적 인적자원개발에 대한 이론적 고찰", 인사관리연구, 제17집, 한국인사관리학회, 1993. 12, pp. 83-103.

______, 연봉제하의 전략경영을 위한 팀업적평가, 한국능률협회, 1997. pp. 416-418.

______, 이진규, "한국 인사관리연구의 전망과 과제", 한국인사 · 조직학회 논문집 제2권, 제1호, 1993. 12, pp. 75-137.

______, 전략적 인적자원관리 및 인사제도 혁신, KEMBA, IPS, 1996, pp. 1-29.

______, 조직정치론: 권력관계의 본질과 조직행위의 정치성, 경문사, 1993, pp. 236-247.

신유근, 조직행위론, 다산출판사, 1994.

오세철, 비판조직이론, 현상과 인식, 1980.

윤은기, 時 테크 성공학, UCG, 1993.

이학종, 한국의 기업문화, 박영사, 1993, pp. 15-31.

일본생산성본부, 화이트칼라의 생산성향상, KPC 역서, 1986.

조동성 · 이광현, 경쟁에서 이기는 길, 교보문고, 1992.

최정철, "한국기업의 사회적성과 평가시스템 구축에 관한 연구", 인하대학교 박사학위논문, 1998.

최종태, 현대임금관리론, 박영사, 1992.

참고문헌-외국문헌

Adam, G. & Reynaud, J.D., *Conflits du travail et changement social*, PUF, 1978.

AFCOD, *Ratios Sociaux*, Paris, Editions d'Organisation, 1975.

Agresta R.J., "Renaissance in Human Resources Development: Can we afford it ?", *Public Manager*, Spring 1992, pp. 33-37.

Air France, *Annual Report*, 1985-1993.

Allison, G.T., *Essence of Decision*, Boston: Little Brown and Company, 1971.

Anderson R.J., "Analytical auditing : does it work", *The Internal Auditor*, Aug. 1972, p. 44.

Appley L.A., *Management is personnel administration*, Personnel, Vol.46 N.2, March-April 1969, pp. 8-15.

Arkin A. *The Course of Strategic HRD*, Personnel Management, Vol 23, Dec. 1991, pp. 47-48.

Baulon D., "Comment améliorer l'efficacité d'un service d'audit interne", *Revue Française d'Audit Interne*, no. 66, 1983, sep.-oct., pp. 9. 17. 18. 22.

Behrend & Pocock, "L'absentéisme individuel : résultat d'une étude de six ans dans une entreprise", *Revue Internationale du Travail*, Vol. 114, no. 3, Nov.-Déc. 1976, pp. 345-363.

Berger P.L & Luckmann J.H., *The social construction of reality*, New York, Doubleday, 1966.

Bernard J.P., "Croissance des enterprises et conflicts sociaux internes," *Thèse de Doctorat ès sciences de gestion*, Université Paris IX Dauphine, 1979. pp. 247. 389.

Bessette L., "Rationalsation des Régimes de Protection du Revenu et l'Approche par événement", *Relations Industrielles*, Vol. 33, no. 3, 1978, pp. 524-532.

Birlin J.L., "Les six étapes du plan de formation", *Le Management*, jan. 1973, pp. 119-126.

Bosquet R., "Quels facteurs clés d'évolution des politiques de personnel?" in *De Nouvelles Politiques pour la Gestion du Personnel*, CERGY, CRESSEC 1983.

Boudier B., *Audit des dépenses sociales*, Personnel. no. 256, Jan. 1984, pp. 18-20.

Bower & Franklin, *Survey guided Development*, Tome I, "Data based organizational change", California, University Associates, 1977.

Bowman & Haire, "A Strategic Posture towards Corporate Social Responsibility", *California Management Review*, Vol. 8, no. 2, Winter 1975, pp. 52.

Bureau du Vérificateur Générale du Canada, *Audit Guide : Payroll Costs Management : Human Ressource Planning*, June 1981, p. 5.

Candau P. "Analyse et Evaluation des Risque Sociaux", *Revue Française de l'Audit Interne*, no 62, Nov.-Dc. 1982.

________ P., "Gestion des Ressources humaines et compétitivité", *Revue Française de Gestion*, no. 39, jan.-fév. 1983, pp. 43-51.

________ P., "L'évaluation de l'efficacité organisationnelle", *Revue Française d'Audit Interne*, no. 69, mars-avril 1984. pp. 5. 415.

________ P., "Les gain de productivité baissent : pourquoi?", *Management France*, no. 32, Sep. 1982, pp. 6-8.

________ P., "Pour une approche stratégique de la fonction personnel", Economies et Sociéts, Série Sciences de Gestion, no. 2, 1981, pp. 1555-1592 및 "Pouvoir, Stratégie et Règles d'un département de Personnel", Personnel, no. 235, Sep. 1981, pp. 21-24.

Carlson H.C., "Personnel control system", Aspa Handbook of Personnel and Industrial Relations, Vol. 4., Planning and auditing Pair, D. Yoder et H.G. Heneman. Jr.(Eds), Washington D.C., The Bureau of National Affairs, 1976, Chap. 2-2.

Carmines & Zeller, "Reliability and Validity Assessment", Beverly Hills, California, 1979, "Quantitative Applications in the Social Sciences", no. 17, pp. 10. 13.

Carter & Doherty (Eds), Handboook of Risk Management, London, Kluwer-Harrap, 1981, pp. 1-20.

Cascio W.F., Managing Human Resources : Productivity, Quality of Work Life Profits, McGraw-Hill, 1995, p. 578.

Chandler A.D., Strategy and Structure, Cambridge, M.I.T. Press, 1962.

Cheek L.M., "Cost Effectiveness comes to Personnel Function", Harvard Business Review, Vol. 51, no 3, May-June 1973, pp. 96-105.

Chernoff H., "The uses of faces to represent points in K-Dimentional Space Graphically," Journal of The American Statistical Association, no. 342, June 1973, pp. 361-368.

Chevalier F., Cercles de qualité et changement organisationnel, Paris, Economica, 1991.

________ F., "Changes and managing contradictions", EGOS Colloquium, Istambul, July 1995.

Churchill & Cooper, "A field study for internal auditing", The Accounting Review, Vol. 60, no. 4, Oct. 1965, pp. 267-281.

Clancy, Collins & Rael, "Some behavioral perceptions of internal auditing," The Internal Auditor, June 1980, pp. 44-52.

Cohen M.D. March J.G. & Olsen J.P, 'A garbage can model of organizational choice', Administrative Science Quarterly, Vol. 17, 1972, pp. 1-25.

Collongule Y., "Ratio Financiers et Prévision des Faillites des Petites et des Moyennes entreprises", Banque, no 365, Sep. 1977, pp. 963-970.

Crozier M. & Friedberg E., Actors and systems : The politics of collective action, University of Chicago Press, 1980.

________ M. & Friedberg E., 'L'Acteur et le Système', Paris, Seuil, 1979

________ M., The bureaucratic phenomenon, University of Chicago Press, 1964.

Danziger R., Le Bilan Social outil d'information et de gestion, Paris, Dunod, 1983, pp 49-79.

Dassault Co., "une étude diagnotique : absentéisme chez Dassault, 1980.

Davenport, T.H., Process Innovation, Boston: HBS Press, 1993.

Reibstin & Gunther, Wharton on Dynamic Competitive Strategy, John Wiley & Sons, 1997, pp. 3-7.

Deal T.E. & Kennedy A.A., Corporate Culture : The Rites and Tituals of Corporate Life, Readings, Addison-Wesley Publishing Co., 1982.

Deming B.S., "A system for evaluating training programs", Personnel, Vol. 56, no. 6, nov.-dec. 1979, pp. 33-41.

Duliscouet C., "Une mission d'audit : Contr le de la Fonction formation", Revue Française d'Audit

Interne, no. 62, nov.-dec. 1982, pp. 24. 27.

Dunham & Smith, Organizational Surveys. Glenview. Illinois, Foresman, 1979, pp. 37. 67.

Dupuy F. & Thöenig J.C., L' administration en miettes, Paris, Fayard, 1985.

______ F. & Thöenig J.C., La loi du march , Paris, L' Harmattan, 1986.

______ F., "Entretiens d' Air France," Fontainebleau, INSEAD, 1994.

Déroo J.P., Rentabilitéet culture d' entreprise, Cahier de recherche. Paris IX Dauphine.

Dévelopment et Emploi, "La Durée du Travail dans L' Entreprise : Stratégie d' Analyse et d' Action", Paris, Dévelopment et Emploi, 1984. p. 48.

Emerson R.M., "Power-dependence relations", American Sociological Review, Vol. 27, 1962, pp. 31-40.

Fayol H., "Administration Industrielle et Générale", Bulletin de la Société de l' Industrie minérale, 1916, Paris, Dunod, 1970, pp. 3, 102.

Fber H., Personnel Planning : A survey of Major Problems and Some Quantitative Methods, "Personnel Research in Europe," Bruxelles, Institut Européen de Recherche et d' Etudes Supérieures en Management, 1975, p. 3.

Filios V.P., "A concise history of auditing(B.C.3000-A.D.1700)", The Internal Auditor, July 1984, pp. 48-49

Fink S., 'High Commitment Work Place', New York, Quorum Books, 1992

Fitz-Enz J., "Human value management : The value-adding human resource management strategy for the 1990s ", Jossey-Bass Inc. Publisher, California, 1990, pp. 7-9.

________ J., "Measuring human resources effectiveness", Personnel Administrator, Vol.25, no. 7, July 1980. pp. 33-36.

Framantle D., Incredible Customer Service, McGraw-Hill, 1993

Frank E., "HRD in Europe", Journal of European Industrial Training, Vol 15, 1991.

Gandillot T., "L' Audit gagne le social", L' Usine Nouvelle, no. 36, 2 Sep. 1982, p. 64.

Gaudet F.J., Solving the problems of employee absence, N.Y., American Management Association, 1963.

Gautier & Lupe, Les tableaux de bord de la fonction personnel, Enterprise Moderne d' Edition, 1975, pp. 76. 120.

Gervais M., De l' utilité du contrôle de gestion : une relecture du problème au travers du concept d' identité de l' entreprise, Communication aux sixiémes journées nationales des Instituts d' Administration des Entreprises, Lyon, Nov. 1982.

Gray R.D., "Evaluating the personnel department personnel, Personnel, Vol. 42, no. 2, March-April 1965.

Greene & Serbein, Risk Management : Text and cases, Reston, Virginia, Reston Publishing Co., 1978. p. 28.

Greiner L. & Shein V., Power and organizational development, Addison Wesley, 1988.

Grinyer & Norburn, "Planning for existing Markets : Perception of executives and financial Performance", Journal of Royal Statistical Society. Vol. 138, Part I, 1975.

Gu rard & Leruez, "Audit d' acquisition", Revue Française d' Audit Interne, no. 69, mars-avril 1984, pp. 27. 29.

Haddock S.J., "Les 8 éléments de base du rapport d' audit," Revue Française de l' Audit Interne, no. 69, mars-avril 1984, pp. 38-42.

Halberstam D., The reckoning, Avon, 1986.

Hamblin A.C., "Evaluation and Control of Training", London, McGraw-Hill, 1974, pp. 6-7.

Hammer, M. & Champy, J., Reengineering the Corporation, Harper Business, 1993.

Hanson H.L., "Getting Started", Training & Development Journal, Vol. 45, Aug 1991.

Hartley J. & Stephenson, G., 'Employment Relations', Oxford, Blackwell, 1992

Harvey & Brown, "An Experimental Approach to Organization Development", 3rd ed. Prentice-Hall, N.J., 1988, pp. 84-91

Henderson R.I., "Compensation Management", Rewarding Performance, 3rd ed., Reston, Virginia, Reston Publishing Company, 1979, pp. 277. 427. 447.

Hickson D.J. & Hinnings C.R, Lee C.A., Schneck R.E., & Pennings J.M., "A strategic contingency theory of intraorganizational power", Administrative Science Quarterly, Vol.16, 1971, pp.216-229

Hochapfel G., "Pour un audit de la communication dans l'entreprise française," Documents ANDCP, f v.-mars 1982, pp. 54-57.

Hofer & Schendel, Strategy Formulation : Analytical Concepts, Saint-Paul, Minn., West Publishing Co., 1978.

Hornstein & Tichy, Organizational diagnosis and improvement of strategy, New York, Behavioral Science Associates Editors, 1973.

Humble J., L'Audit Social au service d'un management de survie, Paris, Dalloz, 1975.

I.I.A., Standards for the practice of internal auditing, Altamonte Springs, Florida, Institute of Internal Auditors, May 1978.

IBM, Managers' Guide, IBM France, 1987.

Jacobs D., 'Dependency and vulnerability : An exchange approach to the control of organizations', Administrative Science Quarterly, Vol.19, 1974, pp. 45-59

Jardillier P., La Maîtrise de l'Emploi, Paris, Presses Universitaires de France, 1982, p. 148.

Johns G., "Attitudinal and non attitudinal predictors of two forms of absences from work", Organizational Behavior and Human Performance, Vol. 22, no. 3, Dec. 1978, pp. 431-444.

Jones T.M., "Corporate Social Responsibility Revisited, Redefined", California Management Review, Vol. 22, no. 3, Spring 1980, pp. 59-67.

Jouet C., "Audit des rémunérations et des charges", 1re partie : "Contrôle des rémunérations," Revue Française de l'Audit Interne, no. 18, janvier-février 1974. p. 32.

Kohn A., No contest : The case against competition, John Ware Literary Agency, 성재언 역, 비봉출판사, 1992.

KPMG, Audit 2000 Methodology Guide, Oct. 1997. KPMG 내부자료.

Laufer & Viargues, "Critères de réussite d'une action de formation continue", Rapport Final, Paris, FNEGE, pp. 78, 100.

Lawler III E.E., "Effective Pay Programs", Compensation Review, Vol. 8, no 3, 1976, p. 16.

__________ E.E., 'Pay and Organizational Effectiveness', 김남현 역, 임금과 조직효과, 경문사, 1987

Lopez M., Procédures et Coût de Recrutement des agents de fabrication, Ecully, I.S.E.O.R., mai 1978.

Mader F., "Les ratios et l'analyse du risque", Analyse financière, 2/4 trimestre 1975.

Mabler W.R., "Auditing pair" in "Aspa Handbook of Personnel and Industrial Relations", Vol. 4, Planning and Auditing pair(Yoder & Heneman Jr. Eds), Washington D.C., 1976, chap. 2-4. p. 2-93.

Maillard R., "Audit des rémunérations et Charges Afférentes", 2e partie : "Vérification d'une paie informatisée", Revue Française de l'Audit Interne, no. 18, Jan.-Fév. 1974, p. 46.

Martinet A.C., "Management stratégique : organisation et politique", Paris, McGraw-Hill, 1984. pp. 1-2.

Martory & Crozet, "Gestion des Ressources Humaines", Fernand Nathan, 1984. pp. 7-13.

Miner & Miner., "Personnel and Industrial Relations-The managerial approach", 3rd ed. N.Y., Mac Millan, 1977, p. 4.

Mints F.E., Cooperative Auditing, "Key To A Future", "The Internal Auditor", Nov.-Dec. 1973, pp. 32-45.

Mintzberg H., Mintzberg on Management, Free Press, 1989.

__________ H., Structuring of organizations, Englewood Cliffs, Prentice Hall, 1979, p.188

__________ H., The Rise and Fall of Strategic Planning, Free Press, N.Y., Macmillan, 1994, pp. 54-56.

Morel C., "Comment calculer les effets de calandrier", Personnel no. 248, fév. 1983, pp. 41-43.

_____ C., "La définition de l'absentéisme", Personnel, no. 254, Oct. 1983, p. 34.

_____ C., "Les petits pièges du bilan social", Personnel, no. 264, d c. 1984, p. 40.

Morgan G., Images of Organizations, Sage, 1986.

Morris N., "Comment s' value votre audit interne", Revue Française d'Audit Interne, no.44, nov.-déc. 1978, p. 75.

Newman W.H., "Constructive Control, Design and Use of Control Systems", Englewood Cliffs, N.J., Prentice Hall, 1975, p. 15.

OECD., Social Indicators, Paris, OECD., 1982, 1992.

Olson, M., 'The Logic of Collective Action : Public Goods and the Theory of Groups', Boston, Harvard University Press, 1977

Ouchi W., Theory Z, Addison-Wesley Publishing Co., 1981.

Park K.C., "SMI Policies toward Global Competitiveness in Korea", Vol. 1, no. 2, Japanese- Korean Society of Industrial Policy, Tokyo, 1993. 12, Session 8, pp. 1-34.

____ K.C., 'La création d'une micro-culture mobilisatrice dans l'entreprise Française', Paris, HEC, 1987

Pascale R.T. & Athos A.G., The Art of Japanese Management, Penguin Books, 1981.

Peretie M.M., "Audit social, le social alchimiste", L'Etudiant, no. 47. oct. 1984.

Peretti J.M., Personnel, Paris : Vuibert 1981, pp. 25-29.

______ J.M., 'Ressources Humaines', Paris, Vuibert Gestion, 1992

______ J.M., Une Démarche de lecture et d'analyse du Bilan Social in "Le Bilan Social", Liaisons Sociales, no 839, Dec. 1981, p. 60.

Pernin D., "L'Evolution de la Législation Social depuis 1968 et sa Significaion pour l'Entreprise", Homme et Techniques, no. 374, Dec. 1975, pp. 730-735.

Peters, T. & Waterman, R.H., In Search of Excellence, Harper and Row Pub., 1982.

Peters, T., Liberation Management, Knopf, 1992.

_______ T., *Thriving on Chaos*, Harper Collins Pub., 1991.

Pettman & Tavernier, *Manpower planning Workbook*, Westmead Farnborough(G.B.) : Gower Press, 1979 (3rd ed.), pp. 32. 84.

Pfeffer J., *Power in organizations*, Massachusetts : Pitman Publishing Inc., 1981.

Pichault F., *Resources humaines et changement stratégique : vers un management politique*, Université De Bock, Bruxelles, 1993.

Porter M., *Competitive Strategy : Techniques for Analyzing Industries and Competitors*, The Free Press(1980), 조동성 · 정몽준 역, 경쟁전략, 경문사, 1985.

Postel. G., "*Le recrutement Prévisionnel et ses suites*", Personnel, no. 162, juillet-août 1973, p. 10.

Poupart R., "*Les Mouvements de Personnel*" in Pratique de la Fonction Personnel, (D. Weiss & D. Morin, Eds.), Paris, Editions d' Organisation, 1982, pp. 276-295.

Preston, Rey & Dierkes, "*Comparing Social Performance Germany, France, Canada and the U.S.*", California Management Review, Vol. 20, no. 4, Summer 1978, pp. 40-49.

Proctor & Van Zandt, "*Human factors in Simple and Complex Systems*", Allyn & Bacon, Boston, 1994. pp. 39-41.

Provost J., "*Le responsable de personnel et l' absentéisme*", Université Paris Dauphine, Thèse de Doctorat de 3e cycle, 1979.

Quinot E., "*Méthodologie d' Etudes des Accidents du Travail*", Revue de l' Enterprise, no. 13, Jan. 1978, pp. 64-72.

Ravalec J.P., "*Audit social, autonomie et particularité, schéma d' un audit social*", La Semaine Sociale Lamy, no. 245 supplément, 21 jan. 1985. p. 15.

Renard C. "*L' audit interne, fonction de direction générale*", Management France, Oct.-Nov. 1976. pp. 15-17.

Sainsaulieu R., "*De Nouvelles Pratiques pour la Gestion du Personnel*", CERGY : CRESSEC., 1983.

Sawyer L.D., "*The practice of modern internal auditing*", Alta monte Springs, Florida, The Institute of Internal Auditors, 1981, pp. 4-6. 176-181.

Shapiro E., *Fad surfing in the boardroom*, Addison Wesley, 1995.

Sheibar P., "*Personnel practices review : a personnel audit activity*", Personnel Journal, Vol. 53, no.3, March 1974, pp. 211-217.

Shein E.H., *Organizational Culture and Leadership : A Dynamic View*, Jossey-Bass, 1985.

Shortel S.M., "*The role of environment in a configurational theory of organizations,*" Human Relations, Vol. 30, no. 3, 1977, pp. 275-302.

Sibson R.E., "*New Practices and Ideas*" in Compensation Administration Compensation Review, Vol. 5-6, 1973-74, p. 41.

Smith & Scanlon, "*Le tableau de bord d' un service de formation*", Bullettin de Responsable de Formation, no. 14, nov. 1982, pp. 6-7.

Smith P.C., *Behaviors, Results and Organizational Effectiveness : The Problem of Criteria* in "Handbook of Industrial and Organizational Psychology", M.D. Dunnette Ed., Chicago, Rand Mc Nally, 1976, pp. 758.

Sonnenfeld J., "Measuring Corporate Social Performance", Academy of Management Proceedings, 1982, p. 371

Stephens L.G., "Personnel Audit Recommended", The Personnel Administrator, Vol. 15, no. 6, Nov.-Dec. 1970, pp. 9-14.

The Economist, 1993-1994.

Theriault A., "Gestion de la rémunération : Politiques et Pratiques efficaces et quitables", Chicutimi, Quebec, Gaétan Morin, 1983, pp. 15. 265. 531.

Thomason G., "Text Book of Personnel Management", 3rd ed., London, Institute of Personnel Management, 1978, p. 16.

Torrence W.D., "Some Personnel Auditing Practices in an Industry", Personnel Journal, Vol. 41, 1962, pp. 391-394

Toutée M., "L' Amélioration des procédures de discussion des salaires dans le secteur public", Rapport de Toutée, Documentation Française, Notes et Etudes documentaires no. 3069, mars 1965.

Trépo G., "Dynamics of organizational change : The management of contradictions", Academy of Management, July, Boston, 1997.

_____ G., "Introduction and diffusion of management tool", European Management Journal, Vol. 5, No. 4, Winter 1987.

_____ G., "Mode de management et évolution des entreprises", L' enjeu humain, CEPP Paris, 1988

_____ G., "Conflits d' Air France", Paris, HEC, 1994.

Twiss. B., "The concepts and techniques of social forecasting" in Social forecasting for company planning, London, Mc Millan, 1982, pp. 3-24

Ulrich D., Human Resource Champions : The next agenda for adding value and delivering results, Harvard Business School Press, Boston, 1997, pp. 2-19.

Vatier & Meignant., "Un Aspect de l' Audit de Formation : la Cohérence entre la Formation et la Gestion du Personnel", no. 249, Personnel, mars-avril 1983, pp. 10-16.

Vatier R., "L' Audit Social, un instrument utile au pilotage des entreprises et des organisations", Enseignement et Gestion, no. 16, Hiver 1980, pp. 25-26.

Vermot Gaud C., "Un audit de la fonction du personnel et sociale", Analyse financière, 4/4 trimestre 1980, pp. 42-44.

Vidaux F., Insertion de l' audit interne dans l' entreprise, Document interne, IFACI, 1980.

Vroom V.H., Work and Motivation, New York, Wiley, 1964.

Weil J.J., "System Flowcharting for the Internal Auditor", The Internal Auditor, April 1977, p. 52.

Weiss & Morin, "Gestion Prévisionnelle des Ressources Humaines", in Pratiques de la Fonction Personnel, Paris, Editions d' Organization, 1982, p. 217.

Weiss D. et al., La fonction Ressources Humaines, Editions d' Organisation, 1993, pp. 29-45.

_____ D., Relations Industrielles, Paris, Sirey, 2e d., Editions Serey, 1980, p. 136.

Wick C. & Léon L.S., The Learning Edge-How smart managers and smart companies stay ahead, McGraw-Hill, 1993.

에필로그

사회적 성과(social performance), 그리고 기업경영의 사회적 측면(social aspect of business administration)에 대한 연구가 부족하고, 또한 체계화되어 있지도 않은 우리 나라 기업조직에 인적자원관리뿐만 아니라 경영 전반에 걸쳐서 사회감사 방법론을 도입하고 실천할 것을 요구하는 것은 시기상조인지도 모른다.

경제적 성과창출에 얽매여 도대체 사회적(social), 사회단체적(societal) 책임과 역할에 대한 정의조차 미비한 현실 앞에서, 전략적 인적자원관리를 위한 하나의 보완적 분석 틀로서 사회감사 방법론을 주장하는 것 자체가 인사관리의 본질적 개념과 영역을 벗어난 것으로 비칠지도 모른다는 우려가 앞서기 때문이다.

하지만 우리 나라에도 '경제적 성과' 이상으로 '사회적 성과'의 실현을 통하여 기업경영 및 인적자원관리의 발전을 기대하는 연구자와 경영자가 적지 않을 것이다. 본서는 바로 그들을 위한 개념적, 실무적 가이드가 되리라 믿으며 프랑스 유학 시절부터 관심을 갖고 있었던 사회감사 및 사회감사인의 역할에 대해 소개한 것이다.

본서는 또한 해방 이후 줄곧 미국 의존적으로 발전되어온 우리 나라 학계와 산업계의 인적자원 운영 메카니즘을 보다 인본적 차원에서 재조명하고, 때로는 균형적 차원에서 이를 보완해 나아가기 위한 도전적 작품이라고도 할 수 있다.

물론 여기에는 사회감사의 기법과 제도적 발전이 이미 80년대부터 정체되어온 "미국식 분석 모델이 기업과 경영의 사회성을 파악하기 위한 해답이 되기는 어려울 것이다"라는 필자의 주관적 관점도 강하게 반영되어 있다. 이러한 미흡함에도 불구하고, 본서 《사회감사론》을 시작으로 다음에 출간될 예정인 《사회적 성과평가》, 《사회적 경영분석》 등의 책자와 함께 우리 나라 기업의 인적자원가치와 인사관리체계 및 경영조직문화가 '살아 있는 사회성'을 통하여 보다 조화롭게 발전하는 데 일조할 수 있기를 기대하는 바이다.

본서를 맺으면서 기업경영의 사회적 실상(social facts)에 눈을 뜨게 해주신 크로지에(M. Crozier) 교수님과 트레뽀(G. Trépo) 교수님, 최종태 교수님, 그리고 덧없는 경제적 성장보다는 항상 집안의 행복과 사회적 성장을 위해 함께 기도하는 Ma Femme 종선에게 이 책을 바치고자 한다.

kichan@inha.ac.kr

전략적 인적자원관리를 위한

사회감사론

초판 1쇄 발행 / 1999년 8월 16일

지은이 / 박기찬

펴낸이 / 신영철

펴낸곳 / 한국능률협회
1973년 5월 15일 등록 (제13-19호)
서울 마포구 도화동 544 고려빌딩
전화 / (02)719-1424   팩스 / (02)715-7807

편집 · 인쇄 / 금영애드컴 (02)2274-8567~8

ⓒ 박기찬, 1999. Printed in Seoul, Korea
ISBN 89-7277-174-0   03330

값 28,000원